DIN 18533
Abdichtung von erdberührten Bauteilen

Hinweis:

Im Juni 2026 wurde die Neufassung der DIN 18533 Abdichtung von erdberührten Bauteilen veröffentlicht.

Die damit einhergehenden Ergänzungen zu Ihrem aktuellen Baustellenhandbuch Bauwerksabdichtungen finden Sie nachfolgend digital zum Abrufen.

Unser Service für Sie:

Aufgrund immer wieder auftretender Änderungen wichtiger Vorschriften zwischen den Auflagen haben wir uns entschlossen, Ihnen wichtige Änderungen digital zur Verfügung zu stellen, die erst nach Redaktionsschluss veröffentlicht worden sind. Und zwar

- unter https://shop.forum-verlag.com/beiblatt-3128
- oder über den QR-Code

Dort können Sie die aktuellen Änderungen zur DIN 18533 abrufen.

Der Verlag

AF733310

Das Baustellenhandbuch Bauwerksabdichtung

3. aktualisierte Auflage

Autoren:

Prof. Dr. -Ing. Peter Schmidt
Franz-Josef Hölzen

FORUM

WISSEN,
DAS ANKOMMT.

Bibliografische Information der Deutschen Bibliothek

Die Deutsche Bibliothek verzeichnet diese Publikation in der Deutschen Nationalbibliografie; detaillierte bibliografische Daten sind im Internet über http://dnb.dnb.de abrufbar.

Mandichostraße 18
86504 Merching

Telefon:	+49 (0)8233 381-123
Fax:	+49 (0)8233 381-222
E-Mail:	service@forum-verlag.com
Internet:	www.baustellenhandbuch.de

3. aktualisierte Auflage

Hinweis: Aus Gründen der besseren Lesbarkeit und Einfachheit wird in den folgenden Texten meist die männliche Form verwendet. Die verwendeten Bezeichnungen sind als geschlechtsneutral bzw. als Oberbegriffe zu interpretieren und gelten gleichermaßen für alle Geschlechter.

Titelfoto/-illustration: © trumedia, 86167 Augsburg
Satz: Reemers Publishing Services GmbH, 47799 Krefeld
Druck: Druckerei & Verlag Steinmeier GmbH & Co. KG, 86738 Deiningen
Printed in Germany

ISBN 978-3-98875-263-5 (Print-Ausgabe)
ISBN 978-3-98875-265-9 (E-Book-Ausgabe)
ISBN 978-3-98875-264-2 (Kombi-Paket)

Vorwort zur 3. aktualisierten Auflage

Die Abdichtung von Bauteilen und Gebäuden zählt zu den anspruchsvollsten und schadensanfälligsten Bauaufgaben überhaupt. Eine unsachgemäße Ausführung zieht nicht nur gravierende Schäden nach sich, sondern auch hohe Kosten durch aufwendige Nachbesserungen.

Nun gibt es eine Neuveröffentlichung der Normenreihe DIN 18531 bis 18534, die von den Anforderungen über die Abdichtungssysteme bis zur Detailgestaltung alles regelt. Die finale Veröffentlichung von DIN 18533 steht für dieses Jahr noch aus, daher wurden diese Überarbeitungen basierend auf dem Normentwurf vorgenommen, der in die neue Norm übernommen werden soll.

Das vorliegende Baustellenhandbuch zur Bauwerksabdichtung ist in diese Abschnitte zu den einzelnen Normen – DIN 18531 Abdichtungen von Dächern bis DIN 18534 Abdichtungen von Innenräumen – gegliedert und bietet praktische Tabellen, Übersichten und Detailzeichnungen zur Ausführung nach neuer Normung.

So können selbst auf der Baustelle knifflige Detailfragen zur normgerechten Abdichtung sofort und sicher geklärt werden.

Anregungen zur Ergänzung des Inhalts werden von den Autoren und dem Verlag gerne angenommen.

Merching, im März 2026

Autoren

Dr. Peter Schmidt

1998 erhielt Peter Schmidt den Ruf auf die Professur für Baukonstruktion, Ingenieurholzbau und Bauphysik im Department Bauingenieurwesen der Universität Siegen. Er ist Herausgeber und Autor zahlreicher Veröffentlichungen auf den Gebieten der Bauphysik sowie des konstruktiven Ingenieurbaus. Weiterhin hält er Vorträge zu verschiedenen aktuellen Themen des Bauwesens.

Unter Mitwirkung oder Herausgeberschaft von Herrn Schmidt sind bei der FORUM Verlag Herkert GmbH bisher u. a. die Titel „Praxisgerechte Bauwerksabdichtungen" und „Neubau und Instandsetzung von Flachdächern" erschienen.

Franz-Josef Hölzen

Franz-Josef Hölzen ist eingetragener Architekt der Kammer Niedersachsen sowie von der Handwerkskammer Oldenburg öffentlich bestellter und vereidigter Sachverständiger für das Holz- und Bautenschutzgewerbe. Er ist Autor zahlreicher Veröffentlichungen, z. B. von Fachbeiträgen zur Gebäudeinstandsetzung und Bauwerksabdichtung sowie der Fachbücher „Abdichtung von Gebäuden" und „Kein Wärmeschutz ohne Feuchteschutz".

Inhaltsverzeichnis

Abdichtung von Dächern nach DIN 18531

Für die Planung, Ausführung und Instandhaltung der Abdichtung von Dächern gilt die Normenreihe DIN 18531 „Abdichtung von Dächern sowie von Balkonen, Loggien und Laubengängen" (Ausgabe 2025-08).

DIN 18531 besteht aus folgenden Teilen:

- Teil 1: Nicht genutzte und genutzte Dächer – Anforderungen, Planungs- und Ausführungsgrundsätze
- Teil 2: Nicht genutzte und genutzte Dächer – Stoffe
- Teil 3: Nicht genutzte und genutzte Dächer – Auswahl, Ausführung, Details
- Teil 4: Nicht genutzte und genutzte Dächer – Instandhaltung
- *Teil 5: Balkone, Loggien und Laubengänge*

Zu beachten:

- **DIN 18531 – Teil 1 bis Teil 4** gelten für die Planung, Ausführung und Instandhaltung der **Abdichtung von nicht genutzten und genutzten Dächern**. Die Teile 1 bis 4 sind stets zusammen anzuwenden.
- **DIN 18531 Teil 5** gilt für die Planung, Ausführung und Instandhaltung der **Abdichtung von Balkonen, Loggien und Laubengängen**. DIN 18531-5 ist unabhängig von den Teilen 1 bis 4 anzuwenden. Es besteht lediglich ein Querverweis zu DIN 18531-2. Alle in DIN 18531-2 geregelten Abdichtungsstoffe dürfen auch für die Abdichtung von Balkonen, Loggien und Laubengängen verwendet werden. Die Regelungen für die Abdichtung von Balkonen und ähnlichen Flächen befinden sich im nächsten Kapitel „Abdichtung von Balkonen, Loggien und Laubengängen".

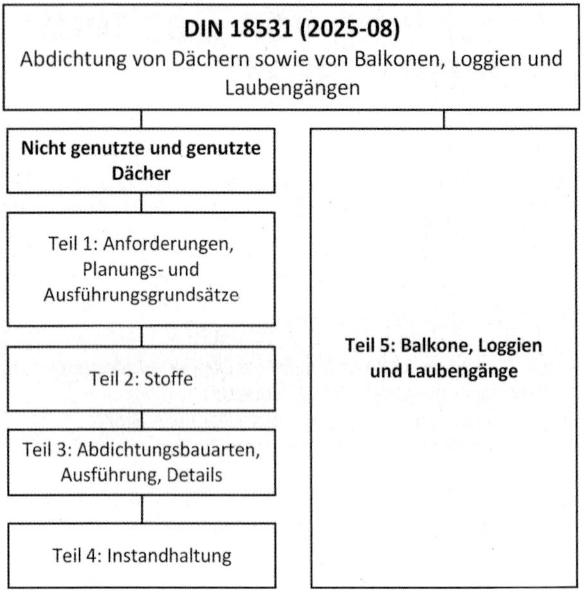

Bild 1: *Struktur der DIN 18531 (Quelle: Prof. Dr. -Ing. Peter Schmidt)*

Begriffe

Nicht genutzte Dächer:

- flache und geneigte Dachflächen, die nur zur Pflege, Wartung und Instandhaltung begangen und nicht planmäßig genutzt werden
- Dachflächen mit extensiver Begrünung

Genutzte Dächer:

- begehbare Dachflächen (z. B. Dachterrassen, Gehwege in Dächern mit Begrünung)
- Dachflächen mit intensiver Begrünung (auch mit Anstaubewässerung, Anstauhöhe ≤ 10 cm). Anmerkung: Bei intensiv begrünten Dächern und einer Anstaubewässerung > 10 cm gilt DIN 18533 „Abdichtung von erdberührten Bauteilen".
- Dächer mit Solaranlagen (an der Tragkonstruktion befestigt oder ballastiert) und/oder haustechnischen Anlagen

Bild 2: *Nicht genutzte (oben) und genutzte (unten) Dächer (Quelle: Prof. Dr.-Ing. Peter Schmidt)*

Änderungen in DIN 18531-1 bis -4 (Ausgabe 2025-08) gegenüber der Ausgabe von 2017-07:

1. **Wegfall der Klassifizierung bei Einwirkungen:** Die bisherigen mechanischen und thermischen Einwirkungsstufen (mechanische Einwirkungsstufen I, II; thermische Einwirkungsstufen A und B) wurden gestrichen. Die bisherigen zugehörigen Einwirkungsklassen (IA, IB, IIA, IIB) und zugeordneten Eigenschaftsklassen der Abdichtungsstoffe (E1, E2, E3, E4) entfallen daher ersatzlos.
2. **Streichung der Anwendungsklassen:** Die bisherigen Anwendungsklassen (Standardausführung K1, höherwertige Ausführung K2) wurden gestrichen. Sämtliche Abdichtungsbauarten in der aktuellen Norm (2025-08) entsprechen dem Leistungsniveau der bisherigen Klasse K2 (höherwertige Ausführung).
3. **Vereinfachung der Bemessung:** Die Bemessung der Abdichtungsschicht ist zukünftig nur noch vom geplanten Gefälle (Unterscheidung in ≥ 2 % und < 2 %) und der Nutzung der Dachfläche (Unterscheidung in nicht genutzt, genutzt) abhängig.
4. **Gefälleplanung:** Die Regelungen zum planerischen Gefälle wurden präzisiert.
5. **Türanschlüsse mit geringen Anschlusshöhen:** Planungsgrundsätze für Türanschlüsse mit Anschlusshöhen von weniger als 5 cm wurden erweitert und präzisiert.
6. **Instandhaltung:** Die Regelungen zur Instandhaltung wurden erweitert; u. a. sind häufigere Inspektion und Wartung bei Dächern mit Pfützenbildung durchzuführen.

Anwendungsbereich der DIN 18531 (Teil 1 bis 4)

DIN 18531 (Teil 1 bis 4) **gilt für**

- die Planung und Ausführung der Abdichtung von nicht genutzten und genutzten Dächern mit bahnenförmigen und flüssig zu verarbeitenden Abdichtungsstoffen bei
  - Neubauten,
  - Instandhaltung und Erneuerungen.
- Nutzungsänderungen (z. B. nachträgliches Aufstellen einer Solaranlage, nachträglicher Aufbau einer Begrünung) erfordern zusätzliche Planungen. Hierbei sind die Anforderungen der DIN 18531er-Normenreihe zu berücksichtigen.

Begriffe:

nicht genutzte Dächer	genutzte Dächer
Dächer, die nur für Maßnahmen der Pflege, Wartung, Instandhaltung begangen werden (auch Wartungswege)	begehbare Dächer (z. B. Dachterrassen)
Dachflächen mit extensiver Begrünung	Dächer mit intensiver Begrünung
	Dächer, die als Retentionsflächen für Niederschlagswasser dienen; Anstauhöhe ≤ 10 cm*
	Dächer mit Solaranlagen, haustechnischen Anlagen
Ein Dach kann in Teilflächen unterschiedlicher Nutzung eingeteilt werden. Für die Teilflächen gelten dann die jeweiligen Regelungen in Abhängigkeit von der Nutzung.	
Anmerkung: Für Balkone, Loggien, Laubengänge gilt DIN 18531-5 (siehe separates Kapitel)	
* Für Anstaubewässerung > 10 cm gilt DIN 18533[1] (alle Teile).	

[1] DIN 18533: Abdichtung von erdberührten Bauteilen

DIN 18531 (Teil 1 bis 4) **gilt dagegen nicht** für folgende Konstruktionen:

- Dachdeckungen und Unterdächer
- Beschichtungen, Versiegelungen und keramische Beläge
- wasserundurchlässige Bauteile; z. B. Bauteile aus WU-Beton („WU-Dächer") nach der DAfStb-Richtlinie für wasserundurchlässige Bauwerke aus Beton – „WU-Richtlinie"[2]

Für die Planung und Ausführung der Abdichtung von Balkonen, Loggien und Laubengängen ist DIN 18531-5 anzuwenden; siehe separates Kapitel in diesem Werk.

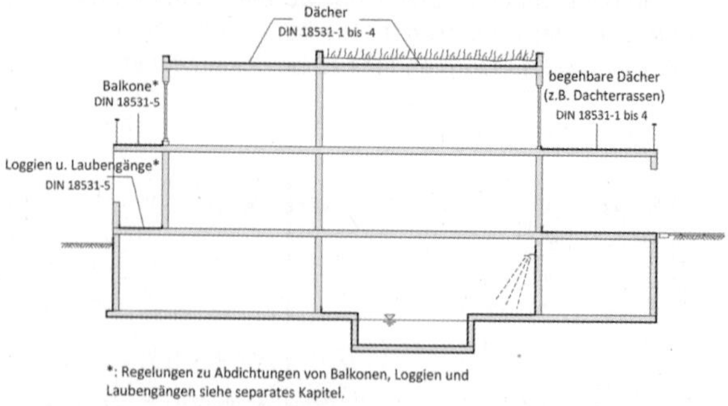

***Bild 1:** Anwendungsbereich der DIN 18531*
(Quelle: Prof. Dr.-Ing. Peter Schmidt)

Beispiel

Die Abdichtung von Betonfertiggaragen nach DIN EN 13978-1[3] kann abweichend zu den Regeln der DIN 18531 ausgeführt werden.

[2] DAfStb-Richtlinie „Wasserundurchlässige Bauwerke aus Beton (WU-Richtlinie); Ausgabe Dezember 2017; hrsg. v. Deutscher Ausschuss für Stahlbeton e.V. (DAfStb), Berlin

[3] DIN EN 13978-1:2005-07: Betonfertigteile – Teil 1: Anforderungen an monolithische oder aus raumgroßen Einzelteilen bestehende Stahlbetongaragen

Anforderungen an die Abdichtung

Primäre Aufgabe der Abdichtung von nicht genutzten und genutzten Dächern ist es, das **Eindringen von Niederschlagswasser** in das Bauwerk und dessen Bauteile zuverlässig und dauerhaft **zu verhindern**.

Zur Sicherstellung der Funktionsfähigkeit der Abdichtung sind folgende Grundregeln zu beachten:

- **Normgerechte Anordnung** der verschiedenen Funktionsschichten des Dachaufbaus (z. B. Abdichtung, Dampfsperre, Wärmedämmung, Schutz- und Nutzschichten) unter Beachtung der Stoffverträglichkeit.
- **Beachtung der Regelungen** zum stofflichen und konstruktiven Aufbau der Funktionsschichten sowie ihr Zusammenwirken untereinander (z. B. normkonforme Wahl der Abdichtungsstoffe und deren Bemessung, z. B. Anzahl der Lagen, Einhaltung der geforderten Überlappungsmaße bei Bahnen).
- **Wahl geeigneter Verfahren** für die Ausführung und Beachtung der Ausführungsregeln (z. B. Wahl eines geeigneten Einbauverfahrens, Verwendung zulässiger Klebemassen und Hilfsstoffe).

Daraus resultieren folgende Anforderungen an die Abdichtungsschicht:

Beständigkeit

Die Abdichtungsschicht muss gegenüber folgenden Einwirkungen ausreichend beständig sein:

- Niederschlagswasser, natürliche Wässer
- Wasser, das Lösungen aus Beton oder Mörtel enthält.
- längere Einwirkung von stehendem Wasser (Pfützenbildung)
- witterungsbedingte Einwirkungen (Temperatur, UV-Strahlung)
- übliche nutzungsbedingte Einwirkungen

Anmerkung: Sämtliche Abdichtungsbauarten nach DIN 18531 erfüllen diese Anforderungen während ihrer üblichen Nutzungsdauer, sofern die Festlegungen der Norm (Planung, Ausführung, Instandhaltung) beachtet werden[1].

Verträglichkeit

Es gelten folgende Regeln:

- **Verträglichkeit:** Abdichtungsstoffe müssen untereinander und mit anderen Stoffen oder Bauteilen, mit denen sie in Kontakt kommen, verträglich sein.
- **Unverträglichkeit:** Bei Unverträglichkeit sind geeignete Maßnahmen vorzusehen; z. B. Einbau von Trennlagen, Wahl verträglicher Stoffe o. Ä.

Begrünte Dachflächen:

Es gelten folgende Regeln:

- **Durchwurzelungssicherheit:** Die Abdichtungsschicht unter Begrünungen muss durchwurzelungssicher sein. Ausnahme: Es wird oberhalb der Abdichtungsschicht eine separate Wurzelschutzschicht angeordnet.
- **Nachweis** des Widerstands der Abdichtungsschicht gegen Durchwurzelung nach DIN EN 13948[2] oder mit dem FLL-Verfahren[3].
- **Lastabtrag:** Die Abdichtungsschicht muss die auf sie einwirkenden Lasten in die Unterkonstruktion weiterleiten. Dabei gelten folgende Regeln:
  - **Kein Lastabtrag von Horizontalkräften:** Die Abdichtungsschicht darf nicht zum Lastabtrag von Kräften, die parallel zu ihrer Ebene wirken, herangezogen werden. Sofern solche Kräfte auftreten, müssen diese durch geeignete Konstruktionen aufgenommen und in die Tragkonstruktion weitergeleitet werden (z. B. Widerlager).

---

[1] **Zu beachten:** Bei besonderen, zusätzlichen Einwirkungen (z. B. chemische Beanspruchungen, hohe betriebs-/prozessbedingte Temperatureinwirkungen) müssen die Abdichtungsstoffe hierfür geeignet sein. Die Norm enthält hierfür keine Regelungen, d. h. Planung und Ausführung sind im Einzelfall, ggfs. unter Hinzuziehung weiterer Quellen (z. B. Herstellerangaben, Gutachten) vorzunehmen.

[2] DIN EN 13948:2008-01: Abdichtungsbahnen – Bitumen-, Kunststoff- und Elastomerbahnen für Dachabdichtungen - Bestimmung des Widerstands gegen Wurzelpenetration

[3] Zu beziehen bei Forschungsgesellschaft Landschaftsentwicklung Landschaftsbau e.V., Bonn

- **Keine Befestigung von Solaranlagen:** Die Abdichtungsschicht darf nicht zur lastabtragenden Befestigung von Solaranlagen herangezogen werden. Gleiches gilt für andere Befestigungen, z. B. Anschlagpunkte für Absturzsicherungen.

Dauerhaftigkeit

Die Eigenschaften der Abdichtungsschicht (insbes. Funktion und Bestand) dürfen sich

- unter den planmäßigen Einwirkungen und daraus resultierenden Beanspruchungen
- während der geplanten Nutzungsdauer

nicht nachteilig verändern, d. h. die Abdichtung muss ihre Funktionsfähigkeit beibehalten und das Eindringen von Wasser ins Bauwerk zuverlässig verhindern.

Sämtliche Abdichtungsbauarten nach DIN 18531 erfüllen diese Anforderungen während der vorgesehenen Nutzungsdauer. Voraussetzungen:

- Planung, Ausführung und Instandhaltung der Abdichtung erfolgen nach den Regelungen der DIN 18531.
- Planung und Ausführung aller Bauteile, die die Abdichtungsschicht tragen (Unterlage), begrenzen (z. B. aufgehende Bauteile) oder durchdringen (z. B. Abläufe), erfolgen abdichtungsgerecht.

Einwirkungen

Dächer mit Abdichtungen sind verschiedenen Einwirkungen ausgesetzt, die die Abdichtung beanspruchen. Typische Einwirkungen sind:

- Einwirkungen durch Wasser und Feuchte
- mechanische Einwirkungen (Eigenlasten, Schnee- und Windlasten, Nutzlasten, Formänderungen, Bewegungen an Stoßfugen, Neurissbildungen und Rissbreitenänderungen im Untergrund)
- thermische Einwirkungen (Temperaturänderungen; üblicherweise von -20 °C bis +80 °C)
- Einwirkungen aus Wurzelwachstum (nur bei begrünten Dächern, wenn keine separate Wurzelschutzschicht oberhalb der Abdichtung angeordnet wird)
- sonstige Einwirkungen (UV- und IR-Strahlung, Ozon, biogene und chemische Einwirkungen üblicher Intensität)

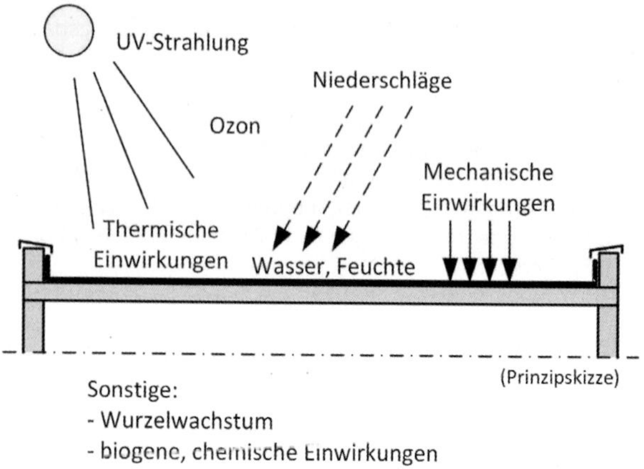

***Bild 1:** Einwirkungen bei Dächern (Quelle: Prof. Dr.-Ing. Peter Schmidt)*

Anmerkungen zu den Änderungen in der Neufassung der DIN 18531-1 gegenüber der vorigen Ausgabe

Gegenüber der vorigen Ausgabe der Norm von 2017 (DIN 18531:2017-07) werden in der aktuellen Fassung (DIN 18531:2025-08) übliche Einwirkungen nicht mehr für die Bemessung der Abdichtungsschicht herangezogen. Die bisherige Klassifizierung von Einwirkungen hinsichtlich ihrer Intensität wurde ersatzlos gestrichen.

Vielmehr sind sämtliche in DIN 18531 geregelten Abdichtungsbauarten für Beanspruchungen durch übliche Einwirkungen ausgelegt. Die Bemessung der Abdichtung erfolgt nach aktueller Norm in Abhängigkeit von der Nutzung (nicht genutzt, genutzt) und geplantem Gefälle (≥ 2 %, < 2 % und gefällelos).

Planungs- und Ausführungsgrundsätze

Sämtliche Parameter, die die Funktionsfähigkeit und den Bestand der Abdichtung beeinflussen (z. B. Einwirkungen, Nutzung, Gefälle) müssen bereits bei der Planung des Bauwerks sowie bei der Wahl der Abdichtungsbauart berücksichtigt werden.

Die Wechselwirkung zwischen der Abdichtungsschicht und den anderen Funktionsschichten des Dachaufbaus (z. B. Dampfsperre, Wärmedämmung, Schutz- und Nutzschichten) muss bei der Planung berücksichtigt werden.

Die Wahl der Abdichtungsbauart ist von verschiedenen Parametern abhängig, u. a. von:

- Abdichtungsbauweise (d. h. Anordnung der Abdichtungsschicht im Dachaufbau; z. B. als Warmdach, Umkehrdach)
- Art der Tragkonstruktion (z. B. Stahlbetondecke, Stahltrapezbleche, Holzkonstruktion)
- Untergrund (z. B. Stahlbeton, Fertigteile, Stahltrapezprofile, Schalung)
- Einwirkungen (insbes. besondere Einwirkungen)
- Nutzung des Daches (nicht genutzt, genutzt)
- Nutzung der Räume unter dem Dach
- geplante Nutzungsdauer der Abdichtung

Außerdem sind folgende Grundsätze zu beachten:

- Es dürfen nur die in DIN 18531-2 geregelten Abdichtungsstoffe sowie Hilfsstoffe verwendet werden (siehe Abschnitt ► „Abdichtungsstoffe“).
- Planung und Ausführung der Dachabdichtung nach DIN 18531-3 dürfen nur mit den Stoffen nach DIN 18531-2 (siehe Abschnitt ► „Abdichtungsbauarten“) erfolgen.
- Für die weiteren Funktionsschichten des Dachaufbaus (Wärmedämmung, Dampfsperre, Luftdichtheitsschicht) sind die bauphysikalischen Anforderungen zu beachten (DIN 4108[1],

[1] DIN 4108: Wärmeschutz und Energie-Einsparung in Gebäuden; Normenreihe bestehend aus mehreren Teilen mit unterschiedlichen Ausgabedaten

GEG[2]). Die Funktionsschichten sind ebenfalls zu planen (z. B. Festlegung der Dämmschichtdicke, Anordnung und Bemessung der Dampfsperre).

- Die Anforderungen an den Brandschutz für Bedachungen sind zu beachten (Landesbauordnung, Sonderbauverordnung, weitere Vorschriften). Die verwendeten Stoffe und Bauteile müssen darüber hinaus den Anforderungen an das Brandverhalten (DIN 4102[3], DIN EN 13501[4], DIN 18234[5]) entsprechen.
- Soll im Zuge einer Erneuerungsmaßnahme die Abdichtung auf eine bestehende Altabdichtung aufgebracht werden, ist das Altdach nach DIN 18531-4 (Instandhaltung) hinsichtlich der Eignung als Untergrund zu prüfen.
- Abdichtungen, die im Haftverbund auf mineralische Untergründe (z. B. Beton) direkt aufgebracht werden, müssen zu erwartende Risse (Rissneubildungen bzw. Rissbreitenänderungen), die im abzudichtenden Bauteil entstehen können, dauerhaft überbrücken.

Abführung von Niederschlagswasser

Anforderung

- Niederschlagswasser sollte möglichst rasch abgeführt werden.
- Langanhaltend stehendes Wasser auf der Abdichtungsschicht sollte vermieden werden (Gründe: zusätzliche Belastung der Dachdecke, Rotalgenbildung, Verschmutzung der Abdichtungsschicht, hohe Beanspruchungen der Abdichtungsschicht durch Temperaturunterschiede an Pfützenrändern bei Sonneneinstrahlung).
- Dazu ist in der Regel ein **Gefälle** vorzusehen.

---

[2] Gesetz zur Einsparung von Energie und zur Nutzung erneuerbarer Energien zur Wärme- und Kälteerzeugung in Gebäuden (Gebäudeenergiegesetz – GEG) vom 8. August 2020 (BGBl. I S. 1728), das zuletzt durch Artikel 1 des Gesetzes vom 16. Oktober 2023 (BGBl. 2023 I Nr. 280) geändert worden ist

[3] DIN 4102: Brandverhalten von Baustoffen und Bauteilen; Normenreihe bestehend aus mehreren Teilen mit unterschiedlichen Ausgabedaten

[4] DIN 13501: Klassifizierung von Bauprodukten und Bauteilen zu ihrem Brandverhalten; Normenreihe bestehend aus mehreren Teilen mit unterschiedlichen Ausgabedaten

[5] DIN 18234: Baulicher Brandschutz großflächiger Dächer; Normenreihe bestehend aus mehreren Teilen mit unterschiedlichen Ausgabedaten

Gefällegebung

Das Gefälle kann durch folgende Maßnahmen erreicht werden:

- Gefälledämmung
- Gefälleestrich
- Neigung der Unterkonstruktion bzw. Tragkonstruktion
- Kombination der vorgenannten Maßnahmen

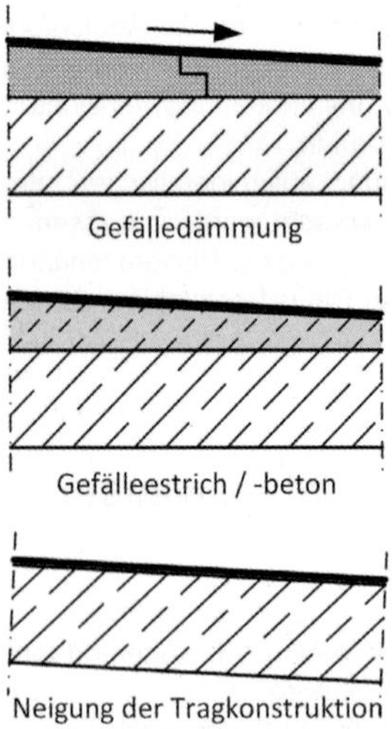

***Bild 1:** Gefällegebung (Quelle: Prof. Dr.-Ing. Peter Schmidt)*

Gefälleplanung

Regelfall: Mindestgefälle der Abdichtungsschicht ≥ 2 %

- Anmerkung: Dieser Wert ist das **planerische Gefälle.** Das tatsächlich ausgeführte Gefälle kann hiervon im Rahmen der Ebenheitstoleranzen nach DIN 18202[6], der Durchbiegungen des Tragwerks und durch Bahnenüberlappungen abweichen.

[6] DIN 18202:2019-07: Toleranzen im Hochbau - Bauwerke

Hinweise:

- Bei einem planerischen Gefälle bis 5 % kann aufgrund der o. g. Abweichungen (Toleranzen, Durchbiegung) lokal ein Gegengefälle auftreten.
- Zur Vermeidung von Pfützenbildung ist ein Gefälle von > 5 % zu planen.
- In Kehlen und Rinnen ist das Gefälle i. d. R. geringer als bei der Flächenabdichtung.
- Siehe Hinweise in DIN 18531-1, Anhang A.

Gefälle bei nicht genutzten Dachflächen

- **Forderung im Regelfall: Gefälle ≥ 2 %**
- Es müssen die Abdichtungsbauarten für ein Gefälle ≥ 2 % verwendet werden.
- Abweichungen (Gefälle < 2 %) sind nur in begründeten Fällen möglich (z. B. aufgrund konstruktiver Fixpunkte). In diesem Fall müssen die Abdichtungsbauarten verwendet werden, die für ein Gefälle < 2 % oder für gefällelose Flächen zugelassen sind.

Gefälle bei genutzten Dachflächen

- Empfehlung: Gefälle ≥ 2 %
- Es sind auch Flächen mit einem Gefälle < 2 % oder gefällelose Flächen möglich (z. B. bei Intensivbegrünung mit Anstaubewässerung). In diesem Fall müssen die hierfür geeigneten Abdichtungsbauarten verwendet werden.
- Ausnahme: Flächen mit Solaranlagen und/oder haustechnischen Anlagen: Gefälle ≥ 2 %

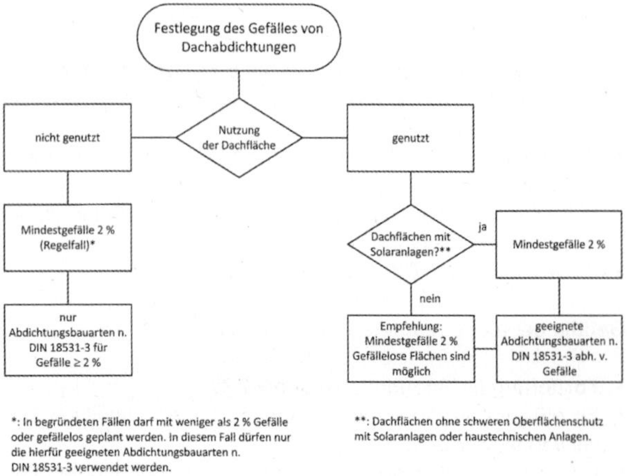

Bild 2: *Gefälleplanung (Quelle: Prof. Dr.-Ing. Peter Schmidt)*

Dachentwässerung

- Die Dachentwässerung ist nach DIN 1986-100[7] und DIN EN 12056-3[8] zu planen und auszuführen.

An- und Abschlüsse

Anschluss: gesicherter Abdichtungsrand an aufgehenden Bauteilen (z. B. Wände), Anschluss der Abdichtung an Einbauteile

Abschluss: gesichertes Ende/Rand einer Abdichtung (am Dachrand)

[7] DIN 1986-100:2016-12: Entwässerungsanlagen für Gebäude und Grundstücke – Teil 100: Bestimmungen in Verbindung mit DIN EN 752 und DIN EN 12056

[8] DIN EN 12056-3:2001-01: Schwerkraftentwässerungsanlagen innerhalb von Gebäuden – Teil 3: Dachentwässerung, Planung und Bemessung

Tabelle 1: *Anschlusshöhen an aufgehenden Bauteilen und Abschlusshöhen*

Kriterium	nicht genutzte Dächer		genutzte Dächer
	Dachneigung		
	bis 5° (8,8 %) (Flachdächer)	über 5° (8,8 %)	
Anschlusshöhe (an aufgehenden Bauteilen)	≥ 15 cm	≥ 10 cm	≥ 15 cm
Abschlusshöhe (am Dachrand)	≥ 10 cm	≥ 5 cm	≥ 10 cm
Gegebenenfalls sind die An-/Abschlusshöhen zu erhöhen (z. B. in schneereichen Gebieten, bei Anstaugefahr in Kehlen von Sheddächern).			

Die An-/Abschlusshöhen beziehen sich auf die Oberkante der Abdichtung (bei nicht genutzten Dächern), des Belags (bei genutzten Dächern), der Begrünung oder des Oberflächenschutzes (Oberkante Kiesschicht).

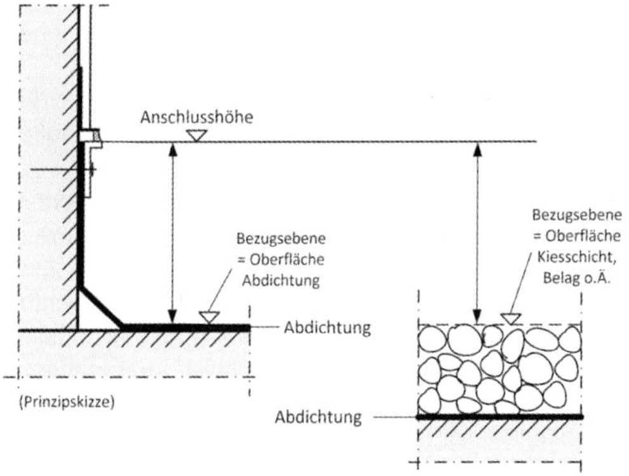

Bild 3: *Definition der Anschlusshöhe (Quelle: Prof. Dr.-Ing. Peter Schmidt)*

An- und Abschlüsse sollten zugänglich sein (Instandhaltung).

Bei genutzten Dächern sind An- und Abschlüsse gegen mechanische Einwirkungen zu schützen, z. B. durch Bleche.

Tür- und Fensteranschlüsse

Allgemeines

Die Anschlusshöhe sollte auch im Tür-/Fensterbereich mind. 15 cm über der Oberfläche des Belags betragen.

Dadurch wird der Tür-/Fensterbereich vor Spritzwasser geschützt und das Eindringen von Niederschlagswasser ins Bauwerk verhindert (z. B. bei Starkregenereignissen, bei verstopften Abläufen, Schneematschbildung).

Für die Planung von Tür-/Fensteranschlüssen (nachfolgend nur als Türanschluss bezeichnet) gelten folgende allgemeine Regeln:

- **Türen:** Damit die Abdichtung hinter Rollladenschienen und Deckleisten durchgeführt werden kann, müssen Türen entsprechend konzipiert sein, d. h. Aussparungen für die Aufnahme der Abdichtungsschicht aufweisen; alternativ müssen Rollladenschienen bzw. Deckleisten auf der Baustelle demontierbar sein.
- **Anschluss von Bahnen:** Der Anschluss von bahnenförmigen Abdichtungen am Türrahmen muss gegen Abrutschen gesichert sein.
- **Entwässerungsöffnungen:** Entwässerungsöffnungen in den Türprofilen und Schlagregenschienen müssen nach außen entwässern.
- **Gefälle:** Das Oberflächengefälle des Belags darf nicht in Richtung Tür gerichtet sein, sondern muss von diesem wegweisen.
- **Dachterrassen mit geschlossener Brüstung:** Bei Dachterrassen oder Balkonen mit geschlossener Brüstung müssen die Notabläufe bzw. Notüberläufe hinsichtlich ihrer Höhenlage so angeordnet werden, dass die Türschwelle bei verstopften Hauptabläufen nicht überschwemmt wird.

Planungsgrundsätze für Anschlusshöhen zwischen 5 cm und 15 cm

Anschlusshöhen zwischen 5 cm und 15 cm sind möglich, wenn – zusätzlich zu den zuvor genannten Maßnahmen – unmittelbar vor der Tür eine wannenartige Entwässerungsrinne auf der gesamten Türbreite eingebaut und diese an die Gebäudeentwässerung angeschlossen wird. Dadurch wird die Wasserbeanspruchung vor der Tür reduziert und gleichzeitig ein einwandfreier Wasserablauf sichergestellt.

Bild 4: *Entwässerungsrinne vor einer Tür zur Sicherstellung eines einwandfreien Wasserablaufs (Quelle: Prof. Dr.-Ing. Peter Schmidt)*

Planungsgrundsätze für Anschlusshöhen von weniger als 5 cm

Grundsätzlich gilt, dass die Planung von Türanschlüssen mit Anschlusshöhen von weniger als 5 cm objektbezogen unter Berücksichtigung der jeweiligen Abdichtungs- und Entwässerungssituation erfolgen muss. Weiterhin gelten folgende Regeln:

- Die Abdichtung muss an die Konstruktion sowie an das Tür- bzw. Fensterprofil hinterlaufsicher und unterlaufsicher angeschlossen werden.
- Barrierefreie Übergänge oder Übergänge mit einer Schwellenhöhe von weniger als 1 cm erfordern eine individuelle Planung und Ausführungsart. Außerdem ist zu beachten, dass die Abdichtung allein die Dichtigkeit am Türanschluss nicht gewährleisten kann. Ein Eindringen von Wasser sowie ein Hinterlaufen der Abdichtungsschicht müssen durch planerische Vorgaben verhindert werden.
- Aufgrund der vielen möglichen Konstruktionsvarianten werden in der Norm keine Details geregelt. Deswegen werden nur Planungsgrundsätze angegeben, die bei der objektspezifischen Planung beachtet werden müssen.

Maßnahmen bei Anschlusshöhen von weniger als 5 cm

Zur Verringerung der Wassereinwirkung durch Spritz- und Stauwasser sind geeignete Entwässerungseinrichtungen im Anschlussbereich bei Anschlusshöhen von weniger als 5 cm vorzusehen. Folgende Maßnahmen sind geeignet:

- **Entwässerungsrinne**: Vor der Tür ist auf der gesamten Türbreite eine Entwässerungsrinne anzuordnen. Geeignet sind Schlitz-, Drainage- oder Fassadenrinnen mit aufliegenden Rosten, die staufrei unter dem Plattenbelag entwässert werden. Alternativ können auch geschlossene Kastenrinnen verwendet werden, die an die Gebäudeentwässerung angeschlossen werden und einen Flansch zum Anschluss der Abdichtung aufweisen.
- **Begleitheizung:** Für die Entwässerungseinrichtungen wird der Einbau einer Begleitheizung empfohlen, um eine Verstopfung durch Schnee und Eis zu vermeiden. Ab Schneelastzone 3 nach DIN EN 1991-1-3/NA[9] ist eine Begleitheizung vorgeschrieben.
- **Wasserrückhaltung:** Sofern eine Wasserrückhaltung anstelle einer Notentwässerung vorgesehen wird, darf der Wasserspiegel bei Verstopfung der Hauptabläufe den oberen Rand des Anschlusses nicht überstauen.

---

[9] DIN EN 1991-1-3/NA:2019-04: Nationaler Anhang – National festgelegte Parameter – Eurocode 1: Einwirkungen auf Tragwerke – Teil 1-3: Allgemeine Einwirkungen – Schneelasten

- **Schlagregendichtheit** der Tür- und Fensterelemente: Tür- und Fensterelemente müssen auf Schlagregendichtheit nach DIN EN 1027[10] und DIN EN 12208[11] geprüft und für Anschlusshöhen von weniger als 5 cm geeignet sein.
- **Hinterlaufsicherheit:** Der obere Rand des Abdichtungsanschlusses muss so ausgebildet sein, dass er nicht hinterlaufen werden kann. Dies wird durch eine schlagregendichte Ausführung des Anschlusses erreicht. Hierbei haben sich Schlagregendichtbänder bewährt, da sie überlappend an die Abdichtung angeschlossen werden können und den Abdichtungsrand überdecken.
- **Tür-/Fensterschwellen aus Holz:** Tür- bzw. Fensterschwellen aus Holz einschließlich der unter der Schwelle vorhandenen Bodeneinstandsprofile sollten nicht ausgeführt werden, da eingedrungene Feuchtigkeit nicht abtrocknen kann und Schäden am Holz verursacht.
- **Türen:** Diese müssen so konstruiert sein, dass die Abdichtung hinter Rollladenschienen und Deckleisten geführt werden kann. Aus diesem Grund müssen Rollladenschienen und Deckleisten demontierbar sein oder im Bereich der Abdichtung hinterschnitten sein. Entwässerungsöffnungen in den Türprofilen müssen zur Außenseite entwässern, eine Entwässerung nach unten ist nicht zulässig. Am unteren Flügelrahmen muss ein Wetterschenkel montiert werden.
- **Gefälle:** Das Gefälle der Belagoberfläche sollte von der Tür weg orientiert sein.

Anschluss der Abdichtungsschicht an Blendrahmen- und Schwellenprofil

Die Abdichtung kann von außen an den Blendrahmen und das Schwellenprofil angeschlossen werden. Alternativ ist es auch möglich, die Abdichtung an der Innenseite des Schwellenprofils anzuschließen, indem dieses unterfahren wird.

---

[10] DIN EN 1027: 2016-09: Fenster und Türen – Schlagregendichtheit – Prüfverfahren

[11] DIN EN 12208: 2000-06: Fenster und Türen – Schlagregendichtheit – Klassifizierung

Anschluss außenseitig

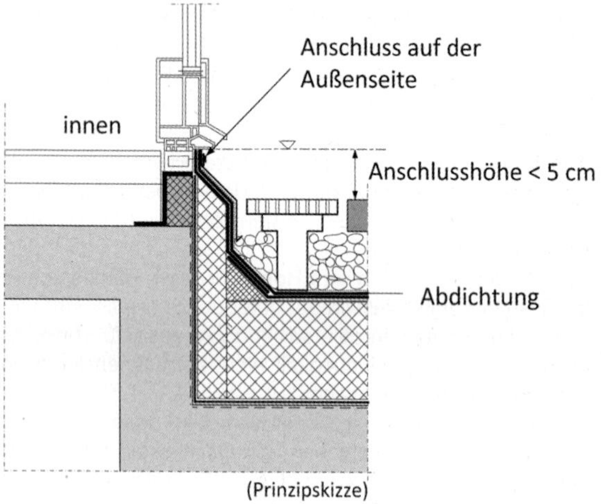

Anschluss raumseitig

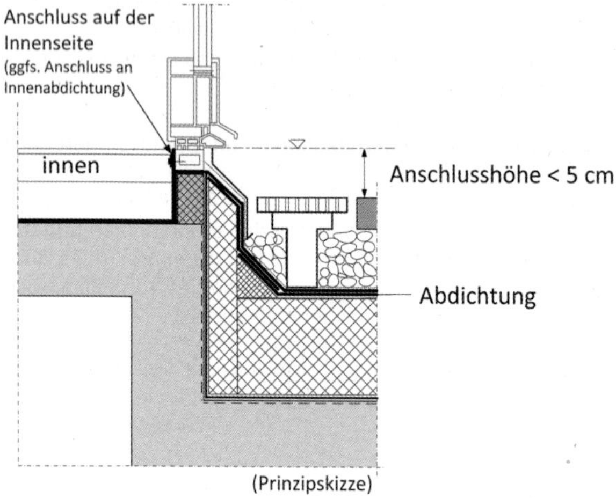

***Bild 5:** Türanschluss mit einer Anschlusshöhe von weniger als 5 cm; hier: Anschluss der Abdichtung auf der Außenseite des Schwellenprofils (obere Abbildung) sowie Anschluss auf der Innenseite durch Unterfahren der Türschwelle (untere Abbildung) (Quelle: Prof. Dr.-Ing. Peter Schmidt)*

Anschluss der Abdichtung auf der Außenseite

Bahnenförmige Dachabdichtungen werden mit Flüssigkunststoff (FLK) von außen an den Blendrahmen- und das Schwellenprofil angeschlossen. Dabei sind folgende Planungsgrundsätze zu beachten:

- **Anschlussflächen:** Die Anschlussflächen müssen für den Anschluss der vorgesehenen Abdichtungsbauart geeignet sein. Ihre Oberfläche sollte möglichst eben und homogen beschaffen sein. Rillen, Abfasungen, Stoßfugen, Verbindungen und Versätze von Rahmen und Bauteilen, die eine Tiefe von ≤ 1,2 mm aufweisen, sind ohne weitere Maßnahmen zulässig. Fugen und Versätze von mehr als 1,2 mm bis 5 mm Breite bzw. Tiefe müssen bei den Abdichtungsarbeiten ausgeglichen werden, z. B. mit FLK. Breitere Fugen bzw. größere Versätze sind durch konstruktive Maßnahmen auszugleichen, indem z. B. Keile und Füllprofile angeordnet werden.
- **Verträglichkeit:** Abdichtungsstoffe untereinander (Bahnen, FLK) sowie mit den angeschlossenen Bauteilen müssen verträglich sein.
- **Anschlussbreite, Überlappungsbreite:** Die Anschlussbreite des FLK auf den Türprofilen sollte mindestens 5 cm betragen. Bewegungen der Profile (z. B. durch Wind, thermisch bedingte Längenänderungen) sind zu berücksichtigen und durch Entkopplungsbänder auszugleichen. Die Überlappungsbreite des FLK mit der Bahnenabdichtung muss mindestens 10 cm betragen.
- **Niveaugleiche Schwellen:** Bei niveaugleichen Schwellen darf der Abdichtungsanschluss unter der Oberfläche der Entwässerungsroste (Nutzschicht) liegen.
- **Nicht bündiges Rahmenprofil:** Sofern das Türrahmenprofil nicht bündig mit der abzudichtenden Wandfläche (der hochgeführten Dachabdichtung) abschließt, muss dieses mindestens 5 cm zurückspringen (alternativ vorspringen). Dadurch wird sichergestellt, dass der Anschluss der Abdichtung fachgerecht und handwerklich ausgeführt werden kann.
- **Elementstöße:** Im Bereich von Elementstößen muss der obere Rand der Abdichtung gegen Hinterlaufen gesichert werden. Hierfür sind beispielsweise Abdeckleisten geeignet.
- **Anschlusshöhen an massiven Bauteilen:** Für Anschlusshöhen an massiven Bauteilen, wie z. B. an den seitlichen Türleibungen, gelten die üblichen Werte. Das bedeutet, dass

die Dachabdichtung in diesen Bereichen mindestens 15 cm hochzuführen und hinterlaufsicher anzuschließen ist.

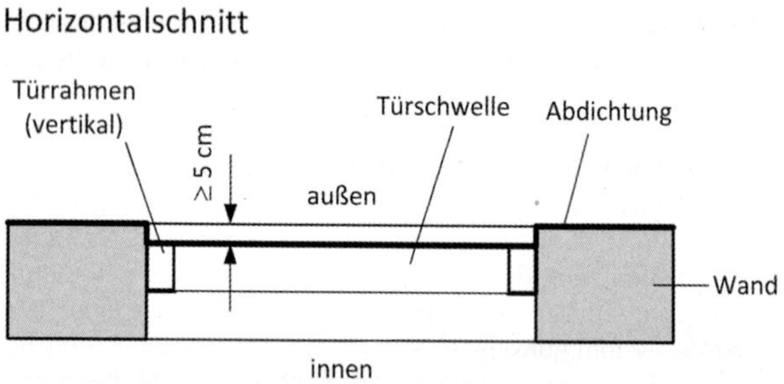

***Bild 6:** Anordnung des Türrahmenprofils in Bezug auf die abzudichtende Wandoberfläche (Quelle: Prof. Dr.-Ing. Peter Schmidt)*

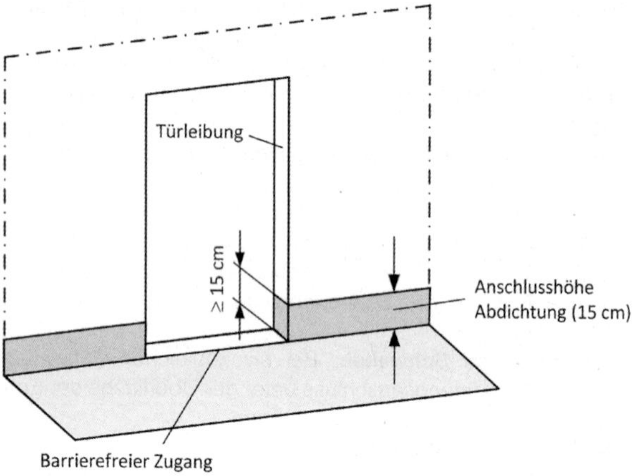

***Bild 7:** Anschlusshöhe der Dachabdichtung im Bereich von Türleibungen (Quelle: Prof. Dr.-Ing. Peter Schmidt)*

Anschluss der Abdichtung auf der Innenseite

Der Anschluss der Abdichtung an Türprofilen und -schwellen kann auch auf der Innenseite erfolgen. Hierzu werden die Profile von der Abdichtungsschicht unter- bzw. hinterfahren. Dies ist bspw. bei Pfosten-Riegel-Konstruktionen und Schwellenprofilen ohne Anschlussmöglichkeit für die Abdichtung erforderlich. Es sind folgende Planungsgrundsätze einzuhalten.

- Die Blendrahmen- und Schwellenprofile müssen geeignet sein; insbesondere muss sichergestellt sein, dass sie durch Feuchtigkeit nicht geschädigt werden.
- Eine Perforation der Abdichtungsschicht durch mechanische Befestigungselemente ist nicht zulässig. Der Anschluss ist daher beispielsweise mit FLK herzustellen (s. o.).
- Sofern eine Innenabdichtung nach DIN 18534 vorhanden ist, kann die Abdichtungsschicht auch an diese angeschlossen werden.

Durchdringungen

Unter Durchdringungen sind Bauteile zu verstehen, die die Abdichtung durchdringen, wie z. B. Leitungen, Rohrdurchführungen usw.

Der Abstand von Durchdringungen zu anderen Bauteilen (z. B. zu An- und Abschlüssen, Bewegungsfugen) beträgt mind. 300 mm. Das Maß bezieht sich auf den Abstand zwischen Flanschaußenkante und Flanschaußenkante.

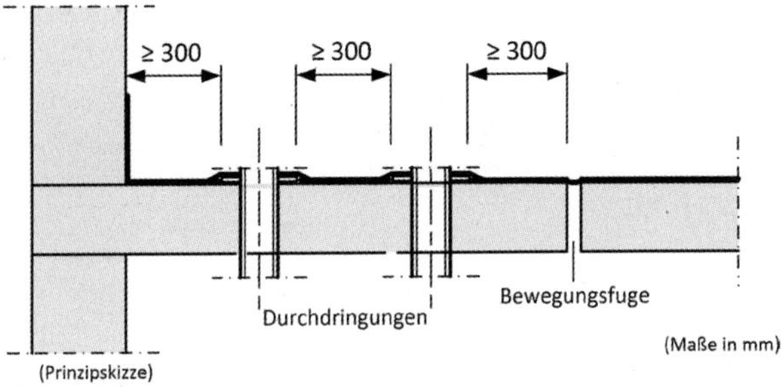

***Bild 8:** Mindestabstände zu Durchdringungen*
(Quelle: Prof. Dr.-Ing. Peter Schmidt)

Bewegungsfugen

Eine Bewegungsfuge ist der Zwischenraum zwischen zwei Bauteilen oder Bauwerken, der unterschiedliche Bewegungen zwischen diesen ermöglicht.

Regeln:

- Für die Ausführung der Abdichtung über Bewegungsfugen müssen die zu erwartenden Fugenbewegungen vorliegen. Bewegungsfugen und Abdichtung müssen aufeinander abgestimmt sein.
- Verlauf von Bewegungsfugen:
  - möglichst geradlinig
  - ohne Versprünge
  - nicht durch Gebäudeecken
  - der Schnittwinkel von Fugen untereinander sowie mit Kehlen und Kanten sollte möglichst 90° betragen.

Tabelle 2: *Fugentypen bei Bewegungsfugen*

Fugentyp	Beschreibung	Forderung/Bemerkung
Fugentyp I	Fugentyp I beschreibt Fugen für Bewegungen, die langsam ablaufen und einmalig oder selten wiederholt auftreten. Beispiele sind Setzungsbewegungen, Schwindverformungen, Längenänderungen durch jahreszeitliche Temperaturänderungen.	Bewegungen der Fugenflanken:
		≤ 5 mm bei: • Bitumen-/Polymerbitumenbahnen, • verklebter Kunststoff-/Elastomerbahn, • Abdichtung aus flüssig zu verarbeitenden Stoffen
		≤ 10 mm bei: lose verlegter Kunststoff-/Elastomerbahn
		Bei Überschreitung der max. Fugenbewegungen ist die Abdichtung der Fuge nach Fugentyp II auszuführen.
Fugentyp II	Fugentyp II bezeichnet Fugen für Bewegungen, die schnell ablaufen oder sich häufig wiederholen. Beispiele hierfür sind Längenänderungen durch tageszeitliche Temperaturschwankungen.	Fugentyp II ist auch bei oberseitig ungedämmten Dachflächen anzunehmen.

Anlagen auf Dächern

Anlagen (z. B. haustechnische Anlagen) einschließlich ihrer Zu- und Ableitungen sind so auf der Dachfläche aufzustellen, dass folgende Bedingungen eingehalten werden:

- Zugänglichkeit der Abdichtung sowie der An- und Abschlüsse
- fachgerechte Ausführung der Abdichtung einschließlich erforderlicher Durchdringungen

Der Höhenabstand zwischen Abdichtung bzw. Belag oder Kiesschicht und Unterkante der Anlage sollte mind. 50 cm betragen. Bei größeren Anlagen ist dieser Abstand ggf. zu vergrößern, um Arbeiten an der Abdichtung (z. B. zum Zwecke der Instandhaltung) sicherzustellen.

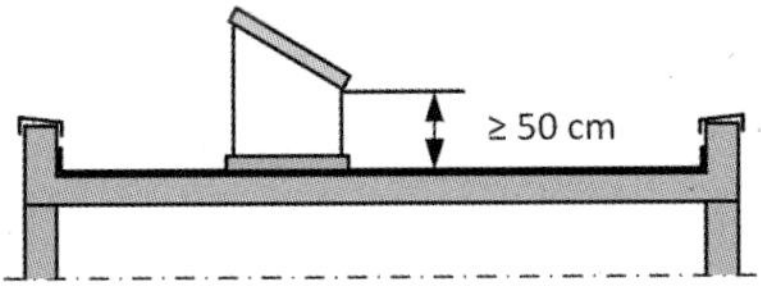

Bild 9: *Mindestabstand zwischen Abdichtung bzw. Belag und Dachaufbau (Quelle: Prof. Dr.-Ing. Peter Schmidt)*

Solaranlagen

Solaranlagen bestehen aus folgenden Komponenten:

- Solarmodule, Solarkollektoren
- Montagesystem und Tragkonstruktion
- Elemente zur Lagesicherung

Solaranlagen können auf der Dachfläche aufgeständert oder aufgelegt werden.

- **Aufgeständerte Anlagen** werden über Stützen oder Sockel, die die Abdichtungsschicht durchdringen, fest mit der Tragkonstruktion des Bauwerks verbunden. In diesem Fall wird die Abdichtungsschicht an die Stützen bzw. Sockel wasserdicht und hinterlaufsicher sowie abrutschfest unter Einhaltung der geforderten Anschlusshöhe (15 cm) angeschlossen.

- **Aufgelegte Anlagen** sind an Lastverteilungsplatten befestigt, die lediglich auf den Dachaufbau aufgelegt werden und zur Lagesicherung mit einer Auflast (Ballast) versehen sind. Die Abdichtungsschicht wird in diesem Fall nicht perforiert; eine Abdichtung von Durchdringungen ist nicht erforderlich.

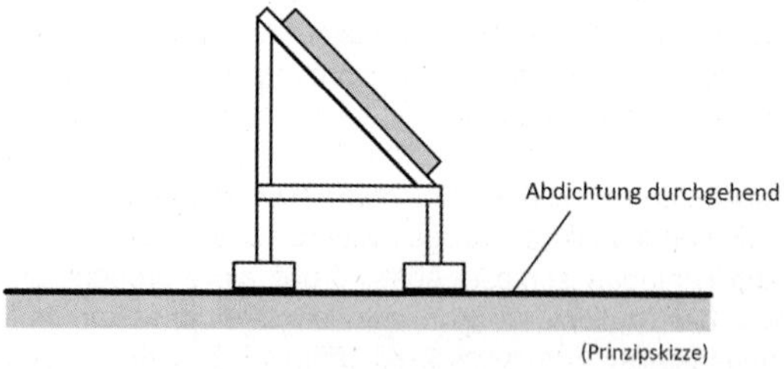

aufgelegte (ballastierte) Anlage

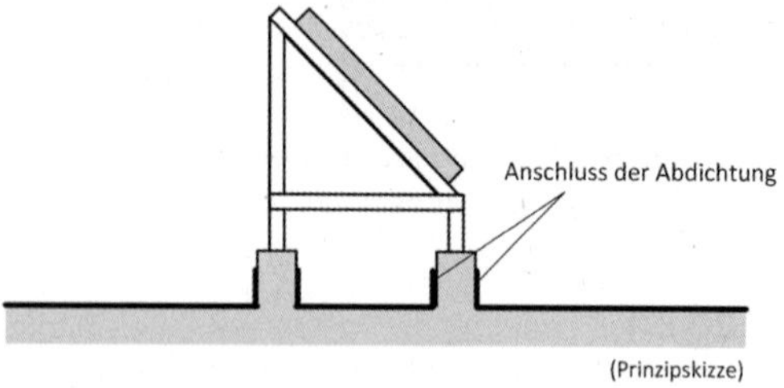

aufgeständerte Anlage

***Bild 10:** Aufgeständerte und aufgelegte Solaranlagen*
(Quelle: Prof. Dr.-Ing. Peter Schmidt)

Es gelten folgende Regeln und Planungshinweise:

- **Lastabtrag:** Die Abdichtungsschicht darf nicht zur lastabtragenden Befestigung der Solaranlage, z. B. durch Kleben oder Schweißen, herangezogen werden, wenn die Funktionsfähigkeit der Abdichtung hierdurch beeinträchtigt wird. Eine Beanspruchung der Abdichtungsschicht durch abhebende Kräfte (Windsog) und Schubkräfte ist nicht zulässig. Dagegen ist der Lastabtrag von Druckkräften gestattet, sofern die Druckbelastbarkeit der Abdichtung und der weiteren Funktionsschichten des Dachaufbaus (z. B. Wärmedämmung) ausreichend ist.

- **Abdichtungstechnische Anforderungen:** Bei aufgeständerten oder aufgelegten Anlagen müssen die verschiedenen abdichtungstechnischen Anforderungen berücksichtigt werden, wie z. B. die handwerkliche Ausführbarkeit der Abdichtung im Bereich der Solaranlage, die einwandfreie Ableitung des Niederschlagswassers oder die Druckbelastbarkeit des Dachaufbaus bei aufgelegten Anlagen. Außerdem muss die Funktionsfähigkeit der Dachkonstruktion und des Dachaufbaus einschließlich Abdichtungsschicht im Hinblick auf die geplante Nutzungsdauer der Anlage bewertet werden.
- **Bestandsbauten:** Bei Dächern von Bestandsbauten müssen die Abdichtungsschicht und ggf. weitere Funktionsschichten des Dachaufbaus erneuert werden, bevor eine Solaranlage auf der Dachfläche aufgestellt wird.
- **Bauaufsichtliche Anforderungen:** Für auf Dächern aufgestellte Solaranlagen sind die geltenden bauaufsichtlichen Anforderungen hinsichtlich der Standsicherheit sowie des Brand-, Wärme-, Schall- und Erschütterungsschutzes und des Schutzes vor schädlichen Einflüssen einzuhalten.
- **Montage:** Die Montage der Anlage muss so geplant werden, dass die Abdichtungsschicht und die Funktionsschichten des Dachaufbaus durch Beanspruchungen aus Eigenlasten, Schnee- und Windlasten nicht geschädigt werden.
- **Lagesicherung:** Die Planung von Solaranlagen auf Dächern umfasst insbesondere Nachweise und Konstruktion der Lagesicherung.
- **Nachweis der Tragfähigkeit:** Beim Nachweis der Tragfähigkeit der Unterkonstruktion sind neben der Eigenlast der Anlage auch die Aufnahme von Schneelasten nach DIN EN 1991-1-3[12] i. V. m. DIN EN 1991-1-3/NA[13] und Windlasten nach DIN EN 1991-1-4[14] i. V. m. DIN EN 1991-1-4/NA[15] sowie deren Weiterleitung in die Tragkonstruktion zu berücksichtigen.
- **Druckbelastbarkeit** des Dachaufbaus: Bei Anlagen, die auf der Dachfläche aufgelegt und ballastiert sind, ist die Druck-

[12] DIN EN 1991-1-3:2010-12: Eurocode 1: Einwirkungen auf Tragwerke – Teil 1-3: Allgemeine Einwirkungen, Schneelasten

[13] DIN EN 1991-1-3/NA:2019-04: Nationaler Anhang – National festgelegte Parameter – Eurocode 1: Einwirkungen auf Tragwerke – Teil 1-3: Allgemeine Einwirkungen - Schneelasten

[14] DIN EN 1991-1-4:2010-12: Eurocode 1: Einwirkungen auf Tragwerke – Teil 1-4: Allgemeine Einwirkungen - Windlasten

[15] DIN EN 1991-1-4/NA:2024-08: Nationaler Anhang – National festgelegte Parameter – Eurocode 1: Einwirkungen auf Tragwerke – Teil 1-4: Allgemeine Einwirkungen - Windlasten

belastbarkeit des Dachaufbaus zu prüfen. Dies gilt insbesondere für die Wärmedämmung, wobei die Anforderungen nach DIN 4108-10[16] (Einteilung der Dämmstoffe in Druckbelastbarkeitsklassen) zu beachten sind.

- **Lastweiterleitung:** Bei aufgelegten Anlagen, die den Dachaufbau durch Einzellasten oder Linienlasten beanspruchen, ist die Lastverteilung im Schichtenaufbau zu prüfen. Die Druckbelastbarkeit der einzelnen Funktionsschichten darf nicht überschritten werden.
- **Kantenschutz:** Die Kanten sowie die Unterseite der Lastverteilungsplatten bei aufgelegten Anlagen sind mit einem Kantenschutz zu versehen, damit die Abdichtungsschicht nicht beschädigt wird.
- **Schutzmaßnahmen** bei Montage und Instandhaltung: Es ist festzulegen, welche Schutzmaßnahmen zum Schutz der Abdichtungsschicht bei der Montage sowie bei der späteren Instandhaltung vorzusehen sind.
- **Entwässerung:** Die Planung der Entwässerung ist nach DIN 1986-100[17] und DIN EN 752[18] vorzunehmen. Die Ableitung von Niederschlagswasser von der Dachfläche darf durch die Solaranlage, z. B. durch Schienensysteme und Kabelführungen, nicht behindert werden.
- **Stoffverträglichkeit:** Baustoffe der Solaranlage, die direkten Kontakt mit der Abdichtungsschicht haben, müssen mit dieser stoffverträglich sein. Andernfalls ist eine Trennschicht einzubauen.
- **Höhenabstand:** Bei Anlagen, die auf der Dachfläche aufgeständert sind, ist ein ausreichender Mindestabstand zur Oberfläche der Abdichtung einzuhalten, damit Instandhaltungsarbeiten am Dachaufbau unter der Anlage möglich sind. In der Norm wird für Solaranlagen kein Mindestabstand genannt; es kann jedoch der Wert für haustechnische Anlagen herangezogen werden, der mindestens 50 cm beträgt.
- **Stützen, Kabel, Rohrleitungen, Durchdringungen** müssen mit geeigneten Einbauteilen oder Flanschkonstruktionen ausgestattet sein, damit die Abdichtungsschicht hieran fachgerecht, wasserdicht und hinterlaufsicher angeschlossen werden kann.

---

[16] DIN 4108-10:2021-11: Wärmeschutz und Energie-Einsparung in Gebäuden – Teil 10: Anwendungsbezogene Anforderungen an Wärmedämmstoffe

[17] DIN 1986-100:2016-12: Entwässerungsanlagen für Gebäude und Grundstücke – Teil 100: Bestimmungen in Verbindung mit DIN EN 752 und DIN EN 12056

[18] DIN EN 752:2017-07: Entwässerungssysteme außerhalb von Gebäuden – Kanalmanagement

- **Horizontalkräfte:** Planmäßige Horizontalkräfte (z. B. infolge von Windlasten) dürfen der Abdichtungsschicht nicht zugewiesen werden, sondern müssen durch konstruktive Maßnahmen aufgenommen und in die Tragkonstruktion weitergeleitet werden. Geeignete Maßnahmen sind bspw. die Ableitung der Horizontalkräfte in die Attika oder andere Fixpunkte.

Blitzschutzanlagen

Blitzschutzanlagen dürfen die Dichtigkeit des Dachs nicht beeinträchtigen. Blitzschutzhalter müssen mit der Abdichtungsschicht (und ggf. weiteren Stoffen, Bauteilen, mit denen sie in Kontakt kommen) verträglich sein.

Die Durchführungen von Halterungen und Fangleitungen durch die Dachabdichtung sind wie Durchdringungen abzudichten.

Bei Dachneigungen > 5 % sind die Dachleitungshalter für Blitzfangschutzleitungen gegen Verschieben zu sichern. Bei Kunststoff-/Elastomerbahnen können hierfür spezielle Formteile verwendet werden.

Windsogsicherung

Für die Windsogsicherung von Dächern ist DIN 18531-3 zu beachten. Bei abweichender Ausführung ist ein Einzelnachweis (statische Berechnung) erforderlich.

Maßnahmen zur Begrenzung der Wasserunterläufigkeit

Maßnahmen zur Begrenzung der Wasserunterläufigkeit der Abdichtung können wie folgt ausgeführt werden:

- vollflächige Verklebung aller Schichten untereinander und mit einem massiven Untergrund
- vollflächige Verklebung der Dampfsperre mit einem massiven Untergrund

- Einteilung der Dachfläche in Felder mit Abschottungen der Dämmschicht

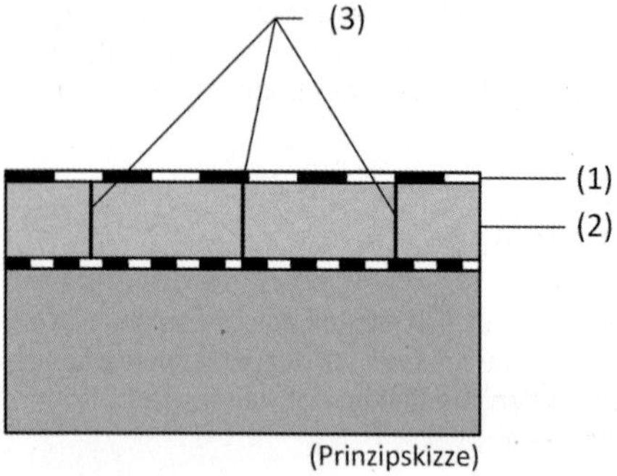

(1) Abdichtungsschicht
(2) Wärmedämmung
(3) Abschottungen

Bild 11: *Abschottungen in der Wärmedämmschicht zur Begrenzung der Wasserunterläufigkeit (Quelle: Prof. Dr.-Ing. Peter Schmidt)*

Dokumentation

Es wird empfohlen, die für die Abdichtung und den Dachaufbau verwendeten Stoffe und Materialien zu dokumentieren, um später eine ordnungsgemäße Instandhaltung gewährleisten zu können. Gegebenenfalls sind Proben der Dokumentation beizufügen. Die Unterlagen sind dem Bauherrn zu übergeben.

Anforderungen an den Untergrund

Der Untergrund muss folgende Anforderungen erfüllen:

- weitgehend lückenloser und stetiger Verlauf
- ausreichend tragfähig
- eben, sauber und frei von Fremdkörpern
- Die Oberfläche des Untergrunds muss so geführt und gestaltet sein, dass die Abdichtung handwerklich zuverlässig verlegt werden kann und fügbar ist. (fügbar: Die einzelnen Bahnen müssen nach den entsprechenden Regeln miteinander verbunden werden können.)
- frei von Verunreinigungen
- oberflächentrocken bei Abdichtungen, die auf den Untergrund aufgeklebt werden

Sind die genannten Anforderungen nicht gegeben, müssen geeignete Maßnahmen durchgeführt werden, wie z. B.:

- Vorbehandlung und Reinigung des Untergrunds
- Aufbringen eines Voranstrichs (zur Haftverbesserung)
- Ausgleichsmaßnahmen
- Einbau von Trennschichten und -lagen (bei unverträglichen Stoffen, als Rissüberbrückung oder zur Kraft- und Verformungsentkopplung benachbarter Schichten)
- ggf. die Trocknung der Oberfläche, wenn Abdichtungen aufgeklebt werden sollen

Tabelle 1: *Anforderungen an den Untergrund bei verschiedenen Untergrundarten.*

Untergrund	Anforderungen
Beton/ Zementestrich	Untergründe aus Beton oder Zementestrich müssen ausreichend erhärtet und oberflächentrocken sein, bevor die Abdichtung aufgebracht wird. Die Betonoberfläche muss einen stetigen Verlauf aufweisen und geschlossen sein. Sie darf keine Kiesnester und Grate aufweisen.
Betonfertigteile	Die Oberfläche von Betonfertigteilen muss eben und stetig verlaufen, d. h., es dürfen keine Kanten und Absätze an den Fugen der einzelnen Elemente auftreten. Zur Vermeidung unterschiedlicher Durchbiegungen der einzelnen Elemente an den Längskanten und im Bereich der Auflagerfugen sollten die Platten schubfest miteinander verbunden werden. Die Fugen der Elemente müssen geschlossen oder abgedeckt sein.
Schalung aus Holz und Holzwerkstoffen	An Dachschalungen aus Holz bzw. Holzwerkstoffen, die in nicht belüfteter Bauweise mit Vollsparrendämmung ausgeführt werden und die als Untergrund für die Abdichtung dienen, werden erhöhte Anforderungen gestellt, um Zerstörungen der Holzbauteile durch Feuchtigkeit zu vermeiden (DIN 4108-3[1], DIN 68800[2]). Für die Nachweise der Tragfähigkeit (z. B. Biegespannungen) und Gebrauchstauglichkeit (z. B. Durchbiegungen) sind DIN EN 1995[3] i. V. m. DIN EN 1995/NA[4] zu beachten. Geeignete Stoffe (Auswahl): OSB-Platten, Sperrholz, harte Holzfaserplatten, Massivholzplatten.

[1] DIN 4108-3:2024-03: Wärmeschutz und Energie-Einsparung in Gebäuden – Teil 3: Klimabedingter Feuchteschutz – Anforderungen, Berechnungsverfahren und Hinweise für Planung und Ausführung

[2] DIN 68800: Holzschutz; mehrere Teile mit verschiedenen Ausgabedaten

[3] DIN EN 1995-1-1:2010-12: Eurocode 5: Bemessung und Konstruktion von Holzbauten – Teil 1-1: Allgemeines – Allgemeine Regeln und Regeln für den Hochbau

[4] DIN EN 1995-1-1NA:2013-08: Nationaler Anhang – National festgelegte Parameter - Eurocode 5: Bemessung und Konstruktion von Holzbauten – Teil 1-1: Allgemeines – Allgemeine Regeln und Regeln für den Hochbau

Tabelle 1: *Anforderungen an den Untergrund bei verschiedenen Untergrundarten.*

Untergrund	Anforderungen
Stahltrapez-profile	Stahltrapezprofile, die als Unterlage für die Abdichtung verwendet werden, müssen DIN EN 1090-1[5] und DIN EN 1090-4[6] entsprechen. Für die Bemessung der Stahltrapezprofile sind DIN EN 1993-1-3 und DIN EN 1993-1-3/NA zu beachten. Hinsichtlich des Korrosionsschutzes sind die Regeln zu beachten. Die Blechdicke sollte mind. 0,88 mm betragen, um Beanspruchungen bei der Herstellung der Abdichtung sicher aufnehmen zu können. Maximale Durchbiegung: L/300 mit L als Stützweite. Die Stahltrapezprofile sind so zu verlegen, dass ihre Obergurte eine ebene Oberfläche bilden. Die Unterlage für die Abdichtung ist auf den Obergurten ebenflächig aufzukleben oder mechanisch zu befestigen. Falls die Dampfsperre gleichzeitig als Luftdichtheitsschicht dienen soll, sind besondere Maßnahmen für die Fügung (Verbindung) der Bahnennähte erforderlich, wie z. B. die Anordnung von Blechstreifen unter den Quernähten.

5 DIN EN 1090-1:2012-02: Ausführung von Stahltragwerken und Aluminiumtragwerken – Teil 1: Konformitätsnachweisverfahren für tragende Bauteile

6 DIN EN 1090-4:2020-06: Ausführung von Stahltragwerken und Aluminiumtragwerken – Teil 4: Technische Anforderungen an tragende, kaltgeformte Bauelemente aus Sathl und tragende, kaltgeformte Bauteile für Dach-, Decken-, Boden- und Wandanwendungen

***Tabelle 1:** Anforderungen an den Untergrund bei verschiedenen Untergrundarten.*

Untergrund	Anforderungen
Wärmedämm-schichten	Für Wärmedämmschichten, die als Untergrund für die Abdichtung dienen, dürfen nur geeignete Dämmstoffe verwendet werden. Sie müssen entweder den Anforderungen der DIN EN 13162[7] bis DIN EN 13167 entsprechen oder eine allgemeine bauaufsichtliche Zulassung (abP) oder europäische technische Bewertung (ETA) besitzen sowie für den Anwendungsbereich nach DIN 4108-10[8] zugelassen sein. Dämmstoffe, auf die die Abdichtung aufgebracht wird, müssen dem Anwendungstyp DAA entsprechen. Dämmstoffe, die auf der Abdichtung angeordnet werden (Umkehrdächer), müssen die Anforderungen des Anwendungstyps DUK erfüllen, wie z. B. XPS. Nicht genutzte Dächer: Mindestanforderungen für den Anwendungstyp DAA müssen erfüllt sein. Genutzte Dächer: Druckspannung muss beim Anwendungsbereich DAA mindestens „dh" (hohe Druckbelastbarkeit) entsprechen. Weitere Anforderungen siehe DIN 18531-1.
Untergründe aus einer vorhandenen Abdichtung (Altabdich-tung)	Soll die bestehende Abdichtung auf dem Dach belassen werden und diese als Untergrund für eine neu aufzubringende Abdichtung dienen, sind je nach Art und Zustand der Altabdichtung ggf. Maßnahmen der Vorbehandlung und Vorbereitung nach DIN 18531-4 durchzuführen. Hierzu gehören das Aufschneiden größerer Wellen, Blasen und Falten in der Altabdichtung, die Entfernung grober Verkrustungen und Schmutzablagerungen sowie die Vorbehandlung des Untergrunds, z. B. mit einem Voranstrich, Grundierung oder Primer.

[7] DIN EN 13162:2015-04: Wärmedämmstoffe für Gebäude – Werkmäßig hergestellte Produkte aus Mineralwolle (MW)

[8] DIN 4108-10:2021-11: Wärmeschutz und Energie-Einsparung in Gebäuden – Teil 10: Anwendungsbezogene Anforderungen an Wärmedämmstoffe

Abdichtungsstoffe

Abdichtungsstoffe für Dachabdichtungen sind in DIN 18531-2 geregelt.

Für die Abdichtung von nicht genutzten und genutzten Dächern dürfen folgende Abdichtungsstoffe verwendet werden:

- Bitumen- und Polymerbitumenbahnen
- Kunststoff- und Elastomerbahnen
- flüssig aufzubringende Stoffe
- flüssig aufzubringende Stoffe mit integrierter Nutzschicht
- Abdichtungen in Verbindung mit Asphaltmastix und Gussasphalt

Bild 1: *Abdichtungsstoffe für nicht genutzte und genutzte Dächer (Quelle: Prof. Dr.-Ing. Peter Schmidt)*

Anforderungen an Abdichtungsstoffe

Die Abdichtungsstoffe müssen insbesondere folgende Anforderungen erfüllen:

- Wasserdichtheit bei den zu erwartenden Einwirkungen
- ausreichende Standfestigkeit, Dehnfähigkeit, Reißfestigkeit bei den zu erwartenden Temperatureinwirkungen, Verformungen und Lasten
- ausreichende Perforationsfestigkeit bei üblicher (bestimmungsgemäßer) Nutzung

- ausreichende Dimensionsstabilität bei den zu erwartenden Temperatureinwirkungen
- ausreichende Widerstandsfähigkeit gegen UV-Strahlung und Angriffe durch Mikroorganismen
- ausreichende Widerstandsfähigkeit gegen Durchwurzelung (bei Dächern mit Begrünung)
- Erfüllung der Anforderungen an den Brandschutz nach Landesbauordnung (LBO) („harte Bedachung“)

Die in DIN 18531-2 angegebenen Abdichtungsstoffe sind grundsätzlich für die Herstellung einer Dachabdichtung geeignet.

Bitumen- und Polymerbitumenbahnen

Abdichtungen mit Bitumen- und Polymerbitumenbahnen werden in der Regel zweilagig ausgeführt (ausgenommen sind Polymerbitumenbahnen für einlagige Verlegung). Zur Beschreibung der Lage der jeweiligen Bahn innerhalb der Abdichtungsschicht werden die folgenden vier Anwendungstypen nach DIN/TS 20000-201[1] unterschieden:

Tabelle 1: *Anwendungstypen*

Anwendungstyp	Kurzbeschreibung	Erläuterung
DE	einlagige Abdichtung	Bahnen für eine einlagige Abdichtung (z. B. Polymerbitumenbahnen für einlagige Verlegung)
DO	obere Lage	Bahnen, die für die Oberlage einer mehrlagigen Abdichtung geeignet sind (i. d. R. Polymerbitumenbahnen)
DU	untere Lage	Bahnen, die für die untere Lage einer mehrlagigen Abdichtung geeignet sind (i. d. R. Bitumenbahnen, Polymerbitumenbahnen)
DZ	Zwischenlage	Bahnen, die für die Zwischenlage bzw. zusätzliche Lage einer mehrlagigen Abdichtung geeignet sind (z. B. Glasvlies-Bitumendachbahnen)

[1] DIN/TS 20000-201:2025-02: Anwendung von Bauprodukten in Bauwerken – Teil 201: Anwendungsdokument für Abdichtungsbahnen nach Europäischen Produktnormen zur Verwendung in Dachabdichtungen

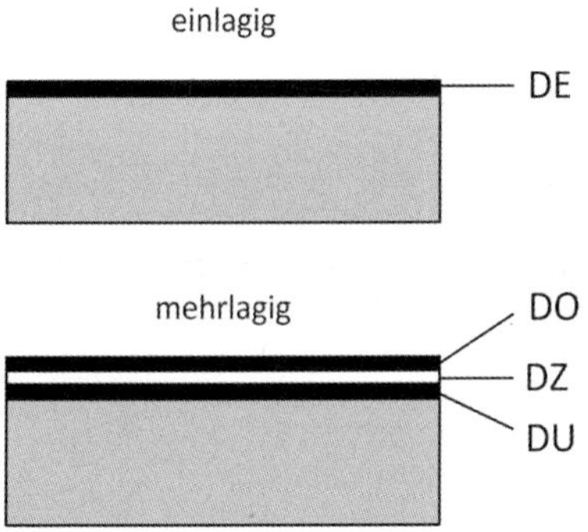

Bild 2: *Anwendungstypen bei Abdichtungsbahnen (Quelle: Prof. Dr.-Ing. Peter Schmidt)*

Für Abdichtungsbauarten mit Bitumen- und Polymerbitumenbahnen müssen die in der nachfolgenden Tabelle angegebenen Bahnentypen verwendet werden.

Tabelle 2: *Bitumen- und Polymerbitumenbahnen für die Abdichtung von nicht genutzten und genutzten Dächern (in Anlehnung an DIN 18532-2:2025-08, Tab. 1)*

Zeilen-Nr.	Bahnentyp nach DIN EN 13707[2] i. V. m. DIN/TS 20000-201:2025-02[3] Stoffart, Kurzzeichen	Anforderungen nach DIN/TS 20000-201:2025-02, Tab. 1	Anwendungstyp[a)]
1	Bitumendachdichtungsbahnen		
	G 200 DD, PV 200 DD	Zeile 1	DU
2	Bitumenschweißbahnen		
	V 60 S 4	Zeile 3	DU[b)]/DZ
	G 200 S4, G 200 S5 PV 200 S5	Zeile 2	DU
	KTG S4, KTP S4	Zeile 4	DU

[2] DIN EN 13707:2013-12: Abdichtungsbahnen – Bitumenbahnen mit Trägereinlage für Dachabdichtungen – Definitionen und Eigenschaften

[3] DIN/TS 20000-201:2025-02: Anwendung von Bauprodukten in Bauwerken – Teil 201: Anwendungsdokument für Abdichtungsbahnen nach Europäischen Produktnormen zur Verwendung in Dachabdichtungen

***Tabelle 2:** Bitumen- und Polymerbitumenbahnen für die Abdichtung von nicht genutzten und genutzten Dächern (in Anlehnung an DIN 18532-2:2025-08, Tab. 1)*

Zeilen-Nr.	Bahnentyp nach DIN EN 13707[2] i. V. m. DIN/TS 20000-201:2025-02[3] Stoffart, Kurzzeichen	Anforderungen nach DIN/TS 20000-201:2025-02, Tab. 1	Anwendungstyp[a)]
3	Polymerbitumen-Dachdichtungsbahnen		
	PYE-G 200 DD PYE-PV 200 DD	Zeile 6	DO
4	Polymerbitumenschweißbahnen		
	PYE-KTG S4, PYE-KTP S4	Zeile 5	DO
	PYE/PYP-KTG S4 PYEPYP-KTP S4	Zeile 5	DO
	PYE-G 200 S4	Zeile 7	DO
	PYE-PV 200 S5	Zeile 7	DO
	PYP-KTG S4, PYP-KTP S4	Zeile 5	DO
	PYP-G 200 S4	Zeile 7	DO
	PYP-PV 200 S5	Zeile 7	DO
	PYE-Vcu S5, PYE-Cu01 S5	Zeile 10	DO[c)]
5	Kaltselbstklebende Polymerbitumenbahnen (KSP) mit Kombinationsträgereinlage (KTG oder KTP)		
	PYE-KTG KSP-2,8 PYE-KTP KSP-2,8	Zeile 8	DU
	PYP-KTG KSP-2,8 PYP-KTP KSP-2,8	Zeile 8	DU
	PYE-KTG KSP-3,2 PYE-KTP KSP-3,2	Zeile 8	DO
	PYP-KTG KSP-3,2 PYP-KTP KSP-3,2	Zeile 8	DO

Tabelle 2: *Bitumen- und Polymerbitumenbahnen für die Abdichtung von nicht genutzten und genutzten Dächern (in Anlehnung an DIN 18532-2:2025-08, Tab. 1)*

Zeilen-Nr.	Bahnentyp nach DIN EN 13707[2] i. V. m. DIN/TS 20000-201:2025-02[3] Stoffart, Kurzzeichen	Anforderungen nach DIN/TS 20000-201:2025-02, Tab. 1	Anwendungstyp[a)]
6	Polymerbitumenbahnen für einlagige Verlegung		
	PYP-KTG-4, PYP-KTP-4	Zeile 9	DE
	PYE-KTG-4,5, PYE-KTP-4,5	Zeile 9	DE
7	Glasvlies-Bitumendachbahnen		
	V 13	Zeile 11	DZ[d)]

a) Bahnen, die den genannten Stoffen entsprechen, jedoch die Anforderungen an die Eigenschaften nach DIN/TS 20000-201 nicht erfüllen, dürfen als Zwischenlage oder zusätzliche Lage ohne weitere Nachweise verwendet werden. Bei geeigneter Oberflächenausrüstung können Bahnen für einlagige Abdichtungen auch als Oberlage verwendet werden und Bahnen des Anwendungstyps DO und DE dürfen auch als untere Lage sowie als Zwischenlage verwendet werden. Bahnen des Typs DU können auch als Zwischenlage verwendet werden.

b) Nur bei Abdichtungen mit geringer mechanischer Einwirkung; z. B. nicht genutzte Dächer mit geringen Einwirkungen aus dem Untergrund (z. B. Stahlbetondecke).

c) Nur als Oberlage bei Abdichtungen unter Dachbegrünungen.

d) Nur als zusätzliche Lage oder als Trennlage.

Beispiel der Kennzeichnung:

DO PYE – PV 200 S5

Bedeutung:

Polymerbitumenbahn als obere Lage (DO) einer mehrlagigen Abdichtung aus Polymerbitumen (PYE) mit Polyestervlieseinlage (PV), Flächengewicht 200 g/m², Schweißbahn (S), Dicke 5 mm

Kunststoff- und Elastomerbahnen

Kunststoff- und Elastomerbahnen werden grundsätzlich einlagig verlegt, d. h. die Abdichtungsschicht besteht aus einer Lage. Eine Unterscheidung nach Anwendungstypen wie bei Bitumen- und Polymerbitumenbahnen wird nicht vorgenommen. Allerdings lassen sich folgende Grundtypen unterscheiden:

- homogene Bahnen mit oder ohne Selbstklebeschicht (SK)
- Bahnen mit Einlage (E) mit oder ohne Selbstklebeschicht (SK)
- Bahnen mit Verstärkung (V) mit oder ohne Selbstklebeschicht (SK) oder Polymerbitumenbeschichtung (PBS)
- Bahnen mit Kaschierung (K) mit oder ohne Selbstklebeschicht (SK)

Für Abdichtungsbauarten mit Kunststoff- und Elastomerbahnen müssen die in der nachfolgenden Tabelle angegebenen Bahnentypen verwendet werden.

Tabelle 3: *Kunststoff- und Elastomerbahnen für die Abdichtung von nicht genutzten und genutzten Dächern (in Anlehnung an DIN 18532-2:2025-08, Tab. 2)*

Bahnentyp nach DIN EN 13956[4] und DIN/TS 20000-201:2025-02	**Stoffart, Kurzzeichen**	**Anforderungen nach DIN/TS 20000:2025-02[5], Tabelle 3**
Ethylencopolymerisat-Bitumen, bitumenverträglich – ECB-Bahnen mit oder ohne Selbstklebeschicht (SK)	– mit Einlage (E) – mit Einlage (E) und Kaschierung (K)	Zeile 2 Zeile 4
Polyisobutylen, bitumenverträglich – PIB-Bahnen mit oder ohne Selbstklebeschicht (SK)	– mit Kaschierung (K)	Zeile 4

4 DIN EN 13956:2013-03: Abdichtungsbahnen – Kunststoff- und Elastomerbahnen für Dachabdichtungen – Definitionen und Eigenschaften

5 DIN/TS 20000-201:2025-02: Anwendung von Bauprodukten in Bauwerken – Teil 201: Anwendungsdokument für Abdichtungsbahnen nach Europäischen Produktnormen zur Verwendung in Dachabdichtungen

Tabelle 3: *Kunststoff- und Elastomerbahnen für die Abdichtung von nicht genutzten und genutzten Dächern (in Anlehnung an DIN 18532-2:2025-08, Tab. 2)*

Bahnentyp nach DIN EN 13956[4] und DIN/TS 20000-201:2025-02	Stoffart, Kurzzeichen	Anforderungen nach DIN/TS 20000:2025-02[5], Tabelle 3
Polyvinylchlorid weich, nicht bitumenverträglich – PVC-P-Bahnen mit oder ohne Selbstklebeschicht (SK)	– mit Einlage (E) – mit Verstärkung (V) – mit Einlage (E) und Kaschierung (K) – mit Verstärkung (V) und Kaschierung (K)	Zeile 2 Zeile 3 Zeile 4 Zeile 4
Polyvinylchlorid weich, bitumenverträglich – PVC-P-Bahnen mit oder ohne Selbstklebeschicht (SK)	– homogen – mit Einlage (E) – mit Verstärkung (V) – homogen mit Kaschierung (K) – mit Einlage (E) und Kaschierung (K) – mit Verstärkung (V) und Kaschierung (K)	Zeile 1 Zeile 2 Zeile 3 Zeile 4 Zeile 4 Zeile 4
Ethylen-Vinylacetat-Terpolymer/-Copolymer, bitumenverträglich – EVA-Bahnen mit oder ohne Selbstklebeschicht	– homogen – homogen mit Kaschierung (K) – mit Verstärkung (V)	Zeile 1 Zeile 4 Zeile 3
Ethylen-Propylen-Dien-Terpolymer, bitumenverträglich – EPDM-Bahnen mit oder ohne Selbstklebeschicht (SK) oder unterseitiger Polymerbitumenbeschichtung (PBS)	– homogen – homogen mit Kaschierung (K) – mit Verstärkung (V)	Zeile 1 Zeile 4 Zeile 3
Thermoplastisches Elastomer, bitumenverträglich – TPE-Bahnen mit oder ohne Selbstklebeschicht (SK)	– homogen – homogen mit Kaschierung (K)	Zeile 1 Zeile 4

***Tabelle 3:** Kunststoff- und Elastomerbahnen für die Abdichtung von nicht genutzten und genutzten Dächern (in Anlehnung an DIN 18532-2:2025-08, Tab. 2)*

Bahnentyp nach DIN EN 13956[4] und DIN/TS 20000-201:2025-02	Stoffart, Kurzzeichen	Anforderungen nach DIN/TS 20000:2025-02[5], Tabelle 3
Flexibles Polyofelin, bitumenverträglich – FPO-Bahnen mit oder ohne Selbstklebeschicht (SK)	– mit Einlage (E)	Zeile 2
	– mit Einlage (E) und Kaschierung (K)	Zeile 4
	– mit Verstärkung (V)	Zeile 3
	– mit Verstärkung (V) und Kaschierung (K)	Zeile 4

Beispiel der Kennzeichnung:

DE-FPO-BV-V-GG-1,5-SK

Bedeutung:

Kunststoffbahn für einlagige Abdichtung (DE) aus flexiblem Polyolefin (FPO), bitumenverträglich (BV), mit Verstärkung aus Glasgittergelege/-gewebe (GG), Dicke 1,5 mm, mit Selbstklebeschicht (SK)

Flüssigkunststoffe (FLK)

Abdichtungssysteme mit Flüssigkunststoffen (FLK) müssen den Forderungen einer europäisch technischen Zulassung bzw. Bewertung (ETA) auf Basis der ETAG Nr. 005[6] oder eines europäischen Bewertungsdokuments (EAD 030350-00-0402)[7] entsprechen.

Außerdem sind sie mit dem CE-Zeichen zu kennzeichnen, das u. a. die Mindesttrockenschichtdicke sowie die nachgewiesenen

[6] ETAG 005: Leitlinie für die europäische technische Zulassung für „Flüssig aufzubringende Dachabdichtungen"; ETAG – Guideline for European Technical Approval

[7] EAD 030350-00-0402: Liquid applied roof waterproofing kits

Leistungsstufen enthält. Die Leistungsstufen sind in Anhang A der DIN 18531-2 definiert (siehe Norm).

FLK bestehen aus ein- oder mehrkomponentigen Stoffen auf der Basis von Reaktionsharzen, wobei folgende Stoffe verwendet werden:

- Polymethylmethacrylatharze (PMMA)
- flexible ungesättigte Polyesterharze (UP)
- Polyurethanharze (PUR)

Es wird in einkomponentige (PUR-1K) und zweikomponentige Polyurethanharze (PUR-2K) unterschieden.

Die zu verwendenden Stoffe ergeben sich aus der Zulassung (ETA). Sie müssen den Angaben der nachfolgenden Tabelle entsprechen:

Tabelle 4: *Anforderungen an Flüssigkunststoffe (in Anlehnung an DIN 18531-2, Tab. 3)*

Stoff		**Erforderliche Leistungsstufen nach ETAG 005**[a]	**Einlage**[b]
Polymethylmethacrylatharze	PMMA	Klimazonen: M, S Nutzungsdauer: W3 Nutzlast: P3, P4 Dachneigung: S1, S2, S3, S4 Temperaturbeständigkeit: TL3, TH3, TL4, TH4	mind. 110 g/m²
Flexible ungesättigte Polyesterharze	UP		
Polyurethanharze	PUR-1K PUR-2K		

M: gemäßigtes Klima (Hinweis: Deutschland ist in Zone M einzuordnen.)
S: extremes Klima
W3: 25 Jahre
P3: normale Beanspruchung; P4: besondere Beanspruchung
S1: Dachneigung < 5 %, S2: 5 % bis 10 %, S3: 10 % bis 30 %, S4: > 30 %
TL3: -20 °C (Oberflächentemperatur), TH3: +80 °C
TL4: -30 °C, TH4: +90 °C

a) Je nach Anwendungsbereich bzw. Nutzung und geplantem Gefälle (siehe DIN 18531-3).
b) Die Art der Einlage muss Bestandteil der Zulassung (ETA) sein.

Einlage:

In den FLK ist eine Einlage einzuarbeiten, die die Abdichtung verstärkt (Flächengewicht der Einlage mind. 110 g/m^2). Die zu verwendende Einlage (Typ) muss in der ETA angegeben sein.

Grundierung:

Zur Herstellung einer ausreichenden Haftung kann es erforderlich sein, auf dem Untergrund eine Grundierung vor dem Aufbringen der Abdichtung aufzutragen (siehe Herstellerangaben).

Zusätzliche Angaben:

Zusätzlich zur Kennzeichnung mit dem CE-Zeichen müssen Stoffart und Leistungsstufen in der ETA angegeben sein.

Beispiel:

PUR-2K-M-W3-P4-S1, S2, S3, S4-TL3-TH3-DIN 18531-2

Bedeutung:

Abdichtungssystem mit FLK der Stoffart Polyurethan (PUR), zweikomponentig, Klimazone M (gemäßigtes Klima), Nutzungsdauer W3 (25 Jahre), Nutzlast P4 (besondere Beanspruchung), Dachneigung S1, S2, S3, S4 (alle Neigungen), niedrigste Oberflächentemperatur TL3 (-20 °C), höchste Oberflächentemperatur TH3 (+80 °C), Bezeichnung nach DIN 18531-2.

Flüssigkunststoffe (FLK) mit integrierter Nutzschicht

Abdichtungen aus FLK mit integrierter Nutzschicht sind begehbar und für genutzte Dächer (z. B. Dachterrassen) geeignet. Es ist keine separate Nutzschicht erforderlich. Auf der Oberseite wird ein Granulat eingestreut und eine Deckversiegelung aufgebracht.

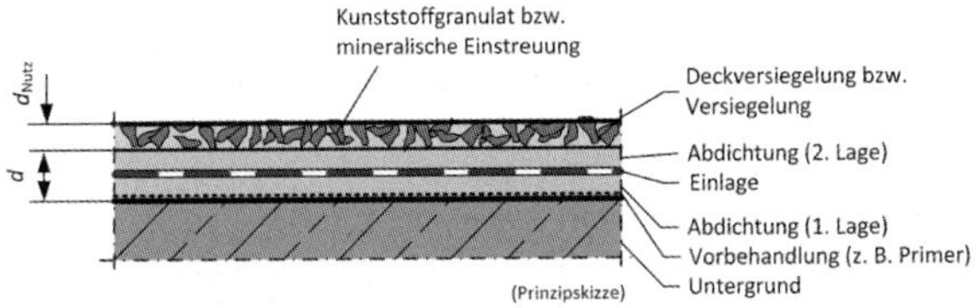

Schichtdicken:
Mindesttrockenschichtdicke der Abdichtungsschicht d:
1,8 bis 2,1 mm bzw. nach Herstellerangaben (ETA)

Mindestdicke der integrierten Nutzschicht:
- bei Kunststoffgranulat: $d_{Nutz} \geq 1$ mm
- bei mineralischer Einstreuung: $d_{Nutz} \geq 1{,}5$ mm

Bild 3: *Abdichtung mit FLK mit integrierter Nutzschicht (Quelle: Prof. Dr.-Ing. Peter Schmidt)*

Für Abdichtungen mit FLK mit integrierter Nutzschicht werden die gleichen Stoffe wie für übliche Abdichtungssyteme mit FLK verwendet (s. o.) und zusätzlich eine stoffgleiche integrierte Nutzschicht (ungefüllt/gefüllt):

- mit Deckversiegelung und Kunststoffgranulat- oder Kunststoffchipseinstreuung (Dicke ≥ 1 mm) oder
- mit Versiegelung und einer mineralischen Einstreuung mit Deckversiegelung (Dicke ≥ 1,5 mm).

Zu beachten:

Die oben angegebenen Dicken beziehen sich auf die Dicke der integrierten Nutzschicht. Die einzuhaltende Mindesttrockenschichtdicke gilt für die Abdichtungsschicht ohne integrierte Nutzschicht.

Weiterhin ist zu beachten, dass die integrierte Nutzschicht Teil des geprüften Abdichtungssystems sein muss.

Gussasphalt im Verbund mit Asphaltmastix oder einer Polymerbitumen-Schweißbahn

Abdichtungsbauarten aus Gussasphalt (obere Lage) im Verbund mit Asphaltmastix (untere Lage) oder einer Lage Polymerbitumen-Schweißbahn (untere Lage) sind nur für die Abdichtung **genutzter Dächer** vorgesehen und werden **direkt auf die Betondecke** aufgebracht. Die Schicht aus Gussasphalt kann direkt genutzt werden.

Es dürfen nur folgende Stoffe verwendet werden:

- Gussasphalt und Asphaltmastix nach DIN EN 12970[8].
- Polymerbitumen-Schweißbahnen mit hochliegender Trägereinlage (HL) nach DIN/TS 20000-203:2021-03[9], Tab. 1, Zeilen 2 und 3.

Anforderungen Gussasphalt:

- Es müssen die Mischgutarten 0/5 mm, 0/8 mm verwendet werden, in Sonderfällen 0/11 mm.
- Es muss Bitumen 20/30 oder Hartbitumen nach DIN EN 12970:2001-02, Tab. 3b verwendet werden.
- Härteklasse IC40 nach DIN EN 13813[10].

Anforderungen Asphaltmastix:

- Es muss die Mischgutart 1 verwendet werden.
- Es muss Bitumen 20/30 oder 30/45 nach DIN EN 12970:2001-02, Tab. 3a und zugehörige Eindringtiefe nach DIN EN 12970:2001-02, Tab. A.1 verwendet werden.

---

8 DIN EN 12970:2001-02: Gussasphalt und Asphaltmastix für Abdichtungen – Definitionen, Anforderungen und Prüfverfahren

9 DIN/TS 20000-203:2021-03: Anwendung von Bauprodukten in Bauwerken – Teil 203: Anwendungsdokument für Abdichtungsbahnen nach europäischen Produktnormen zur Verwendung für Abdichtungen von Betonbrücken und anderen Verkehrsbauwerken aus Beton

10 DIN EN 13813:2003-01: Estrichmörtel, Estrichmassen und Estriche – Estrichmörtel und Estrichmassen – Eigenschaften und Anforderungen

Leistungsstufen für flüssig zu verarbeitende Abdichtungsstoffe

Die Leistungsstufen für Flüssigkunststoffe (FLK) nach ETAG 005 bzw. EAD 030350-00-0402 sind in folgender Tabelle angegeben (s. a. DIN 18531-2:2025-08, Anhang A).

Tabelle 5: *Leistungsstufen für flüssig zu verarbeitende Abdichtungsstoffe (in Anlehnung an DIN 18531-2:2025-08, Anhang A)*

Klassen	Kurz-zeichen	Leistungs-stufen	Bemerkung
Klimazone	M	gemäßigtes Klima	Regelfall für Bauwerke in Deutschland
	S	extremes Klima	-
Erwartete Nutzungs-dauer[a)]	W1	5 Jahre	nur bei Instandsetzungen oder Erneuerungen von Dachabdichtungen sowie für Bauwerke mit begrenzter Nutzungsdauer
	W2	10 Jahre	Regelfall
	W3	25 Jahre	nur anzunehmen, wenn Nachweis über die Brauchbarkeit der Abdichtung vorliegt
Nutzlasten	P1	geringe Beanspruchung	nicht begehbar
	P2	mäßige Beanspruchung	begrenzt begehbar für die Instandhaltung
	P3	normale Beanspruchung	begehbar für Instandhaltung und privaten Fußgängerverkehr
	P4	besondere Beanspruchung	Dachterrassen, Umkehrdächer
Dach-neigung	S1	< 5 %	Flachdächer
	S2	5 % bis 10 %	geneigte Dächer
	S3	10 % bis 30 %	
	S4	> 30 %	

Tabelle 5: *Leistungsstufen für flüssig zu verarbeitende Abdichtungsstoffe (in Anlehnung an DIN 18531-2:2025-08, Anhang A)*

Klassen	Kurz-zeichen	Leistungs-stufen	Bemerkung
Niedrigste Ober-flächen-tempera-turen	TL1	+5 °C	-
	TL2	-10 °C	-
	TL3	-20 °C	Mindesttemperatur für Dachab-dichtungen in Deutschland (Regelfall)
	TL4	-30 °C	-
Höchste Ober-flächen-tempera-turen	TH1	+30 °C	-
	TH2	+60 °C	-
	TH3	+80 °C	Höchsttemperatur für Dachab-dichtungen in Deutschland (Regelfall)
	TH4	+90 °C	-

[a] Die Nutzungsklasse ist eine Abschätzung der Nutzungsdauer auf Basis der Ergebnisse von Dauerhaftigkeitsprüfungen nach ETAG 005 oder eines europäischen Bewertungsdokuments (EAD 030350-00-0402).

Hilfsstoffe

Hilfsstoffe sind zusätzliche Stoffe, die für die Ausführung einer Abdichtung erforderlich sind. Sie sind in DIN 18531-2 festgelegt:

- Stoffe für Voranstriche und Grundierungen
- Bitumen-Klebemassen
- Kaltklebemassen und Klebstoffe
- Stoffe für Trennlagen
- Stoffe für Trägerlagen unter Flüssigkunststoffen (FLK)
- Stoffe für Schutzlagen
- Stoffe für Schutzschichten
- Stoffe für den Oberflächenschutz nicht genutzter Dächer
- Stoffe für Nutzschichten

Voranstriche und Grundierungen

Folgende Stoffe können für Voranstriche verwendet werden:

- Voranstriche auf Bitumenbasis (als Lösung oder Emulsion)
- Voranstriche auf Kunststoffbasis (als Lösung oder Dispersion)
- Bei Abdichtungen mit FLK: Grundierungen aus Reaktionsharz.

Bitumenklebemassen

Als Bitumen-Klebemassen dürfen gefüllte und ungefüllte Klebemassen aus Bitumen (Erweichungspunkt nach DIN EN 1427[1] von 80 °C bis 125 °C) oder Polymerbitumen (Erweichungspunkt mindestens 100 °C) verwendet werden.

Die Einhaltung der Werte für den Erweichungspunkt muss nachgewiesen werden, z. B. durch eine werkseigene Produktionskontrolle. Das Prüfverfahren ist in DIN EN 1427 geregelt (Ring- und Kugelverfahren).

[1] DIN EN 1427:2015-09: Bitumen und bitumenhaltige Bindemittel – Bestimmung des Erweichungspunktes – Ring- und Kugelverfahren

Kaltklebemassen und Klebstoffe

Kaltklebemassen

Für das punkt- oder streifenförmige Aufkleben von Dampfsperren, Wärmedämmschichten und Abdichtungsbahnen sind **Klebemassen aus Bitumen oder Polymerbitumen** geeignet. Die Anwendungs- und Verarbeitungshinweise der Hersteller sind zu beachten. Dies gilt insbesondere für die Verklebung der ersten Lage mit lösemittelhaltigen Bitumenklebemassen auf Dämmstoffen, die gegenüber Lösemitteln empfindlich sind, wie z. B. Polystyrol-Hartschaum (EPS), Polystyrol-Extruderschaum (XPS).

Klebstoffe

Für das streifenförmige Aufkleben von Dampfsperren, Wärmedämmschichten und Abdichtungsbahnen sind **Klebstoffe auf Polyurethan-Basis** geeignet. Die Anwendungs- und Verarbeitungshinweise der Hersteller sind zu beachten.

Trennlagen

Geeignete Stoffe für Trennlagen sind:

- Bitumenbahnen: Bitumendachdichtungsbahnen, Polymerbitumen-Dachdichtungsbahnen, Glasvlies-Bitumendachbahnen
- Glasvliese mit einem Flächengewicht von mind. 120 g/m^2
- Vliese aus synthetischen Fasern mit einem Flächengewicht von mind. 150 g/m^2
- Polyethylenfolien (PE-Folien) mit einer Nenndicke von mind. 0,2 mm
- Lochglasvlies-Bitumenbahnen, einseitig grob besandet

Trägerlagen unter FLK

Trägerlagen werden unter flüssig aufzubringenden Abdichtungsstoffen eingebaut. Geeignete Stoffe sind:

- Bitumen-Dachdichtungsbahnen (nach DIN 18531-2:2025-08, Tab. 1, Zeile 1) und
- Kunststoff- und Elastomerbahnen (nach DIN 18531-2:2025-08, Tab. 2)

Schutzlagen

Tabelle 1: *Schutzlagen (nach DIN 18531-2:2025-08, 5.6)*

Stoff	Eigenschaft
Vliese aus synthetischen Fasern	mind. 300 g/m^2
Schutzbahnen aus PVC	Nenndicke mind. 1 mm
Kunststoff- und Elastomerbahnen	Nenndicke mind. 1,2 mm
Bautenschutzmatten und -platten	aus Gummigranulat mit einer Nenndicke von mind. 6 mm) aus Kunststoffgranulat mit einer Nenndicke von mind. 4 mm
Schutzlagen gegen Durchwurzelung, Kunststoff- oder Elastomerbahnen oder Bitumen- und Polymerbitumenbahnen, deren Eignung als Durchwurzelungsschutz nachgewiesen ist	Nachweis z. B. nach DIN EN 13948[2] oder Prüfung nach dem FLL-Prüfverfahren[3]
Bitumendachdichtungsbahnen, Bitumenschweißbahnen	

[2] DIN EN 13948:2008-01: Abdichtungsbahnen – Bitumen-, Kunststoff- und Elastomerbahnen für Dachabdichtungen – Bestimmung des Widerstands gegen Wurzelpenetration

[3] FLL-Verfahren: Verfahren zur Untersuchung der Wurzelfestigkeit von Bahnen und Beschichtungen für Dachbegrünungen; Forschungsgesellschaft Landschaftsentwicklung Landschaftsbau e.V., Bonn

Schutzschichten

Tabelle 2: *Schutzschichten (nach DIN 18531-2:2025-08, 5.7)*

Stoff	Bemerkung
Beton	mind. C8/10 nach DIN EN 206[4] Dicke mind. 50 mm
Mörtel oder Estrichmörtel	Dicke mind. 50 mm
Betonplatten	Dicke mind. 40 mm Abmessungen mind. 400 mm x 400 mm
Gussasphalt	Dicke mind. 25 mm
Dränmatten, -platten	-
Platten aus Hartschaum	z. B. Polystyrol-Extruderschaum (XPS)

Stoffe für den Oberflächenschutz nicht genutzter Dächer

Es wird zwischen leichtem und schwerem Oberflächenschutz unterschieden.

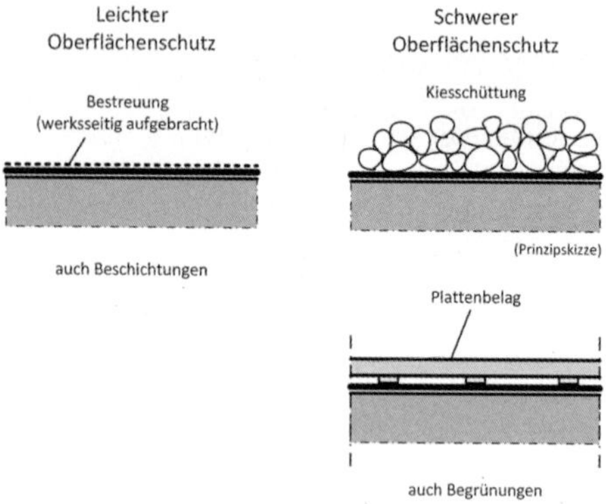

Bild 1: *Leichter und schwerer Oberflächenschutz (Quelle: Prof. Dr.-Ing. Peter Schmidt)*

[4] DIN EN 206:2021-06: Beton – Festlegung, Eigenschaften, Herstellung und Konformität

Als **leichter Oberflächenschutz** sind folgende Stoffe geeignet:

- Polymerbitumenbahnen, die eine werkseitige Bestreuung auf der Oberseite mit schuppenförmigem Korn oder Granulat aufweisen.
- Beschichtungen, die durch Streichen, Rollen oder Spritzen auf die Abdichtung aufgetragen werden. Die Beschichtungsstoffe müssen mit der Abdichtung und ggf. weiteren Stoffen, mit denen sie in Kontakt kommen, verträglich sein. Weiterhin dürfen die Beschichtungen das Brandverhalten des Dachs nicht nachteilig beeinträchtigen.

Für den **schweren Oberflächenschutz** können folgende Stoffe verwendet werden:

- Schüttungen aus Gestein der Korngröße 16/32 (Kies) nach DIN EN 13242[5]; hierbei ist ein erhöhter Anteil an Unter-/Überkorn sowie an gebrochenem Korn zulässig.
- Plattenbeläge aus Beton-, Keramik- oder Natursteinplatten. Diese müssen frostbeständig sein und können in einem Splittbett (im Mittel 30 mm dick) oder auf Bautenschutzmatten oder -platten (Dicke ≥ 6 mm) verlegt werden.
- Extensive und intensive Begrünung.

Stoffe für Nutzschichten

Für Nutzschichten können folgende Stoffe verwendet werden:

- Plattenbeläge aus Beton-, Keramik- oder Natursteinplatten (frostbeständig), die lose auf z. B. einem Splittbett oder sonstiger mineralischer Feinschüttung (Dicke im Mittel 30 mm) oder auf Bautenschutzmatten oder -platten verlegt werden.
- Intensive Begrünung
- Integrierte Nutzschichten für FLK

5 DIN EN 13242:2008-03: Gesteinskörnungen für ungebundene und hydraulisch gebundene Gemische für den Ingenieur- und Straßenbau

Abdichtungsbauarten

Die Abdichtungsbauart beschreibt den konstruktiven und stofflichen Aufbau der Abdichtung. Für die Abdichtung von Dächern sind folgende Abdichtungsbauarten zulässig (DIN 18531-3):

- Abdichtungsbauart mit Bitumen- und Polymerbitumenbahnen (zweilagig)
- Abdichtungsbauart mit Kunststoff- oder Elastomerbahnen (einlagig)
- Abdichtungsbauart mit Flüssigkunststoffen (FLK)

Für die angegebenen Abdichtungsbauarten dürfen nur die zugelassenen Stoffe nach DIN 18531-2 verwendet werden (siehe Abschnitt „Abdichtungsstoffe").

Der stoffliche und konstruktive Aufbau der Abdichtungsbauarten ist von folgenden Größen abhängig:

- Art der Nutzung (Unterscheidung in nicht genutzte und genutzte Dachflächen)
- geplantes Gefälle (≥ 2 %, < 2 % oder gefällelos)
- ggf. weitere Kriterien (z. B. baustellenbedingte Einwirkungen, Solaranlagen, Aufwand für Schadensbeseitigung, Unterlaufsicherheit usw.; siehe Anhang A der DIN 18531-3)

Für die Abdichtung von Dächern werden folgende Abdichtungsbauarten unterschieden:

Abdichtungsbauarten mit Bitumen- und Polymerbitumenbahnen eignen sich in der Regel für die meisten Standardsituationen, wie z. B. Flachdächer von Wohnbauten, Schulgebäuden, Büro- und Verwaltungsbauten, Sport- und Freizeithallen, Hallen für Gewerbe und Industriebetriebe. Die Abdichtungsschicht wird in der Regel zweilagig verlegt, wobei für die obere Lage die gegen thermische Einwirkungen widerstandsfähigeren Polymerbitumenbahnen und für die untere Lage Bitumenbahnen verwendet werden. Im Vergleich zu Abdichtungsbauarten mit Kunststoff- oder Elastomerbahnen sind Bauarten mit Bitumen- und Polymerbitumenbahnen etwas kostengünstiger.

Abdichtungsbauarten mit Kunststoff- oder Elastomerbahnen sind aufgrund der hohen Widerstandsfähigkeit gegen thermische und mechanische Beanspruchungen gut für die Abdichtung großflächiger Dächer im Industrie- und Hallenbau geeignet. Aufgrund der Vielzahl von Bahnentypen kann die Abdichtung den jeweiligen Anforderungen im Einzelfall angepasst werden. Die Abdichtungsschicht wird grundsätzlich einlagig verlegt, wobei die Bemessung mithilfe der Mindestdicke der Bahnen erfolgt.

Abdichtungsbauarten mit Flüssigkunststoff (FLK) bieten ebenfalls universelle Einsatzmöglichkeiten. Die Vorteile liegen bei dieser Bauart bei der Abdichtung geometrisch strukturierter Flächen (z. B. Dachfläche mit vielen Aufbauten und Durchdringungen) sowie bei der Instandsetzung von bestehenden Abdichtungen. FLK werden auch häufig für die Abdichtung kleinerer Flächen eingesetzt, bei denen die Abdichtung mit Bahnen zu aufwendig ist.

Anmerkung:

- Abdichtungsbauarten, die für ein geplantes Gefälle von < 2 % oder für gefällelose Flächen geeignet sind, können auch für Dachflächen mit einem geplanten Gefälle von ≥ 2 % verwendet werden.
- **Abdichtungsbauarten, die für ein Gefälle ≥ 2 % vorgesehen sind, dürfen nicht für Flächen mit einem Gefälle < 2 % verwendet werden!**

Ablaufschema für die Planung der Abdichtung von Dächern

Der grundsätzliche Ablauf der Planung von Dachabdichtungen erfolgt nach folgendem Ablaufschema:

1. Wahl der Abdichtungsbauart:
   a) Abdichtung mit Bitumen- und Polymerbitumenbahnen
   b) Abdichtung mit Kunststoff- oder Elastomerbahnen
   c) Abdichtung mit Flüssigkunststoffen (FLK)
2. Festlegung der Art der Nutzung der Dachfläche (Unterscheidung in „nicht genutzt“ und „genutzt“). Eine Einteilung des Daches in Teilflächen ist möglich.
3. Festlegung des geplanten Gefälles (Unterscheidung in „Gefälle ≥ 2 %“ und „Gefälle < 2 %“).
4. Festlegung des Aufbaus der Abdichtungsschicht (z. B. Anzahl der Lagen, Bahnentyp, Dicke).

Abdichtungsbauart mit Bitumen- und Polymerbitumenbahnen

Bei dieser Bauart besteht die Abdichtungsschicht aus Bitumen- und/oder Polymerbitumen und wird in der Regel **zweilagig** ausgeführt. Ausgenommen sind Polymerbitumenbahnen für einlagige Verlegung.

Es müssen Abdichtungsstoffe nach DIN 18531-2:2025-08, Tab. 1 verwendet werden (s. Abschnitt „Abdichtungsstoffe“).

Bei der Ausführung im Regelfall mit zwei Lagen ist die obere Lage grundsätzlich eine Polymerbitumenbahn. Für die untere Lage können Bitumenbahnen sowie Polymerbitumenbahnen verwendet werden. Der Aufbau der Abdichtungsschicht wird in Abhängigkeit von der Nutzung der Dachfläche (nicht genutzt, genutzt) und dem geplanten Gefälle (≥ 2 %, < 2 %) festgelegt. Siehe nachfolgende Tabelle.

***Tabelle 1:** Aufbau der Abdichtungsschicht bei Abdichtungsbauarten mit Bitumen- und Polymerbitumenbahnen (in Anlehnung an DIN 18531-3:2025-08, Tab. 1)*

Nutzung der Dachfläche	geplantes Gefälle	Anzahl der Lagen	Abdichtungsstoffe[2] n. DIN 18531-2:2025-08, Tab. 1 (Anwendungstyp)
nicht genutzt	≥ 2 %	2	obere Lage: Polymerbitumenbahn (DO) untere Lage: Bitumenbahn (DU) [3]
		1	eine Lage: Polymerbitumenbahn (DE)[4]
	< 2 % [1]	2	obere Lage: Polymerbitumenbahn (DO) untere Lage: Polymerbitumenbahn (DU)
genutzt	≥ 2 %	2	obere Lage: Polymerbitumenbahn (DO) untere Lage: Bitumenbahn (DU)
	< 2 % [1]	2	obere Lage: Polymerbitumenbahn (DO) untere Lage: Polymerbitumenbahn (DU)

***Tabelle 1:** Aufbau der Abdichtungsschicht bei Abdichtungsbauarten mit Bitumen- und Polymerbitumenbahnen (in Anlehnung an DIN 18531-3:2025-08, Tab. 1)*

Nutzung der Dachfläche	geplantes Gefälle	Anzahl der Lagen	Abdichtungsstoffe[2] n. DIN 18531-2:2025-08, Tab. 1 (Anwendungstyp)
Anwendungstypen: DE: Bahnen für eine einlagige Abdichtungsschicht. DO: Bahnen für die obere Lage einer mehrlagigen Abdichtungsschicht. DU: Bahnen für die untere Lage einer mehrlagigen Abdichtungsschicht.			
1) Oder ohne Gefälle. 2) Es dürfen Bitumen- und Polymerbitumenbahnen der angegebenen Stoffe und des Anwendungstyps n. DIN 18531-2 verwendet werden. 3) Bei Abdichtungen auf massiven Tragkonstruktionen mit Wärmedämmung aus Hartschaum und einem geplanten Gefälle > 2 % darf als untere Lage auch eine Bitumenbahn V 60 S4 (verklebt und/oder unter Auflast) verwendet werden. 4) Anordnung unter begrünten Flächen ist nicht zulässig.			

Weitere Regeln:

- Kaschierlagen aus Bitumen- und Polymerbitumenbahnen dürfen auf roll- und klappbaren Wärmedämmschichten als untere Lage nur dann verwendet werden, wenn sie aus Bahnen nach DIN 18531-2:2025-08, Tab. 1, Zeile-Nr. 1 bis 6 bestehen und eine Lieferlänge von mind. 2,5 m aufweisen (Bitumendachdichtungsbahnen, Bitumenschweißbahnen, Polymerbitumenschweißbahnen, kaltselbstklebende Polymerbitumenbahnen (KSP) mit Kombinationsträgereinlage (KTG) und Polymerbitumenbahnen für einlagige Verlegung). Ausgenommen von dieser Regelung sind Bitumenschweißbahnen vom Typ V60 S4. In diesem Fall müssen die Überlappungen der Kaschierungen eine Breite von mindestens 80 mm aufweisen und dicht verklebt werden.
- Im Kaltselbstklebeverfahren dürfen nur kaltselbstklebende Polymerbitumenbahnen mit Kombinationsträgereinlage verwendet werden (nach DIN 18531-2, Tab. 1, Zeile-Nr. 5 (KSP)). Untergrund und Nahtbereiche müssen für die Kaltselbstklebung geeignet und/oder vorbereitet sein. Weiterhin sind Untergrund- und Umgebungslufttemperatur bei der Herstellung der Abdichtung zu beachten (Herstellerangabe).

- Bei begrünten Dächern darf als obere Lage auch eine Polymerbitumenbahn vom Typ PYE-Vcu S5 oder PYE-Cu01 S5 nach DIN 18531-2, Tab. 1, Zeile-Nr. 4 verwendet werden (Ausnahme: An- und Abschlussbereiche).
- Bei genutzten Dächern sind auf der Abdichtung Schutzlagen oder Schutzschichten einzubauen, um die Abdichtung vor mechanischen Beschädigungen zu schützen.
- Bei Abdichtungen mit schwerem Oberflächenschutz dürfen als obere Lage Bahnen mit und ohne Bestreuung eingebaut werden.
- Polymerbitumenbahnen für einlagige Verlegung (DE) sind unter begrünten Flächen nicht zulässig; d. h. die Abdichtungsschicht unter Begrünungen muss grundsätzlich aus zwei Lagen bestehen.

Beispiel:

Für ein genutztes Dach mit einem geplanten Gefälle ≥ 2 % ist der Abdichtungsaufbau zu bestimmen. Die Abdichtung soll mit Bitumen-/Polymerbitumenbahnen ausgeführt werden.

Lösung:

Für genutzte Dächer muss die Abdichtung zweilagig sein. Der grundsätzliche Aufbau ergibt sich aus der Tabelle oben:

- obere Lage: Polymerbitumenbahn (Anwendungstyp DO)
- untere Lage: Bitumenbahn (Anwendungstyp DU)

Nach DIN 18531-2 können folgende Stoffe (Bahnentypen) eingesetzt werden (s. a. Abschnitt „Abdichtungsstoffe"):

- obere Lage: Polymer-Dachdichtungsbahnen, Typ PYE-G 200 DD oder PYE-PV 200 DD
- untere Lage: Bitumen-Schweißbahnen, z. B. Typ G 200 S4

Abdichtungsbauart mit Kunststoff- oder Elastomerbahnen

Bei dieser Bauart besteht die Abdichtungsschicht aus einer Kunststoff- oder Elastomerbahn und wird grundsätzlich **einlagig** ausgeführt.

Es müssen Abdichtungsstoffe nach DIN 18531-2:2025-08, Tab. 2 verwendet werden (s. Abschnitt „Abdichtungsstoffe").

Die Festlegung der erforderlichen Bahnendicke erfolgt in Abhängigkeit von der Nutzung der Dachfläche (nicht genutzt, genutzt) und dem geplanten Gefälle (≥ 2 %, < 2 %). Siehe nachfolgende Tabelle.

Tabelle 2: *Aufbau der Abdichtungsschicht bei Abdichtungsbauarten mit Kunststoff- oder Elastomerbahnen (in Anlehnung an DIN 18531-3:2025-08, Tab. 2)*

Bahnentyp	Kurzbezeichnung n. DIN 18531-2:2025-08, Tab. 2	Dicke d_{eff} in mm			
		nicht genutzt		genutzt	
		geplantes Gefälle			
		≥ 2 %	< 2 %	≥ 2 %	< 2 %
Kunststoffbahnen	ECB	2,0	2,3	2,0	2,3
	EVA	1,2	1,5	1,5	1,5
	FPO	1,2	1,5	1,5	1,5
	PIB	1,5	1,5	1,5	1,5
	PVC-P	1,2	1,5	1,5	1,5
Elastomerbahnen	TPE	1,2	1,5	1,5	1,5
	EPDM(V)	1,3	1,5	1,5	1,5
	EPDM	1,1	1,3	1,3	1,5

Bahnentyp	Kurzbezeichnung n. DIN 18531-2:2025-08, Tab. 2	Dicke d_{eff} in mm			
		nicht genutzt		genutzt	
		geplantes Gefälle			
		≥ 2 %	< 2 %	≥ 2 %	< 2 %
Abkürzungen:					
ECB: Ethylencopolymerisat-Bitumen (bitumenverträglich) (ECB-Bahnen)					
EVA: Ethylen-Vinylacetat-Terpolymer/-Copolymer, bitumenverträglich (EVA-Bahnen)					
FPO: Flexibles Polyolefin, bitumenverträglich (FPO-Bahnen)					
PIB: Polyisobutylen, bitumenverträglich (PIB-Bahnen)					
PVC-P: Polyvinylchlorid weich, nicht bitumenverträglich / bitumenverträglich (PVC-P-Bahnen)					
TPE: Thermoplastisches Elastomer, bitumenverträglich (TPE-Bahnen)					
EPDM: Ethylen-Propylen-Dien-Terpolymer, bitumenverträglich (EPDM-Bahnen)					
EPDM(V): EPDM-Bahnen mit Verstärkung					
Anmerkung: Die Angaben für ein Gefälle < 2 % gelten auch für gefällelose Flächen.					

Abdichtungsbauart mit Flüssigkunststoffen (FLK)

Bei dieser Abdichtungsbauart wird die Abdichtungsschicht aus Flüssigkunststoff (FLK) hergestellt. Abdichtungsbauarten mit FLK gelten als einlagige Abdichtung. Die Abdichtungsschicht wird in Abhängigkeit von der Nutzung und dem geplanten Gefälle mit einer Mindesttrockenschichtdicke von 1,8 mm (nicht genutzte Dachflächen, Gefälle ≥ 2 %) und 2,1 mm (alle anderen Fälle) geplant und ausgeführt; siehe nachfolgende Tabelle.

In den flüssig aufzubringenden FLK ist eine Einlage einzuarbeiten. Die Art der Einlage ist in der ETA (europäische Zulassung) anzugeben.

Als Abdichtungsstoffe dürfen nur die in DIN 18531-2:2025-08, Tab. 3 angegebenen Stoffe verwendet werden (siehe Abschnitt „Abdichtungsstoffe"). Außerdem erfordert die Abdichtung mit FLK den Nachweis bestimmter Leistungsstufen nach ETAG 005[1] bzw. EAD 030350-00-0402[2]; s. a. DIN 18531-2:2025-08, Anhang A (siehe Abschnitt „Leistungsstufen").

		Nutzung			
		nicht genutzt		**genutzt**	
geplantes Gefälle		**≥ 2 %**	**< 2 %** [1)]	**≥ 2 %**	**< 2 %** [1)]
Mindesttrockenschichtdicke [2)]		**1,8 mm**	**2,1 mm**	**2,1 mm**	**2,1 mm**
Leistungsstufen n. ETA	Nutzungsdauer	W3	W3	W3	W3
	Klimazone	M	M	S	S
	Nutzlast	P4	P4	P4	P4
	Oberflächentemperatur	TL3 TH3	TL4 TH4	TL4 TH4	TL4 TH4

Abkürzungen:

Erwartete Nutzungsdauer: W3: 25 Jahre

Klimazone: M: gemäßigtes Klima; S: extremes Klima

Nutzlasten: P4: besondere Beanspruchung

Niedrigste Oberflächentemperaturen: TL3: -20 °C; TL4: -30 °C

Höchste Oberflächentemperaturen: TH3: +80 °C; TH4: +90 °C

1) Oder ohne Gefälle.
2) Der Wert für die Mindesttrockenschichtdicke gilt ohne eine ggf. integrierte Nutzschicht.

---

1 ETAG 005: Leitlinie für die Europäische Technische Zulassung für flüssig aufzubringende Dachabdichtungen; hrsg. v. Deutsches Institut für Bautechnik, Berlin

2 EAD 030350-00-0402: Liquid applied roof waterproofing kits

Abdichtungsbauart mit Gussasphalt im Verbund mit Asphaltmastix oder einer Polymerbitumen-Schweißbahn

Bei dieser Bauart besteht die Abdichtungsschicht aus einer Schicht Gussasphalt (obere Lage) im Verbund mit einer Schicht Asphaltmastix oder einer Lage Polymerbitumen-Schweißbahn (jeweils untere Lage).

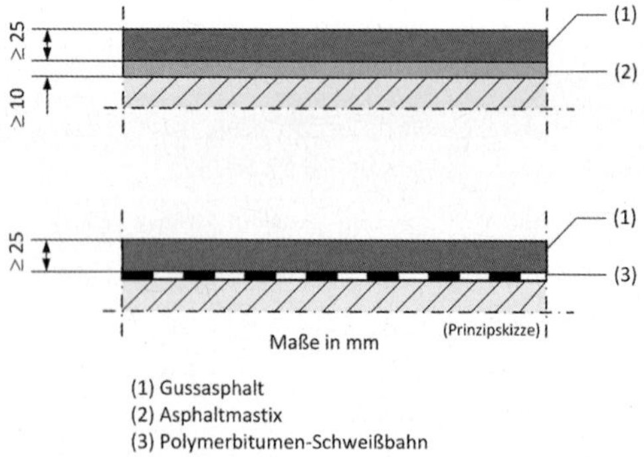

Bild 1: *Abdichtungsbauarten mit Gussasphalt (Quelle: Prof. Dr.-Ing. Peter Schmidt)*

Abdichtungsbauarten mit Gussasphalt sind nur für genutzte Dächer vorgesehen, z. B. Dachterrassen. Sie können mit und ohne Gefälle ausgeführt werden und werden direkt auf den Untergrund aus Beton (z. B. Stahlbetondecke) aufgebracht. Die Schicht aus Gussasphalt kann direkt genutzt werden, separate Schutzschichten (Belag) sind nicht erforderlich. Es dürfen nur Stoffe nach DIN 18531-2:2025-08, 4.5 verwendet werden. Der Aufbau ergibt sich aus folgender Tabelle.

Tabelle 3: *Abdichtungsbauart mit Gussasphalt im Verbund mit Asphaltmastix oder einer Polymerbitumen-Schweißbahn (in Anlehnung an DIN 18531-3:2025-08, Tab. 4)*

Nutzung	**geplantes Gefälle**	**Bauart**	**Stoffe n. DIN 18531-2:2025-08, 4.5**	
nicht genutzte Dächer	**Anwendung ist nicht vorgesehen**			
genutzte Dächer	≥ 2 % und < 2 % [1]	Gussasphalt im Verbund mit Asphalt-mastix	obere Lage: Gussasphalt	d ≥ 25 mm[2]
			untere Lage: Asphalt-mastix	d ≥ 10 mm[3]
		Gussasphalt auf einer Polymer-bitumen-Schweiß-bahn	obere Lage: Gussasphalt	d ≥ 25 mm[2]
			untere Lage: Polymer-bitumen-Schweiß-bahn	[4]

1) Oder ohne Gefälle.
2) Der Wert darf an Einzelstellen um bis zu 5 mm unterschritten werden.
3) Der Wert darf an keiner Stelle < 7 mm oder > 15 mm Dicke aufweisen.
4) Bahnen n. DIN/TS 20000-203:2021-03, Tab. 1, Zeile 2 u. 3

Ausführung

Für die Ausführung von Dachabdichtungen gilt DIN 18531-3:2025-08.

Die Abdichtung darf nur mit einer der in DIN 18531-3 geregelten **Abdichtungsbauarten** ausgeführt werden (siehe Abschnitt „Abdichtungsbauarten"). Im Einzelnen sind dies folgende Bauarten:

- Abdichtungsbauart mit Bitumen- und Polymerbitumenbahnen
- Abdichtungsbauart mit Kunststoff- oder Elastomerbahnen
- Abdichtungsbauart mit FLK und FLK mit integrierter Nutzschicht
- Abdichtungsbauart mit Gussasphalt im Verbund mit Asphaltmastix oder einer Polymerbitumen-Schweißbahn

Bei der Ausführung sind folgende allgemeine Regeln zu beachten:

- Witterungsbedingungen
- Anforderungen an den Untergrund und dessen Vorbereitung (siehe Abschnitt ► „Anforderungen an den Untergrund")
- Regeln zur Verarbeitung der Stoffe und Funktionsschichten des Dachaufbaus, einschließlich der Abdichtungsschicht (siehe nachfolgende Abschnitte)

Witterungsbedingungen

Die Abdichtung darf nur bei geeigneten Witterungsbedingungen ausgeführt werden:

- Temperaturen von mind. 5 °C
- keine Nässe, kein Regen, Schnee, Eis
- kein starker Wind

Bei Temperaturen unter 5 °C oder abweichenden Witterungsbedingungen sind geeignete Maßnahmen zu ergreifen, wenn die Abdichtung dennoch ausgeführt werden soll (z. B. durch Einhausung und Klimatisierung).

Ausführung einer Trennlage

Eine Trennlage ist in folgenden Fällen erforderlich:

- zwischen Stoffen, die untereinander unverträglich sind
- wenn der Untergrund ein Perforationsrisiko für die Abdichtungsschicht darstellt
- um Bewegungen des Untergrunds nicht auf die Abdichtung zu übertragen
- aus Brandschutzgründen

Trennlagen werden lose verlegt oder teilflächig mit dem Untergrund verklebt.

Für Trennlagen sind Stoffe nach DIN 18531-2:2025-08, 5.4 zu verwenden (siehe Abschnitt „Hilfsstoffe").

Trägerlage

Eine Trägerlage ist bei Abdichtungen aus Flüssigkunststoffen einzubauen, wenn im Untergrund Stoßfugen vorhanden sind (wie z. B. bei Wärmedämmstoffen, Holzschalungen).

Trägerlagen können auch bei chemischer Unverträglichkeit zwischen Abdichtung und Untergrund die Funktion einer Trennlage übernehmen.

Ausführung der Wärmedämmschicht

Die Wärmedämmschicht dient zur Verminderung von Transmissionswärmeverlusten und dem Schutz vor schädlicher Tauwasserbildung auf Bauteilinnenoberflächen. Eine Dämmschicht ist i. d. R. nur bei Dächern erforderlich, die an temperierte Räume grenzen. Außerdem kann die Dämmschicht zur Herstellung des notwendigen Gefälles der Abdichtungsschicht genutzt werden (Gefälledämmung).

Anforderungen an Wärmedämmstoffe

Bei Wärmedämmstoffen, die als Unterlage für die Abdichtungsschicht dienen (Warmdach), sind folgende Anforderungen zu beachten:

- Anforderungen der DIN 4108-2[1] und DIN 4108-10[2] (Anwendungstypen DAA, DUK).
- Gebäudeenergiegesetz (GEG)[3].
- Beim Einbau von Wärmedämmplatten ist darauf zu achten, dass die Plattenkanten keine Schäden an der Abdichtungsschicht verursachen.
- Maximale Kantenlänge von Dämmplatten aus Hartschaum beim verklebten Aufbau: 1,25 m.
- Bei Wärmedämmplatten, deren temperaturbedingte Längenänderungen an den Plattenfugen nachteilige Auswirkungen auf die Abdichtungsschicht haben können (z. B. EPS), ist eine vollflächige Trennung von Wärmedämmschicht und Abdichtungsschicht vorzusehen.
- Es dürfen nur Wärmedämmstoffe verwendet werden, die harmonisierten europäischen Normen oder europäischen technischen Bewertungen (ETA) entsprechen und für diesen Anwendungszweck zugelassen sind. Genormte Dämmstoffe müssen den Normen DIN EN 13162[4], DIN EN 13163[5], DIN EN 13164[6], DIN EN 13165[7], DIN EN 13166[8] und DIN EN 13167[9] entsprechen.

---

1 DIN 4108-2:2013-02: Wärmeschutz und Energie-Einsparung in Gebäuden – Teil 2: Mindestanforderungen an den Wärmeschutz

2 DIN 4108-10:2021-11: Wärmeschutz und Energie-Einsparung in Gebäuden – Teil 10: Anwendungsbezogene Anforderungen an Wärmedämmstoffe

3 Gesetz zur Einsparung von Energie und zur Nutzung erneuerbarer Energien zur Wärme- und Kälteerzeugung in Gebäuden (Gebäudeenergiegesetz – GEG)

4 DIN EN 13162:2015-04: Wärmedämmstoffe für Gebäude – Werkmäßig hergestellte Produkte aus Mineralwolle (MW) - Spezifikation

5 DIN EN 13163:2017-02: Wärmedämmstoffe für Gebäude – Werkmäßig hergestellte Produkte aus expandiertem Polystyrol (EPS) - Spezifikation

6 DIN EN 13164:2015-04: Wärmedämmstoffe für Gebäude – Werkmäßig hergestellte Produkte aus extrudiertem POlystyrolschaum (XPS) - Spezifikation

7 DIN EN 13165:2016-09: Wärmedämmstoffe für Gebäude – Werkmäßig hergestellte Produkte aus Polyurethan-Hartschaum (PU) - Spezifikation

8 DIN EN 13166:2016-09: Wärmedämmstoffe für Gebäude – Werkmäßig hergestellte Produkte aus Phenolharzschaum (PF)- Spezifikation

9 DIN EN 13167:2015-04: Wärmedämmstoffe für Gebäude – Werkmäßig hergestellte Produkte aus Schaumglas (CG) - Spezifikation

- Bei nicht genutzten Dächern müssen die Mindestanforderungen nach DIN 4108-10 für den Anwendungstyp DAA erfüllt sein.
- Wärmedämmschichten, auf die direkt eine Abdichtungsschicht aufgebracht wird, müssen für diesen Zweck geeignet sein. Insbesondere müssen sie für die Verarbeitung der Abdichtungsstoffe geeignet sein und mit der Abdichtungsschicht verträglich sein.
- Dämmschichten mit einer Dicke von ≥ 160 mm sollten zweilagig verlegt werden.
- Wärmedämmstoffe müssen eine ausreichende Druckbelastbarkeit aufweisen. Siehe hierzu DIN 4108-10 und nachfolgende Tabelle.
- Wärmedämmstoffe müssen den Anwendungstypen DAA (DAA: Warmdach; Dämmung unter der Abdichtung; Dämmung auf der Abdichtung) und DUK (DUK: Umkehrdach) nach DIN 4108-10 entsprechen.

Tabelle 1: *Beispiele für geeignete Wärmedämmstoffe für Dächer (in Anlehnung an DIN 18531-3:2025-08, Tab. 5)*

Wärmedämmstoff		**Anwendungstyp nach DIN 4108-10**[2)]	**Druckbelastbarkeit nach DIN 4108-10**[1),2)]	**Anwendungsbereich**
Kurzzeichen	**Bezeichnung**			
MW	Mineralwolledämmstoffe nach DIN EN 13162	DAA	60 kPa bei 10 % Stauchung[1)]	nicht genutzte Dächer Dächer mit Solaranlagen[3)]
EPS	Polystyrol-Hartschaum nach DIN EN 13163	DAA	dm	nicht genutzte Dächer
			dh	nicht genutzte Dächer, begehbare Flächen, z. B. Dachterrassen, intensive Dachbegrünung
			ds	
XPS	Polystyrol-Extruderschaum nach DIN EN 13164	DAA	dm/dh/ds	nicht genutzte Dächer, begehbare Flächen, z. B. Dachterrassen, intensive Dachbegrünung, Umkehrdächer
		DUK[1),4)]	dh/ds/dx	

***Tabelle 1:** Beispiele für geeignete Wärmedämmstoffe für Dächer (in Anlehnung an DIN 18531-3:2025-08, Tab. 5)*

Wärmedämmstoff		Anwendungstyp nach DIN 4108-10[2]	Druckbelastbarkeit nach DIN 4108-10[1),2)]	Anwendungsbereich
Kurzzeichen	**Bezeichnung**			
PU	Polyurethan-Hartschaum nach DIN EN 13165	DAA	dh/ds	nicht genutzte Dächer, begehbare Flächen, z. B. Dachterrassen, intensive Dachbegrünung
CG	Schaumglas-Dämmstoffe nach DIN EN 13167	DAA	dh/ds/dx	nicht genutzte Dächer, begehbare Flächen, z. B. Dachterrassen, intensive Dachbegrünung

1) Nach DIN 4108-10.

2) Mindestanforderung.

3) Mindestanforderung Druckspannung CS (10/70) kPa und Lastverteilungsschicht ober- oder unterhalb der Abdichtung angeordnet. Lastverteilende Schichten oberhalb der Abdichtung sind bereits bei der Montage der Solaranlage und für spätere Wartungs- und Verkehrswege erforderlich.

4) Mit allgemeiner Bauartgenehmigung.

DAA: Dämmung unter der Abdichtung, vor Bewitterung geschützt

DUK: Dämmung auf der Abdichtung, der Bewitterung ausgesetzt (Umkehrdach)

dm: mittlere Druckbelastbarkeit

dh: hohe Druckbelastbarkeit

ds: sehr hohe Druckbelastbarkeit

dx: extrem hohe Druckbelastbarkeit

Beispiel

Bei genutzten Dächern mit Abdichtung aus FLK mit integrierter Nutzschicht und Wärmedämmung ist auf der Wärmedämmschicht eine lastverteilende Schicht anzuordnen.

Ausführung der Dampfdruckausgleichsschicht

Eine Dampfdruckausgleichsschicht wird hergestellt, indem die Abdichtungsschicht bzw. bei einer mehrlagigen Abdichtung die untere Lage punkt- oder unterbrochen streifenweise auf den Untergrund aufgeklebt oder lose verlegt wird.

Bei FLK kann eine ebenfalls punkt-/streifenförmig aufgeklebte oder lose verlegte Trägerlage die Funktion der Dampfdruckausgleichsschicht übernehmen.

Bei Abdichtungen, die auf einer Wärmedämmschicht aus Mineralwolle aufgebracht sind, ist keine Dampfdruckausgleichsschicht erforderlich, da der Druckausgleich in der Mineralwolle erfolgt.

Ausführung der Abdichtung

Der Abdichtung dürfen keine planmäßigen Kräfte, die parallel zur Abdichtungsebene wirken, zugewiesen werden.

Die Abdichtung kann nur flächige Druckkräfte aufnehmen, die senkrecht auf sie wirken. Insbesondere bei genutzten Dächern treten größere Lasten aus der Nutzung und dem Verkehr auf. Die Abdichtung ist für solche Druckbeanspruchungen nachzuweisen. Gegebenenfalls sind geeignete Konstruktionen zum Lastabtrag vorzusehen.

Je nach Stoffart ist die Abdichtungsschicht einlagig (bei Kunststoff- und Elastomerbahnen sowie bei flüssig zu verarbeitenden Stoffen) oder mehrlagig (bei Bitumen- und Polymerbitumenbahnen) auszuführen.

Bei Abdichtungsbauarten mit einer einlagigen Abdichtungsschicht ist zu beachten, dass sämtliche Anforderungen einer Abdichtungslage erfüllt werden müssen.

Ausführung der Abdichtung mit Bitumen- und Polymerbitumenbahnen

Allgemeine Regeln zur Ausführung

Bitumen- und Polymerbitumenbahnen werden i. d. R. zweilagig ausgeführt. Ausgenommen sind Polymerbitumenbahnen für einlagige Verlegung. Diese dürfen allerdings nur bei nicht genutzten Dächern mit einem geplanten Gefälle von ≥ 2 % ausgeführt werden.

Es gelten folgende Regeln:

- Die Lagesicherung erfolgt durch Auflast, mechanische Befestigung, teilflächige oder vollflächige Verklebung mit dem Untergrund (nur bei geeignetem Untergrund: Beton, Schaumglas, kaschierter oder anderer geeigneter Wärmedämmstoffe).
- Die einzelnen Lagen sind parallel zueinander und überlappend (bei mehreren Lagen mit Versatz) zu verlegen.
- Die einzelnen Lagen sind vollflächig miteinander zu verkleben.
- Einzelne, geringfügige Hohlräume bei der Verklebung können nicht vollständig ausgeschlossen werden.
- Auf den Untergrund ist ggf. ein Voranstrich aufzubringen.
- Bei einer einlagigen Abdichtung (Polymerbitumenbahnen für einlagige Verlegung) sind die An- und Abschlüsse mehrlagig auszuführen.
- Im Bereich von Kehlen ist die Abdichtung durch Zulagen zu verstärken.

Überlappung und Nahtverbindung

Tabelle 1: *Überlappungsmaß an Längs- und Quernähten bei Bitumen- und Polymerbitumenbahnen*

Abdichtung	Überlappungsmaß an Längs- und Quernähten
einlagig	10 cm
zweilagig	8 cm

Weitere Regeln:

- Die Nahtverbindungen sind durch Verkleben herzustellen.
- Die Überlappung ist in Richtung des Gefälles (Wasserablauf) zu führen.
- Kreuzstöße sind zu vermeiden (Bahnen versetzen).
- Bei einlagiger Abdichtung mit Polymerbitumenbahnen sind die Nahtverbindungen mit dem Schweißverfahren (Flamme, Warmgas) auszuführen. Mindestfügebreite an der Längsnaht: 8 cm bei Herstellung mit Schweißverfahren, 6 cm beim Warmgasschweißen. Mindestfügebreite an Quernähten 10 cm und bei allen Nahtverbindungen auf beschieferten Bahnen.
- Bei kaltselbstklebenden Polymerbitumenbahnen (KSP) und Polymerbitumenbahnen für einlagige Verlegung ist am T-Stoß ein Schrägschnitt der unterdeckenden Bahn erforderlich.

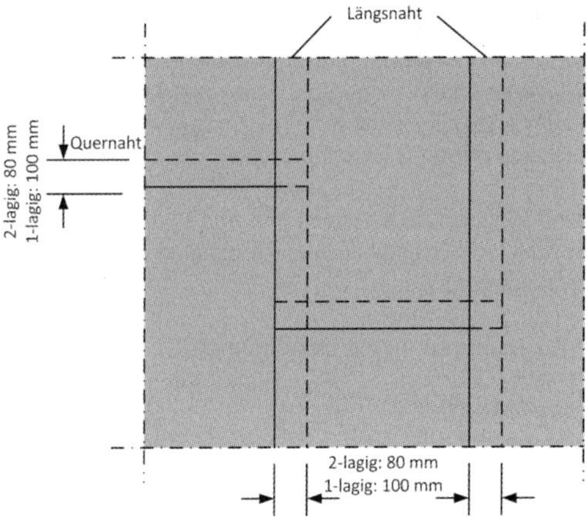

Bild 1: *Überlappungsmaß bei Bitumen- und Polymerbitumenbahnen (Quelle: Prof. Dr.-Ing. Peter Schmidt)*

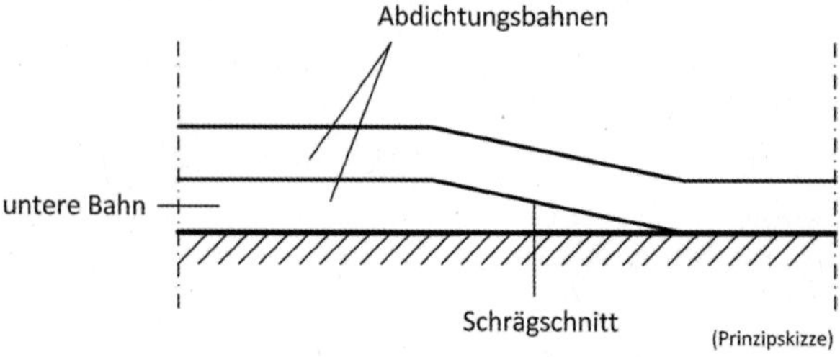

Bild 2: *Schrägschnitt am T-Stoß (Quelle: Prof. Dr.-Ing. Peter Schmidt)*

Verlegearten bei Bitumen- und Polymerbitumenbahnen

- verklebt (voll-/teilflächig)
- lose verlegt, mit mechanischer Befestigung oder mit Auflast

Verklebung:

Für die Verklebung von Bitumen- und Polymerbitumenbahnen mit dem Untergrund, untereinander sowie für die Nahtverbindungen eignen sich die folgenden Verfahren:

1. Schweißverfahren (nur bei Schweißbahnen)
2. Gießverfahren (bei Bahnen mit Besandung oder Feinstbestreuung auf der Unterseite und im Nahtbereich)
3. Kaltselbstklebeverfahren (nur bei kaltselbstklebenden Bahnen)
4. Bürstenstreichverfahren (in Sonderfällen)

Für die Verklebung auf dem Untergrund dürfen auch Kaltklebestoffe verwendet werden. Kaltklebestoffe müssen vom Hersteller der Bahnen freigegeben sein.

Mindesteinbaumengen für Klebeschichten:

- Bürstenstreichverfahren: 1,5 kg/m^2
- Gießverfahren: 1,3 kg/^{2}

Beim Kaltselbstklebeverfahren muss ein geeigneter Untergrund vorhanden sein. Außerdem müssen die Nahtbereiche für Kaltselbstklebung geeignet sein. Auf die Untergrund-/Umgebungstemperatur ist zu achten (Herstellerangaben).

Bei Dachabdichtungen mit kaltselbstklebender Polymerbitumenbahn (KSP) als obere Lage ist bei Verlegung eine thermische Aktivierung erforderlich.

Eine hohlraumfreie Verklebung ist auf der Baustelle nicht immer möglich. Einzelne Hohlräume (z. B. kleinere, unverklebte Stellen) können nicht ausgeschlossen werden; sie haben keinen nachteiligen Einfluss auf die Funktion der Abdichtungsschicht.

Lose Verlegung mit mechanischer Befestigung:

- Bei loser Verlegung der Bahnen muss die Abdichtung gegen Windsog mechanisch befestigt werden.
- Befestigungsmittel dürfen im Nahtbereich eingeklebt werden (bei mehrlagiger Abdichtung). Bei einer einlagigen Abdichtungsschicht sind die Befestigungsmittel ebenfalls im Nahtbereich anzuordnen; dabei darf die Mindestfügebreite neben dem Lastverteilteller nicht unterschritten werden.
- Der Abstand zwischen Haltetellerkante und Bahnenkante muss mind. 1 cm betragen.
- Klemmwirkung muss ausreichend sein (hierfür ist ein ausreichend druckfester Untergrund erforderlich).
- Hitzebeständigkeit des Befestigungsmittels ist zu beachten beim Verschweißen der Nähte mit Flamme.

Lose Verlegung mit Auflast:

- Die lose auf dem Untergrund verlegten Bahnen sind durch eine ausreichende Auflast gegen Windsog zu sichern.

Ausführung der Abdichtung mit Kunststoff- oder Elastomerbahnen

Allgemeine Regeln zur Ausführung

Kunststoff- und Elastomerbahnen werden grundsätzlich einlagig ausgeführt.

- Die Lagesicherung erfolgt durch Auflast, mechanische Befestigung oder vollflächige Verklebung mit dem Untergrund.
- In Abhängigkeit von der Untergrundbeschaffenheit sind Trenn-, Schutz- und/oder Brandschutzlagen unter der Kunststoff-/Elastomerbahn anzuordnen. Auch Kaschierungen können diese Funktion übernehmen.
- Bei Verlegung auf Bitumenbahnen ohne Trenn-/Kaschierlagen dürfen nur bitumenverträgliche Kunststoff-/Elastomerbahnen verwendet werden (Kennzeichnung mit dem Kurzzeichen BV). Verlegung auch voll-/teilflächig.

Überlappung und Fügetechnik

Überlappung von Kunststoff-/Elastomerbahnen bei Baustellennähten ≥ 40 mm:

- Bei mechanischer Befestigung ist die Überlappung in Abhängigkeit vom Befestigungsmittel zu erhöhen.
- Kreuzstöße sind zu vermeiden (Bahnen versetzen).
- Fügeverfahren und Mindestfügebreiten für die Herstellung von Nahtverbindungen auf der Baustelle siehe folgende Tabelle.

Tabelle 1: *Fügeverfahren und Mindestfügebreite bei Nahtverbindungen von Kunststoff- und Elastomerbahnen (in Anlehnung an DIN 18531-3:2025-08, Tab. 6)*

Fügeverfahren	Bahnenart	Mindestfügebreite in cm
Quellschweißen	EVA	3
	PIB	3
	PVC-P	3
Warmgasschweißen oder Heizkeil-schweißen	ECB	2
	EVA	2
	FPO	2
	PIB	2
	PVC-P	2
	TPE	2
	Elastomere[1)]	3
Dichtrand/Abdeckband	PIB	4
	Elastomere	4
Heißvulkanisation (Hot Bonding)	Elastomere	2
Warmgasschweißen mit Polymerbitumen	Elastomere	4

[1)] Thermoplastisch beschichtet (PBS) oder mit vorkonfektioniertem thermoplastischen Dichtrand

Herstellung der Nahtverbindung (Fügetechnik):

- Fügeflächen müssen trocken und frei von Verunreinigungen sein (Herstellerangaben).
- Quellschweißen: Fügeflächen werden mit Quellschweißmittel angelöst und anschließend durch Druck miteinander verbunden.
- Warmgasschweißen: Fügeflächen werden durch Warmgas plastifiziert und durch Druck miteinander verbunden. Schweißung mit elektronisch regelbaren Schweißmaschinen oder Handschweißgeräten.

- Heizkeilschweißen: Fügeflächen werden mit einem Heizkeil plastifiziert und durch Druck miteinander verbunden.
- Elastomerbahnen lassen sich nur mit dem Warmgas- oder Heizkeilverfahren fügen, wenn die Fügeflächen mit einer werkseitig aufgebrachten plastifizierbaren Beschichtung versehen sind.
- Bahnen mit Dichtrand: Längsnähte werden mit der darunterliegenden Bahn verbunden. Quernähte müssen mit einem Abdeckband abgedichtet werden.
- Werkseitig vorkonfektionierte Elastomerbahn mit Polymerbitumenbeschichtung an der Unterseite: Bahnenüberlappung wird durch Warmgas erhitzt und durch Druck miteinander verbunden. Breite der Überlappung mind. 5 cm.
- Bei Elastomerbahnen kann die Nahtverbindung durch Hot Bonding zur Vorfertigung von Planen verwendet werden.

Verlegearten bei Kunststoff- und Elastomerbahnen

- verklebt
- lose verlegt mit mechanischer Befestigung oder mit Auflast

Verklebung:

- Die Kunststoff-/Elastomerbahn ist auf den Untergrund zu kleben. Hierbei sind alle Lagen auf der Unterlage und/oder miteinander zu verkleben.
- Nahtverbindungen müssen frei von Klebstoffen oder Heißbitumen bleiben.
- Für die Verklebung sind geeignete, produktspezifische Systemklebstoffe zu verwenden.
- Verarbeitungsvorschriften sind zu beachten (Herstellerangaben)

Verklebung mit Heißbitumen:

- Bei Heißbitumen dürfen nur bitumenverträgliche Bahnen verwendet werden.
- Die Verklebung erfolgt mit dem Gießverfahren oder Bürstenstreichverfahren.
- Die aufgerollte Bahn ist in die Klebemasse einzurollen und flächig anzudrücken.

Verklebung mit dem Flämmverfahren:

- Dieses Verfahren ist nur für bitumenverträgliche Bahnen geeignet.
- Die Heißbitumenklebemasse ist in ausreichender Menge auf den Untergrund (fest, eben, staubfrei, trocken, bitumenverträglich) zu gießen und gleichmäßig zu verteilen.
- Zum Verkleben wird die Klebemasse durch Wärmezufuhr wieder aufgeschmolzen.
- Die Bahn wird in die Klebemasse eingerollt und flächig angedrückt.
- Statt Bitumenklebemasse kann auch die Schweißmasse einer Polymerbitumenschweißbahn oder eine Bitumenschweißbahn aufgeschmolzen werden.

Verklebung mit dem Kaltselbstklebeverfahren (Selbstverklebung):

- Dieses Verfahren ist nur bei Bahnen mit Selbstklebeschicht (SK) geeignet.
- Der Untergrund muss für Kaltselbstklebung geeignet und vorbereitet sein.
- Die Temperatur des Untergrunds und der Umgebungsluft ist zu beachten (Herstellerangaben).
- Zum Verlegen der Bahn wird ein Trennpapier/eine Trennfolie auf der Bahnenunterseite abgezogen und die Selbstklebebahn unter Druck auf den Untergrund vollflächig aufgeklebt.

Es ist zu beachten, dass eine hohlraumfreie Verklebung unter Baustellenbedingungen nicht immer erreicht werden kann. Einzelne, geringfüge Hohlräume (z. B. durch Unebenheiten des Untergrunds) können daher nicht vermieden werden. Sie beeinträchtigen die Funktion der Abdichtungsschicht nicht.

Lose Verlegung mit mechanischer Befestigung:

Die lose verlegten Bahnen werden durch eine mechanische Befestigung (punktweise linear) gegen Windsog gesichert.

- Befestigung in der Überlappung:
  - Die Befestigung erfolgt in der Überlappung der Bahnen im überdeckten Bahnenrand.
  - Abstand der Lastverteilteller der Befestigungen (Außenkante) bis zum Bahnenrand mind. 1 cm
  - Für die Klemmwirkung muss ein ausreichend druckfester Untergrund vorhanden sein.
- Nahtunabhängige Befestigung:
  - Befestigung erfolgt durch nahtunabhängig angeordnete Einzelbefestigungen oder Befestigungsprofile mit Befestigungsmitteln.
  - Die Befestigungen sind durch Überschweißen mit Bahnenstreifen oder Bahnenzuschnitten abzudichten, sofern die Abdichtung durch die Befestiger perforiert wurde.

Lose Verlegung mit Auflast:

Die lose verlegten Bahnen sind mit einer Auflast gegen Windsog zu sichern.

Ausführung der Abdichtung mit FLK

Allgemeine Regeln zur Ausführung

Abdichtungen aus FLK gelten als einlagig.

- FLK bestehen aus Stoffen auf Basis von UP, PUR oder PMMA.
- FLK werden vor Ort in flüssiger bzw. plastischer Konsistenz in zwei Arbeitsgängen vollflächig auf den Untergrund aufgetragen.
- In die flüssige Abdichtungsschicht ist eine Einlage (z. B. Glasvlies, Flächengewicht mind. 110 g/m^2) einzuarbeiten.
- Für die Verarbeitung der Stoffe sind die in der Zulassung (ETA) angegebenen Vorgaben sowie die Verarbeitungsanleitung zu beachten (u. a. Verarbeitungszeiten, Intervallzeiten, Temperaturbedingungen).
- FLK können direkt aufgebracht werden, z. B. auf Beton, Estrich oder einer bahnenförmigen Unterlage. Bei der Überbrückung von Fugen oder bei Unverträglichkeiten mit angrenzenden Stoffen müssen Trägerlagen (z. B. Bitumen- oder Kunststoffbahnen) unter der Abdichtungsschicht mit FLK eingebaut werden.

Besondere Anforderungen (Untergrund, Feuchtegehalt)

- Grundsätzlich muss der Untergrund vor dem Auftragen des FLK vorbehandelt werden (Säubern, Trocknen, ggf. Auftragen eines Primers/einer Grundierung; siehe Herstellerangaben und ETA).
- Besonders zu beachten ist, dass der **Untergrund ausreichend trocken ist**.
- Der **Feuchtegehalt des Untergrunds darf max. 6 Masse-% betragen** (bzw. Wert in den Herstellerangaben), damit die chemische Reaktion (Aushärten) des Abdichtungsstoffs nicht beeinträchtigt wird.
- Die Bestimmung des Feuchtegehalts erfolgt durch Messung (z. B. mit dem CM-Gerät).

- Die **Oberflächentemperatur des Untergrunds muss mind. 3 Kelvin über der Taupunkttemperatur der Umgebungsluft liegen**, da sich ansonsten auf dem Untergrund ein trennend wirkender Feuchtigkeitsfilm (Kondensat) bilden kann.
- Der Feuchtegehalt und die Temperaturen (Luft, Oberfläche) sowie die relative Luftfeuchte sind zu dokumentieren.
- Sofern die Anforderungen an die Beschaffenheit des Untergrunds nicht eingehalten werden, ist eine Trägerlage einzubauen (siehe DIN 18531-3:2025-08, 5.3 bzw. Abschnitt „Trägerlagen").
- Bei Bewegungen im Untergrund (z. B. Fugen) müssen geeignete konstruktive Maßnahmen durchgeführt werden, z. B. Anordnung von Schleppstreifen,

Abdichtungsstoff (FLK)

- Der Abdichtungsstoff besteht i. d. R. aus zwei flüssigen Komponenten (Festlegung in der ETA).
- Beide Komponenten werden vor der Verarbeitung gemischt und reagieren nach dem Aufbringen auf die abzudichtende Fläche aus, sodass sich die erhärtete Abdichtungsschicht ergibt.
- Lediglich einkomponentige Systeme (PUR-1K) können direkt ohne Mischung verarbeitet werden. Sie reagieren mit der Luftfeuchtigkeit und erhärten.
- Es ist zu beachten, dass die Verarbeitungszeit (Topfzeit) begrenzt ist.
- Bei einigen Systemen sind auch die Zeiten zwischen dem Aufbringen der einzelnen Aufträge begrenzt (Intervallzeit).
- Hohe Temperaturen beschleunigen den Erhärtungsvorgang. Niedrige Temperaturen verzögern die Reaktion.
- Es sind unbedingt die Herstellerangaben zu beachten.

Auftrag des FLK

- Der flüssige Abdichtungsstoff (FLK) ist in mind. zwei Aufträgen auf den Untergrund vollflächig und deckend aufzutragen.
- Der Auftrag erfolgt durch Streichen, Rollen oder Spritzen.
- Die Einlage (mind. 110 g/m^2) ist in das flüssige Material hohlraumfrei einzuarbeiten und frisch in frisch zu überarbeiten.

- Bei FLK, der auf eine Trägerlage aufgebracht wird, sind Maßnahmen der Lagesicherung erforderlich (z. B. Auflast, mechanischer Befestiger; siehe DIN 18531-3:2025-08, 6.3 sowie Abschnitt „Lagesicherung").

Mindesttrockenschichtdicke

Die Abdichtungsschicht aus FLK muss an jeder Stelle der abgedichteten Fläche die geforderte Mindesttrockenschichtdicke d_{min} aufweisen.

Sicherstellung der Mindesttrockenschichtdicke:

Für die Sicherstellung und Prüfung der Mindesttrockenschichtdicke gilt DIN 18531-3:2025-08, Abschnitt 5.7.4.1.2.

Wesentliche Punkte sind:

Schichtdickenzuschlag:

Zur Sicherstellung der Mindesttrockenschichtdicke d_{min} ist die Berücksichtigung eines Schichtdickenzuschlags (d_Z) erforderlich. Der Schichtdickenzuschlag berücksichtigt verarbeitungsbedingte Schwankungen (d_V) und den Mehrverbrauch für den Ausgleich des Untergrunds (d_U).

Der Schichtdickenzuschlag ist nach Herstellerangaben (abP) anzusetzen.

Auftragsmenge und Nassschichtdicke:

Der flüssige Abdichtungsstoff ist mit mindestens der Menge aufzubringen (Auftragsmenge in kg/m²), dass sich als Dicke die Mindesttrockenschichtdicke plus Schichtdickenzuschlag ergibt (Nassschichtdicke).

Nassschichtdicke = d_{min} + d_Z

Aus der Nassschichtdicke kann die erforderliche Auftragsmenge je m² abgeleitet werden (siehe Herstellerangaben).

Einhaltung der Schichtdickenanforderung:

Die Einhaltung der Anforderung an die Schichtdicke erfolgt durch Kontrolle der Auftragsmenge je m² und der Nassschichtdicke. Kontrolle nach DIN EN ISO 2808[1]. Hinweise hierzu auch in DIN 18195 Beiblatt 2[2].

Bestätigungsprüfung:

Eine Bestätigungsprüfung ist nur in begründeten Fällen erforderlich (z. B. bei fehlender Ausführungsdokumentation oder Zweifeln an der ausgeführten Mindesttrockenschichtdicke). Die Prüfung erfolgt durch Messung der Trockenschichtdicke mit Verfahren nach DIN EN ISO 2808 und geeigneten Messgeräten.

Ablauf:

- Es sollten mind. zehn Einzelmessungen gleichmäßig verteilt über eine repräsentative Fläche erfolgen. Einzelmesswerte sind auf 0,1 mm genau anzugeben.
- Prüfung mind. einmal je 100 m² Fläche. An Ecken, Kanten, Durchdringungen, Anschlüssen können zusätzliche Messungen sinnvoll sein.
- Bildung des Mittelwerts aus den Einzelmesswerten. Der Mittelwert darf die geforderte Mindesttrockenschichtdicke nicht unterschreiten.
- Der kleinste Einzelmesswert darf max. 10 % unter der geforderten Mindesttrockenschichtdicke liegen.
- Die Ergebnisse sind zu dokumentieren.
- Bereiche mit zu geringer Mindesttrockenschichtdicke sind nachzuarbeiten.
- Messstellen (bei Messung durch Perforation der Abdichtungsschicht) sind unverzüglich und fachgerecht zu verschließen.

---

1 DIN EN ISO 2808:2019-12: Beschichtungsstoffe – Bestimmung der Schichtdicke

2 DIN 18195 Beiblatt 2:2017-07: Abdichtung von Bauwerken – Beiblatt 2: Hinweise zur Kontrolle der Schichtdicken von flüssig verarbeiteten Abdichtungsstoffen

Überlappungen der Einlage

Die Bahnen der Einlage müssen mit mind. 5 cm Überlappung verlegt werden.

Bei längeren Arbeitsunterbrechungen ist der Überlappungsbereich ist auf einer Breite von mind. 5 cm vorzubehandeln (z. B. Anschleifen, Anlösen nach Herstellerangaben).

Übergänge von FLK auf Bahnen

Übergänge von FLK auf Abdichtungsbahnen sind mit mind. 10 cm Überlappungsbreite auszuführen.

Hierbei ist auf Materialverträglichkeit zwischen FLK und verwendeter Bahn zu achten (Herstellerangaben).

Ausführung nach Herstellerangaben.

Ausführung der Abdichtung in Verbindung mit Gussasphalt

Für die Herstellung von Abdichtungen in Verbindung mit Gussasphalt gelten nachfolgende Regeln.

Bauart A:

- eine Lage Asphaltmastix (unten, mittlere Dicke 10 mm, mind. 7 mm, max. 15 mm)
- im Verbund mit einer Lage Gussasphalt (oben, Mindestdicke 25 mm)

Bauart B:

- eine Lage Polymerbitumen-Schweißbahn (unten) und
- eine Lage Gussasphalt (oben, Mindestdicke 25 mm)

Es sind die Stoffe nach DIN 18531-2:2025-08 zu verwenden (siehe Abschnitt „Abdichtungsstoffe").

Vorbereitung des Untergrunds:

- Vor dem Auftragen der Abdichtung muss der Betonuntergrund (Betonalter mind. 21 Tage) vorbereitet werden, sodass sich eine ausreichende Tragfähigkeit ergibt.
- Die Untergrundvorbereitung ist durch mechanisch abtragende Verfahren vorzunehmen.
- Vertiefungen, Risse usw. sind mit Mörtel vollständig zu verschließen.
- Auf dem Betonuntergrund ist eine Versiegelung aus lösemittelfreiem Epoxidharz aufzutragen.
- Bei Rautiefen von mehr als 1,5 mm und bei Fehlstellen ist der Betonuntergrund mit einer Kratzspachtelung auf Epoxidharzbasis vorzubehandeln.

Bei Bauart B ist die Polymerbitumen-Schweißbahn im Schweißverfahren auf den Untergrund aufzubringen.

Der Gussasphalt kann direkt genutzt werden. Eine zusätzliche Nutzschicht (Belag) ist nicht erforderlich, wird aber auf frei bewitterten Flächen mit mechanischer Beanspruchung empfohlen (z. B. bei Dachterrassen).

An- und Abschlüsse:

An- und Abschlüsse sind zweilagig aus Bitumendachdichtungs- oder Schweißbahnen und einer oberen Lage aus Polymerbitumenbahnen auszuführen.

Alternativ können An- und Abschlüsse auch aus FLK hergestellt werden.

Schutz der Abdichtung

Der Schutz der Abdichtung erfolgt durch Schutzlagen (Matten, Bahnen) bzw. Schutzschichten (z. B. Plattenbelag, Dämmschicht), um diese vor Beschädigungen zu schützen. Schutzlagen und Schutzschichten sind möglichst unverzüglich nach Herstellung der Abdichtung aufzubringen.

Nicht genutzte Dächer:

Bei nicht genutzten Dächern ist eine Schutzlage nur erforderlich, wenn die Abdichtung mechanisch beansprucht wird, z. B.:

- Dächer mit extensiver Begrünung
- Wartungswege auf dem Dach

Die Schutzlage braucht in diesem Fall nur in den betroffenen Bereichen verlegt zu werden.

Stoffe für Schutzlagen siehe Abschnitt ▶ „Hilfsstoffe/Schutzlagen".

Genutzte Dächer:

Bei genutzten Dächern ist grundsätzlich eine Schutzlage bzw. Schutzschicht anzuordnen. Die Schutzfunktion kann in diesem Fall auch von der Nutzschicht (z. B. vom Belag) übernommen werden, wenn diese dafür geeignet ist.

Genutzte Dächer mit Anlagen:

Bei genutzten Dächern mit Anlagen, z. B. aufgelegte Solaranlagen, ist die Abdichtungsschicht im Bereich der Auflageflächen-mit einer Schutzlage im Bereich der Auflager nach DIN 18531-2:2025-06, 5.6 zu schützen (siehe Abschnitt ▶ „Hilfsstoffe/ Schutzlagen").

Ausführung der Nutzschicht

Bei Ausführung der Nutzschicht (z. B. Belag aus Platten) darf die darunter befindliche Abdichtung nicht beschädigt werden.

Gegebenenfalls ist eine Trennlage/-schicht zwischen der Abdichtung und der Nutzschicht anzuordnen.

Bei Abdichtungen aus bahnenförmigen Stoffen muss die Nutzschicht von der Abdichtungsschicht getrennt werden.

Stoffe für die Nutzschicht siehe Abschnitt ► „Stoffe für Nutzschichten“.

Eine Nutzschicht ist bei folgenden Abdichtungsbauarten nicht erforderlich:

- FLK mit integrierter Nutzschicht
- Abdichtungsbauarten mit Gussasphalt

Oberflächenschutz

Der Oberflächenschutz dient als Schutz der Abdichtung vor mechanischen und thermischen Einwirkungen, UV-Strahlung, Flugfeuer und Strahlungswärme sowie zur Vermeidung von Ablagerungen und Verkrustungen.

Je nach Ausbildung wird zwischen leichtem und schwerem Oberflächenschutz unterschieden.

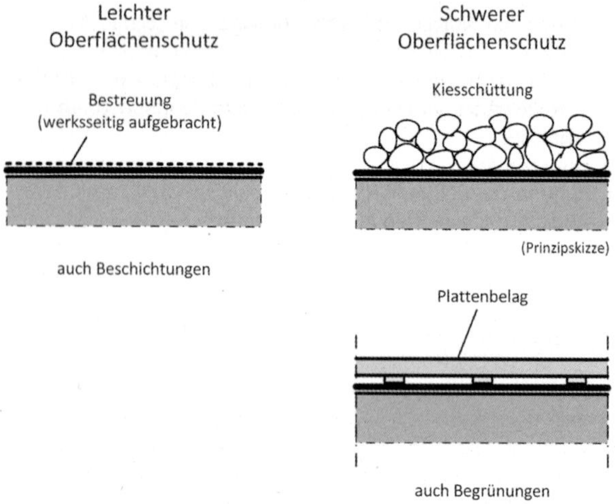

***Bild 1:** Leichter und schwerer Oberflächenschutz*
(Quelle: Prof. Dr.-Ing. Peter Schmidt)

***Tabelle 1:** Oberflächenschutz*

Leichter Oberflächenschutz	Schwerer Oberflächenschutz
Bitumenbahnen mit einer werkseitig aufgebrachten Bestreuung aus Schiefer oder Granulat Einstreuen von Schiefersplitt in eine Polymerbitumenkaltmasse auf der Abdichtung.	Gesteinsschüttungen (Kiesschicht 16/32, 5 cm Dicke), Plattenbeläge (z. B. frostbeständige Betonplatten) oder Formsteine auf Kies- oder Splittbett, Begrünungen sowie Nutzschichten von befahrbaren Flächen

Vorteile eines schweren Oberflächenschutzes:

- Zuordnung der Abdichtung zur thermischen Einwirkungsstufe B („mäßige thermische Einwirkung“)
- Bauaufsichtliche Anforderungen an den Brandschutz („harte Bedachung“) werden erfüllt.
- Der schwere Oberflächenschutz dient als Auflast zur Sicherung des Dachaufbaus gegen Abheben infolge Windsogs bei loser Verlegung der Abdichtungsbahnen.

Ausführung eines schweren Oberflächenschutzes:

- Kiesschicht aus Gesteinen der Korngruppe 16/32 mm; Dicke mind. 5 cm im Einbauzustand
- Für Plattenbeläge sind Stoffe nach Abschnitt ► „Stoffe für den Oberflächenschutz nicht genutzter Dächer“ zu verwenden.
- Bei einlagigen Abdichtungen (z. B. Kunststoff- und Elastomerbahnen, Abdichtungen aus flüssig zu verarbeitenden Stoffen) sollte eine Schutzlage auf der Abdichtung angeordnet werden.
- Bei pneumatischer Förderung der Gesteinskörnung auf die Dachfläche ist bei einlagigen Abdichtungen eine Schutzlage zwingend erforderlich.
- Bei geneigten Dachflächen sind in Abhängigkeit von der Dachgröße und -neigung Maßnahmen gegen Abrutschen des Oberflächenschutzes erforderlich, z. B. durch Einbau von Konstruktionen, die das Abrutschen feldweise verhindern (z. B. auf der Abdichtung verlegte Rasengittersteine).
- Bei größeren Neigungen (ca. 10°) kann ein schwerer Oberflächenschutz nicht mehr ausgeführt werden.

Dachbegrünung:

- Die Eignung einer Begrünung als Auflast zur Sicherung gegen Windsog erfordert einen Nachweis; siehe Norm.
- Während der Anwuchsphase können Erosionsschutzmaßnahmen erforderlich sein (z. B. Erosionsschutzgewebe).
- An- und Abschlüsse sowie Durchdringungen müssen vom Bewuchs freigehalten werden.
- Abdichtungen unter einer Begrünung erfüllen ohne Nachweis die bauaufsichtlichen Anforderungen an den Brandschutz („harte Bedachung“).

Durchwurzelungsschutz

Ein Durchwurzelungsschutz ist nur bei begrünten Dächern erforderlich.

Ausführung:

- Die Abdichtung selbst muss geeignet sein und übernimmt den Schutz vor Durchwurzelung. Nachweis der Eignung nach DIN EN 13948[1] bzw. FLL-Verfahren[2] .
- Bei einer mehrlagigen Abdichtung muss die oberste Lage durchwurzelungssicher sein.
- Alternative: Der Durchwurzelungsschutz wird von einer separaten Schutzlage sichergestellt, wenn die Abdichtung diese Funktion nicht übernehmen kann.

An- und Abschlüsse:

Ein ausreichender Durchwurzelungsschutz ist auch im Bereich von An- und Abschlüssen erforderlich. Geeignete Maßnahmen können größere An- und Abschlusshöhen und/oder die Anordnung von Abdeckungen (z. B. Bleche) im Bereich der An- und Abschlüsse sein.

1 DIN EN 13948:2008-01: Abdichtungsbahnen – Bitumen-, Kunststoff- und Elastomerbahnen für Dachabdichtungen – Bestimmung des Widerstandes gegen Wurzelpenetration

2 FLL-Verfahren: Verfahren zur Untersuchung der Wurzelfestigkeit von Bahnen und Beschichtungen für Dachbegrünungen; Forschungsgesellschaft Landschaftsentwicklung und Landschaftsbau e.V., Bonn

Lagesicherung

Maßnahmen der Lagesicherung sind aus folgenden Gründen erforderlich:

- beim Auftreten möglicher horizontaler Kräfte
- zur Verhinderung des Abgleitens des Dachaufbaus bei geneigten Dächern
- zur Aufnahme von Windsogkräften

Maßnahmen zur Aufnahme horizontaler Kräfte

Maßnahmen zur Aufnahme horizontaler Kräfte sind in folgenden Fällen erforderlich:

- bei lose verlegter Abdichtungsschicht
- bei Unterkonstruktionen aus Stahltrapezprofilen (Ausnahme: bei vollflächig verklebtem Schichtaufbau)
- bei einem Dachaufbau ohne schweren Oberflächenschutz und mit Kaltklebstoff verklebten Wärmedämmstoffen

Maßnahmen:

- mechanische Verbindung der Abdichtung an den Rändern, allen aufgehenden Bauteilen, Rinnen, Bewegungsfugen, Lichtbändern und -kuppeln und ähnlichen Bauteilen mit der Tragkonstruktion
- Befestigung durch eine Linienbefestigung mit Metallbändern, Metallprofilen oder Verbundblech
- Alternativ ist auch eine lineare Befestigung mit punktweise angeordneten Einzelbefestigungselementen (mind. drei Befestiger je Meter) möglich.

Beispiel

Das Einbinden oder Einklemmen der Abdichtung in höher liegende Randprofile oder Randabdeckungen sowie Verklebungen mit diesen Bauteilen gelten nicht als Befestigung im Sinne der Norm.

Lagesicherung bei Dächern mit einem Gefälle über 3°

Bei Dächern mit einem Gefälle > 3° (ca. 5 %) können die Schichten des Dachaufbaus bei Erwärmung (Sonneneinstrahlung) in Richtung des Gefälles abrutschen.

Konstruktive Maßnahmen:

- Befestigung der Dachbahnen am oberen Rand durch Nägel (versetzte Anordnung, Nagelabstand max. 10 cm)
- Verlegung der Bahnen über den First und Fixierung
- Befestigung der Schichten des Dachaufbaus mit Metallbändern bzw. Verbundblechen oder Sicherung durch Stützkonstruktionen
- Bei Dächern mit einem Gefälle von mehr als 3° sollten Abdichtungsbahnen mit hoher Wärmestandfestigkeit und hoher Zugfestigkeit verwendet werden.

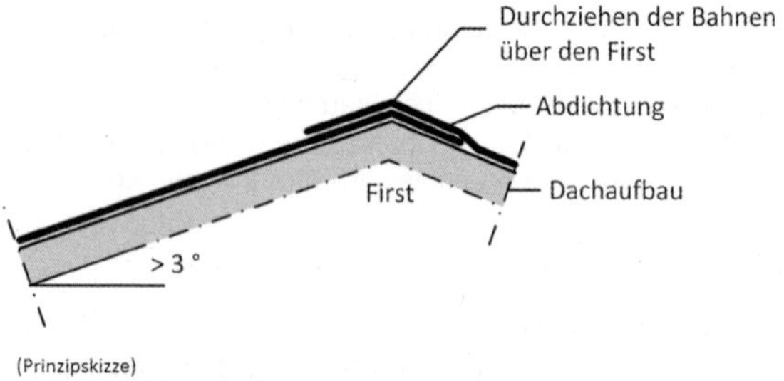

Bild 1: Lagesicherung der Bahnen (Quelle: Prof. Dr.-Ing. Peter Schmidt)

Maßnahmen zur Sicherung gegen Abheben durch Windkräfte

Flachdächer sowie flach geneigte Dächer werden durch Windsogkräfte beansprucht, die insbesondere an den Dachrändern sowie in den Eckbereichen Maximalwerte erreichen.

Für geschlossene Gebäude bis zu einer Höhe von 25 m werden in der Norm (DIN 18531-3:2025-08) verschiedene Maßnahmen zur Sicherung gegen Abheben durch Windsog angegeben:

- Verkleben mit dem Untergrund

- mechanische Befestigung (z. B. mit Breitkopfstiften)
- Auflast (z. B. Gesteinsschüttung der Korngröße 16/32, Mindestdicke 50 mm)

Sicherung durch Verklebung

Bei Sicherung durch Verkleben müssen die Dachabdichtung sowie alle weiteren Schichten des Dachaufbaus untereinander sowie die unterste Schicht mit dem Untergrund mit geeigneten Klebstoffen dauerhaft verklebt werden.

Geeignete Klebstoffe sind z. B. Heißbitumen, Kaltbitumen oder PUR-Kleber.

Ausführung:

- Der Untergrund muss für eine Verklebung geeignet sein, ggf. ist eine Haftbrücke aufzutragen.
- Verklebung von Bitumen-/Polymerbitumenbahnen: Bei Gebäuden bis 25 m Höhe gelten nachfolgend angegebene Maßnahmen erfahrungsgemäß als ausreichende Sicherung gegen Windsog.
- Verklebung von Kunststoff-/Elastomerbahnen: Hierfür sind keine Angaben in der Norm enthalten. Es sind die Herstellerangaben zu beachten.

Tabelle 1: *Verklebung von Bitumen-/Polymerbitumenbahnen als Windsogsicherung bei geschlossenen Gebäuden bis 25 m Höhe (in Anlehnung an DIN 18531-3:2025-08, Tab. 7)*

Kleber	Dachbereich			
	F	G	H	I
Heißbitumen/ Verschweißung/Kaltselbstverklebung	40 % der Fläche	30 % der Fläche	20 % der Fläche	10 % der Fläche
Kaltbitumen[a)]	4 Streifen/m²	3 Streifen/m²	3 Streifen/m²	2 Streifen/m²
	Streifenbreite 40 mm			

a) Hinweis: Verbrauch ca. 100 g/m und Streifen. Bei Kaltverklebung sind die entsprechenden Angaben der Hersteller zu beachten.

***Tabelle 1:** Verklebung von Bitumen-/Polymerbitumenbahnen als Windsogsicherung bei geschlossenen Gebäuden bis 25 m Höhe (in Anlehnung an DIN 18531-3:2025-08, Tab. 7)*

Kleber	**Dachbereich**			
	F	**G**	**H**	**I**
Dachbereiche (s. Abbildung): F: Eckbereich; G: Randbereich; H und I: Innenbereich der Dachflächen. Windlastnorm (DIN EN 1991-1-4) Anmerkung: Bei Gebäuden in exponierter Lage (Hanglage, Geländesprünge) können zusätzliche Maßnahmen notwendig sein.				

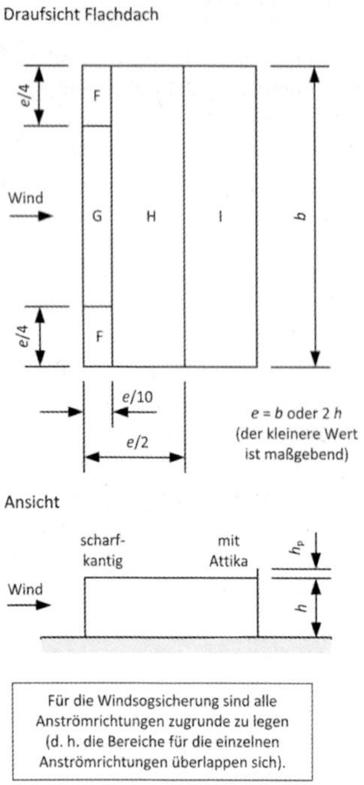

***Bild 2:** Bereiche auf einem Flachdach (nach DIN EN 1991-1-4/NA[1]) (Quelle: Prof. Dr.-Ing. Peter Schmidt)*

---

1 DIN EN 1991-1-4/NA:2024-08: Nationaler Anhang – National festgelegte Parameter – Eurocode 1: Einwirkungen auf Tragwerke – Teil 1-4: Allgemeine Einwirkungen - Windlasten

Sicherung durch mechanische Befestigung

Eine lose verlegte Abdichtungsschicht kann durch eine mechanische Befestigung auf dem Untergrund fixiert werden, sodass abhebende Lasten (z. B. Windsog) in die lastabtragende Unterkonstruktion weitergeleitet werden. Die mechanische Befestigung wird bevorzugt bei Abdichtungen auf Stahltrapezprofilen sowie auf Holzschalung angewendet.

Anwendungsregeln:

- Geeignet sind Befestiger und Breitkopfstifte (Nägel) nach DIN EN 14592[2].
- Befestigungselemente müssen einen ausreichenden Korrosionsschutz aufweisen.
- Befestiger müssen eine zulässige dynamische Ausreißkraft von 0,4 kN aufweisen; ausgenommen sind Breitkopfstifte.
- Die Wasserdichtheit der Abdichtungsschicht darf durch die Befestigung nicht beeinträchtigt werden.
- Windsogbeanspruchungen dürfen die Abdichtung nicht aus den Befestigungsmitteln reißen.

Befestigung mit Befestigern:

- Die mechanische Befestigung der Abdichtung kann linear (d. h. punktweise mit Einzelbefestigungen) oder linienförmig (d. h. mit durchlaufenden Metallprofilen, Verbundblechen) oder nahtunabhängig als Feldbefestigung ausgeführt werden.
- Lineare Befestigung: Die Bahnen werden punktweise durch Einzelbefestigungen im überdeckten (überlappten) Bahnenrand oder außerhalb der Überlappung mit zusätzlichen Streifen aus Dachbahn mit dem Untergrund befestigt. Im Regelfall werden die Bahnen quer zur Spannrichtung der Stahltrapezprofile bzw. der Holzschalung verlegt.
- Linienbefestigung: Hierbei werden die Bahnen mit Metallprofilen oder -bändern befestigt, indem die linienförmigen Befestigungen im erforderlichen Abstand angeordnet und mit zusätzlichen Dachbahnstreifen überdeckt werden.
- Nahtunabhängige unterseitige Befestigung: Eine unterseitige Befestigung kann bei Kunststoff- oder Elastomerbahnen angewendet werden. Hierzu werden Streifen oder Teller (z. B.

[2] DIN EN 14592:2022-08: Holzbauwerke – Stiftförmige Verbindungsmittel - Anforderungen

aus Bahnenmaterial) mit Einzelbefestigungen in der Unterkonstruktion fixiert. Anschließend wird darauf die Abdichtung befestigt (z. B. mit Induktionsschweißverfahren).

- Bei Stahltrapezprofilen sind die Befestigungen auf den Obergurten anzuordnen.
- Neben den Abdichtungsschichten müssen auch sämtliche weitere Funktionsschichten des Dachaufbaus mit der lastabtragenden Konstruktion befestigt sein, um Windsogkräfte abzuleiten.

Mechanische Befestigungen müssen über die Fläche eines Dachbereichs (Bereiche F, G, H und I) gleichmäßig verteilt angeordnet werden.

- Die Anzahl der erforderlichen Befestigungen ergibt sich aus den Windlasten; siehe exemplarisch nachfolgende Tabelle (Auszug aus der Flachdachrichtlinie[3]; die Norm enthält keine Angaben hierzu).

Tabelle 2: *Befestigungsmittel zur Windsogsicherung von Abdichtungen bei Gebäuden < 10 m in Windzone 1 (Tabelle in Anlehnung an Flachdachrichtlinie Tab. I.1; Auszug)*

Gebäudehöhe < 10 m									
Windzone 1									
		Anzahl der Befestiger pro m²				Anzahl der Stifte pro m²			
	Bereich	F	G	H	I	F	G	H	I
scharfkantiger Traufbereich		3,8	3,0	2,0	2,0	25	20	12	11
mit Attika	h_p/h = 0,025	3,3	2,7	2,0	2,0	22	18	12	11
	h_p/h = 0,05	3,0	2,4	2,0	2,0	20	16	12	11
	h_p/h = 0,10	2,7	2,1	2,0	2,0	18	14	12	11

3 Fachregel für Abdichtungen (Flachdachrichtlinie); Ausgabe 2016 mit Änderungen 2017, 2019 und 2020; hrsg. v. Zentralverband des Deutschen Dachdeckerhandwerks;

Tabelle 2: *Befestigungsmittel zur Windsogsicherung von Abdichtungen bei Gebäuden < 10 m in Windzone 1 (Tabelle in Anlehnung an Flachdachrichtlinie Tab. I.1; Auszug)*

Gebäudehöhe < 10 m
Windzone 1
h: Gebäudehöhe über Grund
h_p: Höhe der Attika (bezogen auf Oberfläche Dach)
F: Eckbereich; G: Randbereich; H und I: Innenbereich der Dachfläche

Befestigung mit Breitkopfstiften

- Die untere Lage ist mit Breitkopfstiften im Bereich der Bahnenüberlappungen auf die Unterlage zu nageln.
- Es sind korrosionsgeschützte Breitkopfstifte nach DIN EN 14592, Kopfdurchmesser > 9 mm, mit extra großem Flachkopf zu verwenden.
- Nagelabstand: 5 cm bis 10 cm.
- Bei Bahnen mit einer Breite von 1 m: Zur Verbesserung der Lagesicherung können weitere Nagelreihen angeordnet werden.
- Bei Nägeln aus Kupfer oder Edelstahl: Der Schaft muss eine aufgeraute Oberfläche aufweisen.

Sicherung durch Auflast

Sicherung durch Auflast nur geeignet für Dächer mit einer Dachneigung bis 3°.

Geeignete Maßnahmen:

- Schüttungen aus Kies (Korngröße 16/32 nach DIN EN 13242[4]; Mindestdicke 5 cm im Einbauzustand)
- Plattenbeläge aus Betongehwegplatten oder gleichwertig; mind. 40 cm x 40 cm x 4 cm; Verlegung auf Gesteinskörnung (Splittbett) oder auf Schutzlage
- Betonformsteine, Keramik- oder Natursteinplatten; Verlegung auf Splittbett
- Betonplatten (vor Ort betoniert oder als Fertigteil); Größe max. 2,50 m x 2,50 m; Verlegung auf Schutzlage und zwei Gleitlagen

[4] DIN EN 13242.2008-03: Gesteinskörnungen für ungebundene und hydraulisch gebundene Gemische für den Ingenieur- und Straßenbau

- Vegetationssubstrate für Begrünungsschichten

Bemessung:

- In der Norm (DIN 18531:2025-08) finden sich keine Angaben.
- Konkrete Angaben sind in der Flachdachrichtlinie enthalten.
- Die Mindesthöhe der Kiesschüttung hängt u. a. von der Windzone, der Gebäudehöhe, der Ausbildung der Traufe (scharfkantig oder mit Attika) sowie dem Bereich auf dem Dach ab.
- Insbesondere in den Rand- und Eckbereichen eines Flachdachs (Bereiche F und G) treten hohe Windsogspitzen auf. Hier ist daher eine entsprechend größere Auflast zur Windsogsicherung anzuordnen. Außerdem wird empfohlen, in den Rand- und Eckbereichen des Dachs Plattenbeläge als Auflast zu verwenden, da bei losen Kiesschüttungen Verwehungen auftreten können.

Tabelle 3: *Windsogsicherung von Dachabdichtungen mit einer Kiesschüttung für Gebäude mit einer Höhe < 10 m in den Windzonen 1 und 2 (Dachneigung < 5°) (Tabelle in Anlehnung an Flachdachrichtlinie, Tab. I.1; Auszug) (Hinweis: für die Windzonen 3 und 4 sowie Gebäudehöhen ≥ 10 m siehe Flachdachrichtlinie)*

Gebäudehöhe < 10 m					
		Mindesthöhe der Kiesschüttung als Auflast cm			
Windzone 1					
	Bereich	F	G	H	I
scharfkantiger Traufbereich		10,5	8,4	5,0	5,0
mit Attika	$h_p/h = 0{,}025$	9,2	7,5	5,0	5,0
	$h_p/h = 0{,}05$	8,4	6,7	5,0	5,0
	$h_p/h = 0{,}10$	7,5	5,9	5,0	5,0
Windzone 2 (Binnenland)					
	Bereich	F	G	H	I
scharfkantiger Traufbereich		13,6	10,9	6,5	5,0

Tabelle 3: *Windsogsicherung von Dachabdichtungen mit einer Kiesschüttung für Gebäude mit einer Höhe < 10 m in den Windzonen 1 und 2 (Dachneigung < 5°) (Tabelle in Anlehnung an Flachdachrichtlinie, Tab. I.1; Auszug) (Hinweis: für die Windzonen 3 und 4 sowie Gebäudehöhen ≥ 10 m siehe Flachdachrichtlinie)*

Gebäudehöhe < 10 m					
		Mindesthöhe der Kiesschüttung als Auflast **cm**			
mit Attika	h_p/h = 0,025	12,0	9,8	6,5	5,0
	h_p/h = 0,05	10,9	8,7	6,5	5,0
	h_p/h = 0,10	9,8	7,6	6,5	5,0
Windzone 2 (Küste und Inseln der Ostsee)					
scharfkantiger Traufbereich		17,8	14,2	8,5	5,0
mit Attika	h_p/h = 0,025	15,6	12,8	8,5	5,0
	h_p/h = 0,05	14,2	11,4	8,5	5,0
	h_p/h = 0,10	12,8	10,0	8,5	5,0
H: Gebäudehöhe über Grund h_p: Höhe der Attika (bezogen auf Oberfläche Dach) F: Eckbereich; G: Randbereich; H und I: Innenbereich der Dachfläche					

Bild 3: *Kiesschüttung auf einem Flachdach (Quelle: Prof. Dr.-Ing. Peter Schmidt)*

Detailausbildung

Details bei Dachabdichtungen sind:

- An- und Abschlüsse
- Tür- und Fensteranschlüsse
- Durchdringungen
- Bewegungsfugen
- Anschlüsse der Abdichtungsschicht an Lichtkuppeln/Lichtbänder, Rauch- und Wärmeabzugsanlagen (RWA)

Grundsätzliche Regeln

Dichtheit und Dauerhaftigkeit der Abdichtung sind im Wesentlichen von der zuverlässigen Ausbildung sowie von der Funktionsfähigkeit der Details abhängig.

Aus diesem Grund sind Details entsprechend sorgfältig zu planen und auszuführen.

Planerische Voraussetzungen:

Ziel: Entwurf und Gestaltung der Bauteile so, dass die Voraussetzungen für eine sachgerechte Ausführung der Details gegeben sind.

- Gestaltung der angrenzenden Bauteile (Dachrand, aufgehende Bauteile)
- Anordnung und Verlauf von Bewegungsfugen
- Anordnung von Durchdringungen und Abläufen (insbes. Abstand zu aufgehenden Bauteilen u. Ä.)
- Festlegung einer sinnvollen Montagereihenfolge anderer Gewerke (z. B. Einbau von Fenstern usw.)

Wichtige Grundsätze:

- **Durchdringungen:** Die Anzahl von Durchdringungen ist auf ein Minimum zu begrenzen.
- **Zugänglichkeit:** Auf die Zugänglichkeit von Details ist zu achten, d. h. die Zugänglichkeit ist bei der Anordnung und Ausbildung zu beachten.

- Auflager und Stützen von Anlagen und Aggregaten, die auf der Dachfläche aufgestellt werden, sollten bevorzugt auf der durchlaufenden Abdichtungsschicht positioniert, d. h. unter Verwendung von Schutzlagen und Lastverteilungsplatten aufgelegt werden, anstatt die Abdichtung zu durchdringen. Außerdem müssen Anlagen zu den Details (wie Durchdringungen, An- und Abschlüsse, Bewegungsfugen) einen ausreichenden Abstand halten.

Anforderungen an Details:

- Dichtheit: Alle An- und Abschlüsse, Übergänge und Durchdringungen müssen hinterlauf- und unterlaufsicher ausgeführt werden, ggf. mithilfe von Einbauteilen.
- Sicherung des oberen Abschlusses: Der obere Rand der Abdichtung muss so fixiert werden, dass er weder abrutschen noch sich lösen kann. Hierzu sind i. d. R. Einbauteile vorzusehen. Ausgenommen sind Situationen, bei denen aufgrund des Haftverbunds oder besonderer konstruktiver Maßnahmen ein Abrutschen oder Lösen des Abdichtungsrands vom Untergrund ausgeschlossen ist.
- Bewegung der Unterkonstruktion: Sämtliche An- und Abschlüsse, Übergänge und Durchdringungen müssen bei den zu erwartenden Bewegungen des Untergrunds funktionsfähig bleiben und die Dichtheit sicherstellen.
- Materialverträglichkeit: Für An- und Abschlüsse sollten die gleichen Stoffe verwendet werden wie für die Flächenabdichtung. Bei unterschiedlichen Stoffen müssen diese geeignet und verträglich sein.
- Zugänglichkeit: Bauteile, die im Rahmen der Instandhaltung in regelmäßigen Abständen inspiziert und gewartet werden müssen (wie z. B. Abläufe), müssen so angeordnet werden, dass sie für Instandhaltung und Erneuerung zugänglich bleiben.

Anschlüsse

Ein Anschluss stellt die Verbindung der Abdichtung mit Einbauteilen (z. B. Durchdringungen) sowie angrenzenden Bauteilen (z. B. aufgehende Wände) dar.

Ausführungsregeln:

- gleiche Lagenzahl/Stoffart: Ausführung der Abdichtung von Anschlüssen mit gleicher Lagenzahl und Stoffart wie im Bereich der Dachfläche (Flächenabdichtung). Eine Verwendung unterschiedlicher Stoffe ist möglich. Diese müssen hierfür geeignet und miteinander dauerhaft verträglich sein.
- Übergänge: Bei Übergängen einer Abdichtung aus Flüssigkunststoffen (FLK) auf eine Bahnenabdichtung muss die Flüssigabdichtung mind. 10 cm auf die Bahn geführt werden.
- Anschlüsse aus Bitumenbahnen müssen mind. aus zwei Lagen bestehen.
- Dämmkeil bei Bitumenbahnen: An der Kante zwischen Dachfläche und aufgehenden Bauteilen ist bei Abdichtungen mit Bitumenbahnen ein Keil einzubauen (Ziel: Abdichtung wird zweimal um jeweils 45° umgelenkt).
- Anschlüsse von Bitumenbahnen: Für die Herstellung von Anschlüssen mit Bitumenbahnen können auch eingeklebte Bleche verwendet werden. Breite der Klebefläche mind. 16 cm, Verklebung im Lagenrückversatz. Am Anschlussbereich müssen die Bahnen abgesetzt werden.
- Anschlüsse von Kunststoff-/Elastomerbahnen: Für die Herstellung von Anschlüssen mit Kunststoff- und Elastomerbahnen können Verbundbleche eingesetzt werden.
- Wandbekleidungen: Bei Wänden mit einer Bekleidung ist der Anschluss hinter dieser an der Wand hochzuführen.
- genutzte Dächer: Bei genutzten Dächern sind Anschlüsse so auszuführen, dass vorhersehbare Einwirkungen aus der Nutzung (z. B. Stoß) sowie aus Lage- und Formänderungen angrenzender Schutz-/Nutzschichten nicht zu Schäden an der Abdichtungsschicht führen. Anschlüsse bei genutzten Dächern sind mit Blechen oder ähnlichen Bauteilen abzudecken. Die Regelungen gelten nicht für Dächer mit Solaranlagen/haustechnischen Anlagen.

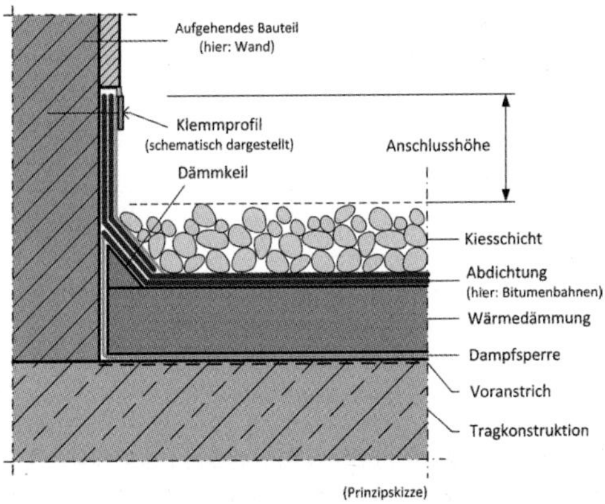

Bild 1: *Keil am Übergang von Dachfläche und aufgehendem Bauteil bei Abdichtungen mit Bitumenbahnen sowie Definition der Anschlusshöhe (Quelle: Prof. Dr.-Ing. Peter Schmidt)*

Anschlusshöhen:

Tabelle 1: *Anschlusshöhen*

Nutzung	Dachneigung	Anschlusshöhe
nicht genutzte Dächer	bis 5° (8,8 %)	≥ 15 cm
	über 5° (8,8 %)	≥ 10 cm
genutzte Dächer	unabhängig von der Dachneigung	≥ 15 cm

- Die Anschlusshöhe bezieht sich auf Oberkante Abdichtung bzw. Belag, Kiesschicht oder Begrünung.
- In schneereichen Gebieten bzw. bei besonderen Bedingungen (z. B. Anschlüsse in Sheddachrinnen) können größere Abschlusshöhen erforderlich sein. Dies ist im Einzelfall zu prüfen und entsprechend festzulegen.

Hinsichtlich der Ausführung wird in

- **Anschlüsse ohne direkte Wassereinwirkung** und
- **Anschlüsse mit direkter Wassereinwirkung**

unterschieden.

Anschlüsse ohne direkte Wassereinwirkung

Anschlüsse ohne direkte Wassereinwirkung sind vor Wasserbeanspruchung (Spritzwasser, Niederschlagswasser, herablaufendes Wasser an der Fassade) geschützt.

Beispiele:

- Anschluss in einem Rücksprung
- Anschluss hinter einer Wandbekleidung (z. B. Wärmedämmverbundsystem – WDVS)

Ausführung:

- Der Abdichtungsrand wird gegen Abrutschen durch die Abdeckung oder eine Verklebung gesichert. Es sind i. d. R. keine weiteren Einbauteile erforderlich.
- Anschlüsse aus FLK, die eine ausreichende Haftung am Untergrund aufweisen, brauchen am oberen Rand nicht mechanisch befestigt zu werden.

Anschlüsse mit direkter Wassereinwirkung

Anschlüsse mit direkter Wassereinwirkung sind frei der Bewitterung ausgesetzt und werden durch Spritzwasser oder an der Fassade herablaufendes Wasser unmittelbar beansprucht.

Ausführung:

- Sicherung gegen Hinterlaufen erfolgt durch Klemmprofile, Klemmschienen oder angeschweißte Verbundbleche, die den Abdichtungsrand linienförmig an den Untergrund fixieren.
- Die Befestigungen sind im Abstand von 20 cm anzuordnen.
- Nagelbänder dürfen nicht eingesetzt werden, da sie die Abdichtung perforieren.
- Bei FLK kann auf eine mechanische Befestigung am oberen Rand verzichtet werden, wenn eine ausreichende Haftung mit dem Untergrund dauerhaft gegeben ist.
- Der Anschluss kann durch Überhangstreifen gegen Hinterlaufen zusätzlich gesichert werden. Bei Überhangstreifen muss eine Dichtstofffase vorgesehen werden.
- Bei senkrechten Fugen im Anschlussbereich (z. B. Fugen von Betonfertigteilen oder Bauwerksfugen) muss der Anschluss so ausgeführt sein, dass Bewegungen über den Fugenbereich möglich sind.

- Klemmprofile und -schienen dürfen nicht über bewegliche Fugen durchlaufen.

Abschlüsse

Abschlüsse bezeichnen das gesicherte Ende oder den gesicherten Rand einer Abdichtung. Abschlüsse kommen an den Dachrändern vor.

Abschlüsse einer Dachabdichtung sind als Randaufkantungen (Attika) mit Dachrandabdeckungen oder mit Dachrand-Abschlussprofilen auszuführen. Ausgenommen hiervon sind Dachränder mit vorgehängten Dachrinnen.

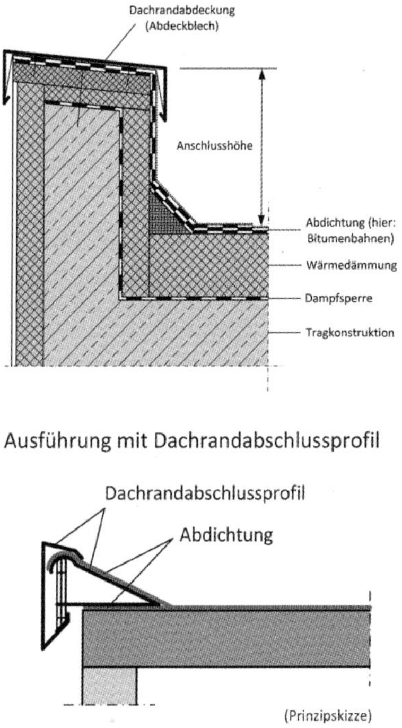

***Bild 2:** Abschlüsse als Randaufkantung mit Dachrandabdeckung sowie mit Dachrand-Abschlussprofil (Quelle: Prof. Dr.-Ing. Peter Schmidt)*

Ausführung:

- Lagenzahl/Stoffart: Im Bereich von Abschlüssen sollte die Abdichtung mit gleicher Lagenzahl und Stoffart wie im Bereich der Dachfläche (Flächenabdichtung) hergestellt werden. Eine Verwendung unterschiedlicher Stoffe ist möglich. Diese müssen in diesem Fall geeignet und miteinander dauerhaft verträglich sein.
- FLK: Für Abschlüsse mit flüssig zu verarbeitenden Stoffen gelten die gleichen Regeln wie für Anschlüsse.
- Abschlüsse von Bitumenbahnen: Abdichtungen mit Bitumenbahnen sind an Abschlüssen mindestens zweilagig auszuführen.
- Abdeckungen: Abdeckungen von Randaufkantungen sollten ein Gefälle aufweisen, das in Richtung Dachfläche weist (Wasserableitung erfolgt auf die Dachfläche).
- Randaufkantung/Attika: Bei Randaufkantungen ist die Abdichtungsbahn i. d. R. bis zur Außenkante des Dachrands zu führen. Dort ist der Rand so zu befestigen (durch Verklebung oder mechanische Befestigung mit zusätzlichem Klebeband), dass eine Windunterströmung ausgeschlossen wird.
- Dachrand-Abschlussprofile müssen temperaturbedingte Längenänderungen aufnehmen können und dürfen keine nachteiligen Auswirkungen auf die Abdichtung haben.

Abschlusshöhen:

Tabelle 2: *Abschlusshöhen*

Nutzung	Dachneigung	Abschlusshöhe
nicht genutzte Dächer	bis 5° (8,8 %)	≥ 10 cm
	über 5° (8,8 %)	≥ 5 cm
genutzte Dächer	unabhängig von der Dachneigung	≥ 10 cm

- Die Abschlusshöhe bezieht sich auf Oberkante Abdichtung bzw. Belag, Kiesschicht oder Begrünung.
- In schneereichen Gebieten bzw. bei besonderen Bedingungen können größere Anschlusshöhen erforderlich sein. Dies ist im Einzelfall zu prüfen und entsprechend festzulegen.

Tür- und Fensteranschlüsse

Tür-/Fensteranschlüsse: Anschluss der Dachabdichtung im Bereich von Türen, Fenstertüren, Zugängen.

Ausführung im Regelfall:

- Im Regelfall ist die Abdichtungsschicht auch im Bereich von Türen mit einer **Anschlusshöhe von 15 cm** (über OK Belag) an den Türrahmen bzw. die Türschwelle anzuschließen.
- Nachteil: Keine Barrierefreiheit (Schwellenhöhe ≤ 1 cm).

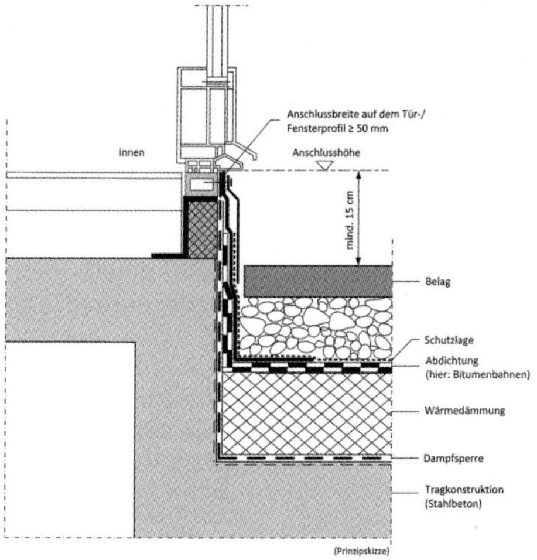

***Bild 3:** Türanschluss mit einer Anschlusshöhe von 15 cm (Quelle: Prof. Dr.-Ing. Peter Schmidt)*

Anschlusshöhen zwischen 5 cm und 15 cm

Kurzübersicht:

- **Türen:** Verwendung geeigneter Türen. Abdichtungsschicht muss hinter Rollladenschienen und Deckleisten geführt werden. Entwässerungsöffnungen müssen nach außen entwässern.
- **Entwässerungsrinne:** Einbau einer Entwässerungsrinne vor der Tür auf gesamter Breite.
- **Anschluss Bahnen an Türprofil:** Bahnen sind gegen Abrutschen zu sichern.
- Oberflächengefälle muss von der Tür wegweisen.

- **Dachterrassen mit geschlossener Brüstung:** Anordnung der Notabläufe / Notüberläufe so tief, dass Türschwelle nicht überschwemmt wird (z. B. bei Starkregenereignissen).

Siehe hierzu auch den Abschnitt „Planungs- und Ausführungsgrundsätze/Tür- und Fensteranschlüsse“.

Anschlusshöhen von weniger als 5 cm

Kurzübersicht:

- **Objektbezogene Planung** im Einzelfall erforderlich (es existieren keine normativen Vorgaben). Dies gilt insbesondere für barrierefreie Übergänge
- **Hinterlaufsicherer Anschluss** der Abdichtung an Türrahmen/Türschwelle (Anordnung von Schlagregendichtbändern).
- Anordnung einer **Entwässerungsrinne** mit Anschluss an die Gebäudeentwässerung.
- **Begleitheizung** für Entwässerungseinrichtungen bei Schneelastzone 3 vorgeschrieben (Schneelastzone 3: Hochlagen der Mittelgebirge, Alpen, Ostseeküste im Nordosten Deutschlands).
- **Schlagregendichtheit** der Türen.
- **Türen** müssen so konstruiert sein, dass Abdichtungsschichten hinter Rollladenschienen / Deckleisten geführt werden können. Diese müssen daher demontierbar sein.
- **Oberflächengefälle** muss von der Tür wegweisen.

Siehe hierzu auch den Abschnitt „Planungs- und Ausführungsgrundsätze/Tür- und Fensteranschlüsse“.

Ausführung des Anschlusses

Zwei Möglichkeiten:

1. Anschluss der Abdichtungsschicht auf der Außenseite an den Blendrahmen/Schwellenprofil
2. Anschluss der Abdichtungsschicht auf der Innenseite durch Unterfahren des Blendrahmen-/Schwellenprofils

Zu 1.:

Die Abdichtungsbahnen werden mit FLK von außen an den Blendrahmen bzw. das Schwellenprofil angeschlossen. Wichtige Regeln:

- Anschlussflächen müssen geeignet sein; Vertiefungen, Rillen o. Ä. mit einer Tiefe > 1,2 mm müssen ausgeglichen werden.
- Verträglichkeit der Stoffe.
- Anschlussbreite FLK auf Türprofil ≥ 5 cm.
- Überlappung FLK auf Bahnenabdichtung ≥ 10 cm.

Genauere Informationen siehe Abschnitt „Planungs- und Ausführungsgrundsätze/Tür- und Fensteranschlüsse“.

Zu 2.:

Die Abdichtung wird auf der Innenseite des Blendrahmens bzw. der Türschwelle angeschlossen. Dazu werden die Türprofile unterfahren. Wichtige Regeln:

- Die Blendrahmen- und Schwellenprofile müssen geeignet sein (insbes. widerstandsfähig gegen Feuchte).
- Eine Perforation der Abdichtungsschicht durch mechanische Befestigungselemente ist nicht zulässig. Der Anschluss ist daher beispielsweise mit FLK herzustellen (s. o.).
- Sofern eine Innenabdichtung nach DIN 18534 vorhanden ist, kann die Abdichtungsschicht auch an diese angeschlossen werden.

Anschluss außenseitig

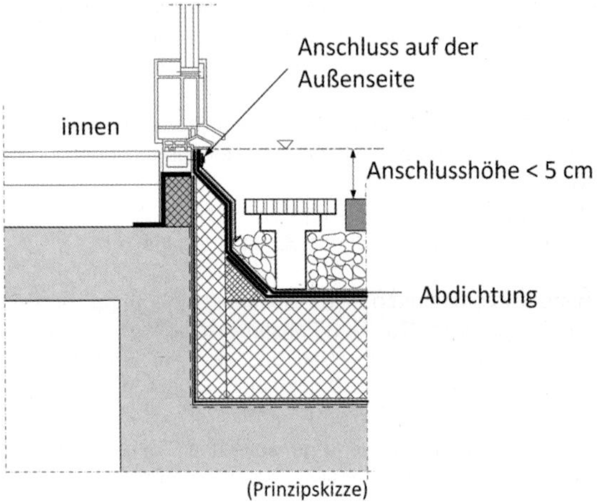

Anschluss raumseitig

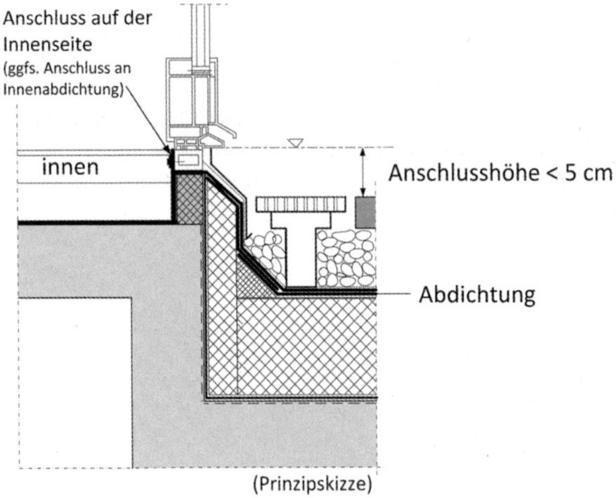

Bild 4: *Türanschluss mit einer Anschlusshöhe von weniger als 5 cm; hier: Anschluss der Abdichtung auf der Außenseite des Schwellenprofils (obere Abbildung) sowie Anschluss auf der Innenseite durch Unterfahren der Türschwelle (untere Abbildung) (Quelle: Prof. Dr.-Ing. Peter Schmidt)*

Barrierefreie Zugänge:

- Die Ausführung des Anschlusses der Abdichtung im Bereich barrierefreier Zugänge (Schwellenhöhe ≤ 1 cm) ist nicht genormt, sondern stellt eine Sonderlösung in abdichtungstechnischer Hinsicht dar.
- Sie sind für jeden Einzelfall gesondert zu planen, wobei Planer, Türhersteller und Ausführende einbezogen werden müssen.

Durchdringungen

Durchdringungen sind Bauteile, die die Abdichtung durchdringen, wie z. B. Abläufe, Rohrdurchführungen, Auflager für Antennenmasten und Dunstrohre.

Ausführung:

- Die Abdichtung ist an die Durchdringung wasserdicht anzuschließen.
- Anschluss der Abdichtungsschicht an Durchdringungen:
  a) durch Hochführen und Anschluss der Abdichtungsschicht am durchdringenden Bauteil (Ausführung wie bei einem üblichen Anschluss)
  b) mit Klebeflanschen, Klemmflanschen oder Einbauteilen
- Für Dunstrohre o. ä. Bauteile können vorgefertigte Formstücke aus Metall oder Kunststoff, Anschlussmanschetten sowie eine Kunststoff- oder Elastomerbahn bzw. FLK für die Herstellung des Anschlusses verwendet werden. Formstücke müssen die zu erwartenden Bewegungen des durchdringenden Bauteils aufnehmen können.
- Der obere Rand von Formstücken oder Manschetten ist gegen Hinterlaufen zu sichern. Formstücke müssen die zu erwartenden Bewegungen des Durchdringungsbauteils aufnehmen können.
- Direkt der Witterung ausgesetzte Anschlüsse mit Dichtstofffase müssen in regelmäßigen Abständen gewartet werden.

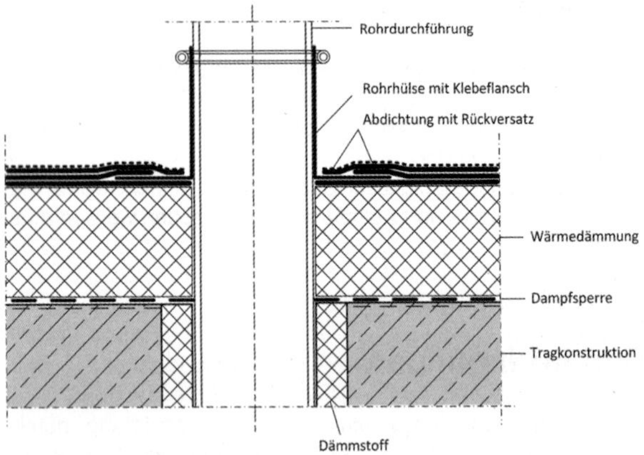

***Bild 5:** Anschluss der Abdichtung an eine Durchdringung (Quelle: Prof. Dr.-Ing. Peter Schmidt)*

Bewegungsfugen

Bewegungsfugen im Bauwerk oder in Bauteilen dienen dazu, unterschiedliche Bewegungen der Bauteile (z. B. aus Baugrundsetzungen, Temperaturänderungen, Schwinden oder Belastungen) aufzunehmen und schädliche Zwangsbeanspruchungen zu vermeiden

Grundsätzliche Regeln:

- Bewegungsfugen im Tragwerk müssen in allen angrenzenden Bauteilen und Schichten bis zur Gebäudeaußenhülle (z. B. Dachfläche) fortgeführt werden.
- Bewegungsfugen in Dachflächen sind abzudichten.
- Die Art der Abdichtung richtet sich nach dem Fugentyp (Art, Richtung und Größe sowie Häufigkeit der zu erwartenden Fugenbewegungen).
- Fugentyp I (selten oder einmalig auftretende Bewegungen, z. B. infolge von Baugrundsetzungen, jahreszeitlichen Temperaturänderungen); Fugentyp II (häufig auftretende Bewegungen, z. B. infolge von tageszeitlichen Temperaturänderungen)
- Können beide Fugentypen auftreten, ist für die Ausführung der Abdichtung Fugentyp II zugrunde zu legen.

Ausführung der Abdichtung bei Fugentyp I:

- Die Abdichtungsschicht wird über die Fuge ohne Unterbrechung durchgeführt.
- Ggf. ist die Abdichtung im Bereich der Fuge zu unterstützen (z. B. durch Stützbleche o. Ä.).
- Ein Stützblech darf nur auf einer Seite der Fuge fest angeschlossen werden, das andere Ende muss lose auf dem Fugenufer aufliegen.
- Bei Abdichtungen aus verklebter Bitumen- und Polymerbitumenbahn sowie verklebter Kunststoff- und Elastomerbahn (max. Fugenbewegungen 5 mm) ist ein Schleppstreifen unter der Abdichtung anzuordnen (Breite mind. 20 cm).
- Bei FLK muss der Schleppstreifen eine Breite von mind. 5 cm aufweisen.
- Der Schleppstreifen ist ausreichend zu fixieren (Lagesicherheit).
- Bei Abdichtungen mit lose verlegten Kunststoff- und Elastomerbahnen sowie lose verlegten Bitumen- und Polymerbitumenbahnen darf die Abdichtungsschicht über die Fuge durchgeführt werden, wenn sie im Fugenbereich unterstützt wird und die Fugenbewegungen ≤ 10 mm betragen.

Ausführung der Abdichtung bei Fugentyp II:

- Bei Fugentyp II sind gesonderte konstruktive Lösungen auszuführen, die sich nach Größe und Häufigkeit der auftretenden Bewegungen richten und im Einzelfall festgelegt werden müssen.
- Die Flächenabdichtung ist an der Bewegungsfuge Typ II zu unterbrechen.
- Außerdem sind folgende Zusatzmaßnahmen erforderlich:
  - schlaufenartige Führung der Abdichtung zwischen den Fugenufern
  - Einbau von Fugenbändern mit Klebeflansch
  - Verwendung vorgefertigter Fugenkonstruktionen mit integrierten Dichtungsprofilen
  - Einbau von Los- und Festflanschkonstruktionen
- Fugen des Typs II sollten untereinander und zu parallel verlaufenden Kanten und Kehlen einen Abstand von mind. 50 cm einhalten.

- Ggf. ist die Fuge mit einer Hilfskonstruktion zu verschieben, wenn dieses Maß nicht eingehalten werden kann. Der Schnittwinkel von Fugen mit Kanten und Kehlen sollte ca. 90° betragen, jedoch nicht wesentlich vom rechten Winkel abweichen.

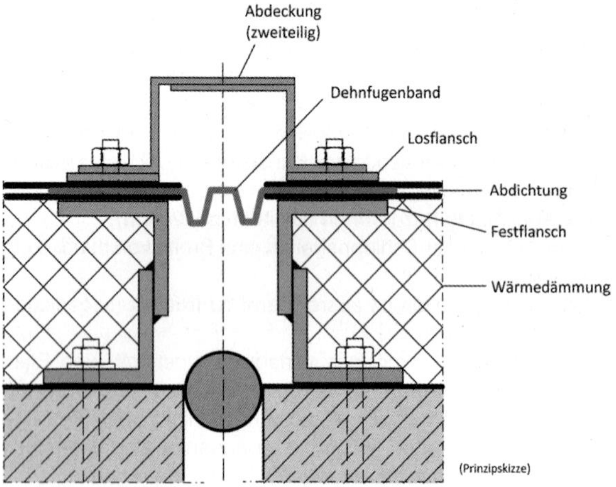

***Bild 6:** Bewegungsfuge (Typ II) mit Los- und Festflanschkonstruktion und Dehnfugenband (Quelle: Prof. Dr.-Ing. Peter Schmidt)*

Lichtkuppeln, Lichtbänder, Rauch- und Wärmeabzugsanlagen (RWA)

Es dürfen nur Lichtkuppeln und RWA-Anlagen mit Aufsetzkranz und darauf getrennt angeordneten Lichtschalen oder Abzugsklappen verwendet werden.

Einteilige Elemente mit Kleberand sind nicht zugelassen.

- Die Oberkante des Aufsetzkranzes muss mind. 15 cm über Oberfläche Abdichtung, Belag reichen.
- Der Mindestflanschabstand zu benachbarten Aufsetzkränzen muss mind. 50 cm betragen (gemessen von den Außenkanten der Flansche).

Ausführung des Anschlusses

Anschluss der Abdichtung an ein Lichtband:

Ausführung wie Anschluss an aufgehende Bauteile (siehe Abschnitt ► „Anschlüsse“)

Anschluss der Abdichtung an den Aufsetzkranz:

- Eindichten des horizontalen Flansches mit einer Bitumen-/Polymerbitumenbahn oder mit FLK. Flanschbreite mind. 12 cm. Der Flansch muss mind. 5 cm aus der Abdichtungsebene herausgehoben sein.
- Kunststoff-/Elastomerbahnen werden direkt auf den Flansch aufgeschweißt. Hierzu sind systemkonforme Lichtkuppelflansche zu verwenden.
- Mögliche Bewegungen zwischen dem Rand des Aufsetzkranzes und der Dachfläche sind zu berücksichtigen (→ Planung im Einzelfall).

Dachentwässerung

Für die Planung und Ausführung der Dachentwässerung gilt DIN 1986-100[1]. Ergänzende Regeln finden sich in DIN 18531-1 und -3 (2025-08).

Abläufe

Werkmäßig vorgefertigte Abläufe müssen den Anforderungen der DIN EN 1253[2] entsprechen.

Ausführungs-/Einbauregeln:

- Abläufe müssen einen dichten Anschluss an die Dachabdichtung gewährleisten. Anschluss der Abdichtung an den Ablauf durch Klebeflansch, Klemmflansch, integrierte Anschlussbahn, Los-/Festflanschkonstruktion.
- Bei zweiteiligen Abläufen muss sichergestellt sein, dass eine dichte Verbindung zwischen dem Ablauf und dem Aufstockelement gegeben ist.
- Die Dachabdichtung muss wasserdicht an die Abläufe angeschlossen werden können.
- Beim Einbau der Abläufe ist darauf zu achten, dass sich kein Wasser vor dem Ablauf anstauen kann. Dies kann erreicht werden, indem die Flansche der Abläufe oberflächenbündig in eine vorbereitete Vertiefung im Untergrund eingelassen werden. Der Grundkörper der Abläufe ist mit dem Untergrund fest zu verbinden.
- Bei Bewegungen des Schichtenpakets des Dachaufbaus dürfen sich Abläufe nicht so weit schräg stellen oder verschieben, dass die Entwässerung beeinträchtigt wird.
- Abläufe sollten so angeordnet werden, dass ein Abstand von mind. 30 cm (bezogen auf die Flanschaußenkante) zu Dachaufbauten, Fugen und Durchdringungen eingehalten wird. Attikaabläufe sind von dieser Regelung ausgenommen.

[1] DIN 1986-100:2016-12: Entwässerungsanlagen für Gebäude und Grundstücke – Teil 100: Bestimmungen in Verbindung mit DIN EN 752 und DIN EN 12056

[2] DIN EN 1253: Abläufe für Gebäude; Teile 1 bis 6; verschiedene Ausgabendaten

- Abläufe, die die Oberfläche der Nutzschicht entwässern (genutzte Dächer) und die Abdichtung durchdringen, müssen auch die Abdichtungsebene entwässern.
- Bei Flachdächern mit Wärmedämmung und Dampfsperre müssen die Abläufe zweiteilig ausgebildet werden. Notüberläufe in der Attika/oberhalb der Wärmedämmung/Dampfsperre brauchen nicht zweiteilig ausgeführt zu werden.
- Abläufe müssen für die Instandhaltung (Inspektion, Wartung (Reinigung) und ggf. Reparatur) frei zugänglich sein und regelmäßig gewartet werden (mind. einmal jährlich).
- Über den Abläufen sind Kies- und Laubfangkörbe anzuordnen, die eine Verstopfung verhindern sollen. Bei Dächern mit schwerem Oberflächenschutz (Kiesschicht) oder extensiver Begrünung sind zusätzliche Maßnahmen erforderlich, um ein Zusetzen der Abläufe sicher zu vermeiden.

Abläufe dürfen nicht überbaut werden (z. B. mit Solaranlagen oder haustechnischen Anlagen).

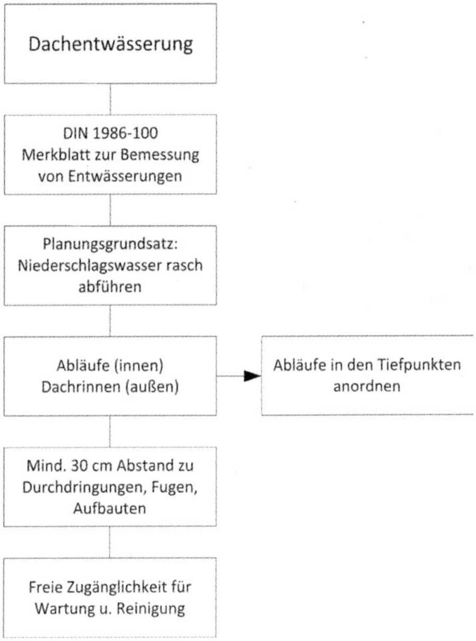

***Bild 1:** Regeln zur Dachentwässerung*
(Quelle: Prof. Dr.-Ing. Peter Schmidt)

***Bild 2:** Ablauf mit Kies-/Laubfangkorb auf einem nicht genutzten Dach mit schwerem Oberflächenschutz (Quelle: Prof. Dr.-Ing. Peter Schmidt)*

Entwässerung mit vorgehängter Rinne:

- Bei der Entwässerung des Dachs über vorgehängte Rinnen kann ein Traufblech zwischen das Blech eingeklebt oder als Stützblech überklebt werden.
- Die Klebefläche sollte mind. 16 cm breit sein und die Verklebung bei mehrlagigen Abdichtungen im Lagenrückversatz erfolgen.

Instandhaltung

Für die Instandhaltung gilt Teil 4 der DIN 18531 (DIN 18531-4:2025-08). DIN 18531-4 nimmt Bezug auf DIN 31051[1], in der grundlegende Regeln der Instandhaltung festgelegt und eine Strukturierung in verschiedene Grundmaßnahmen vorgenommen wird. Die Instandhaltung von Dachabdichtungen umfasst folgende Grundmaßnahmen:

- Inspektion: Besichtigung zur Feststellung des Ist-Zustands und der Funktion von Abdichtung, An- und Abschlüssen sowie der Entwässerungseinrichtungen (z. B. Abläufe, Rinnen)
- Wartung: Pflege und Reinigung der Abdichtung und Entwässerungseinrichtungen
- Instandsetzung: Reparatur der Abdichtung sowie ihrer An- und Abschlüsse

Inspektion

Die Feststellung des Ist-Zustands erfolgt durch Besichtigung (Sichtkontrolle).

- mind. einmal im Jahr durchzuführen (bei gefällelosen Flächen sowie Pfützenbildung häufigere Intervalle)
- Überprüfung der Dachfläche (Flächenabdichtung), An- und Abschlüsse sowie Entwässerungseinrichtungen (Anmerkung: Festlegung der Inspektion von Entwässerungseinrichtungen in DIN 1986-100[2])
- schriftliche Dokumentation der Inspektion in einem Zustandsbericht
- Inhalte: Feststellungen des Ist-Zustands, ggf. erforderliche Voruntersuchungen zu den Ursachen festgestellter Mängel
- Die Inspektionsergebnisse bilden die Grundlage für eventuell notwendige Instandsetzungsmaßnahmen.

---

1 DIN 31051:2019-06: Grundlagen der Instandhaltung

2 DIN 1986-100:2016-12: Entwässerungsanlagen für Gebäude und Grundstücke – Teil 100: Bestimmungen in Verbindung mit DIN EN 752 und DIN EN 12056

Wartung

Die Wartung dient der Pflege und Reinigung der Dachabdichtung sowie Entwässerungseinrichtungen.

- mind. einmal im Jahr erforderlich (bei gefällelosen Flächen sowie Pfützenbildung häufiger)
- Die Wartung umfasst folgende Maßnahmen:
  - Beseitigung von Verschmutzungen auf der Dachfläche (Abdichtung) und an den An- und Abschlüssen.
  - Entfernen von nicht erwünschtem Pflanzenbewuchs. Bei extensiv begrünten Dächern müssen die nicht begrünten Randstreifen des Dachs von Bewuchs freigehalten werden.
  - Reinigung der Abläufe und Rinnen
  - Beseitigung, d. h. Glätten, von ggf. vorhandenen Kiesverwehungen

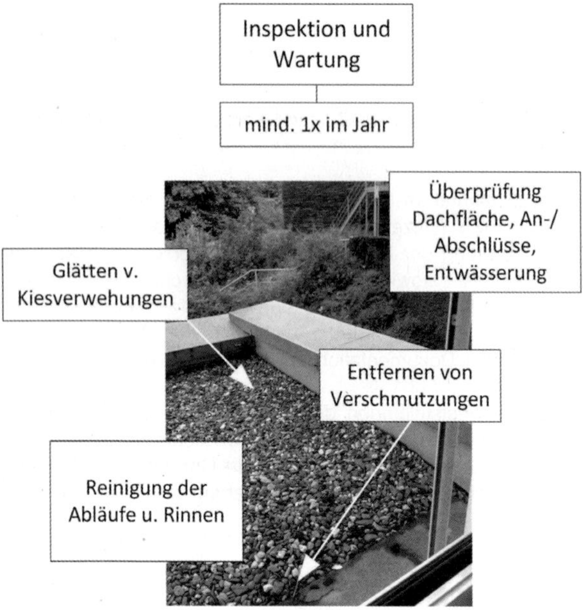

***Bild 1:** Wartung und Inspektion einer Dachabdichtung (Quelle: Prof. Dr.-Ing. Peter Schmidt)*

Instandsetzung

Die Instandsetzung dient der Behebung von festgestellten Schäden (Reparatur der Dachabdichtung, Entwässerungseinrichtungen).

- Eine Instandsetzung ist notwendig, wenn Schäden an der Dachabdichtung und/oder der zugehörigen Komponenten (wie z. B. Entwässerungseinrichtungen) festgestellt wurden und diese behoben werden müssen.
- Primäres Ziel der Instandsetzung ist die Wiederherstellung der Funktionsfähigkeit der Dachabdichtung einschließlich der Details nach den Regeln der DIN 18531.

Die Instandsetzung gliedert sich in folgende Schritte:

- Durchführung einer Voruntersuchung (Feststellung Schadensbild)
- Durchführung von Vorbereitungsarbeiten
- Durchführung der eigentlichen Instandsetzungsmaßnahmen

Voruntersuchung

Vor Durchführung der eigentlichen Instandsetzungsmaßnahmen ist eine Voruntersuchung erforderlich. Hierbei ist eine Bestandsaufnahme durchzuführen sowie der Ist-Zustand festzustellen. Weiterhin sind die möglichen Ursachen der festgestellten Schäden zu ermitteln. Die Ergebnisse sind zu dokumentieren.

Maßnahmen der Voruntersuchung:

- Brandschutz: Überprüfung des Altdachs im Hinblick auf die Erfüllung brandschutztechnischer Anforderungen
- Verbleib vorhandener Dachschichten: Überprüfung der Funktionsfähigkeit und Lagesicherheit der vorhandenen Schichten des Dachaufbaus, wenn diese auf dem Dach verbleiben sollen. Weiterhin sollte überprüft werden, ob sich die verbleibenden Schichten im Schichtenpaket nicht schädigend auswirken.
- Durchfeuchtung der Wärmedämmung: Deutet das Schadensbild auf die Durchfeuchtung der Wärmedämmung hin, ist der Durchfeuchtungsgrad stichprobenartig zu bestimmen, wenn die Wärmedämmschicht nicht entfernt werden soll.
- Gefälle/Entwässerung: Das Gefälle sowie die Entwässerung sind zu überprüfen (insbesondere auf Funktionsfähigkeit).

Vorbereitungsarbeiten

Je nach Situation und Schadensbild können Vorbereitungsarbeiten erforderlich sein, die vor den Instandsetzungsmaßnahmen durchzuführen sind. Zu den Vorbereitungsarbeiten zählen:

- Aufschneiden größerer Wellen, Blasen und Falten, die sich in der Abdichtung gebildet haben
- Entfernen grober Verkrustungen
- Entfernen von Schmutz und ähnlichen Ablagerungen
- Vorbehandlung des Untergrunds (z. B. Aufbringen eines Voranstrichs, Auftragen einer Grundierung oder eines Primers), wenn das Klebeverfahren oder der Zustand des Untergrunds, auf den die neue Abdichtung aufgebracht werden soll, dies erfordern.

Instandsetzungsmaßnahmen

Die Instandsetzungsmaßnahmen umfassen alle Maßnahmen zur Wiederherstellung einer funktionsfähigen Dachabdichtung unter Beachtung der Regeln der DIN 18531:

- Absichern von Wandanschlüssen
- Auftragen von Schutzanstrichen auf Metallteile, die korrosionsgefährdet sind
- Ausbessern von Schadstellen in der Dachabdichtung. Hierzu gehören auch großflächige Ausbesserungsarbeiten und Überarbeitungsmaßnahmen (sofern dies erforderlich ist).
- Ausbessern von Schadstellen an den An- und Abschlüssen der Abdichtung
- Beseitigung von Schäden an Entwässerungseinrichtungen (Abläufe, Rinnen)

Schadstellen in der Abdichtungsschicht können durch das Aufschweißen oder Aufkleben einer Abdichtungsbahn ausgebessert werden. Die Bahn sollte entweder der vorhandenen Abdichtung entsprechen oder mit dieser verträglich sein. Weiterhin muss das gewählte Fügeverfahren (Kleben, Schweißen) geeignet für die miteinander zu verbindenden Stoffe sein. Eine weitere Möglichkeit, Schadstellen auszubessern, besteht durch das Aufbringen von Flüssigkunststoff (FLK) auf den betroffenen Bereich. Auch in diesem Fall müssen FLK und Unterlage miteinander verträglich sein. Die neu einzubauenden Abdichtungsstoffe müssen den Anforderungen der DIN 18531-2:2025-08 entsprechen.

Solaranlagen auf Dächern

Je nach Art der Aufstellung der Solaranlage wird unterschieden in

- integrierte Anlagen (Abdichtung mit applizierten Solarmodulen)
- befestigte Anlagen (Unterkonstruktion der Solaranlage ist mit der Tragkonstruktion verbunden; die Bauteile durchdringen die Abdichtung.)
- ballastierte (aufgelegte) Anlagen (Unterkonstruktion ruht auf Lastverteilungsplatten und ist mit einer Auflast beschwert.)

Beispiel

Grundsätzlich darf die Dachabdichtung nicht zur lastabtragenden Befestigung herangezogen werden, indem die Solarmodule oder deren Unterkonstruktion, z. B. durch Kleben oder Schweißen, mit der Abdichtung verbunden werden!

Die Abdichtung betreffende Regeln, die bei der Aufstellung von Solaranlagen auf Dächern zu beachten sind:

- Druckbelastbarkeit: Der Dachaufbau muss bei ballastierten Anlagen eine ausreichende Druckbelastbarkeit aufweisen. Insbesondere ist dies für die Wärmedämmung zu prüfen bzw. es dürfen nur geeignete (druckbelastbare) Wärmedämmstoffe verwendet werden. Lastverteilungsplatten sind mit einem Kantenschutz zu versehen, damit die Abdichtung nicht beschädigt wird.
- Entwässerung: Die Entwässerung darf durch die Solaranlage und deren Komponenten (Leitungen usw.) nicht beeinträchtigt werden. Weiterhin ist ein Anstauen von Niederschlagswasser zu verhindern (z. B. Hochlegen von Leitungen).
- Werkstoffe: Bei Werkstoffen von Solaranlagen, die die Abdichtung direkt berühren, ist darauf zu achten, dass diese mit der Abdichtung verträglich sind. Andernfalls sind Trennlagen o. Ä. vorzusehen, um Schäden an der Abdichtung zu vermeiden.

- konstruktive Bedingungen: Zwischen der Solaranlage und der Abdichtungsebene sollte ein Mindestabstand eingehalten werden, damit die Abdichtung zur Instandhaltung zugänglich ist. Empfohlener Mindestabstand 50 cm. Befestigungen müssen korrosionsbeständig sein, wenn sie der Witterung ausgesetzt sind.
- Durchdringungen: Sämtliche Bauteile, die die Abdichtung durchdringen (wie z. B. Stützen, Kabel, Rohrleitungen u. Ä.) müssen entsprechende Einbauteile oder Flanschkonstruktionen aufweisen, an die die Abdichtung nach den Regeln im Teil 3 der DIN 18531 angeschlossen werden kann.
- Weitere Planungsgrundsätze siehe Abschnitt „Solaranlagen".

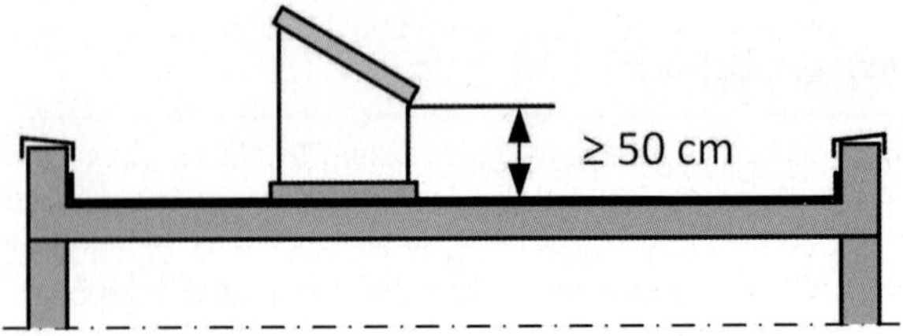

***Bild 1:** Mindestabstand bei Solaranlagen auf Dächern*
(Quelle: Prof. Dr.-Ing. Peter Schmidt)

Abdichtung von Balkonen, Loggien und Laubengängen nach DIN 18531-5

Für die Planung, Ausführung und Instandhaltung der Abdichtung von Balkonen, Loggien und Laubengängen gilt DIN 18531-5: „Abdichtung von Dächern sowie von Balkonen, Loggien und Laubengängen – Teil 5: Balkone, Loggien und Laubengänge" (Ausgabe 2025-08).

Zusätzlich zum Teil 5 ist auch Teil 2 der DIN 18531 („Stoffe") zu beachten. Siehe Abschnitt ► „Abdichtung von Dächern". Dieser enthält Regeln zu den Anforderungen und Eigenschaften der Abdichtungsstoffe und Hilfsstoffe, die für die Abdichtung von Balkonen, Loggien und Laubengängen verwendet werden dürfen.

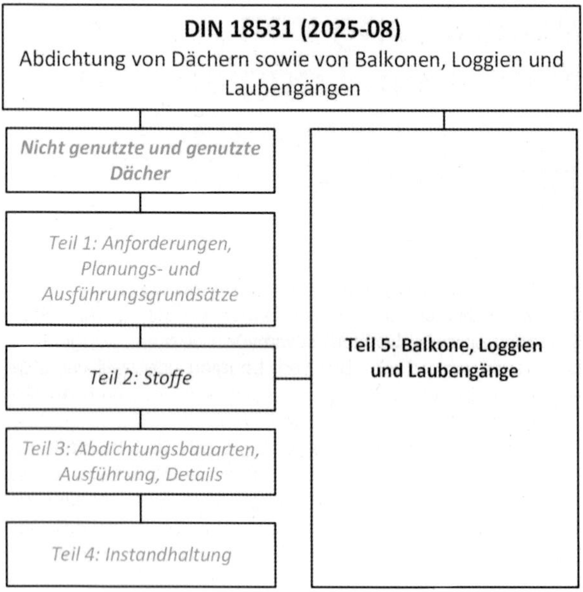

Bild 1: *Struktur der DIN 18531 und Einordnung des Teils 5 in die Normenreihe (Quelle: Prof. Dr. -Ing. Peter Schmidt)*

Änderungen in DIN 18531-5 (Ausgabe 2025-08) gegenüber der bisherigen Ausgabe von 2017-07:

1. **Aufnahme von AIV-B:** Regeln für bahnenförmige Abdichtungsstoffe im Verbund mit Fliesen und Platten (AIV-B) wurden neu in die Norm aufgenommen.
2. **Türanschlüsse:** Die Regeln für Türanschlüsse wurden überarbeitet. Insbesondere wurden Planungsgrundsätze für Türanschlüsse mit Anschlusshöhen von weniger als 5 cm erweitert und präzisiert.
3. **Anhang A – Beschichtung von Balkonen, Loggien und Laubengängen:** Der Status des Anhangs A wurde von bisher normativ in informativ geändert. Damit haben die Regeln zu Beschichtungen keinen normativen Charakter mehr, sondern sind als Information aufzufassen. Anmerkung: Beschichtungen gelten nicht als Abdichtung im Sinne der DIN 18531-5 (daher Abstufung des Anhangs A in informativ).
4. **Inhaltliche und redaktionelle Überarbeitung:** Die Norm wurde inhaltlich aktualisiert und redaktionell überarbeitet.

Anwendungsbereich der DIN 18531-5

DIN 18531-5 (2025-08) gilt für die Planung, Ausführung und Instandhaltung der Abdichtung von Balkonen, Loggien und Laubengängen mit bahnenförmigen und flüssig zu verarbeitenden Abdichtungsstoffen.

- Außerdem können für die Abdichtung von Balkonen, Loggien und Laubengängen Beschichtungen mit den Oberflächenschutzsystemen OS 8, OS 10 und OS 11 i. V. m. der Richtlinie für Schutz und Instandsetzung von Betonbauteilen (RL SIB)[1] bzw. TR Instandhaltung[2] eingesetzt werden, deren Anwendung im informativen Anhang A der DIN 18531-5 geregelt ist. Die Beschichtungen gelten nicht als Abdichtung i. S. d. Norm, sondern sind als Maßnahme zu verstehen, die das Eindringen von betonangreifenden oder korrosionsfördernden Stoffen in oberflächennahe Bauteilbereiche verhindern sollen.

DIN 18531-5 gilt nicht für

- Versiegelungen,
- keramische Beläge sowie
- wasserundurchlässige Bauteile, wie z. B. Bauteile aus WU-Beton nach der DAfStb-Richtlinie für wasserundurchlässige Bauwerke aus Beton (WU-Richtlinie)[3].

Nachfolgend wird zur Vereinfachung für „Balkone, Loggien und Laubengänge“ stellvertretend der Begriff „Balkone“ verwendet.

[1] DAfStb-Richtlinie „Schutz und Instandsetzung von Betonbauteilen“; Ausgabe 2001-10; hrsg. v. Deutscher Ausschuss für Stahlbeton e.V. (DAfStb), Berlin

[2] Technische Regel Instandhaltung von Betonbauwerken (TR Instandhaltung); 2021-01; hrsg. v. Deutsches Institut für Bautechnik (DIBt), Berlin

[3] DAfStb-Richtlinie „Wasserundurchlässige Bauwerke aus Beton (WU-Richtlinie)“; Ausgabe Dezember 2017; hrsg. v. Deutscher Ausschuss für Stahlbeton e.V. (DAfStb), Berlin

Einwirkungen

Die im Regelfall auftretenden Einwirkungen auf die Abdichtung bei Balkonen sind:

- Wasser-/Feuchteeinwirkung (z. B. Niederschlagswasser)
- mechanische Einwirkungen (z. B. durch die Nutzung)
- thermische Einwirkungen (Temperaturänderungen)
- sonstige Einwirkungen (UV- und IR-Strahlung, Ozon)

Im Einzelfall können weitere Einwirkungen auftreten (z. B. chemische und biogene Einwirkungen), die bei der Planung und Ausführung der Abdichtung zu berücksichtigen sind und ggf. weitere Maßnahmen erfordern.

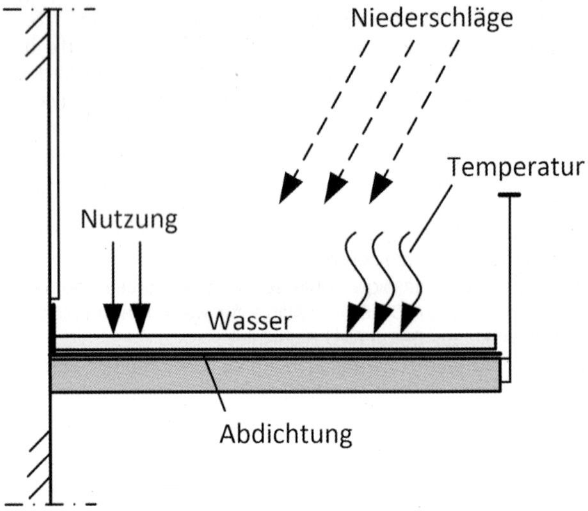

Bild 1: *Einwirkungen auf die Abdichtung von Balkonen (Quelle: Prof. Dr.-Ing. Peter Schmidt)*

Wasser-/Feuchteeinwirkung:

- Beanspruchung der Abdichtung durch Wasser und Feuchtigkeit (z. B. Niederschlagswasser)
- Wasser-/Feuchteeinwirkungen sind primäre Beanspruchungen, die die Abdichtung dauerhaft aufzunehmen hat.

Mechanische Einwirkungen:

- Mechanische Einwirkungen werden durch die Nutzung (z. B. Begehen) verursacht.
- Unterscheidung in:
  - direkte mechanische Einwirkungen
  - indirekte mechanische Einwirkungen
- Bei einer direkten Einwirkung wird die Abdichtung direkt genutzt.
- Bei indirekten Einwirkungen befindet sich auf der Abdichtung eine lastverteilende Schicht (z. B. ein Plattenbelag).
- Bei direkter Einwirkung wird die Abdichtung zusätzlich beansprucht und muss dafür geeignet sein (z. B. durch eine integrierte Nutz-/Schutzschicht).
- Die Abdichtungsschicht darf durch die zu erwartenden auftretenden Einwirkungen aus der Nutzung (Nutzlasten) nicht beschädigt werden. Außerdem muss sie den nutzungsbedingten Formänderungen der Tragkonstruktion (z. B. Durchbiegung der Balkonplatte) standhalten.
- Rissneubildungen oder Rissbreitenänderungen im Beton bzw. Estrich bis zu einer Breite von 0,3 mm muss die Abdichtungsschicht schadlos überbrücken.

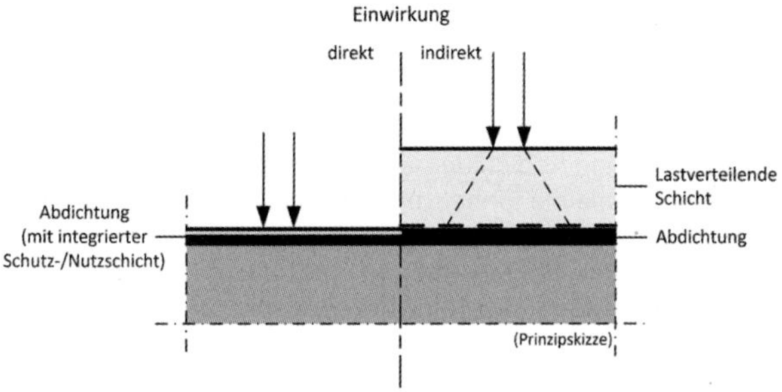

***Bild 2:** Direkte und indirekte Einwirkungen*
(Quelle: Prof. Dr.-Ing. Peter Schmidt)

Thermische Einwirkungen:

- Beanspruchung der Abdichtung durch Temperaturänderungen
- Die Abdichtung muss für Oberflächentemperaturen zwischen -20 °C und +80 °C ausgelegt sein und ihre volle Funktionsfähigkeit behalten.

Anforderungen an die Abdichtung

Anforderungen an die Abdichtung von Balkonen werden hinsichtlich ihrer Beständigkeit und Verträglichkeit sowie Dauerhaftigkeit gestellt.

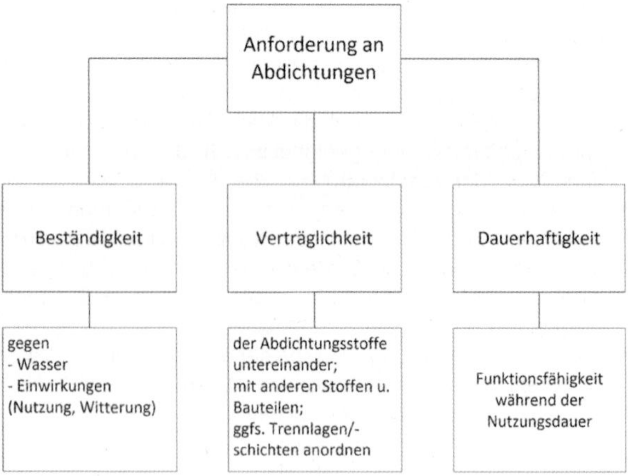

Bild 1: *Anforderungen an die Abdichtung*
(Quelle: Prof. Dr.-Ing. Peter Schmidt)

Die verwendeten Abdichtungsstoffe, die Anzahl und Anordnung der Lagen sowie die Einbauverfahren müssen hinsichtlich ihres Zusammenwirkens die Funktionsfähigkeit der Abdichtung gewährleisten. Bei der Auswahl der Abdichtungsbauart sind die möglichen Bewegungen des Untergrunds zu beachten. Insbesondere muss die Abdichtung die zu erwartenden Rissneubildungen bzw. Rissbreitenänderungen dauerhaft und mit der erforderlichen Sicherheit überbrücken können.

Gefälle

- Grundsätzlich sollte die Abdichtungsschicht mit einem Gefälle von mind. 1,5 % ausgeführt werden.
- Bei Abdichtungen im Verbund mit Fliesen oder Platten (AIF-V und AIV-B) muss ein Gefälle von mind. 1,5 % ausgebildet werden. Diese Forderung ist zwingend einzuhalten.
- Die Nutzschicht kann – je nach Nutzung und Art der Schutz- und Belagsschicht – ebenfalls mit einem Gefälle ausgeführt werden. Bei Schutz- und Belagsschichten, bei denen sich länger stehendes Wasser (Pfützen) schädigend auswirken kann, ist dagegen zwingend ein Gefälle der Abdichtungsebene auszuführen, damit Wasser planmäßig abgeleitet wird.

Die Herstellung des Gefälles kann durch Neigung der Tragkonstruktion oder durch einen Gefälleestrich erfolgen.

Sofern ein verzögerter Wasserabfluss Schäden am Belag verursachen kann, sind Dränschichten auf der Abdichtung einzubauen. Diese sollen die Wasserableitung beschleunigen.

Eine nicht ausreichende Wasserableitung kann bei Abdichtungen im Verbund mit Fliesen oder Platten (AIV-F, AIV-B) den Verlegemörtel bei Frosteinwirkung schädigen.

Gefälle der Abdichtung von Balkonen:

- Empfehlung ≥ 1,5 %
- AIV-F und AIV-B: Forderung ≥ 1,5 %

Entwässerung

Planung und Ausführung der Entwässerung sind nach DIN EN 12056-3[1] und DIN 1986-100[2] vorzunehmen.

Wesentliche Regeln für die Ausführung:

- Mind. ein Ablauf oder eine vorgehängte Rinne ist je Balkon vorzusehen.
- Bei Balkonen mit geschlossener Brüstung muss zusätzlich zum Ablauf ein Notablauf oder ein Notüberlauf vorgesehen werden. Lichte Weite des Notablaufs/Notüberlaufs mind. 40 mm.
- Die Höhenlage der Notabläufe bzw. Notüberläufe ist nach DIN 1986-100 festzulegen. Anordnung des Notablaufs bzw. Notüberlaufs bei Balkonen mit geschlossener Brüstung so, dass die Türschwelle nicht überschwemmt wird.
- Abläufe von Balkonen mit geschlossener Brüstung dürfen nicht an Regenwasserfallleitungen (Dachentwässerung) angeschlossen werden. Dies gilt auch bei vorhandenen Notabläufen bzw. Notüberläufen.
- Nur bei Balkonen ohne geschlossene Brüstung ist es zulässig, die Balkonentwässerung an die Fallleitung der Dachentwässerung anzuschließen. Dabei muss mind. die Hälfte der Brüstung als freier Ablauf zur Verfügung stehen (offene Brüstung).
- Abläufe von Balkonen im Erdgeschoss sollten mit einer separaten Leitung an die Regenwassergrundleitung angeschlossen werden. Andernfalls besteht das Risiko der Überflutung, wenn das Regenwasser bei Starkregenereignissen nicht schnell genug abfließen kann.
- Niederschlagswasser darf vom Balkon auch direkt über Wasserspeier oder Tropfleisten auf das Grundstück abgeführt werden, wenn eine Beeinträchtigung ausgeschlossen ist.
- Bei innen liegenden Entwässerungen sind Abläufe an den Tiefpunkten der zu entwässernden Teilflächen anzuordnen.

---

[1] DIN EN 12056-3:2001-01: Schwerkraftentwässerungsanlagen innerhalb von Gebäuden – Teil 3: Dachentwässerung, Planung und Bemessung

[2] DIN 1986-100:2016-12: Entwässerungsanlagen für Gebäude und Grundstücke – Teil 100: Bestimmungen in Verbindung mit DIN EN 752 und DIN EN 12056

- Bei barrierefreien Zugängen sowie bei Anschlüssen mit verringerter Anschlusshöhe sind geeignete Maßnahmen vorzusehen, um Spritzwasserbelastung sowie Stauwasser im Anschluss- bzw. Zugangsbereich zu vermeiden (z. B. Entwässerungsrinne mit Rostabdeckung, Anschluss der Abdichtung an den Türrahmen, Vordach).

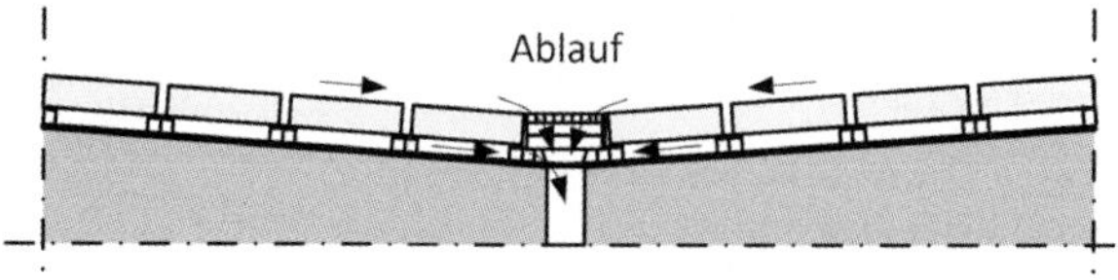

Bild 1: *Positionierung von Abläufen (Quelle: Prof. Dr.-Ing. Peter Schmidt)*

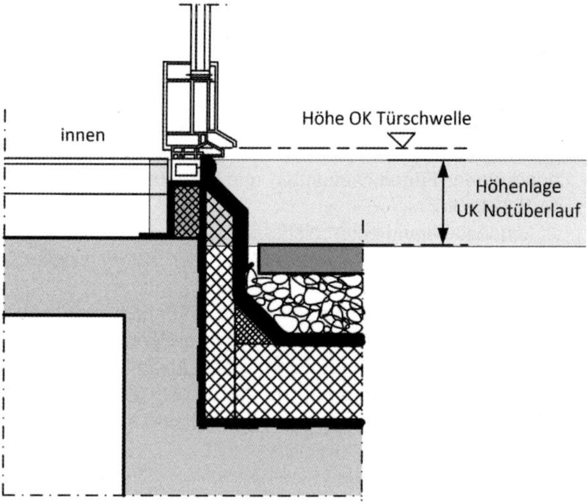

Bild 2: *Höhenlage von Notüberläufen*
(Quelle: Prof. Dr.-Ing. Peter Schmidt)

Bild 3: *Maßnahmen bei barrierefreien Zugängen*
(Quelle: Prof. Dr.-Ing. Peter Schmidt)

Mindestabstände von Abläufen:

- Mindestabstände von Abläufen zu Außenkanten von Durchdringungen, Fugen, Aufbauten und aufgehenden Bauteilen (z. B. Wände):
  - Mindestabstand bei Abdichtungen im Verbund mit Fliesen oder Platten (AIF-V und AIV-B) oder mit Flüssigkunststoffen (FLK): ≥ 10 cm
  - Mindestabstand bei Abdichtungen mit Bahnen: ≥ 30 cm
- Die Maße beziehen sich auf die Flanschaußenkanten der Abläufe. Die Mindestmaße gelten nicht für Abläufe bzw. Notabläufe oder Notüberläufe in der Brüstung oder Attika.
- Für Instandhaltungszwecke müssen Abläufe frei zugänglich sein.

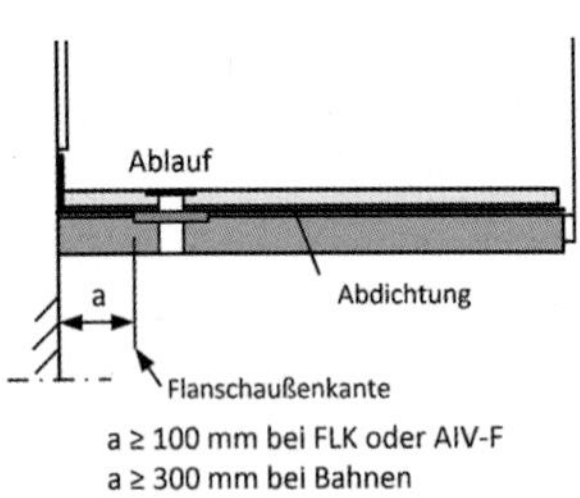

Bild 4: *Mindestabstände von Abläufen bei Balkonen*
(Quelle: Prof. Dr.-Ing. Peter Schmidt)

Detailausbildung

Details bei Abdichtungen von Balkonen sind:

- Anschlüsse an aufgehende Bauteile
- Tür-/Fensteranschlüsse
- Randabschlüsse
- Durchdringungen
- Bewegungsfugen

Grundsätze:

- Dichtheit und Dauerhaftigkeit der Abdichtung insgesamt sind im Wesentlichen von der zuverlässigen Funktionsfähigkeit der Details abhängig.
- Aus diesem Grund sind Planung und Ausführung von Details besonders sorgfältig durchzuführen.
- Außerdem sind Details regelmäßig instandzuhalten.
- Die abzudichtenden Bauteile sollten möglichst einfach geometrisch gestaltet sein, damit die Abdichtung fachgerecht und handwerklich einfach angeschlossen werden kann.
- Die Anzahl an Durchdringungen (z. B. Abläufe) sollte so gering wie möglich gehalten werden.
- Stoffe für die Ausführung von Details müssen für den jeweiligen Anwendungszweck geeignet und mit den Abdichtungsstoffen verträglich sein.

Anschlüsse an aufgehende Bauteile

Anschlusshöhe:

- Die Anschlusshöhe der Abdichtung an aufgehende Bauteile (z. B. Wände) sollte **mind. 15 cm** betragen.
- Die Anschlusshöhe bezieht sich auf die Oberfläche der Nutzschicht bzw. des Belags.
- In schneereichen Gebieten sowie in Sonderfällen (z. B. exponierte Lage in regen- und windreichen Gebieten, bei besonderen konstruktiven Gegebenheiten) kann es erforderlich sein, eine größere Anschlusshöhe auszuführen.

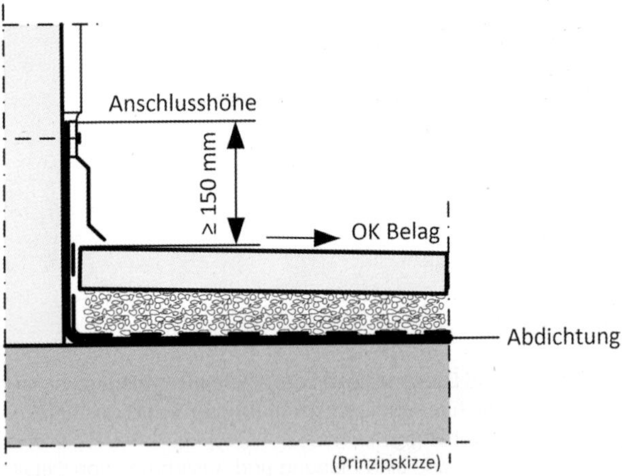

***Bild 1:** Anschlusshöhe an aufgehende Bauteile im Regelfall (Quelle: Prof. Dr.-Ing. Peter Schmidt)*

Ausführung von Anschlüssen:

- Anschlüsse werden aus dem gleichen Abdichtungsstoff hergestellt wie die Flächenabdichtung.
- Bei der Verwendung zusätzlicher Stoffe (z. B. Vliese, Gewebe, Dichtbänder oder Verstärkungseinlagen) ist darauf zu achten, dass diese für den Verwendungszweck geeignet und mit der Abdichtungsschicht sowie untereinander dauerhaft verträglich sind.

Übergang von flüssig aufzubringender Abdichtung auf Bahnen:

- Die Überlappungsbreite beim Übergang von einer flüssig aufzubringenden Abdichtung auf eine Abdichtung aus Bahnen sollte **mind. 10 cm** betragen.

Sonstiges:

- Anschlüsse müssen zur Sicherstellung der Instandhaltung zugänglich sein.
- Anschlüsse müssen gegen mechanische Einwirkungen dauerhaft und wirkungsvoll geschützt werden, z. B. durch Bleche oder Wandbekleidungen.

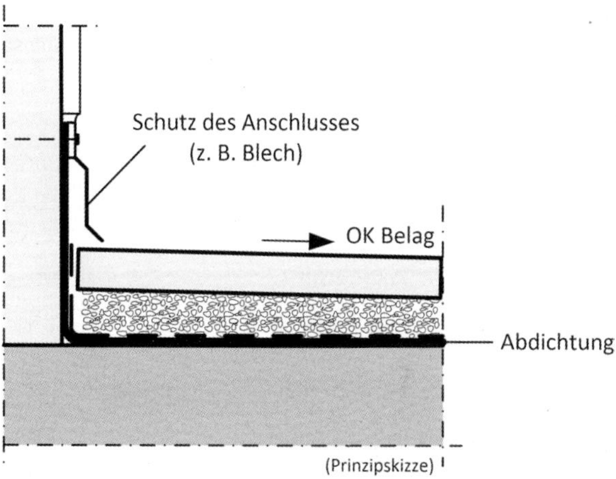

***Bild 2:** Schutz von An-/Abschlüssen vor mechanischen Beschädigungen (Quelle: Prof. Dr.-Ing. Peter Schmidt)*

Anschlüsse mit Wassereinwirkung (ungeschützte Anschlüsse)

Grundsätzliche Regeln:

- Der obere Rand der Abdichtung (Abschluss) ist gegen Abrutschen zu sichern.
- Außerdem darf die Abdichtung nicht hinterlaufen werden.

Dafür sind in Abhängigkeit vom verwendeten Abdichtungsstoff unterschiedliche Maßnahmen erforderlich.

Abdichtungen mit Polymerbitumenbahnen und KSK-Bahnen mit HDPE-Trägerfolie:

Die Sicherung gegen Abrutschen des oberen Abdichtungsrandes erfolgt durch Klemmschienen oder Klemmprofile, die linienförmig auf ebenem Untergrund fixiert werden. Es gelten folgende Regeln:

- Befestigungsabstand bei Klemmschienen: 15 cm
- Befestigungsabstand bei Klemmprofilen: 20 cm.
- Der Untergrund muss eben ausgebildet sein.

- Die Verwendung von Nagelbändern ist nicht zulässig.
- Die Abdichtung ist am oberen Rand mit einer Dichtstofffase gegen Hinterlaufen zu sichern.

Bild 3: *Befestigung des oberen Abdichtungsrands an einem aufgehenden Bauteil mit einer Klemmschiene (Quelle: Prof. Dr.-Ing. Peter Schmidt)*

Abdichtungen aus flüssig aufzubringenden Stoffen:

- Bei Abdichtungen aus flüssig aufzubringenden Abdichtungsstoffen (z. B. Flüssigkunststoffe) sowie bei AIV-B kann auf eine mechanische Befestigung verzichtet werden, wenn die Abdichtung eine ausreichende Haftung mit dem Untergrund eingehen kann und der Untergrund tragfähig und hinterlaufsicher ist.
- Geeignet sind Untergründe mit glatter und fester Oberfläche, z. B. Wände aus Stahlbetonfertigteilen. Untergründe mit poriger Oberfläche und Fugen sind dagegen weniger geeignet. In solchen Fällen sollte eine zusätzliche mechanische Befestigung des oberen Abdichtungsrandes erfolgen.

Abdichtungen mit Bahnen:

Es gelten die gleichen Regeln wie bei genutzten Dächern. Die Anschlusshöhe muss **mind. 15 cm** über Oberfläche Belag bzw. Nutzschicht betragen.

- Anschlüsse mit Bitumen-/Polymerbitumenbahnen müssen mind. zweilagig ausgeführt werden.

- Entlang der Kante zwischen der abzudichtenden Fläche und dem aufgehenden Bauteil ist bei Bitumenbahnen ein Keil anzuordnen.
- Für die Ausführung von Anschlüssen mit Bitumenbahnen können auch eingeklebte Bleche verwendet werden.
- Anschlüsse mit Kunststoff-/Elastomerbahnen können unter Verwendung von Formteilen oder Verbundblechen ausgeführt werden.
- Für Anschlüsse sollte der gleiche Abdichtungsstoff verwendet werden wie für die Flächenabdichtung. Eine Ausnahme bilden Formteile oder Bleche zum Anschluss von bahnenförmigen Abdichtungsstoffen.
- Zusätzliche Stoffe, die im Bereich des Anschlusses in die Abdichtung eingearbeitet werden, z. B. Vliese, Gewebe, Dichtbänder, müssen geeignet und untereinander sowie mit dem Abdichtungsstoff dauerhaft verträglich sein.
- Die Funktionsfähigkeit von An- und Abschlüssen muss auch bei Verformungen zwischen der aufgehenden Wand und der abgedichteten Fläche gegeben sein. Ggf. sind besondere Maßnahmen zu ergreifen.
- Senkrechte Fugen im Bereich eines Anschlusses (z. B. Fugen zwischen Stahlbetonfertigteilen oder Bauwerksfugen) müssen so ausgeführt werden, dass eine Bewegung der Anschlusskonstruktion über die Fuge möglich ist. Klemmschienen bzw. Klemmprofile dürfen über Fugen nicht durchlaufen, sondern müssen an diesen Stellen unterbrochen werden, um Bewegungen der Bauteile zu ermöglichen.

Anschlüsse ohne Wassereinwirkung (geschützte Anschlüsse)

Anschlüsse bei Abdichtungen aus Polymerbitumenbahnen und KSK-Bahnen:

- Bei Anschlüssen mit Abdichtungen aus Polymerbitumenbahnen und KSK-Bahnen mit HDPE-Trägerfolie, bei denen der hochgeführte Abdichtungsrand durch eine abdeckende Wandbekleidung (z. B. WDVS) vor Wassereinwirkung geschützt und gegen Abrutschen ausreichend gesichert ist, sind **keine zusätzlichen Einbauteile** (wie Befestigungselemente, Klemmschienen/-profile) erforderlich.

- Kann eine ausreichende Sicherung gegen Abrutschen bei einem geschützten Anschluss von der Wandbekleidung allein nicht übernommen werden, ist der Abdichtungsrand mechanisch zu befestigen. Hierfür können Holzbohlen, Metallprofile oder Verbundbleche verwendet werden.

Anschlüsse bei Abdichtungen aus flüssig zu verarbeitenden Stoffen oder AIV-B:

- Anschlüsse bei Abdichtungen aus flüssig zu verarbeitenden Abdichtungsstoffen (z. B. FLK) oder AIV-B, die eine ausreichende Haftung mit dem Untergrund aufweisen, kann auf eine mechanische Befestigung des Abdichtungsrands am aufgehenden Bauteil verzichtet werden.

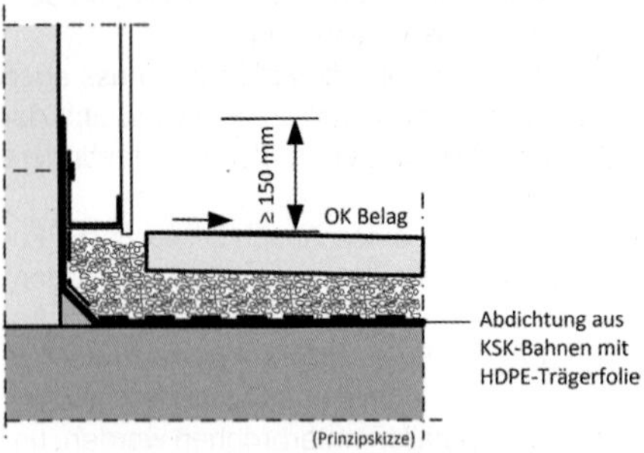

***Bild 4:** Ausführung eines geschützten Anschlusses (Quelle: Prof. Dr.-Ing. Peter Schmidt)*

Tür- und Fensteranschlüsse

Allgemeine Regeln

- Die Planung von Türanschlüssen ist **objektbezogen** auf die jeweilige Abdichtungs- und Entwässerungssituation abzustimmen.
- Die Abdichtungsschicht ist an die Türprofile hinterlaufsicher anzuschließen.
- Barrierefreie Zugänge mit einer Schwellenhöhe ≤ 1 cm erfordern eine Konstruktion, die auf den Einzelfall zwischen allen Beteiligten abgestimmt werden muss. Es wird darauf hingewiesen, dass die Dichtigkeit am Türanschluss durch die Abdichtung allein nicht sichergestellt werden kann.

- Aufgrund der Vielzahl möglicher Konstruktionsvarianten enthält die Norm (DIN 18531-5:2025-08) nur Planungsgrundsätze, keine normativen Regeln.

Anmerkung: Nachfolgend wird für den Begriff „Tür- und Fensteranschlüsse“ vereinfachend die Bezeichnung „Türanschlüsse“ verwendet.

Anschlusshöhe im Regelfall

Die Anschlusshöhe der Abdichtung im Bereich von Türen, Fenstertüren und Zugängen sollte mind. 15 cm über Oberfläche des Belags bzw. der Nutzschicht liegen (Regelfall).

Gründe:

- Schutz vor Spritzwassereinwirkung durch Schlagregen.
- Eindringen von Wasser über die Türschwelle wird zuverlässig verhindert (z. B. bei Wasseraufstau durch verstopfte Abläufe, Starkregen, Vereisung, Schneematschbildung).

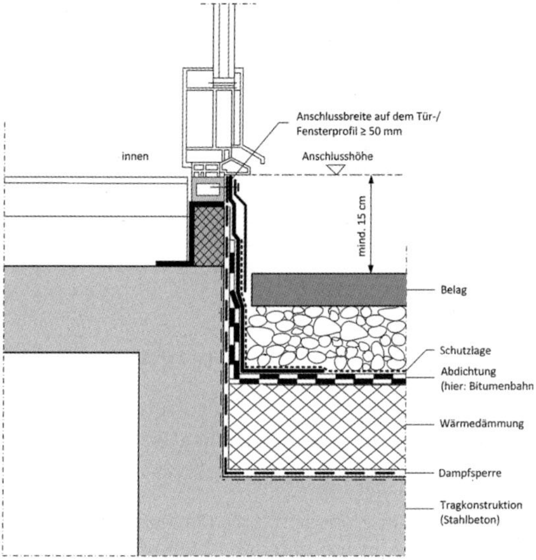

***Bild 5:** Türanschluss mit einer Anschlusshöhe von ≥ 15 cm*
(Quelle: Prof. Dr.-Ing. Peter Schmidt)

Planungsgrundsätze für Anschlusshöhen zwischen 5 cm und 15 cm

Eine Reduzierung der Anschlusshöhe auf 5 cm ist nur möglich, wenn die Wassereinwirkung im Türbereich reduziert wird. Maßnahmen:

- Anordnung eines Dachüberstands, Anordnung der Tür in einem Fassadenrücksprung zur Reduzierung der Beanspruchung durch Niederschläge und Spritzwasser
- Einbau einer Entwässerungsrinne vor der Tür auf gesamter Türbreite
- Gefälle von der Tür weg

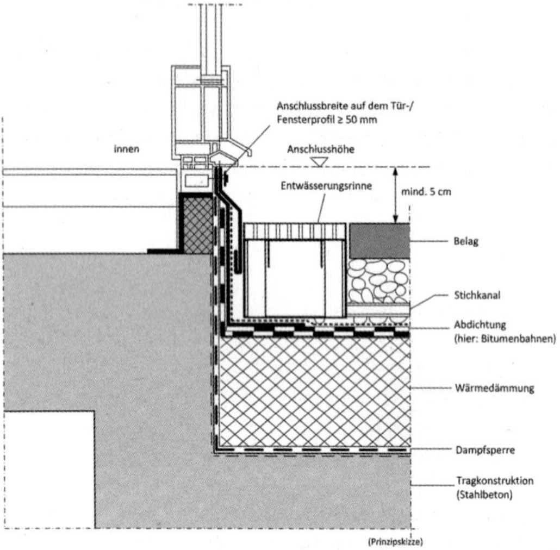

Bild 6: *Türanschluss mit einer Anschlusshöhe von ≥ 5 cm (Quelle: Prof. Dr.-Ing. Peter Schmidt)*

Planungsgrundsätze für Anschlusshöhen von weniger als 5 cm

Bei Anschlusshöhen < 5 cm sind folgende Maßnahmen erforderlich:

- Anordnung geeigneter Entwässerungseinrichtungen vor der gesamten Türbreite, z. B.

  - Schlitz-, Drainage- oder Fassadenrinnen mit aufliegendem Rost und staufreier Entwässerung unter dem Oberbelag oder
  - geschlossene Kastenrinnen mit Anschluss an die Gebäudeentwässerung. Die Rinnen müssen einen Flansch aufweisen, an den die Abdichtungsschicht angeschlossen wird.
- Am unteren Bereich des Flügelrahmens der Tür ist ein Wetterschenkel anzuordnen.
- Entwässerungseinrichtungen sollten mit einer Begleitheizung ausgestattet werden. Ab Schneelastzone 3 ist eine Begleitheizung vorgeschrieben.
- Berechnung der Anstauhöhe nach DIN 1986-100[1] mit dem Jahrhundertregen. Bemessung der Notentwässerung mit der zweifachen Sicherheit.
- Tür- und Fensterelemente müssen auf Schlagregendichtheit nach DIN EN 1027[2] und DIN EN 12056[3] geprüft sein.
- Der Anschluss darf nicht hinterlaufen werden und muss daher schlagregendicht ausgeführt sein. Hierfür haben sich Schlagregendichtbänder bewährt, die überlappend an die Abdichtungsschicht angeschlossen werden und diese hinterlaufsicher überdecken.
- Fensterschwellen aus Holz sind nicht zu empfehlen.
- Türen müssen so konzipiert sein, dass die Abdichtungsschicht hinter Rollladenschienen und Deckleisten durchgeführt werden kann. Entwässerungsöffnungen müssen nach außen entwässern.
- Das Gefälle des Belags sollte von der Tür weg weisen.

Anschluss der Abdichtungsschicht:

Für den Anschluss der Abdichtungsschicht an die Türprofile (Blendrahmen und Schwelle) bestehen grundsätzlich zwei Möglichkeiten:

1. Anschluss der Abdichtungsschicht **von außen** an das Blendrahmen- und Schwellenprofil.

---

[1] DIN 1986-100:2016-12: Entwässerungsanlagen für Gebäude und Grundstücke – Teil 100: Bestimmungen in Verbindung mit DIN EN 752 und DIN EN 12056

[2] DIN EN 1027:2016-09: Fenster und Türen – Schlagregendichtheit - Prüfverfahren

[3] DIN EN 12056: Schwerkraftentwässerungsanlagen innerhalb von Gebäuden; mehrere Teile mit verschiedenen Ausgabedaten

2. Anschluss der Abdichtungsschicht von **innen durch Unterfahren** des Blendrahmen- und Türschwellenprofils.

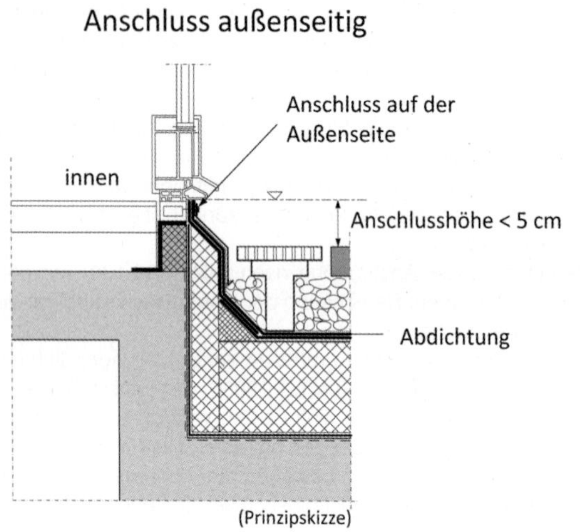

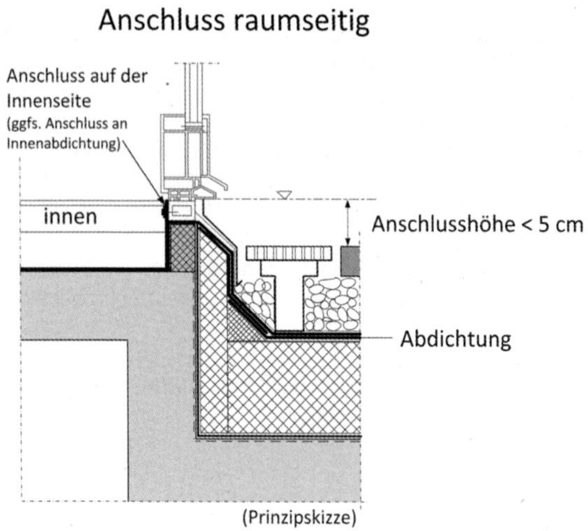

Bild 7: *Grundsätzliche Möglichkeiten (Prinzipien) des Anschlusses der Abdichtungsschicht an die Türprofile (Blendrahmen und Schwelle) (Quelle: Prof. Dr.-Ing. Peter Schmidt)*

Zu 1.: Anschluss der Abdichtungsschicht von außen an das Blendrahmen- und Schwellenprofil mit flüssig zu verarbeitenden Abdichtungsstoffen:

Bei Abdichtungen aus Flüssigkunststoff (FLK) oder AIV-F sind folgende Regeln zu beachten:

- **Untergrund:** Die Anschlussflächen müssen geeignet sein und eine möglichst ebene, homogene Oberfläche aufweisen.
- **Abdichtung:** Die Abdichtungsstoffe und Bauteile (z. B. Profile) müssen untereinander verträglich sein, wenn sie aneinandergrenzen.
- **Anschluss bei AIV-F:** Der Anschluss der AIV-F wird durch Verkleben der Abdichtungsschicht mittels Dichtkleber (nach Prüfzeugnis) mit den Türprofilen hergestellt. Eine Vorbehandlung der Anschlussfläche ist erforderlich (s. Prüfzeugnis).
- **Anschluss bei FLK**: Die Anschlussbreite muss mindestens 5 cm betragen.

Weitere Regeln siehe Norm bzw. DIN 18531-1:2025-08 und Abschnitt „Abdichtung von Dächern/Planungs- und Ausführungsgrundsätze".

Zu 2.: Anschluss der Abdichtungsschicht von innen durch Unterfahren des Blendrahmen- und Schwellenprofils:

Konstruktionen, bei denen die Abdichtungsschicht von innen an die Schwellen- oder Rahmenprofile angeschlossen wird, können bspw. bei Pfosten-Riegel-Konstruktionen und Schwellenprofilen ohne Anschlussmöglichkeit erforderlich sein. Bei einem innenseitigen Anschluss müssen die Blendrahmen- und Schwellenprofile so konstruiert sein, dass sie durch einwirkende Feuchtigkeit nicht geschädigt werden. Es ist nicht zulässig, die Abdichtungsschicht durch Befestigungselemente zu perforieren. Sofern eine raumseitige Abdichtung vorhanden ist, kann die von außen kommende Abdichtungsschicht an die Innenabdichtung angeschlossen werden.

Randabschlüsse

Randabschlüsse befinden sich an den Rändern der Abdichtung von Balkonen, Loggien und Laubengängen.

Ausführungsregeln:

- **Randabschlüsse** sollten mit dem gleichen Abdichtungsstoff hergestellt werden wie die Flächenabdichtung.
- **Überlappungsbreite** bei Übergängen einer Abdichtung aus flüssig zu verarbeitenden Abdichtungsstoffen auf eine bahnenförmige Abdichtung **mind. 10 cm** auf die Bahn.
- **Abschlüsse bei Polymerbitumenbahnen und KSK-Bahnen:**
  - Bei Abdichtungen mit Polymerbitumenbahnen und KSK-Bahnen mit HDPE-Trägerfolie müssen die Bahnen bei Randaufkantungen bis zur Außenkante des Rands geführt und dort befestigt werden. Randabschlussprofile (i. d. R. aus Blechen) müssen Längenänderungen infolge von Temperatureinwirkungen aufnehmen können.
- **Abschlüsse bei flüssig zu verarbeitenden Abdichtungsstoffen:**
  - Randabschlussprofile sind so einzubauen, dass die Oberflächenebenheit und das Gefälle der Abdichtung erhalten bleiben. Hierzu sind die Profile z. B. am Rand im Untergrund in eine Vertiefung einzulassen, damit die Oberfläche der Abdichtung eben verläuft und die Gefällegebung nicht gestört wird (keine Aufkantung).

Durchdringungen

Durchdringungen sind Bauteile, die die Abdichtung durchdringen (z. B. Rohrleitungen, Verankerungen, Stützen o. Ä.).

Mindestabstände

Mindestabstände untereinander und zu anderen Bauteilen (z. B. Bewegungsfugen, An- und Abschlüsse):

- bei Abdichtungen mit bahnenförmigen Abdichtungsstoffen: **≥ 30 cm**
- bei Abdichtungen mit flüssig zu verarbeitenden Abdichtungsstoffen sowie AIV-F/AIV-B: **≥ 10 cm**

Die Mindestabstände beziehen sich auf die Flanschaußenkanten bzw. Außenränder der Anschlussbauteile.

Ausführung:

- Ausführung wie bei Anschlüssen an aufgehende Bauteile, siehe vorigen Abschnitt.
- Alternativ darf die Abdichtung mit Klebeflanschen, Klemmflanschen oder Einbauteilen an die Durchdringung angeschlossen werden.

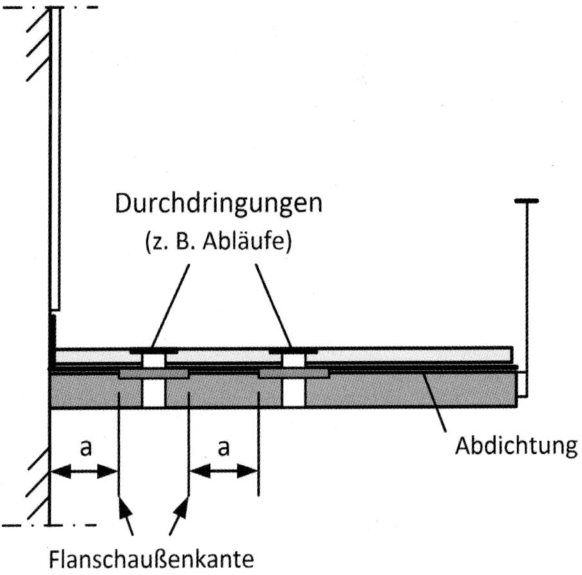

$a \geq 100$ mm bei FLK oder AIV-F

$a \geq 300$ mm bei Bahnen

Bild 8: *Mindestabstände bei Durchdringungen.*
(Quelle: Prof. Dr.-Ing. Peter Schmidt)

Bewegungsfugen

Bewegungsfugen sind Fugenkonstruktionen, die unterschiedliche Bewegungen benachbarter Bauteile aufnehmen, um Zwangsbeanspruchungen zu vermeiden.

Zuordnung zum Fugentyp:

- Bewegungsfugen in abzudichtenden Flächen von Balkonen, Loggien und Laubengängen sind dem **Fugentyp II** nach DIN 18531-1:2025-08 zuzuordnen.
- **Fugentyp II:** Fugen für häufig auftretende und schnell ablaufende Bewegungen (z. B. Formänderungen infolge von tageszeitlichen Temperaturschwankungen).

Ausführungsregeln:

- Bewegungsfugen sollten **geradlinig** verlaufen.
- Werden Bewegungsfugen durch Kehlen und Kanten geführt, sollte der Schnittwinkel mit diesen möglichst 90° betragen. Gleiches gilt für den Schnittwinkel mit anderen Fugen.
- Wird die Abdichtung entlang einer Bewegungsfuge aus konstruktiven Gründen aus der Fläche angehoben, ist für die angrenzenden Flächen jeweils eine getrennte Entwässerung vorzusehen.
- Die zu erwartenden Fugenbewegungen müssen bei der Planung der Abdichtung der Bewegungsfuge beachtet werden. Insbesondere ist die Abdichtung auf Art, Richtung und Größe der Fugenbewegungen abzustimmen.

Abdichtung von Bewegungsfugen:

- Unterbrechung der Flächenabdichtung und schlaufenartige Führung der Abdichtung
- Verwendung von Fugenbändern mit Einklebeflansch
- Verwendung vorgefertigter Fugenkonstruktionen mit integrierten Kunststoff- oder Elastomer-Dichtungsprofilen
- Einbau von Los- und Festflanschkonstruktionen und Einbau von Fugenbändern

Bei der Ausführung der Nutzschicht sind folgende Punkte zu beachten:

- Die Bewegungsfuge ist an gleicher Stelle in der Nutzschicht anzuordnen.
- Einwirkungen aus der Nutzschicht (insbesondere Nutzlasten) müssen schadlos und dauerhaft von der Fugenkonstruktion aufgenommen werden können.

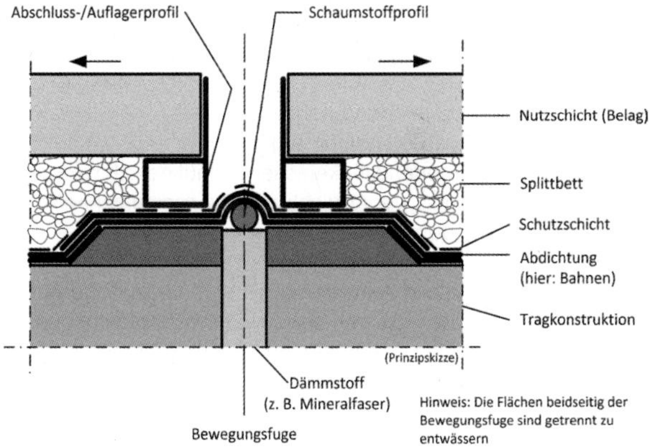

***Bild 9:** Abdichtung einer Bewegungsfuge durch schlaufenartige Führung der Abdichtungsbahnen (Quelle: Prof. Dr.-Ing. Peter Schmidt)*

Untergrund

An den Untergrund werden verschiedene Anforderungen gestellt, die u. a. von der Abdichtungsbauart und den verwendeten Stoffen abhängig sind.

In der Regel ist eine Vorbereitung und Vorbehandlung des Untergrunds erforderlich.

Allgemeine Anforderungen an den Untergrund:

- eben, fest und ausreichend tragfähig
- sauber und frei von Fremdkörpern
- stetiger und weitgehend lückenloser Verlauf des Untergrunds
- Gestaltung so, dass die Abdichtung zuverlässig verlegt bzw. aufgebracht werden kann

Neben den allgemeinen Anforderungen sind spezifische Anforderungen zu beachten, die von der gewählten Abdichtungsbauart und den Baustoffen abhängen. Siehe hierzu die Angaben in den entsprechenden Abschnitten.

Abdichtungsstoffe

Für die Abdichtung von Balkonen, Loggien und Laubengängen können alle Abdichtungsstoffe verwendet werden, die auch für die Abdichtung von Dächern nach DIN 18531-2:2025-08 zugelassen sind. Im Einzelnen sind dies:

- Bitumen- und Polymerbitumenbahnen
- Kunststoff- und Elastomerbahnen
- Flüssigkunststoffe (FLK), FLK mit integrierter Nutzschicht
- Abdichtungen in Verbindung mit Gussasphalt

Siehe hierzu den Abschnitt „Abdichtung von Dächern“.

Weiterhin dürfen folgende Stoffe für die Abdichtung von Balkonen, Loggien und Laubengängen verwendet werden:

- Kaltselbstklebebahnen (KSK) mit HDPE-Trägerfolie
- Flüssigkunststoffe (FLK)
- FLK mit integrierter Schutz- und Nutzschicht
- flüssig zu verarbeitende Abdichtungsstoffe im Verbund mit Fliesen und Platten (AIV-F)
- kunststoffmodifizierte Bitumendickbeschichtungen (PMBC)
- bahnenförmige Abdichtungsstoffe im Verbund mit Fliesen und Platten (AIV-B)

Nachfolgend werden nur die o. g. Abdichtungsstoffe erläutert. Für Bitumen- und Polymerbitumenbahnen, Kunststoff- und Elastomerbahnen, FLK, FLK mit integrierter Nutzschicht und Gussasphalt wird auf den Abschnitt „Abdichtung von Dächern“ verwiesen.

Kaltselbstklebebahnen mit HDPE-Trägerfolie

Für die Abdichtung von Balkonen dürfen kaltselbstklebende Bitumen-Dichtungsbahnen (Kaltselbstklebebahnen – KSK-Bahnen) mit HDPE-Trägerfolie verwendet werden.

Aufbau:

- Kaltselbstklebende Bitumen-Dichtungsbahnen bestehen aus einem kunststoffmodifizierten selbstklebenden Bitumen, das auf einer Seite mit einer HDPE-Trägerfolie versehen ist.
- Die selbstklebende Bitumenseite ist mit einer abziehbaren, silikonisierten Trennfolie oder einem Trennpapier abgedeckt.
- Zum Aufkleben auf Untergrund wird die Trennfolie bzw. das Trennpapier unmittelbar vor dem Abrollen abgezogen und die Bahn auf den Untergrund angedrückt.

Anforderungen und Eigenschaften:

- KSK-Bahnen mit HDPE-Trägerfolie müssen den Anforderungen der DIN/TS 20000-201:2025-02[1], Tab. 1, Zeile 12 entsprechen.

Flüssigkunststoffe (FLK)

Für die Abdichtung von Balkonen dürfen Flüssigkunststoffe (FLK) verwendet werden.

Aufbau und Stoffe:

- Abdichtungen aus Flüssigkunststoffen (FLK) bestehen aus ein- oder zweikomponentigen flüssigen Stoffen, die auf Reaktionsharzen basieren.
- Die Abdichtung kann mit oder ohne Einlage ausgeführt werden.
- Als Reaktionsharze werden folgende Stoffe verwendet:
  - Polymethylacrylatharze (PMMA)
  - flexible ungesättigte Polyesterharze (UP)
  - Polyurethanharze (PUR); bei dieser Stoffgruppe wird zwischen einkomponentigen (PUR-1K) und zweikomponentigen Polyurethanharzen (PUR-2K) unterschieden.

[1] DIN/TS 20000-201:2025-02: Anwendung von Bauprodukten in Bauwerken – Teil 201: Anwendungsdokument für Abdichtungsbahnen nach Europäischen Produktnormen zur Verwendung in Dachabdichtungen

Anforderungen und Eigenschaften:

- Abdichtungen aus Flüssigkunststoffen müssen eine Europäische Technische Zulassung bzw. Bewertung (ETA) auf Grundlage der ETAG 005[2] bzw. EAD 030350-00-0402[3] besitzen.
- Die Einlage muss Bestandteil der Zulassung (ETA) sein.
- Weiterhin müssen FLK mit dem CE-Zeichen gekennzeichnet sein, das u. a. die Leistungsstufen sowie die Mindesttrockenschichtdicke angibt.
- Je nach Art und Beschaffenheit des Untergrunds kann es erforderlich sein, eine Grundierung zur Verbesserung der Haftfähigkeit vor der Ausführung der Abdichtung aufzubringen.

Im Regelfall muss die Mindesttrockenschichtdicke 2,0 mm betragen. Falls in der ETA ein höherer Wert angegeben ist, gilt dieser.

2 ETAG 005: Leitlinie für die europäische Zulassung für flüssig aufzubringende Dachabdichtungen

3 EAD 030350-00-0402: Liquid applied roof waterproofing kits

Tabelle 1: *Anforderungen und Eigenschaften von zugelassenen Flüssigkunststoffen für die Abdichtung von Balkonen, Loggien und Laubengängen*

Kriterium		**Stoff**		
		Flexibles, ungesättigtes Polyesterharz	**Polyurethanharz**	**Polymethylmethacrylatharz**
		UP	**PUR 1K (einkomponentig)** **PUR 2K (zweikomponentig)**	**PMMA**
Erforderliche Leistungsstufen nach ETA mit oder ohne Einlage[1]	direkt begehbar[3]	Klimazone: S Nutzungsdauer: W3 Nutzlast: P4 Neigung: S4 Temperaturbeständigkeit: TL4, TH4		
	indirekt begehbar	Klimazone: M Nutzungsdauer: W3 Nutzlast: P4 Neigung: S4 Temperaturbeständigkeit: TL3, TH3		
Mindesttrockenschichtdicke[2]		2,0 mm	2,0 mm	2,0 mm

Erläuterung:

M: gemäßigtes Klima
S: extremes Klima
W3: 25 Jahre
P3: normale Beanspruchung
P4: besondere Beanspruchung
S1: Neigung < 5 %
S2: 5 % bis 10 %
S3: 10 % bis 30 %
S4: > 30 %
TL3: -20 °C (Oberflächentemperatur)
TH3: +80 °C
TL4: -30 °C, TH4: +90 °C

Anmerkung: Höhere Leistungsstufen umfassen alle geringeren Leistungsstufen (z. B. umfasst die Stufe S4 (Neigung > 30 % auch die Stufen S1, S2, S3).

Tabelle 1: *Anforderungen und Eigenschaften von zugelassenen Flüssigkunststoffen für die Abdichtung von Balkonen, Loggien und Laubengängen*

Kriterium	Stoff		
	Flexibles, ungesättigtes Polyesterharz	Polyurethanharz	Polymethylmethacrylatharz
	UP	PUR 1K (einkomponentig) PUR 2K (zweikomponentig)	PMMA

[1] Bei Verwendung einer Einlage muss diese Bestandteil der ETA sein.
[2] Bei einer Mindesttrockenschichtdicke in der ETA, die vom Wert 2,0 mm abweicht, ist der höhere Wert maßgebend.
[3] Direkt begehbare Abdichtungsschichten müssen mit einer integrierten Schutz- und Nutzschicht oder mit einer separaten Schutz- und Nutzschicht versehen sein.

FLK mit integrierter Schutz- und Nutzschicht

Abdichtungen aus Flüssigkunststoffen mit integrierter Schutz- und Nutzschicht sind direkt begehbar.

Aufbau und Stoffe:

- Abdichtungsstoff: FLK wie bei Abdichtungen mit FLK ohne integrierte Nutzschicht (PMMA, UP, PUR).
- Für die Schutz- und Nutzschicht wird eine Einstreuung aus folgenden Stoffen verwendet:
  - Einstreuung aus Kunststoffgranulat oder Kunststoffchips mit einer Deckversiegelung (Dicke ≥ 1 mm)
  - Einstreuung aus mineralischen Stoffen mit Deckversiegelung (Dicke ≥ 1,5 mm)

Flüssig zu verarbeitende Abdichtungsstoffe im Verbund mit Fliesen und Platten (AIV-F)

Aufbau:

- Abdichtungen aus flüssig zu verarbeitenden Abdichtungsstoffen im Verbund mit Fliesen und Platten (AIV-F) bestehen aus einer flüssig aufzubringenden Abdichtungsschicht, auf die eine Schutz- und Nutzschicht aus Fliesen oder Platten appliziert ist.
- In der Praxis wird hierfür oft der Begriff „***Verbundabdichtung***" verwendet.

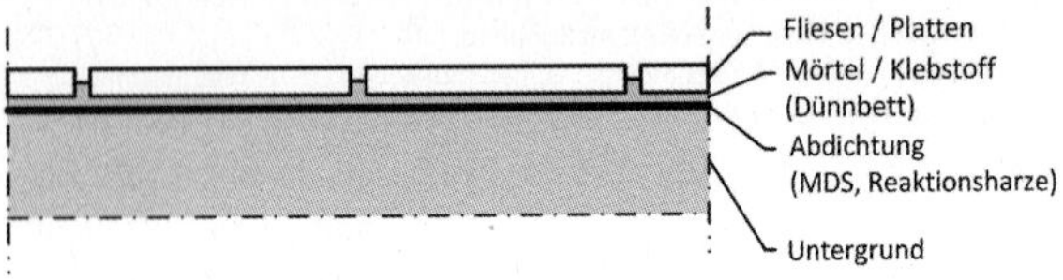

Bild 1: *Aufbau einer AIV-F (Verbundabdichtung)*
(Quelle: Prof. Dr.-Ing. Peter Schmidt)

Stoffe der Abdichtungsschicht:

- Für die Abdichtungsschicht müssen flüssig zu verarbeitende Stoffe nach DIN EN 14891[4] verwendet werden. Sie bestehen aus
  - rissüberbrückenden mineralischen Dichtungsschlämmen (Typ CM) oder
  - Reaktionsharzen (Typ RM).

Rissüberbrückende mineralische Dichtungsschlämmen (CM):

- Rissüberbrückende mineralische Dichtungsschlämmen sind ein- oder mehrkomponentig und bestehen aus hydraulischen Bindemitteln, Zuschlagstoffen und organischen Zusätzen.

[4] DIN EN 14891:2017-05: Flüssig zu verarbeitende wasserundurchlässige Produkte im Verbund mit keramischen Fliesen und Plattenbelägen – Anforderungen, Prüfverfahren, Bewertung und Überprüfung der Leistungsbeständigkeit, Klassifizierung und Kennzeichnung

- Sie werden vor der Verarbeitung mit Wasser oder einem flüssigen Zusatzstoff vermischt.

Reaktionsharze:

- Reaktionsharze sind ein- oder mehrkomponentige Stoffe auf der Basis von alkalibeständigen Polyurethanharzen oder flexibilisierten Epoxidharzen. Die Harze enthalten organische Zusätze und können mit oder ohne mineralische Füllstoffe hergestellt sein.
- Der Abdichtungsstoff wird in flüssigem Zustand aufgebracht, die Aushärtung erfolgt durch chemische Reaktion.

Anforderungen und Eigenschaften:

- Die Abdichtungsstoffe (CM und RM) müssen nach den Regeln der DIN EN 14891 (dort Tab. 4) klassifiziert und gekennzeichnet sein.
- Weiterhin müssen die Stoffe mind. der Klasse „O1“ oder „O1P“ mit verbessertem Rissüberbrückungsvermögen entsprechen.
- Klasse „O1“ beschreibt die Fähigkeit des Stoffs, ein verbessertes Rissüberbrückungsvermögen bei niedrigen Temperaturen (bis -5 °C) zu gewährleisten.
- Klasse „P“ bedeutet Beständigkeit gegenüber Kontakt mit Chlorwasser (z. B. bei Schwimmbecken).
- Ein Auszug der Klassifizierungen und Bezeichnungen nach DIN EN 14891 ist in der nachfolgenden Tabelle angegeben.

Tabelle 2: *Klassifizierung und Bezeichnung von flüssig zu verarbeitenden wasserundurchlässigen Produkten (Auszug aus DIN EN 14891, Tab. 4)*

Symbol		Beschreibung	Eignung als Abdichtungsstoff für AIV-F
Art	Klasse		
CM		normales flüssig zu verarbeitendes wasserundurchlässiges Zementprodukt	nein
CM	O1	flüssig zu verarbeitendes wasserundurchlässiges Zementprodukt mit verbessertem Rissüberbrückungsvermögen bei niedrigen Temperaturen (-5 °C)	ja

Tabelle 2: *Klassifizierung und Bezeichnung von flüssig zu verarbeitenden wasserundurchlässigen Produkten (Auszug aus DIN EN 14891, Tab. 4)*

Symbol		Beschreibung	Eignung als Abdichtungsstoff für AIV-F
Art	**Klasse**		
CM	O1P	flüssig zu verarbeitendes wasserundurchlässiges Zementprodukt mit verbessertem Rissüberbrückungsvermögen bei niedrigen Temperaturen (-5 °C) und beständig gegen Kontakt mit Chlorwasser	ja
RM		normales flüssig zu verarbeitendes wasserundurchlässiges Reaktionsharzprodukt	nein
RM	O1	flüssig zu verarbeitendes wasserundurchlässiges Reaktionsharzprodukt mit verbessertem Rissüberbrückungsvermögen bei sehr niedrigen Temperaturen (-5 °C)	ja
RM	O1P	flüssig zu verarbeitendes wasserundurchlässiges Reaktionsharzprodukt mit verbessertem Rissüberbrückungsvermögen bei sehr niedrigen Temperaturen (-5 °C) und beständig gegen Kontakt mit Chlorwasser	ja

Beispiel:

CM O1

Bedeutung:

Flüssig zu verarbeitende wasserundurchlässige Zementprodukte (rissüberbrückende mineralische Dichtungsschlämmen – CM) mit verbessertem Rissüberbrückungsvermögen bis -5 °C.

Nutzschicht:

- Die Nutzschicht aus Fliesen oder Platten darf nur mit einem geeigneten Verlegemörtel oder Klebstoff auf der Abdichtungsschicht aufgebracht werden.
- Hierfür dürfen nur Mörtel oder Klebstoffe verwendet werden, die in DIN EN 14891 angegeben sind.
- Der zugelassene Mörtel oder Klebstoff muss nach dem in DIN EN 12004 angegebenen Verfahren geprüft sein und die CE-Kennzeichnung besitzen. Zementhaltiger Mörtel muss mind. der Klasse S1 entsprechen.

Nachweis der Eignung zusätzlicher Stoffe:

- Bei der Verwendung zusätzlicher Stoffe an Trenn- und Arbeitsfugen, Anschlüssen und Durchdringungen – z. B. Dichtbänder, Vliese, Dichtmanschetten – ist nachzuweisen, dass diese Stoffe für den Einsatz bei einer Abdichtung aus AIV-F geeignet sind. Die Eignung ist durch einen Prüfbericht zu dokumentieren, der folgende Angaben enthält:
  - Prüfung der Alkalibeständigkeit
  - Prüfung der Wasserdichtheit im Einbauzustand

Der Nachweis erfolgt nach PG AIV-F:2018-03[5].

Kunststoffmodifizierte Bitumendickbeschichtungen (PMBC)

Als Abdichtungsstoff dürfen PMBC nach DIN 18533-3 verwendet werden (siehe Abschnitt ► „Abdichtung von erdberührten Bauteilen nach DIN 18533“).

Bahnenförmige Abdichtungsstoffe im Verbund mit Fliesen und Platten (AIV-B)

Bahnenförmige Abdichtungsstoffe im Verbund mit Fliesen und Platten (AIV-B) sind neu in die DIN 18531-5:2025-08 aufgenommen worden.

Die Abdichtungsschicht besteht aus Kunststoffbahnen (Anforderungen siehe nachfolgend).

Auf der Abdichtungsschicht wird eine Schutz- und Nutzschicht aus Fliesen oder Platten aufgebracht. Der Fliesen-/Plattenbelag kann direkt genutzt werden.

[5] PG AIV-F:2018-03: Prüfgrundsätze zur Erteilung von allgemeinen bauaufsichtlichen Prüfzeugnissen für Abdichtungen im Verbund mit Fliesen- und Plattenbelägen – Teil 1: Flüssig zu verarbeitende Abdichtungsstoffe

Es gelten folgende Anforderungen:

- Für AIV-B dürfen nur solche bahnenförmigen Abdichtungsstoffe verwendet werden, deren Eignung durch einen Nachweis durch einen Prüfbericht nach PG-AIV-B[6] für den Anwendungsbereich B erbracht ist. Zusätzliche Stoffe, die an Fugen, Anschlüssen und Durchdringungen verwendet werden (z. B. Vliese, Dichtbänder und -manschetten) müssen im System geprüft und im Prüfbericht angegeben sein.
- Für AIV-B werden **Kunststoffbahnen** auf thermoplastischer oder elastomerer Basis verwendet. Die Bahnen müssen beidseitig eine Kaschierung aufweisen und eine Nenndicke von 0,2 mm haben. Die Nenndicke ist die Dicke der Bahn ohne Vlieskaschierung. Die Bahnen müssen eine glatte Oberfläche aufweisen und dürfen keine Vertiefungen, Profilierungen u. Ä. besitzen.
- Für das Aufbringen der Nutzschicht aus Fliesen oder Platten dürfen nur solche Verlegemörtel oder Klebstoffe verwendet werden, die im Prüfbericht (s. o.) angegeben sind. Verlegemörtel bzw. Klebstoff müssen nach DIN EN 12004[7] (alle Teile) geprüft sein und eine CE-Kennzeichnung besitzen. Für zementhaltige Verlegemörtel wird gefordert, dass diese mindestens der Klasse S1 entsprechen. Klasse S1 beschreibt normal erhärtende, verformbare zementhaltige Mörtel (s. DIN EN 12004, Tab. 7).

[6] PG-AIV-B: Prüfgrundsätze zur Erteilung von allgemeinen bauaufsichtlichen Prüfzeugnissen für Abdichtungen im Verbund mit Fliesen- und Plattenbelägen – Teil 2: Bahnenförmige Abdichtungsstoffe; hrsg. v. Deutsches Institut für Bautechnik (DIBt), Berlin

[7] DIN EN 12004:2017-05: Mörtel und Klebstoffe für keramische Fliesen und Platten – Teil 1: Anforderungen, Bewertung und Überprüfung der Leistungsbeständigkeit, Einstufung und Kennzeichnung

Stoffe für Schutz- und Nutzschichten

Schutzschicht: Schutz der Abdichtung vor Beschädigungen infolge mechanischer, thermischer und chemischer Einwirkungen. Die Schutzschicht wird direkt auf der Abdichtung angeordnet.

Nutzschicht: Oberste Schicht im Abdichtungsaufbau, sie wird direkt genutzt (z. B. durch Begehen).

Nutz- und Schutzschicht können in einer einzigen Schicht zusammengefasst sein (z. B. bei AIV-F). Bei FLK können Nutz- und Schutzschicht in der Abdichtungsschicht integriert sein.

Schutzschicht

Tabelle 1: *Stoffe für Schutzschichten bei Balkonen, Loggien und Laubengängen*

Stoffe für Schutzschichten	Anforderungen/Eigenschaften
Beton nach DIN EN 206[1]	mind. Festigkeitsklasse C8/10 Dicke ≥ 50 mm
Mörtel oder Estrichmörtel	Dicke ≥ 50 mm
Betonplatten	Dicke ≥ 40 mm Abmessungen ≥ 400 x 400 mm
Gussasphalt	Dicke ≥ 25 mm darf nicht unter Fliesen oder Platten ausgeführt werden
Dränmatten, -platten	-

- Die Schutzschicht wird zwischen der Abdichtungsschicht und der Nutzschicht angeordnet.
- Sie muss auf einer Trennlage verlegt werden.

[1] DIN EN 206:2021-06: Beton – Festlegung, Eigenschaften, Herstellung und Konformität

- Sie muss mit dem Abdichtungsstoff verträglich und gegen äußere Einwirkungen ausreichend widerstandsfähig sein.
- Die Schutzschicht kann auch gleichzeitig die Funktion der Nutzschicht übernehmen, sofern sie für die vorgesehene Nutzung geeignet ist.
- Bewegungen bzw. Verformungen der Schutzschicht dürfen die Abdichtung und ihre An-/Abschlüsse nicht beschädigen.
- Zwischen aufgehenden Bauteilen, Aufkantungen und Durchdringungen müssen in der Schutzschicht ausreichend breite Fugen sein.

Nutzschicht

Stoffe für Nutzschichten

- frostbeständige Platten
- Fliesen oder Platten im Dünnbett
- FLK mit integrierter Schutz- und Nutzschicht
- Plattenbeläge aus frostbeständigen Materialien

Tabelle 2: *Stoffe für Nutzschichten bei Balkonen, Loggien und Laubengängen*

Stoffe für Nutzschichten	Beschreibung/Anforderungen/Eigenschaften
frostbeständige Platten	Betonwerkstein Naturstein Keramik Keramikelemente auf Mörtel mit Dränschicht

Tabelle 2: *Stoffe für Nutzschichten bei Balkonen, Loggien und Laubengängen*

Stoffe für Nutzschichten	**Beschreibung/Anforderungen/Eigenschaften**	
Fliesen oder Platten im Dünnbett	auf Estrich bzw. Lastverteilungsschichten im Verbund mit der Abdichtung (AIV-F)	geeignete Fliesen/Platten: trockengepresste oder stranggepresste keramische Fliesen und Platten nach DIN EN 14411[2], Gruppe AIa, AIb, BIa, BIb Bodenklinkerplatten nach DIN 18158[3] Naturwerkstein nach DIN EN 12057[4] (Fliesen) oder DIN EN 12058[5] (Platten) Betonwerkstein nach DIN 18500-1[6]
FLK	FLK mit integrierter Schutz- und Nutzschicht (s. o.) Schutz- und Nutzschicht aus einem Harz-/Quarzsandgemisch, ggf. mit Deckversiegelung (Dicke ≥ 1,5 mm), direkter Verbund mit der Abdichtungsschicht aus FLK Schutz- und Nutzschicht aus einem Harz-/Naturstein-Granulatgemisch (Dicke 4 bis 8 mm) in direktem Verbund mit der Abdichtungsschicht aus FLK	
Plattenbelag	aus frostbeständigen Beton-, Keramik- oder Natursteinplatten	lose Verlegung auf mineralischer Feinschüttung, z. B. Splitt (Dicke 30 mm im Mittel) auf Bautenschutzmatten oder -platten auf Stelzlager auf einer geeigneten Lastverteilungs- und Schutzschicht

Ausführungsregeln:

- Nutzschichten müssen auf einer Schutz- oder Trennlage verlegt werden. Ausgenommen sind Nutzschichten, die im Verbund mit der Abdichtungsschicht verlegt werden (AIV-F, AIV-B).

---

[2] DIN EN 14411:2016-12: Keramische Fliesen und Platten – Definitionen, Klassifizierung, Eigenschaften, Bewertung und Überprüfung der Leistungsbeständigkeit und Kennzeichnung

[3] DIN 18158:2017-08: Bodenklinkerplatten

[4] DIN EN 12057:2015-05: Natursteinprodukte – Fliesen – Anforderungen

[5] DIN EN 12058:2015-05: Natursteinprodukte – Bodenplatten und Stufenbeläge – Anforderungen

[6] DIN 18500-1:2022-10: Betonwerkstein – Teil 1: Begriffe, Anforderungen, Prüfung

- Nutzschichten müssen gegen äußere Einwirkungen eine ausreichende Widerstandsfähigkeit aufweisen.
- Bewegungen/Verformungen der Nutzschicht dürfen die Abdichtung und ihre An-/Abschlüsse nicht beschädigen.

Die Nutz-/Schutzschicht muss an Aufkantungen und Durchdringungen mit ausreichend breiten Fugen ausgeführt werden.

Stoffe für Schutz- und Trennlagen sowie Hilfsstoffe

Schutz- und Trennlagen

Schutzlagen sollen die Abdichtung vor mechanischen, thermischen sowie chemischen Einwirkungen dauerhaft schützen. Sie bestehen aus bahnenförmigen Stoffen und werden vor der Abdichtung angeordnet (i. d. R. oberhalb). Geeignete Stoffe für Schutzlagen siehe nachfolgende Tabelle.

Trennlagen dienen zur Herstellung der Trennung zweier Schichten im Abdichtungsaufbau, die direkt aneinandergrenzen. Sie sind erforderlich, wenn Stoffe benachbarter Schichten unverträglich sind. Sie werden auch eingebaut, um Bewegungen oder Verformungen im Abdichtungsaufbau in Richtung der Schichten zwängungsfrei zu ermöglichen.

Tabelle 1: *Stoffe für Schutz- und Trennlagen*

Stoffe für Schutz- und Trennlagen	Anforderungen/Eigenschaften
Vliese aus synthetischen Fasern	Flächengewicht ≥ 300 g/m²
Schutzbahnen aus PVC	Nenndicke ≥ 1 mm
Kunststoff- oder Elastomerbahnen	Nenndicke ≥ 1,2 mm
Bautenschutzmatten und -platten aus Gummigranulat	Nenndicke ≥ 6 mm
Bautenschutzmatten oder -platten aus Kunststoffgranulat	Nenndicke ≥ 4 mm
Bitumendachdichtungsbahnen Bitumenschweißbahnen	-

Hilfsstoffe

Hilfsstoffe sind alle Stoffe, die für die Ausführung der Abdichtungsbauart erforderlich sind, wie z. B. Voranstriche, Grundierungen, Verstärkungs- und Dichtzulagen.

Stoffe, die die Funktionsschichten im Abdichtungsaufbau bilden, wie z. B. die Abdichtung, Wärmedämmung, Dampfsperre usw., zählen dagegen nicht zu den Hilfsstoffen.

Tabelle 2: *Hilfsstoffe*

Hilfsstoffe	Beschreibung
Voranstriche und Grundierungen	auf Bitumenbasis als Lösung oder Emulsion auf Kunststoffbasis als Lösung oder Dispersion Grundierungen unter FLK oder AIV-F (systemzugehörig)
Verstärkungs- und Dichtzulagen	z. B. Vliese, Dichtbänder, Dichtmanschetten für die Abdichtung an Details mit Eignungsnachweis

Abdichtungsbauarten

Für die Abdichtung von Balkonen dürfen folgende Abdichtungsbauarten verwendet werden:

- Abdichtung mit einer Polymerbitumenbahn
- Abdichtung mit Kaltselbstklebebahnen (KSK) mit HDPE-Trägerfolie
- Abdichtung mit Flüssigkunststoffen (FLK)
- Abdichtung mit Flüssigkunststoffen (FLK) mit integrierter Schutz- und Nutzschicht
- Abdichtung im Verbund mit Fliesen oder Platten (AIV-F und AIV-B)
- Abdichtung mit kunststoffmodifizierten Bitumendickbeschichtungen (PMBC)
- alle Abdichtungsbauarten für genutzte Dächer nach DIN 18531-3:2025-08 (Bitumen- und Polymerbitumenbahnen, Kunststoff- und Elastomerbahnen, flüssig zu verarbeitende Abdichtungsstoffe, flüssig zu verarbeitende Abdichtungsstoffe mit integrierter Nutzschicht, Abdichtungen in Verbindung mit Gussasphalt nach DIN 18531-2); siehe Abschnitt ► „Abdichtung von Dächern nach DIN 18531“.

Abdichtung mit einer Polymerbitumenbahn

Abdichtungsstoff:

Die Abdichtungsschicht besteht aus einer Polymerbitumenbahn (eine Lage) nach DIN 18531-2:2025-08 (dort Tab. 1, Zeile 4 (außer PYE-Vcu S5, PYE-Cu01 S5), Zeile 5 und Zeile 6).

Zugelassene Polymerbitumenbahnen für die Abdichtung von Balkonen siehe folgende Tabelle.

Zeilen-Nr. (nach DIN 18531-2)	Bahnentyp nach DIN EN 13707[1] i. V. m. DIN/TS 20000-201:2025-02[2] Stoffart, Kurzzeichen	Anforderungen nach DIN/TS 20000-201: 2025-02, Tab. 1
4	Polymerbitumenschweißbahnen	
	PYE-KTG S4, PYE-KTP S4	Zeile 5
	PYE/PYP-KTG S4 PYEPYP-KTP S4	Zeile 5
	PYE-G 200 S4	Zeile 7
	PYE-PV 200 S5	Zeile 7
	PYP-KTG S4, PYP-KTP S4	Zeile 5
	PYP-G 200 S4	Zeile 7
	PYP-PV 200 S5	Zeile 7
5	Kaltselbstklebende Polymerbitumenbahnen (KSP) mit Kombinationsträgereinlage (KTG oder KTP)	
	PYE-KTG KSP-2,8 PYE-KTP KSP-2,8	Zeile 8
	PYP-KTG KSP-2,8 PYP-KTP KSP-2,8	Zeile 8
	PYE-KTG KSP-3,2 PYE-KTP KSP-3,2	Zeile 8
	PYP-KTG KSP-3,2 PYP-KTP KSP-3,2	Zeile 8
6	Polymerbitumenbahnen für einlagige Verlegung	
	PYP-KTG-4, PYP-KTP-4	Zeile 9
	PYE-KTG-4,5, PYE-KTP-4,5	Zeile 9
Anmerkung: Die Zeilen-Nummern beziehen sich auf die Nummerierung in DIN 18531-2:2025-08 (dort Tab. 1) und wurden zur besseren Vergleichbarkeit mit den Angaben in der Norm unverändert übernommen.		

[1] DIN EN 13707:2013-12: Abdichtungsbahnen – Bitumenbahnen mit Trägereinlage für Dachabdichtungen – Definitionen und Eigenschaften

[2] DIN/TS 20000-201:2025-02: Anwendung von Bauprodukten in Bauwerken – Teil 201: Anwendungsdokument für Abdichtungsbahnen nach Europäischen Produktnormen zur Verwendung in Dachabdichtungen

Ausführung:

- Der mineralische Untergrund (z. B. Beton, Zementestrich) ist mit einem geeigneten Bitumenvoranstrich (Lösung oder Emulsion) vorzubehandeln.
- Die Polymerbitumenbahn wird direkt auf den vorbehandelten Untergrund aufgebracht.
- Die Polymerbitumenbahn muss einlagig verlegt werden. Sie ist mit einer Nutz- und Schutzschicht bzw. Schutzlage zu schützen.

Nutzschicht:

- Platten im Splittbett auf einer Schutzlage
- Platten auf Stelzlagern über einer Schutzlage
- Fliesen oder Platten auf einem Estrich mit Dränschicht über einer Schutzlage

Abdichtung mit Kaltselbstklebebahnen (KSK) mit HDPE-Trägerfolie

Abdichtungsstoff:

- Die KSK-Bahnen mit HDPE-Trägerfolie müssen den Anforderungen der DIN/TS 20000-201[3] entsprechen.

Ausführung:

- Vor dem Aufkleben der Bahnen ist auf dem Untergrund ein Bitumenvoranstrich (Lösung oder Emulsion) aufzutragen.
- Die KSK-Bahnen sind einlagig zu verlegen und mit einer Nutz- und Schutzschicht bzw. einer Schutzlage zu schützen.

Nutzschicht:

- Platten im Splittbett auf einer Schutzlage
- Platten auf Stelzlagern über einer Schutzlage

[3] DIN/TS 20000-201:2025-02: Anwendung von Bauprodukten in Bauwerken – Teil 201: Anwendungsdokument für Abdichtungsbahnen nach Europäischen Produktnormen zur Verwendung in Dachabdichtungen

- Fliesen oder Platten auf Estrich mit Dränschicht über einer Schutzlage

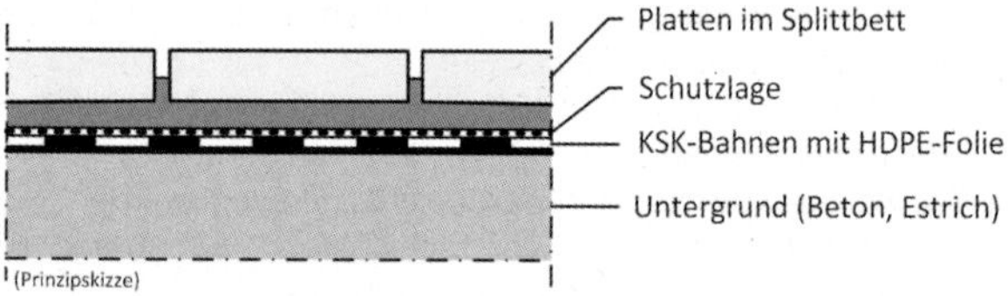

***Bild 1:** Abdichtung mit KSK-Bahnen mit HDPE-Trägerfolie und Platten im Splittbett auf Schutzlage (Quelle: Prof. Dr.-Ing. Peter Schmidt)*

Abdichtung mit Flüssigkunststoffen (FLK)

Abdichtungsstoff ist FLK auf Basis von Reaktionsharzen folgender Typen:

- PMMA (Polymethylacrylatharze)
- UP (flexible ungesättigte Polyesterharze)
- PUR (Polyurethanharze)

Ausführung:

Hinsichtlich der Ausführung ist zwischen direkt begehbaren und indirekt begehbaren Abdichtungen zu unterscheiden.

Direkt begehbare Abdichtung aus FLK:

- Direkt begehbare Abdichtungen müssen eine integrierte Schutz- und Nutzschicht aufweisen.
- Sie können direkt genutzt werden. Eine separate Nutz-/Schutzschicht ist nicht erforderlich.

Verschiedene Ausführungsmöglichkeiten:

- FLK mit einer Einstreuung aus Kunststoffgranulat/Kunststoffchips und Deckversiegelung
- FLK mit einer mineralischen Einstreuung mit Deckversiegelung

- FLK mit Schutz-/Nutzschicht aus einem Harz-/Quarzsandgemisch bzw. Harz-/Naturstein-Granulatgemisch in direktem Verbund mit der Abdichtung.

Indirekt begehbare Abdichtungen:

- Bei indirekt begehbaren Abdichtungen ist eine separate Nutzschicht erforderlich.

Ausführung der separaten Nutzschicht:

- Belag aus frostbeständigen Platten
- Plattenbelag aus frostbeständigen Beton-, Keramik- oder Natursteinplatten in loser Verlegung (auf Splitt, Bautenschutzmatten/-platten, Stelzlager)
- Belag aus Fliesen und Platten, die im Dünnbett mit dem Untergrund verklebt sind. Hierbei ist eine zusätzliche Schicht aus FLK auf der Abdichtung einzubauen, die zur Einbettung einer Quarzsand-Einstreuung dient (Körnung z. B. 0,7 bis 1,2 mm). Die Schicht aus FLK muss alkali- und hydrolysebeständig sein. Die Fliesen oder Platten dürfen nur mit einem geeigneten Klebstoff oder mineralischen Mörtel verklebt werden.

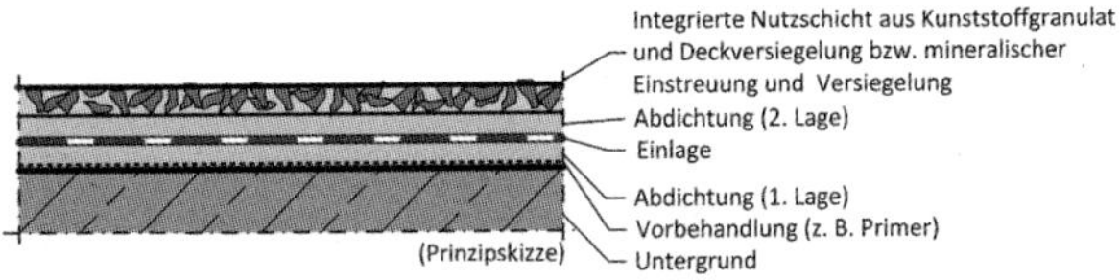

***Bild 2:** Abdichtung mit FLK und integrierter Schutz-/Nutzschicht (Quelle: Prof. Dr.-Ing. Peter Schmidt)*

Abdichtung im Verbund mit Fliesen und Platten (AIV-F, AIV-B)

Abdichtungsstoff:

- rissüberbrückende mineralische Dichtungsschlämmen (Typ CM)
- Reaktionsharze (Typ RM)

Ausführung:

- Bei AIV-F und AIV-B muss das Gefälle der Abdichtungsebene sowie der Belagsoberfläche mind. 1,5 % betragen.
- Für die Verlegung der Fliesen oder Platten darf nur der in der CE-Kennzeichnung angegebene (zugelassene) Mörtel bzw. Klebstoff verwendet werden.

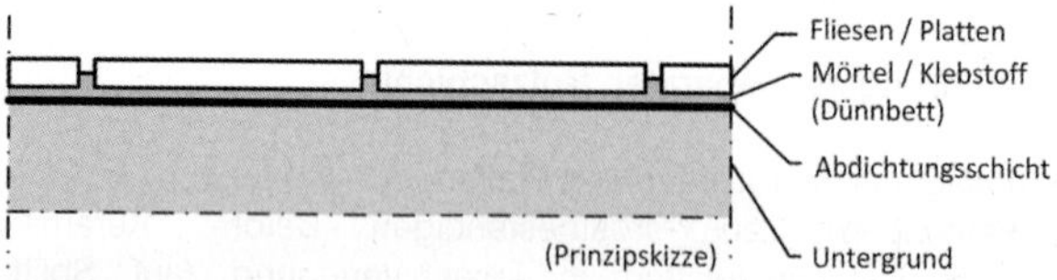

***Bild 3:** Abdichtung im Verbund mit Fliesen oder Platten (AIV-F, AIV-B) (Quelle: Prof. Dr.-Ing. Peter Schmidt)*

Abdichtung mit kunststoffmodifizierten Bitumendickbeschichtungen (PMBC)

Die Abdichtung mit PMBC ist nach DIN 18533-3[4] für die Wassereinwirkungsklasse W3-E auszuführen (siehe Abschnitt ► „Abdichtung von erdberührten Bauteilen nach DIN 18533").

[4] DIN 18533:2026: Abdichtung von erdberührten Bauteilen; Teil 1 bis Teil 3

Ausführung

Für die Abdichtung von Balkonen, Loggien und Laubengängen müssen die in DIN 18531-5:2025-08, Abschnitt 8 festgelegten Abdichtungsbauarten verwendet werden; siehe hierzu vorigen Abschnitt „Abdichtungsbauarten“.

Andere Bauarten sind nicht zulässig.

Voraussetzungen

Die Abdichtung darf nur bei geeigneten Witterungsbedingungen ausgeführt werden:

- Temperaturen mind. 5 °C, keine Nässe, kein Regen, kein Schnee und Eis, kein starker Wind

Sind die genannten Witterungsbedingungen nicht erfüllt oder liegen Witterungsverhältnisse vor, die sich nachteilig auswirken, darf die Abdichtung nicht hergestellt werden. Ausnahme: Es werden besondere Maßnahmen durchgeführt (z. B. Einhausen, Temperierung o. Ä.).

Untergrund

Der Untergrund muss folgende Voraussetzungen erfüllen:

- eben
- sauber
- frei von Fremdkörpern, Graten, Kiesnestern und Lunkern (Hohlräume)

Für Untergründe aus Beton oder Zementestrich gilt zusätzlich:

- ausreichend erhärtet
- trocken

Der Untergrund ist entsprechend vorzubereiten und vorzubehandeln, damit die Anforderungen erfüllt werden.

Schutz nach Herstellung der Abdichtung

Nach Herstellung der Abdichtungsschicht ist die Abdichtung unverzüglich vor Beschädigungen zu schützen.

Hierzu sind Schutzschichten oder Schutzlagen auf der Abdichtung anzuordnen. Falls Schutzschichten oder -lagen nicht unmittelbar nach Fertigstellung der Abdichtung aufgebracht werden können, ist die Abdichtung durch Schutzmaßnahmen zu schützen. Diese dienen dem temporären Schutz und müssen für die Dauer des Bauzustands geeignet sein.

Es ist darauf zu achten, dass die ungeschützte Abdichtungsschicht nicht durch Lasten beansprucht wird, z. B. Lagerung von Baustoffen oder Materialien.

Ausführung der Abdichtung mit Polymerbitumenbahnen

Es gelten die Bestimmungen für die Abdichtungsbauart (siehe Abschnitt ► „Abdichtungsbauarten“).

Weiterhin gelten folgende Regelungen:

Verklebung:

- Die Verklebung der Polymerbitumenbahnen mit dem Untergrund sowie untereinander und im Bereich der Nahtverbindungen muss je nach Bahnentyp mit dem Schweißverfahren oder dem Kaltselbstklebverfahren erfolgen.
- Schweißverfahren: Nur bei Polymerbitumen-Schweißbahnen (nach DIN 18531-2:2025-08, Tab. 1, Zeile 4) und Polymerbitumenbahnen für einlagige Verlegung (nach DIN 18531-2:2025-08, Tab. 1, Zeile 6) zulässig.
- Kaltselbstklebeverfahren: Nur bei kaltselbstklebenden Polymerbitumenbahnen (nach DIN 18531-2:2025-08, Tab. 1, Zeile 5) zulässig. Beim Kaltselbstklebeverfahren ist die zulässige Untergrund- und Umgebungslufttemperatur zu beachten (siehe Herstellerangaben).

Nahtüberlappungen:

- Breite mind. 8 cm.
- Die Überlappungen müssen dicht verklebt werden.
- Am T-Stoß ist ein Schrägschnitt der unterdeckenden Bahn erforderlich.

Ausführung der Abdichtung mit KSK-Bahnen mit HDPE-Trägerfolie

Es gelten die Bestimmungen für die Abdichtungsbauart (siehe Abschnitt „Abdichtungsbauarten").

KSK-Bahnen mit HDPE-Trägerfolie besitzen auf einer Seite eine selbstklebende Schicht, die mit einem Trennpapier bzw. einer Trennfolie abgedeckt ist.

Ausführung der Abdichtung:

- Die KSK-Bahn wird in aufgerollter Form auf der abzudichtenden Fläche positioniert.
- Das Trennpapier bzw. die Trennfolie wird unmittelbar vor dem Abrollen der Bahn abgezogen.
- Die Bahn wird flächig mit dem Untergrund verklebt und dabei angedrückt.

Überlappung an Nähten:

- Die Bahnen müssen sich an den Längs- und Quernähten um 8 cm überlappen.
- An den Überlappungen sind die Bahnen mit einem Hartgummiroller anzudrücken.
- An T-Stößen sind die unteren Bahnen durch einen Schrägschnitt abzuschneiden, um ein Eindringen von Wasser (Kapillarwirkung) zu verhindern.

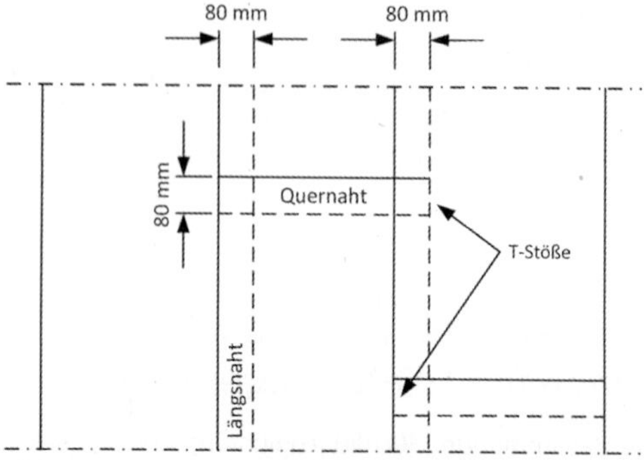

***Bild 1:** Ausführung der Abdichtung mit KSK-Bahnen mit HDPE-Trägerfolie (Quelle: Prof. Dr.-Ing. Peter Schmidt)*

Ausführung der Abdichtung mit Flüssigkunststoffen (FLK)

Es gelten die Bestimmungen für die Abdichtungsbauart (siehe Abschnitt „Abdichtungsbauarten").

FLK bestehen im Regelfall aus zwei Komponenten (Ausnahme: einkomponentige PUR-1K). Zum Verarbeiten werden die beiden flüssigen Komponenten miteinander vermischt. Durch chemische Reaktion härtet der auf den Untergrund aufgetragene Stoff aus und bildet die fertige Abdichtungsschicht. Bei einkomponentigen Produkten erfolgt die Reaktion mit der Luftfeuchtigkeit. Für die Verarbeitung ist die Verarbeitungszeit zu beachten (Topfzeit) (Herstellerangaben). Hohe Temperaturen beschleunigen die Reaktion, niedrige Temperaturen verzögern sie.

Vorbereitung und Vorbehandlung des Untergrunds:

- Vor dem Auftragen des FLK ist eine Vorbereitung und Vorbehandlung des Untergrunds erforderlich.
- Hierzu werden i. d. R. mechanische Verfahren verwendet (Schleifen, Sandstrahlen usw.).
- Unebenheiten und Hohlstellen im Untergrund sind auszugleichen.
- Der Untergrund muss gesäubert und getrocknet werden.
- Gegebenenfalls ist eine Grundierung auf den Untergrund aufzutragen; siehe Herstellerangaben.

Oberflächenfeuchte des Untergrunds:

- Der Untergrund muss ausreichend trocken sein.
- Hierzu ist die Oberflächenfeuchte festzustellen.
- Maximaler Feuchtegehalt bei Untergründen aus Beton und Estrich = 6 % Masseanteile. Ausnahme: vom Hersteller wird ein niedrigerer Wert gefordert.
- Messung der Oberflächenfeuchte mit CM-Gerät.

Oberflächentemperatur des Untergrunds:

- Die Oberflächentemperatur des Untergrunds muss mind. 3 Kelvin über der Taupunkttemperatur der Umgebungsluft liegen. Ansonsten besteht die Gefahr der Bildung eines Feuchtigkeitsfilms auf der Oberfläche, der die Haftfähigkeit beeinträchtigt und eine trennende Wirkung hat.
- Feuchtegehalt der Oberfläche, Oberflächentemperatur, Lufttemperatur und Luftfeuchte sind zu dokumentieren.

Forderung Oberflächentemperatur und Feuchtegehalt:

- Oberflächentemperatur des Untergrunds ≥ Taupunkttemperatur + 3 K
- max. Feuchtegehalt von Beton-/Estrichuntergründen = 6 Masse-%

Ausführung der Abdichtung:

- Nahtloser und vollflächig haftender Auftrag des FLK auf die abzudichtende Fläche (i. d. R. Beton-, Estrichuntergrund).
- Der FLK kann durch Streichen, Rollen oder Spritzen aufgetragen werden.
- Für die Herstellung der Abdichtungsschicht sind zwei Aufträge erforderlich. Je nach Produkt kann es erforderlich sein, eine bestimmte Zeit einzuhalten, bevor mit dem zweiten Auftrag begonnen wird (Intervallzeit).
- Bei FLK mit Einlage: Hohlraumfreie Einarbeitung einer Einlage in die Abdichtungsschicht aus FLK (produktabhängig). Anschließend ist die Einlage mit FLK „frisch in frisch" abzudecken. Die Hinweise in der Zulassung (ETA) sind zu beachten.
- Bei der Herstellung der Abdichtung können einzelne Hohlstellen in der Abdichtungsschicht nicht vollständig vermieden werden. Diese werden durch Unebenheiten verursacht und

haben i. d. R. keinen Einfluss auf die Funktionsfähigkeit und Dichtheit der Abdichtung.

- Integrierte Schutz- bzw. Nutzschichten aus FLK werden in gleicher Weise verarbeitet und aufgetragen. In die FLK-Schicht ist zusätzlich eine Einstreuung aus Kunststoffgranulat bzw. Kunststoffchips oder aus mineralischen Stoffen einzubringen.
- Vom Hersteller sind die Verarbeitungs-(Topfzeit) und Intervallzeit, die Temperaturbedingungen sowie das Haltbarkeitsdatum anzugeben.
- Bei der Verarbeitung des FLK sind grundsätzlich die Herstellerangaben zu beachten und einzuhalten.
- Die aufgebrachte Abdichtungsschicht aus FLK muss vor extremer Wärmeeinwirkung, direkter Sonneneinstrahlung, Frost und Regen sowie vor anderen Einwirkungen, die sich nachteilig auswirken können, ausreichend geschützt werden.
- Schutz- und Nutzschicht dürfen erst nach Erhärtung des FLK aufgebracht werden.

Schichtdicke bei FLK:

Für Abdichtungen aus FLK wird eine **Mindesttrockenschichtdicke von 2,0 mm** gefordert (es sei denn, in der ETA ist ein höherer Wert festgelegt; in diesem Fall gilt der größere Wert).

- Die Mindesttrockenschichtdicke ist an jeder Stelle der Abdichtung einzuhalten.
- Toleranzen, Unebenheiten und Rauigkeiten der Oberfläche sind durch eine ausreichende Materialmenge zu berücksichtigen (Hersteller muss die Materialmenge je Quadratmeter, die für die Erzielung der Mindesttrockenschichtdicke erforderlich ist, angeben).
- Die aufgetragene Materialmenge je Quadratmeter ist zu dokumentieren.
- Weiterhin kann auch eine Referenzprobe hergestellt werden, die zur Bewertung der Schichtdicke dient. Die Referenzprobe ist der Dokumentation hinzuzufügen.
- Eine Bestätigungsprüfung muss nur in begründeten Fällen durchgeführt werden (z. B., wenn die tatsächliche Auftragsmenge den geforderten Wert unterschreitet oder wenn begründete Zweifel an der ausgeführten Schichtdicke

bestehen). Durchführung der Bestätigungsprüfung nach DIN 18195 Beiblatt 2[1].

- Oberflächenversiegelung: Bei einer ggf. notwendigen Oberflächenversiegelung (Finish) sind Verbrauch und Verarbeitung abhängig von der Oberfläche der Nutzschicht; hier sind die Herstellerangaben zu beachten.

Überlappungen:

- **Einlage:** Bei FLK mit Einlage müssen sich die Bahnen der Einlage in der Fläche um mind. 5 cm überlappen.
- **Arbeitsunterbrechungen:** Bei längeren Arbeitsunterbrechungen ist der Überlappungsbereich zwischen bisher aufgetragener Abdichtungsschicht und neuem Auftrag vorzubehandeln, z. B. durch Anlösen oder Anschleifen (Herstellerangaben beachten).

Übergänge von FLK auf bahnenförmige Abdichtungen:

- **Überlappungsbreite** von FLK auf Bahnen **mind. 10 cm**.
- Ausführung der Übergänge nach Herstellerangaben.

Ausführung der Abdichtung mit AIV-F

Es gelten die Bestimmungen für die Abdichtungsbauart (siehe Abschnitt „Abdichtungsbauarten").

Abdichtungsstoffe für Abdichtungen im Verbund mit Fliesen oder Platten (AIV-F) sind je nach Produkt ein- oder mehrkomponentig. Sie werden in flüssiger Form bzw. in verarbeitbarer Konsistenz nahtlos und vollflächig haftend direkt auf den abzudichtenden Untergrund (Beton oder Estrich) aufgetragen und härten dort aus.

Hohe Temperaturen beschleunigen den Aushärtungsprozess der Abdichtungsschicht, niedrige Temperaturen verzögern ihn.

[1] DIN 18195 Beiblatt 2:2017-07: Abdichtung von Bauwerken – Beiblatt 2: Hinweise zur Kontrolle und Prüfung der Schichtdicken von flüssig verarbeiteten Abdichtungsstoffen

Gefälle:

- Abdichtungen mit AIV-F dürfen nur auf einem Untergrund mit Gefälle (≥ 1,5 %) aufgebracht werden.
- Bei fehlendem oder nicht ausreichendem Gefälle ist eine Gefälleschicht aus Zementestrich oder Mörtel vorzusehen.
- Abdichtungsschicht und Belag müssen das erforderliche Gefälle von mind. 1,5 % aufweisen. Bei nicht ausreichendem oder fehlendem Gefälle kann die unzureichende Wasserableitung den Verlegemörtel bei Frosteinwirkung schädigen.

Vorbereitung und Vorbehandlung des Untergrunds:

Vor dem Auftragen der Abdichtungsschicht ist der Untergrund vorzubereiten (säubern, trocknen, ggf. Ausgleichsmaßnahmen) und eventuell vorzubehandeln (Aufbringen einer Grundierung). Dazu sind die Herstellerangaben zu beachten.

Feuchtegehalt des Untergrunds:

Der Feuchtegehalt des Untergrunds ist gemäß den Festlegungen des Herstellers zu beachten.

Ausführung der Abdichtung:

- Aufbringen der Abdichtungsschicht in mind. zwei Aufträgen auf den Untergrund. Dabei ist jeder Auftrag deckend auszuführen.
- Der Auftrag kann durch Spachteln, Streichen, Rollen oder Spritzen erfolgen.
- Vor jedem Folgeauftrag muss sichergestellt sein, dass die zuvor aufgebrachte Schicht ausreichend erhärtet ist und nicht beschädigt wird.
- Die aufgebrachte Abdichtungsschicht AIV-F muss vor extremer Wärmebelastung, direkter Sonneneinstrahlung, Zugluft, Frost und Regen sowie vor weiteren Einwirkungen, die sich nachteilig auswirken können, ausreichend geschützt werden.
- Die Verarbeitungsregeln des Herstellers sind einzuhalten (insbes. Topfzeit, Intervallzeit).

Schichtdicke:

- Die Mindesttrockenschichtdicke der Abdichtungsschicht bei AIV-F ist abhängig vom verwendeten Abdichtungsstoff.

- Die Mindesttrockenschichtdicke ist an jeder Stelle der Abdichtung einzuhalten.

Tabelle 1: *Mindesttrockenschichtdicke der Abdichtungsschicht bei AIV-F*

Stoff der Abdichtungsschicht	**Mindesttrockenschichtdicke[a)]**
rissüberbrückende mineralische Dichtungsschlämmen	2,0 mm
Reaktionsharze	1,0 mm

a) Sofern in der Kennzeichnung nach DIN EN 14891 ein höherer Wert für die Mindesttrockenschichtdicke angegeben ist, gilt dieser Wert.

- Die Sicherstellung der Mindesttrockenschichtdicke erfolgt durch Auftragen des Abdichtungsstoffs in ausreichender Menge auf den Untergrund. Hierbei sind Maßtoleranzen und Unebenheiten des Untergrunds zu berücksichtigen.
- Aus diesem Grund ist vom Hersteller die erforderliche Materialmenge je Quadratmeter anzugeben. Die tatsächlich verarbeitete Materialmenge ist zu dokumentieren.
- Weiterhin ist eine Referenzprobe auf gleichem Untergrund herzustellen, mit der die Schichtdicke bewertet und zu einem späteren Zeitpunkt kontrolliert werden kann. Die Probe ist der Dokumentation hinzuzufügen.
- Bestätigungsprüfungen der Trockenschichtdicke sind nach DIN 18195 Beiblatt 2[2] durchzuführen. Sie sind nur in begründeten Fällen an der ausgeführten Schichtdicke erforderlich.

Boden-Wandanschlüsse:

- Im Bereich des Übergangs zwischen der Bodenabdichtung auf die Wandabdichtung sind im Abdichtungsstoff der AIV-F Vliese, Dichtbänder oder Dichtmanschetten einzuarbeiten.
- Hierzu werden diese Stoffe zunächst in den ersten Auftrag der Abdichtungsschicht eingearbeitet und anschließend mit dem zweiten Auftrag abgedeckt. Es dürfen nur geeignete Vliese, Dichtbänder und Dichtmanschetten verwendet werden. Diese müssen hinsichtlich ihrer Wasserdichtheit im Einbauzustand geprüft sein.

2 DIN 18195 Beiblatt 2:2017-07: Abdichtung von Bauwerken – Beiblatt 2: Hinweise zur Kontrolle und Prüfung der Schichtdicken von flüssig verarbeiteten Abdichtungsstoffen

Anschlüsse an Bodenabläufe und Rinnen:

- Bodenabläufe und Rinnen werden in den flüssig zu verarbeitenden Abdichtungsstoff der AIV-F eingedichtet, wobei Vliese, Dichtbänder oder Dichtmanschetten im Übergangsbereich eingearbeitet werden.
- Die Verarbeitung erfolgt wie im vorigen Abschnitt („Boden-Wand-Anschlüsse“) beschrieben.
- Am Übergang zu den Bodenabläufen bzw. Rinnen muss die Abdichtungsschicht eben sein und darf keine Aufkantung aufweisen. Hierzu müssen die Abläufe bzw. Rinnen in eine Vertiefung im Untergrund eingelassen werden.

Verlegung der Nutzschicht aus Fliesen oder Platten:

- Die Nutzschicht aus Fliesen oder Platten sollte nach Möglichkeit unmittelbar nach Erhärtung der Abdichtungsschicht verlegt werden.
- Fliesen oder Platten nach nachfolgender Tabelle.
- Es wird empfohlen, stranggepresste keramische Fliesen oder Platten für die Nutzschicht zu verwenden.

Tabelle 2: *Geeignete Fliesen oder Platten für Abdichtungen mit AIV-F*

Typ	Geltende Norm	Sonstiges
trockengepresste oder stranggepresste keramische Fliesen und Platten	DIN EN 14411[3]	Gruppe AI_a, AI_b (stranggepresst) Gruppe BI_a, BI_b (trockengepresst)
Bodenklinkerplatten	DIN 18158[4]	-
Naturwerkstein	DIN EN 12057[5] (Fliesen) DIN EN 12058[6] (Platten)	-
Betonwerkstein	DIN 18500-1[7]	-

[3] DIN EN 14411:2016-12: Keramische Fliesen und Platten - Definitionen, Klassifizierung, Eigenschaften, Bewertung und Überprüfung der Leistungsbeständigkeit und Kennzeichnung

[4] DIN 18158:2017-08: Bodenklinkerplatten

[5] DIN EN 12057:2015-05: Natursteinprodukte – Fliesen - Anforderungen

[6] DIN EN 12058:2015-05: Natursteinprodukte – Bodenplatten und Stufenbeläge - Anforderungen

[7] DIN 18500-1:2022-10: Betonwerkstein

Tabelle 2: *Geeignete Fliesen oder Platten für Abdichtungen mit AIV-F*

Typ	Geltende Norm	Sonstiges
Erläuterung: Gruppe A: stranggepresst AI_a: Wasseraufnahme $E_b \leq 0{,}5$ % AI_b: $0{,}5\ \% < E_b \leq 3$ % Gruppe B: trockengepresst BI_a: $E_b \leq 0{,}5$ % BI_b: $0{,}5\ \% < E_b \leq 3$ %		

- Die Fliesen oder Platten dürfen nur mit Klebstoff oder Mörtel appliziert werden, die im Prüfbericht nach DIN EN 14891[8] angegeben sind.
- Klebstoff bzw. Verlegemörtel müssen nach DIN EN 12004[9] geprüft sein und das CE-Kennzeichen aufweisen.
- Zementhaltiger Mörtel muss mind. der Klasse S1 entsprechen.

Die Verlegung der Fliesen oder Platten muss nach DIN 18157[10] (alle Teile) erfolgen. Für die Verlegung im Außenbereich sind außerdem folgende Regeln zu beachten:

- Temperatur von Untergrund, Stoffen und Arbeitsbereich mind. 5 °C und max. 30 °C
- Verarbeitung von Mörtel und Klebstoff nur im Temperaturbereich, der vom Hersteller angegeben wird.
- Temperaturen unter 15 °C sowie eine relative Luftfeuchte über 65 % führen zu längeren Erhärtungs- und Austrocknungszeiten.
- Mörtel bzw. Klebstoff dürfen beim Erhärten keinen schädigenden Einflüssen ausgesetzt werden (z. B. Niederschläge, Wasser, Frost).

[8] DIN EN 14891:2017-05: Flüssig zu verarbeitende wasserundurchlässige Produkte im Verbund mit keramischen Fliesen und Plattenbelägen - Anforderungen, Prüfverfahren, Bewertung und Überprüfung der Leistungsbeständigkeit, Klassifizierung und Kennzeichnung

[9] DIN EN 12004:2017-05: Mörtel und Klebstoffe für keramische Fliesen und Platten - Teil 2: Prüfverfahren

[10] DIN 18157:2017-04: Ausführung von Bekleidungen und Belägen im Dünnbettverfahren

- Gegebenenfalls sind schnellerhärtende Mörtel zu verwenden oder die ausgeführte Fläche muss geschützt werden (z. B. durch Abdeckungen, Einhausung).
- Eine zu schnelle Trocknung des Mörtels ist zu vermeiden; aus diesem Grund muss die frisch aufgebrachte Mörtelschicht vor starker Sonneneinstrahlung und/oder Zugluft geschützt werden.

Weitere Ausführungsregeln:

- Die Fliesen oder Platten müssen in einer möglichst vollflächigen Bettung im Mörtel bzw. Klebstoff verlegt werden, Hohlräume unter dem Belag sind zu vermeiden.
- Die Fliesen oder Platten sollten im Fugenschnitt (Kreuzfuge) verlegt werden.
- Großformatige Fliesen oder Platten (Fläche > 0,2 m^2 oder Kantenlänge > 0,60 m) sollten nicht verwendet werden.

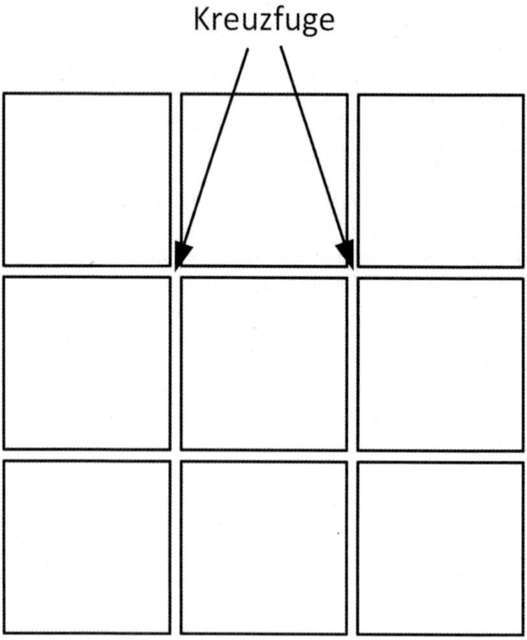

Bild 2: *Verlegung von Fliesen oder Platten im Fugenschnitt (Quelle: Prof. Dr.-Ing. Peter Schmidt)*

Ausführung der Abdichtung mit AIV-B

Es gelten die Bestimmungen für die Abdichtungsbauart (siehe Abschnitt „Abdichtungsbauarten“).

Allgemeine Regeln:

1. **Abdichtungsuntergrund:** Der Abdichtungsuntergrund ist vorzubereiten (z. B. Säubern, Trocknen) und ggf. vorzubehandeln (z. B. Aufbringen einer Grundierung).
2. **Kunststoffbahn:** Die beidseitig vlieskaschierte Kunststoffbahn wird vollflächig auf den vorbereiteten und ausreichend festen mineralischen Untergrund (z. B. Putz) geklebt. Hierzu ist der zugelassene Mörtel oder Klebstoff zu verwenden (s. o.).
3. **Maximale Rissbreiten:** Die maximale Rissneubildung bzw. Rissbreitenänderung nach dem Aufbringen der Abdichtungsschicht beträgt 0,3 mm. Angaben des Herstellers sind zu beachten.
4. **Gefälle:** Der Untergrund (= Ebene der Abdichtungsschicht) muss ein Gefälle von mindestens 1,5 % aufweisen. Bei nicht vorhandenem oder nicht ausreichendem Gefälle ist das erforderliche Gefälle (≥ 1,5 %) herzustellen, z. B. durch eine Gefälleschicht aus Zementmörtel.
5. **Feuchtegehalt des Untergrundes:** Der maximale Feuchtegehalt des Untergrundes ist bei der Verklebung der Abdichtungsbahnen zu beachten; siehe Herstellerangaben.
6. **Bahnennähte:** Die Bahnennähte sind mit einem systemkonformen Dichtklebstoff (n. Prüfbericht entsprechend PG-AIV-B) durchgängig wasserdicht herzustellen. Die Überdeckungsbreite (= Klebebreite) muss ≥ 5 cm betragen. Bei der Herstellung der Nähte ist darauf zu achten, dass der Klebstoff nach dem Andrücken der Bahn noch mit einer ausreichenden Restdicke im Nahtbereich vorhanden ist und keine wasserleitenden Kapillaren im Bereich der Überdeckungen entstehen. Außerdem müssen Vlieskaschierungen an den Rändern durch Klebstoff überdeckt werden, damit eine kapillare Wasseraufnahme verhindert wird.
7. **Schutz der AIV-B:** Die frisch hergestellte AIV-B muss vor extremer Wärmebeanspruchung, direkter Sonneneinstrahlung, Zugluft, Frost und Regen sowie anderen Einwirkungen, die nachteilige Auswirkungen haben, ausreichend geschützt werden.

Boden-/Wandanschlüsse, Anschlüsse an Rinnen bzw. Bodenabläufe:

Es gelten folgende Regeln:

- **Boden-Wandanschlüsse:** Für Boden-/Wandanschlüsse der Abdichtung sind ggf. zusätzliche Dichtbänder erforderlich. Die Dichtbänder müssen hinterlaufsicher auf dem Untergrund oder auf der Abdichtung verklebt werden. Es dürfen nur Dichtbänder verwendet werden, die im Prüfbericht nach PG-AIV-B für diese Verwendung zugelassen sind.
- **Rinnen-/Bodenabläufe:** Rinnen und Bodenabläufe müssen fest mit der Unterkonstruktion verbunden werden. Dadurch soll verhindert werden, dass sich die Abdichtung löst, wenn sich die Rinne bzw. der Ablauf durch Belastung oder andere Einwirkungen bewegen. Sofern für die Eindichtung Vliese, Dichtbänder oder -manschetten verwendet werden, müssen diese hinterlaufsicher auf dem Untergrund oder der Abdichtungsbahn aufgebracht werden. Außerdem ist darauf zu achten, dass die Abdichtungsschicht auch im Übergangsbereich zu den Abläufen bzw. Rinnen eben sein muss. Dazu ist es erforderlich, Rinne bzw. Ablauf tiefer zu setzen. Vliese, Dichtbänder – und Manschetten dürfen nur mit einem systemkonformen Klebstoff nach Prüfbericht in PG-AIV-B verklebt werden.

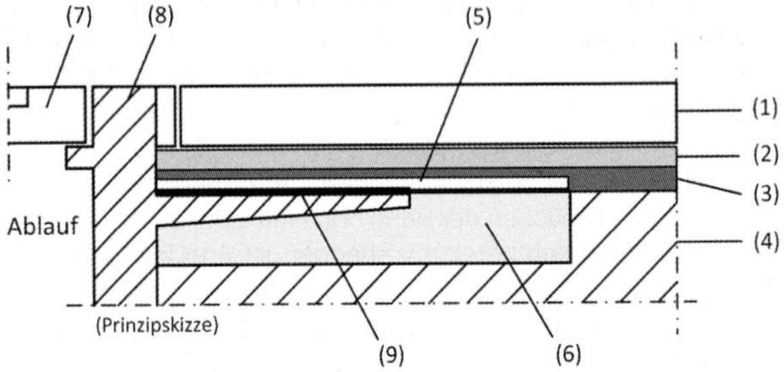

(1) Fliesenbelag
(2) Dünnbettmörtel
(3) Abdichtungsschicht der AIV-B
(4) Untergrund
(5) Manschette
(6) Reaktionsharzmörtel
(7) Abdeckung / Rost
(8) Bodenablaufgehäuse
(9) Verklebung

***Bild 3:** Anschluss der AIV-B an einen Bodenablauf*
(Quelle: Prof. Dr.-Ing. Peter Schmidt)

Verlegung der Nutzschicht aus Fliesen oder Platten:

Auf der verklebten Abdichtungsschicht (Kunststoffbahnen mit Vlieskaschierung) dürfen als Nutzschicht Fliesen oder Platten nach DIN 18531-5, 7.3b) verwendet werden; siehe hierzu Abschnitt „Stoffe für Nutzschichten" und folgende Auflistung:

- Stranggepresste oder trockengepresste keramische Fliesen und Platten nach DIN EN 14411[11] Gruppe Ala, Alb, Bla, Blb.
- Bodenklinkerplatten nach DIN 18158[12].
- Naturwerkstein nach DIN EN 12057[13] (Fliesen) oder DIN EN 12058[14] (Platten).
- Betonwerkstein nach DIN EN 18500-1[15].

Für die Verlegung der Fliesen oder Platten dürfen nur Mörtel oder Klebstoffe verwendet werden, die in der PG-AIV-B angegeben sind. Insbesondere müssen Verlegemörtel bzw. Klebstoff nach DIN EN 12004[16] geprüft sein und die CE-Kennzeichnung besitzen. Zementhaltige Mörtel müssen den Anforderungen der Klasse S1 nach DIN EN 12004 entsprechen (s. o.). Für die Ausführung der Verlegearbeiten ist DIN 18157-1[17] zu beachten.

Ausführung der Abdichtung mit PMBC

Die Ausführung mit PMBC erfolgt nach den Regeln der DIN 18533-3 für die Wassereinwirkungsklasse W3-E; siehe Abschnitt ► „Abdichtung von erdberührten Bauteilen nach DIN 18533".

[11] DIN EN 14411:2016-12: Keramische Fliesen und Platten – Definitionen, Klassifizierung, Eigenschaften, Bewertung und Überprüfung der Leistungsbeständigkeit und Kennzeichnung

[12] DIN 18158:2017-08: Bodenklinkerplatten

[13] DIN EN 12057:2015-05: Natursteinprodukte – Fliesen - Anforderungen

[14] DIN EN 12058:2015-05: Natursteinprodukte – Bodenplatten und Stufenbeläge – Anforderungen

[15] DIN 18500-1:2022-10: Betonwerkstein – Teil 1: Begriffe, Anforderungen, Prüfung

[16] DIN EN 12004:2017-05: Mörtel und Klebstoffe für keramische Fliesen und Platten - Teil 2: Prüfverfahren

[17] DIN 18157-1:2017-04: Ausführung von Bekleidungen und Belägen im Dünnbettverfahren – Teil 1: Zementhaltige Mörtel

Instandhaltung

Abdichtungen von Balkonen, Loggien und Laubengängen sind hohen Beanspruchungen infolge witterungsbedingter und nutzungsbedingter Einwirkungen ausgesetzt.

Insbesondere bei direkt genutzten Abdichtungen kann dies zu erhöhtem Verschleiß und ggf. zu Schäden führen.

Die **regelmäßige Durchführung von Instandhaltungsmaßnahmen** ist daher für die Erhaltung der Funktionsfähigkeit der Abdichtung **zwingend erforderlich**.

Grundmaßnahmen der Instandhaltung nach DIN 31051[1] gliedern sich in:

- Inspektion
- Wartung
- Instandsetzung

Kann die Funktionsfähigkeit der Abdichtung durch Instandhaltungsmaßnahmen nicht mehr hergestellt werden, ist die Abdichtung zu erneuern.

Für die Planung und Ausführung einer neuen Abdichtung gelten die Regeln der aktuellen Fassung der DIN 18531-5 (Ausgabe 2025-08). Das bedeutet, dass die aktuelle DIN 18531-5 auch für den Bestand anzuwenden ist.

[1] DIN 31051:2019-06: Grundlagen der Instandhaltung

Tabelle 1: *Maßnahmen der Inspektion, Wartung und Instandsetzung*

Maßnahme	Durchzuführende Arbeiten	Häufigkeit
Inspektion	Kontrolle bzw. Überprüfung der abgedichteten Bauteiloberfläche (soweit zugänglich) auf Verschleiß, Abwitterung, Schäden (z. B. Risse, Blasen, Ablösung) Kontrolle der Funktion von An-/Abschlüssen der Abdichtung an aufgehenden Bauteilen, Anschlüsse an Durchdringungen, Übergänge auf benachbarte Flächen, Abdichtungen von Fugen Insbesondere sind Tür-/Fensteranschlüsse zu kontrollieren. Kontrolle der Nutzschicht. Einsenkungen/ Verschiebungen können auf Schäden an der Abdichtung hindeuten. Überprüfung der Entwässerungseinrichtungen auf Funktionsfähigkeit und Schäden Überprüfung der Bauteilunterseite (z. B. Balkonunterseite) auf Risse und Undichtheiten Bei festgestellten Schäden sind die möglichen Ursachen zu ermitteln. Die Inspektionsergebnisse müssen schriftlich dokumentiert werden.	mind. einmal im Jahr
Wartung	Reinigung der Oberfläche der Abdichtung bzw. Nutzschicht Reinigung der Entwässerungsanlagen (z. B. Entfernen von Laub und Schmutz bei Abläufen, Rinnen) Die Maßnahmen müssen dokumentiert werden.	mind. einmal im Jahr (im Zusammenhang mit der Inspektion)

Tabelle 1: *Maßnahmen der Inspektion, Wartung und Instandsetzung*

Maßnahme	Durchzuführende Arbeiten	Häufigkeit
Instandsetzung	Planung und Durchführung der Instandsetzungsmaßnahmen auf Grundlage des festgestellten Verschleißes bzw. der festgestellten Schäden Die durchgeführten Maßnahmen müssen dokumentiert werden. **Beispiele:** • lokale Erneuerung der Abdichtung durch Reparaturmaßnahmen im Bereich von Ablösungen oder Blasen • bereichsweise Reparaturen oder Erneuerungen der Nutzschicht • Ergänzung von Versiegelungen und Abstreuungen • Nacharbeiten von Anschlüssen an Einbauteilen, Durchdringungen und aufgehenden Bauteilen	bei Bedarf

Instandsetzung von AIV-F:

1. Entfernen der beschädigten Fliesen oder Platten. Dabei darf die Abdichtungsschicht nicht beschädigt werden.
2. Abschleifen des Verlegemörtels bis zur Oberfläche der Abdichtungsschicht
3. Für die Instandsetzung der Abdichtungsschicht sind die Herstellerangaben zu beachten.
4. Überarbeitung beschädigter Stellen ringsum mit einer Überlappungsbreite von mind. 5 cm mit dem gleichen Abdichtungsmaterial, aus dem die Abdichtung besteht.
5. Bei Reaktionsharzen (RM) und mineralischen Dichtungsschlämmen (CM): sind die Überlappungsbereiche schräg anzuschleifen (s. Abb.).
6. Die Mindesttrockenschichtdicke ist an allen Stellen der reparierten Bereiche einzuhalten.

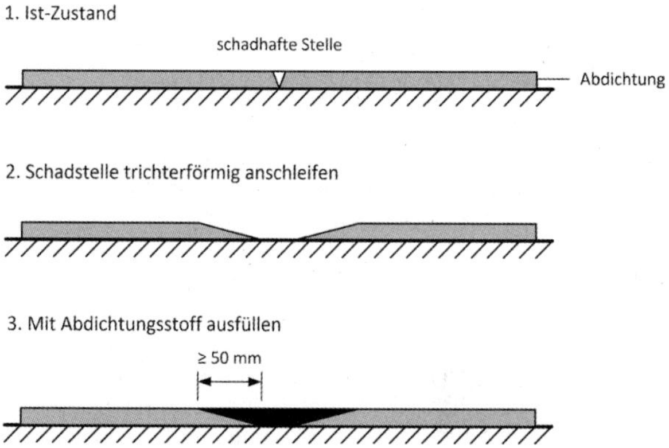

Bild 1: *Instandsetzung einer beschädigten Abdichtungsschicht bei AIV-F (Quelle: Prof. Dr.-Ing. Peter Schmidt)*

Austausch von Fugendichtstoffen:

Beim Austausch von Fugendichtstoffen ist darauf zu achten, dass die darunter befindliche Abdichtung nicht beschädigt wird.

Beschichtung von Balkonen, Loggien und Laubengängen

Eine Beschichtung ist eine bautechnische Maßnahme, mit der eine geschlossene Schutzschicht auf einer Bauteiloberfläche hergestellt wird. Die Beschichtung soll das Bauteil vor dem Eindringen von Wasser oder anderen Flüssigkeiten sowie vor mechanischen und chemischen Einwirkungen schützen.

Als Beschichtungen von Balkonen, Loggien und Laubengängen sind Oberflächenschutzsysteme der Typen OS 8, OS 10 und OS 11 nach der „Richtlinie für den Schutz und die Instandsetzung von Betonbauteilen (RL SIB)"[1] und „TR Instandhaltung"[2] geeignet.

Oberflächenschutzsysteme (OS) sind polymerhaltige Beschichtungen, die hauptsächlich auf Stahlbetonbauteilen direkt aufgebracht werden.

Anforderungen

- Beschichtungen mit den Oberflächenschutzsystemen OS 8, OS 10 und OS 11 müssen ausreichend dick auf der Bauteiloberfläche aufgebracht werden und eine geschlossene und vollflächige Schicht bilden.
- OS werden direkt durch die Nutzung beansprucht (z. B. durch direktes Begehen). Aus diesem Grund müssen Instandhaltungsmaßnahmen regelmäßig durchgeführt werden, um die dauerhafte Funktionsfähigkeit sicherzustellen.

1 DAfStb-Richtlinie - Schutz und Instandsetzung von Betonbauteilen (Instandsetzungs-Richtlinie (RL SIB); 2001-10; hrsg. v. Deutscher Ausschuss für Stahlbeton e.V. (DAfStb), Berlin

2 Technische Regel „Instandhaltung von Betonbauwerken (TR Instandhaltung); 2020-05; hrsg. v. Deutsches Institut für Bautechnik (DIBt), Berlin

Anwendung und Eigenschaften

Die als Beschichtung für Balkone, Loggien und Laubengänge geeigneten Oberflächenschutzsysteme OS 8, OS 10 und OS 11 gelten aufgrund ihrer unterschiedlichen Eigenschaften für verschiedene Anwendungsgebiete.

Oberflächenschutzsystem OS 8

OS 8 nach TR Instandhaltung besteht aus einem Reaktionsharz (z. B. Epoxidharz [EP]). Dieses wird in mehreren Arbeitsgängen auf die zu schützende Fläche aufgetragen. Weiterhin sind eine Grundierung des Untergrunds und eine Abstreuung sowie ggf. eine Deckversiegelung vorzunehmen.

Eigenschaften:

- OS 8 ist eine starre, verschleißfeste Beschichtung.
- OS 8 hat keine rissüberbrückenden Eigenschaften und ist somit nur für Untergründe geeignet, bei denen keine Rissneubildungen oder Rissbreitenänderungen bereits vorhandener Risse mehr zu erwarten sind.

Anwendung:

- Sie finden Anwendung auf Flächen, die mechanisch stark belastet sind (z. B. begehbare und befahrbare Flächen)

Die Mindesttrockenschichtdicke muss 2,5 mm betragen.

Oberflächenschutzsystem OS 10

OS 10 nach RL SIB Teil 2 besteht aus einem Reaktionsharz (z. B. PMMA). Die Beschichtung wird in mehreren Arbeitsgängen auf dem Untergrund einschließlich einer verschleißfesten Deckschicht und ggf. mit Deckversiegelung aufgetragen.

Eigenschaften:

- OS 10 ist eine elastische Beschichtung.

- Aufgrund der elastischen Eigenschaften der Beschichtung ist dieses OS in der Lage, Rissneubildungen und Rissbreitenänderungen bis zu einem gewissen Maße zu überbrücken. Als Rissüberbrückungseigenschaft werden mind. 0,45 mm bei einer Temperatur von -20 °C gefordert; maßgebend ist der im abP angegebene Wert.
- OS 10 darf daher nur auf entsprechenden Untergründen angewendet werden, bei denen keine größeren Rissbreiten bei Rissneubildungen oder Rissbreitenänderungen bereits vorhandener Risse zu erwarten sind.

Anwendung:

- Sie finden Anwendung auf mechanisch stark belasteten Flächen (begehbar, befahrbar).

Die Mindesttrockenschichtdicke beträgt 2,0 mm.

Oberflächenschutzsystem OS 11

Das Oberflächenschutzsystem OS 11 nach TR Instandhaltung kann einschichtig (OS 11b) oder zweischichtig (OS 11a) ausgeführt werden. Als Stoff für die Beschichtung wird ein Reaktionsharz (z. B. PUR) verwendet.

Eigenschaften:

- OS 11 ist eine elastische Beschichtung, die sich für stark beanspruchte, begehbare und befahrbare Flächen eignet.
- Sie besitzt erhöhte dynamische Rissüberbrückungseigenschaften.
- Es werden mind. 0,35 mm Rissüberbrückung bei einer Temperatur von -20 °C gefordert.

Ausführung:

- Bei zweischichtiger Ausführung (OS 11a) wird die elastische Schicht aus PUR (**Mindesttrockenschichtdicke 1,5 mm**) im Verbund mit einer verschleißfesten Deckschicht mit Abstreuung mit einer Dicke von mind. 3,0 mm hergestellt. Gegebenenfalls wird darauf noch eine Deckversiegelung aufgebracht. Die Mindesttrockenschichtdicke bei zweischichtiger Ausführung beträgt demnach 4,5 mm.

- Bei einschichtiger Ausführung (OS 11b) besteht das Oberflächenschutzsystem aus der Schicht aus PUR mit einer **Mindesttrockenschichtdicke von 4,0 mm**, einer Abstreuung und einer Deckversiegelung.

Stoffe

Die für die Beschichtung verwendeten Stoffe müssen folgenden Anforderungen entsprechen:

- OS 8 und OS 11: Anforderungen nach DIN EN 1504-2[3]
- OS 10: bauaufsichtlicher Verwendbarkeitsnachweis in Form eines gültigen allgemeinen bauaufsichtlichen Prüfzeugnisses (abP) auf Grundlage der RL SIB Teil 2

Tabelle 1: *Anwendung und Eigenschaften von Oberflächenschutzsystemen als Beschichtung von Balkonen, Loggien und Laubengängen*

Kriterium	OS 8	OS 10	OS 11	
			zweischichtig (OS 11a)	einschichtig (OS 11b)
Anwendung	mechanisch stark belastete begehbare und befahrbare Flächen			
Untergrund/ Rissüberbrückung	keine Rissneubildungen oder Rissbreitenänderungen	Rissneubildungen oder Rissbreitenänderungen bis 0,45 mm	Rissneubildungen oder Rissbreitenänderungen bis 0,35 mm, dynamische rissüberbrückende Eigenschaften	
Stoff	Reaktionsharz nach DIN EN 1504-2 (z. B. EP)	Reaktionsharz nach abP auf Grundlage der RL SIB Teil 2 (z. B. PMMA)	Reaktionsharz nach DIN EN 1504-2 (z. B. PUR)	

[3] DIN EN 1504:2005-01: Produkte und Systeme für den Schutz und die Instandsetzung von Betontragwerken - Definitionen, Anforderungen, Qualitätsüberwachung und Beurteilung der Konformität - Teil 2: Oberflächenschutzsysteme für Beton

Beschichtung von Balkonen, Loggien und Laubengängen

Tabelle 1: *Anwendung und Eigenschaften von Oberflächenschutzsystemen als Beschichtung von Balkonen, Loggien und Laubengängen*

Kriterium	OS 8	OS 10	OS 11	
Ausführung	Grundierung, Beschichtung, Abstreuung, ggf. Deckversiegelung	Beschichtung im Verbund mit Deckschicht, ggf. Deckversiegelung	Beschichtung (1,5 mm) im Verbund mit Deckschicht (3,0 mm)	Beschichtung, Abstreuung und Deckversiegelung
Mindesttrockenschichtdicke	2,5 mm	2,0 mm	1,5 mm + 3,0 mm Deckschicht	4,0 mm

Planungs- und Ausführungsgrundsätze

Für die Planung einer Beschichtung mit den Oberflächenschutzsystemen OS 8, OS 10 und OS 11 gelten die Regelungen der DIN 18531-5 sowie die Regeln der RL SIB sowie TR Instandhaltung. Es wird auf die genannten Regelwerke verwiesen.

Nach DIN 18531-5 Anhang A kann für die nach RL SIB bzw. TR Instandhaltung ursprünglich vorgesehene Abstreuung mit mineralischen Stoffen abweichend auch eine Abstreuung aus Kunststoffgranulat verwendet werden.

Details sind nach DIN 18531-5, 6.4 auszubilden.

Ausführung

Für die Ausführung der Beschichtung mit den genannten Oberflächenschutzsystemen gilt RL SIB Teil 3.

Instandhaltung

Regeln zur Instandhaltung von Beschichtungen orientieren sich an den allgemeinen Instandhaltungsregeln für Abdichtungen von Balkonen (siehe DIN 18531-5).

Die Instandhaltung umfasst Maßnahmen der Inspektion, der Wartung und der Instandsetzung.

Inspektion:

- Es gelten die Regeln nach DIN 18531-5, Abschnitt 11.2.
- Die Inspektion muss mind. einmal im Jahr durchgeführt werden.
- Die Ergebnisse sind zu dokumentieren und entsprechende Protokolle für die Dokumentation objektspezifisch festzulegen.

Wartung:

- Es gilt DIN 18531-5, Abschnitt 11.3.
- Die Wartung muss mind. einmal im Jahr im Zusammenhang mit der Inspektion (diese erfolgt vor der Wartung) durchgeführt werden. Die Wartungsmaßnahmen müssen dokumentiert werden.

Instandsetzung:

Für die Instandsetzung gelten folgende Regeln:

1. Ursachenermittlung: Grundsätzlich müssen bei festgestellten Schäden die Ursachen ermittelt werden.
2. Risse: Insbesondere sind bei Rissbildungen in der Oberfläche der Beschichtung die Ursachen festzustellen. Hierbei ist zu prüfen, ob es sich um einmalige Rissbildungen im Untergrund handelt oder ob weitere Rissbewegungen (last- und/oder temperaturabhängig) auftreten. Weiterhin ist zu ermitteln, ob die Risse nur in der Deckschicht der Beschichtung vorhanden sind oder bis auf den Untergrund durchgehen.

3. Planung: Instandsetzungsmaßnahmen sind zu planen. Zur Planung gehören z. B. Rissinjektionen, Rissbehandlungen durch Rissbandagen, Erneuerung der Beschichtung im Bereich von Fehlstellen (Ablösungen, Blasen, usw.). Unter Rissbandagen sind lokale Schutzmaßnahmen über einem sich bewegenden Einzelriss zu verstehen.
4. partielle Erneuerung: Schäden an Anschlüssen, Abschlüssen sowie an Fugen werden durch partielle Erneuerung instandgesetzt.
5. Oberflächenverschleiß: Bei einem Verschleiß der Beschichtungsoberfläche sind die betroffenen Stellen durch ergänzende Deckversiegelungen und Abstreuungen zu bearbeiten.
6. Durchführung: Instandsetzungsmaßnahmen sind im Rahmen der jährlich stattfindenden Wartung und Inspektion durchzuführen. Die Maßnahmen sind zu dokumentieren.

Abdichtung von befahrbaren Verkehrsflächen aus Beton nach DIN 18532

Für die Planung, Ausführung und Instandhaltung der Abdichtung von befahrbaren Verkehrsflächen aus Beton gilt DIN 18532 „Abdichtung von befahrbaren Verkehrsflächen aus Beton" (Ausgabe 2025-06).

Die Norm besteht aus folgenden Teilen:

- Teil 1: Anforderungen, Planungs- und Ausführungsgrundsätze
- Teil 2: Abdichtung mit einer Lage Polymerbitumen-Schweißbahn und einer Lage Gussasphalt
- Teil 3: Abdichtung mit zwei Lagen Polymerbitumenbahnen
- Teil 4: Abdichtung mit einer Lage Kunststoff- oder Elastomerbahn
- Teil 5: Abdichtung mit einer Lage Polymerbitumenbahn und einer Lage Kunststoff- oder Elastomerbahn
- Teil 6: Abdichtung mit flüssig zu verarbeitenden Abdichtungsstoffen

Zu beachten:

- Teil 1 enthält allgemeingültige, bauartübergreifende Regeln.
- Die Teile 2 bis 6 enthalten bauartspezifische Regeln, die zusätzlich oder ergänzend zu denen des Teils 1 gelten. Die Teile 2 bis 6 sind daher immer zusammen mit dem Teil 1 anzuwenden.

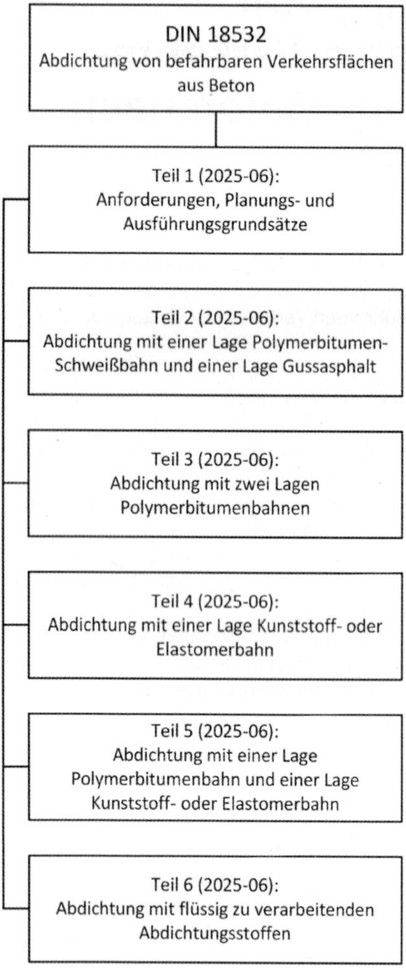

Bild 1: *Struktur der DIN 18532 „Abdichtung von befahrbaren Verkehrsflächen aus Beton" (Quelle: Prof. Dr.-Ing. Peter Schmidt)*

Änderungen in DIN 18532-1 (2025-06) gegenüber der Ausgabe von 2017-07:

- **Streichung der Rissüberbrückungsklassen:** Die Rissüberbrückungsklassen für die verschiedenen Abdichtungsbauarten wurden ersatzlos gestrichen. Stattdessen erfolgt die Auswahl der Abdichtungsbauart zukünftig direkt über die Rissklassen, die den Abdichtungsbauarten zugeordnet sind.
- **Sicherheit gegen Unterlaufen:** Die Regelungen zur Sicherstellung gegen Unterlaufen der Abdichtung in Bezug auf den Schutz der Betonbauteile gegen Chloride wurden präzisiert.
- **Behandlung des Betonuntergrunds:** Die Regelungen für die Behandlung des Betonuntergrunds wurden präzisiert und erweitert. Außerdem wurden die Regelungen zum Rautiefenausgleich genauer gefasst.
- **Anforderungen an Stoffe für Dampfsperren:** Die Anforderungen an die zugelassenen Stoffe, die für Dampfsperren verwendet werden dürfen, und deren unterlaufsichere Verarbeitung wurden neu erstellt.
- **Redaktionelle und inhaltliche Überarbeitung:** Das Dokument wurde redaktionell und inhaltlich überarbeitet.

Anwendungsbereich

DIN 18532 gilt für die Planung, Ausführung und Instandhaltung der Abdichtung von befahrbaren Verkehrsflächen aus Beton (z. B. Parkdecks in Parkhäusern, befahrbare Hofkellerdecken, Zufahrten) mit bahnenförmigen und flüssig zu verarbeitenden Abdichtungsstoffen.

Die Abdichtung dient dem Schutz der Oberseite von Betonflächen vor einwirkendem Wasser infolge der Witterung und /oder Einschleppung durch Fahrzeuge. Betonbauteile sollen darüber hinaus auch gegen Chloride (Taumittel) geschützt werden.

DIN 18532 gilt sowohl für neu herzustellende als auch für zu erneuernde Abdichtungen (auch für die Erneuerung der Abdichtung in Teilbereichen).

DIN 18532 gilt für folgende Anwendungsbereiche:

- Abdichtung von Straßen-, Fußgänger- und Radwegbrücken, für die nicht die Regeln der ZTV-ING gelten
- Abdichtung von Parkdecks und Parkdächern (oberstes Parkdeck ohne Dach) von Parkhäusern
- Abdichtung von Zufahrtsrampen und Spindeln in Parkhäusern
- Abdichtung von Hofkellerdecken und Durchfahrten
- erdüberschüttete, befahrbare Deckenflächen, bei denen maßgebende Einwirkungen aus Verkehr und Chloride zu erwarten sind.

DIN 18532 gilt nicht für folgende Fälle:

- Abdichtung von Eisenbahnbrücken und Ingenieurbauwerken für Eisenbahnen und Schienenfahrwege; hier gilt die DB-Richtlinie 804[1]
- Abdichtung von Brücken und Ingenieurbauwerken, für die die Regeln der ZTV-ING[2] vertraglich vereinbart wurden
- Abdichtung von befahrbaren Trog- und Tunnelsohlen

[1] DB-Richtlinie 804: Eisenbahnbrücken und sonstige Ingenieurbauwerke planen, bauen und instand halten; Regelwerk der DB InfraGO AG

[2] ZTV-ING: Zusätzliche Technische Vertragsbedingungen und Richtlinien für Ingenieurbauten; Bundesanstalt für Straßenwesen (BASt)

- Abdichtung von befahrbaren Deckenflächen, die mit einer Erdüberschüttung versehen sind und bei denen keine relevanten Einwirkungen infolge von Verkehr oder Taumitteln (Chloride) zu erwarten sind (Abdichtung in diesem Fall nach DIN 18533)
- Bauteile aus wasserundurchlässigem Beton nach DAfStb-Richtlinie „Wasserundurchlässige Bauwerke aus Beton" (WU-Richtlinie)[3]
- Parkdecks aus Beton, die gegenüber Chloriden ausreichend dauerhaft sind (Ausführungsvariante 1 nach DBV-Merkblatt[4] bzw. Ausführungsvariante A nach Heft 600 des DAfStb[5])
- Abdichtung von befahrbaren, auf der Unterseite erdberührten Bodenplatten (hier gilt DIN 18533 „Abdichtung von erdberührten Bauteilen"; ausgenommen sind Bodenplatten aus WU-Beton)
- Parkdecks aus Beton, die gegenüber Chloriden ausreichend dauerhaft sind (in diesem Fall sind geeignete betontechnologische und konstruktive Maßnahmen erforderlich)

***Bild 1:** Anwendungsbereich DIN 18532 „Abdichtung von befahrbaren Verkehrsflächen aus Beton" (Quelle: Prof. Dr.-Ing. Peter Schmidt)*

3 DAfStb-Richtlinie „Wasserundurchlässige Bauwerke aus Beton (WU-Richtlinie); Ausgabe 2017-12; hrsg. v. Deutscher Ausschuss für Stahlbeton e.V. (DAfStb)

4 DBV: Deutscher Beton Verein

5 DAfStb: Deutscher Ausschuss für Stahlbeton

Sonderregelung für Bodenplatten von Kleingaragen sowie Zugänge zu Parkhäusern oder zu Fußgängerbrücken:

- Bodenplatten von Kleingaragen sowie Zugänge zu Parkhäusern oder zu Fußgängerbrücken sind aus abdichtungstechnischer Sicht untergeordnete Verkehrsflächen.
- Die Abdichtung dieser Bauteile kann in Anlehnung an DIN 18532 (Abdichtung von befahrbaren Verkehrsflächen aus Beton) oder nach DIN 18534 (Abdichtung von Innenräumen) vorgenommen werden.

Einwirkungen

Unterscheidung der Einwirkungen in:

- einbaubedingt
- umgebungsbedingt
- Einwirkungen aus Verkehr (hier wird eine Einteilung in Nutzungsklassen vorgenommen.)
- Einwirkungen aus der Betonunterlage (hier wird eine Einteilung in Rissklassen vorgenommen.)
- Einwirkungen aus anderen Funktionsschichten

Tabelle 1: *Einwirkungen bei Abdichtungen von befahrbaren Verkehrsflächen aus Beton*

Einwirkung	Beschreibung	Beispiele/Bemerkung
Einbau-bedingte Einwirkungen	Einbaubedingte Einwirkungen treten während des Bauzustands temporär auf. Einbaubedingte Einwirkungen müssen im Einzelfall festgelegt werden, genauere Angaben hierzu macht die Norm nicht.	• Einwirkungen infolge von hoher Temperatur (Hitzeeinwirkungen), z. B. beim Aufbringen von Asphaltschichten (z. B. 230 °C bei Gussasphalt, 160 °C bei Walzasphalt) • mechanische Einwirkungen durch Verdichtung der Asphaltschicht • Einwirkungen aus Baustellenverkehr (mechanisch, Verschmutzung) • witterungsbedingte Einwirkungen (z. B. Wasser, UV-Strahlung, Wärme, Frost)
Umgebungs-bedingte Einwirkungen	Umgebungsbedingte Einwirkungen werden durch Umgebungs- und Umwelteinflüsse verursacht. Je nach Situation sind die jeweils zu erwartenden umgebungsbedingten Einwirkungen festzulegen.	• Wasser und Feuchte • Taumittel • chemische Stoffe • Frost-/Tauwechsel • Temperaturen • UV-Strahlung

Tabelle 1: Einwirkungen bei Abdichtungen von befahrbaren Verkehrsflächen aus Beton

Einwirkung	Beschreibung	Beispiele/Bemerkung
Einwirkungen aus Verkehr	Verkehrslasten aus der Nutzung durch Fußgänger und Fahrzeuge	• Verkehrslasten • Brems- und Anfahrkräfte • Fliehkräfte (bei Kurvenfahrten)
Einwirkungen aus dem Betonuntergrund	Neurissbildung Rissbreitenänderungen vorhandener Risse	Einteilung in Rissklassen R0-V und R1-V

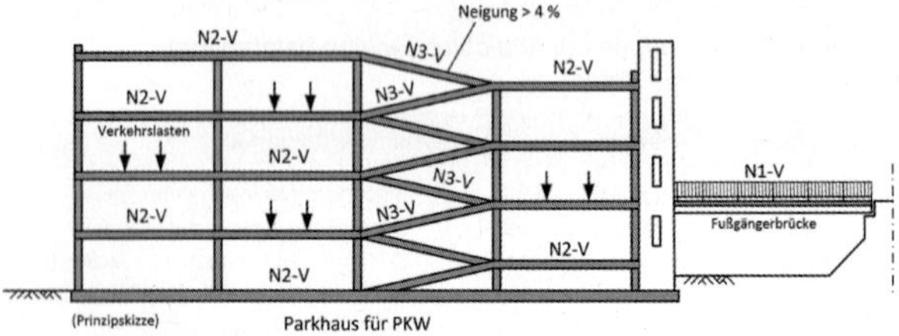

***Bild 1:** Einwirkungen aus Fahrzeugverkehr (Quelle: Prof. Dr.-Ing. Peter Schmidt)*

Direkte und indirekte Einwirkungen:

Je nach Bauweise ergeben sich bei direkter Befahrung der Abdichtungsschicht direkte Einwirkungen für die Abdichtung und indirekte Einwirkungen, wenn die Abdichtung unter Lastverteilungs- und Nutzschichten angeordnet ist.

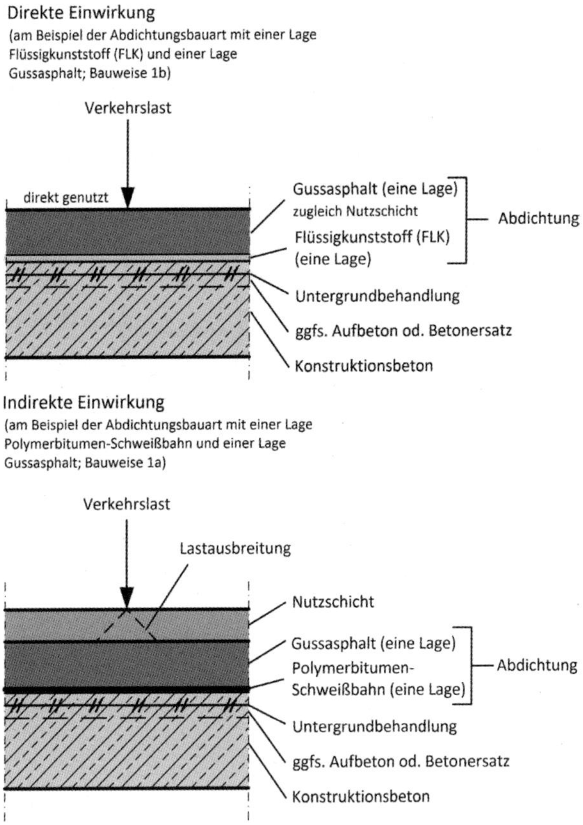

Bild 2: *Direkte und indirekte Einwirkungen der Abdichtung (Quelle: Prof. Dr.-Ing. Peter Schmidt)*

Lastannahmen:

Die Lastannahmen für Verkehrslasten sind in DIN EN 1991 (Eurocode 1: Einwirkungen auf Tragwerke) angegeben.

- Lastannahmen für Parkhäuser (vorwiegend ruhender Verkehr) in der DIN EN 1991-1-1/NA
- Lastannahmen für Brücken (nicht vorwiegend ruhender Verkehr) in der DIN EN 1991-2/NA

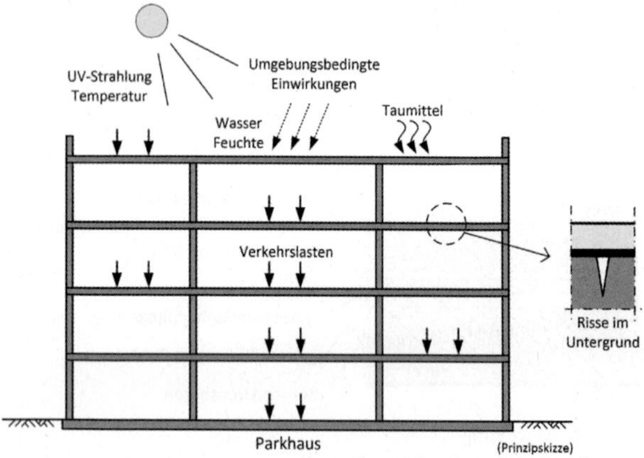

***Bild 3:** Einwirkungen auf die Abdichtung von befahrbaren Verkehrsflächen aus Beton (Quelle: Prof. Dr.-Ing. Peter Schmidt)*

Nutzungsklassen

In Abhängigkeit von der Nutzung der abzudichtenden Verkehrsfläche werden vier Nutzungsklassen unterschieden (N1-V bis N4-V).

Tabelle 1: *Nutzungsklassen (nach DIN 18532, Tab. 1)*

Nutzungsklasse	Belastung der Verkehrsfläche	Nutzungsmerkmale	Neigung der Verkehrsfläche	Beispiele (Arten der Verkehrsfläche[a] und Art der Einwirkungen aus Verkehr[b])
N1-V[c]	gering	Fußgänger- und/ oder Radfahrerverkehr	unabhängig von der Neigung	Fußgänger- und Radwegbrücken
N2-V[c]	mäßig	vorwiegend ruhender Verkehr leichte Fahrzeuge bis 30 kN (3 t) Gesamtgewicht (PKW)	max. 4 % (bei > 4 % ist die Fläche der Nutzungsklasse N3-V zuzuordnen)	Zwischendecks von Parkhäusern (PKW) Freidecks von Parkhäusern (PKW) Parkdächer (PKW) Hofkellerdecken und Durchfahrten für PKW-Verkehr

Tabelle 1: *Nutzungsklassen (nach DIN 18532, Tab. 1)*

Nutzungsklasse	Belastung der Verkehrsfläche	Nutzungsmerkmale	Neigung der Verkehrsfläche	Beispiele (Arten der Verkehrsfläche[a] und Art der Einwirkungen aus Verkehr[b])
N3-V	hoch	vorwiegend ruhender Verkehr Fahrzeuge bis 160 kN (16 t) Gesamtgewicht (leichte LKW); im Einzelfall auch schwere Fahrzeuge > 160 kN (> 16 t) (schwere LKW)	unabhängig von der Neigung	Zwischendecks von Parkhäusern (PKW und leichte LKW) Freidecks von Parkhäusern (PKW und leichte LKW) Parkdächer (PKW und leichte LKW) Zufahrtsrampen und Spindeln von Parkhäusern (PKW und leichte LKW) Anlieferzonen und Feuerwehrzufahrten in Parkhäusern (auch für schwere LKW) Hofkellerdecken und Durchfahrten (auch für schwere LKW)
N4-V	sehr hoch	nicht vorwiegend ruhender Verkehr Fahrzeuge > 160 kN (> 16 t) Gesamtgewicht	unabhängig von der Neigung	Fahrbahntafeln von Brücken (Fahrzeuge aller Art[d])

[a] und vergleichbare Flächen

[b] Bei wärmegedämmten Fahrbahnkonstruktionen mit Umkehrdachaufbau (Bauweise 2a; d. h. Abdichtung unter der Wärmedämmschicht) ist die Begrenzung der Verkehrslast in der jeweiligen allgemeinen bauaufsichtlichen Zulassung für den Dämmstoff zu beachten.

[c] Flächen von N1-V und N2-V, die von Reinigungs- und Räumfahrzeugen mit > 160 kN (> 16 t) befahren werden, sind N3-V zuzuordnen.

[d] Straßenbrücken, für die nicht die Regelungen der ZTV-ING gelten.

Einwirkungen aus dem Betonuntergrund/Rissklassen

Einwirkungen aus dem Betonuntergrund umfassen Beanspruchungen der Abdichtung durch Rissneubildungen und Rissbreitenänderungen bereits vorhandener Risse im Beton.

Rissneubildungen und Rissbreitenänderungen, die nach dem Aufbringen der Abdichtung auftreten, führen zu einer erheblichen Beanspruchung der Abdichtung. Aus diesen Gründen ist bei Betonuntergründen, auf denen die Abdichtungsschicht direkt aufgebracht wird, die rechnerische Rissbreite auf 0,3 mm zu begrenzen; siehe hierzu DIN EN 1992-1-1/NA[1] sowie das DBV-Merkblatt[2] „Parkhäuser und Tiefgaragen".

Zur Differenzierung der Beanspruchungen durch Risse im Betonuntergrund werden zwei Rissklassen festgelegt:

Rissklasse	In folgenden Fällen anzunehmen
R0-V	• keine Risse im Untergrund • keine Rissneubildungen im Untergrund* • keine Rissbreitenänderungen* bereits vorhandener Risse
R1-V	Rissneubildungen* oder Rissbreitenänderungen* bereits vorhandener Risse mit einer rechnerischen Rissbreite von max. 0,3 mm.
Die rechnerische Rissbreite ergibt sich aus der Überlagerung von Temperatur- und/oder Verkehrseinwirkungen.	
*: Hinweis: Es ist zu beachten, dass die Abdichtung nur Rissneubildungen oder Rissbreitenänderungen bereits vorhandener Risse, die nach dem Aufbringen der Abdichtungsschicht entstehen, überbrücken muss.	

[1] DIN EN 1992-1-1/NA:2013-04; Nationaler Anhang – National festgelegte Parameter – Eurocode 2: Bemessung und Konstruktion von Stahlbeton- und Spannbetontragwerken – Teil 1-1: Allgemeine Bemessungsregeln und Regeln für den Hochbau

[2] DBV: Deutscher Beton Verein

Zuordnung von Betonbauteilen zu den Rissklassen:

Die Zuordnung der abzudichtenden Betonbauteile zu den Rissklassen geht aus der nachfolgenden Tabelle hervor:

Tabelle 1: *Zuordnung der abzudichtenden Betonbauteile zu den Rissklassen*

Rissklasse	Zuordnung	Beispiele
R0-V	**Bauteile:** • mit weitgehend abgeschlossener Rissbildung • die keinen nennenswerten Temperaturänderungen oder lastabhängigen Verformungen unterliegen • die konstruktionsbedingt rissfrei sind	• vorgespannte Bauteile • Bauteilbereiche mit Druckzonen
R1-V	alle anderen Bauteile (die nicht R0-V zuzuordnen sind)	• übliche Stahlbetonplatten im Bereich der Zugzone • Bauteile, die großen Temperaturbeanspruchungen ausgesetzt sind (z. B. nicht überdachte Parkdächer)

Rissüberbrückungsfähigkeit der Abdichtungsschicht

Für die notwendige Rissüberbrückungsfähigkeit der Abdichtungsschicht sind nur

- Rissneubildungen oder
- Rissbreitenänderungen bereits vorhandener Risse

maßgebend, die nach dem Aufbringen der Abdichtungsschicht entstehen.

Weitere Regeln:

- Abdichtungsbauarten, die keine Rissüberbrückungsfähigkeit aufweisen, dürfen als Abdichtung von befahrbaren Verkehrsflächen aus Beton nicht verwendet werden. Dies gilt auch für Bauteile, die der Rissklasse R0-V zugeordnet werden.
- Sämtliche Abdichtungsbauarten der DIN 18532 sind daher in der Lage, Risse der Rissklasse R1-V (Rissbreiten bis 0,3 mm) zu überbrücken.

Anforderungen an die Abdichtung und Funktionsschichten

An die Abdichtung sowie an die weiteren Funktionsschichten des Fahrbahnaufbaus befahrbarer Verkehrsflächen aus Beton wird eine Vielzahl von Anforderungen gestellt, damit die Funktionsfähigkeit und Dauerhaftigkeit der Abdichtung sichergestellt sind. Für die Umsetzung dieser Anforderungen sind die Planungs- und Baugrundsätze nach DIN 18532-1 und zusätzlich die bauartspezifischen Regelungen der Teile 2 bis 6 der Normenreihe zu beachten. Siehe hierzu die nachfolgenden Abschnitte.

Tabelle 1: *Anforderungen an die Abdichtung und weitere Funktionsschichten*

Anforderung	Beschreibung
an die **Abdichtung**	Primäre Forderung: dauerhafter Schutz des Bauwerks sowie der Betonbauteile gegen Wasser und ggf. vorhandene Chloride (Taumittel)
	Dauerhaftigkeit, Nutzungsdauer, Zuverlässigkeit: Beschaffenheit der Abdichtung so, dass sie unter den zu erwartenden Einwirkungen und Nutzungsbedingungen ihre Funktion während der vorgesehenen Nutzungsdauer beibehält
	Verträglichkeit: Die Abdichtung (einschl. ihrer Komponente) muss sowohl untereinander als auch mit anderen Stoffen und Bauteilen (z. B. Einbauteile), mit denen sie in Kontakt kommt, verträglich sein. Bei untereinander unverträglichen Stoffen und Bauteilen sind geeignete Maßnahmen zu ergreifen (z. B. Anordnung von Trennlagen zwischen unverträglichen Stoffen).
	Beständigkeit: Die Abdichtung muss gegenüber planmäßig einwirkenden Stoffen (z. B. Wasser, Feuchtigkeit, Chloriden, Schmutz, ölhaltigen Substanzen, Treibstoffresten) beständig sein.

***Tabelle 1:** Anforderungen an die Abdichtung und weitere Funktionsschichten*

Anforderung	Beschreibung
	Lastabtrag: Die Abdichtung muss die auf sie einwirkenden Lasten (z. B. Eigenlasten aus Lastverteilungs- und Nutzschichten, Verkehrslasten aus Fahrzeugverkehr) schadlos aufnehmen und an den tragfähigen Untergrund weiterleiten. Einwirkungen aus angrenzenden Bauteilen (z. B. Verformungen, Verschiebungen, Längenänderungen, Fugenbewegungen) müssen von der Abdichtung schadlos aufgenommen werden können.
	Rissüberbrückungsfähigkeit: Die Abdichtung muss die Fähigkeit aufweisen, Risse bis zu einem bestimmten Maß dauerhaft zu überbrücken, ohne ihre Funktionsfähigkeit zu verlieren. max. Rissbreite (Rissneubildungen bzw. Rissbreitenänderungen) in Betonuntergründen = 0,3 mm
	Wasserableitung/Gefälle: Die Oberfläche der Nutzschicht sowie die Abdichtungsebene sind zu entwässern, d. h. es ist ein entsprechendes Gefälle anzuordnen. Mindestwert für das Gefälle 2,5 %. Bei geringerem Gefälle ist mit Pfützenbildung zu rechnen. Vorübergehend stehendes Wasser (das z. B. in Parkhäusern durch Fahrzeuge bei Regen oder Schnee eingebracht wird) darf weder die Abdichtung noch den Fahrbahnaufbau schädigen.
	Verschleißfestigkeit, Rutschsicherheit: Direkt genutzte Abdichtungsschichten müssen eine ausreichende Verschleißfestigkeit aufweisen. Die Oberfläche muss ausreichend rutschsicher sein (Verringerung der Unfallgefahr).
	Unterlaufsicherheit: Bei Schadstellen in der Abdichtung darf keine Wasserweiterleitung erfolgen (dadurch Verhinderung der Ausbreitung von chloridhaltigem Wasser auf dem Betonuntergrund).
an den **Schutz der Abdichtung**	Die Abdichtung muss gegen Einwirkungen (im Gebrauchszustand sowie in Bauzuständen) geschützt werden, sofern sie nicht selbst eine ausreichende Widerstandsfähigkeit aufweist.

Tabelle 1: *Anforderungen an die Abdichtung und weitere Funktionsschichten*

Anforderung	Beschreibung
an den **Betonuntergrund**	ausreichende Festigkeit und Tragfähigkeit geeignete Oberflächenbeschaffenheit geeigneter Feuchtegehalt Vorbereitung und Behandlung des Betonuntergrunds ist abhängig von der Abdichtungsbauart.
an **Übergänge, An- und Abschlüsse, Durchdringungen**	Der Anschluss der Abdichtungsschicht im Bereich von Übergängen, An- und Abschlüssen, Einbauteilen und Durchdringungen muss hinterlaufsicher ausgeführt werden. Die zu erwartenden Bewegungen und Verformungen der in die Abdichtung eingebundenen Bauteile sind zu beachten. Abschlüsse an aufgehenden Bauteilen (Abdichtungsränder) dürfen nicht abrutschen oder sich von der Unterlage lösen. Die Abdichtung in diesen Bereichen ist ggf. vor mechanischen Beschädigungen zu schützen. Durchdringungen sind auf die unbedingt erforderliche Zahl zu begrenzen.
an **Bewegungsfugen**	Bewegungsfugen im Betonuntergrund müssen die zu erwartenden planmäßigen Bewegungen der angrenzenden Bauteile zwängungsfrei aufnehmen. Fugenkonstruktionen müssen dauerhaft dicht sein und müssen mit der Flächenabdichtung wasserdicht verbunden werden.
an **Wärmedämmschichten**	Wärmedämmschichten müssen ausreichend druckfest sein und die auf sie einwirkenden Lasten aufnehmen können. Weiterhin wird auch eine ausreichende Widerstandsfähigkeit gegenüber Verformungen gefordert. Auf der Wärmedämmung sind ggf. Lastverteilungsschichten anzuordnen. Die Wärmedämmschicht muss mit den angrenzenden Stoffen verträglich sein, ggf. ist eine Trennlage einzubauen. Bei Bauweisen, bei denen die Abdichtung direkt auf der Wärmedämmschicht aufgebracht wird, muss die Wärmedämmung als Untergrund geeignet sein. Außerdem ist darauf zu achten, dass in diesem Fall das Einbauverfahren geeignet ist; ggf. muss die Wärmedämmschicht ausreichend hitzebeständig sein. Für Wärmedämmschichten, die oberhalb der Abdichtung angeordnet werden (Bauweise 2a, „Umkehrdach"), dürfen nur bauaufsichtlich zugelassene Dämmstoffe verwendet werden.

Tabelle 1: *Anforderungen an die Abdichtung und weitere Funktionsschichten*

Anforderung	Beschreibung
an **Lastverteilungsschichten**	Lastverteilungsschichten verteilen die Verkehrslasten (Radlasten) auf eine größere Fläche und verringern die Beanspruchung für die Abdichtung sowie weitere Schichten im Untergrund. Lastverteilungsschichten sind für die Einwirkungen aus Verkehr zu bemessen.
an **Nutzschichten**	Nutzschichten bilden die oberste Schicht und nehmen die Lasten aus Verkehr auf. Die Oberfläche von Nutzschichten muss ausreichend verschleißfest und rutschsicher sein. Die Oberfläche der Nutzschicht ist zu entwässern, d. h. das Oberflächenwasser ist durch ein entsprechend angelegtes Gefälle (mind. 2,5 %) planmäßig zu den Abläufen abzuleiten.
an die **Dampfsperre**	Die Dampfsperre ist bei Abdichtungsbauweisen mit Wärmedämmung erforderlich und soll schädliche Tauwasserbildung im Schichtenaufbau verhindern. Die Dampfsperre ist auf der Innenseite der Konstruktion („warme Seite") unter der Dämmschicht einzubauen.

Planungs- und Baugrundsätze

Es gelten folgende Regelungen:

- **Allgemeines:** Die Planung der Abdichtung und der weiteren Funktionsschichten des Fahrbahnaufbaus muss nach DIN 18532 erfolgen.
- **Abdichtungsbauweisen**: Es dürfen nur die in DIN 18532-1 festgelegten Abdichtungsbauweisen ausgeführt werden. Die Abdichtungsbauweise beschreibt die Lage der Abdichtung im Fahrbahnaufbau. Es werden folgende Abdichtungsbauweisen unterschieden (s. a. nächsten Abschnitt):
  - Bauweise 1a – Abdichtungsschicht auf dem Konstruktionsbeton unter einer Nutzschicht
  - Bauweise 1b – Abdichtungsschicht auf dem Konstruktionsbeton, direkt befahrbar
  - Bauweise 2a – Abdichtungsschicht auf dem Konstruktionsbeton unter einer Wärmedämmschicht
  - Bauweise 2b – Abdichtungsschicht auf einer Wärmedämmschicht unter einer Lastverteilungsschicht

- **Abdichtungsbauarten:** Es dürfen nur die in DIN 18532 geregelten Abdichtungsbauarten ausgewählt und angewendet werden. Andere Abdichtungsbauarten sind nicht zulässig. Die Abdichtungsbauart beschreibt den stofflichen und konstruktiven Aufbau der Abdichtung (siehe übernächster Abschnitt). Folgende Abdichtungsbauarten werden unterschieden:
  - Bauart mit einer Lage Polymerbitumen-Schweißbahn und einer Lage Gussasphalt (n. DIN 18532-2)
  - Bauart mit zwei Lagen Polymerbitumenbahnen (n. DIN 18532-3)
  - Bauart mit einer Lage Kunststoff- oder Elastomerbahn (n. DIN 18532-4)
  - Bauart mit einer Lage Polymerbitumenbahn und einer Lage Kunststoff- oder Elastomerbahn (n. DIN 18532-5)
  - Bauart mit flüssig zu verarbeitenden Abdichtungsstoffen (n. DIN 18532-6)
- **Besondere Einwirkungen:** Besondere Einwirkungen (z. B. größere Verkehrslasten) sind bei der Planung gesondert zu berücksichtigen.
- **Details:** Neben der Flächenabdichtung sind sämtliche Details (z. B. An- und Abschlüsse, Durchdringungen, Übergänge, Bewegungsfugen) nach den Vorgaben der DIN 18532 zu planen (siehe Abschnitte weiter hinten).
- **Entwässerung:** Die Entwässerung ist zu planen und zu bemessen (z. B. Lage und Anzahl der Abläufe, Anschluss an die Gebäudeentwässerung).

Abdichtungsbauweisen

Abdichtungsbauweisen beschreiben die Lage der Abdichtungsschicht im Abdichtungsaufbau bzw. in der Bauteilkonstruktion, d. h. im Fahrbahnaufbau.

Es gelten folgende Regeln:

- Grundsätzlich befindet sich die Abdichtungsschicht auf der Seite, die durch den Verkehr beansprucht wird, d. h. auf der Oberseite der Tragkonstruktion bzw. dem Konstruktionsbeton.
- Die Abdichtungsschicht kann unter Lastverteilungs- und/oder Nutzschichten angeordnet sein (indirekte Nutzung bzw. Beanspruchung) oder die oberste Schicht im Fahrbahnaufbau bilden und direkt befahren werden (direkte Nutzung bzw. Beanspruchung). Weiterhin werden Abdichtungsbauweisen ohne Wärmedämmschicht (Bauweise 1a und 1b) und mit Wärmedämmschicht (Bauweise 2a und 2b) unterschieden.
- Im Einzelnen wird eine Unterteilung in folgende Abdichtungsbauweisen vorgenommen.

Tabelle 1: *Abdichtungsbauweisen bei der Abdichtung befahrbarer Verkehrsflächen aus Beton nach DIN 18532*

Bauweise	Wärmedämmschicht	Bezeichnung	Beschreibung
Bauweise 1a	nein	„Abdichtungsschicht auf dem Konstruktionsbeton unter der Nutzschicht"	Bei dieser Bauweise ohne Wärmedämmschicht ist die Abdichtungsschicht auf dem Konstruktionsbeton unter einer Nutzschicht angeordnet. Die Abdichtungsschicht wird nicht direkt befahren und wird somit nur indirekt beansprucht.
Bauweise 1b	nein	„Abdichtungsschicht auf dem Konstruktionsbeton, direkt genutzt"	Bei der Bauweise 1b ohne Wärmedämmschicht ist die Abdichtungsschicht direkt auf dem Konstruktionsbeton angeordnet. Die Abdichtungsschicht selbst wird befahren und somit direkt genutzt und beansprucht.

Tabelle 1: *Abdichtungsbauweisen bei der Abdichtung befahrbarer Verkehrsflächen aus Beton nach DIN 18532*

Bauweise	Wärme-dämmschicht	Bezeichnung	Beschreibung
Bauweise 2a	ja (Konstruk-tions-prinzip „Umkehrdach"	„Abdichtungs-schicht auf dem Konstruktions-beton unter der Wärmedämm-schicht"	Die Bauweise 2a ist dadurch gekennzeich-net, dass sich eine Wärmedämmschicht im Fahrbahnaufbau befindet. Die Abdichtungsschicht ist direkt auf dem Konst-ruktionsbeton unter der Wärmedämmung angeord-net. Der Aufbau folgt dem Prinzip des Umkehrdachs (Abdichtungsschicht unter der Wärmedämmung). Auf der Wärmedämmung befinden sich die Lastvertei-lungs- und die Nutzschicht. Die Beanspruchung der Abdichtungsschicht erfolgt indirekt.
Bauweise 2b	ja (Konstruk-tions-prinzip „Warmdach")	„Abdichtungs-schicht auf der Wärmedämm-schicht unter der Lastvertei-lungsschicht"	Bauweise 2b beschreibt einen Aufbau mit Wärme-dämmung. Im Unterschied zur Bauweise 2a befindet sich die Abdichtungsschicht bei der Bauweise 2b auf der Wärmedämmung. Der Aufbau entspricht somit dem eines Warmdachs (Abdichtungsschicht auf der Wärmedämmung). Auf der Abdichtungsschicht sind Lastverteilungs- und Nutz-schicht angeordnet. Die Abdichtungsschicht wird nur indirekt beansprucht.

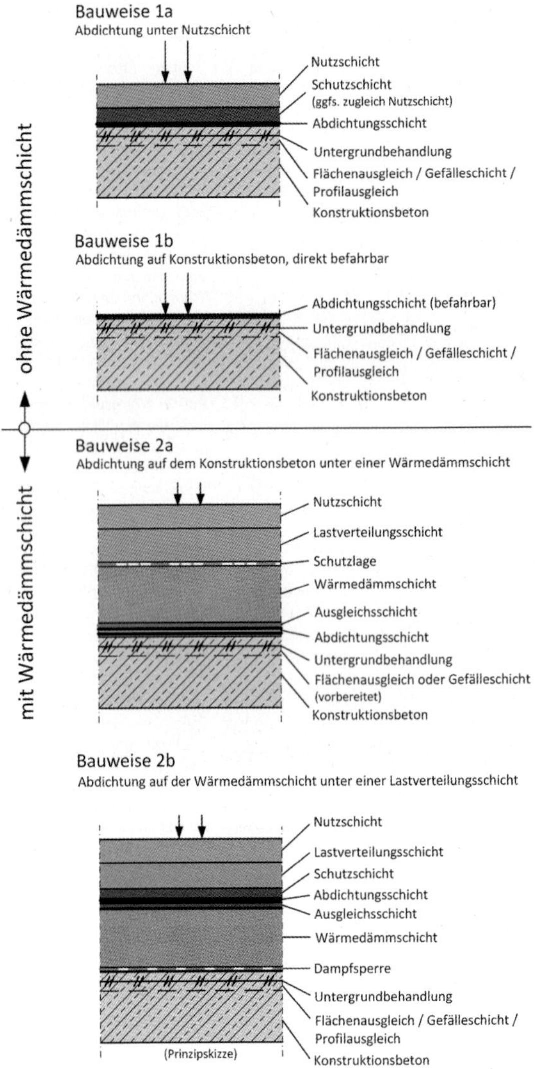

***Bild 1:** Schematische Darstellung der Abdichtungsbauweisen (n. DIN 18532) (Quelle: Prof. Dr.-Ing. Peter Schmidt)*

Abdichtungsbauarten

Die Abdichtungsbauart bezeichnet den stofflichen und konstruktiven Aufbau der Abdichtungsschicht. Für die Abdichtung befahrbarer Verkehrsflächen aus Beton sind folgende Abdichtungsbauarten zugelassen:

- Abdichtungsbauart mit einer Lage Polymerbitumen-Schweißbahn (untere Lage) und einer Lage Gussasphalt (obere Lage) (DIN 18532-2)
- Abdichtungsbauart mit zwei Lagen Polymerbitumenbahnen (DIN 18532-3)
- Abdichtungsbauart mit einer Lage Kunststoff- oder Elastomerbahn (DIN 18532-4)
- Abdichtungsbauart mit einer Lage Polymerbitumenbahn (untere Lage) und einer Lage Kunststoff- oder Elastomerbahn (obere Lage) (DIN 18534-5)
- Abdichtungsbauart mit flüssig zu verarbeitenden Abdichtungsstoffen (Flüssigkunststoffe, Gussasphalt) (DIN 18532-6)

Die angegebenen Abdichtungsbauarten sind nicht universell anwendbar, sondern in Abhängigkeit von den Einwirkungen und der jeweiligen Situation (Nutzung) für bestimmte Anwendungsbereiche vorgesehen.

Innerhalb der Abdichtungsbauarten werden verschiedene Ausführungsarten unterschieden (Abdichtungsbauweisen; siehe vorigen Abschnitt „Abdichtungsbauweisen“), z. B. Bauweisen mit oder ohne Wärmedämmung.

Bild 1: *Übersicht über die zugelassenen Abdichtungsbauarten für die Abdichtung befahrbarer Verkehrsflächen aus Beton (n. DIN 18532) (Quelle: Prof. Dr.-Ing. Peter Schmidt)*

Zuordnung der Abdichtungsbauweisen zu den Abdichtungsbauarten

Es ist zu beachten, dass die in DIN 18532-1 festgelegten Abdichtungsbauweisen nicht für jede Abdichtungsbauart zugelassen sind. Die Zuordnung der Abdichtungsbauweisen (Bauweise 1a, 1b, 2a und 2b) zu den fünf o.g. Abdichtungsbauarten geht aus folgender Tabelle hervor.

Abdichtungsbauart	Norm	Abdichtungsbauweise			
		1a	1b	2a	2b
1xPSB + 1xGA	DIN 18532-2	X	X	X	X
2xPB	DIN 18532-3	X	N	X	X
1xK/E	DIN 18532-4	X	N	X	X
1xPB + 1xK/E	DIN 18532-5	X	N	X	X
FLA	DIN 18532-6	X	X	X	N

Abdichtungsbauarten:

PSB: Polymerbitumen-Schweißbahn

PB: Polymerbitumenbahn

K/E: Kunststoff- oder Elastomerbahn

FLA: Flüssig zu verarbeitende Abdichtungsstoffe

GA: Gussasphalt

1x: 1 Lage

2x: 2 Lagen

Abdichtungsbauweisen:

1a: Abdichtungsschicht auf dem Konstruktionsbeton unter einer Nutzschicht

1b: Abdichtungsschicht auf dem Konstruktionsbeton, direkt befahrbar

2a: Abdichtungsschicht auf dem Konstruktionsbeton unter einer Wärmedämmschicht

2b: Abdichtungsschicht auf der Wärmedämmschicht unter einer Lastverteilungsschicht

X: zulässig

N: nicht zulässig

Zuordnung der Abdichtungsbauarten zu den Rissklassen

Sämtliche Abdichtungsbauarten nach DIN 18532-2 bis DIN 18532-6 sind in der Lage, Risse der Rissklasse R1-V (Rissneubildungen bzw. Rissbreitenänderungen ≤ 0,3 mm) zu überbrücken.

Wahl der Abdichtungsbauart

Die für den jeweiligen Anwendungsfall geeignete Abdichtungsbauart ergibt sich aus der Nutzungsklasse, der Art der Verkehrsfläche sowie der geplanten Bauweise.

Abdichtungsbauarten für Nutzungsklasse N1-V (geringe Belastung)

Die Nutzungsklasse N1-V kennzeichnet Verkehrsflächen mit geringer Belastung. Hierzu zählen Fußgänger- und Radwegbrücken. Als Abdichtungsbauweise ist im Regelfall nur die Bauweise 1a (Abdichtungsschicht auf dem Konstruktionsbeton unter der Nutzschicht) möglich. In Sonderfällen kann auch die Bauweise 1b (Abdichtungsschicht auf dem Konstruktionsbeton, direkt genutzt) ausgeführt werden. Für abzudichtende Verkehrsflächen mit Nutzungsklasse N1-V sind alle Abdichtungsbauarten nach den anderen Teilen der DIN 18532er-Normenreihe (DIN 18532-2ff) zulässig.

Abdichtungsbauarten für Nutzungsklasse N2-V (mäßige Belastung)

Die Nutzungsklasse N2-V gilt für Verkehrsflächen mit mäßiger, vorwiegend ruhender Belastung (Fahrzeuge bis 30 kN (d. h. 3 t); Pkw) und ist nur anzuwenden für Flächen mit max. 4 % Neigung. Hierzu zählen Parkdecks, Parkdächer, Freidecks in Parkhäusern und Hofkellerdecken sowie Durchfahrten für Pkw-Verkehr. Die Abdichtungsbauweise hängt von der Lage der Verkehrsfläche sowie von der Nutzung des angrenzenden Bereichs (z. B. beheizt, unbeheizt) und von der Abdichtungsbauart ab.

Abdichtungsbauarten für Nutzungsklasse N3-V (hohe Belastung)

Die Nutzungsklasse N3-V ist für Verkehrsflächen mit hoher, vorwiegend ruhender Belastung (Fahrzeuge bis 160 kN (16 t); Pkw und leichte Lkw) vorgesehen und gilt unabhängig von der Neigung. Als Abdichtungsbauweisen können 1a und 1b (Abdichtungsschicht auf dem Konstruktionsbeton, unter der Nutzschicht bzw. direkt genutzt) bei nicht gedämmten Konstruktionen sowie 2b (Abdichtung auf der Wärmedämmschicht und unter der Lastverteilungs- und Nutzschicht; „Warmdach") bei Konstruktionen mit Wärmedämmung ausgeführt werden. Bauweise 2a (Abdichtung unter der Wärmedämmschicht; „Umkehrdach") ist bei Nutzungsklasse N3-V nicht möglich.

Abdichtungsbauarten für Nutzungsklasse N4-V (sehr hohe Belastung)

Nutzungsklasse N4-V gilt für Verkehrsflächen mit sehr hoher, nicht vorwiegend ruhender Belastung (Fahrzeuge über 160 kN; > 16 t) und ist unabhängig von der Neigung anzuwenden. Hierunter fallen Fahrbahntafeln von Brücken für Fahrzeuge aller Art. Als Abdichtungsbauweise für derartig genutzte Verkehrsflächen ist nur Bauweise 1a (Abdichtungsschicht auf dem Konstruktionsbeton unter der Nutzschicht) auszuführen. Die anderen Bauweisen sind nicht zulässig bzw. sinnvoll.

Zuordnung der Abdichtungsbauarten zu den Nutzungsklassen

Eine Übersicht über die Zuordnung der Abdichtungsbauarten zu den Nutzungsklassen, zu der Art der Verkehrsfläche und den verschiedenen Bauweisen gibt nachfolgende Tabelle:

Tabelle 1: *Abdichtungsbauarten in Abhängigkeit von der Nutzungsklasse, der Art der Verkehrsfläche sowie der Abdichtungsbauweise (in Anlehnung an DIN 18532-1, Tab. 5)*

Nutzungsklasse	Verkehrsfläche	Abdichtungsbauweise				Abdichtungsbauart nach DIN 18532				
		1a	1b	2a	2b	-2	-3	-4	-5	-6
N1-V geringe Belastung (vorwiegend ruhend)	Fußgänger- und Radwegbrücken	X	N	0	0	•	•	•	•	•
		N	(X)	0	0	-	-	-	-	0
N2-V mäßige, vorwiegend ruhende Belastung (Pkw)	Zwischendecks von Parkhäusern für Pkw-Verkehr	X	X	X	X	•	-	-	-	-
		X	N	X	X	-	•	•	•	-
		X	X	X	N	-	-	-	-	•
		N	(X)	N	N	-	-	-	-	•
	Freidecks von Parkhäusern für Pkw-Verkehr	X	N	0	0	•	•	•	•	•
		N	(X)	0	0	-	-	-	-	•
	Parkdächer für Pkw-Verkehr	0	0	X	X	•	•	•	•	-
		0	0	X	N	-	-	-	-	•
	Hofkellerdecken und Durchfahrten für Pkw-Verkehr	X	N	X	X	•	•	•	•	-
		X	N	X	N	-	-	-	-	•
		N	(X)	N	N	-	-	-	-	•

Tabelle 1: *Abdichtungsbauarten in Abhängigkeit von der Nutzungsklasse, der Art der Verkehrsfläche sowie der Abdichtungsbauweise (in Anlehnung an DIN 18532-1, Tab. 5)*

Nutzungsklasse	Verkehrsfläche	Abdichtungsbauweise				Abdichtungsbauart nach DIN 18532				
		1a	1b	2a	2b	-2	-3	-4	-5	-6
N3-V hohe, vorwiegend ruhende Belastung (Pkw und leichte Lkw)	Zwischendecks von Parkhäusern für Pkw- und leichten Lkw-Verkehr	X	X	N	X	•	-	-	-	-
		X	N	N	X	-	•	•	•	-
		X	X	N	N	-	-	-	-	•
		-	(X)	-	-	-	-	-	-	0
	Freidecks von Parkhäusern für Pkw- und leichten Lkw-Verkehr	X	N	0	0	•	•	•	•	•
		N	(X)	0	0	-	-	-	-	•
	Parkdächer für Pkw und leichten Lkw-Verkehr	0	0	N	X	•	•	•	•	-
	Zufahrtsrampen und Spindeln von Parkhäusern für Pkw und leichten Lkw-Verkehr	X	N	N	X	•	•	•	•	-
		X	N	N	N	-	-	-	-	•
		N	(X)	N	N	-	-	-	-	•
	Anlieferzonen und Feuerwehrzufahrten in Parkhäusern auch für schweren Lkw-Verkehr	X	N	N	X	•	•	•	•	-
		X	N	N	N	-	-	-	-	•
		N	(X)	N	N	-	-	-	-	•

Tabelle 1: *Abdichtungsbauarten in Abhängigkeit von der Nutzungsklasse, der Art der Verkehrsfläche sowie der Abdichtungsbauweise (in Anlehnung an DIN 18532-1, Tab. 5)*

Nutzungsklasse	**Verkehrsfläche**	**Abdichtungsbauweise**				**Abdichtungsbauart nach DIN 18532**				
		1a	**1b**	**2a**	**2b**	**-2**	**-3**	**-4**	**-5**	**-6**
N3-V hohe, vorwiegend ruhende Belastung (Pkw und leichte Lkw)	Hofkellerdecken und Durchfahrten auch für schweren Lkw-Verkehr	X	N	N	X	•	•	•	•	-
		X	N-	N	N	-	-	-	-	•
V4-V sehr hohe, nicht vorwiegend ruhende Belastung (schere LKW)	Fahrbahntafeln von Brücken für Fahrzeuge aller Art[a)]	X	N	0	0	•	•	-	-	•

X: Die Bauweise ist zulässig.

(X): Unter bestimmten Voraussetzungen kann eine Beschichtung mit OS-Systemen nach RL SIB nach DIN 18532-6 verwendet werden.

N: Die Bauweise ist nicht zulässig.

0: Bauweise ist gemäß Definition nicht vorgesehen.

•: Abdichtungsbauart zugelassen.

[a)] Straßenbrücken, für die nicht die Regelungen der ZTV-ING gelten.

Abdichtungsstoffe und ihre Verarbeitung

Für die Abdichtung befahrbarer Verkehrsflächen aus Beton dürfen folgende Abdichtungsstoffe verwendet werden:

- Polymerbitumenbahnen
- Kunststoff- und Elastomerbahnen
- Flüssigkunststoffe (FLK)
- Gussasphalt

Die Verwendung der genannten Abdichtungsstoffe ist von der jeweiligen Abdichtungsbauart abhängig. Die Wahl der Abdichtungsbauart wird von der Nutzungsklasse bestimmt (siehe Kapitel „Wahl der Abdichtungsbauart").

Polymerbitumenbahnen

Für Abdichtungsbauarten mit Polymerbitumenbahnen dürfen folgende Bahnentypen verwendet werden:

- Polymerbitumen-Schweißbahnen
- Polymerbitumen-Dichtungsbahnen
- kaltselbstklebende Polymerbitumenbahnen

Anforderungen und Eigenschaften:

Tabelle 1: *Zugelassene Polymerbitumenbahnen (nach DIN 18532-1)*

Norm	Bezeichnung	Bemerkung
DIN EN 13707	Abdichtungsbahnen – Bitumenbahnen mit Trägereinlage für Dachabdichtungen – Definitionen und Eigenschaften	Es ist die Anwendungsnorm DIN/TS 20000-201 zu beachten.
DIN EN 13969	Abdichtungsbahnen – Bitumenbahnen für die Bauwerksabdichtung gegen Bodenfeuchte und Wasser – Definitionen und Eigenschaften	Es ist die Anwendungsnorm DIN/TS 20000-202 zu beachten.

***Tabelle 1:** Zugelassene Polymerbitumenbahnen (nach DIN 18532-1)*

Norm	Bezeichnung	Bemerkung
DIN EN 14695	Abdichtungsbahnen – Bitumenbahnen mit Trägereinlage für Abdichtungen von Betonbrücken und anderen Verkehrsflächen aus Beton – Definitionen und Eigenschaften	Es ist die Anwendungsnorm DIN/TS 20000-203 zu beachten.

Die besonderen Regelungen für die Anwendung dieser Stoffe ergeben sich aus den Teilen 2 ff. der DIN 18532.

Verarbeitung:

Für die Verarbeitung von Polymerbitumenbahnen sind die angegebenen Verfahren anzuwenden,(siehe folgende Tabelle). Für genaue Angaben siehe Norm (DIN 18532-1, Abschnitt 7.5.1).

***Tabelle 2:** Verfahren zur Verarbeitung (Einbau) von Polymerbitumenbahnen*

Bahnentyp	Einbauverfahren	Kurzbeschreibung
Polymerbitumen-Schweißbahnen	Schweißverfahren	Die fest auf einen Wickelkern aufgerollten Bahnen sind auf den Betonuntergrund aufzuschweißen, indem mit einem Mehrflammenbrenner Klebemasse von der Bahnenunterseite abgeschmolzen wird. Der Betonuntergrund ist ebenfalls mitzuerhitzen; eine thermische Überbeanspruchung ist zu vermeiden. Die aufgeschweißte Bahn ist gleichmäßig anzudrücken (maschinell oder durch gleichmäßigen Druck auf den Wickelkern). Seitlich austretende Klebemasse muss in noch warmem Zustand verteilt werden. Einzelgasbrenner dürfen nur bei Anschlüssen, Aufkantungen und kleinen Instandsetzungsarbeiten verwendet werden.

Tabelle 2: *Verfahren zur Verarbeitung (Einbau) von Polymerbitumenbahnen*

Bahnentyp	Einbauverfahren	Kurzbeschreibung
Polymerbitumen-Dichtungsbahnen	Gießverfahren	Die Bahnen werden in die ausgegossene Bitumenklebemasse eingerollt. Das Gießverfahren ist gegenüber dem Bürstenstreichverfahren (siehe nächste Zeile) bevorzugt anzuwenden.
	Bürstenstreichverfahren	**waagerechte/schwach geneigte Flächen:** Die Bitumenklebemasse wird in ausreichender Menge und vollflächig mit einer Bürste vor der aufgerollten Bahn aufgetragen. Danach ist die Bahn in die Klebemasse so einzurollen, dass sie ohne Hohlräume mit dem Untergrund verklebt wird. **senkrechte/stark geneigte Flächen:** Die Bahnen sind durch zwei vollflächige Aufstriche aus Bitumenklebemasse zu verkleben. Es darf jedoch nur so viel Klebemasse aufgetragen werden, dass diese beim Aufkleben der Bahn noch flüssig ist. Für alle Flächen gilt: Austretende Klebemasse ist unverzüglich flächig zu verteilen.
Kaltselbstklebende Polymerbitumenbahnen	Kaltselbstklebeverfahren	Die kaltselbstklebende Polymerbitumenbahn besitzt auf der Unterseite eine Klebefläche. Beim Abrollen wird eine Schutzfolie von der Unterseite abgezogen und die Bahn flächig mit dem Untergrund durch flächiges Andrücken verklebt. An den Bahnenüberlappungen ist die Bahn mit einem Hartgummiroller anzudrücken. Am T-Stoß von Bahnen ist ein Schrägschnitt der unterdeckenden Bahn auszuführen. Bei senkrechten oder stark geneigten Flächen sollte die Bahnenbreite nicht mehr als 1,10 m betragen.

Überlappung an Längs- und Quernähten

Für die Überlappungen von Polymerbitumenbahnen gelten folgende Mindestabmessungen:

- Überlappung an Längsnähten: mind. 8 cm
- Überlappung an Quernähten: mind. 10 cm
- Quernähte sind um mind. 30 cm versetzt anzuordnen.
- Bei der Verlegung von zwei Lagen muss der Versatz der Lagen in Längs- und Querrichtung mind. 30 cm betragen.

Kunststoff- und Elastomerbahnen

Anforderungen und Eigenschaften:

Für Abdichtungsbauarten mit Kunststoff- oder Elastomerbahnen dürfen die in der nachfolgenden Tabelle angegebenen Bahnentypen verwendet werden:

Tabelle 3: *Zugelassene Kunststoff- und Elastomerbahnen für die Abdichtung von befahrenen Verkehrsflächen aus Beton (nach DIN 18532-1)*

Norm	Bezeichnung	Bemerkung
DIN EN 13956	Abdichtungsbahnen – Kunststoff- und Elastomerbahnen für Dachabdichtungen – Definitionen und Eigenschaften	Es sind die Anwendungsnormen DIN/TS 20000-201 und DIN/TS 20000-202 zu beachten.
DIN EN 13967	Abdichtungsbahnen – Kunststoff- und Elastomerbahnen für die Bauwerksabdichtung gegen Bodenfeuchte und Wasser – Definitionen und Eigenschaften	

Die besonderen Regelungen für die Anwendung dieser Stoffe ergeben sich aus den Teilen 4 und 5 der DIN 18532.

Einbauverfahren und Verarbeitung:

Kunststoff- und Elastomerbahnen können wie folgt eingebaut werden:

- vollflächig verklebte Verlegung
- teilweise Verklebung
- lose Verlegung

Für die Verarbeitung von Kunststoff- und Elastomerbahnen sind die folgenden Verfahren anzuwenden (siehe nachfolgende Tabelle). Für genaue Angaben zu den einzelnen Verfahren wird auf die Norm verwiesen (DIN 18532-1, Abschnitt 7.5.2).

Tabelle 4: *Verfahren zur Verarbeitung (Einbau) von Kunststoff- und Elastomerbahnen*

Art der Verlegung	Einbauverfahren
Vollflächig verklebte Verlegung	Gießverfahren
	Bürstenstreichverfahren
	Flämmverfahren
	Selbstklebeverfahren
	Schweißverfahren
	Kaltklebstoff (vollflächig, gleichmäßig aufgebracht)
Lose und teilflächige Verlegung	lose Verlegung
	teilflächige Verklebung mit einem Systemklebstoff nach Herstellerangaben

Nahtverbindungen und Fügeverfahren:

Für die Herstellung der Nahtverbindung von Kunststoff- und Elastomerbahnen dürfen die in der nachfolgenden Tabelle angegebenen Fügeverfahren angewendet werden:

***Tabelle 5:** Fügeverfahren für Kunststoff- und Elastomerbahnen (in Anlehnung an DIN 18532-1, Tab. 3)*

		Fügeverfahren			
		Quellschweißen	Warmgasschweißen	Heizelementschweißen	Warmgasschweißen mit werkseitiger PBS-Beschichtung in der Fügenaht
	Breite der Schweißnähte	mind. 30 mm	mind. 20 mm	mind. 30 mm	mind. 40 mm
Bahnentyp[a)]	ECB	-	X	X	-
	EVA	X	X	X	-
	FPO	-	X	X	-
	PIB	X	X	-	-
	PVC-P	X	X	X	-
	Elastomer	-	X[b)]	X[b)]	X

[a)] Kurzzeichen nach DIN SPEC 20000-201/-202

[b)] nach Herstellerangaben

X: Fügeverfahren zulässig

-: Fügeverfahren nicht zulässig

Mindestwerte der Überlappung:

Für Überlappungen von Kunststoff- und Elastomerbahnen sind folgende Mindestwerte einzuhalten:

- Überlappungen an Längs- und Quernähten bei Verschweißung der Naht mit Bitumen: mind. 50 mm
- bei allen anderen Fügeverfahren: mind. 40 mm

Nahtprüfung:

Auf der Baustelle hergestellte Nahtverbindungen von Kunststoff- und Elastomerbahnen müssen auf ihre Dichtheit geprüft werden.

- Verfahren A: Mechanisches Prüfverfahren
  Hierzu wird die Naht mit einem Schraubendreher mit 5 mm Breite und abgerundeten Kanten oder einem Nahtprüfer geprüft, indem das Prüfwerkzeug an der Naht entlanggeführt wird. An Schadstellen dringt dieses in die Naht ein.
- Verfahren B: Anblasprüfung
  Hierbei wird die Naht mit einem Handgerät für Warmgasschweißung erwärmt (ca. 150 °C). Im Bereich von Fehl- oder Schadstellen wölbt sich die Naht leicht nach oben.
- Verfahren C: Optisches Prüfverfahren
  Hierbei wird die Naht optisch begutachtet. An Fehlstellen ist die Gleichmäßigkeit des Nahtbilds gestört. Außerdem deuten Feuchteansammlungen an der Nahtkante auf eine Fehlstelle hin.

Für weitere Informationen wird auf die Norm verwiesen (siehe DIN 18532-1, 7.5.2.3, 7.5.2.4 und 7.5.2.5).

Flüssigkunststoffe (FLK)

Für Abdichtungsbauarten mit Flüssigkunststoffen dürfen folgende Flüssigkunststoffe verwendet werden:

- Flüssigkunststoff-Abdichtungssysteme mit einem abP (allgemein bauaufsichtliches Prüfzeugnis). Anforderungen nach MVV TB[1].
- Flüssigkunststoff-Abdichtungssysteme, die die Anforderungen der TL-BEL-Teil 3[2] erfüllen und in der Schrift „Zusammenstellung der geprüften Stoffe und Stoffsysteme" nach ZTV-ING aufgeführt sind.
- Flüssigkunststoff-Abdichtungssysteme mit einer europäischen technischen Bewertung (ETA) nach ETAG 033/EAD 030675-00-0107 unter Berücksichtigung der Anforderungen der Anwendungsbestimmungen nach MVV TB.

[1] MVV TB: Muster-Verwaltungsvorschrift Technische Baubestimmungen

[2] TL-BEL-B Teil 3: Zusätzliche Technische Vertragsbedingungen und Richtlinien für das Herstellen von Brückenbelägen auf Beton – Teil 3: Abdichtungsschicht aus Flüssigkunststoff und Technische Lieferbedingungen für Baustoffe zur Herstellung von Brückenbelägen auf Beton mit Abdichtungsschicht nach ZTV-BEL-B, Teil 3

- Flüssigkunststoff-Abdichtungssysteme mit einer europäischen technischen Bewertung (ETA) nach ETAG 005/EAD 030350-00-0402 unter Berücksichtigung der Anforderungen nach MVV TB.

Die besonderen Regelungen für die Anwendung von FLK finden sich im Teil 6 der DIN 18532.

Gussasphalt

Bei der Abdichtung von befahrenen Verkehrsflächen aus Beton mit Gussasphalt können folgende Stoffe verwendet werden:

- Gussasphaltestrichmörtel nach DIN EN 13813[3]
- Gussasphalt (MA) nach DIN EN 13108-6[4] und TL Asphalt StB[5] für Deckschichten

Die besonderen Regelungen für die Anwendung von Gussasphalt finden sich im Teil 2 der DIN 18532.

3 DIN EN 13813:2003-01: Estrichmörtel, Estrichmassen und Estriche – Estrichmörtel und Estrichmassen – Eigenschaften und Anforderungen

4 DIN EN 13108-6:2016-12: Asphaltmischgut – Mischgutanforderungen – Teil 6: Gussasphalt

5 TL Asphalt StB: Technische Lieferbedingungen für Asphaltmischgut für den Bau von Verkehrsflächenbefestigungen; Ausgabe 2007; Fassung 2013 (Verwaltungsvorschrift)

Hilfsstoffe und Stoffe für Funktionsschichten

Hilfsstoffe

Hilfsstoffe sind zusätzliche Stoffe, die – mit Ausnahme des Abdichtungsstoffs – zur Herstellung einer Abdichtungsbauart dienen.

Hilfsstoffe:

- Stoffe zur Vorbereitung bzw. Vorbehandlung des Abdichtungsuntergrunds (z. B. Grundierungen, Versiegelungen, Kratzspachtelungen und Haftbrücken)
- Klebemassen und Klebstoffe zur Fixierung von bahnenförmigen Abdichtungsstoffen auf dem Untergrund
- Deckaufstrichmittel, die auf die fertiggestellte Abdichtung aufgebracht werden
- Gleit- und Trennlagen
- Sonstige Stoffe, z. B. Abdeckbänder, Fugenfüllstoffe, Bleche (z. B. für Anschlüsse), Stoffe für Ausgleichsschichten, Verstärkungsstreifen

Die konkret anzuwendenden Hilfsstoffe und ihre Verarbeitung sind von der jeweiligen Abdichtungsbauart abhängig und werden in den Normenteilen DIN 18532-2ff angegeben. Es wird auf die genannten Normen verwiesen.

Schutzschichten

Schutzschichten dienen zum Schutz der Abdichtung vor mechanischer Beschädigung, vor Temperatureinwirkungen, UV-Strahlung und weiteren Einwirkungen.

Für Abdichtungen von befahrbaren Verkehrsflächen aus Beton eignen sich als Schutzschicht auch die je nach Abdichtungsbauweise vorhandenen Lastverteilungs- und/oder Nutzschichten aus Asphalt oder Beton.

Auch Wärmedämmschichten, die auf der Abdichtung angeordnet sind (Bauweise 2b), können die Schutzfunktion für die Abdichtung übernehmen.

Stoffe für Wärmedämmschichten

Bei Wärmedämmstoffen, die im Fahrbahnaufbau eingebaut werden (Bauweise 2a und 2b), ist zu beachten, dass diese die Belastung aus den Verkehrslasten aufnehmen können. Geeignet sind daher nur ausreichend druckfeste Wärmedämmstoffe. Die Anforderungen an Wärmedämmstoffe gehen aus der nachfolgenden Tabelle hervor (siehe auch DIN 4108-10):

Tabelle 1: *Anforderungen an Wärmedämmstoffe für befahrbare Verkehrsflächen*

	Produkt	**Produktnorm**	**Kurzzeichen für die Anwendung**	**Kurzzeichen für die Druckbelastbarkeit**
Wärmedämmstoffe	Schaumglas (CG)	DIN EN 13167	DAA	ds dx[b)]
	Polystyrol Extruderschaum (XPS)[a)]	DIN EN 13164	DUK	ds dx[b)]
	Polyurethan-Hartschaum (PUR/PIR)	DIN EN 13165	DAA	ds
	Polystyrol-Hartschaum (EPS)	DIN EN 13163	DAA	ds
	Phenolharzschaum (PF)	DIN EN 13166	DAA	ds
	Expandierte Perlite (EPB)	DIN EN 13169	DAA	ds

Tabelle 1: *Anforderungen an Wärmedämmstoffe für befahrbare Verkehrsflächen*

	Produkt	Produktnorm	Kurzzeichen für die Anwendung	Kurzzeichen für die Druckbelastbarkeit

[a] XPS nach DIN EN 13164 dürfen auch oberhalb der Abdichtungsschicht angeordnet werden. Es muss für das jeweilige Produkt eine allgemeine bauaufsichtliche Zulassung für befahrbare Umkehrdächer vorliegen.
[b] Für Anlieferzonen, Feuerwehrzufahrten, Hofkellerdecken und Durchfahrten für schwere Lkw (Nutzungsklasse N3-V) müssen mindestens Wärmedämmstoffe der Druckbelastbarkeit dx verwendet werden.

Erläuterung der Kurzzeichen:

DAA: Außendämmung (Dach oder Decke), vor Witterung geschützt, Dämmung unter Abdichtungen

DUK: Außendämmung (Dach), der Witterung ausgesetzt (Umkehrdach), auch für Anwendungsfall von unten gegen Außenluft

ds: sehr hohe Druckbelastbarkeit (z. B. Industrieböden oder Parkdeck)

dx: extrem hohe Druckbelastbarkeit (z. B. hoch belastete Industrieböden oder Parkdeck)

Stoffe für Dampfsperren

Als Dampfsperren dürfen folgende Stoffe verwendet werden:

- Polymerbitumen-Schweißbahnen nach DIN EN 13707 i. V. m. DIN/TS 20000-201 oder DIN EN 13969 i. V. m. DIN/TS 20000-202
- Polymerbitumen-Dachdichtungsbahnen nach DIN EN 13707 i. V. m. DIN/TS 20000-201
- Polymerbitumen-Dichtungsbahnen nach DIN EN 13969 i. V. m. DIN/TS 20000-202
- Polymerbitumen-Schweißbahnen nach DIN EN 14695 i. V. m. DIN/TS 20000-203
- Bitumen-Dampfsperrbahnen nach DIN EN 13970

Regeln:

- Die Bahnen sind unterlaufsicher zu verlegen; d. h., vollflächige Verklebung mit dem Betonuntergrund; der Betonuntergrund ist je nach Art der Bahn vorzubereiten und/oder vorzubehandeln; siehe DIN 18532-1, 8.4.5 u. 8.4.7.

- Dampfsperren sind nur bei Bauweise 2b (Abdichtungsschicht auf der Wärmedämmschicht) vorzusehen, um Wasserdampfdiffusion in die Wärmedämmung zu minimieren und schädliche Tauwasserbildung im Bauteilquerschnitt zu vermeiden.
- Bei Verwendung von Schaumglas als Wärmedämmschicht kann auf eine Dampfsperre verzichtet werden, da Schaumglas als dampfdicht gilt und die Funktion der Dampfsperre übernimmt. Voraussetzung hierfür ist eine dampfdichte Ausführung der Stoßfugen.

Stoffe für Lastverteilungsschichten

Aufgabe:

Flächige Verteilung von konzentrierten, punktuell wirkenden Lasten (wie z. B. Radlasten aus Fahrzeugverkehr).

Notwendigkeit:

Lastverteilungsschichten werden angeordnet, um die Beanspruchung der Abdichtungsschicht und weiterer Funktionsschichten im Fahrbahnaufbau sowie Verformungen der Schichten zu verringern.

Stoffe:

- Ortbeton nach DIN EN 206 (mind. C 30/37 oder C 20/25 mit zusätzlichen Maßnahmen zum Schutz vor Taumitteln)
- Betonfertigteilplatten (mit Auflagerung auf Stelzlagern oder auf einer Bettungsschicht)
- Pflastersteine auf einer Bettungsschicht
- Schüttgut aus gebrochenen mineralischen Stoffen unterschiedlicher Körnung
- Stoffe für Schutz- und Nutzschichten, die zugleich auch die Funktion der Lastverteilungsschicht übernehmen

Stoffe für Nutzschichten

Nutzschichten werden direkt genutzt und dienen bei befahrbaren Verkehrsflächen als Fahrbahn und/oder Gehbelag.

Stoffe:

- Für Nutzschichten können die in nachfolgender Tabelle angegebenen Stoffe verwendet werden.
- Außerdem sind alle Stoffe für Lastverteilungs- und Schutzschichten zugelassen, wenn diese auch die Funktion der Nutzschicht mit übernehmen.

Tabelle 2: *Stoffe für Nutzschichten bei Abdichtungen von befahrbaren Verkehrsflächen aus Beton nach DIN 18532-1*

Stoff für die Nutzschicht	Norm	Bemerkung
Gussasphaltestrichmörtel	DIN EN 13813	-
Gussasphalt	DIN EN 13108-6	-
Asphaltbeton (AC)	DIN EN 13108-1	-
Splittasphaltmastix (SMA)	DIN EN 13108-5	-
Ortbeton (C) oder großformatige aufgeständerte Fertigteilplatten	DIN EN 206	mind. Druckfestigkeitsklasse C 30/37
Pflastersteine	DIN EN 1338	

Ausführung

Allgemeingültige Regeln für die Ausführung, die für alle Abdichtungsbauarten gelten, sind in DIN 18532-1 angegeben. Bauartspezifische Regeln, die nur für eine bestimmte Abdichtungsbauart gelten, befinden sich dagegen in den Teilen 2 bis 6 der DIN 18532. Wegen des erheblichen Umfangs der Norm werden nachfolgend nur einige ausgewählte Regeln näher erläutert. Für die vollständigen Regeln wird auf die Norm verwiesen.

Anforderungen an den Betonuntergrund

Bei Bauweisen, bei denen die Abdichtungsschicht direkt auf den Konstruktionsbeton aufgebracht wird (Bauweisen 1a, 1b und 2a), muss der Betonuntergrund eine geeignete Unterlage bilden.

Der Betonuntergrund muss folgende Eigenschaften aufweisen:

- ausreichend tragfähig
- geeignet als Unterlage für die nachfolgenden Schichten
- frei von Graten
- frei von Kiesnestern
- frei von Verschmutzungen
- frei von Resten von betonfremden Stoffen
- ausreichend trocken

Vorbereitung:

- Der Betonuntergrund ist durch mechanisch abtragende Verfahren so vorzubereiten (z. B. durch Kugel- oder Hochdruckwasserstrahlen), dass er die Anforderungen an die Festigkeit und Beschaffenheit der Oberfläche erfüllt.
- Gegebenenfalls vorhandene Risse und Vertiefungen sind mit geeigneten Mörteln bis auf ein für die jeweilige Abdichtungsbauart unschädliches Maß zu verschließen.
- Kanten müssen gefast (abgeschrägt) und Kehlen ausgerundet werden.

- Der Betonuntergrund muss für eine aufzutragende Haftbrücke, Grundierung, Versiegelung oder Kratzspachtelung geeignet sein.
- Nach den Vorbereitungsarbeiten ist die Ebenheit des Betonuntergrunds nach DIN 18202 (dort Tab. 3, Zeile 2a) zu überprüfen. Bei Überschreitung der zulässigen Toleranzen ist ein Flächenausgleich auszuführen (Aufbeton aus Beton oder Betonersatz).
- Die Oberflächenfestigkeit ist durch Prüfung der Abreißfestigkeit nach DIN EN 1542 festzustellen.
- Die Rautiefe des Betonuntergrunds ist nach DIN EN 13036-1 (Sandflächenverfahren) zu bestimmen.
- Vor dem Aufbringen einer Versiegelung, Grundierung oder Haftbrücke auf den Betonuntergrund muss der Beton ausreichend trocken sein. Unter normalen Bedingungen kann davon ausgegangen werden, dass dies nach ca. 21 Tagen Betonalter der Fall ist.
- Nach der Vorbereitung des Betonuntergrunds ist i. d. R. eine Behandlung erforderlich, indem eine Versiegelung, Grundierung oder Haftbrücke aufgebracht wird.
- Eine Versiegelung ist grundsätzlich erforderlich bei:
- Betonflächen mit einem Betonalter von weniger als 21 Tagen
  - auf Flächen von Rampen oder Spindeln, Flächen, die der Witterung frei ausgesetzt sind (z. B. Parkdächer), Brücken (N1-V, N4-4)
  - auf Flächen unter Bahnen, die im Schweißverfahren eingebaut werden
  - bei einer Schutz-/Nutzschicht aus Asphalt, die auf der Abdichtungsschicht eingebaut wird

Der Beton muss ausreichend trocken sein. Das Betonalter sollte mind. 21 Tage betragen.

Ausführung der Abdichtungsschicht

Die Ausführung richtet sich nach den verwendeten Abdichtungsstoffen. (siehe Abschnitt ► „Abdichtungsstoffe und ihre Verarbeitung“).

Dampfsperre

Allgemeines

- Eine Dampfsperre ist nur bei Bauweise 2b (Abdichtungsschicht auf der Wärmedämmung; Konstruktionsprinzip „Warmdach") erforderlich.
- Die Dampfsperre ist unter der Wärmedämmschicht, d. h. auf der „warmen" Seite des Bauteilaufbaus, einzubauen, um Wasserdampfdiffusion in die Wärmedämmung zu minimieren und schädliche Tauwasserbildung zu verhindern.
- Die Verlegung erfolgt direkt auf dem Betonuntergrund.

Verarbeitung:

Dampfsperren aus Polymerbitumen-Schweißbahnen:

- Betonuntergrund ist vorzubereiten und mit einer Versiegelung zu behandeln.
- Die Bahnen sind vollflächig auf den Betonuntergrund im Schweißverfahren einzubauen.

Polymerbitumen-Dachdichtungsbahnen:

- Der Betonuntergrund ist vorzubereiten und mit einer Versiegelung oder mit einer Kratzspachtelung in Verbindung mit einer Versiegelung zu behandeln. Bei einem Betonalter von > 21 Tagen darf anstelle der Versiegelung eine Grundierung oder Kratzspachtelung in Verbindung mit einer Grundierung oder eine Haftbrücke verwendet werden, sofern dies für die jeweilige Abdichtungsbauart zugelassen ist, siehe DIN 18532-2ff.
- Die Bahnen sind vollflächig mit Polymerbitumenklebemasse mit dem Betonuntergrund zu verkleben.

Sonstiges:

- Im Bereich von Anschlüssen muss die Dampfsperre an den aufgehenden Bauteilen über die Oberkante der Wärmedämmung hochgeführt und mit dem Untergrund verklebt werden.
- Bei Schaumglas als Wärmedämmschicht kann auf eine separate Dampfsperre verzichtet werden, da Schaumglas dampfdicht ist und somit die Funktion der Dampfsperre übernimmt.

Unterlaufsicherheit der Abdichtung

Allgemeines

- Eine unterlaufsichere Ausführung der Abdichtung ist zwingend erforderlich, um zu verhindern, dass durch mögliche Fehl- oder Schadstellen in der Abdichtungsschicht eingedrungenes chloridhaltiges Wasser sich unkontrolliert auf dem Betonuntergrund verteilt und die Betonbauteile schädigt.
- Zur Sicherstellung der Unterlaufsicherheit muss direkt auf dem Betonbauteil eine abdichtende Schicht angeordnet werden.

Maßnahmen zur Unterlaufsicherheit bei den Bauweisen 1a, 1b und 2a:

- Bei den Bauweisen 1a (Abdichtungsschicht auf dem Konstruktionsbeton unter einer Nutzschicht), 1b (Abdichtungsschicht auf dem Konstruktionsbeton, direkt befahrbar) und 2a (Abdichtungsschicht auf dem Konstruktionsbeton unter einer Wärmedämmschicht) wird der Schutz des Betonbauteils durch die **Abdichtungsschicht** erzielt.
- Die Abdichtungsschicht muss einen vollflächigen und kraftschlüssigen Verbund zur Betonoberfläche aufweisen.
- Der Betonuntergrund muss hierzu entsprechend vorbereitet und vorbehandelt werden.
- Vorbereitung und Vorbehandlung des Betonuntergrunds sind nach DIN 18532-1 8.4.2.2 und 8.4.2.3 durchzuführen. Die Vorbereitung des Betonuntergrunds erfolgt durch mechanisch abtragende Verfahren (z. B. Kugelstrahlen, Hochdruckwasserstrahlen). Die Behandlung des Betonuntergrunds ist von der Abdichtungsbauart abhängig und besteht im Regelfall aus einer Versiegelung. In bestimmten Fällen ist auch eine Grundierung oder Haftbrücke zugelassen. Bei Rautiefen von mehr als 1,5 mm ist außerdem eine Kratzspachtelung i. V. m. einer Versiegelung aufzubringen, um eine ebene Unterlage für die Abdichtungsschicht herzustellen (siehe Abschnitt „Anforderungen an den Betonuntergrund"). Außerdem sind die bauartspezifischen Regelungen nach DIN 18532-2ff) zu beachten.

Maßnahmen zur Unterlaufsicherheit bei Bauweise 2b:

- Bei Bauweise 2b (Abdichtungsschicht befindet sich auf der Wärmedämmschicht) wird die Unterlaufsicherheit erreicht, indem die Dampfsperre vollflächig und kraftschlüssig auf dem Betonuntergrund verlegt wird.

Prüfung:

Der kraftschlüssige Verbund und die unterlaufsichere Verlegung der Abdichtungsschicht (bei Bauweise 1a, 1b, 2a) bzw. der Dampfsperre (bei Bauweise 2b) müssen durch Prüfungen kontrolliert werden. Siehe DIN 18532-1, 9.3.2 und 9.3.3.

Schutz der Abdichtung

Die Abdichtung ist vor Beschädigungen durch geeignete Maßnahmen zu schützen.

Dabei werden temporäre Maßnahmen zum Schutz während der Bauausführung (Schutzmaßnahmen) und Maßnahmen zum dauerhaften Schutz durch Schutzlagen und Schutzschichten unterschieden.

Schutzmaßnahmen (temporärer Schutz während der Bauausführung):

Abdecken der hergestellten Abdichtung mit Bautenschutzmatten oder ähnlichen Bauteilen

Schutzschicht (dauerhafter Schutz):

Als dauerhafter Schutz der Abdichtung eignen sich Schutzschichten (z. B. Beton, Wärmedämmung) sowie Nutzschichten (z. B. der Fahrbahnbelag).

Lastverteilungs- und Nutzschichten

Lastverteilungsschicht:

- Die Lastverteilungsschicht wird auf der Abdichtung angeordnet (Bauweisen 1a, 2a und 2b) und dient zur Verteilung der Verkehrslasten auf eine größere Fläche.
- Dadurch wird die örtliche Beanspruchung der Abdichtung (Flächenpressung) verringert.
- Die Lastverteilungsschicht ist für die auftretenden Lasten zu bemessen (Nachweis der Druckfestigkeit und Verformungen).
- Als Stoffe können z. B. Ortbeton (mind. C30/37), Betonfertigteilplatten auf einer Bettungsschicht oder Elastomerlagern oder Verbundpflastersteine auf einer Bettungsschicht verwendet werden. Mindestdicke bei Lastverteilungsschichten aus bewehrtem Ortbeton 12 cm (bei Faserbeton 12 cm).
- Die Lastverteilungsschicht kann auch zusätzlich die Funktion der Nutzschicht übernehmen (siehe Abschnitt ► „Stoffe für Lastverteilungsschichten").

Nutzschicht:

- Die Nutzschicht wird direkt befahren und bildet die oberste Schicht im Fahrbahnaufbau.
- Als Stoffe können Gussasphalt (MA) sowie Gussasphaltestrichmörtel (AS), Asphaltbeton, Splittasphaltmastix, Ortbeton (mind. C30/37) oder Betonpflastersteine (Verbundsteinpflaster) verwendet werden.
- Die Schutzschicht kann auch gleichzeitig die Funktion der Lastverteilungsschicht übernehmen.

Detailausbildung

Anschlüsse an aufgehende Bauteile

- Grundsätzlich ist die Abdichtung im Bereich von Anschlüssen an aufgehenden Bauteilen mind. um 150 mm über Oberkante Belag bzw. Nutzschicht hochzuführen und am oberen Rand gegen Abrutschen und Hinterlaufen ausreichend zu sichern.
- Sofern stärkere mechanische Einwirkungen der Anschlussbereiche nicht auszuschließen sind, ist die hochgeführte Abdichtung zu schützen. Hierzu eignen sich beispielsweise Schutzbleche oder Platten aus Beton.
- Die Ausführung von Anschlüssen hängt von der Bauweise der Flächenabdichtung ab.
- Es wird eine Unterscheidung in starre und bewegliche Anschlüsse vorgenommen.
- Insgesamt werden acht verschiedene Anschlusstypen unterschieden (vier Bauweisen mit jeweils starrem und beweglichem Anschluss).

Starrer Anschluss:

- Bei einem starren Anschluss besteht eine starre Verbindung zwischen dem abzudichtenden horizontalen Bauteil (Decke, Dach, Bodenplatte) und dem aufgehenden Bauteil (Wand, Stütze).
- Verformungen und Verschiebungen sowie Verdrehungen zwischen beiden Bauteilen sind somit nicht möglich oder stark eingeschränkt.
- Die Abdichtung kann ohne Hilfskonstruktionen von der Fläche am aufgehenden Bauteil hochgeführt und angeschlossen werden.
- Bei Bauweise 1a (Abdichtung auf dem Konstruktionsbeton unter Nutzschicht) ist bei einem starren Anschluss zwischen der Nutzschicht/dem Belag und der hochgeführten Abdichtungsschicht eine Randfuge auszubilden.
- Die Fuge ist mit elastischer Fugenmasse zu verfüllen.
- Anschlüsse entlang von Fahrspuren und Rampen:
  Im Bereich von Fahrspuren (Gefälle < 2,5 %) und Rampen in Parkhäusern ist in verstärktem Maße mit einer Beanspruchung durch chloridhaltiges Spritzwasser zu rechnen. Aus diesem Grund sind Anschlüsse entlang dieser beanspruch-

ten Bereiche mit einem Chloridschutz zu schützen. Anmerkung: In der aktuellen Fassung der Norm (DIN 18532-1:2025-06) sind keine Angaben zur Ausbildung des Chloridschutzes enthalten. In der bisherigen Ausgabe war festgelegt, dass der Chloridschutz auf einer Höhe von mind. 500 mm über Oberkante Nutzschicht am aufgehenden Bauteil anzuordnen ist.

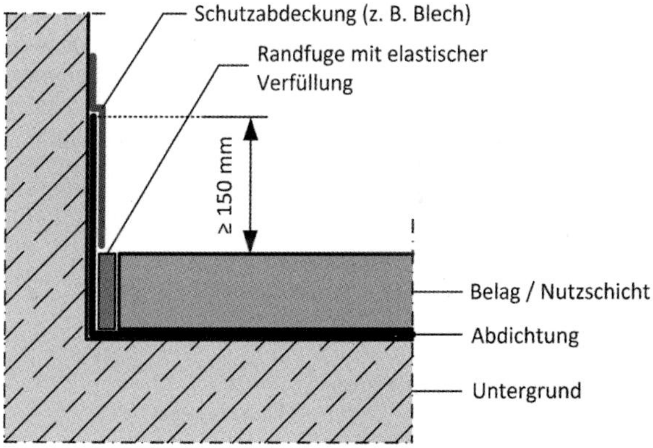

Bild 1: *Starrer Anschluss einer Abdichtung an ein aufgehendes Bauteil bei Bauweise 1a (in Anlehnung an DIN 18532-1, Bild 6) (Quelle: Prof. Dr.-Ing. Peter Schmidt)*

Bild 2: *Blech zum Schutz des Anschlusses (Quelle: Prof. Dr.-Ing. Peter Schmidt)*

Beweglicher Anschluss:

- Bei beweglichen Anschlüssen sind das abzudichtende und das aufgehende Bauteil durch eine Bewegungsfuge voneinander getrennt.
- Hierzu wird eine Hilfskonstruktion, z. B. ein winkelförmiges, biegesteifes Stahlblech, auf der Betondecke befestigt und am aufgehenden Bauteil lose entlanggeführt.
- Zur Herstellung des Anschlusses wird die Abdichtungsschicht an der Hilfskonstruktion bis zu einer Höhe von mind. 150 mm über Oberkante Nutzschicht hochgeführt und am oberen Ende abrutschfest und hinterlaufsicher befestigt.

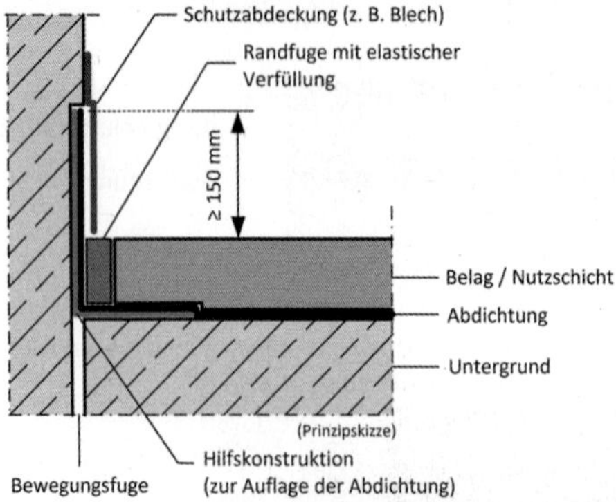

***Bild 3:** Beweglicher Anschluss einer Abdichtung bei Bauweise 1a (in Anlehnung an DIN 18532-1, Bild 10) (Quelle: Prof. Dr.-Ing. Peter Schmidt)*

Anschlüsse an Bewegungsfugen

Bewegungsfugen trennen ein Bauwerk in einzelne, verformungsautarke Abschnitte, um last- und temperaturbedingte Längenänderungen und Verdrehungen von Bauteilen aufzunehmen und daraus resultierende Beanspruchungen zu verringern.

Bewegungsfugen in befahrbaren Verkehrsflächen werden dem Fugentyp II zugeordnet (d. h. häufig auftretende und rasch ablaufende Bewegungen infolge wechselnder Verkehrslasten und tages- sowie jahreszeitlicher Temperaturänderungen).

Ausführungsregeln:

- Bewegungsfugen in der Tragkonstruktion sind auch an gleicher Stelle im Fahrbahnaufbau anzuordnen.
- Die Fugenabdichtung ist in etwa in der gleichen Ebene wie die Flächenabdichtung anzuordnen, d. h. ein größerer Höhenversatz ist zu vermeiden.
- Für die Fugenabdichtung sind nur Stoffe zu verwenden, die eine dauerhafte Abdichtung sicherstellen. Die zu erwartenden Fugenbewegungen sind bei der Wahl der Stoffe zu beachten.
- Sämtliche Konstruktionsteile müssen dauerhaft miteinander verträglich sein.
- Die Flächenabdichtung ist entweder über der Fuge durchzuführen (Schlaufenbildung) oder an eine Fugenabdichtungskonstruktion anzuschließen.
- Der Spalt, der sich über der Fugenabdichtung befindet, ist elastisch zu verschließen.
- Für Instandhaltungsmaßnahmen muss die Fugenabdichtungskonstruktion zugänglich sein.

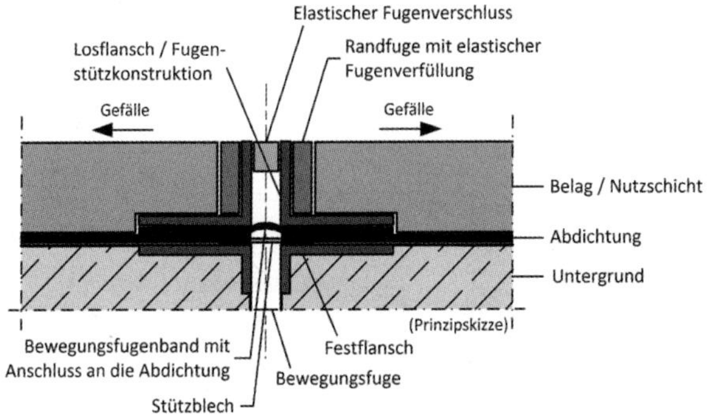

Bild 4: *Abdichtung einer Bewegungsfuge bei Bauweise 1a (in Anlehnung an DIN 18532-1, Bild 15) (Quelle: Prof. Dr.-Ing. Peter Schmidt)*

Anschlüsse an Entwässerungsbauteile

Bodenabläufe und Entwässerungsrinnen dienen zur Ableitung von Wasser von Oberfläche, Nutzschicht und Abdichtungsebene.

Ausführungsregeln:

- Bei Abdichtungsbauweisen, die zwei Entwässerungsebenen aufweisen (Bauweisen 1a, 2a und 2b), müssen die Entwässerungsbauteile das Wasser von beiden Ebenen abführen.
- Vor Bodenabläufen und Rinnen ist ein Anstauen von Wasser zu vermeiden, d. h. das Gefälle ist stetig bis zu den Entwässerungsbauteilen zu führen. Bodenabläufe müssen daher in eine Vertiefung in der Unterkonstruktion eingelassen werden, damit Flansche und Bauteiloberfläche eine ebene Fläche bilden.
- Unregelmäßigkeiten auf der Fahrbahnoberfläche (Anstauen von Wasser) vor Abläufen und Rinnen sind zu vermeiden.
- Die Flächenabdichtung ist an den Flansch des Entwässerungsbauteils anzuschließen.
- Es darf kein Gegengefälle der Abdichtungsebene im Bereich des Anschlusses entstehen. Der Flansch ist daher in den Untergrund in eine Vertiefung (Aussparung) so einzubauen, dass kein Wasseranstau möglich ist. Entwässerungsbauteile müssen einen Mindestabstand von 300 mm zu aufgehenden Bauteilen und Deckenrändern einhalten (Maß von Außenkante Flansch bis zum Bauteil).

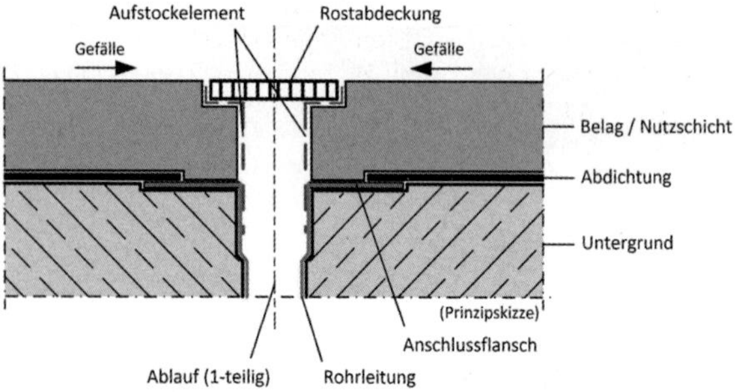

Bild 5: *Anschluss der Abdichtung an einen Bodenablauf bei Bauweise 1a (in Anlehnung an DIN 18532-1, Bild 19)*
(Quelle: Prof. Dr.-Ing. Peter Schmidt)

Für weitere Regeln wird auf die DIN 18532 verwiesen.

Abdichtung von erdberührten Bauteilen nach DIN 18533

Für die Planung, Ausführung und Instandhaltung der Abdichtung von erdberührten Bauteilen gilt DIN 18533 „Abdichtung von erdberührten Bauteilen“ (Ausgabe 2026).

DIN 18533 besteht aus folgenden Teilen:

- Teil 1: Anforderungen, Planungs- und Ausführungsgrundsätze
- Teil 2: Abdichtung mit bahnenförmigen Abdichtungsstoffen
- Teil 3: Abdichtung mit flüssig zu verarbeitenden Abdichtungsstoffen

Zu beachten:

- Teil 1 enthält allgemeingültige, bauartübergreifende Regeln für die Abdichtung von erdberührten Bauteilen.
- Die Teile 2 und 3 enthalten bauartspezifische Regeln, die zusätzlich oder ergänzend zu denen des Teils 1 gelten. Die Teile 2 und 3 sind daher immer zusammen mit dem Teil 1 anzuwenden.

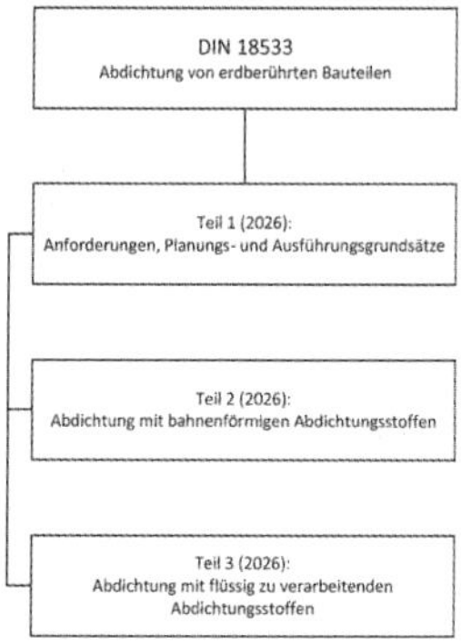

Bild 1: *Struktur der DIN 18533 „Abdichtung von erdberührten Bauteilen“ (Quelle: Prof. Dr.-Ing. Peter Schmidt)*

Änderungen in DIN 18533 (2026) gegenüber der Ausgabe von 2017-07:

DIN 18533-1: Anforderungen, Planungs- und Ausführungsgrundsätze:

1. Rissklassen und Rissüberbrückungsklassen wurden zusammengeführt. In Zukunft werden für die Auswahl der Abdichtungsbauart nur noch Rissklassen verwendet.
2. Die Norm wurde redaktionell überarbeitet.

DIN 18533-2: Abdichtung mit bahnenförmigen Abdichtungsstoffen:

1. Die bisherige Einschränkung der Anwendung von Polymerbitumenbahnen mit Aluminiumverbundträgereinlage (Typ EB) auf die Wassereinwirkungsklassen W1.1-E (Bodenfeuchte und nichtdrückendes Wasser) und die Raumnutzungsklassen RN1-E (geringe Anforderungen an die Trockenheit der Raumluft) und RN2-E (übliche Anforderung an die Trockenheit der Raumluft) wurde aufgehoben.
2. Es wurden Regelungen zur Abdichtung von erdüberschütteten Decken bei W2-E (drückendes Wasser) neu aufgenommen.
3. Die Norm wurde redaktionell überarbeitet.

DIN 18533-3: Abdichtung mit flüssig zu verarbeitenden Abdichtungsstoffen:

1. Für die Abdichtung von erdberührten Bauteilen mit flexiblen polymermodifizierten Dickbeschichtungen (FPD) wurden entsprechende Regelungen neu aufgenommen.
2. Die bisher verwendeten Rissüberbrückungsklassen wurden gestrichen. In Zukunft werden für die Auswahl der Abdichtung nur noch Rissklassen verwendet.
3. Texte und Abbildungen wurden redaktionell überarbeitet und teilweise ergänzt.
4. Die Norm wurde redaktionell überarbeitet.

Anwendungsbereich der DIN 18533

DIN 18533 gilt für die Abdichtung gegen

- Bodenfeuchte,
- nichtdrückendes Wasser,
- von außen drückendes Wasser,
- nicht drückendes Wasser auf erdüberschütteten Decken,
- Spritzwasser am Wandsockel und
- Kapillarwasser in und unter Wänden (Querschnittsabdichtung).
- Die Norm darf auch für erdüberschüttete Bauwerke angewendet werden, die in offener Bauweise erstellt werden.

DIN 18533 gilt nicht für die

- Abdichtung von Deponien, Erdbauwerken und bergmännisch erstellten Tunneln,
- Abdichtung von Anlagen zum Umgang mit wassergefährdenden Stoffen nach dem Wasserhaushaltsgesetz (WHG),
- nachträgliche Abdichtung in der Bauwerkserhaltung oder in der Baudenkmalpflege (Ausnahme: Es können hierfür Verfahren angewendet werden, die in DIN 18533 geregelt sind) und
- wasserundurchlässige Bauwerke oder Bauteile, z. B. Bauwerke oder Bauteile aus wasserundurchlässigem Beton (WU-Beton), die nach der WU-Richtlinie[1] geplant und ausgeführt werden.

[1] DAfStb-Richtlinie „Wasserundurchlässige Bauwerke aus Beton (WU-Richtlinie)"; Ausgabe Dezember 2017; hrsg. v. Deutscher Ausschuss für Stahlbeton e.V. (DAfStb), Berlin

Einwirkungs- und Nutzungsklassen

Für eine differenzierte Beschreibung der verschiedenen Einwirkungen, die die Abdichtung von erdberührten Bauteilen beanspruchen, wird eine Klassifizierung in Einwirkungsklassen vorgenommen. Diese dienen als Grundlage für die Bemessung der Abdichtung. Es wird folgende Klassifizierung vorgenommen:

- Wassereinwirkungsklassen: W1-E bis W4-E
- Rissklassen: R1-E bis R4-E

Wassereinwirkungsklassen dienen zur Beschreibung der Beanspruchung der Abdichtung durch Wasser in unterschiedlicher Intensität sowie Bodenfeuchte.

Rissklassen dienen zur Beschreibung der Beanspruchung der Abdichtung durch Rissneubildungen sowie Rissbreitenänderungen im Untergrund.

Weiterhin wird die vorgesehene **Raumnutzung** durch Raumnutzungsklassen beschrieben: RN1-E bis RN3-E.

Wassereinwirkungsklassen

Einwirkungen durch Wasser und Feuchtigkeit gelten als wesentliches Kriterium für die Bemessung der Abdichtung. Je größer die Wassereinwirkung ist, desto höhere Anforderungen muss die Abdichtung erfüllen.

Tabelle 1: *Wassereinwirkungsklassen bei Abdichtungen von erdberührten Bauteilen (in Anlehnung an DIN 18533-1:2026, Tab. 1)*

Wassereinwirkungsklasse	Art der Einwirkung
W1-E	Bodenfeuchte und nicht drückendes Wasser
W1.1-E	bei Bodenplatten und erdberührten Wänden (ohne Dränung)

Tabelle 1: *Wassereinwirkungsklassen bei Abdichtungen von erdberührten Bauteilen (in Anlehnung an DIN 18533-1:2026, Tab. 1)*

Wassereinwirkungs-klasse	Art der Einwirkung
W1.2-E	bei Bodenplatten und erdberührten Wänden mit Dränung
W2-E	drückendes Wasser (von außen)
W2.1-E	mäßige Einwirkung durch drückendes Wasser (Eintauchtiefe ≤ 3 m)
W2.2-E	hohe Einwirkung durch drückendes Wasser (Eintauchtiefe > 3 m)
W3-E	nicht drückendes Wasser auf erdüberschütteten Decken Anmerkung: Anstauhöhe max. 10 cm; ansonsten ist die Abdichtung für W2-E auszulegen.
W4-E	Spritzwasser und Bodenfeuchte am Wandsockel Kapillarwasser in und unter Wänden

W1-E – Bodenfeuchte und nicht drückendes Wasser

W1-E gilt bei Einwirkungen durch Bodenfeuchte und nicht drückendes Wasser. W1-E darf nur angenommen werden, wenn folgende Voraussetzungen vorliegen:

- stark wasserdurchlässiger Baugrund bzw. Verfüllmaterial bis zu einer ausreichenden Tiefe. Wasserdurchlässigkeitsbeiwert $k > 10^{-4}$ m/s (n. DIN EN ISO 17892-11[1])
- Abdichtungsebene ≥ 50 cm oberhalb des Bemessungswasserstands

Unterscheidung in Abhängigkeit vom Vorhandensein einer Dränung (Dränanlage) in

- W1.1-E (ohne Dränung)
- W1.2-E (mit Dränung).

[1] DIN EN ISO 17892-11:2021-03: Geotechnische Erkundung und Untersuchung – Laborversuche an Bodenproben – Teil 11: Bestimmung der Wasserdurchlässigkeit; Anmerkung: In DIN 18533-1 wird als Norm für die Bestimmung des Wasserdurchlässigkeitsbeiwerts noch die DIN 18130-1 zitiert; diese wurde jedoch inzwischen zurückgezogen und durch DIN EN ISO 17892-11 ersetzt

W1.1-E – Bodenfeuchte und nicht drückendes Wasser bei Bodenplatten und erdberührten Wänden (ohne Dränung)

W1.1-E/Situation 1:

- Bodenplatten ohne Unterkellerung, unterste Abdichtungsebene mind. 50 cm oberhalb des Bemessungswasserstands auf stark wasserdurchlässigem Baugrund bzw. Verfüllmaterial (k > 10^{-4} m/s).

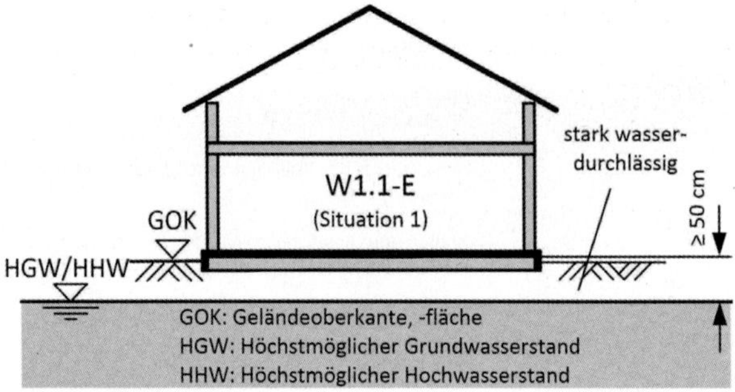

Bild 1: *Wassereinwirkungsklasse W1.1-E (Situation 1)*
(Quelle: Prof. Dr.-Ing. Peter Schmidt)

W1.1-E/Situation 2:

- Erdberührte Wände und Bodenplatten (Gebäude mit Keller) bei stark wasserdurchlässigem Baugrund bzw. Verfüllmaterial (k > 10^{-4} m/s), unterste Abdichtungsebene mind. 50 cm oberhalb des Bemessungswasserstands.

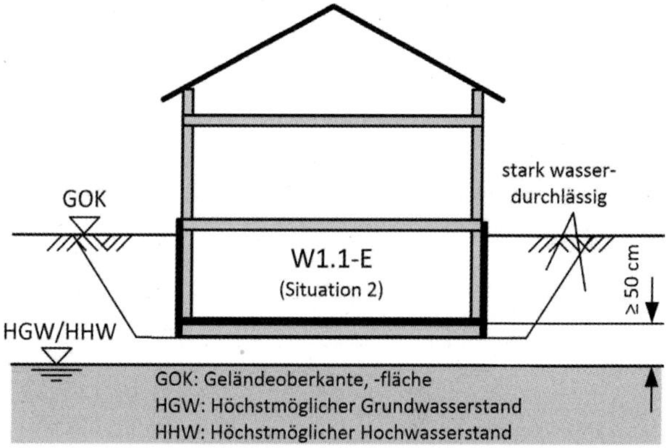

***Bild 2:** Wassereinwirkungsklasse W1.1-E (Situation 2)*
(Quelle: Prof. Dr.-Ing. Peter Schmidt)

W1.2-E – Bodenfeuchte und nicht drückendes Wasser bei Bodenplatten und erdberührten Wänden mit Dränung

- W1.2-E ist anzunehmen, wenn bei wenig wasserdurchlässigem Baugrund ($k \leq 10^{-4}$ m/s) Stauwasser durch eine Dränanlage nach DIN 4095[2] dauerhaft und zuverlässig vermieden wird.
- Die unterste Abdichtungsebene muss mind. 50 cm oberhalb des Bemessungswasserstands liegen.

[2] DIN 4095:1990-06: Baugrund; Dränung zum Schutz baulicher Anlagen; Planung, Bemessung und Ausführung

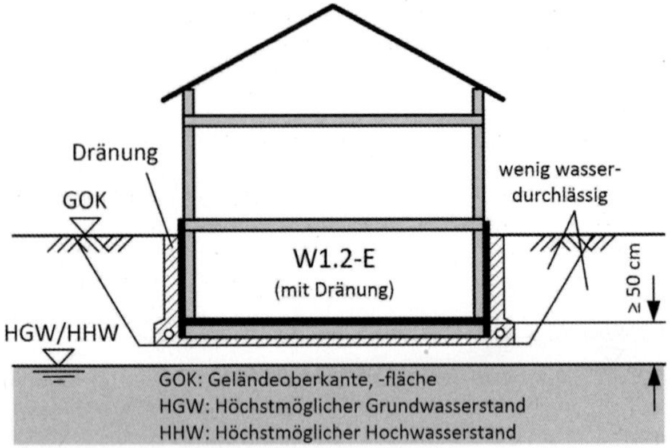

Bild 3: *Wassereinwirkungsklasse W1.2-E (mit Dränung)*
(Quelle: Prof. Dr.-Ing. Peter Schmidt)

W2-E – drückendes Wasser

Drückendes Wasser von außen kann in Form von Grundwasser sowie als Hochwasser oder Stauwasser wirken.

Grundwasser:

Grundwasser liegt vor, wenn die Poren des Bodens vollständig mit Wasser gefüllt sind und sich ein Grundwasserspiegel im Boden einstellt. Grundwasser übt einen hydrostatischen Druck auf die Abdichtung aus.

Hochwasser:

Hochwasser liegt vor, wenn der Wasserstand oberirdischer Gewässer die erdberührten Bauteile und Bauteile, die sich über der Geländeoberfläche befinden, durch drückendes Wasser beansprucht.

Stauwasser:

Stauwasser liegt vor, wenn Sicker- oder Schichtenwasser in wenig wasserdurchlässigem Baugrund aufgrund der geringen Versickerungsrate aufsteigt und auf die Abdichtung einen hydrostatischen Druck ausübt. Für die Auslegung der Abdichtung ist bei Stauwasser als Bemessungswasserstand die Geländeoberfläche anzunehmen.

Aufstauendes Sickerwasser kann durch Anordnung einer dauerhaft funktionsfähigen Dränanlage nach DIN 4095 verhindert werden. In diesem Fall liegt W1.2-E vor (s. o.).

Wassereinwirkungsklassen bei drückendem Wasser:

Unterscheidung je nach Eintauchtiefe des Baukörpers in:

- W2.1-E – mäßige Einwirkung (Eintauchtiefe ≤ 3,0 m)
- W2.2-E – hohe Einwirkung (Eintauchtiefe > 3,0 m)

W2.1-E – mäßige Einwirkung von drückendem Wasser

W2.1-E ist anzunehmen, wenn die Einwirkung durch drückendes Wasser maximal einer Wassersäule von 3 m entspricht (Eintauchtiefe des Baukörpers ≤ 3,0 m).

W2.1-E/Situation 1: Stauwasser bis 3 m

- wenig wasserdurchlässiger Baugrund
- keine Dränanlage
- unterste Abdichtungsebene liegt bis zu 3 m unter GOK und oberhalb des Grundwasserstands (HGW)
- Stauwasser (bis 3 m) ist bis zur GOK (= Bemessungswasserstand) zu erwarten.

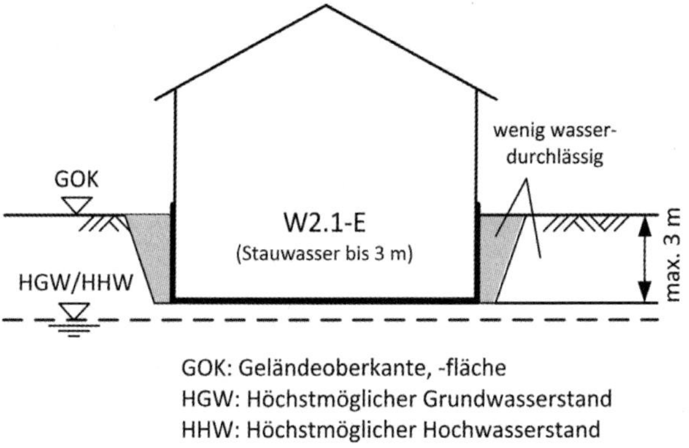

Bild 4: *Wassereinwirkungsklasse W2.1-E ohne Dränung (Situation 1: Stauwasser ≤ 3 m) (Quelle: Prof. Dr.-Ing. Peter Schmidt)*

W2.1-E/Situation 2: Grundwasser bis 3 m

- Grundwassereinwirkung ≤ 3 m
- Die unterste Abdichtungsebene liegt bis zu 3 m unter dem Bemessungswasserstand (= HGW).
- Der Baukörper taucht bis 3 m ins Grundwasser ein.

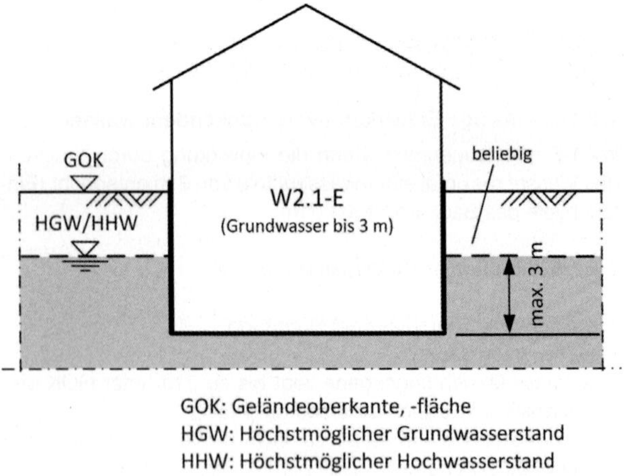

Bild 5: *Wassereinwirkungsklasse W2.1-E (Situation 2: Grundwasser ≤ 3 m) (Quelle: Prof. Dr.-Ing. Peter Schmidt)*

W2.1-E/Situation 3: Hochwasser bis 3 m

- Hochwassereinwirkung ≤ 3 m
- Die Abdichtungsebene liegt im Bereich des Hochwassers oberirdischer Gewässer.
- Druckwassereinwirkung ≤ 3 m

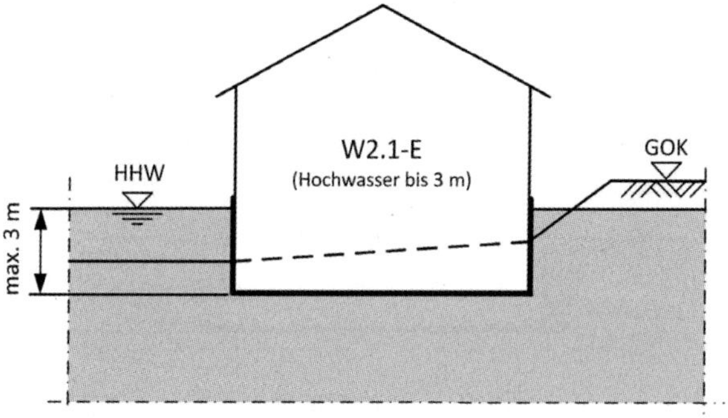

GOK: Geländeoberkante, -fläche
HHW: Höchstmöglicher Hochwasserstand

Bild 6: *Wassereinwirkungsklasse W2.1-E (Situation 3: Hochwasser ≤ 3 m) (Quelle: Prof. Dr.-Ing. Peter Schmidt)*

W2.2-E – hohe Einwirkung von drückendem Wasser

W2.2-E ist anzunehmen, wenn die Einwirkung durch drückendes Wasser einer Wassersäule von mehr als 3 m entspricht (Eintauchtiefe des Baukörpers > 3,0 m).

W2.2-E/Situation 1: Stauwasser mehr als 3 m

- Stauwasser > 3 m
- Die unterste Abdichtungsebene liegt mehr als 3 m unter GOK.
- wenig wasserdurchlässiger Baugrund
- keine Dränanlage

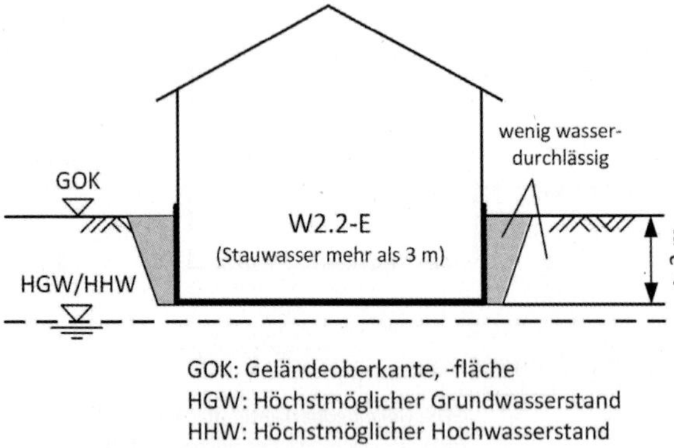

Bild 7: *Wassereinwirkungsklasse W2.2-E (Situation 1: Stauwasser > 3 m) (Quelle: Prof. Dr.-Ing. Peter Schmidt)*

W2.2-E/Situation 2: Grundwasser bzw. Hochwasser mehr als 3 m

- Grundwasser bzw. Hochwasser > 3 m
- Die unterste Abdichtungsebene wird bei Höchstwasserstand (HGW/HHW) mehr als 3 m hoch durch Druckwasser belastet.

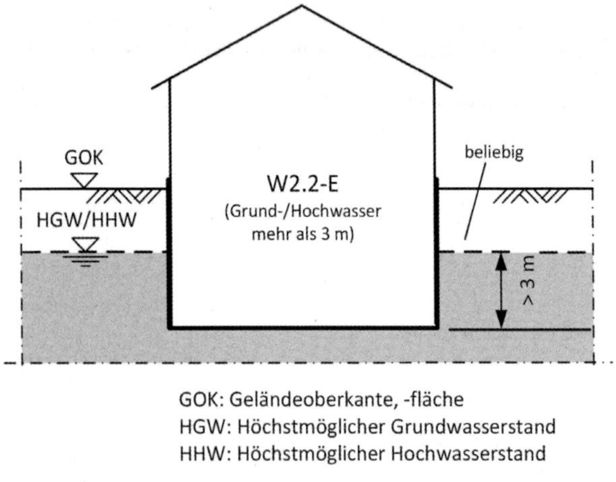

Bild 8: *Wassereinwirkungsklasse W2.2-E (Situation 2: Grundwasser/ Hochwasser > 3 m) (Quelle: Prof. Dr.-Ing. Peter Schmidt)*

W3-E – nicht drückendes Wasser auf erdüberschütteten Decken

W3-E ist anzunehmen bei erdüberschütteten Decken, die durch nicht drückendes Wasser beansprucht werden. Anforderungen:

- Der tiefste Punkt der Abdichtung muss mind. 30 cm über dem HGW/HHW liegen.
- Die max. Anstauhöhe beträgt 10 cm.
- Anmerkung: Die Abdichtung von Hofkellerdecken erfolgt nach DIN 18532[3]; siehe Abschnitt „Abdichtung von befahrbaren Verkehrsflächen aus Beton nach DIN 18532".

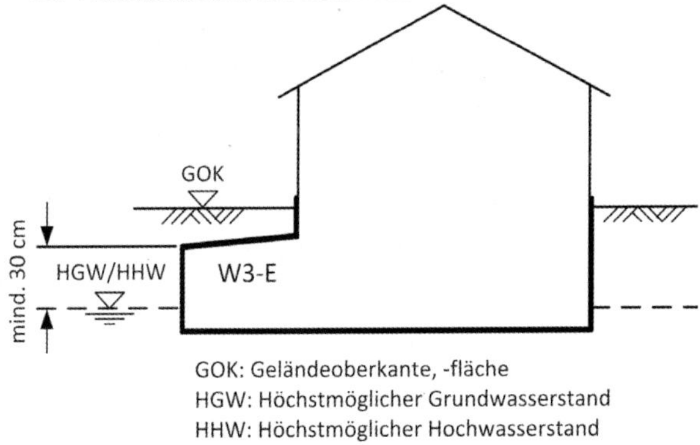

***Bild 9:** Wassereinwirkungsklasse W3-E (nicht drückendes Wasser auf erdüberschütteten Decken) (Quelle: Prof. Dr.-Ing. Peter Schmidt)*

W4-E – Spritzwasser am Wandsockel sowie Kapillarwasser in und unter Wänden

W4-E ist in folgenden Fällen anzunehmen:

- Spritzwasser am Wandsockel (Abdichtung des Wandsockels)
- Kapillarwasser in und unter Wänden (Querschnittsabdichtung zur Vermeidung aufsteigender Feuchte)

W4-E am Wandsockel:

- W4-E am Wandsockel ist im Bereich von 20 cm unter der GOK bis 30 cm über GOK anzunehmen, sofern nicht W2-E anzusetzen ist (bei Bemessungswasserstand in Höhe der

[3] DIN 18532:2025-06: Abdichtung von befahrbaren Verkehrsflächen aus Beton

GOK oder bei nicht gedränten, wenig wasserdurchlässigem Boden).

- Der Wandsockel ist in diesem Bereich entsprechend abzudichten (z. B. Sockelputz).

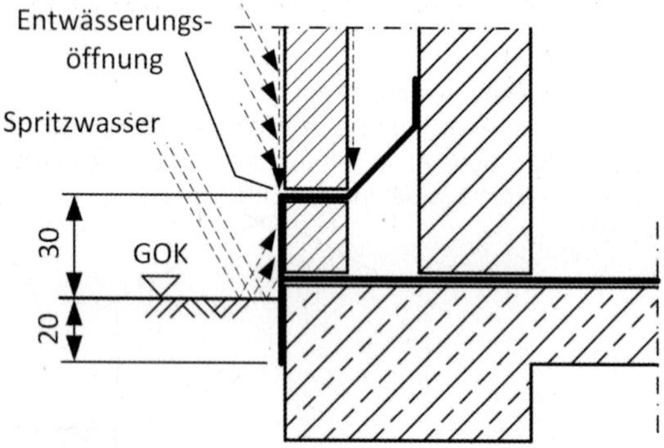

Bild 10: *Wassereinwirkungsklasse W4-E (Wandsockel) (Quelle: Prof. Dr.-Ing. Peter Schmidt)*

W4-E in und unter Wänden:

- Zur Vermeidung von kapillar aufsteigender Feuchte in Wänden ist unter sämtlichen Wänden (Außenwände und Innenwände) eine Querschnittsabdichtung anzuordnen. Diese ist für W4-E auszulegen.

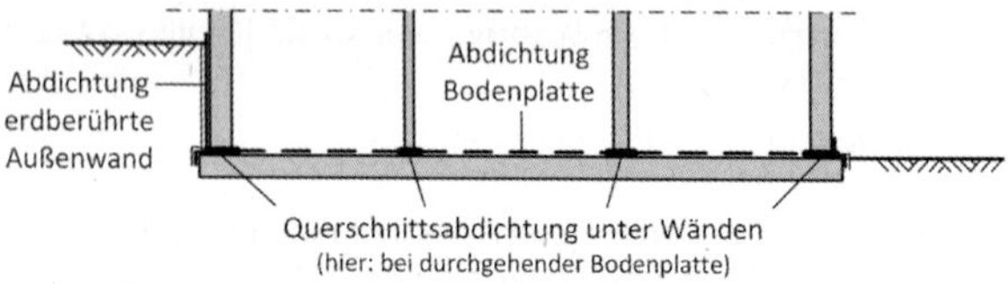

Bild 11: *Wassereinwirkungsklasse W4-E (Querschnittsabdichtung in und unter Wänden) (Quelle: Prof. Dr.-Ing. Peter Schmidt)*

Rissklassen

Zur Berücksichtigung der Einwirkungen aus dem Untergrund durch Risse (d. h. Rissneubildungen und Rissbreitenänderungen) werden die Rissklassen R1-E bis R4-E definiert.

Zu beachten: Risse im Untergrund beanspruchen die Abdichtung nur bei Rissneubildungen oder Rissbreitenänderungen bereits vorhandener Risse, nachdem die Abdichtungsschicht aufgebracht wurde. Bereits vor dem Aufbringen der Abdichtungsschicht vorhandene Risse sind nicht relevant.

Tabelle 2: *Rissklassen bei Abdichtungen von erdberührten Bauteilen (in Anlehnung an DIN 18533-1, Tab. 2)*

Riss-klasse	Intensität der Rissneubildung/ Rissbreitenänderung	Maximale Rissbreite	Typische Bauteile (ohne Nachweis der statischen Rissbreitenbegrenzung)
R1-E	gering	≤ 0,2 mm	Stahlbeton ohne nennenswerte Zwang- und Biegebeanspruchung; Mauerwerk im Sockelbereich; Untergründe für Querschnittsabdichtungen
R2-E	mäßig	≤ 0,5 mm	geschlossene Fugen von flächigen Bauteilen (z. B. Fugen zwischen Fertigteilen); unbewehrter Beton; Stahlbeton mit nennenswerter Zwang-, Zug- und Biegebeanspruchung; Mauerwerk unter Erddruckbelastung; Fugen im Bereich von Materialübergängen
R3-E	hoch	≤ 1,0 mm Rissversatz ≤ 0,5 mm	Fugen von Abdichtungsrücklagen; Aufstandsfugen von erddruckbelasteten Wänden
R4-E	sehr hoch	≤ 5,0 mm Rissversatz ≤ 2,0 mm	-

Raumnutzungsklassen

Zur Unterscheidung unterschiedlich hoher Anforderungen an die Trockenheit der Raumluft von Räumen mit erdseitiger Abdichtung werden die Raumnutzungsklassen RN1-E bis RN3-E unterschieden.

Tabelle 3: *Raumnutzungsklassen zur Beschreibung der Anforderung an die Trockenheit der Raumluft (n. DIN 18533-1, 5.5)*

Raumnutzungsklasse	Anforderung	Erläuterung/ Beispiele
RN1-E	gering	Raumnutzungen mit geringer Anforderung an die Trockenheit der Raumluft; z. B. offene Werk- oder Lagerhalle, Tiefgarage
RN2-E	durchschnittlich	Raumnutzungen mit üblicher Anforderung an die Trockenheit der Raumluft und Zuverlässigkeit der Abdichtung; z. B. Aufenthaltsräume, Räume zur Lagerung von feuchtigkeitsempfindlichen Gütern wie Keller- und Lagernutzungen in üblichen Wohn- und Bürogebäuden
RN3-E	hoch	Raumnutzungen mit hoher Anforderung an die Trockenheit der Raumluft und hoher Anforderung an die Zuverlässigkeit der Abdichtung; z. B. Magazin zur Lagerung unersetzlicher Kulturgüter, Raum für den Zentralserver

Bauliche Erfordernisse

Vor Ausführung der Abdichtung müssen bestimmte bauliche Erfordernisse gegeben sein. Diese sind vor Herstellung der Abdichtung vor Ort zu prüfen und ggf. durch entsprechende Maßnahmen sicherzustellen.

- Die abzudichtenden Bauteile müssen abdichtungsgerecht gestaltet sein, damit die Abdichtung fachgerecht angeordnet und ausgeführt werden kann.
- Die Wechselwirkung zwischen Abdichtung und Bauwerk/Untergrund ist zu beachten und darf die zulässigen Grenzen nicht überschreiten.
- Die Anforderungen an den Untergrund sind zu beachten; siehe Abschnitt „Anforderungen an den Untergrund“.

Risse im Bauteil

- Risse oder Rissversätze im abzudichtenden Bauteil müssen von der vorgesehenen Abdichtungsbauart überbrückt werden können.
- Ggf. sind Rissbreitenänderungen bzw. Neurissbildungen durch geeignete konstruktive Maßnahmen zu verhindern (z. B. durch Anordnung von Bewehrung zur Rissbreitenbegrenzung, Einbau einer Wärmedämmung, Anordnung von Fugen o. Ä.).

Wasserführung auf erdüberschütteten Decken

- Bei erdüberschütteten Decken (W3-E) ist die Ableitung des auf der Abdichtungsschicht einwirkenden Wassers dauerhaft und wirksam zu gewährleisten.
- Das sich auf der Deckenfläche sammelnde Wasser darf keinen bzw. nur einen geringen hydrostatischen Druck auf die Abdichtung ausüben.
- Die max. Anstauhöhe beträgt 10 cm, bei größeren Anstauhöhen ist die Abdichtung auf der Decke nach W2-E (drückendes Wasser) auszulegen.

- Die Planung und Ausführung der Entwässerung auf der Deckenfläche erfolgt nach DIN EN 12056-3[1] und DIN 1986-100[2].
- Die Entwässerung erfolgt als Innenentwässerung mit Abläufen oder als Außenentwässerung mit Dränung in den angrenzenden Boden.
- Bei Innenentwässerung müssen Abläufe an den tiefsten Stellen angeordnet werden.
- Die Abläufe müssen zugänglich sein.
- Bei Ableitung des Wassers auf erdüberschütteten Decken über eine Dränung ist die Dränanlage nach DIN 4095[3] auszuführen.
- Für eine funktionierende Abdichtung ist ein ausreichendes Gefälle der Abdichtungsebene vorzusehen.

[1] DIN EN 12056-3:2001-01: Schwerkraftentwässerungsanlagen innerhalb von Gebäuden – Teil 3: Dachentwässerung, Planung und Bemessung

[2] DIN 1986-100:2016-12: Entwässerungsanlagen für Gebäude und Grundstücke – Teil 100: Bestimmungen in Verbindung mit DIN EN 752 und DIN EN 12056

[3] DIN 4095:1990-06: Baugrund; Dränung zum Schutz baulicher Anlagen; Planung, Bemessung und Ausführung

Anforderungen an die Abdichtung

Die Abdichtung muss folgende Anforderungen erfüllen:

- **Dichtheit:** Die Abdichtung dient dem Schutz des Bauwerks bzw. der Bauteile vor den schädigenden Einflüssen von Wasser. Sie muss das Eindringen von Wasser und Feuchte in die Baukonstruktion zuverlässig für die vorgesehene Nutzungsdauer verhindern.
- **Beständigkeit:** Die Abdichtung muss gegen natürliches Wasser sowie gegen Wasser, das Lösungen aus Beton und Mörtel enthält, ausreichend beständig sein. Außerdem muss die Abdichtung gegen Stoffe, die durch sachgerechte Nutzung des Bauwerks auf die Abdichtung einwirken, beständig sein (z. B. Taumittel bei abgedichteten Parkdecks).
- **Dauerhaftigkeit:** Funktionsfähigkeit und Bestand der Abdichtung (Aufbau, Eigenschaften) dürfen während der vorgesehenen Nutzungsdauer nicht durch die zu erwartenden Einwirkungen und die daraus sich ergebenden Beanspruchungen beeinträchtigt werden.
- **Zuverlässigkeit:** Die Abdichtung muss für die vorgesehene Nutzungsdauer ihre Funktion zuverlässig erfüllen. Es gilt folgender Grundsatz:

Hinweis

Sämtliche in DIN 18533 geregelten Abdichtungsbauarten gelten als ausreichend zuverlässig. Voraussetzung: Planung, Ausführung und Instandsetzung werden entsprechend der in DIN 18533 festgelegten Regeln durchgeführt.

Anordnung der Abdichtung: Die Abdichtung ist auf der dem Wasser zugewandten Seite des abzudichtenden Bauteils (erdberührte Fläche) anzuordnen. Ausnahme: Bei Bodenplatten aus Beton darf die Abdichtung bei W1-E (Bodenfeuchte und nichtdrückendes Wasser) auch auf der Oberseite angeordnet werden.

- **Rissüberbrückungseigenschaften:** Die Abdichtung muss zu erwartende Neurissbildungen sowie Rissbreitenänderungen bestehender Risse schadlos überbrücken. Aus diesem Grund sind die verschiedenen in DIN 18533 geregelten Abdichtungsbauarten Rissklassen zugeordnet, die die jeweilige Rissüberbrückungsfähigkeit beschreiben. Die Wahl der Abdichtungsbauart ist neben der Rissklasse darüber hinaus von der Wassereinwirkungsklasse und der Raumnutzungsklasse abhängig.
- **Verhalten der Abdichtung bei Bewegungen und Formänderungen der Bauteile:** Die Abdichtung darf ihre Funktionsfähigkeit bei den zu erwartenden Bewegungen und Formänderungen der Bauteile (z. B. durch Schwinden, temperaturbedingte Längenänderungen, Setzungen) nicht verlieren. Die für die Auslegung der Abdichtung erforderlichen Daten müssen bei der Planung vorliegen.

Anforderungen an den Untergrund

Der Abdichtungsuntergrund muss eine geeignete Beschaffenheit aufweisen. Im Einzelnen sind folgende Anforderungen zu erfüllen bzw. gelten folgende Regeln.

Allgemeines

- frostfrei, fest, eben, frei von Nestern und klaffenden Rissen, frei von Graten und schädlichen Verunreinigungen
- Kanten: gefast
- Kehlen: gerundet
- Rissneubildungen und Rissbreitenänderungen müssen in Abhängigkeit von der Rissklasse und Abdichtungsbauart begrenzt werden, damit die Abdichtung nicht geschädigt wird.
- Vertiefungen > 5 mm, offene Stoß- und Lagerfugen; Ausbrüche u. Ä. sind mit Mörtel zu verschließen
- Oberflächen von Mauerwerk oder ähnliche Baustoffe, offene Stoßfugen ≤ 5 mm und Oberflächenprofilierungen sowie Unebenheiten von Steinen (z. B. Putzrillen) sind durch Verputzen, Vermörteln oder durch eine Kratzspachtelung zu verschließen und zu egalisieren, wenn die Abdichtung nicht mit Stoffen mit überdeckenden Eigenschaften erfolgt (wie z. B. Bitumen- oder Kunststoffbahnen).
- Dämmstoffe als Untergrund (i. d. R. nicht als Untergrund bei erdberührten Bauteilen, mit Ausnahme von erdüberschütteten Decken, Verträglichkeit mit der Abdichtung)
- Wird gegen die fertige Abdichtungsschicht betoniert oder gemauert, sind Hohlräume zu vermeiden.
- Kiesnester im Beton auf der wasserabgewandten Seite der Abdichtungsschicht sind nicht zulässig.

Dämmstoffe als Untergrund

Bei erdberührten Bauteilen dienen Dämmstoffe i. d. R. nicht als Untergrund für die Abdichtungsschicht. Ausgenommen sind erdüberschüttete Decken; in diesem Fall sind die Anforderungen der Normenreihe DIN 4108[1] zu beachten. Insbesondere ist auf eine ausreichende Druckbelastbarkeit sowie auf die Eignung

[1] DIN 4108: Wärmeschutz und Energie-Einsparung in Gebäuden

der Dämmstoffe für den Anwendungszweck (Anwendung im Erdreich) zu beachten.

Dagegen werden Dämmschichten als Untergrund für die Abdichtungsschicht häufig im Bereich von Teilflächen bei Wärmebrücken angeordnet, um die Transmissionswärmeverluste zu mindern.

Dämmung der Stirnfläche der Bodenplatte

Ein in der Praxis häufig vorkommender Fall ist die Dämmung der Stirnfläche einer Bodenplatte. Die Bodenplatte springt gegenüber der aufgehenden Wand um die Breite der eingebauten Wärmedämmschicht zurück. Die Wärmedämmung an der Stirnfläche der Bodenplatte schließt mit der Wandoberfläche bündig ab und dient gleichzeitig als Untergrund für die Wand- bzw. Sockelabdichtung (siehe folgende Abbildung). Dadurch sollen Wärmeverluste infolge der Wärmebrückenwirkung über die Stirnfläche der Bodenplatte minimiert werden.

Für die Dämmung dürfen nur Dämmstoffe verwendet werden, die eine ausreichende Druckbelastbarkeit aufweisen und als Untergrund für die Abdichtung geeignet sind. Hierzu zählen Dämmstoffe, die dem Anwendungstyp PW nach DIN 4108-10[2] entsprechen (PW: Perimeter-Wanddämmung). Geeignet ist bspw. extrudiertes Polystyrol (XPS) nach DIN EN 13164[3] mit einer mindestens hohen Druckbelastbarkeit (Kurzzeichen „dh" nach DIN 4108-10[4]).

Die Konstruktion wurde in die Norm neu aufgenommen, weil die Ausführung von Bodenplatten-Anschlüssen mit Wärmedämmung an der Stirnfläche der Bodenplatte und bündigem Übergang zur Wand der Praxis entspricht und häufig ausgeführt wird. Hintergrund hierfür sind die schon erwähnten hohen Anforderungen an den Wärmeschutz im Bereich von Wärmebrücken.

2 DIN 4108-10:2021-11: Wärmeschutz und Energie-Einsparung – Teil 10: Anwendungsbezogene Anforderungen an Wärmedämmstoffe

3 DIN EN 13164:2015-04: Wärmedämmstoffe für Gebäude – Werkmäßig hergestellte Produkte aus extrudiertem Polystyrolschaum (XPS) - Spezifikation

4 DIN 4108-10:2021-11: Wärmeschutz und Energie-Einsparung in Gebäuden – Teil 10: Anwendungsbezogene Anforderungen an Wärmedämmstoffe

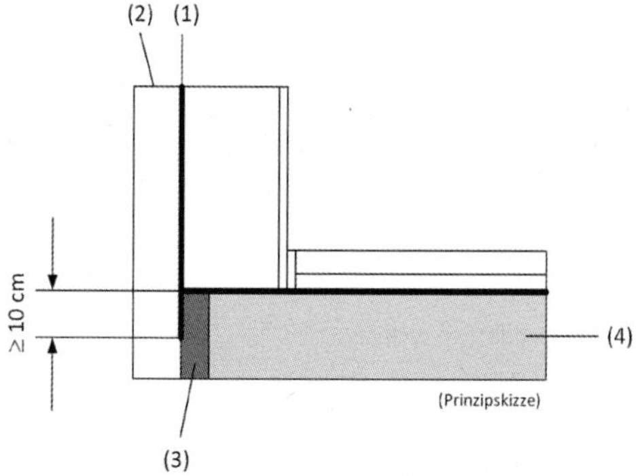

***Bild 1:** Wärmedämmung als Abdichtungsuntergrund bei einem Bodenplatten-Wandanschluss (in Anlehnung an DIN 18533-1, Bild 2) (Quelle: Prof. Dr.-Ing. Peter Schmidt)*

Untergrund für Abdichtungen mit bahnenförmigen Abdichtungsstoffen

- Für Abdichtungen mit bahnenförmigen Abdichtungsstoffen gilt zusätzlich:
  - Der Untergrund muss oberflächentrocken sein.
  - Gegebenenfalls ist ein Voranstrich aufzubringen. Dies ist grundsätzlich erforderlich, wenn die Abdichtung mit dem Untergrund verklebt wird.
- **Untergrund für Abdichtungen mit flüssig zu verarbeitenden Abdichtungsstoffen**
- Für Abdichtungen mit flüssig zu verarbeitenden Abdichtungsstoffen gilt zusätzlich:
  - Der Untergrund muss eine ausreichende Oberflächenfestigkeit aufweisen.
  - Der max. Feuchtegehalt des Untergrunds ist zu beachten (ggf. Haftzug- oder Feuchtegehaltsprüfung erforderlich).
  - Die Oberflächentemperatur des Untergrunds muss mind. 3 K über der Taupunkttemperatur der Umgebungsluft liegen.
  - Die Vorbereitung des Untergrunds erfolgt durch Reinigen, Säubern, Entfernen trennender Substanzen.

- Lunker, Grate, Steinkantenversätze und nicht bündig vermörtelte Mauerwerksfugen sind zu verschließen bzw. auszugleichen.
- Die Ausgleichsschicht muss vor dem Aufbringen der flüssigen Abdichtungsmasse ausreichend trocken sein.
- Der Auftrag einer Grundierung ist erforderlich.

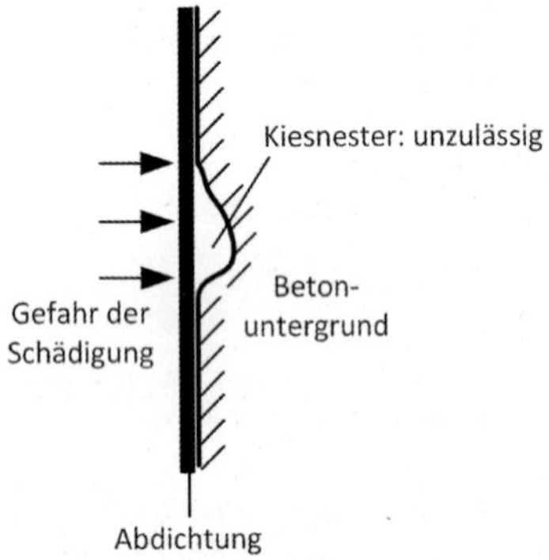

Bild 2: *Kiesnester im Betongrund sind nicht zulässig (Quelle: Prof. Dr.-Ing. Peter Schmidt)*

Stoffe

Abdichtungsstoffe und ihre Verarbeitung

Für die Abdichtung von erdberührten Bauteilen sind Abdichtungsbauarten mit

- **bahnenförmigen** Abdichtungsstoffen sowie mit
- **flüssig zu verarbeitenden** Abdichtungsstoffen

zugelassen.

Tabelle 1: *Übersicht über die verschiedenen Abdichtungsbauarten für die Abdichtung von erdberührten Bauteilen (nach DIN 18533)*

Abdichtungs-bauart	Abdichtungsstoff	Anforderungen nach
bahnenförmige Abdichtungs-stoffe	Bitumen- und Polymerbitumenbahnen	DIN 18533-2, Abschnitt 7.1.1
	Metallbänder (in Kombination mit Bitumen-/Polymerbitumenbahnen)	DIN 18533-2, Abschnitt 7.1.1
	Kunststoff- und Elastomerbahnen	DIN 18533-2, Abschnitt 7.1.2

Tabelle 1: *Übersicht über die verschiedenen Abdichtungsbauarten für die Abdichtung von erdberührten Bauteilen (nach DIN 18533)*

Abdichtungsbauart	Abdichtungsstoff	Anforderungen nach
flüssig zu verarbeitende Abdichtungsstoffe	kunststoffmodifizierte Bitumendickbeschichtungen (PMBC)	DIN 18533-3, Abschnitt 9
	flexible kunststoffmodifizierte Dickbeschichtungen (FPD)	DIN 18533-3, Abschnitt 10
	rissüberbrückende mineralische Dichtungsschlämmen (MDS)	DIN 18533-2, Abschnitt 11
	Flüssigkunststoffe (FLK)	DIN 18533-3, Abschnitt 12
	Gussasphalt (Gussasphaltestrichmörtel)	DIN 18533-3, Abschnitt 13
	Asphaltmastix	DIN 18533-3, Abschnitt 14
	Asphaltmastix und Gussasphalt	DIN 18533-3, Abschnitt 15
	Bitumen-Schweißbahn und Gussasphalt	DIN 18533-3, Abschnitt 16

Regelungen zur Verarbeitung der Stoffe befinden sich in DIN 18533-2 (bahnenförmige Stoffe) und DIN 18533-3 (flüssig zu verarbeitende Stoffe). In diesen beiden Teilen der Norm ist auch die Zuordnung der Abdichtungsbauarten zu den Wassereinwirkungsklassen, den Rissklassen und den Raumnutzungsklassen angegeben.

Rissüberbrückungseigenschaften

Die verschiedenen Abdichtungsbauarten besitzen je nach Abdichtungsstoff, Schichtdicke, Anzahl der Lagen, Art des Haftverbunds mit dem Abdichtungsuntergrund unterschiedliche Rissüberbrückungseigenschaften.

Entscheidend für die erforderlichen Rissüberbrückungseigenschaften sind Rissneubildungen und Rissbreitenänderungen bestehender Risse, die **nach dem Aufbringen der Abdichtungsschicht** im Untergrund auftreten.

Jeder Abdichtungsbauart, die in DIN 18533 geregelt sind, sind Rissklassen entsprechend der Rissüberbrückungseigenschaften der Bauart zugeordnet.

Die einer höheren Rissklasse zugeordneten Abdichtungsbauarten erfüllen auch die Anforderungen geringerer Klassen.

Hilfsstoffe

Die für die Ausführung der jeweiligen Abdichtungsbauart erforderlichen Hilfsstoffe sind in den Teilen 2 und 3 der DIN 18533 geregelt.

Abdichtungsbauarten

Als Abdichtungsbauart wird der stoffliche und konstruktive Aufbau der Abdichtung bezeichnet. Für die Abdichtung von erdberührten Bauteilen werden folgende Abdichtungsbauarten unterschieden:

- Abdichtung mit bahnenförmigen Abdichtungsstoffen (DIN 18533-2)
- Abdichtung mit flüssig zu verarbeitenden Abdichtungsstoffen (DIN 18533-3)

Regeln für die Abdichtungsbauarten befinden sich in den genannten Teilen der DIN 18533 (Teile 2 und 3). Für beide Abdichtungsbauarten gilt zusätzlich zu den jeweiligen bauartspezifischen Regeln der Teil 1 der DIN 18533.

Wahl der Abdichtungsbauart

Die Wahl der Abdichtungsbauart ist von folgenden Kriterien abhängig:

- Art und Intensität der Wassereinwirkung (Wassereinwirkungsklasse)
- Rissklasse
- Raumnutzungsklasse
- Zuverlässigkeitsanforderungen

Der Zusammenhang zwischen Wassereinwirkung und erforderlicher Rissüberbrückungsfähigkeit der Abdichtung geht aus nachfolgender Tabelle hervor.

Tabelle 1: *Rissklasse in Abhängigkeit von der Wassereinwirkungsklasse für die Auswahl einer Abdichtungsbauart (in Anlehnung an DIN 18533-1, Tab. 3)*

Wassereinwirkungsklasse	Wassereinwirkung	Rissklasse
W1-E	Bodenfeuchte und nichtdrückendes Wasser	mind. R1-E
W2.1-E und W3-E	drückendes Wasser bis 3,0 m Eintauchtiefe (W2.1-E) nichtdrückendes Wasser auf erdüberschütteten Decken (W3-E)	mind. R3-E
W2.2-E	drückendes Wasser über 3,0 m Eintauchtiefe	mind. R4-E
W4-E	Spritzwasser am Wandsockel Kapillarwasser in und unter Wänden	mind. R1-E

Abdichtung bei W1-E

Zuordnung der Abdichtungsbauarten bei W1-E

Für W1-E (Bodenfeuchte und nichtdrückendes Wasser) sind folgende Abdichtungsbauarten geeignet.

***Tabelle 1:** Abdichtungsbauarten für erdberührte Bauteile bei W1-E (Bodenfeuchte und nicht drückendes Wasser)*

Wassereinwirkungsklasse	Anwendungsbereich	Abdichtungsbauart	Abdichtungsaufbau nach
W1-E	Bodenplatte	Bitumen- und Polymerbitumenbahnen	DIN 18533-2, Tab. 9
		Kunststoff- und Elastomerbahnen	DIN 18533-2, Tab. 17
		PMBC, Asphaltmastix, Gussasphalt, MDS, FPD	DIN 18533-3, Tab. 1
		keine Abdichtung	alternativ DIN 18533-1, 8.5.2 (Verzicht einer Abdichtung bei Verwendung von Schaumglas auf oder unter der Bodenplatte) und 8.5.4.2 (Verzicht einer Abdichtung bei Anordnung einer kapillarbrechenden Schüttung unter der Bodenplatte und RN-1)

Tabelle 1: *Abdichtungsbauarten für erdberührte Bauteile bei W1-E (Bodenfeuchte und nicht drückendes Wasser)*

Wasserein-wirkungs-klasse	Anwendungs-bereich	Abdichtungs-bauart	Abdichtungs-aufbau nach
W1-E	Erdberührte Wand	Bitumen- und Polymerbitumen-bahnen	DIN 18533-2, Tab. 9
		Kunststoff- oder Elastomerbahnen	DIN 18533-2, Tab. 17
		PMBC FPD	DIN 18533-3, Tab. 1
		MDS	DIN 18533-3, Tab. 1

PMBC: Kunststoffmodifizierte Bitumendickbeschichtung.

FPD: Flexible kunststoffmodifizierte Dickbeschichtung.

MDS: Rissüberbrückende mineralische Dichtungsschlämmen.

Sonderregelung bei Schaumglas auf oder unter Bodenplatten

- Bei Bodenplatten mit W1-E darf auf eine Abdichtung verzichtet werden, wenn Schaumglasdämmplatten auf oder unter der Bodenplatte angeordnet werden.
- Voraussetzung ist, dass die Schaumglasdämmplatten vollflächig in Heißbitumen verlegt und die Fugen lückenlos vergossen sind.
- Die Querschnittsabdichtung in und unter Wänden (W4-E) muss mit der Wärmedämmschicht aus Schaumglas eine Überlappungsbreite von mind. 10 cm aufweisen.

Typische Abdichtungsbauweisen bei erdberührten Wänden bei W1-E

Typische Abdichtungsbauweisen bei erdberührten Wänden bei W1-E (Bodenfeuchte und nicht drückendes Wasser) siehe nachfolgende Abbildung:

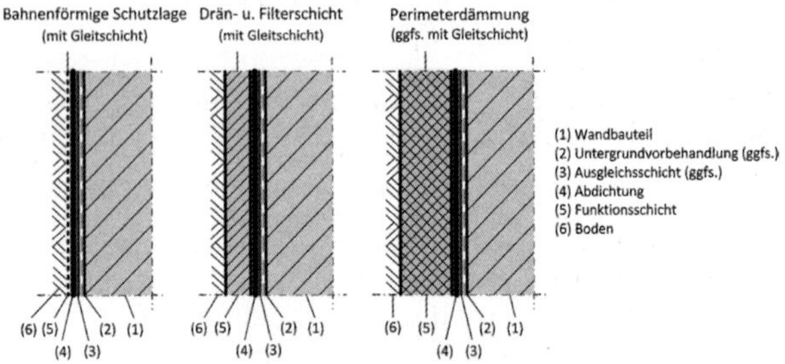

Bild 1: *Schichtenfolge für typische Abdichtungsbauweisen bei erdberührten Wänden bei W1-E (in Anlehnung an DIN 18533-1, Bild 12) (Quelle: Prof. Dr.-Ing. Peter Schmidt)*

Typische Abdichtungsbauweisen bei erdberührten Bodenplatten bei W1-E

Grundsätzlich muss das Bauwerk im Bereich der Bodenplatte gegen aufsteigende Feuchte (W1-E) abgedichtet werden.

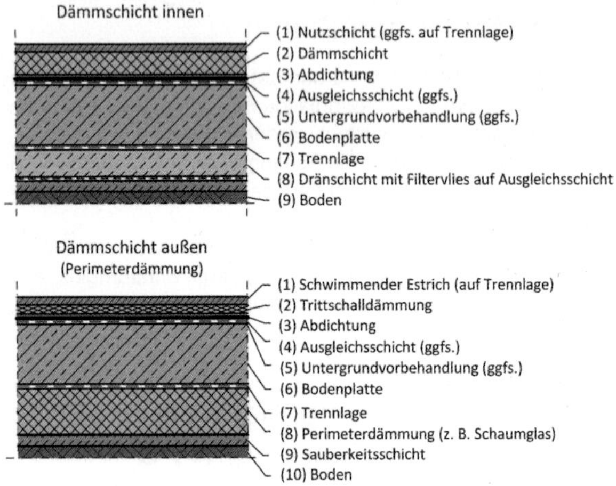

Bild 2: *Schichtenfolge für typische Abdichtungsbauweisen bei Bodenplatten bei W1-E (in Anlehnung an DIN 18533-1, Bild 13) (Quelle: Prof. Dr.-Ing. Peter Schmidt)*

Kapillarbrechende Schüttung bei Bodenplatten bei RN1-E

Bei Bodenplatten, die an Räume mit geringen Anforderungen an die Raumnutzung grenzen (Raumnutzungsklasse RN1-E), kann die Abdichtung entfallen.

Stattdessen ist unter der Bodenplatte eine kapillarbrechende Schüttung (Wasserdurchlässigkeitsbeiwert $k > 10^{-4}$ m/s) mit einer Dicke von mind. 15 cm einzubauen.

Diese Maßnahme darf nur durchgeführt werden, wenn der Bemessungswasserstand mind. 50 cm unterhalb der Bodenplatte (Unterkante) liegt.

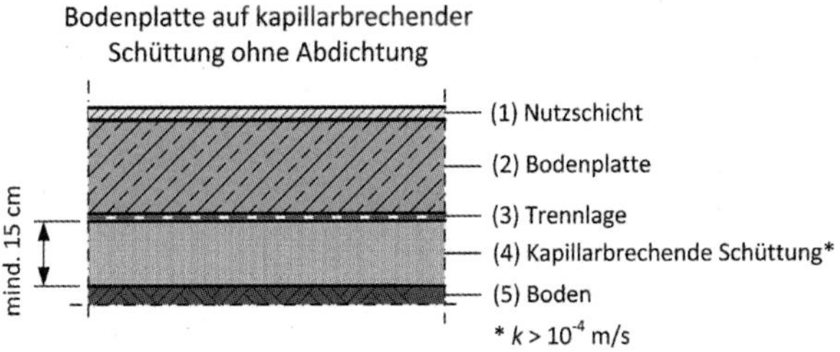

Bild 3: *Schichtenfolge bei einer erdberührten Bodenplatte bei W1-E und RN1-E (in Anlehnung an DIN 18533-1, Bild 14)*
(Quelle: Prof. Dr.-Ing. Peter Schmidt)

Abdichtung bei W2-E

Zuordnung der Abdichtungsbauarten bei W2.1-E

Erdberührte Bauteile mit W2.1-E (drückendes Wasser, mäßige Einwirkung; Eintauchtiefe ≤ 3,0 m) dürfen mit Abdichtungsbauarten aus

- bahnenförmigen Abdichtungsstoffen sowie
- mit kunststoffmodifizierten Bitumendickbeschichtungen (PMBC)

abgedichtet werden.

Tabelle 1: *Abdichtungsbauarten für erdberührte Bauteile bei W2.1-E (mäßige Einwirkung durch drückendes Wasse; Eintauchtiefe ≤ 3,0 m)*

Wassereinwirkungsklasse	**Anwendungsbereich**	**Abdichtungsbauart**	**Abdichtungsaufbau**
W2.1-E	Erdberührte Bauteile bei mäßiger Einwirkung durch drückendes Wasser (Eintauchtiefe ≤ 3 m)	Bitumen- und Polymerbitumenbahnen	DIN 18533-2, Tab. 9
		Kunststoff- oder Elastomerbahn	DIN 18533-2, Tab. 17
		PMBC FPD	DIN 18533-3, Tab. 1
PMBC: Kunststoffmodifizierte Bitumendickbeschichtung. FPD: Flexible kunststoffmodifizierte Dickbeschichtung.			

Zuordnung der Abdichtungsbauarten bei W2.2-E

Für erdberührte Bauteile mit W2.2-E (drückendes Wasser, hohe Einwirkung; Eintauchtiefe > 3,0 m) sind als Abdichtungsbauarten nur solche mit bahnenförmigen Abdichtungsstoffen zulässig.

Bauarten mit flüssig zu verarbeitenden Abdichtungsstoffen sind bei W2.2-E nicht zulässig!

***Tabelle 2:** Abdichtungsbauarten für erdberührte Bauteile bei W2.2-E (hohe Einwirkung durch drückendes Wasser; Eintauchtiefe > 3,0 m)*

Wassereinwirkungsklasse	Anwendungsbereich	Abdichtungsbauart	Abdichtungsaufbau
W2.2-E	Erdberührte Bauteile bei hoher Einwirkung durch drückendes Wasser (Eintauchtiefe > 3 m)	Bitumen- und Polymerbitumenbahnen	DIN 18533-2, Tab. 9
		Kunststoff- oder Elastomerbahn	DIN 18533-2, Tab. 17

Typische Abdichtungsbauweisen bei erdberührten Wänden bei W2-E

Die Schichtenfolge für typische Abdichtungsbauweisen bei erdberührten Wänden bei W2.1-E (drückendes Wasser, mäßige Einwirkung) und W2.2-E (drückendes Wasser, hohe Einwirkung) ist in nachfolgender Abbildung dargestellt:

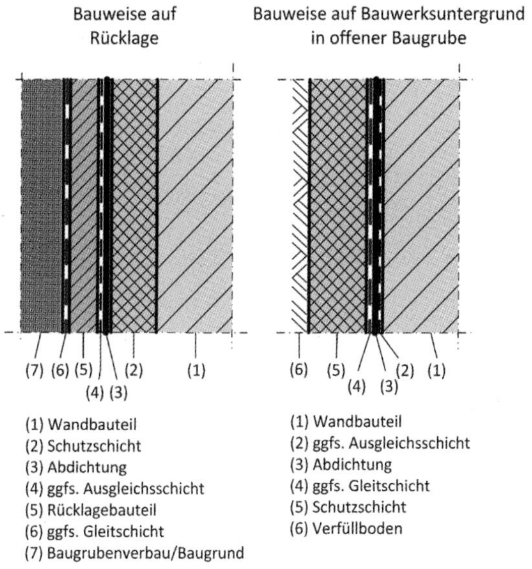

***Bild 1:** Schichtenfolge für typische Abdichtungsbauweisen bei erdberührten Wänden bei W2-E (drückendes Wasser) (in Anlehnung an DIN 18533-1, Bild 15) (Quelle: Prof. Dr.-Ing. Peter Schmidt)*

Typische Abdichtungsbauweisen bei erdberührten Bodenplatten bei W2-E

Die Schichtenfolge für typische Abdichtungsbauweisen bei erdberührten Bodenplatten bei W2.1-E und W2.2-E ist in nachfolgender Abbildung dargestellt:

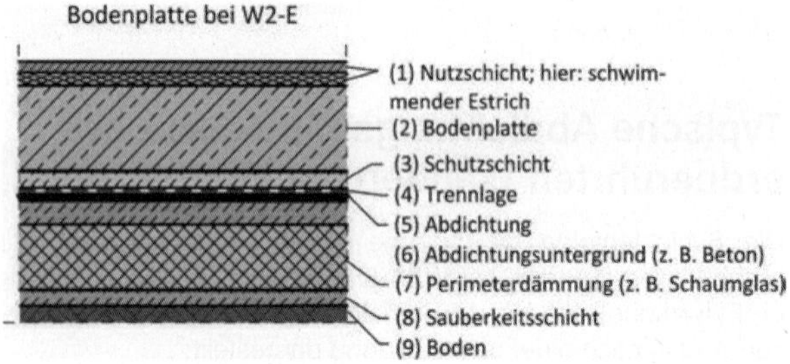

Bild 2: *Schichtenfolge für typische Abdichtungsbauweisen bei erdberührten Bodenplatten bei W2-E (drückendes Wasser) (in Anlehnung an DIN 18533-1, Bild 16) (Quelle: Prof. Dr.-Ing. Peter Schmidt)*

Abdichtung von erdüberschütteten Decken bei W3-E

Zuordnung der Abdichtungsbauarten

Für erdüberschüttete Decken mit W3-E (nicht drückendes Wasser, Anstauhöhe max. 10 cm), sind die in der folgenden Tabelle angegebenen Abdichtungsbauarten geeignet.

Tabelle 1: *Abdichtungsbauarten für erdberührte Bauteile bei W3-E (nichtdrückendes Wasser auf erdüberschütteten Decken)*

Wassereinwirkungsklasse	Anwendungsbereich	Abdichtungsbauart	Abdichtungsaufbau
W3-E	Erdüberschüttete Deckenfläche bei Beanspruchung durch nicht drückendes Wasser (Anstauhöhe ≤ 10 cm)	Asphaltmastix i. V. m. Gussasphalt	DIN 18533-3, Tab. 1
		Bitumen- und Polymerbitumenbahnen	DIN 18533-2, Tab. 9
		FLK	DIN 18533-3, Tab. 1
		Polymerbitumen-Schweißbahn i. V. m. Gussasphalt	DIN 18533-3, Tab. 1
		Kunststoff- oder Elastomerbahn	DIN 18533-2, Tab. 17
		PMBC FPD	DIN 18533-3, Tab. 1

FLK: Flüssigkunststoff

PMBC: Kunststoffmodifizierte Bitumendickbeschichtung.

FPD: Flexible kunststoffmodifizierte Dickbeschichtung.

Typische Abdichtungsbauweisen bei erdüberschütteten Decken bei W3-E

Die Schichtenfolge für typische Abdichtungsbauweisen bei erdüberschütteten Decken bei W3-E (nichtdrückendes Wasser auf erdüberschütteten Decken) ist in nachfolgender Abbildung dargestellt:

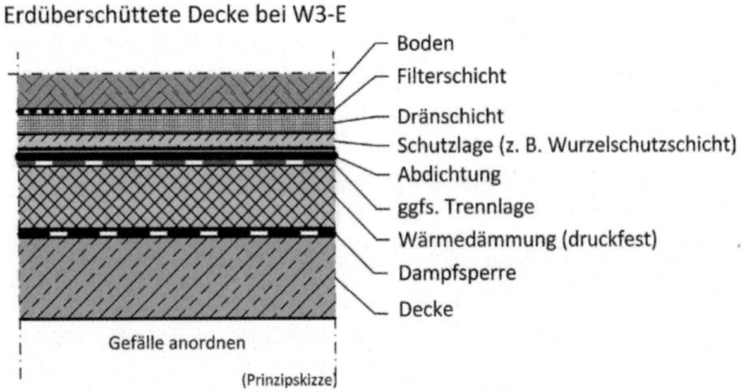

Bild 1: *Schichtenfolge für typische Abdichtungsbauweisen bei erdüberschütteten Decken bei W3-E (nicht drückendes Wasser bei erdüberschütteten Decken) (in Anlehnung an DIN 18533-1, Bild 17) (Quelle: Prof. Dr.-Ing. Peter Schmidt)*

Wandsockel sowie Abdichtungen in und unter Wänden bei W4-E

Zuordnung der Abdichtungsbauarten

Für Wandsockel sowie Abdichtungen in und unter Wänden, die durch Wassereinwirkungsklasse W4-E (Spritzwasser am Wandsockel, aufsteigende Feuchte) beansprucht werden, sind die in nachfolgender Tabelle angegebenen Abdichtungsbauarten zulässig:

***Tabelle 1:** Abdichtungsbauarten für Wandsockel sowie Abdichtungen in und unter Wänden bei W4-E*

Wassereinwirkungsklasse	Anwendungsbereich	Abdichtungsbauart	Abdichtungsaufbau
W4-E	Abdichtung an Wandsockeln (gegen Spritzwasser) Abdichtung in und unter Wänden (gegen kapillar aufsteigende Feuchte)	Bitumen- und Polymerbitumenbahnen	DIN 18533-2, Tab. 9
		Kunststoff- oder Elastomerbahn	DIN 18533-2, Tab. 17
		rissüberbrückende MDS	DIN 18533-3, Tab. 1
		FLK	DIN 18533-3, Tab. 1
		PMBC[1)] FPD	DIN 18533-3, Tab. 1

MDS: Mineralische Dichtungsschlämmen.

FLK: Flüssigkunststoff.

PMBC: Kunststoffmodifizierte Bitumendickbeschichtung.

FPD: Flexible, kunststoffmodifizierte Dickbeschichtung.

1) Nicht als Querschnittsabdichtung

Wandsockel (W4-E)

Ausführungsregeln:

- Abdichtungsstoff für den Wandsockel = Abdichtungsstoff der erdberührten Wand
- Alternativ können auch andere Abdichtungsstoffe für den Sockel verwendet werden (abhängig von der Bauart der Außenwand).
- Hochführen der (Wand-)Abdichtung mind. bis 30 cm im Bauzustand über die Geländeoberfläche (15 cm im fertigen Zustand). Das Hochführen der Abdichtungsschicht über Geländeoberfläche ist nicht erforderlich, wenn im Sockelbereich Stoffe verwendet werden, die ausreichend wasserabweisend sind (z. B. wasserabweisender Sockelputz) und die Abdichtungsschicht nicht hinterlaufen werden kann.
- Niveaugleiche Schwellen von Hauseingangs- und Terrassentüren. Die Abdichtung ist entweder durch Klemmprofile o. Ä. an den Rahmen der Türkonstruktion anzuschließen oder hinter diesen zu führen, um ein Hinterlaufen der Abdichtung zuverlässig zu verhindern. Außen vor der Türschwelle ist eine Entwässerungsrinne anzuordnen. Außerdem ist der Belag mit einem ausreichenden Gefälle, das von der Tür weg weist, zu verlegen (siehe Abschnitt „Hauseingänge, Außentüren, niveaugleiche Schwellen").
- Für Wände in Holzbauweise und Holzkonstruktionen sind zusätzlich die Anforderungen der DIN 68800[1] zu beachten.

Abschluss der Abdichtung am Sockel (Sockelabschluss)

Der Abschluss stellt das gesicherte Ende oder den gesicherten Rand einer Abdichtung dar.

Ausführungsregeln:

- Der obere Abschluss der Abdichtung (Abdichtungsrand) darf nicht hinterlaufen werden.
- Auf den Abschluss sollte möglichst keine oder nur eine geringfügige Wassereinwirkung wirken.

[1] DIN 68800: Holzschutz; Teile 1 bis 4; unterschiedliche Ausgabedaten

- Die hochgeführte Abdichtung ist vor mechanischen Beschädigungen zu schützen (z. B. Anordnung hinter Bekleidungen, Dämmplatten o. Ä.).
- Bei geschützten und gegen Abrutschen gesicherten Abschlüssen werden keine weiteren Einbauteile benötigt.
- Die Sicherung gegen Abrutschen eines geschützt liegenden Abdichtungsrands erfolgt durch Blechbänder oder Folienbleche.

Verschiedene Ausführungsmöglichkeiten der Abdichtung des Wandsockels:

- Sockelputz
- Anordnung der Abdichtungsschicht hinter Bekleidungen bzw. WDVS
- Hochführen der Abdichtungsschicht an der Tragschale (innen) bei zweischaligem Mauerwerk

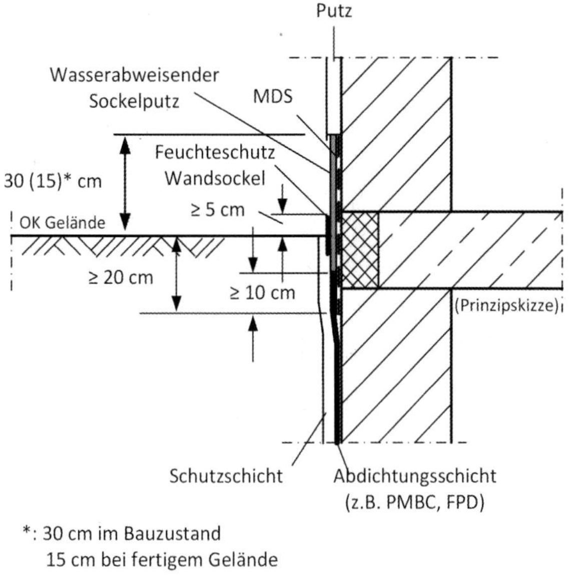

***Bild 1:** Anordnung der Abdichtung im Sockelbereich bei verputzter Wand (in Anlehnung an DIN 18533-1, Bild 19) (Quelle: Prof. Dr.-Ing. Peter Schmidt)*

Wandsockel sowie Abdichtungen in und unter Wänden bei W4-E

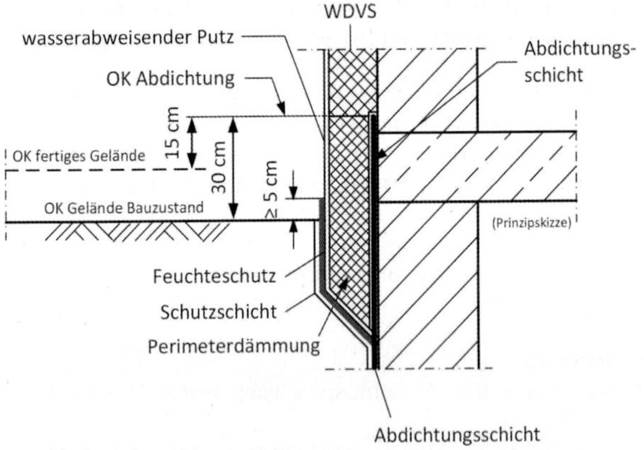

Bild 2: *Anordnung der Abdichtungsschicht am Wandsockel einer Außenwand mit Wärmedämmverbundsystem (WDVS) (in Anlehnung an DIN 18533-1, Bild 20) (Quelle: Prof. Dr.-Ing. Peter Schmidt)*

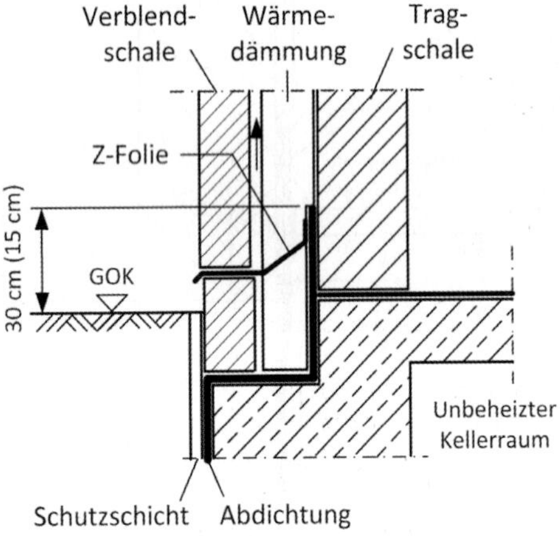

Bild 3: *Anordnung der Abdichtungsschicht am Sockel bei zweischaligem Mauerwerk (in Anlehnung an DIN 18533-1, Bild 21) (Quelle: Prof. Dr.-Ing. Peter Schmidt)*

Abdichtungen in und unter Wänden (Querschnittsabdichtungen) (W4-E)

Ausführungsregeln

- Anordnung einer Querschnittsabdichtung grundsätzlich unter allen Außenwänden
- Anordnung einer Querschnittsabdichtung unter allen Innenwänden, die aus kapillar leitfähigen Baustoffen bestehen (z. B. Mauerwerk) oder durch aufsteigende Feuchte geschädigt werden können

Beispiel

Querschnittsabdichtungen bei Bodenplatten aus wasserundurchlässigem Beton (WU-Beton) sind nicht erforderlich.

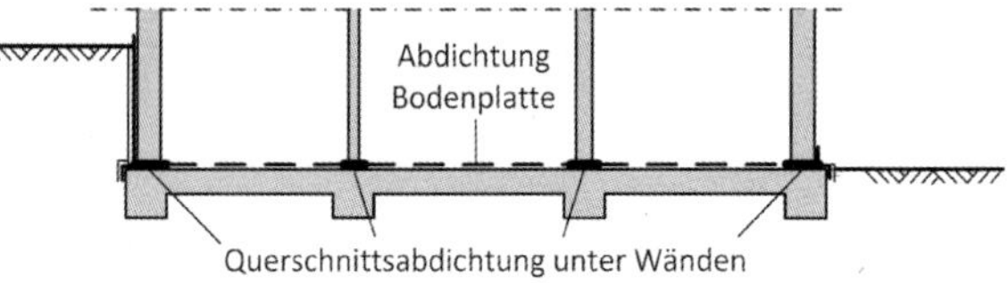

Bild 4: *Prinzipielle Anordnung der Querschnittsabdichtung bei Streifenfundamenten und nicht wasserundurchlässiger Bodenplatte.*
(Quelle: Prof. Dr.-Ing. Peter Schmidt)

Stoffe für Querschnittsabdichtungen

Folgende Stoffe können verwendet werden:

- Bitumen- und Polymerbitumenbahnen
- Kunststoff- und Elastomerbahnen
- rissüberbrückende MDS (mineralische Dichtungsschlämmen)
- Flüssigkunststoffe (FLK)

- flexible kunststoffmodifizierte Dickbeschichtungen (FPD), **zu beachten:**
  - Die Scherfestigkeit der Lagerfuge ist im Wesentlichen von der Auflast abhängig. Aus diesem Grund sollte die Baugrube erst dann verfüllt werden, wenn die Wände ausreichend belastet und aussteifende Bauteile (Decke, aussteifende Querwände) eingebaut sind. Ansonsten besteht die Gefahr, dass sich Kelleraußenwände durch den Erddruck der Baugrubenverfüllung verformen und Rissbildungen aufgrund zu hoher Beanspruchung zu erwarten sind.

Anschlüsse an die Querschnittsabdichtung

- Die Abdichtung der Bodenplatte (bei Bodenplatten, die auf der Oberseite abgedichtet sind – W1-E – „Bodenfeuchte und nicht drückendes Wasser“) ist an die Querschnittsabdichtung der Wand so anzuschließen, dass am Anschluss kein kapillarer Wassertransport möglich ist (z. B. durch Putzbrücken).
- Der Anschluss kann durch Heranführen, Überlappung und/oder Verklebung erfolgen.

Übergänge zwischen Boden- und Wandabdichtung

Übergang: Verbindung unterschiedlicher Abdichtungsbauarten.

Beispiele: Übergang von einer Abdichtung mit bahnenförmigen Stoffen auf eine Abdichtung mit flüssig zu verarbeitenden Stoffen und umgekehrt oder bahnenförmige Abdichtung auf Bodenplatte als wasserundurchlässige Betonkonstruktion (WU-Beton)

Übergang bei gleichartiger Boden- und Wandabdichtung

Bei W2-E (drückendes Wasser):

- Die Abdichtung muss um den abzudichtenden Baukörper eine geschlossene Wanne bilden.
- Ausführung der Abdichtung von innen auf einer Wandrücklage aus Mauerwerk bzw. Fertigteilen.
- Alternativ kann die Abdichtung auch von außen auf die fertiggestellten Bauteile eingebaut werden.

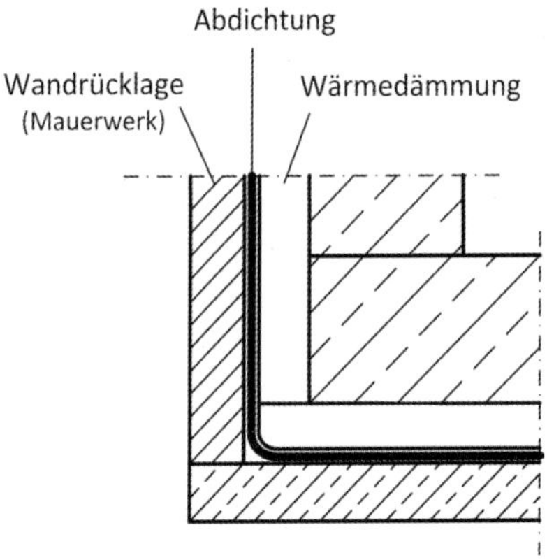

Bild 1: *Übergang zwischen Boden- und Wandabdichtung bei W2-E (in Anlehnung an DIN 18533-1, Bild 25) (Quelle: Prof. Dr.-Ing. Peter Schmidt)*

Übergang der Wandabdichtung auf eine Bodenplatte aus WU-Beton

Bei W1-E:

- Es sind keine besonderen konstruktiven Maßnahmen erforderlich.

Bei W2-E (bis 3 m Wassersäule):

- Ausbildung des Übergangs als adhäsive Verbindung
- max. Belastung bis 3 m Wassersäule

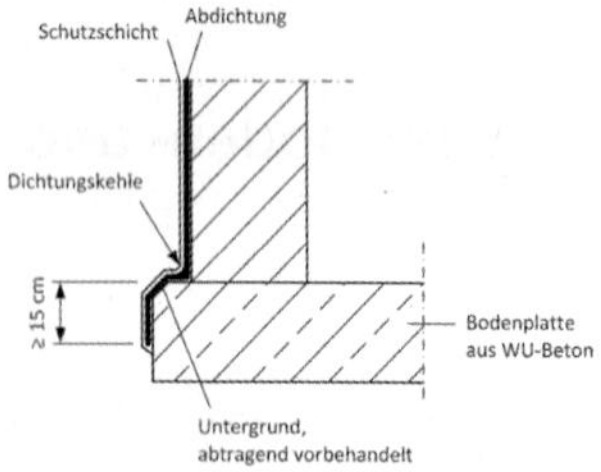

***Bild 2:** Ausbildung des adhäsiven Übergangs einer Wandabdichtung auf eine Bodenplatte aus WU-Beton (bei W2-E bis 3 m Wassersäule) (in Anlehnung an DIN 18533-1, Bild 26) (Quelle: Prof. Dr.-Ing. Peter Schmidt)*

Bei W2-E (bis 10 m Wassersäule):

- Ausbildung des Übergangs mit einem Einbauteil
- max. Belastung bis 10 m Wassersäule

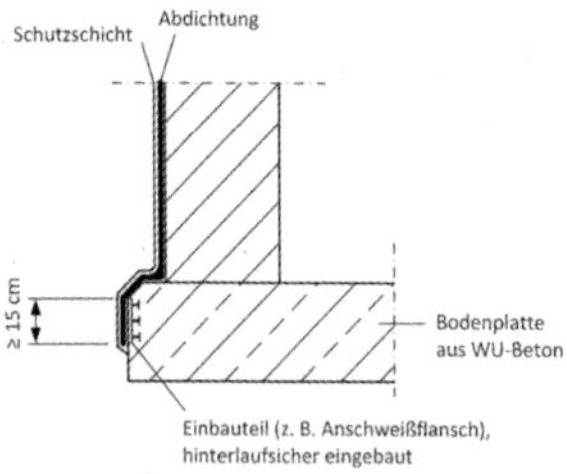

***Bild 3:** Ausbildung des Übergangs einer Wandabdichtung auf eine Bodenplatte aus WU-Beton mit einem Einbauteil (bei W2-E, bis 10 m Wassersäule) (in Anlehnung an DIN 18533-1, Bild 27) (Quelle: Prof. Dr.-Ing. Peter Schmidt)*

Durchdringungen

Durchdringungen sind Bauteile, die die Abdichtung durchdringen (z. B. Rohrdurchführungen, Abläufe, Verankerungen).

Die Abdichtung von Durchdringungen erfolgt durch einen wasserdichten Anschluss der Abdichtung an das durchdringende Bauteil.

Der Anschluss erfolgt je nach Abdichtungsbauart durch Verkleben, Schweißen der Abdichtung an Klebe- bzw. Anschweißflansche oder mithilfe von Manschetten und Schellen.

Bei Los- und Festflanschkonstruktionen wird der Anschluss der Abdichtung durch Einpressen der (bahnenförmigen) Abdichtung zwischen einem Losflansch und Festflansch hergestellt.

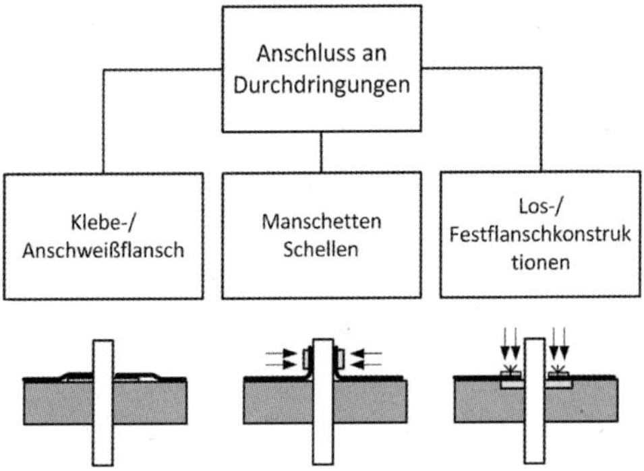

Bild 1: *Funktionsprinzip der Abdichtung von Durchdringungen (Quelle: Prof. Dr.-Ing. Peter Schmidt)*

Grundsätzliche Regeln:

- Begrenzung auf unbedingt notwendige Anzahl.
- Anordnung und Einbau müssen so erfolgen, dass Abdichtung fachgerecht an die Durchdringung angeschlossen werden kann.
- Bei W2-E (drückendes Wasser) Anordnung möglichst oberhalb des Bemessungswasserstands (HGW/HHW) (Anmerkung: Die Mindest-Verlegetiefen von Leitungen im Boden sind zu beachten).

- Für Leitungen sind Gruppendurchführungen vorzusehen (z. B. Mehrspartenhauseinführung).
- Mindestabstände von Durchdringungen siehe folgende Tabelle.

Tabelle 1: *Mindestabstände von Durchdringungen (n. DIN 18533-1, 10.2)*

Abstand der Durchdringung	Mindestabstand	
	Durchdringungen mit Klebe-, Anschweißflanschen, Manschetten	**Durchdringung mit Los- und Festflanschkonstruktion**
untereinander	15 cm	30 cm (empfohlener Wert)
zu anderen Bauteilen (Wände, Kanten, Kehlen)	15 cm	30 cm
zu Bewegungsfugen	30 cm	50 cm
Maßgebend sind die Außenkanten der Flansche/Manschette.		

Tabelle 2: *Ausführung der Abdichtung von Durchdringungen*

Wassereinwirkungsklasse	Abdichtungsbauart	
	bahnenförmige Abdichtungsstoffe	flüssig zu verarbeitende Abdichtungsstoffe
W1-E	Anschluss der Bahnen mit • Klebeflansch • Anschweißflansch • Manschette und Schelle • flüssige Stoffe	direkter Anschluss Manschetten
	Bei Bodenplatten bei W1-E darf die Abdichtung auch einfach an das durchdringende Bauteil herangeführt werden (Flansche o. Ä. sind nicht erforderlich).	
W2-E	Anschluss mit Los- und Festflanschkonstruktionen	-
W2.1-E	Anschluss auch mit geprüften Hauseinführungssystemen möglich (Dichtflansch ≥ 30 mm). Voraussetzung: ebene, feste Wand- bzw. Abdichtungsoberfläche im Bereich des Dichtflansches	

Tabelle 2: *Ausführung der Abdichtung von Durchdringungen*

Wassereinwirkungsklasse	Abdichtungsbauart	
W3-E	Anschluss mit Klebeflansch Anschweißflansch Manschette/Schelle Los-/Festflanschkonstruktion	-

Beispiel

Die Ausführung der Abdichtung von Durchdringungen ist abhängig von der Abdichtungsbauart und der Wassereinwirkungsklasse.

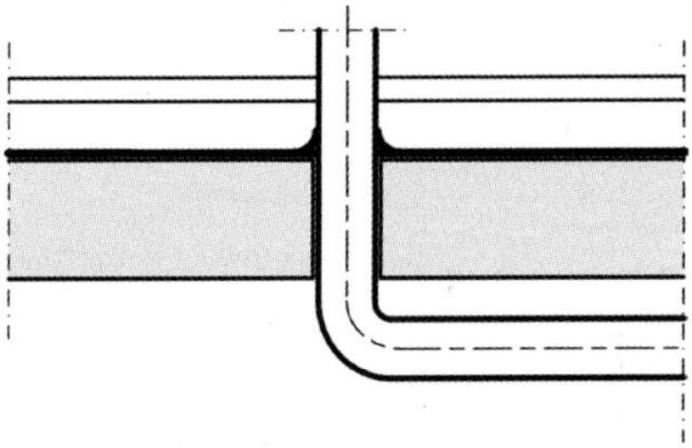

Bild 2: *Rohrdurchführung durch eine Bodenplatte bei W1-E (in Anlehnung an DIN 18533-1, Bild 29) (Quelle: Prof. Dr.-Ing. Peter Schmidt)*

Bewegungsfugen

Bewegungsfugen dienen dazu, ein Bauwerk oder Bauteil in voneinander verformungsunabhängige Abschnitte aufzuteilen, um Verformungen und Bewegungen zu ermöglichen und Schäden durch Zwangsbeanspruchungen zu vermeiden.

Fugentypen

Unterscheidung in **Fugentyp I und Fugentyp II** abhängig von der Art der Bewegung.

Tabelle 1: *Fugentypen*

Fugentyp	Art der Bewegung	Beispiele
Fugentyp I	langsam ablaufende und einmalige/seltene Bewegungen	Setzungen Längenänderungen durch jahreszeitliche Temperaturänderungen
Fugentyp II	schnell ablaufende/sich häufig wiederholende Bewegungen	wechselnde Verkehrslasten Längenänderungen durch tageszeitliche Temperaturänderungen

Verformungsklassen

In Abhängigkeit von den zu erwartenden Bewegungen werden verschiedene Verformungsklassen (VK) unterschieden.

Tabelle 2: *Verformungsklassen (VK) bei Bewegungsfugen (in Anlehnung an DIN 18533-1, Tab. 9)*

Verformungsklasse (VK)	Resultierende Verformung v_r mm	Maximale Einzelverformung entweder in x- oder y-Richtung	
		v_x mm	v_y mm
VK1-E	≤ 5	-	-
VK2-E	≤ 10	10	10

Tabelle 2: *Verformungsklassen (VK) bei Bewegungsfugen (in Anlehnung an DIN 18533-1, Tab. 9)*

Verformungsklasse (VK)	Resultierende Verformung v_r mm	Maximale Einzelverformung entweder in x- oder y-Richtung	
		v_x mm	v_y mm
VK3-E	≤ 15	20	20
VK4-E	≤ 20	30	30
VK5-E	≤ 25	40	-

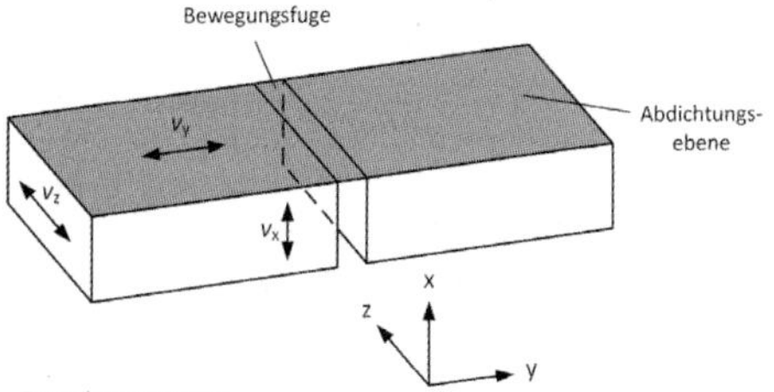

Fugenbewegungen:
x: senkrecht zur Abdichtungsebene (z.B. Setzungen)
y: parallel zur Abdichtungsebene (Dehnung bzw. Stauchung)
z: Scherung (in Fugenrichtung)

Bild 1: *Definition der Fugenbewegungen (in Anlehnung an DIN 18533-1, Bild 31) (Quelle: Prof. Dr.-Ing. Peter Schmidt)*

Ausführung der Fugenabdichtung

Die Ausführung der Fugenabdichtung ist abhängig vom Fugentyp (Typ I oder II), der Verformungsklasse (VK) und der Wassereinwirkung.

Allgemeine Regeln:

- Bewegungsfugen sind auf die unbedingt notwendige Anzahl zu begrenzen.
- Fugenverlauf möglichst geradlinig und ohne Versprünge
- Schnittwinkel der Fuge mit Kehlen und Kanten ungefähr 90°
- Nennfugenbreite mind. 20 mm
- dichte Verbindung der Fugenabdichtung mit der Flächenabdichtung

- Bei Fugen in erdüberschütteten Decken mit schlaufenartiger Abdichtung darf die Entwässerung nicht über die Fuge erfolgen.
- Die Flächenabdichtung muss auf beiden Seiten der Fuge in derselben Ebene liegen. Ein Versprung der Abdichtungsebene ist nicht zulässig.
- Der Mindestabstand von Fugen zu parallel verlaufenden Kanten und Kehlen sollte 30 cm betragen, der Mindestabstand zu Durchdringungen 30 cm (Ausnahmen bei W1.-E und W3-E; siehe Norm).
- Stoffe zur Füllung der Fuge müssen mit der Fugenabdichtung verträglich sein.

Ausführung der Fugenabdichtung:

- Abdichtung mit Bahnen (schlaufenartige Ausbildung); geeignet sind Bitumen- und Polymerbitumenbahnen mit Polyestervlieseinlage oder Kombinationsträgereinlage (KTP) nach DIN EN 13969[1] sowie Kunststoff- oder Elastomerbahnen nach DIN EN 13967[2], auch solche mit Vlies- oder Gewebekaschierung
- Fugenbänder aus thermoplastischen Kunststoffen (nach DIN 18541-2[3])
- Elastomerfugenbänder (nach DIN 7865-2[4])

Detaillierte Regeln hierzu finden sich in den Teilen 2 (für bahnenförmige Abdichtungen) und 3 (für Abdichtungen aus flüssig zu verarbeitenden Stoffen) der DIN 18533.

1 DIN EN 13969:2007-03: Abdichtungsbahnen - Bitumenbahnen für die Bauwerksabdichtung gegen Bodenfeuchte und Wasser - Definitionen und Eigenschaften

2 DIN EN 13967:2017-08: Abdichtungsbahnen - Kunststoff- und Elastomerbahnen für die Bauwerksabdichtung gegen Bodenfeuchte und Wasser - Definitionen und Eigenschaften

3 DIN 18541-2:2021-01: Fugenbänder aus thermoplastischen Kunststoffen zur Abdichtung von Fugen in Beton - Teil 2: Anforderungen an die Werkstoffe und Prüfung

4 DIN 7865-2:2022-08: Elastomer-Fugenbänder zur Abdichtung von Fugen in Beton - Teil 2: Werkstoff-Anforderungen und Prüfung

Tür- und Fensteranschlüsse

Allgemeines

Die Anschlusshöhe sollte auch im Bereich von Türen und Fenstern[1] im fertigen Zustand **mindestens 15 cm über Geländeoberfläche bzw. Belagoberfläche** betragen.

Grund:

Vermeidung des Eindringens von Niederschlagswasser über die Türschwelle

- durch Spritzwasser bei Schlagregen,
- bei Schneematschbildung oder Vereisung,
- bei Aufstau infolge Starkregens,
- aufgrund verstopfter Abläufe oder bei behinderter Wasserableitung.

Ausführung von Türanschlüssen bei Anschlusshöhen von ≥ 15 cm

Bei W1-E und W4-E:

Bei W1-E (Bodenfeuchte und nichtdrückendes Wasser) und W4-E (Wandsockel) gelten folgende Regeln:

- **Geeignete Türen:** Türen müssen so konstruiert sein, dass die Abdichtung auf einer ausreichend breiten Anschlussfläche am Türprofil (bzw. an der Türschwelle) angeschlossen werden kann.
- **Rollladenschienen, Deckleisten:** Rollladenschienen und Deckleisten müssen so konzipiert sein, dass die Abdichtung hinter diese geführt werden kann (d. h. sie müssen demontierbar sein, damit eine Montage nach Ausführung des Anschlusses möglich ist). Die Abdichtung darf durch Befestigungen der Rollladenschienen bzw. Deckleisten nicht perforiert werden; ggf. erforderliche Durchdringungen sind fachgerecht abzudichten.

[1] Anmerkung: Nachfolgend wird vereinfachend anstelle von „Türen und Fenster“ bzw. „Tür- und Fensteranschlüsse“ nur der Begriff „Türen“ bzw. „Türanschlüsse“ verwendet.

- **Entwässerungsöffnungen:** Entwässerungsöffnungen in den Türprofilen müssen nach außen entwässern (s. Abb.).
- **Anschluss der Abdichtung:** Die Abdichtung ist hinterlaufsicher am Türprofil (Rahmen und Schwelle) anzuschließen und muss dort gegen Abrutschen gesichert sein (z. B. durch Verklebung, Klemmschienen).
- **Oberflächengefälle:** Das Oberflächengefälle muss von der Tür weg orientiert sein.
- **Belag:** Der Belag sowie die Geländeoberfläche sollten so beschaffen und ausgebildet sein, dass die Türschwelle nicht überstaut werden kann.

***Bild 1:** Nach außen führende Entwässerungsöffnung in einer Türschwelle (Quelle: Prof. Dr.-Ing. Peter Schmidt)*

Ausführung bei W2-E (drückendes Wasser):

- Bei W2-E sind Türanschlüsse Sonderkonstruktionen und im Einzelfall zu planen. Normative Angaben sind nicht möglich.

Planungsgrundsätze für Anschlusshöhen von mehr als 5 cm bis 15 cm

Für Anschlusshöhen von mehr als 5 cm bis 15 cm werden in DIN 18533 nur Planungsgrundsätze angegeben, da aufgrund der Vielzahl möglicher Konstruktionsvarianten keine normativen Regelungen möglich sind.

Zusätzlich zu den o. g. Regeln für Anschlüsse mit einer Anschlusshöhe von 15 cm gelten folgende Regeln:

- **Entwässerungsrinne:** Einbau einer wannenartigen Entwässerungsrinne vor der Tür auf gesamter Türbreite mit Anschluss an die Gebäudeentwässerung (alternativ Anschluss an eine dauerhaft funktionsfähige Versickerungsanlage).
- **Alternativ zur Entwässerungsrinne:** Anordnung ausreichend großer Vordächer oder Dachüberstände. Anordnung der Tür in einem Fassadenrücksprung. Ziel der Maßnahmen: Verringerung der Wassereinwirkung im Türbereich.
- **Kombination** der o. g. Maßnahmen (Entwässerungsrinne plus Vordach, Dachüberstand).

Planungsgrundsätze für Anschlusshöhen von weniger als 5 cm

Für Anschlusshöhen von weniger als 5 cm werden in DIN 18533 nur Planungsgrundsätze angegeben, da aufgrund der Vielzahl möglicher Konstruktionsvarianten keine normativen Regelungen möglich sind.

Es gelten folgende Regeln:

Schlagregendichtheit: Türen (einschl. Schwellen und Aufdoppelungsprofile) müssen schlagregendicht sein (Prüfung nach DIN EN 1027[2] und DIN EN 12208[3]) und für Anschlusshöhen von weniger als 5 cm geeignet sein.

Hinterlaufsicherheit: Der obere Abdichtungsrand muss hinterlaufsicher ausgebildet sein. Zur Sicherung sind Schlagregendichtbänder geeignet, die überlappend an die Abdichtung angeschlossen werden und den Abdichtungsrand gegen Hinterlaufen schützen.

Türschwellen aus Holz: Türschwellen aus Holz (einschl. der Bodeneinstandsprofile) sind nicht zu empfehlen. Grund: Eingedrungene Feuchtigkeit kann nicht abtrocknen und schädigt das Holz.

Abdichtung im Bereich Türleibungen: Im Bereich der Türleibungen ist die Abdichtung mindestens 15 cm über Belagoberfläche hochzuführen.

---

[2] DIN EN 1027:2016-09: Fenster und Türen – Schlagregendichtheit - Prüfverfahren

[3] DIN EN 12208:2000-06: Fenster und Türen – Schlagregendichtheit - Klassifizierung

Verringerung der Wassereinwirkung: Die Wassereinwirkung im Türbereich ist zu verringern. Geeignete Maßnahmen sind:

- **Entwässerungsrinne:** Anordnung einer Entwässerungsrinne mit aufliegenden Rosten vor der Tür auf gesamter Türbreite mit staufreier Entwässerung. Anmerkung: Eine Entwässerungsrinne ist nur dann nicht erforderlich, wenn durch gleichwertige Maßnahmen die Schlagregenbeanspruchung im Türbereich dauerhaft und wirksam vermieden wird.
- **Wetterschenkel:** Am unteren Bereich des Flügelrahmens der Tür ist ein Wetterschenkel anzuordnen.
- **Begleitheizung:** Die Entwässerung (Entwässerungsrinne, Entwässerungsleitungen) sollte mit einer Begleitheizung ausgestattet werden, um Verstopfung bei Schnee und Eis zu verhindern. Ab Schneelastzone 3 nach DIN EN 1991-1-3/NA[4] (Höhenlagen der Mittelgebirge, Nordost-Deutschland (z. B. Insel Rügen), Alpen) ist eine Begleitheizung vorgeschrieben.
- **Überstauung der Türschwelle verhindern:** Eine Überstauung der Türschwelle und des oberen Abdichtungsrands muss bei verstopfter Entwässerungsrinne verhindert werden; siehe DIN 1986-100[5] und DIN EN 12056-3[6].
- **Gefälle:** Das Oberflächengefälle des Belags vor der Tür sollte von der Tür weg orientiert sein.

Barrierefreie Übergänge

Hinweis

Barrierefreie Übergänge mit Anschlusshöhen von ≤ 2 cm erfordern eine auf den Einzelfall abgestimmte Planung und Ausführung!

Es ist zu beachten, dass die Abdichtung allein die Dichtfunktion am Türanschluss nicht sicherstellen kann. Es sind daher weitere Maßnahmen erforderlich, die das Eindringen von Wasser sowie das Hinterlaufen der Abdichtung verhindern.

---

[4] DIN EN 1991-1-3/NA:2019-04: Nationaler Anhang – National festgelegte Parameter – Eurocode 1: Einwirkungen auf Tragwerke – Teil 1-3: Allgemeine Einwirkungen – Schneelasten

[5] DIN 1986-100:2016-12: Entwässerungsanlagen für Gebäude und Grundstücke – Teil 100: Bestimmungen in Verbindung mit DIN EN 752 und DIN EN 12056

[6] DIN EN 12056-3:2001-01: Schwerkraftentwässerungsanlagen innerhalb von Gebäuden – Teil 3: Dachentwässerung, Planung und Bemessung

Anschluss der Abdichtung

Der Anschluss der Abdichtung kann auf der Außenseite sowie auf der Innenseite der Türschwelle und des Türrahmens erfolgen; siehe hierzu die beiden Prinzipskizzen.

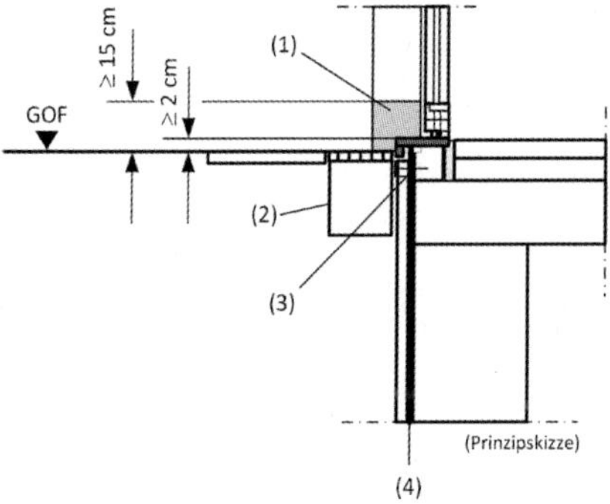

(1) Abdichtung an der Leibung
(2) Entwässerungsrinne mit rückstaufreier Entwässerung
(3) Anschluss der Abdichtung an der Türschwelle von außen
(4) Abdichtungsschicht
GOF: Gelände-/Belagoberfläche

Bild 2: *Anschluss der Abdichtung auf der Außenseite von Türschwelle und -rahmen (Außenanschluss) (in Anlehnung an DIN 18533-1, Bild 28a) (Quelle: Prof. Dr.-Ing. Peter Schmidt)*

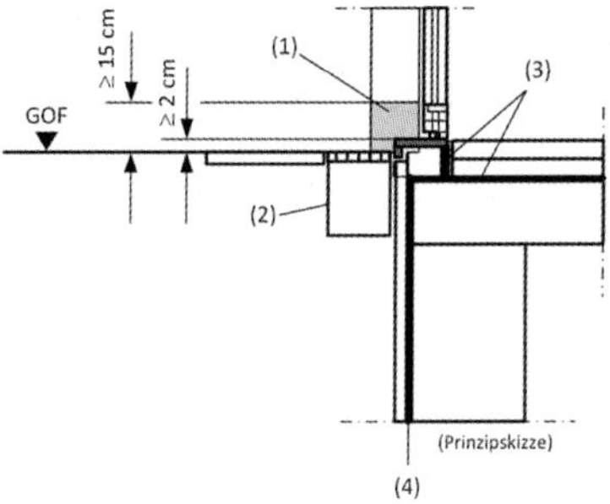

(1) Abdichtung an der Leibung
(2) Entwässerungsrinne mit rückstaufreier Entwässerung
(3) Anschluss der Abdichtung an der Türschwelle von innen oder an Innenabdichtung
(4) Abdichtungsschicht
GOF: Gelände-/Belagoberfläche

Bild 3: *Anschluss der Abdichtung auf der Innenseite von Türschwelle und -rahmen (Innenanschluss) (in Anlehnung an DIN 18533-1, Bild 28b) (Quelle: Prof. Dr.-Ing. Peter Schmidt)*

Außenanschluss einer bahnenförmigen Abdichtung an Blendrahmen- und Schwellenprofile mit flüssig zu verarbeitenden Abdichtungsstoffen

Bei Anschluss einer bahnenförmigen Abdichtung an Blendrahmen- und Schwellenprofile mit flüssig zu verarbeitenden Abdichtungsstoffen sind folgende Regeln zu beachten:

- **Anschlussflächen:** Die Anschlussflächen müssen geeignet sein.
- **Rillen, Vertiefungen im Bereich der Anschlussflächen**:
  - Rillen, Fasen, Stoßfugen, Versätze ≤ 1,2 mm sind zulässig.
  - Fugen, Versätze > 1,2 mm und ≤ 5 mm können bei den Abdichtungsarbeiten ausgeglichen werden (z. B. mit Abdichtungsstoffen).
  - Fugen, Versätze > 5 mm sind durch konstruktive Maßnahmen auszugleichen (z. B. Einbau von Füllprofilen, Keilen o. Ä.).
- **Abdichtungsstoffe:** Die Abdichtungsstoffe (Bahnen und Flüssigabdichtungsstoffe) müssen untereinander und mit angrenzenden Stoffen verträglich sein.
- **Anschlussbreite**:
  - **Anschlussbreite** des flüssig zu verarbeitenden Abdichtungsstoffs auf die Türprofile **≥ 5 cm**.
  - **Überlappungsbreite** des flüssig zu verarbeitenden Abdichtungsstoffs auf die Bahnen **≥ 10 cm**.
- **Lage des Anschlusses:** Der Anschluss der Abdichtung darf bei Schwellen mit reduzierter Anschlusshöhe bis zu 3 cm unter der Oberkante der Roste der Entwässerungsrinne bzw. Geländeoberfläche liegen.
- **Lage des Rahmenprofils:** Sofern das Rahmenprofil (Türrahmen) nicht in einer Ebene mit der Abdichtungsschicht liegt, muss es um mindestens 5 cm vor- oder zurückspringen (s. folgende Abb.).
- **Elementstöße:** An Elementstößen (z. B. vertikale Fugen zwischen Fertigteilen) muss der obere Abdichtungsrand gegen Hinterlaufen geschützt werden. Ansonsten muss die Stoßfuge wasserdicht ausgeführt werden.
- **Anschlusshöhe am Wandsockel, Leibungen:** Am benachbarten Wandsockel sowie an den Türleibungen muss die Anschlusshöhe mindestens 15 cm betragen. Anmerkung: Diese Regelung gilt laut Norm nur bei massiven Bauteilen, sollte aber nach Auffassung des Autors baustoffunabhängig grundsätzlich eingehalten werden.

- **Türen:** Türen müssen so konstruiert sein, dass die Abdichtung hinter Rollladenschienen und Deckleisten geführt werden kann. Rollladenschienen und Deckleisten müssen daher auf der Baustelle demontiert werden können oder im Bereich der Abdichtung eine Hinterschneidung aufweisen. Alternativ müssen die Anschlussflächen am Türrahmen ausreichend breit sein, damit die Abdichtung hier angeschlossen werden kann.
- **Entwässerungsöffnungen:** Entwässerungsöffnungen in den Türprofilen dürfen nicht nach unten entwässern. Die Entwässerung muss zur Außenseite erfolgen.

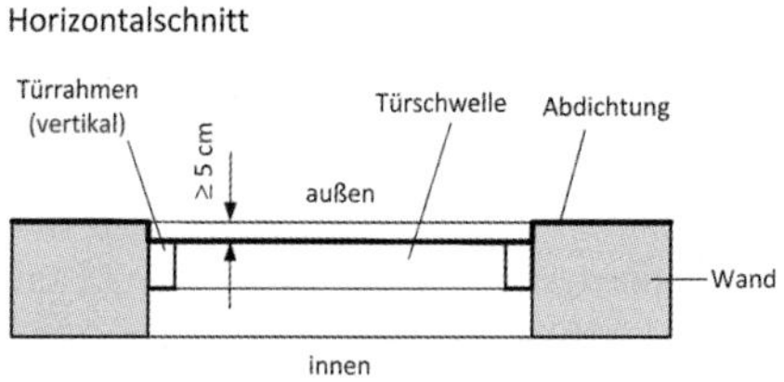

***Bild 4:** Anordnung des Türrahmens bei nicht bündiger Lage mit der Abdichtungsebene (Quelle: Prof. Dr.-Ing. Peter Schmidt)*

Innenanschluss der Abdichtung durch Unterfahren der Blendrahmen- und Schwellenprofile

Alternativ zum Außenanschluss kann die Abdichtung auch auf der Innenseite des Türrahmens und der Türschwelle angeschlossen werden. Hierzu müssen die Schwellen- und Rahmenprofile mit der Abdichtung unter- bzw. hinterfahren werden. Alternativ kann die Außenabdichtung auch an eine eventuell vorhandene Innenabdichtung nach DIN 18534[7] angeschlossen werden.

Weiterhin sind folgende Regeln zu beachten:

- **Blendrahmen-/Schwellenprofile:** Diese müssen gegenüber Einwirkungen durch Feuchtigkeit ausreichend widerstandsfähig sein und dürfen nicht geschädigt werden.
- **Perforation der Abdichtungsschicht:** Eine Perforation der Abdichtungsschicht (z. B. durch mechanische Befestiger) sollte vermieden werden. Sofern Perforationen notwendig sind, sind diese wie Durchdringungen abzudichten.

[7] DIN 18534:2025-10: Abdichtung von Innenräumen; Teile 1 bis 6

Lichtschächte und Gebäudeaußentreppen

Die Entwässerung des Lichtschachts bzw. der Gebäudeaußentreppe muss so erfolgen, dass ein Überstauen der Fensterbrüstung/der Türschwelle sicher vermieden wird.

Ausführung bei W1-E

Vorgefertigte Lichtschächte bzw. Gebäudeaußentreppenteile dürfen erst nach Ausführung und Fertigstellung der Abdichtung eingebaut werden.

Lichtschächte und Treppenteile dürfen erst nach Fertigstellung der Dämmung eingebaut werden.

Ausführung bei W2-E

Die Unterkante der Bauwerksöffnungen (Kellerfenster, Türen) sollte sich mind. 30 cm oberhalb des Bemessungswasserstands befinden.

Bei tiefer liegenden Öffnungen gilt die Ausführung von druckwasserdichten Lichtschächten oder Gebäudeaußentreppen mit rückstausicherer Entwässerung.

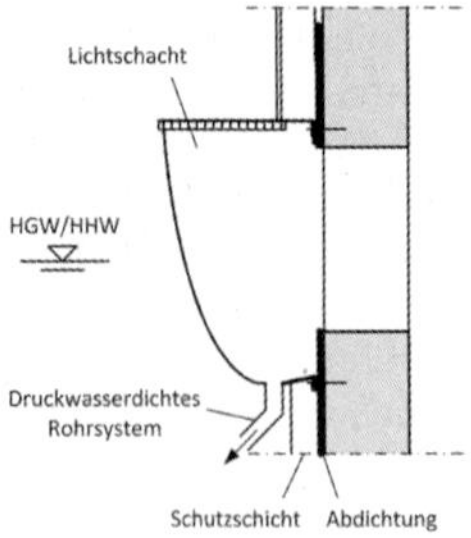

***Bild 1:** Druckwasserdichter Lichtschacht bei W2.1-E (Prinzipskizze) (Quelle: Prof. Dr.-Ing. Peter Schmidt)*

Schutz der Abdichtung

Grundsätzlich ist die Abdichtung gegen mechanische, chemische, thermische und sonstige Einwirkungen zu schützen, um Beschädigungen zu vermeiden.

Maßnahmen zum Schutz der Abdichtung:

- Schutzschichten für den dauerhaften Schutz
- Schutzlagen (aus bahnenförmigen Stoffen)
- Schutzmaßnahmen für den temporären Schutz (z. B. im Bauzustand)

Stoffe für Schutzschichten, Schutzlagen oder Schutzmaßnahmen müssen mit der Abdichtung verträglich und gegen die zu erwartenden mechanischen, chemischen, thermischen und ggf. sonstigen Einwirkungen widerstandsfähig sein.

Schutzschichten

Schutzschichten sind biegesteife Schichten zum dauerhaften Schutz der Abdichtung.

Wichtige Regeln:

- Bei Abdichtungen aus bahnenförmigen Abdichtungsstoffen muss die Schutzschicht unverzüglich nach Herstellung der Abdichtung ausgeführt werden.
- Bei Abdichtungen aus flüssig zu verarbeitenden Stoffen ist die Schutzschicht nach vollständiger Durchtrocknung bzw. Aushärtung einzubauen.
- Bei der Ausführung der Schutzschicht darf die Abdichtung nicht beschädigt werden. Ggf. vorhandene schädigende Verunreinigungen sind vor Aufbringen der Schutzschicht zu entfernen.

Tabelle 1: *Eigenschaften und Normen für Stoffe von Schutzschichten*

Schutzschicht	Eigenschaften	Zu beachtende Normen
Beton	Betongüte mind. C 8/10 Betongüte mind. C 12/15 (bei Schutzschicht mit Bewehrung) mind. 50 mm Dicke	Beton nach DIN EN 206[1]
Estrich	keine Angaben	Estrich nach DIN 18560[2]
Mauerwerk	Dicke 115 mm mit Normalmauermörtel Senkrechte Schutzschichten sind im Abstand von 7 m sowie in den Eckbereichen durch Fugen zu trennen.	Mauerwerk nach DIN EN 1996-1-1/NA[3]
Gussasphalt	Nenndicke mind. 25 mm	-
Schaumkunststoffplatten und Schaumglasplatten	Dicke mind. 25 mm	Für die Anwendung als Perimeterdämmung sind DIN 4108-2[4] sowie Zulassungsbestimmungen zu beachten.

Schutzschichten aus Beton und Estrich:

Auf horizontalen oder schwach geneigten Flächen ist die Schutzschicht aus Beton auf einer Trennlage oder Dränschicht aufzubringen.

Schutzschichten aus Mauerwerk:

Für Schutzschichten aus Mauerwerk, die als Abdichtungsrücklage dienen und vor Herstellung der Abdichtung ausgeführt werden, gelten folgende Vorschriften:

1 DIN EN 206:2021-06: Beton – Festlegung, Eigenschaften, Herstellung und Konformität

2 DIN 18560: Estriche im Bauwesen; mehrere Teile mit verschiedenen Ausgabedaten

3 DIN EN 1996-1-1/NA:2019-12: Nationaler Anhang – National festgelegte Parameter – Eurocode 6: Bemessung und Konstruktion von Mauerwerksbauten

4 DIN 4108-2:2013-02: Wärmeschutz und Energie-Einsparung in Gebäuden – Teil 2: Mindestanforderungen an den Wärmeschutz

- Die der Abdichtung zugewandte Fläche des Mauerwerks ist voll und bündig zu verfugen.
- Diese Fläche ist mit einem glatt geriebenen Putz der Mörtelgruppe P II nach DIN 18550-1[5] (Dicke des Putzes 10 mm) zu verputzen.
- Alle Ecken und Kanten sind zu runden. Der Übergang zur Bodenplatte bzw. dem Fundament am Fuß des Mauerwerks ist als Kehle auszuführen. Hierbei ist ein Radius von etwa 40 mm einzuhalten.
- Verstärkungen der Schutzschicht aus Mauerwerk dürfen mit höchstens 125 mm dicken und 240 mm breiten Vorlagen erfolgen.

Für Schutzschichten aus Mauerwerk, die nach Herstellung der Abdichtung ausgeführt werden, gelten folgende Regeln:

- Zwischen der Abdichtung und der Schutzschicht aus Mauerwerk ist eine mind. 40 mm breite Fuge zu lassen.
- Die Fuge ist hohlraumfrei mit Mörtel (Mörtelgruppe III) auszufüllen.
- Schutzschichten aus Trockenmauerwerk müssen mit einer Zwischenlage aus Vlies ausgeführt werden.

Schutzschichten aus Gussasphalt:

Einbau einer Trennlage zwischen der Abdichtung und der Gussasphaltschutzschicht (bei bitumenösen Abdichtungen oder mit Bitumen verklebten bitumenverträglichen Kunststoff-/Elastomerbahnen).

Schutzschichten aus Schaumkunststoffplatten oder Schaumglasplatten:

Bei geklebten Platten ist auf die Verträglichkeit des Klebstoffs mit der Abdichtung zu achten. Der erhärtete Klebstoff darf die Abdichtung nicht beschädigen.

Schaumkunststoff- und Schaumglasplatten als Schutzschicht vor Außenwänden dürfen nur bei Abdichtungen angewendet werden, die keine Einpressung erfordern.

[5] DIN 18550-1:2018-01: Planung, Zubereitung und Ausführung von Außen- und Innenputzen - Teil 1: Ergänzende Festlegungen zu DIN EN 13914-1:2016-09 für Außenputze

Schutzlagen

Schutzlagen bestehen aus Bahnen oder Matten und sind im Vergleich zu einer Schutzschicht biegeweich.

Tabelle 2: *Stoffe für Schutzlagen*

Stoff	Bemerkung
PVC-Schutzbahn	Dicke mind. 1 mm
Bautenschutzmatte aus Gummi- oder Polyethylengranulat	Dicke mind. 6 mm
Vlies aus synthetischen Fasern bzw. Geotextilien aus Chemiefasern	Flächengewicht mind. 300 g/m^2
Kunststoff- und Elastomerbahnen	nach DIN 18533-2
Bitumen- und Polymerbitumenbahnen	nach DIN 18533-2
Noppenbahn mit integrierter Gleit-, Schutz- und Lastverteilungsschicht	-
Dränmatte/-platte	-

Schutzmaßnahmen

Schutzmaßnahmen dienen dem temporären Schutz einer Abdichtungsschicht während der Bauarbeiten.

Folgende Regeln sind zu beachten:

- Lasten, z. B. Baustoffe oder Baugeräte, dürfen nicht auf einer ungeschützten Abdichtung gelagert werden.
- Die fertige und ungeschützte Abdichtung sollte nur in Ausnahmefällen betreten werden. Das Betreten darf in solchen Fällen nur mit geeigneten Schuhen erfolgen.
- Wasser, das auf der Rückseite der Abdichtung einwirkt, ist zu vermeiden, da hierbei die Abdichtung vom Untergrund gelöst werden kann.
- Anschlüsse sind ebenfalls während der Bauarbeiten vor Beschädigungen und Wasseraufnahme zu schützen.
- Abdichtungen sind gegen Einwirkungen, die sich schädigend auswirken können, ausreichend zu schützen.

- Die Schutzmaßnahmen sind bis zur Fertigstellung des Bauwerks aufrechtzuerhalten. Insbesondere ist auch darauf zu achten, dass eine ausreichende Sicherung gegen Auftrieb gewährleistet ist.
- Die Abdichtung darf nicht durch Oberflächenwasser von ihrem Untergrund abgedrückt oder gelöst werden.
- Während der Bauarbeiten ist die Abdichtung vor schädigenden Stoffen, wie z. B. Schmieröl, Treibstoffe, Lösungsmittel oder Schalungsöl, zu schützen.
- Senkrechte oder stark geneigte Abdichtungsflächen müssen vor Wärmeeinwirkung durch Sonneneinstrahlung geschützt werden. Als Schutzmaßnahmen sind Anstriche mit Zementmilch, Abhängen mit Planen oder Wasserberieselung geeignet.
- Bei Baugrubenumschließungen, die ganz oder teilweise im Boden verbleiben, wie z. B. Spundwände, ist sicherzustellen, dass sich das Bauwerk einschließlich der Schutzschicht der Abdichtung unabhängig davon verformen bzw. bewegen (setzen) kann.

Baugrubenverfüllung

Es sind folgende Regeln zu beachten:

- Die Baugrube ist lagenweise (Dicke je Lage ≤ 30 cm) zu verfüllen.
- Abdichtung und Schutzschicht dürfen nicht beschädigt werden.
- Es dürfen keine hohen Lasten im Lasteinzugsbereich der Abdichtung wirken (d. h. keine schweren Fahrzeuge, Geräte).
- Bauschutt oder Geröll dürfen nicht als Verfüllmaterial verwendet werden.
- Schutzschichten, die mit der Abdichtung verbunden sind, dürfen sich beim Verfüllen nicht bewegen.
- Setzungen der Baugrubenverfüllung dürfen die Abdichtung nicht beschädigen oder sich schädigend auswirken. Ggf. sind Gleitschichten (Folien) einzubauen (vor der Abdichtung).

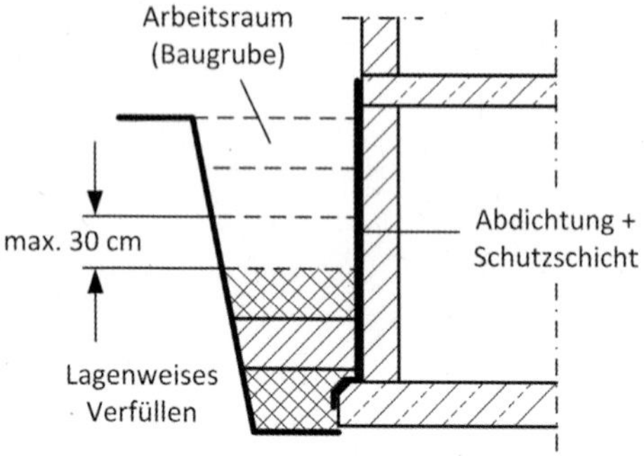

Bild 1: *Lagenweises Verfüllen und Verdichten der Baugrube (Quelle: Prof. Dr.-Ing. Peter Schmidt)*

Instandhaltung

Bei der Instandhaltung gelten die Regeln der DIN 31051[1].

Es sind regelmäßige Kontrollen (Inspektion) sowie Wartungs- und Instandhaltungsmaßnahmen durchzuführen. Diese richten sich nach der ausgeführten Abdichtung.

Dränanlagen sind regelmäßig auf ihre Funktionsfähigkeit zu überprüfen und zu warten (reinigen, spülen).

Verantwortlich für die regelmäßige Instandhaltung sind die für die Nutzung des Bauwerks Verantwortlichen (z. B. Mieter, Vermieter, Eigentümer). Es wird empfohlen, die Zuständigkeit vertraglich zu vereinbaren.

[1] DIN 31051:2019-06: Grundlagen der Instandhaltung

Ausführung der Abdichtung mit bahnenförmigen Abdichtungsstoffen

Für die Ausführung ist die DIN 18533-2 zu beachten. Außerdem gelten die allgemeinen Regeln in DIN 18533-1.

Zuordnung der Abdichtungsbauarten zu den Wassereinwirkungsklassen

Abdichtungen mit bahnenförmigen Abdichtungsstoffen sind für alle Wassereinwirkungsklassen, Rissklassen und Raumnutzungsklassen geeignet.

Tabelle 1: *Übersicht über die Zuordnung der Abdichtungsbauarten für bahnenförmige Stoffe zu den Wassereinwirkungsklassen bei der Abdichtung von erdberührten Bauteilen*

Wassereinwirkungsklasse		Abdichtungs-bauart mit	Bemerkung
W1-E	Bodenfeuchte und nicht drückendes Wasser	Bitumen- und Polymerbitumen-bahnen bzw. Kunststoff- oder Elastomerbahn	-
W2-E	drückendes Wasser		-
W3-E	nicht drückendes Wasser auf erdüberschütteten Decken-flächen		auch Polymerbi-tumen-Schweiß-bahnen i. V. m. Gussasphalt
W4-E	Spritzwasser am Wandsockel sowie Kapillarwasser in und unter erdberührten Wänden		-

Abdichtungsstoffe

Abdichtungsstoffe für die Abdichtung von erdberührten Bauteilen sind

- Bitumen- und Polymerbitumenbahnen
- Kunststoff- und Elastomerbahnen sowie
- Metallbänder (nur i. V. m. Bitumen- und Polymerbitumenbahnen).

***Tabelle 2:** Kurzzeichen für Bitumen- und Polymerbitumenbahnen nach DIN/TS20000-202*[1]

Kurzzeichen	Beschreibung
PYE	Elastomerbitumen
KSP	Kaltselbstklebende Polymerbitumenbahnen mit Trägereinlage
KSK	Kaltselbstklebende Bitumen-Dachdichtungsbahn mit HDPE-Trägerfolie[1)]
V (Zahl)	Glasvlies (Zahl bei V60 = Flächengewicht in g/m²; bei V13 = Gehalt an Löslichem in 1/100 des Gehalts in g/m²)
PV (Zahl)	Polyestervlies (Flächengewicht in g/m²)
G (Zahl)	Glasgewebe (Flächengewicht in g/m²)
R (Zahl)	Rohfilz (Flächengewicht in g/m²)
KTP	Kombinationsträgereinlage mit überwiegendem Polyesteranteil
KTG	Kombinationsträgereinlage mit überwiegendem Glasanteil
Cu 01	Kupferbandträgereinlage aus Kupferband 0,1 mm nach DIN EN 1652
VCu	Verbundträgereinlage aus Glasvlies mit Polyester-Kupferfolienverbund
S (Zahl)	Schweißbahn (Dicke der unbestreuten Bahn in mm)
DD	Dachdichtungsbahn
D	Dichtungsbahn
[1)] HDPE: High Density Polyethylen	

[1] DIN/TS 20000-202:2020-11: Anwendung von Bauprodukten in Bauwerken - Teil 202: Anwendungsdokument für Abdichtungsbahnen nach Europäischen Produktnormen zur Verwendung als Abdichtung von erdberührten Bauteilen, von Innenräumen und von Behältern und Becken

Tabelle 3: *Zugelassene Bitumen- und Polymerbitumenbahnen für die Abdichtung von erdberührten Bauteilen (in Anlehnung an DIN 18533-2, Tab. 1)*

Bahnentyp	Kurzzeichen	Anforderung nach
Nackte Bitumenbahnen	R 500 N[1)]	DIN 52129[2]
Bitumenbahnen mit Rohfilzeinlage	R 500	DIN/TS 20000-202
Glasvlies-Bitumendachbahnen	V 13	DIN/TS 20000-202
Bitumendichtungsbahnen	Cu 0-1 D	DIN/TS 20000-202
Bitumen-Dachdichtungsbahnen	G 200 DD PV 200 DD	DIN/TS 20000-202
Bitumen-Schweißbahnen	V 60 S4 G 200 S4 KTG S4 KTP S4 PV 200 S5	DIN/TS 20000-202
Polymerbitumen-Dachdichtungs-bahnen	PYE-G 200 DD PYE-PV 200 DD	DIN/TS 20000-202
Polymerbitumen-Schweißbahnen	PYE-G 200 S4 PYE-KTG S4 PYE/PYP-KTG S4 PYE-KTP S4 PYE/PYP-KTP S4 PYE-PV 200 S5	DIN/TS 20000-202
Bitumen-Schweißbahnen mit 0,1 mm dicker Kupferbandeinlage	Cu 01 S4	DIN/TS 20000-202
Kaltselbstklebende Bitumendichtungsbahnen mit HDPE-Trägerfolie	KSK	DIN/TS 20000-202
Kaltselbstklebende Polymerbitumenbahnen mit Trägereinlage	PYE-KTG KSP-2,8 PYE-KTP KSP-2,8	DIN/TS 20000-202

2 DIN 52129:2014-11: Nackte Bitumenbahnen - Begriff, Bezeichnung, Anforderungen

Tabelle 3: *Zugelassene Bitumen- und Polymerbitumenbahnen für die Abdichtung von erdberührten Bauteilen (in Anlehnung an DIN 18533-2, Tab. 1)*

Bahnentyp	Kurzzeichen	Anforderung nach
Polymerbitumenbahnen mit Aluminiumverbundträgereinlage	-	DIN/TS 20000-202
1) Die Einhaltung der Produkteigenschaften ist durch eine werkseigene Produktionskontrolle nach DIN 52144[3] sicherzustellen.		

Metallbänder

Metallbänder werden in Verbindung mit Bitumen- und Polymerbitumenbahnen verwendet. Die Abdichtung wird in diesem Fall aus zwei Lagen Bitumen- oder Polymerbitumenbahnen hergestellt, in die das Metallband innen liegend eingebettet ist.

Als Stoffe werden kalottengeriffelte Kupfer- sowie Edelstahlbänder verwendet.

Tabelle 4: *Anforderungen und Eigenschaften von kalottengeriffelten Metallbändern (in Anlehnung an DIN 18533-2, Tab. 2)*

Eigenschaft/Kriterium		Kupferband	Edelstahlband
Anforderungen nach		DIN EN 1652[4]	DIN EN 10088-2[5]
Werkstoff	Kurzzeichen	CU-DHP	X5 CrNiMo 17-22-2
	Werkstoffnummer	CW 024 A	1.4401
	Anforderungen nach	DIN EN 1976[6]	DIN EN 10088-2
Dicke (des unprofilierten Bands)		0,1 bis 0,2 mm	0,05 bis 0,065 mm
Kalottenhöhe		1,0 bis 1,5 mm	1,0 bis 1,3 mm

3 DIN 52144:2014-11: Abdichtungsbahnen - Nackte Bitumenbahnen - Werkseigene Produktionskontrolle

4 DIN EN 1652:1998-03: Kupfer- und Kupferlegierungen - Platten, Bleche, Bänder, Streifen und Ronden zur allgemeinen Verwendung

5 DIN EN 10088-2:2015-01: Nichtrostende Stähle - Teil 2: Technische Lieferbedingungen für Blech und Band aus korrosionsbeständigen Stählen für allgemeine Verwendung

6 DIN EN 1976:2013-01: Kupfer und Kupferlegierungen - Gegossene Rohformen aus Kupfer

Tabelle 4: *Anforderungen und Eigenschaften von kalottengeriffelten Metallbändern (in Anlehnung an DIN 18533-2, Tab. 2)*

Eigenschaft/Kriterium	Kupferband	Edelstahlband
Zugfestigkeit des unprofilierten Bands	200 bis 260 N/ mm²	500 bis 600 N/ mm²
Allgemeine Anforderungen: poren- und rissfrei, plan und gerade gereckt. Lieferart: in Rollen, 600 mm breit, bei Kupferband ≤ 1.000 mm breit		

Kunststoff- und Elastomerbahnen

Tabelle 5: *Kurzzeichen für Kunststoff- und Elastomerbahnen nach DIN/TS 20000-202*

Kurzzeichen	Beschreibung
ECB	Ethylencopolymerisat-Bitumen
EVAC	Ethylen-Vinylacetat-Terpolymer/-Copolymer
FPO/TPO	Flexibles Polyolefin
PE-C	Chloriertes Polyethylen
PIB	Polyisobutylen
PVC/PVC-P	Polyvinylchlorid (weich)
TPE	Thermoplastische Elastomere, nicht vernetzt
EPDM	Ethylen-Propylen-Dien-Terpolymer
IIR	Isobutylen-Isopren-Kautschuk

Tabelle 6: *Zugelassene Kunststoff- und Elastomerbahnen für die Abdichtung von erdberührten Bauteilen (in Anlehnung an DIN 18533-2, Tab. 3)*

Bahnentyp	Kurzbezeichnung	Anforderung nach
Ethylencopolymerisat-Bitumen, bitumenverträglich • mit Einlage • mit Verstärkung • mit Einlage und Kaschierung • mit Einlage und Selbstklebeschicht[1)]	ECB-Bahnen	DIN/TS 20000-202

Tabelle 6: *Zugelassene Kunststoff- und Elastomerbahnen für die Abdichtung von erdberührten Bauteilen (in Anlehnung an DIN 18533-2, Tab. 3)*

Bahnentyp	Kurzbezeichnung	Anforderung nach
Polyisobutylen, bitumenverträglich • homogen • mit Einlage • mit Kaschierung	PIB-Bahnen	DIN/TS 20000-202
Polyvinylchlorid weich, nicht bitumenverträglich • homogen • mit Einlage • mit Verstärkung • mit Kaschierung • mit Verstärkung und Kaschierung • mit Einlage und Kaschierung	PVC-P-Bahnen	DIN/TS 20000-202
Polyvinylchlorid weich, bitumenverträglich • homogen • mit Einlage • mit Verstärkung • mit Kaschierung • mit Einlage und Kaschierung • mit Verstärkung und Kaschierung • homogen mit Selbstklebeschicht[1)] • mit Einlage und Selbstklebeschicht[1)] • mit Verstärkung und Selbstklebeschicht[1] • mit Kaschierung und Selbstklebeschicht	PVC-P-Bahnen	DIN/TS 20000-202
Ethylen-Vinylacetat-Terpolmer/-Copolymer, bitumenverträglich • homogen • mit Kaschierung • mit Verstärkung • mit Kaschierung und Selbstklebeschicht	EVA-Bahnen	DIN/TS 20000-202

Tabelle 6: *Zugelassene Kunststoff- und Elastomerbahnen für die Abdichtung von erdberührten Bauteilen (in Anlehnung an DIN 18533-2, Tab. 3)*

Bahnentyp	**Kurzbezeichnung**	**Anforderung nach**
Ethylen-Propylen-Dien-Terpolymer, bitumenverträglich • homogen • mit Verstärkung • mit Kaschierung • homogen mit Selbstklebeschicht • mit Verstärkung und Selbstklebeschicht • mit Kaschierung und Selbstklebeschicht • mit Verstärkung und Polymerbitumenbeschichtung	EPDM-Bahnen	DIN/TS 20000-202
Flexibles Polyolefin, bitumenverträglich • homogen • mit Einlage • mit Verstärkung • mit Einlage und Kaschierung • mit Verstärkung und Kaschierung • mit Verstärkung und Selbstklebeschicht • mit Einlage und Selbstklebeschicht • mit Einlage und Kaschierung und Selbstklebeschicht • mit Verstärkung und Kaschierung und Selbstklebeschicht	FPO-Bahnen	DIN/TS 20000-202
Thermoplastische Elastomere, nicht vernetzt, bitumenverträglich • homogen • mit Kaschierung • mit Kaschierung und Selbstklebeschicht	TPE-Bahnen	DIN/TS 20000-202
PE-Kunststoffbahnen mit Schaumkaschierung	-	DIN/TS 20000-202
[1] Kann auch aus einer Polymerbitumenschicht bestehen.		

Klebemassen und Deckaufstrichmittel

Als Klebemassen (heiß zu verarbeiten) und Deckaufstrichmittel dürfen folgende Stoffe verwendet werden:

- Straßenbaubitumen (nach DIN EN 12591)[7]
- Bitumen (nach DIN EN 13304)[8] und
- Elastomerbitumen (nach DIN EN 14023)[9]

Für die Eigenschaften und Anforderungen wird auf die DIN 18533-2 verwiesen.

Hilfsstoffe

Hilfsstoffe sind Stoffe für

- Voranstriche, Grundierungen, Versiegelungen und Kratzspachtelungen sowie
- Trennschichten und Trennlagen.

Im Einzelnen dürfen die in der folgenden Tabelle angegebenen Hilfsstoffe bei der Herstellung von Abdichtungen von erdberührten Bauteilen mit Bahnen verwendet werden.

Tabelle 7: *Hilfsstoffe (n. DIN 18533-2, 7.1.4)*

Voranstriche, Grundierungen, Versiegelungen, Kratzspachtelungen	**Trennschichten, Trennlagen**
Stoffe auf der Basis von Bitumen	Ölpapier (mind. 50 g/m²)
Stoffe auf Reaktionsharzbasis	Rohglasvlies
Stoffe auf Kunststoffbasis	Vliese aus synthetischen Fasern (mind. 150 g/m²)
Stoffe auf silikatischer Basis	Polyethylen-Folien (PE-Folien) (Dicke mind. 0,15 mm)

7 DIN EN 12591:2009-08: Bitumen und bitumenhaltige Bindemittel - Anforderungen an Straßenbaubitumen

8 DIN EN 13304:2009-07: Bitumen und bitumenhaltige Bindemittel - Spezifikationsrahmen für oxidiertes Bitumen

9 DIN EN 14023:2013-04: Bitumen und bitumenhaltige Bindemittel - Rahmenwerk für die Spezifikation von polymermodifizierten Bitumen

Tabelle 7: *Hilfsstoffe (n. DIN 18533-2, 7.1.4)*

Voranstriche, Grundierungen, Versiegelungen, Kratzspachtelungen	Trennschichten, Trennlagen
	Lochglasvlies-Bitumenbahn (einseitig grob besandet)
	Glasvliesbitumendachbahn V 13

Verarbeitung der Stoffe

Die Bauteiloberflächentemperatur und die Umgebungstemperatur müssen mehr als 5 °C betragen, wenn flüssige Massen (Voranstriche, Klebemassen, Deckaufstrichmittel) verarbeitet werden.

Bei niedrigeren Temperaturen darf nicht gearbeitet werden.

Voranstriche

- Die Voranstriche werden durch Streichen, Rollen oder Spritzen aufgebracht.
- Vor dem Aufbringen weiterer Schichten muss der Voranstrich ausreichend durchgetrocknet sein.
- Bei Bitumen-Voranstrichen muss eine Menge von 200 bis 300 g/m^2 gleichmäßig auf dem Untergrund verteilt werden.
- Für die Verarbeitung anderer Voranstriche sind die Herstellerangaben zu beachten.

Klebemassen und Deckaufstrichmittel

- Klebemassen dienen zum Verkleben von Bitumen- und Polymerbitumenbahnen sowie von bitumenverträglichen Kunststoff- und Elastomerbahnen.
- Deckaufstrichmittel werden auf der Oberseite der verlegten Abdichtungsbahn – je nach Abdichtungsbauart – aufgetragen.
- Klebemassen und Deckaufstrichmittel sind für die Verarbeitung so weit zu erhitzen, dass ihre Viskosität (Gießbarkeit) verarbeitungskonform ist. Anhaltswerte für die notwendigen Temperaturen siehe folgende Tabelle.
- Temperaturen bei der Aufbereitung von über 230 °C sollten vermieden werden.

Tabelle 8: *Verarbeitungstemperaturen von Bitumenklebemassen*

Bitumensorte	Verarbeitungstemperatur
B 25[a)]	150 bis 160 °C
85/25[b)]	180 °C
100/25[b)]	190 bis 200 °C
105/15[b)]	200 bis 210 °C
Elastomerbitumen	170 bis 180 °C
gefüllte Bitumenklebemasse	200 bis 220 °C
[a)] nach DIN EN 12597[10]	
[b)] nach den Analysentabellen der Bitumenindustrie	

Tabelle 9: *Einbauverfahren für Klebemassen*

Einbauverfahren	Eignung für	
	Bitumen- und Polymerbitumenbahnen	Kunststoff- und Elastomerbahnen
Bürstenstreichverfahren	X	X
Gießverfahren	X	X
Gieß- und Einwalzverfahren	X	N
Flämmverfahren	X	X
Klebeverfahren (mit Bitumen-klebemasse)	N	X
X: zulässig bzw. geeignet		
N: nicht zulässig bzw. nicht geeignet		

Die Verarbeitung von Deckaufstrichmitteln erfolgt durch Streichen.

Bei der Verklebung von Bahnen mit Bitumen sind bestimmte Mindesteinbaumengen einzuhalten.

[10] DIN EN 12597: Bitumen und bitumenhaltige Bindemittel - Terminologie

Tabelle 10: *Mindesteinbaumengen für Klebemassen und Deckaufstrichmittel (in Anlehnung an DIN 18533-2, Tab. 6)*

Einbauverfahren	Stoff (Bitumensorte)		
	Bitumen, ungefüllt	**Elastomerbitumen, ungefüllt**	**Bitumen, gefüllt (Dichte 1,5)**
Klebemasse im Bürstenstreich- oder Flämmverfahren	≥ 1,5 kg/m²	-	-
Klebemasse im Gießverfahren	≥ 1,3 kg/m²	≥ 1,3 kg/m²	-
Klebemasse im Gieß- und Einwalzverfahren	-	-	≥ 2,5 kg/m²
Deckaufstrichmittel (Aufstrich)	≥ 1,5 kg/m²	≥ 1,5 kg/m²	-

Verarbeitung von Bitumen- und Polymerbitumenbahnen sowie Metallbändern

Für die Verarbeitung von Bitumen- und Polymerbitumenbahnen gelten folgende Regeln:

- Bei mehrlagigen Abdichtungen sind die einzelnen Lagen vollflächig zu verkleben.
- Die Bahnen sind gegeneinander versetzt einzubauen. Dies gilt für eine Lage und für Lagen untereinander. Weiterhin sind die Bahnen in einer Richtung zu verlegen (d. h. nicht über Kreuz).
- An den Längs- und Quernähten sowie an Anschlüssen sind Mindestbreiten der Überlappung einzuhalten.

Tabelle 11: *Mindestbreiten der Überlappung bei Bitumen- und Polymerbitumenbahnen*

Bahnenart	**Mindestbreiten der Überlappung**		
	Längsnaht	**Quernaht**	**Anschlüsse**
Bitumen- und Polymerbitumenbahnen Kaltselbstklebende Polymerbitumenbahnen Kaltselbstklebende Bitumen-Dichtungsbahnen	80 mm	80 mm	100 mm
Polymerbitumendichtungsbahnen mit Aluminiumverbundträgereinlage (nur für die Abdichtung von Bodenplatten)	100 mm	100 mm	100 mm
Metallbänder i. V. m. Bitumenwerkstoffen[a]	100 mm	200 mm	100 mm
[a] An Stößen und Anschlüssen bei Arbeitsunterbrechung 200 mm			

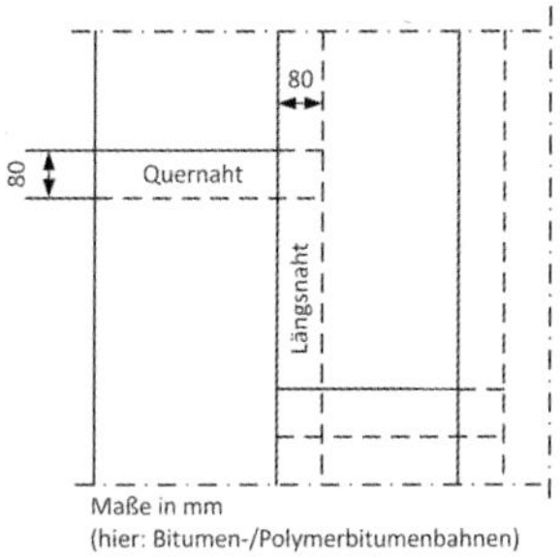

Bild 1: *Überlappung an Längs- und Quernähten*
(hier: Mindestbreite bei Bitumen- und Polymerbitumenbahnen)
(Quelle: Prof. Dr.-Ing. Peter Schmidt)

Einbauverfahren für Bitumen- und Polymerbitumenbahnen:

- Bürstenstreichverfahren
- Gießverfahren
- Gieß- und Einwalzverfahren (zwingend für Abdichtungen mit Metallbändern vorgeschrieben)
- Flämmverfahren (nicht für nackte Bitumenbahnen geeignet)
- Schweißverfahren (nur für Schweißbahnen geeignet)
- Kaltklebeverfahren (bei kaltselbstklebenden Bahnen)

- Verlegung mit Aluminiumverbundträgereinlage (nur bei Polymerbitumenbahnen für Abdichtungen von Bodenplatten)

Bürstenstreichverfahren:

Einbau auf horizontalen oder schwach geneigten Flächen:

- Auftragen von Klebemasse vor der aufgerollten Bitumen- oder Polymerbitumenbahn in ausreichender Menge mit einer Bürste (= Bürstenstreichverfahren).
- Einrollen der Bitumen- oder Polymerbitumenbahn in die Klebemasse und vollflächige sowie möglichst hohlraumfreie Verklebung.
- „Anbügeln" der Bahnenränder (= Andrücken der aufgeklebten Bahnen durch streifenweises Streichen mit einer Bürste).

Einbau auf vertikalen oder stark geneigten Flächen:

- Auftragen von zwei Aufstrichen aus Klebemasse. Dabei wird jeweils auf dem Untergrund sowie auf der Unterseite der aufzuklebenden Bitumen- und Polymerbitumenbahnen ein Aufstrich aufgetragen.
- Es ist nur so viel Klebemasse zu verwenden, dass beide Aufstriche (auf Untergrund und Unterseite) noch flüssig bleiben.
- „Anbügeln" der aufgeklebten Bitumen- und Polymerbitumenbahnen von der Bahnenmitte zu den Bahnenrändern.

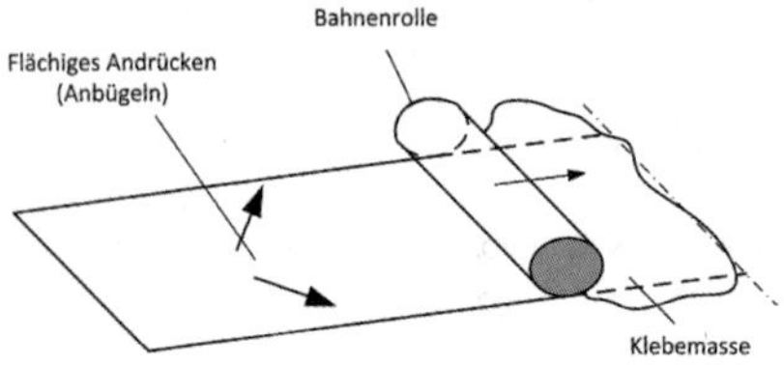

***Bild 2:** Einbau von Bitumen- und Polymerbitumenbahnen beim Bürstenstreichverfahren. (Quelle: Prof. Dr.-Ing. Peter Schmidt)*

Gießverfahren:

Beim Gießverfahren werden die aufgerollten Bitumen- oder Polymerbitumenbahnen in die Klebemasse eingerollt. Dazu wird die Klebemasse unmittelbar vor dem Einrollen vor den Bahnen durch Gießen verteilt. Es dürfen nur ungefüllte Klebemassen eingesetzt werden.

Einbau auf horizontalen oder schwach geneigten Flächen:

- Die Klebemasse wird aus einem Gießgefäß auf den Untergrund direkt vor die aufgerollten Bitumen- oder Polymerbitumenbahnen gegossen.
- Anschließend wird die Bahn abgerollt und in die Klebemasse eingebettet.

Einbau auf vertikalen oder stark geneigten Flächen:

- Die Bahnen werden grundsätzlich vertikal angeordnet.
- Die Klebemasse wird in den Zwickel, der sich zwischen Untergrund und angedrückter Bahn ergibt, gegossen.
- Beim Ausrollen der Bahnen ist darauf zu achten, dass sich vor der Bahnenrolle auf ganzer Breite ein Klebemassewulst bildet und die Klebemasse an den Rändern austritt. Diese ist sofort flächig zu verteilen.

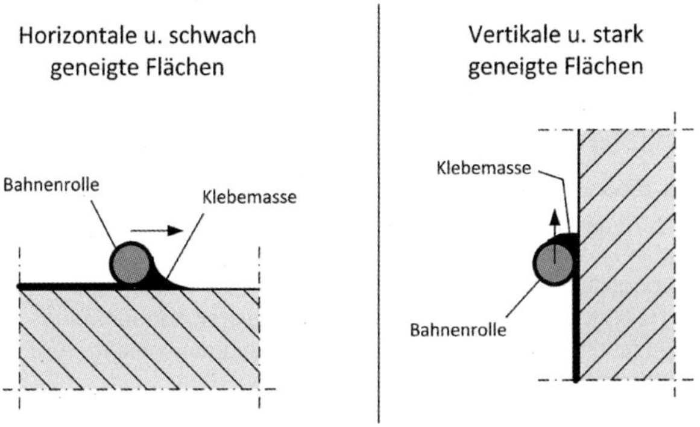

***Bild 3:** Einbau von Bitumen- und Polymerbitumenbahnen beim Gießverfahren. (Quelle: Prof. Dr.-Ing. Peter Schmidt)*

Beispiel

Das Gießverfahren ist im Vergleich zum Bürstenstreichverfahren bevorzugt einzusetzen.

Gieß- und Einwalzverfahren:

Beim Gieß- und Einwalzverfahren werden die Bitumen- und Polymerbitumenbahnen sowie ggf. Metallbänder in die zuvor aufgebrachte Klebemasse eingewalzt.

Es dürfen nur ungefüllte Klebemassen verwendet werden.

Bei vertikalen oder stark geneigten Flächen dürfen nur Bahnen mit einer max. Breite von 75 cm eingesetzt werden. Größere Bahnenbreiten sind nur zulässig, wenn ein geeignetes Einbauverfahren dies zulässt und/oder Unebenheiten des Untergrunds dies rechtfertigen.

Der Einbau der Bahnen erfolgt wie beim Gießverfahren mit dem Unterschied, dass die einzubauende Bahn in die Klebemasse eingewalzt wird („Gieß- und Einwalzverfahren") und straff auf einen Kern aufgewickelt sein muss.

Bei Abdichtungen mit Metallbändern, die zwischen Bitumen- oder Polymerbitumenbahnen eingebaut werden, ist das Gieß- und Einwalzverfahren die einzig mögliche Einbaumethode.

Flämmverfahren:

Beim Flämmverfahren wird als Klebemasse Heißbitumen verwendet, das zum Verkleben durch Wärmezufuhr („Flämmen") aufgeschmolzen wird.

Der Einbau der Bitumen- und Polymerbitumenbahnen wird wie folgt vorgenommen:

- möglichst gleichmäßige Verteilung von Klebemasse aus Heißbitumen auf dem Untergrund in ausreichender Menge
- Aufschmelzen der Klebemasse (Bitumenschicht) durch Wärmezufuhr („Flämmverfahren")
- Ausrollen der fest aufgewickelten Bitumen- oder Polymerbitumenbahnen in die aufgeschmolzene Klebemasse
- Aufbringen zusätzlicher Klebemasse im Überlappungsbereich der Bahnen

Für die Abdichtung von vertikalen oder stark geneigten Flächen dürfen nur Bahnen mit einer Breite von max. 75 cm verwendet werden. Weitere Regeln hinsichtlich der Bahnenbreite siehe Gieß- und Einwalzverfahren.

Schweißverfahren:

Beim Schweißverfahren wird die Schweißbahn durch gleichzeitiges Erhitzen der Bahnenunterseite und des Untergrunds mit diesem verklebt („verschweißt").

Der Einbau läuft in folgenden Arbeitsschritten ab:

- Erhitzen der Unterseite der fest aufgewickelten Schweißbahn und des Untergrunds
- Ausrollen der Bahn in die geschmolzene Bitumenmasse. Dabei muss ein Bitumenwulst vor der Rolle in ganzer Breite vorlaufen und die Bitumenmasse an den Rändern austreten.
- Verteilen der ausgetretenen Bitumenmasse

Hinsichtlich der Breite der Bahnen bei vertikalen oder stark geneigten Flächen gelten die gleichen Regeln wie beim Gieß- und Einwalzverfahren.

Kaltklebeverfahren:

Beim Kaltklebeverfahren wird für den Einbau ein Trennpapier oder eine Trennfolie, die sich auf der Bahnenunterseite befinden, abgezogen und die Bahn durch Andrücken mit dem Untergrund verklebt.

Kaltklebeverfahren sind nur für

- kaltselbstklebende Bitumen-Dichtungsbahnen (KSK) und
- kaltselbstklebende Polymerbitumenbahnen mit Trägereinlage (KSP)

geeignet.

Einbau von KSK:

- Abziehen des Trennpapiers bzw. der Trennfolie
- Verkleben der Bahn mit dem Untergrund durch flächiges Andrücken
- Das Andrücken muss im Bereich der Überlappungen mit einem Hartgummiroller erfolgen.
- Besonderheiten: max. Breite der Bahnen bei vertikalen oder stark geneigten Flächen = 1,10 m. **Schrägschnitt** der unterdeckenden Bahn am T-Stoß

Einbau von KSP:

- Abziehen des Trennpapiers bzw. der Trennfolie
- Verkleben der Bahn mit dem Untergrund durch Andrücken, insbesondere an An- und Abschlüssen, allen Überlappungen sowie senkrechten Flächen
- An vertikalen und stark geneigten Flächen sind zusätzliche Maßnahmen beim Aufbringen erforderlich, z. B. durch Erhitzen der Dichtungsbahn.
- Besonderheiten: max. Breite der Bahnen bei vertikalen oder stark geneigten Flächen = 1,10 m. Schrägschnitt der unterdeckenden Bahn am T-Stoß

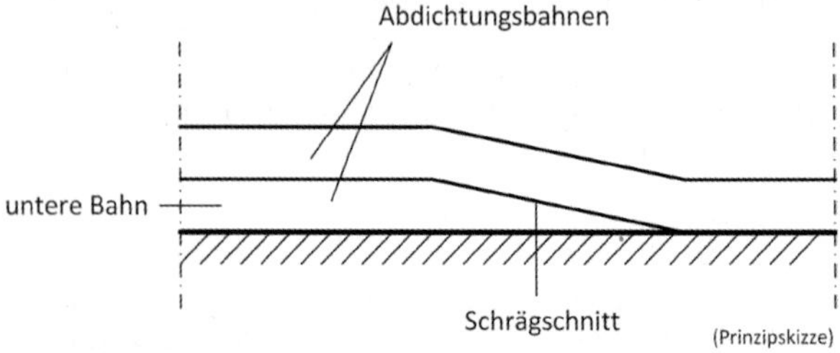

Bild 4: *Schrägschnitt der unterdeckenden Bahn beim T-Stoß zur Vermeidung von Kapillaren (Quelle: Prof. Dr.-Ing. Peter Schmidt)*

Einbau von Polymerbitumenbahnen mit Aluminiumverbundträgereinlage:

Polymerbitumenbahnen mit Aluminiumverbundträgereinlage, die zur Abdichtung von Bodenplatten verwendet werden, können lose oder selbstklebend verlegt werden.

Der Einbau selbstklebender Bahnen erfolgt nach dem Kaltklebeverfahren. Im Bereich von Überlappungen (Nähten) sind die Bahnen miteinander zu verkleben.

Bei Bahnen mit selbstklebenden Nähten werden Trennpapier oder -folie abgezogen und die Bahnen miteinander verklebt. Quernähte sind mit einem Anschlussstreifen zu überdecken und zu verkleben. Überlappungen der Bahnen sind ggf. mit geeigneten Hilfsstoffen zu unterlegen.

Bei Bahnen ohne selbstklebende Nähte sind die Nähte miteinander zu verschweißen oder mit geeigneten Hilfsstoffen zu verkleben.

Verarbeitung von Kunststoff- und Elastomerbahnen

Kunststoff- und Elastomerbahnen dürfen mit folgenden Verfahren eingebaut werden:

- Selbstklebeverfahren
- Schweißverfahren
- Klebeverfahren
- Bürstenstreichverfahren
- Gießverfahren
- Flämmverfahren
- lose Verlegung

Beim Einbau sind im Bereich der Längs- und Quernähte Mindestbreiten der Überlappung einzuhalten.

Tabelle 12: *Mindestbreiten der Überlappung bei Kunststoff- und Elastomerbahnen*

Bahnenart	Mindestbreiten der Überlappung	
	Längsnaht	Quernaht
Kunststoffbahnen	40 mm	40 mm
Elastomerbahnen		
Überlappungsbreite im Bereich von Anschlüssen: 40 mm.		
Hinweis: Im Bereich von An- und Abschlüssen sowie Einbauteilen darf die Überlappung auch gegen den Wasserlauf ausgeführt werden.		

Selbstklebeverfahren:

Beim Selbstklebeverfahren werden die Bahnen nach Abziehen des Trennpapiers bzw. der Trennfolie auf den abzudichtenden Untergrund geklebt.

Beim Aufkleben sind die Bahnen flächig anzudrücken, damit eine dauerhafte Verbindung gewährleistet ist.

Schweißverfahren:

Das Schweißverfahren kann nur bei Kunststoff- oder Elastomerbahnen angewendet werden, die eine rückseitige Bitumenschweißmasse aufweisen. Wie beim Schweißverfahren bei Bitumen- und Polymerbitumenbahnen ist die dem Untergrund zugewandte Bitumenschweißmasse für eine einwandfreie Verklebung zu erhitzen. Dabei muss beim Ausrollen der Bahn ein Bitumenwulst auf ganzer Bahnenbreite der Bahn vorlaufen.

Klebeverfahren mit Klebstoff und Bitumenklebemasse:

Bei den Klebeverfahren können Klebstoff oder Bitumenklebemasse zum Verkleben der Bahn mit dem Untergrund verwendet werden.

Ablauf beim Einbauverfahren mit Klebstoff:

- Auftragen des Klebstoffs auf dem Untergrund und/oder auf der Bahnenunterseite. Dabei sind die Herstellerangaben zu beachten.
- Einrollen und Andrücken der Bahn in den Klebstoff. Überlappungen müssen frei von Klebstoff bleiben.
- systemgerechtes Zusammenfügen („Fügen") der Nähte und Stöße

Einbauverfahren mit Bitumenklebemasse:

- Voraussetzung: Verwendung einer bitumenverträglichen Kunststoff- oder Elastomerbahn
- Erhitzen der Bitumenklebemasse, bis Gießbarkeit/Streichbarkeit gegeben ist. Temperaturen über 230 C sind zu vermeiden.
- Auftragen der Bitumenklebemasse auf dem Untergrund und/oder auf der Bahnenunterseite
- Aufkleben der Bahn durch Einrollen und Andrücken. Überlappende Bereiche der Bahn müssen frei von Klebstoff bleiben.
- systemgerechtes Fügen der Nähte und Stöße

Bürstenstreichverfahren:

- Auftragen der Bitumenklebemasse auf den Untergrund und gleichmäßiges Verteilen mit einer Bürste. Hierbei ist darauf zu achten, dass ein gleichmäßiger Klebefilm entsteht.

- Einrollen und Andrücken der aufgerollten Kunststoff- oder Elastomerbahn (bitumenverträglich). Hohlräume und Blasenbildung sind zu vermeiden.

Gießverfahren:

- Verteilen der Bitumenklebemasse auf dem Untergrund
- bei horizontalen oder schwach geneigten Flächen: Klebemasse aus Gießgefäß vor die aufgerollte Bahn gießen
- bei vertikalen oder stark geneigten Flächen: Klebemasse in den Zwickel zwischen Untergrund und angedrückter Bahnenrolle gießen
- Einrollen der Bahn in die Bitumenklebemasse

Flämmverfahren:

Beim Flämmverfahren wird unterschieden, ob die Kunststoff- oder Elastomerbahnen mit Klebemasse oder mittels einer Bitumenschweißbahn mit dem Untergrund verklebt werden.

Flämmverfahren mit Klebemasse:

- Verteilen der Bitumenklebemasse auf dem Untergrund in ausreichender Menge durch Gießen
- Aufschmelzen der Klebemasse durch Wärmezufuhr
- Einrollen und gleichmäßiges Andrücken der fest aufgerollten Bahn in die Klebemasse. Hierbei sind Hohlräume oder Blasen zu vermeiden.
- Flämmverfahren mit Bitumenschweißbahn:
  - mit dem Untergrund vollflächig verschweißte Bitumenschweißbahn als Klebemittel.
  - Aufschmelzen der Oberseite der Bitumenschweißbahn durch Wärmezufuhr
  - Die Unterlage für die aufzubringenden Kunststoff- oder Elastomerbahnen bildet ein Einrollen der fest aufgerollten Kunststoff- oder Elastomerbahn in die aufgeschmolzene Oberseite der Bitumenschweißbahn. Dabei ist gleichmäßiges und festes Andrücken erforderlich.

Lose Verlegung:

Kunststoff- und Elastomerbahnen können auch lose auf dem Untergrund verlegt werden.

- Eine Einpressung der Bahnen ist nicht erforderlich. Zur Lagesicherung und Montagehilfe können z. B. Kaltklebestoffe, Befestigungsmittel oder Auflasten (temporär) verwendet werden.
- Lose verlegte Kunststoff- oder Elastomerbahnen müssen bei Einwirkung durch drückendes Wasser (W2-E) in einzelne, gegeneinander abgeschottete Felder mit einer Größe von max. 150 m^2 eingeteilt werden. An den Feldgrenzen sind Fugenbänder anzuordnen, die bauseits in Fugen eingebaut werden.
- Die Abdichtung aus Kunststoff- oder Elastomerbahnen ist mit den Fugenbändern zu verschweißen.
- In jedem abgeschotteten Feld sind im abzudichtenden Bauteil Kontroll- und Verpressröhrchen einzubauen, um die Möglichkeit zu haben, Leckagen zu orten und nachträglich abzudichten.
- Die Abschottung in einzelne Felder soll bewirken, dass bei einer Undichtheit der Abdichtung Wasser nur im betroffenen Feld an das abzudichtende Bauteil gelangen kann und sich nicht unkontrolliert auf dem Untergrund verteilt.

Fügetechnik:

Unter dem Begriff Fügetechnik wird die Technik der materialgerechten Naht- und Stoßverbindung von Abdichtungsbahnen verstanden.

Für die Herstellung von Naht- und Stoßverbindungen von Kunststoff- und Elastomerbahnen sind folgende Fügeverfahren geeignet:

- Quellschweißen
- Warmgasschweißen
- Heizkeilschweißen (Heizelementschweißen)
- Vor der Herstellung der Naht- und Stoßverbindung müssen die Verbindungsflächen der Bahnen trocken und frei von Verunreinigungen sein.
- Ggf. vorhandene Kaschierungen oder Beschichtungen sind zu entfernen.
- Bei Kunststoffbahnen sowie nicht bitumenbeschichteten Elastomerbahnen sind die Kanten der unteren Bahnen im Bereich von T-Stößen anzuschrägen. Dies kann durch mechanische oder thermische Verfahren erfolgen.

- Die Nahtbreite (Breite der tatsächlichen Verbindung der Bahnen) ist abhängig von der Bahnenart und liegt zwischen mind. 20 mm bis 40 mm.

Tabelle 13: *Fügeverfahren für Kunststoff- und Elastomerbahnen (in Anlehnung an DIN 18533-2, Tab. 7)*

Bahnen-typ	**Fügeverfahren**			
	Quell-schweißen	**Warmgas-schweißen**	**Heizkeil-schweißen (Heiz-element-schweißen)**	**Warmgas-schweißen mit werk-seitiger Be-schichtung in Fügenaht**
	Verbindungs-flächen werden mit einem Löse-mittel (Quell-schweißmittel) angelöst und danach durch gleichmäßi-ges, flächiges Andrücken verbunden	Verbindungs-flächen werden durch Heißluft plas-tifiziert und danach durch gleichmäßi-ges, flächiges Andrücken miteinander verbunden	Verbindungs-flächen werden durch einen Heizkeil plastifiziert und danach durch gleich-mäßiges, flächiges Andrücken miteinander verbunden	wie „Warm-gasschwei-ßen“
ECB	N	X	X	N
EVA	X	X	X	N
FPO	N	X	X	N
PIB	X	X	N	N
PVC-P	X	X	X	N
Elasto-merbahn	N	X	X	X

X: zulässig

N: nicht zulässig

Tabelle 14: *Breite der Fügenähte bei Kunststoff- oder Elastomerbahnen (in Anlehnung an DIN 18533-2, Tab. 8)*

	Fügeverfahren						
	Quell-schweißen	**Warmgas-schweißen**		**Heizkeil schweißen (Heizelement-schweißen)**		**Warmgas-schweißen mit werk-seitiger Be-schichtung in Fügenaht**	
Naht-breite	≥ 30 mm (EVA, PIB, PVC-P)	ECB Elas-tomer	≥ 30 mm	ECB Elas-tomer	≥ 30 mm	Elas-tomer	≥ 30 mm
		EVA PIB FPO PVC-P	≥ 20 mm	EVA FPO PVC-P	≥ 20 mm	ECB	≥ 40 mm

Prüfverfahren und Nachbehandlung:

Naht- und Stoßverbindungen von Kunststoff- und Elastomerbahnen sind grundsätzlich auf Dichtheit zu überprüfen. Dazu ist mind. eine Kombination aus zwei der nachfolgend aufgeführten Prüfverfahren anzuwenden:

- mechanische Prüfung
- Anblasprüfung
- optische Prüfung

Mechanische Prüfung:

- Prüfung der Naht mithilfe eines geeigneten Werkzeugs (z. B. ein ca. 5 mm breiter Schraubendreher mit abgerundeten Kanten oder ein spezieller Nahtprüfer)
- Entlangführen des Prüfwerkzeugs an der Nahtkante mit gleichmäßigem Druck
- Im Bereich von Fehlstellen dringt das Werkzeug in die Naht ein.

Anblasprüfung:

- Die Nahtkante wird mit einem Warmgasgerät angeblasen (Temperatur ca. 150 °C).
- An Fehlstellen wölbt sich die Nahtkante leicht nach oben.

Optische Prüfung:

- Die Prüfung erfolgt optisch, indem das Nahtbild betrachtet wird.
- Im Bereich von Fehlstellen ist das Nahtbild unterbrochen oder durch einen Spalt im Fügebereich der Nahtkante erkennbar.

Vakuumprüfung:

- Hierbei wird die Nahtkante mithilfe einer Saugglocke, die unter Unterdruck steht, geprüft.
- Vor der Prüfung ist vor der Nahtkante eine Seifenlösung aufzutragen. Fehlstellen oder Undichtigkeiten werden an Bläschen sichtbar. Der max. Unterdruck ist zu beachten (Herstellerangaben).

Nachbehandlung:

Bei Nähten, die mit dem Quellschweißverfahren hergestellt wurden, ist ggf. eine Nachbehandlung der Nahtkante durchzuführen, siehe hierzu die Herstellerangaben.

Ausführung der Abdichtung mit Bitumen- und Polymerbitumenbahnen

Für die Ausführung gelten folgende Regeln:

- Die Bahnen müssen mit dem Untergrund verklebt werden.
- Überlappungen sind vollflächig zu verkleben bzw. bei Schweißbahnen zu verschweißen.
- Bei Abdichtung aus mehreren Lagen dürfen verschiedene Stoffe untereinander und Bahnentypen miteinander kombiniert werden.

Tabelle 15: *Anwendungsbereiche für Bitumen- und Polymerbitumenbahnen bei der Abdichtung erdberührter Bauteile (in Anlehnung an DIN 18533-2, Tab. 9)*

Anwendungsbereich	Wassereinwirkungsklasse	Raumnutzungsklasse	Rissklasse	Bahnen nach
erdberührte Wände, Wandsockel	W1.1-E, W1.2-E, W4-E	RN1-E bis RN3-E	R1-E bis R4-E	DIN 18533-2, Tab. 11
	W2.1-E, W4-E			DIN 18533-2, Tab. 12
	W2.2-E, W4-E			DIN 18533-2, Tab. 13
erdberührte Bodenplatten	W1.1-E	RN1-E bis RN3-E	R1-E bis R4-E	DIN 18533-2, Tab. 10
	W1.2-E			DIN 18533-2, Tab. 10
	W2.1-E			DIN 18533-2, Tab. 12
	W2.2-E			DIN 18533-2, Tab. 13
erdüberschüttete Deckenflächen	W3-E	RN1-E bis RN3-E	R1-E bis R4-E	DIN 18533-2, Tab. 14
	W2.1-E			DIN 18533-2, Tab. 12
	W2.2-E			DIN 18533-2, Tab. 13
Abdichtung in und unter Wänden	W4-E	RN1-E bis RN3-E	R1-E bis R4-E	DIN 18533-2, Tab. 15 und DIN 18533-2, Tab. 16

Tabelle 16: *Abdichtungsbauarten für Bodenplatten für Ausführung bei W1-E (W1.1-E und W1.2-E). W1 – E: Bodenfeuchte und nichtdrückendes Wasser (in Anlehnung an DIN 18533-2, Tab. 10)*

Abdichtung von Bodenplatten mit Bitumen- und Polymerbitumenbahnen bei W1-E (W1.1-E und W1.2-E)				
Bahnentyp	**Kurzzeichen**	**Anwendungstyp**[a]	**Lagenanzahl**	**Verarbeitung/ Einbauverfahren**
Bitumendachbahnen mit Rohfilzeinlage[b]	R 500	-	≥ 1	Bürstenstreich- und Gießverfahren/Gieß- und Einwalzverfahren
Glasvlies-Bitumendachbahnen	V 13	BA	≥ 1	Bürstenstreich- und Gießverfahren/ Gieß- und Einwalzverfahren/Flämmverfahren
Bitumendichtungsbahnen	Cu 0-1 D	BA	≥ 1	
Bitumen-Dachdichtungsbahnen	G 200 DD PV 200 DD	BA	≥ 1	
Polymerbitumen-Dachdichtungsbahnen	PYE-G 200 DD PYE-PV 200 DD	BA	≥ 1	
Bitumen-Schweißbahnen	V 60 S4 G 200 S4-KTG S4 KTP S4 PV 200 S5	BA	≥ 1	Schweißverfahren
Polymerbitumen-Schweißbahnen	PYE-G 200 S4 PYE-KTG S4 PYE/PYP-KTG S4 PYE-KTP S4 PYE/PYP-KTP S4 PYE-PV 200 S5	BA	≥ 1	Schweißverfahren

Tabelle 16: *Abdichtungsbauarten für Bodenplatten für Ausführung bei W1-E (W1.1-E und W1.2-E). W1 – E: Bodenfeuchte und nichtdrückendes Wasser (in Anlehnung an DIN 18533-2, Tab. 10)*

Abdichtung von Bodenplatten mit Bitumen- und Polymerbitumenbahnen bei W1-E (W1.1-E und W1.2-E)				
Bahnentyp	**Kurzzeichen**	**Anwendungstyp**[a)]	**Lagenanzahl**	**Verarbeitung/ Einbauverfahren**
Bitumen-Schweißbahnen mit 0,1 mm dicker Kupferbandeinlage	Cu 01 S4	BA	≥ 1	Schweißverfahren
Kaltselbstklebende Bitumendichtungsbahn mit HDPE-Trägerfolie	KSK	BA	≥ 1	Kaltselbstklebeverfahren
Kaltselbstklebende Polymerbitumenbahnen mit Trägereinlage	PYE-KTG KSP-2,8 PYE-KTP KSP-2,8	BA	≥ 1	Kaltselbstklebeverfahren
Polymerbitumenbahn mit Aluminiumverbundträgereinlage	-	EB	≥ 1	Kaltselbstklebeverfahren

a) Anwendungstyp nach DIN/TS 20000-202: BA: Bahnen für die Abdichtung gegen Bodenfeuchte, nicht drückendes und drückendes Wasser; EB: Bahnen für die Abdichtung auf Bodenplatten gegen Bodenfeuchte (Estrichbahnen).

b) Die Bitumendachbahn R 500 ist wie folgt zu verarbeiten: Vollflächige Verklebung auf der Unterlage mit einer heiß aufzubringenden Bitumenklebemasse. Anschließend Aufbringen eines gleichartigen Bitumendeckaufstrichs. Die Überlappungen der Bahnen sind vollflächig untereinander zu verkleben bzw. mit der Schweißbahn zu verschweißen.

Tabelle 17: *Abdichtungsbauarten für erdberührte Wände bei W1.1-E und W1.2-E (in Anlehnung an DIN 18533-2, Tab. 11)*

Abdichtung von Wänden mit Bitumen- und Polymerbitumenbahnen bei W1-E				
Bahnentyp	**Kurzzeichen**	**Anwendungstyp[a)]**	**Lagenanzahl**	**Verarbeitung/ Einbauverfahren**
Glasvlies-Bitumendachbahnen	V 13	BA	≥ 1	Bürstenstreich- und Gießverfahren/ Gieß- und Einwalzverfahren/ Flämmverfahren
Bitumendichtungsbahnen	Cu 0-1 D	BA	≥ 1	
Bitumen-Dachdichtungsbahnen	G 200 DD PV 200 DD	BA	≥ 1	
Polymerbitumen-Dachdichtungsbahnen (PYE)	PYE-G 200 DD PYE-PV 200 DD	BA	≥ 1	
Bitumen-Schweißbahnen	V 60 S4 G 200 S4 G 200 S5 KTG S4 KTP S4 PV 200 S5	BA	≥ 1	Schweißverfahren
Polymerbitumen-Schweißbahnen (PYE)	PYE G 200 S4 PYE-KTG S4 PYE/PYP-KTG S4 PYE-KTP S4 PYE/PYP-KTP S4 PYE-PV 200 S5	BA	≥ 1	Schweißverfahren

Tabelle 17: *Abdichtungsbauarten für erdberührte Wände bei W1.1-E und W1.2-E (in Anlehnung an DIN 18533-2, Tab. 11)*

Abdichtung von Wänden mit Bitumen- und Polymerbitumenbahnen bei W1-E				
Bahnentyp	**Kurzzeichen**	**Anwendungstyp[a)]**	**Lagenanzahl**	**Verarbeitung/ Einbauverfahren**
Bitumen-Schweißbahnen mit 0,1 mm dicker Kupferbandeinlage	Cu 01 S4	BA	≥ 1	Schweißverfahren
Kaltselbstklebende Bitumendichtungsbahn mit HDPE-Trägerfolie	KSK	BA	≥ 1	Kaltselbstklebeverfahren
Kaltselbstklebende Polymerbitumenbahnen mit Trägereinlage	PYE-KTG KSP-2,8 PYE-KTP KSP-2,8	BA	≥ 1	Kaltselbstklebeverfahren

a) Anwendungstyp nach DIN/TS 20000-202: BA: Bahnen für die Abdichtung gegen Bodenfeuchte, nicht drückendes und drückendes Wasser.

Tabelle 18: *Kombinationsmöglichkeiten von Bahnentypen bei mehrlagiger Abdichtung für Wände bei W1.1-E und W1.2-E*

Nr.	Bahnentyp	Kombinationsmöglichkeiten			
		(A)	(B)	(C)	(D)
1	Glasvlies-Bitumendachbahnen	X	-	U	-
2	Bitumendichtungsbahnen	X	-	U	-
3	Bitumen-Dachdichtungsbahnen	X	-	U	-
4	Polymerbitumen-, Dachdichtungsbahnen	X	-	U	-

Tabelle 18: *Kombinationsmöglichkeiten von Bahnentypen bei mehrlagiger Abdichtung für Wände bei W1.1-E und W1.2-E*

Nr.	Bahnentyp	Kombinationsmöglichkeiten			
		(A)	(B)	(C)	(D)
5	Bitumen-Schweißbahnen	-	X	Verlegung auf Nr. 1 bis 4 möglich	F (Folge-Lage)
6	Polymerbitumen-Schweißbahnen	-	X		F (Folge-Lage)
7	Bitumen-Schweißbahnen mit 0,1 mm dicker Kupferbandeinlage	-	-	-	F (Folge-Lage)
8	Kaltselbstklebende Bitumendichtungsbahn mit HDPE-Trägerfolie	keine Kombinationsmöglichkeit			
9	Kaltselbstklebende Polymerbitumenbahnen mit Trägereinlage	-	-	-	(1. Lage)

X: Kombination untereinander (Stoffe eines Bahnentyps) und miteinander (zwischen verschiedenen Bahnentypen) möglich.
U: Einbau unter Bahnentypen Nr. 5 und 6 möglich.
F: Folge-Lage auf Bahnentyp Nr. 9 (d. h. direkt auf Nr. 9 einzubauen).

Tabelle 19: *Abdichtungsbauarten für Bodenplatten und Wände für Ausführung bei W2.1-E. W2.1 – mäßige Einwirkung durch von außen drückendes Wasser (Eintauchtiefe ≤ 3,0 m) (in Anlehnung an DIN 18533-2, Tab. 12)*

Abdichtung von Bodenplatten und Wänden mit Bitumen- und Polymerbitumenbahnen bei W2.1-E				
Bahnentyp	**Kurzzeichen**	**Anwendungstyp[b)]**	**Lagenanzahl**	**Verarbeitung/ Einbauverfahren**
Polymerbitumen-Schweißbahnen	PYE-KTP S4 PYE/PYP-KTP S4 PYE-PV 200 S5	BA	≥ 1	Schweißverfahren

Tabelle 19: *Abdichtungsbauarten für Bodenplatten und Wände für Ausführung bei W2.1-E. W2.1 – mäßige Einwirkung durch von außen drückendes Wasser (Eintauchtiefe ≤ 3,0 m) (in Anlehnung an DIN 18533-2, Tab. 12)*

Abdichtung von Bodenplatten und Wänden mit Bitumen- und Polymerbitumenbahnen bei W2.1-E				
Bahnentyp	**Kurzzeichen**	**Anwendungstyp**[b]	**Lagenanzahl**	**Verarbeitung/ Einbauverfahren**
Bitumen- und/oder Polymerbitumendachdichtungsbahnen	G 200 DD PV 200 DD PYE-G 200 DD PYE-PV 200 DD	BA	≥ 2	Bürstenstreich- und Gießverfahren/ Gieß- und Einwalzverfahren/Flämmverfahren
Bitumen-Schweißbahnen	G 200 S4-KTG S4 KTP S4 PV 200 S5	BA	≥ 2	Schweißverfahren
Polymerbitumen-Schweißbahnen	PYE-G 200 S4 PYE-G 200 S5 PYE-KTG S4 PYE/PYP-KTG S4	BA	≥ 2	Schweißverfahren
Kaltselbstklebende Polymerbitumenbahnen mit Trägereinlage[a]	PYE-KTG KSP-2,8 PYE-KTP KSP-2,8	BA	als untere Lage, wenn die Folge-Lage eine Polymerbitumen-Schweißbahn ist	Kaltselbstklebeverfahren

[a] Kaltselbstklebende Polymerbitumenbahnen sind nur als erste Lage unter mind. einer weiteren Lage aus Polymerbitumen-Schweißbahnen zulässig.
[b] Anwendungstyp nach DIN/TS 20000-202: BA: Bahnen für die Abdichtung gegen Bodenfeuchte, nicht drückendes und drückendes Wasser.

Für die Verarbeitung gelten folgende Regeln:

- Die Bahnen müssen mit dem Untergrund vollflächig verklebt werden.
- Überlappungen sind vollflächig zu verkleben bzw. bei Schweißbahnen zu verschweißen.
- Obere Lagen, die aus einer Bitumen-, Polymerbitumendichtungs- und Polymerbitumendachdichtungsbahn bestehen, sind mit einem Deckaufstrich zu versehen. Die Einbaumengen für Klebemasse und Deckaufstrich sind zu beachten.
- Bei mehrlagiger Ausführung der Abdichtung dürfen verschiedene Stoffe untereinander und Bahnentypen miteinander kombiniert werden.

Tabelle 20: *Kombinationsmöglichkeiten von Bahnentypen bei mehrlagiger Abdichtung für Bodenplatten und Wände bei W2.1-E*

Nr.	Bahnentyp	Kombinationsmöglichkeiten		
		(A)	(B)	(C)
1	Polymerbitumen-Schweißbahnen	-	X	A
2	Bitumen- und/oder Polymerbitumen-dachdichtungsbahnen	Y	-	(untere Lage)
3	Bitumen-Schweißbahnen	-	X	A
4	Polymer-bitumen-Schweißbahnen	-	X	A
5	Kaltselbstklebende Polymerbitumen-bahnen mit Trägereinlage	-	-	-
X: Kombination der Stoffe untereinander (innerhalb eines Bahnentyps) und miteinander (zwischen verschiedenen Bahnentypen) möglich.				
Y: Kombination der Stoffe untereinander (innerhalb des Bahnentyps) möglich.				
A: Stoffe der Nr. 1, 3 und 4 dürfen auf Nr. 2 verlegt werden				

Tabelle 21: *Abdichtungsbauarten für Bodenplatten und Wände für Ausführung bei W2.2-E. W2.2-E: hohe Einwirkung durch von außen drückendes Wasser (Eintauchtiefe > 3,0 m) (in Anlehnung an DIN 18533-2, Tab. 13)*

Abdichtung von Bodenplatten und Wänden mit Bitumen- und Polymerbitumenbahnen mit W2.2-E					
Bahnentyp	**Kurzzeichen**	**Anwendungstyp[a)]**	**Eintauchtiefe**	**Lagenanzahl**	**Verarbeitung/ Einbauverfahren**
Nackte Bitumenbahnen (nach DIN 52129[11])	R 500 N	b	≤ 4 m	3	Bürstenstreich- und Gießverfahren/ Gieß- und Einwalzverfahren
			> 4 m und ≤ 9 m	4	
			> 9 m	5	
Nackte Bitumenbahnen (nach DIN 52129) und Metallbänder	R 500 N	b	≤ 9 m	2 Lagen + 1 Lage CU-/ Edelstahlband	
			> 9 m	3 Lagen + 1 Lage Cu-/ Edelstahlband	
Bitumen- und Polymerbitumendachdichtungsbahnen	G 200 DD PV 200 DD PYE-G 200 DD PYE-PV 200 DD	BA	≤ 4 m	2 Lagen	Gießverfahren/ Gieß- und Einwalzverfahren/ Flämmverfahren
			> 4 m und ≤ 9 m	3 Lagen	
				2 Lagen + 1 Lage mit Kupferbandeinlage – CU 01, D	
			> 9 m	3 Lagen, davon 1 Lage mit Kupferbandeinlage CU 01, D	

[11] DIN 52129:2014-11: Nackte Bitumenbahnen - Begriff, Bezeichnung, Anforderungen

Tabelle 21: *Abdichtungsbauarten für Bodenplatten und Wände für Ausführung bei W2.2-E. W2.2-E: hohe Einwirkung durch von außen drückendes Wasser (Eintauchtiefe > 3,0 m) (in Anlehnung an DIN 18533-2, Tab. 13)*

Abdichtung von Bodenplatten und Wänden mit Bitumen- und Polymerbitumenbahnen mit W2.2-E					
Bahnentyp	**Kurzzeichen**	**Anwendungstyp[a)]**	**Eintauchtiefe**	**Lagenanzahl**	**Verarbeitung/ Einbauverfahren**
Bitumen-Schweißbahnen	G 200 S4- KTG S4 PV 200 S5	BA	≤ 4 m	2 Lagen	Schweißverfahren
			> 4 m und ≤ 9 m	3 Lagen	
				2 Lagen, davon 1 Lage mit Kupferbandeinlage CU 01, D	
			> 9 m	3 Lagen, davon 1 Lage mit Kupferbandeinlage CU 01, D	
Polymer-Bitumen-Schweißbahnen	PYE-G 200 S4 PYE-G 200 S5 PYE-KTG S4 PYE/ PYP-KTG S4 PYE KTP-S4 PYE PV-200 S5	BA	≤ 9 m	2 Lagen, davon 1 Lage mit Polyestervlieseinlage	Schweißverfahren
			> 9 m	3 Lagen, davon 1 Lage mit Polyestervlieseinlage	

***Tabelle 21:** Abdichtungsbauarten für Bodenplatten und Wände für Ausführung bei W2.2-E. W2.2-E: hohe Einwirkung durch von außen drückendes Wasser (Eintauchtiefe > 3,0 m) (in Anlehnung an DIN 18533-2, Tab. 13)*

Abdichtung von Bodenplatten und Wänden mit Bitumen- und Polymerbitumenbahnen mit W2.2-E					
Bahnentyp	**Kurzzeichen**	**Anwendungstyp[a)]**	**Eintauchtiefe**	**Lagenanzahl**	**Verarbeitung/ Einbauverfahren**
Kaltselbstklebende Polymerbitumenbahnen mit Trägereinlage	PYE-KTG KSP-2,8 PYE-KTG KSP-2,8	BA	≤ 9 m	als untere Lage im 2-lagigen Aufbau, wenn die Folgelage aus einer Schweißbahn besteht.	Kaltselbstklebeverfahren
			> 9 m	als untere Lage im 3-lagigen Aufbau, wenn die Folgelage aus einer Schweißbahn besteht.	

a) Anwendungstyp nach DIN/TS 20000-202: BA: Bahnen für die Abdichtung gegen Bodenfeuchte, nicht drückendes und drückendes Wasser.
b) keinem Anwendungstyp zugeordnet

Für die Ausführung gelten folgende Regeln:

- Die Bahnen müssen mit dem Untergrund vollflächig verklebt werden.
- Überlappungen sind vollflächig zu verkleben bzw. bei Schweißbahnen zu verschweißen.
- Wichtige zusätzliche Regeln für die Ausführung mit nackten Bitumenbahnen, Bitumenbahnen mit Metallbändern, Bitumenbahnen und/oder Polymerbitumen-Dachdichtungsbahnen und Bitumen- und/oder Polymerbitumen-Schweißbahnen befinden sich in den folgenden Abschnitten a) bis d). Für die vollständigen Regeln wird auf die Norm verwiesen.

a) **Zusätzliche Regeln für die Ausführung mit nackten Bitumenbahnen:**
   - Die max. Druckbelastung darf 0,6 MN/m² betragen.
   - Die Verbindung der Bitumenbahnen muss durch Bitumenklebemasse erfolgen.

- Auf der Abdichtung ist ein Deckaufstrich aufzutragen.
- Auf dem Untergrund ist ggf. ein Voranstrich aufzubringen; insbesondere ist dies bei senkrechten oder stark geneigten Flächen erforderlich.
- Die Bahnen sind einzupressen (Einpressdruck mind. 0,01 MN/m²).
- Einbaumengen von Klebeschichten und Deckaufstrichen, wie bereits vorausgehend beschrieben.

b) Zusätzliche Regeln für die Ausführung mit nackten Bitumenbahnen und Metallbändern:

- Die max. Druckbelastung darf 1,0 MN/m² betragen.
- Bei Abdichtungen mit zwei Lagen Kupferband (Dicke 0,1 mm) oder zwei Lagen Edelstahlband (Dicke 0,05 mm) beträgt die max. Druckbelastung 1,5 MN/m².
- Bei einer Abdichtung nach a) mit zusätzlich einer Lage Kupferband (Dicke 0,1 mm) oder Edelstahlband (Dicke 0,05 mm) ist der Mindesteinpressdruck nicht erforderlich.
- Das Metallband muss als zweite Lage (von der Wasserseite aus gesehen) eingebaut werden.
- Einbaumengen von Klebeschichten und Deckaufstrichen, wie bereits vorausgehend beschrieben.

c) Zusätzliche Regeln für die Ausführung mit Bitumenbahnen und/oder Polymerbitumen-Dachdichtungsbahnen:

- Die max. Druckbelastung beträgt 1,0 MN/m²; bei Bahnen mit Trägereinlagen aus Glasgewebe 0,8 MN/m².
- Die Verbindung der Bitumenbahnen und/oder Polymerbitumenbahnen muss durch Bitumenklebemasse erfolgen.
- Auf der Abdichtung ist ein Deckaufstrich aufzutragen.
- Auf dem Untergrund ist ggf. ein Voranstrich aufzubringen (bei senkrechten oder stark geneigten Flächen).
- Bitumen- und Polymerbitumen-Dachdichtungsbahnen mit Gewebeeinlage sind mit Bahnen, die eine andere Trägereinlage aufweisen, zu kombinieren. Die Anordnung erfolgt stets auf der dem Wasser abgewandten Seite.
- Einbaumengen von Klebeschichten und Deckaufstrichen, wie bereits vorausgehend beschrieben.

d) Zusätzliche Regeln für die Ausführung mit Bitumen- und/oder Polymerbitumen-Schweißbahnen:

- Die max. Druckbelastung beträgt 1,0 MN/m²; bei Bahnen mit Trägereinlagen aus Glasgewebe 0,8 MN/m².
- Eine Einpressung ist nicht erforderlich.
- Die untere Lage kann aus einer Dachdichtungsbahn oder aus einer kaltselbstklebenden Polymerbitumenbahn bestehen, wenn die Folge-Lage eine Schweißbahn ist.

Tabelle 22: *Abdichtungsbauarten für erdüberschüttete Decken für Ausführung bei W2.1-E und W3-E. W2.1-E: drückendes Wasser bis 3,0 m Eintauchtiefe; W3-E: nicht drückendes Wasser auf erdüberschütteten Decken*

Abdichtung von erdüberschütteten Decken mit Bitumen- und Polymerbitumenbahnen bei W3-E				
Bahnentyp	**Kurzzeichen**	**Anwendungstyp[a)]**	**Lagenanzahl/Sonstiges**	**Verarbeitung/ Einbauverfahren**
Nackte Bitumenbahnen (nach DIN 52129)[12]	R 500 N	keinem Anwendungstyp zugeordnet	3 Lagen Mindesteinpressung ist zu beachten	Bürstenstreich- und Gießverfahren/ Gieß- und Einwalzverfahren
Bitumen- und/oder Polymerbitumen-Dachdichtungsbahnen	G 200 DD PV 200 DD PYE-G 200 DD PYE-PV 200 DD	BA	2 Lagen obere Lage aus Polymerbitumenbahn	Gießverfahren/ Flämmverfahren

[12] DIN 52129:2014-11: Nackte Bitumenbahnen - Begriff, Bezeichnung, Anforderungen

Tabelle 22: *Abdichtungsbauarten für erdüberschüttete Decken für Ausführung bei W2.1-E und W3-E. W2.1-E: drückendes Wasser bis 3,0 m Eintauchtiefe; W3-E: nicht drückendes Wasser auf erdüberschütteten Decken*

Abdichtung von erdüberschütteten Decken mit Bitumen- und Polymerbitumenbahnen bei W3-E				
Bahnentyp	**Kurzzeichen**	**Anwendungstyp**[a]	**Lagenanzahl/Sonstiges**	**Verarbeitung/ Einbauverfahren**
Bitumen- und/oder Polymerbitumenbahnen	G 200 DD PV 200 DD G 200 S4 PV 200 S5 PYE-G 200 DD PYE-PV 200 DD PYE-G 200 S4 PYE-KTG S4 PYE/PYP-KTG S4 PYE-KTG S4 PYE/PYP-KTP S4 PYE-PV 200 S5	BA	2 Lagen obere Lage aus Polymerbitumenbahn	Dachdichtungsbahnen im Bürstenstreich- und Gießverfahren Schweißbahnen nur im Schweißverfahren
Kaltselbstklebende Polymerbitumenbahnen mit Trägereinlage	PYE-KTG KSP-2,8 PYE-KTP KSP-2,8	BA	als untere Lage bei 2-lagigem Aufbau, wenn die obere Lage eine Polymerbitumen-Schweißbahn ist	Kaltselbstklebeverfahren

a) Anwendungstyp nach DIN/TS 20000-202: BA: Bahnen für die Abdichtung gegen Bodenfeuchte, nichtdrückendes und drückendes Wasser.

b) keinem Anwendungstyp zugeordnet

Ausführung bei W4-E (Wandsockel)

Im Bereich des Wandsockels wird die jeweilige Flächenabdichtung der erdberührten Wand weitergeführt. Für die Ausführung ist insbesondere auch DIN 18533-1 zu beachten.

Beispiel

Grundsätzlich ist die Abdichtung am Wandsockel mind. 30 cm über die Geländeoberfläche (bzw. mind. 15 cm über die fertige Geländeoberfläche) zu führen.

Weiterhin gelten folgende Regeln:

- Bei Sockeln ohne Bekleidung gilt:
  - Sind Abschlüsse (Abdichtungsränder) an aufgehenden Bauteilen frei der Witterung ausgesetzt oder liegt eine unmittelbare Einwirkung von Spritzwasser vor, ist der Abdichtungsrand durch Klemmprofile, Klemmschienen oder angeschweißte Folienbleche linienförmig im Abstand von 20 cm zu befestigen. Nagelbänder dürfen hierfür nicht verwendet werden, da diese die Abdichtung perforieren.
  - Der Untergrund muss im Bereich der Befestigung ausreichend eben sein.
  - Darüber hinaus ist die Abdichtung durch Überhangstreifen oder durch eine Dichtstofffase gegen Hinterlaufen zu schützen.
  - Dichtstofffasen müssen regelmäßig gewartet werden.
- Regensicherer Abschluss durch Klemmprofile oder Klemmschienen:
  - Ein regensicherer Abschluss der Abdichtung durch Klemmprofile oder Klemmschienen allein kann nur erreicht werden, wenn das aufgehende Bauteil ausreichend dicht und fest ist, um den erforderlichen Anpressdruck dauerhaft zu gewährleisten.

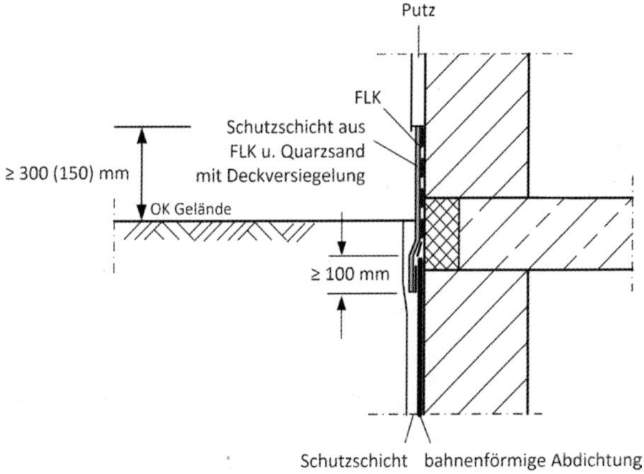

Bild 5: *Abdichtung des Wandsockels*
(Quelle: Prof. Dr.-Ing. Peter Schmidt)

Ausführung bei W4-E (Querschnittsabdichtung)

Für die Abdichtung mit Bitumen- oder Polymerbitumenbahnen ist **eine Lage** erforderlich.

Die Bahnen müssen folgendem Anwendungstyp nach DIN/TS 20000-202 entsprechen:

- **Anwendungstyp MSB-Q** (Querschnittsabdichtung mit Querkraftübertragung in der Abdichtungsebene; bei Kelleraußenwänden) oder
- **MSB-nQ** (Querschnittsabdichtung ohne Querkraftübertragung in der Abdichtungsebene; bei Innenwänden)

Querkräfte in der Abdichtungsebene wirken z. B. bei Kelleraußenwänden, die seitlich durch Erddruck belastet werden. Für die Querschnittsabdichtung kommen daher nur Bahnen des Anwendungstyps MSB-Q infrage.

Bei Innenwänden wirken i. d. R keine Querkräfte, sodass hierfür Bahnen des Typs MSB-nQ verwendet werden dürfen.

Ausführung der Querschnittsabdichtung bei Wänden mit Querkraftübertragung:

Tabelle 23: *Querschnittsabdichtung bei Wänden mit Querkraftübertragung (seitlich druckbelastete Wände, wie z. B. Kelleraußenwände) (in Anlehnung an DIN 18533-2, Tab. 15)*

Bahnentyp	Kurzzeichen	Anwendungstyp[a)]	Lagenanzahl
Bitumendachbahn mit Rohfilzeinlage	R 500	MSB-Q	1
Bitumendachdichtungsbahn	G 200 DD PV 200 DD	MSB-Q	1
Außer den o.g. Bahnen können auch Bitumen- und Polymerbitumenbahnen mit einem qualifizierten Eignungsnachweis für den Anwendungstyp MSB-Q verwendet werden.			
a) Anwendungstyp nach DIN/TS 20000-202: MSB-Q: Bahnen für die Abdichtung in und unter Wänden (Mauersperrbahnen) mit Querkraftübertragung in der Abdichtungsebene.			

Ausführung der Querschnittsabdichtung bei Wänden ohne Querkraftübertragung:

Tabelle 24: *Querschnittsabdichtung bei Wänden ohne Querkraftübertragung (nicht seitlich druckbelastete Wände, wie z. B. Innenwände) (in Anlehnung an DIN 18533-2, Tab. 16)*

Bahnentyp	Kurzzeichen	Anwendungstyp[a)]	Lagenanzahl
Bitumendachbahn mit Rohfilzeinlage	R 500	MSB-nQ	1
Bitumendachdichtungsbahn	G 200 DD PV 200 DD	MSB-nQ	1
Polymerbitumen-Dachdichtungsbahn	PYE-G 200 DD PYE-PV 200 DD	MSB-nQ	1
Kaltselbstklebende Bitumendichtungsbahn mit HDPE-Trägerfolie	KSK	MSB-nQ	1
Kaltselbstklebende Polymerbitumenbahnen mit Trägereinlage	PYE-KTG KSP-2,8 PYE-KTP KSP-2,8	MSB-nQ	1
Polymerbitumenbahnen mit Aluminiumverbundträgereinlage für die Bauwerksabdichtung	-	MSB-nQ	1

Tabelle 24: *Querschnittsabdichtung bei Wänden ohne Querkraftübertragung (nicht seitlich druckbelastete Wände, wie z. B. Innenwände) (in Anlehnung an DIN 18533-2, Tab. 16)*

Bahnentyp	Kurzzeichen	Anwendungstyp[a)]	Lagenanzahl

[a)] Anwendungstyp nach DIN/TS 20000-202: MSB-nQ: Bahnen für die Abdichtung in und unter Wänden (Mauersperrbahnen) ohne Querkraftübertragung in der Abdichtungsebene.

Für die Ausführung gelten folgende Regeln:

- Sofern erforderlich, sind die Auflagerflächen der Querschnittsabdichtung mit dem verwendeten Mauermörtel in ausreichender Dicke abzugleichen, damit die Bahn durch Unebenheiten nicht beschädigt wird.
- Die Bahn ist so zu verlegen, dass sich eine durchgehende Abdichtungslage ergibt.
- Die einzelnen Bahnen müssen sich um mind. 20 cm überdecken.
- Bei zweischaligem Mauerwerk und Entwässerung unter der Geländeoberfläche sind die Stöße der Bahnen miteinander zu verkleben.

Ausführung der Abdichtung mit Kunststoff- und Elastomerbahnen

Mit Kunststoff- oder Elastomerbahnen werden alle Rissklassen sowie Raumnutzungsklassen abgedeckt. Die Zuordnung der Wassereinwirkungsklassen zu den Bahnentypen geht aus folgender Tabelle hervor.

Tabelle 25: *Anwendungsbereiche für Kunststoff- und Elastomerbahnen bei der Abdichtung erdberührter Bauteile (in Anlehnung an DIN 18533-2, Tab. 17)*

Anwendungsbereich	Wassereinwirkungsklasse	Raumnutzungsklasse	Rissklasse	Bahnen nach
Bodenplatten	W1.1-E	RN1-E bis RN3-E	R1-E bis R4-E	DIN 18533-2, Tab. 18
	W1.2-E			
	W2.1-E			DIN 18533-2, Tab. 20
	W2.2-E			DIN 18533-2, Tab. 21
erdberührte Wände Wandsockel	W1.1-E W1.2-E W4-E			DIN 18533-2, Tab. 19
	W2.1-E, W4-E			DIN 18533-2, Tab. 20
	W2.2-E, W4-E			DIN 18533-2, Tab. 21
erdüberschüttete Deckenflächen	W3-E			DIN 18533-2, Tab. 22
	W2.1-E			DIN 18533-2, Tab. 20
	W2.2-E			DIN 18533-2, Tab. 21
Querschnittsabdichtung in und unter Wänden	W4-E			DIN 18533-2, Tab. 23 und DIN 18533-2, Tab. 24

Weitere Regeln:

- Grundsätzlich werden Abdichtungen erdberührter Bauteile mit Kunststoff- und Elastomerbahnen einlagig ausgeführt.
- Je nach Bahnenart kann die Verlegung entweder lose oder verklebt erfolgen.

Ausführung bei W1-E

Bodenplatten:

- Die Abdichtung auf der Bodenplatte muss an die horizontale Abdichtung der Wände so herangeführt oder mit ihr verklebt werden, dass keine Feuchtebrücken entstehen (Putzbrücken).
- Einbau von bitumenverträglichen Kunststoff-/Elastomerbahnen mit Bitumenklebemasse oder mit dem Flämmverfahren
- Kunststoff-/Elastomerbahnen dürfen auch lose verlegt werden.
- Bei loser Verlegung ohne Nahtfügung ist eine Überlappung der Bahnen um mind. 20 cm erforderlich.

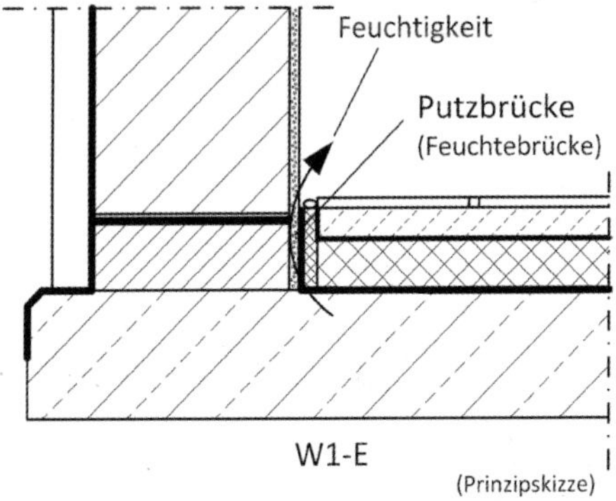

Bild 6: *Putzbrücke (Quelle: Prof. Dr.-Ing. Peter Schmidt)*

Tabelle 26: *Abdichtungsbauarten für Bodenplatten bei W1.1-E und W1.2-E (in Anlehnung an DIN 18533-2, Tab. 18)*

Abdichtung von Bodenplatten mit Kunststoff- und Elastomerbahnen bei W1-E (W1.1-E und W1.2-E)			
Bahnentyp	**Kurzzeichen**	**Anwendungstyp**	**Verarbeitung**
Ethylencopolymerisat-Bitumen, bitumenverträglich	**ECB-Bahnen**	**BA**	

Tabelle 26: *Abdichtungsbauarten für Bodenplatten bei W1.1-E und W1.2-E (in Anlehnung an DIN 18533-2, Tab. 18)*

Abdichtung von Bodenplatten mit Kunststoff- und Elastomerbahnen bei W1-E (W1.1-E und W1.2-E)			
Bahnentyp	**Kurz-zeichen**	**Anwen-dungstyp**	**Verarbeitung**
• mit Einlage • mit Verstärkung			lose Verlegung Bürstenstreich- und Gießverfahren Flämmverfahren
• mit Einlage und Kaschierung			lose Verlegung Verklebung Bürstenstreich- und Gießverfahren Flämmverfahren
• mit Einlage und Selbstklebeschicht[a)]			Selbstklebeverfahren Schweißverfahren
Polyisobutylen, bitumenverträglich	**PIB-Bahnen**	**BA**	
• homogen			Klebeverfahren mit Bitumenklebemasse zwischen zwei Lagen nackte Bitumenbahn
• mit Kaschierung			lose Verlegung Verklebung Bürstenstreich- und Gießverfahren
Polyvinylchlorid weich, nicht bitumenverträglich	**PVC-P-Bahnen**	**BA**	
• homogen • mit Einlage • mit Verstärkung			lose Verlegung
• mit Kaschierung • mit Verstärkung und Kaschierung • mit Einlage und Kaschierung			lose Verlegung Verklebung

***Tabelle 26:** Abdichtungsbauarten für Bodenplatten bei W1.1-E und W1.2-E (in Anlehnung an DIN 18533-2, Tab. 18)*

Abdichtung von Bodenplatten mit Kunststoff- und Elastomerbahnen bei W1-E (W1.1-E und W1.2-E)			
Bahnentyp	**Kurzzeichen**	**Anwendungstyp**	**Verarbeitung**
Polyvinylchlorid weich, bitumenverträglich	**PVC-P-Bahnen**	**BA**	
• homogen • mit Einlage • mit Verstärkung			lose Verlegung/Bürstenstreich- und Gießverfahren/Flämmverfahren
• mit Kaschierung • mit Einlage und Kaschierung • mit Verstärkung und Kaschierung			lose Verlegung Verklebung, Bürstenstreich- und Gießverfahren Flämmverfahren
• homogen mit Selbstklebeschicht[a)] • mit Einlage und Selbstklebeschicht[a)] • mit Verstärkung und Selbstklebeschicht[a)] • mit Kaschierung und Selbstklebeschicht[a)]			Selbstklebeverfahren Schweißverfahren
Ethylen-Vinylacetat-Terpolymer/-Copolymer, bitumenverträglich	**EVA-Bahnen**	**BA**	
• homogen • mit Verstärkung			lose Verlegung/Bürstenstreich- und Gießverfahren/Flämmverfahren
• mit Kaschierung			lose Verlegung/Verklebung/Bürstenstreich- und Gießverfahren/Flämmverfahren
• mit Kaschierung und Selbstklebeschicht			Selbstklebeverfahren
Ethylen-Propylen-Dien-Terpolymer, bitumenverträglich	**EPDM-Bahnen**	**BA**	

Tabelle 26: *Abdichtungsbauarten für Bodenplatten bei W1.1-E und W1.2-E (in Anlehnung an DIN 18533-2, Tab. 18)*

Abdichtung von Bodenplatten mit Kunststoff- und Elastomerbahnen bei W1-E (W1.1-E und W1.2-E)			
Bahnentyp	**Kurzzeichen**	**Anwendungstyp**	**Verarbeitung**
• homogen			lose Verlegung/Verklebung
• mit Verstärkung • mit Kaschierung			lose Verlegung/Verklebung/Bürstenstreich- und Gießverfahren/Flämmverfahren
• homogen mit Selbstklebeschicht • mit Verstärkung und Selbstklebeschicht • mit Kaschierung und Selbstklebeschicht			Selbstklebeverfahren
• mit Verstärkung und Polymerbitumenbeschichtung			lose Verlegung/Verklebung/Bürstenstreich- und Gießverfahren/Flämmverfahren
Flexibles Polyolefin, bitumenverträglich	**FPO-Bahnen**	**BA**	
• homogen • mit Einlage • mit Verstärkung			lose Verlegung/Bürstenstreich- und Gießverfahren/Flämmverfahren
• mit Einlage und Kaschierung • mit Verstärkung und Kaschierung			lose Verlegung/Verklebung/Bürstenstreich- und Gießverfahren/Flämmverfahren
• mit Verstärkung und Selbstklebeschicht • mit Einlage und Selbstklebeschicht • mit Einlage und Kaschierung und Selbstklebeschicht • mit Verstärkung und Kaschierung und Selbstklebeschicht			Selbstklebeverfahren
Polyethylen mit Schaumkaschierung[b)]		**EB**	**lose Verlegung**

Tabelle 26: *Abdichtungsbauarten für Bodenplatten bei W1.1-E und W1.2-E (in Anlehnung an DIN 18533-2, Tab. 18)*

Abdichtung von Bodenplatten mit Kunststoff- und Elastomerbahnen bei W1-E (W1.1-E und W1.2-E)			
Bahnentyp	**Kurz-zeichen**	**Anwen-dungstyp**	**Verarbeitung**
Thermoplastische Elastomere, nicht vernetzt, bitumenverträglich	**TPE-Bahnen**	**BA**	
• homogen			lose Verlegung/Verklebung
• mit Kaschierung			lose Verlegung/Verklebung/Bürstenstreich- und Gießverfahren/Flämmverfahren
• mit Kaschierung und Selbstklebeschicht			Selbstklebeverfahren
[a] Kann auch aus einer Polymerbitumenschicht bestehen. [b] Nur für W1.1-E sowie für RN1-E und RN2-E.			
Anwendungstyp nach DIN/TS 20000-202: BA: Bahnen für die Abdichtung gegen Bodenfeuchte, nicht drückendes und drückendes Wasser; EB: Bahnen für die Abdichtung auf Bodenplatten gegen Bodenfeuchte (Estrichbahnen).			

Tabelle 27: *Abdichtungsbauarten für Wände bei W1-E (in Anlehnung an DIN 18533-2, Tab. 19)*

Abdichtung von Wänden mit Kunststoff- und Elastomerbahnen bei W1-E			
Bahnentyp	**Kurz-zeichen**	**Anwen-dungstyp**	**Verarbeitung**
Ethylencopolymerisat-Bitumen, bitumenverträglich	**ECB-Bahnen**	**BA**	
• mit Einlage • mit Verstärkung			lose Verlegung/Bürstenstreich- und Gießverfahren/Flämmverfahren

Tabelle 27: *Abdichtungsbauarten für Wände bei W1-E (in Anlehnung an DIN 18533-2, Tab. 19)*

Abdichtung von Wänden mit Kunststoff- und Elastomerbahnen bei W1-E			
Bahnentyp	**Kurzzeichen**	**Anwendungstyp**	**Verarbeitung**
• mit Einlage und Kaschierung			lose Verlegung/Verklebung/Bürstenstreich- und Gießverfahren/ Flämmverfahren
• mit Einlage und Selbstklebeschicht[a]			Selbstklebeverfahren/ Schweißverfahren
Polyisobutylen, bitumenverträglich	**PIB-Bahnen**	**BA**	
• homogen			Klebeverfahren mit Bitumenklebemasse zwischen zwei Lagen nackte Bitumenbahn
• mit Kaschierung			lose Verlegung/Verklebung/Bürstenstreich- und Gießverfahren
Polyvinylchlorid weich, nicht bitumenverträglich	**PVC-P-Bahnen**	**BA**	
• homogen • mit Einlage • mit Verstärkung			lose Verlegung
• mit Kaschierung • mit Verstärkung und Kaschierung • mit Einlage und Kaschierung			lose Verlegung/Verklebung
Polyvinylchlorid weich, bitumenverträglich	**PVC-P-Bahnen**	**BA**	
• homogen • mit Einlage • mit Verstärkung			lose Verlegung/Bürstenstreich- und Gießverfahren/ Flämmverfahren
• mit Kaschierung • mit Einlage und Kaschierung • mit Verstärkung und Kaschierung			lose Verlegung/Verklebung/Bürstenstreich- und Gießverfahren/Flämmverfahren

Tabelle 27: *Abdichtungsbauarten für Wände bei W1-E (in Anlehnung an DIN 18533-2, Tab. 19)*

Abdichtung von Wänden mit Kunststoff- und Elastomerbahnen bei W1-E			
Bahnentyp	**Kurz-zeichen**	**Anwen-dungstyp**	**Verarbeitung**
• homogen mit Selbstklebeschicht[a)] • mit Einlage und Selbstklebeschicht[a)] • mit Verstärkung und Selbstklebeschicht[a)] • mit Kaschierung und Selbstklebe-schicht[a)]			Selbstklebeverfahren/ Schweißverfahren
Ethylen-Vinylacetat-Terpolymer/-Copolymer, bitumenverträglich	**EVA-Bahnen**	**BA**	
• homogen • mit Verstärkung			lose Verlegung/Bürsten-streich- und Gießverfahren/ Flämmverfahren
• mit Kaschierung			lose Verlegung/Verkle-bung, Bürstenstreich- und Gießverfahren/ Flämm-verfahren
• mit Kaschierung und Selbstklebe-schicht			Selbstklebeverfahren
Ethylen-Propylen-Dien-Terpolymer, bitumenverträglich	**EPDM-Bahnen**	**BA**	
• homogen			lose Verlegung/Verklebung
• mit Verstärkung • mit Kaschierung			lose Verlegung/Verkle-bung/Bürstenstreich- und Gießverfahren/Flämmver-fahren
• homogen mit Selbstklebeschicht • mit Verstärkung und Selbstklebeschicht • mit Kaschierung und Selbstklebe-schicht			Selbstklebeverfahren

Tabelle 27: *Abdichtungsbauarten für Wände bei W1-E (in Anlehnung an DIN 18533-2, Tab. 19)*

Abdichtung von Wänden mit Kunststoff- und Elastomerbahnen bei W1-E			
Bahnentyp	**Kurzzeichen**	**Anwendungstyp**	**Verarbeitung**
• mit Verstärkung und Polymerbitumenbeschichtung			lose Verlegung/Verklebung/Bürstenstreich- und Gießverfahren/Flämmverfahren
Flexibles Polyolefin, bitumenverträglich	**FPO-Bahnen**	**BA**	
• homogen • mit Einlage • mit Verstärkung			lose Verlegung/Bürstenstreich- und Gießverfahren/Flämmverfahren
• mit Einlage und Kaschierung • mit Verstärkung und Kaschierung			lose Verlegung/Verklebung/Bürstenstreich- und Gießverfahren/Flämmverfahren
• mit Verstärkung und Selbstklebeschicht • mit Einlage und Selbstklebeschicht • mit Einlage und Kaschierung und Selbstklebeschicht • mit Verstärkung und Kaschierung und Selbstklebeschicht			Selbstklebeverfahren
Thermoplastische Elastomere, nicht vernetzt, bitumenverträglich	**TPE-Bahnen**	**BA**	
• homogen			lose Verlegung/Verklebung
• mit Kaschierung			lose Verlegung/Verklebung/Bürstenstreich- und Gießverfahren/Flämmverfahren
• mit Kaschierung und Selbstklebeschicht			Selbstklebeverfahren
[a] Kann auch aus Polymerbitumenschicht bestehen.			

Tabelle 27: *Abdichtungsbauarten für Wände bei W1-E (in Anlehnung an DIN 18533-2, Tab. 19)*

Abdichtung von Wänden mit Kunststoff- und Elastomerbahnen bei W1-E			
Bahnentyp	**Kurz-zeichen**	**Anwen-dungstyp**	**Verarbeitung**
Anwendungstyp nach DIN/TS 20000-202: BA: Bahnen für die Abdichtung gegen Bodenfeuchte, nicht drückendes und drückendes Wasser; EB: Bahnen für die Abdichtung auf Bodenplatten gegen Bodenfeuchte (Estrichbahnen).			

Ausführung bei W2-E

- Eine Einpressung der Abdichtung ist nicht erforderlich.
- Zulässige Druckbelastung = 1,0 MN/m² (bei PIB 0,6 MN/m²).

Tabelle 28: *Abdichtungsbauarten bei Bodenplatten und Wänden bei W2.1-E (Eintauchtiefe ≤ 3,0 m) (in Anlehnung an DIN 18533-2, Tab. 20)*

Abdichtung von Bodenplatten und Wänden mit Kunststoff- und Elastomerbahnen bei W2.1-E				
Bahnentyp	**Kurz-zeichen**	**Mindest-dicke**	**Anwen-dungstyp**	**Verarbeitung**
Ethylencopolymerisat-Bitumen, bitumenverträglich	**ECB-Bahnen**	**2,0 mm**	**BA**	
• mit Einlage • mit Verstärkung				lose Verlegung/Bürstenstreich- und Gießverfahren/Flämmverfahren
• mit Einlage und Kaschierung				lose Verlegung/Verklebung/Bürsten- und Gießverfahren/Flämmverfahren
• mit Einlage und Selbstklebeschicht[a)]				Selbstklebeverfahren/Schweißverfahren

Tabelle 28: *Abdichtungsbauarten bei Bodenplatten und Wänden bei W2.1-E (Eintauchtiefe ≤ 3,0 m) (in Anlehnung an DIN 18533-2, Tab. 20)*

Abdichtung von Bodenplatten und Wänden mit Kunststoff- und Elastomerbahnen bei W2.1-E				
Bahnentyp	**Kurzzeichen**	**Mindestdicke**	**Anwendungstyp**	**Verarbeitung**
Polyisobutylen, bitumenverträglich	**PIB-Bahnen**	**1,5 mm**		
• homogen				Klebeverfahren mit Bitumenklebemasse zwischen zwei Lagen nackte Bitumenbahn
• mit Kaschierung				lose Verlegung/ Verklebung/Bürstenstreich- und Gießverfahren
Polyvinylchlorid weich, nicht bitumenverträglich	**PVC-P-Bahnen**	**1,5 mm**		
• homogen • mit Einlage • mit Verstärkung				lose Verlegung
• mit Kaschierung • mit Verstärkung und Kaschierung • mit Einlage und Kaschierung				lose Verlegung/ Verklebung
Polyvinylchlorid weich, bitumenverträglich	**PVC-P-Bahnen**	**1,5 mm**		
• homogen • mit Einlage • mit Verstärkung				lose Verlegung/ Bürstenstreich- und Gießverfahren/Flämmverfahren
• mit Kaschierung • mit Einlage und Kaschierung • mit Verstärkung und Kaschierung				lose Verlegung/ Verklebung/ Bürsten- und Gießverfahren/ Flämmverfahren

Tabelle 28: *Abdichtungsbauarten bei Bodenplatten und Wänden bei W2.1-E (Eintauchtiefe ≤ 3,0 m) (in Anlehnung an DIN 18533-2, Tab. 20)*

Abdichtung von Bodenplatten und Wänden mit Kunststoff- und Elastomerbahnen bei W2.1-E				
Bahnentyp	**Kurzzeichen**	**Mindestdicke**	**Anwendungstyp**	**Verarbeitung**
• homogen mit Selbstklebeschicht[a] • mit Einlage und Selbstklebeschicht[a] • mit Verstärkung und Selbstklebeschicht[a] • mit Kaschierung und Selbstklebeschicht[a]				Selbstklebeverfahren/Schweißverfahren
Ethylen-Vinylacetat-Terpolymer/-Copolymer, bitumenverträglich	**EVA-Bahnen**	**1,5 mm**	**BA**	
• homogen • mit Verstärkung				lose Verlegung/ Bürstenstreich- und Gießverfahren/Flämmverfahren
• mit Kaschierung				lose Verlegung/ Verklebung, Bürstenstreich- und Gießverfahren/Flämmverfahren
Ethylen-Propylen-Dien-Terpolymer, bitumenverträglich	**EPDM-Bahnen**	**1,3 mm**	**BA**	
• homogen				lose Verlegung / Verklebung
• mit Verstärkung • mit Kaschierung				lose Verlegung/ Verklebung/Bürstenstreich- und Gießverfahren/ Flämmverfahren

Tabelle 28: *Abdichtungsbauarten bei Bodenplatten und Wänden bei W2.1-E (Eintauchtiefe ≤ 3,0 m) (in Anlehnung an DIN 18533-2, Tab. 20)*

Abdichtung von Bodenplatten und Wänden mit Kunststoff- und Elastomerbahnen bei W2.1-E				
Bahnentyp	**Kurzzeichen**	**Mindestdicke**	**Anwendungstyp**	**Verarbeitung**
• homogen mit Selbstklebeschicht • mit Verstärkung und Selbstklebeschicht • mit Kaschierung und Selbstklebeschicht				Selbstklebeverfahren
• mit Verstärkung und Polymerbitumenbeschichtung				lose Verlegung/Verklebung/Bürstenstreich- und Gießverfahren/Flämmverfahren
Flexibles Polyolefin, bitumenverträglich	**FPO-Bahnen**	**1,5 mm**	**BA**	
• homogen • mit Einlage • mit Verstärkung				lose Verlegung/Bürstenstreich- und Gießverfahren/Flämmverfahren
• mit Einlage und Kaschierung • mit Verstärkung und Kaschierung				lose Verlegung/Verklebung/Bürstenstreich- und Gießverfahren/Flämmverfahren
• mit Einlage und Kaschierung und Selbstklebeschicht • mit Verstärkung und Kaschierung und Selbstklebeschicht				Selbstklebeverfahren
[a] Kann auch aus Polymerbitumenschicht bestehen.				

Tabelle 28: *Abdichtungsbauarten bei Bodenplatten und Wänden bei W2.1-E (Eintauchtiefe ≤ 3,0 m) (in Anlehnung an DIN 18533-2, Tab. 20)*

Abdichtung von Bodenplatten und Wänden mit Kunststoff- und Elastomerbahnen bei W2.1-E				
Bahnentyp	**Kurzzeichen**	**Mindestdicke**	**Anwendungstyp**	**Verarbeitung**
Anwendungstyp nach DIN/TS 20000-202: BA: Bahnen für die Abdichtung gegen Bodenfeuchte, nicht drückendes und drückendes Wasser; EB: Bahnen für die Abdichtung auf Bodenplatten gegen Bodenfeuchte (Estrichbahnen).				

Tabelle 29: *Abdichtungsbauarten bei Bodenplatten und Wänden bei W2.2-E (Eintauchtiefe > 3,0 m) (Auszug: für die vollständigen Daten wird auf die Norm verwiesen) (in Anlehnung an DIN 18533-2, Tab. 21)*

Abdichtung von Bodenplatten und Wänden mit Kunststoff- und Elastomerbahnen bei W2.2-E					
Bahnentyp	**Kurzzeichen**	**Eintauchtiefe**	**Mindestdicke der Bahn**	**Anwendungstyp**	**Verarbeitung**
Ethylencopolymerisat-Bitumen, bitumenverträglich	**ECB-Bahnen**	**≤ 4 m**	**2,0 mm**	**BA**	
• mit Einlage • mit Verstärkung					lose Verlegung/Bürstenstreich- und Gießverfahren/Flämmverfahren
• mit Einlage und Kaschierung					lose Verlegung/Verklebung/Bürstenstreich- und Gießverfahren/Flämmverfahren
• mit Einlage und Selbstklebeschicht[a)]					Selbstklebeverfahren/Schweißverfahren

Tabelle 29: *Abdichtungsbauarten bei Bodenplatten und Wänden bei W2.2-E (Eintauchtiefe > 3,0 m) (Auszug: für die vollständigen Daten wird auf die Norm verwiesen) (in Anlehnung an DIN 18533-2, Tab. 21)*

Abdichtung von Bodenplatten und Wänden mit Kunststoff- und Elastomerbahnen bei W2.2-E					
Bahnentyp	**Kurzzeichen**	**Eintauchtiefe**	**Mindestdicke der Bahn**	**Anwendungstyp**	**Verarbeitung**
• mit Einlage • mit Verstärkung		**> 4 m und ≤ 9 m**	**2,0 mm**		Bürstenstreich- und Gießverfahren/Flämmverfahren
• mit Einlage und Kaschierung					Verklebung/Bürstenstreich- und Gießverfahren/Flämmverfahren
• mit Einlage und Selbstklebeschicht[a)]					Selbstklebeverfahren/Schweißverfahren
• mit Einlage • mit Verstärkung		**> 9 m**	**2,5 mm**		Bürstenstreich- und Gießverfahren/Flämmverfahren
• mit Einlage und Kaschierung					Verklebung/Bürstenstreich- und Gießverfahren/Flämmverfahren
• mit Einlage und Selbstklebeschicht[a)]					Selbstklebeverfahren/Schweißverfahren
Polyisobutylen, bitumenverträglich	**PIB-Bahnen**	**≤ 4 m**	**1,5 mm**	**BA**	

Tabelle 29: *Abdichtungsbauarten bei Bodenplatten und Wänden bei W2.2-E (Eintauchtiefe > 3,0 m) (Auszug: für die vollständigen Daten wird auf die Norm verwiesen) (in Anlehnung an DIN 18533-2, Tab. 21)*

Abdichtung von Bodenplatten und Wänden mit Kunststoff- und Elastomerbahnen bei W2.2-E					
Bahnentyp	**Kurzzeichen**	**Eintauchtiefe**	**Mindestdicke der Bahn**	**Anwendungstyp**	**Verarbeitung**
• homogen					Klebeverfahren mit Bitumenklebemasse zwischen zwei Lagen nackte Bitumenbahn
• mit Kaschierung					lose Verlegung/Verklebung/Bürstenstreich- und Gießverfahren
• homogen		**> 4 m und ≤ 9 m**	**1,5 mm**		Klebeverfahren mit Bitumenklebemasse zwischen zwei Lagen nackte Bitumenbahn
• mit Kaschierung					Verklebung/ Bürstenstreich- und Gießverfahren
• homogen		**> 9 m**	**2,0 mm**		Klebeverfahren mit Bitumenklebemasse zwischen zwei Lagen nackte Bitumenbahn
• mit Kaschierung					Verklebung/ Bürstenstreich- und Gießverfahren

Tabelle 29: *Abdichtungsbauarten bei Bodenplatten und Wänden bei W2.2-E (Eintauchtiefe > 3,0 m) (Auszug: für die vollständigen Daten wird auf die Norm verwiesen) (in Anlehnung an DIN 18533-2, Tab. 21)*

Abdichtung von Bodenplatten und Wänden mit Kunststoff- und Elastomerbahnen bei W2.2-E					
Bahnentyp	**Kurzzeichen**	**Eintauchtiefe**	**Mindestdicke der Bahn**	**Anwendungstyp**	**Verarbeitung**
Polyvinylchlorid, weich, nicht bitumenverträglich	**PVC-P-Bahnen**	**≤ 4 m**	**1,5 mm**	**BA**	
• homogen • mit Einlage • mit Verstärkung					lose Verlegung
• mit Kaschierung • mit Verstärkung und Kaschierung • mit Einlage und Kaschierung					lose Verlegung/Verklebung
Polyvinylchlorid weich, bitumenverträglich	**PVC-P-Bahnen**	**≤ 4 m**	**1,5 mm**	**BA**	
• homogen • mit Einlage • mit Verstärkung					lose Verlegung/Bürstenstreich- und Gießverfahren/Flämmverfahren

Tabelle 29: *Abdichtungsbauarten bei Bodenplatten und Wänden bei W2.2-E (Eintauchtiefe > 3,0 m) (Auszug: für die vollständigen Daten wird auf die Norm verwiesen) (in Anlehnung an DIN 18533-2, Tab. 21)*

Abdichtung von Bodenplatten und Wänden mit Kunststoff- und Elastomerbahnen bei W2.2-E					
Bahnentyp	**Kurzzeichen**	**Eintauchtiefe**	**Mindestdicke der Bahn**	**Anwendungstyp**	**Verarbeitung**
• mit Kaschierung • mit Einlage und Kaschierung • mit Verstärkung und Kaschierung					lose Verlegung/ Verklebung/ Bürsten- und Gießverfahren/Flämmverfahren
• homogen mit Selbstklebeschicht[a] • mit Einlage und Selbstklebeschicht[a] • mit Verstärkung und Selbstklebeschicht[a] • mit Kaschierung und Selbstklebeschicht[a]					Selbstklebeverfahren/ Schweißverfahren

Tabelle 29: *Abdichtungsbauarten bei Bodenplatten und Wänden bei W2.2-E (Eintauchtiefe > 3,0 m) (Auszug: für die vollständigen Daten wird auf die Norm verwiesen) (in Anlehnung an DIN 18533-2, Tab. 21)*

Abdichtung von Bodenplatten und Wänden mit Kunststoff- und Elastomerbahnen bei W2.2-E					
Bahnentyp	**Kurzzeichen**	**Eintauchtiefe**	**Mindestdicke der Bahn**	**Anwendungstyp**	**Verarbeitung**
• homogen • mit Einlage • mit Verstärkung		> 4 m und ≤ 9 m	1,5 mm	BA	Bürstenstreich- und Gieß-verfahren/Flämmverfahren
• mit Kaschierung • mit Einlage und Kaschierung • mit Verstärkung und Kaschierung					Verklebung/Bürstenstreich- und Gießverfahren/Flämmverfahren
• homogen mit Selbstklebeschicht[a)] • mit Einlage und Selbstklebeschicht[a)] • mit Verstärkung und Selbstklebeschicht[a)] • mit Kaschierung und Selbstklebeschicht[a)]					Selbstklebeverfahren/Schweißverfahren

Tabelle 29: *Abdichtungsbauarten bei Bodenplatten und Wänden bei W2.2-E (Eintauchtiefe > 3,0 m) (Auszug: für die vollständigen Daten wird auf die Norm verwiesen) (in Anlehnung an DIN 18533-2, Tab. 21)*

Abdichtung von Bodenplatten und Wänden mit Kunststoff- und Elastomerbahnen bei W2.2-E					
Bahnentyp	**Kurzzeichen**	**Eintauchtiefe**	**Mindestdicke der Bahn**	**Anwendungstyp**	**Verarbeitung**
• homogen • mit Einlage • mit Verstärkung		**> 9 m**	**2,0 mm**	**BA**	Bürstenstreich- und Gießverfahren/Flämmverfahren
• mit Kaschierung • mit Einlage und Kaschierung • mit Verstärkung und Kaschierung					Verklebung/Bürstenstreich- und Gießverfahren/Flämmverfahren
• homogen mit Selbstklebeschicht[a)] • mit Einlage und Selbstklebeschicht[a)] • mit Verstärkung und Selbstklebeschicht[a)] • mit Kaschierung und Selbstklebeschicht[a)]		**> 9 m**	**2,0 mm**	**BA**	Selbstklebeverfahren/Schweißverfahren

Tabelle 29: *Abdichtungsbauarten bei Bodenplatten und Wänden bei W2.2-E (Eintauchtiefe > 3,0 m) (Auszug: für die vollständigen Daten wird auf die Norm verwiesen) (in Anlehnung an DIN 18533-2, Tab. 21)*

Abdichtung von Bodenplatten und Wänden mit Kunststoff- und Elastomerbahnen bei W2.2-E					
Bahnentyp	**Kurzzeichen**	**Eintauchtiefe**	**Mindestdicke der Bahn**	**Anwendungstyp**	**Verarbeitung**
Ethylen-Vinylacetat-Terpolymer/-Copolymer, bitumenverträglich	**EVA-Bahnen**	**≤ 4 m**	**1,5 mm**	**BA**	
• homogen • mit Verstärkung					lose Verlegung/Bürstenstreich- und Gießverfahren/Flämmverfahren
• mit Kaschierung					lose Verlegung/Verklebung/Bürstenstreich- und Gießverfahren/Flämmverfahren
• homogen mit Verstärkung		**> 4 m und ≤ 9 m**	**1,5 mm**		Bürstenstreich- und Gießverfahren/Flämmverfahren
• mit Kaschierung					Verklebung/Bürstenstreich- und Gießverfahren/Flämmverfahren
• homogen • mit Verstärkung		**> 9 m**	**2,0 mm**		Bürstenstreich- und Gießverfahren/Flämmverfahren

Tabelle 29: *Abdichtungsbauarten bei Bodenplatten und Wänden bei W2.2-E (Eintauchtiefe > 3,0 m) (Auszug: für die vollständigen Daten wird auf die Norm verwiesen) (in Anlehnung an DIN 18533-2, Tab. 21)*

Abdichtung von Bodenplatten und Wänden mit Kunststoff- und Elastomerbahnen bei W2.2-E					
Bahnentyp	**Kurzzeichen**	**Eintauchtiefe**	**Mindestdicke der Bahn**	**Anwendungstyp**	**Verarbeitung**
• mit Kaschierung					Verklebung/ Bürstenstreich- und Gießverfahren/Flämmverfahren
Ethylen-Propylen-Dien-Terpolymer, bitumenverträglich	**EPDM-Bahnen**	**≤ 4 m**	**1,5 mm**	**BA**	
• homogen					lose Verlegung/Verklebung
• mit Verstärkung • mit Kaschierung					lose Verlegung/ Verklebung, Bürstenstreich- und Gießverfahren/Flämmverfahren
• homogen		**> 4 m und ≤ 9 m**	**1,5 mm**		Verklebung
• mit Verstärkung • mit Kaschierung					Verklebung/ Bürstenstreich- und Gießverfahren/Flämmverfahren
• homogen		**> 9 m**	**1,5 mm**		Verklebung
• mit Verstärkung • mit Kaschierung					Verklebung/ Bürstenstreich- und Gießverfahren/Flämmverfahren

Tabelle 29: *Abdichtungsbauarten bei Bodenplatten und Wänden bei W2.2-E (Eintauchtiefe > 3,0 m) (Auszug: für die vollständigen Daten wird auf die Norm verwiesen) (in Anlehnung an DIN 18533-2, Tab. 21)*

Abdichtung von Bodenplatten und Wänden mit Kunststoff- und Elastomerbahnen bei W2.2-E					
Bahnentyp	**Kurzzeichen**	**Eintauchtiefe**	**Mindestdicke der Bahn**	**Anwendungstyp**	**Verarbeitung**
Ethylen-Propylen-Dien-Terpolymer, bitumenverträglich	**EPDM-Bahnen**	**≤ 4 m,** > 4 m und **≤ 9 m,** > 9 m	**1,3 mm**		
• homogen mit Selbstklebeschicht • mit Verstärkung und Selbstklebeschicht • mit Kaschierung und Selbstklebeschicht					Selbstklebeverfahren

Tabelle 29: *Abdichtungsbauarten bei Bodenplatten und Wänden bei W2.2-E (Eintauchtiefe > 3,0 m) (Auszug: für die vollständigen Daten wird auf die Norm verwiesen) (in Anlehnung an DIN 18533-2, Tab. 21)*

Abdichtung von Bodenplatten und Wänden mit Kunststoff- und Elastomerbahnen bei W2.2-E					
Bahnentyp	**Kurzzeichen**	**Eintauchtiefe**	**Mindestdicke der Bahn**	**Anwendungstyp**	**Verarbeitung**
• mit Verstärkung und Polymerbitumenbeschichtung		**≤ 4 m**	**1,3 mm**		lose Verlegung/ Verklebung/ Bürsten- und Gießverfahren/Flämmverfahren
		> 4 m und ≤ 9 m			Verklebung/ Bürstenstreich- und Gießverfahren/Flämmverfahren
		> 9 m			Verklebung/ Bürstenstreich- und Gießverfahren/Flämmverfahren

Tabelle 29: *Abdichtungsbauarten bei Bodenplatten und Wänden bei W2.2-E (Eintauchtiefe > 3,0 m) (Auszug: für die vollständigen Daten wird auf die Norm verwiesen) (in Anlehnung an DIN 18533-2, Tab. 21)*

Abdichtung von Bodenplatten und Wänden mit Kunststoff- und Elastomerbahnen bei W2.2-E					
Bahnentyp	**Kurzzeichen**	**Eintauchtiefe**	**Mindestdicke der Bahn**	**Anwendungstyp**	**Verarbeitung**
Flexibles Polyolefin, bitumenverträglich	**FPO-Bahnen**	**≤ 4 m**	**1,5 mm**		
• homogen • mit Einlage • mit Verstärkung					lose Verlegung/Bürstenstreich- und Gießverfahren/Flämmverfahren
• mit Einlage und Kaschierung • mit Verstärkung und Kaschierung					lose Verlegung/Verklebung/Bürstenstreich- und Gießverfahren/Flämmverfahren
• mit Einlage und Kaschierung und Selbstklebeschicht • mit Verstärkung und Kaschierung und Selbstklebeschicht					Selbstklebeverfahren

Tabelle 29: *Abdichtungsbauarten bei Bodenplatten und Wänden bei W2.2-E (Eintauchtiefe > 3,0 m) (Auszug: für die vollständigen Daten wird auf die Norm verwiesen) (in Anlehnung an DIN 18533-2, Tab. 21)*

Abdichtung von Bodenplatten und Wänden mit Kunststoff- und Elastomerbahnen bei W2.2-E					
Bahnentyp	**Kurzzeichen**	**Eintauchtiefe**	**Mindestdicke der Bahn**	**Anwendungstyp**	**Verarbeitung**
• homogen • mit Einlage • mit Verstärkung		**> 4 m und ≤ 9 m**	**1,5 mm**	**BA**	Bürstenstreich- und Gießverfahren/Flämmverfahren
• mit Einlage und Kaschierung • mit Verstärkung und Kaschierung					Verklebung/ Bürstenstreich- und Gießverfahren/Flämmverfahren
• mit Einlage und Kaschierung und Selbstklebeschicht • mit Verstärkung und Kaschierung und Selbstklebeschicht		**> 4 m und ≤ 9 m**	**1,5 mm**	**BA**	Selbstklebeverfahren

Tabelle 29: *Abdichtungsbauarten bei Bodenplatten und Wänden bei W2.2-E (Eintauchtiefe > 3,0 m) (Auszug: für die vollständigen Daten wird auf die Norm verwiesen) (in Anlehnung an DIN 18533-2, Tab. 21)*

Abdichtung von Bodenplatten und Wänden mit Kunststoff- und Elastomerbahnen bei W2.2-E					
Bahnentyp	**Kurzzeichen**	**Eintauchtiefe**	**Mindestdicke der Bahn**	**Anwendungstyp**	**Verarbeitung**
• homogen • mit Einlage • mit Verstärkung		> 9 m	2,0 mm	BA	Bürstenstreich- und Gießverfahren/Flämmverfahren
• mit Einlage und Kaschierung • mit Verstärkung und Kaschierung					Verklebung/ Bürstenstreich- und Gießverfahren/Flämmverfahren
• mit Einlage und Kaschierung und Selbstklebeschicht • mit Verstärkung und Kaschierung und Selbstklebeschicht					Selbstklebeverfahren
[a] Kann auch als Polymerbitumenschicht bestehen.					

Tabelle 30: *Abdichtungsbauarten bei erdüberschütteten Decken bei W3-E (in Anlehnung an DIN 18533-2, Tab. 22)*

Abdichtung von erdüberschütteten Decken bei W3-E				
Bahnen	**Kurz-zeichen**	**Mindest-dicke der Bahn**	**Anwen-dungstyp**	**Verarbeitung**
Ethylencopoly-merisat-Bitumen, bitumen-verträglich	**ECB-Bahnen**	**2,0 mm**	**BA**	
• mit Einlage • mit Verstärkung				lose Verlegung/Bürstenstreich- und Gießverfahren/Flämmverfahren
• mit Einlage und Kaschierung				lose Verlegung/Verklebung/Bürstenstreich- und Gießverfahren/Flämmverfahren
• mit Einlage und Selbstklebeschicht[a)]				Selbstklebeverfahren/Schweißverfahren
Polyisobutylen, bitumenverträglich	**PIB-Bahnen**	**1,5 mm**		
• homogen				Klebeverfahren mit Bitumenklebemasse zwischen zwei Lagen nackte Bitumenbahn
• mit Kaschierung				lose Verlegung/Verklebung Bürstenstreich- und Gießverfahren
Polyvinylchlorid, weich, nicht bitumenverträglich	**PVC-P-Bahnen**	**1,5 mm**	**BA**	
• homogen • mit Einlage • mit Verstärkung				lose Verlegung

Tabelle 30: *Abdichtungsbauarten bei erdüberschütteten Decken bei W3-E (in Anlehnung an DIN 18533-2, Tab. 22)*

Abdichtung von erdüberschütteten Decken bei W3-E				
Bahnen	**Kurzzeichen**	**Mindestdicke der Bahn**	**Anwendungstyp**	**Verarbeitung**
• mit Kaschierung • mit Verstärkung und Kaschierung • mit Einlage und Kaschierung				lose Verlegung/ Verklebung
Polyvinylchlorid, weich, bitumenverträglich	**PVC-P-Bahnen**	**1,5 mm**	**BA**	
• homogen • mit Einlage • mit Verstärkung				lose Verlegung/ Bürstenstreich- und Gießverfahren/Flämmverfahren
• mit Kaschierung • mit Verstärkung und Kaschierung • mit Einlage und Kaschierung				lose Verlegung, Verklebung/ Bürstenstreich- und Gießverfahren/Flämmverfahren
• homogen mit Selbstklebeschicht[a)] • mit Einlage und Selbstklebeschicht[a)] • mit Verstärkung und Selbstklebeschicht[a)] • mit Kaschierung und Selbstklebeschicht[a)]				Selbstklebeverfahren/Schweißverfahren
Ethylen-Vinylacetat-Terpolymer/-Copolymer, bitumenverträglich	**EVA-Bahnen**	**1,5 mm**	**BA**	
• homogen • mit Verstärkung				lose Verlegung/ Bürstenstreich- und Gießverfahren/Flämmverfahren

Tabelle 30: *Abdichtungsbauarten bei erdüberschütteten Decken bei W3-E (in Anlehnung an DIN 18533-2, Tab. 22)*

Abdichtung von erdüberschütteten Decken bei W3-E				
Bahnen	**Kurzzeichen**	**Mindestdicke der Bahn**	**Anwendungstyp**	**Verarbeitung**
• mit Kaschierung				lose Verlegung/ Verklebung/ Bürstenstreich- und Gießverfahren/Flämmverfahren
Ethylen-Propylen-Dien-Terpolymer, bitumenverträglich	**EPDM-Bahnen**	**1,3 mm**	**BA**	
• homogen				lose Verlegung/ Verklebung
• mit Verstärkung • mit Kaschierung				lose Verlegung/ Verklebung/ Bürstenstreich- und Gießverfahren/Flämmverfahren
• homogen mit Selbstklebeschicht • mit Verstärkung und Selbstklebeschicht • mit Kaschierung und Selbstklebeschicht				Selbstklebeverfahren
• mit Verstärkung und Polymerbitumenbeschichtung				lose Verlegung/ Verklebung/ Bürstenstreich- und Gießverfahren/Flämmverfahren
Flexibles Polyolefin, bitumenverträglich	**FPO-Bahnen**	**1,5 mm**	**BA**	

Tabelle 30: *Abdichtungsbauarten bei erdüberschütteten Decken bei W3-E (in Anlehnung an DIN 18533-2, Tab. 22)*

Abdichtung von erdüberschütteten Decken bei W3-E				
Bahnen	**Kurzzeichen**	**Mindestdicke der Bahn**	**Anwendungstyp**	**Verarbeitung**
• homogen • mit Einlage • mit Verstärkung				lose Verlegung/ Bürstenstreich- und Gießverfahren/Flämmverfahren
• mit Einlage und Kaschierung • mit Verstärkung und Kaschierung				lose Verlegung/ Verklebung/ Bürstenstreich- und Gießverfahren/Flämmverfahren
• mit Einlage und Kaschierung und Selbstklebeschicht • mit Verstärkung und Kaschierung und Selbstklebeschicht				Selbstklebeverfahren

[a] Kann auch aus Polymerbitumenschicht bestehen.

Ausführung der Abdichtung des Wandsockels bei W4-E

Es gelten folgende Regeln:

- Die Flächenabdichtung der erdberührten Wand (Kunststoff-/ Elastomerbahn) wird im Bereich des Wandsockels weitergeführt.
- Ausführung nicht geschützter Abschlüsse (Abdichtungsrand):
  - Nicht geschützte Abschlüsse an aufgehenden Bauteilen (Abdichtungsränder bei Wandsockeln ohne Bekleidung, frei bewittert, mit Spritzwassereinwirkung) sind durch Klemmprofile, Klemmschienen oder angeschweißte Verbundbleche linienförmig am Untergrund zu befestigen.
  - Abstand der Befestigungsmittel = 20 cm. Der Untergrund muss eben sein.

- Nagelbänder dürfen für die Befestigung des Abdichtungsrands am Wandsockel nicht verwendet werden (Perforation der Abdichtung).
- Der Abdichtungsrand ist gegen Hinterlaufen zusätzlich zu schützen (Maßnahmen: Dichtstofffase, Schutzbleche). Dichtstofffasen sind regelmäßig instand zu halten.
- Bei Verzicht auf Dichtstofffase/Schutzbleche müssen die Klemmschienen/Klemmprofile allein ein Hinterlaufen der Abdichtung verhindern. Hierzu sind ein ausreichend dichter und fester Untergrund (Wandsockel) sowie ein entsprechend hoher Anpressdruck erforderlich.

Ausführung der Abdichtung in und unter Wänden (Querschnittsabdichtung) (W4-E)

Die Ausführung der Querschnittsabdichtung (MSB: Mauersperrbahn) in und unter Wänden ist abhängig von der Belastung der Wand:

Tabelle 31: *Geforderter Anwendungstyp für Querschnittsabdichtungen in und unter Wänden*

Wandart	Anwendungstyp nach DIN/TS 20000-202	Beispiele
Wände mit Querkraftbeanspruchung (seitlich druckbelastete Wände)	MSB-Q	Kelleraußenwände (durch Erddruck belastet)
Wände ohne Querkraftbeanspruchung	MSB-nQ	Innenwände, Außenwände ohne horizontale Belastung

Ausführung der Querschnittsabdichtung in und unter Wänden mit Querkraftkraftbeanspruchung:

Es sind Kunststoff- oder Elastomerbahnen mit einem für diesen Anwendungszweck qualifizierten Eignungsnachweis (z. B. allgemeine Bauartgenehmigung – abP) zu verwenden.

Ausführung der Querschnittsabdichtung in und unter Wänden ohne Querkraftkraftbeanspruchung:

Es sind Bahnen nach folgender Tabelle zu verwenden.

Tabelle 32: *Querschnittsabdichtung in und unter Wänden ohne Querkraftbeanspruchung (in Anlehnung an DIN 18533-2, Tab. 23)*

Querschnittsabdichtung in und unter Wänden ohne Querkraftbeanspruchung		
Bahnentyp	**Kurzzeichen**	**Anwendungstyp**
Ethylencopolymerisat-Bitumen, bitumenverträglich • mit Einlage • mit Verstärkung • mit Einlage und Kaschierung, • mit Einlage und Selbstklebeschicht [a)]	ECB-Bahnen	MSB-nQ
Polyisobutylen, bitumenverträglich • homogen • mit Einlage • mit Kaschierung	PIB-Bahnen	MSB-nQ
Polyvinylchlorid, weich, nicht bitumenverträglich • homogen • mit Einlage • mit Verstärkung • mit Kaschierung • mit Verstärkung und Kaschierung • mit Einlage und Kaschierung	PVC-P-Bahnen	MSB-nQ
Polyvinylchlorid, weich, bitumenverträglich • homogen • mit Einlage • mit Verstärkung • mit Kaschierung • mit Einlage und Kaschierung • mit Verstärkung und Kaschierung • homogen mit Selbstklebeschicht [a)] • mit Einlage und Selbstklebeschicht [a)] • mit Verstärkung und Selbstklebeschicht [a)] • mit Kaschierung und Selbstklebeschicht [a)]	PVC-P-Bahnen	MSB-nQ
Ethylen-Vinylacetat-Terpolymer/-Copolymer, bitumenverträglich • homogen • mit Kaschierung • mit Verstärkung • mit Kaschierung und Selbstklebeschicht	EVA-Bahnen	MSB-nQ

Tabelle 32: *Querschnittsabdichtung in und unter Wänden ohne Querkraftbeanspruchung (in Anlehnung an DIN 18533-2, Tab. 23)*

Querschnittsabdichtung in und unter Wänden ohne Querkraftbeanspruchung		
Bahnentyp	**Kurzzeichen**	**Anwendungstyp**
Ethylen-Propylen-Dien-Terpolymer, bitumenverträglich • homogen • mit Verstärkung • mit Kaschierung • homogen mit Selbstklebeschicht • mit Verstärkung und Selbstklebeschicht • mit Kaschierung und Selbstklebeschicht • mit Verstärkung und Polymerbitumenbeschichtung	EPDM-Bahnen	MSB-nQ
Flexibles Polyolefin, bitumenverträglich • homogen • mit Einlage • mit Verstärkung • mit Einlage und Kaschierung • mit Verstärkung und Kaschierung • mit Verstärkung und Selbstklebeschicht • mit Einlage und Selbstklebeschicht • mit Einlage und Kaschierung und Selbstklebeschicht • mit Verstärkung und Kaschierung und Selbstklebeschicht	FPO-Bahnen	MSB-nQ
Thermoplastische Elastomere, nicht vernetzt, bitumenverträglich • homogen • mit Kaschierung • mit Kaschierung und Selbstklebeschicht	TPE-Bahnen	MSB-nQ
[a] Kann auch aus Polymerbitumenschicht bestehen.		

Weitere Regeln für die Ausführung von Querschnittsabdichtungen:

- Auflagerflächen sind für die Querschnittsabdichtung mit Mauermörtel mit ausreichender Dicke abzugleichen, sodass eine horizontale und ebene Oberfläche entsteht.
- Schädliche Unebenheiten sind zu vermeiden.

- Die Querschnittsabdichtung muss eine durchgehende Abdichtungslage bilden.
- Überlappung der Bahnen mind. 20 cm
- Bei zweischaligem Mauerwerk und Entwässerung unter GOK sind die Stöße der Bahnen zu verkleben.

Übergänge zwischen Boden- und Wandabdichtung bei bahnenförmigen Abdichtungsstoffen

Es gilt DIN 18533-1. Zusätzlich sind nachfolgende Regeln zu beachten.

Boden- und Wandabdichtung mit gleichartigem Abdichtungsstoff

Bei Bitumen- und Polymerbitumenbahnen kann die Wandabdichtung an die Bodenplattenabdichtung wie folgt angeschlossen werden:

- Kehlenstoß**:** Übergang Bodenplatte/Wand ist mit einem Radius von mind. 4 cm auszurunden. Die lagenweise Überlappung des Stoßes muss im Bereich der Wand liegen.
- rückläufiger Stoß
- Kehranschluss

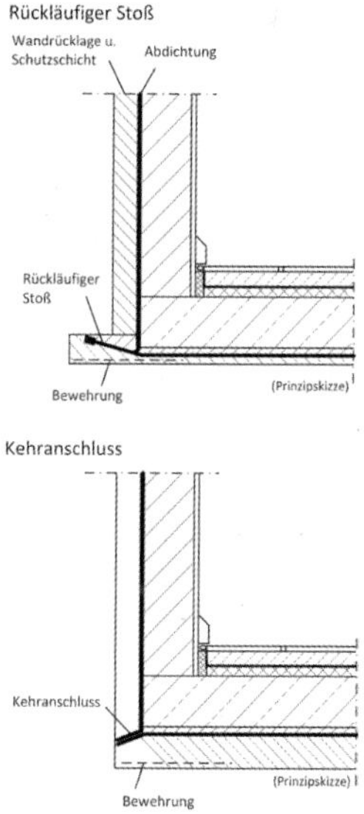

Bild 7: *Rückläufiger Stoß und Kehranschluss (Quelle: Prof. Dr.-Ing. Peter Schmidt)*

Übergang der Wandabdichtung auf eine Bodenplatte aus WU-Beton

Die Ausführung des Übergangs erfolgt adhäsiv oder mit Einbauteilen.

Die Nachweise erfolgen in Abhängigkeit von der Wassereinwirkungsklasse.

Tabelle 33: *Nachweis des Übergangs der Wandabdichtung auf eine Bodenplatte aus WU-Beton*

Wassereinwirkungsklasse	Nachweise
W1-E	keine Nachweise erforderlich
W2-E	Funktionstauglichkeit durch abP auf Grundlage der PG-ÜBB[13]

[13] PG-ÜBB: Prüfgrundsätze zur Erteilung von allgemeinen bauaufsichtlichen Prüfzeugnissen für Übergänge von Bauwerksabdichtungen auf Bauteile aus Beton mit hohem Wassereindringwiderstand; hrsg. v. Deutsches Institut für Bautechnik (DIBt), Berlin

Übergang als adhäsive Verbindung (bis max. 3 m Wassersäule)

Besondere Anforderungen an den Betonuntergrund:

- Der Untergrund ist an Ortbetonbauteilen mechanisch abtragend vorzubereiten (z. B. Schleifen, Strahlen, Fräsen).
- Er muss frei von Verunreinigungen und losen Bestandteilen sein.
- Kanten müssen gefast sein.
- Bei Bitumenbahnen müssen die Kehlen gerundet sein.
- Ggf. ist die Grundierung aufzutragen, bevor die Abdichtung aufgebracht wird.
- Die Angaben im abP sind zu beachten.
- Ggf. ist eine erneute Überprüfung des Untergrunds und Vorbereitung notwendig, wenn die Abdichtung nicht unmittelbar nach den Vorbehandlungsarbeiten ausgeführt wird.

Ausführung:

Die Wandabdichtung ist mind. auf 15 cm Breite auf die Stirnfläche der Bodenplatte zu führen.

Übergang mit Einbauteilen (bis max. 10 m Wassersäule)

Abdichtungsstoffe für die Wandabdichtung:

- Sämtliche nach DIN 18533-2 zugelassenen Bitumen- und Polymerbitumenbahnen (DIN 18533-2, Tab 1) und Kunststoff- und Elastomerbahnen (DIN 18533-2, Tab. 3) dürfen mit Einbauteilen wasserdicht an den Beton der Bodenplatte angeschlossen werden.

Geeignete Einbauteile:

- Los-/Festflanschkonstruktionen (als Doppelflansch mit einseitig einbetonierten Fugenbändern als einseitige Konstruktion)
- außen liegende Anschlussbänder

Ausführung:

- Ausführung der Los-/Festflanschkonstruktion nach DIN 18533-1, Anhang A, Tab. A.1
- Reinigung des Anschlussbereichs der Flansche vor Einbau der Abdichtung

- Anschlussbänder müssen aus Stoffen bestehen, die mit der Abdichtung verschweißt werden können.
- Einbau der Einbauteile umlaufsicher in den wasserundurchlässigen Beton
- Einbetonierte Fugenbänder sind nach dem Ausschalen auf Beschädigungen zu prüfen und zu reinigen. Gegebenenfalls festgestellte Mängel sind zu dokumentieren und zu beseitigen.
- Verschweißte Anschlüsse sind zu prüfen.

Durchdringungen

Es gilt DIN 18533-1. Darüber hinaus gibt es keine weiteren Festlegungen.

Bewegungsfugen

Es gilt DIN 18533-1. Zusätzlich sind nachfolgende Regeln zu beachten.

Abdichtung mit Bitumen- und Polymerbitumenbahnen

Fugentyp I bei W1-E und W3-E:

- Die Flächenabdichtung ist über die Fuge durchzuführen.
- Weiterhin ist eine Verstärkung der Abdichtung erforderlich.
- Als Verstärkung eignen sich folgende Stoffe:
  - Bitumen- und Polymerbitumenbahnen mit Trägereinlagen aus Polyestervlies oder Kombinationsträger mit überwiegendem Polyesteranteil (KTP) (Bahnentyp muss der Flächenabdichtung entsprechen.)
  - Kunststoff- oder Elastomerbahnen, bitumenverträglich, Dicke ≥ 1,5 mm
  - Kupferband, Dicke ≥ 0,1 mm (nur bei Abdichtungen mit nackten Bitumenbahnen und Dachdichtungsbahnen)
  - Edelstahlband, Dicke ≥ 0,05 mm (nur bei nackten Bitumenbahnen und Dachdichtungsbahnen)
  - Kaltselbstklebende Bitumen-Dichtungsbahn mit HDPE-Trägerfolie (KSK) (nur bei Abdichtung mit KSK-Bahn)

***Tabelle 34:** Abdichtung von Bewegungsfugen mit Bitumen- und Polymerbitumenbahnen sowie Metallbändern bei W1-E und W3-E (in Anlehnung an DIN 18533-2, Tab. 24)*

Verformungsklasse	Schleppstreifen	Verstärkungsstreifen		
		Anzahl	Breite	Art
VK1-E	optional 200 mm	-	-	nicht erforderlich
VK2-E	200 mm	1	300 mm	Stoffe wie beschrieben
VK3-E				
VK4-E	300 mm	2	erste Lage: 300 mm zweite Lage: 500 mm	
VK5-E				

Fugentyp I bei W2.1-E und W2.2-E:

- Die Flächenabdichtung ist über die Fuge durchzuführen.
- Weiterhin ist eine Verstärkung der Abdichtung erforderlich.
- Als Verstärkung eignen sich folgende Stoffe:
  - Bitumen- und Polymerbitumenbahnen mit Trägereinlagen aus Polyestervlies oder Kombinationsträger mit überwiegendem Polyesteranteil (KTP) (Bahnentyp muss der Flächenabdichtung entsprechen.)
  - Polymerbitumenbahnen mit Trägereinlagen aus Polyestervlies oder Kombinationsträger mit überwiegendem Polyesteranteil (KTP) (Bahnentyp muss der Flächenabdichtung entsprechen.)
  - Kunststoff- oder Elastomerbahnen, bitumenverträglich, Dicke ≥ 2,0 mm
  - Kupferband, Dicke ≥ 0,2 mm (nur bei nackten Bitumenbahnen und Dachdichtungsbahnen)
  - Edelstahlband, Dicke ≥ 0,05 mm (nur bei nackten Bitumenbahnen und Dachdichtungsbahnen)

Tabelle 35: *Abdichtung von Bewegungsfugen mit Bitumen- und Polymerbitumenbahnen sowie Metallbändern bei W2.1-E und W2.2-E (in Anlehnung an DIN 18533-2, Tab. 25)*

Verformungs-klasse	Verstärkungsstreifen		
	Anzahl	Breite	Art
VK1-E	1	500 mm	Bitumen- und Polymerbitumenbahnen (KTP)
VK2-E	2	500 mm	
VK3-E	2	500 mm	Polymerbitumenbahnen (KTP)
VK4-E	3	500 mm	Kunststoff-/Elastomerbahnen
VK5-E	4	500 mm	Kupferband Edelstahlband

Fugentyp II bei W1-E und W3-E:

Festlegung der Abdichtung im Einzelfall in Abhängigkeit von der Häufigkeit der Fugenbewegung und der Wassereinwirkung.

Beispiele:

- Unterbrechen der Flächenabdichtung und schlaufenartige Anordnung geeigneter Abdichtungsstoffe
- Anordnung von Fugenbändern im Einklebeflansch
- vorgefertigte Fugenkonstruktionen
- Los-/Festflanschkonstruktionen

Fugentyp II bei W2.1-E und W2.2-E:

Für die Abdichtung sind Sonderkonstruktionen erforderlich.

Abdichtung mit Kunststoff- und Elastomerbahnen

Fugentyp I bei W1-E und W3-E:

- Die Flächenabdichtung ist über die Fuge durchzuführen.
- zur Ausführung siehe folgende Tabelle

Tabelle 36: *Abdichtung von Bewegungsfugen mit Kunststoff- und Elastomerbahnen bei W1-E und W3-E (in Anlehnung an DIN 18533-2, Tab. 26)*

Verformungsklasse	Stützblech oder Fugenband
VK1-E	nicht erforderlich

Tabelle 36: *Abdichtung von Bewegungsfugen mit Kunststoff- und Elastomerbahnen bei W1-E und W3-E (in Anlehnung an DIN 18533-2, Tab. 26)*

Verformungsklasse	Stützblech oder Fugenband
VK2-E bis VK5-E	erforderlich Stützblech mind. 0,5 mm dick, 200 mm breit, Befestigung nur auf einer Seite der Fuge

Fugentyp I bei W2.1-E und W2.2-E:

- Die Flächenabdichtung ist über die Fuge durchzuführen.
- zur Ausführung siehe folgende Tabelle und folgende Regeln:
  - Außen liegende 4-stegige Fugenbänder müssen mit der Abdichtung verschweißt werden.
  - Als Fugenbänder sind solche aus PVC oder FPO entsprechend der Flächenabdichtung zu verwenden.

Tabelle 37: *Abdichtung von Bewegungsfugen mit Kunststoff- und Elastomerbahnen bei W2.1-E und W2.2-E (in Anlehnung an DIN 18533-2, Tab. 27)* **Fugentyp II bei W1-E und W3-E:**

Verformungsklasse	Wassereinwirkungsklasse	
	W2.1-E	W2.2-E
VK1-E	Verstärkungsstreifen aus • 2 Lagen Kunststoff- oder Elastomerbahn in Dicke der Flächenabdichtung, mind. 300 mm breit oder • Außen liegendes mind. 4-stegiges Fugenband	Verstärkungsstreifen aus • Außen liegendes mind. 4-stegiges Fugenband oder • Sonderkonstruktion
VK2-E bis VK5-E	Sonderkonstruktion	Sonderkonstruktion

Die Festlegung der Abdichtung erfolgt im Einzelfall in Abhängigkeit von der Häufigkeit der Fugenbewegung und der Wassereinwirkung.

Fugentyp II bei W2.1-E und W2.2-E:

Für die Abdichtung sind Sonderkonstruktionen erforderlich.

Ausführung der Abdichtung erdberührter Bauteile mit flüssig zu verarbeitenden Stoffen

Für die Ausführung der Abdichtung von erdberührten Bauteilen mit flüssig zu verarbeitenden Abdichtungsstoffen ist DIN 18533-3 zu beachten. Außerdem gelten die allgemeinen Regeln in DIN 18533-1, d. h. DIN 18533-3 ist immer zusammen mit DIN 18533-1 anzuwenden.

Charakteristisches Merkmal:

- Flüssig zu verarbeitende Abdichtungsstoffe werden im flüssigen Zustand verarbeitet und auf die abzudichtenden Flächen aufgebracht.
- Erst nach dem Erhärten bzw. Aushärten der aufgetragenen Masse ergibt sich die fertige Abdichtungsschicht.

Abdichtungsbauarten

Es werden folgende Abdichtungsbauarten mit flüssig zu verarbeitenden Abdichtungsstoffen unterschieden:

- Abdichtungsbauart mit kunststoffmodifizierten Bitumendickbeschichtungen (PBMC)
- Abdichtungsbauart mit flexiblen, kunststoffmodifizierten Dickbeschichtungen (FPD)
- Abdichtungsbauart mit rissüberbrückenden mineralischen Dichtungsschlämmen (MDS)
- Abdichtungsbauart mit Flüssigkunststoffen (FLK)
- Abdichtungsbauart mit Gussasphalt
- Abdichtungsbauart mit Asphaltmastix

Abdichtungsbauarten mit Kombinationen aus

- je einer Schicht Asphaltmastix und Gussasphalt und
- einer Lage Bitumen-Schweißbahn und einer Schicht Gussasphalt

Zuordnung der Abdichtungsbauarten zu den Wassereinwirkungsklassen

Tabelle 1: *Zuordnung der Abdichtungsbauarten zu den Wassereinwirkungsklassen (n. DIN 18533-3)*

Wassereinwirkungsklasse		**PMBC**	**FPD**	**MDS**	**FLK**	**Gussasphalt**	**Asphaltmastix**
W1-E	Bodenfeuchte und nicht drückendes Wasser	X	X	X (nur auf Betonuntergründen)	N	X (nur auf Bodenplatten)	X (nur auf Bodenplatten)
W2.1-E	mäßige Einwirkung durch drückendes Wasser; bis 3 m Wassersäule	X	X	N	N	N	N
W2.2-E	hohe Einwirkung durch drückendes Wasser; über 3 m Wassersäule	N	N	N	N	N	N
W3-E	nicht drückendes Wasser auf erdüberschütteten Decken	X	X	N	X	N[a)]	N[a)]
W4-E	Spritzwasser am Wandsockel sowie Kapillarwasser in und unter erdberührten Wänden	X (nicht als Querschnittsabdichtung)	X	X (nur auf massiven Untergründen)	X	N	N
X: Ausführung ist möglich. N: Ausführung ist <u>nicht</u> möglich.							

***Tabelle 1:** Zuordnung der Abdichtungsbauarten zu den Wassereinwirkungsklassen (n. DIN 18533-3)*

Wassereinwirkungsklasse	PMBC	FPD	MDS	FLK	Gussasphalt	Asphaltmastix

[a] Bei W3-E ist als Abdichtungsbauart eine Kombination von Gussasphalt und Asphaltmastix zulässig

PMBC: Kunststoffmodifizierte Bitumendickbeschichtung

FPD: Flexible kunststoffmodifizierte Dickbeschichtung

MDS: Rissüberbrückende mineralische Dichtungsschlämmen

FLK: Flüssigkunststoffe

Zuordnung der Abdichtungsbauarten zu den Rissklassen

***Tabelle 2:** Zuordnung von Abdichtungen aus flüssig zu verarbeitenden Stoffen zu den Rissklassen (n. DIN 18533-3)*

Rissklasse	Beschreibung	PMBC	FPD	MDS	FLK	Gussasphalt	Asphaltmastix
R1-E	geringe Rissüberbrückung (≤ 0,2 mm)	X	X	X	X	A	A
R2-E	mäßige Rissüberbrückung (≤ 0,5 mm)	X	X	N	X	A	A
R3-E	hohe Rissüberbrückung (≤ 1,0 mm, Rissversatz ≤ 0,5 mm)	X	X	N	X	A	A

Tabelle 2: *Zuordnung von Abdichtungen aus flüssig zu verarbeitenden Stoffen zu den Rissklassen (n. DIN 18533-3)*

Riss-klasse	Beschrei-bung	PMBC	FPD	MDS	FLK	Guss-asphalt	As-phalt-mastix
R4-E	sehr hohe Rissüber-brückung (≤ 5,0 mm, Rissver-satz ≤ 2,0 mm)	N	N	N	N	A	A

X: Ausführung möglich
N: Ausführung nicht zulässig
A: Keine Zuordnung zu einer Rissüberbrückungsklasse, da Abdichtungsschicht auf Trennlage verlegt wird.
PMBC: Kunststoffmodifizierte Bitumendickbeschichtung
FPD: Flexible kunststoffmodifizierte Dickbeschichtung
MDS: Rissüberbrückende mineralische Dichtungsschlämmen
FLK: Flüssigkunststoffe

Bauliche Erfordernisse

Zusätzliche Regeln zu baulichen Erfordernissen, die bei Abdichtungen erdberührter Bauteile aus flüssig zu verarbeitenden Stoffen zu beachten sind, werden im Teil 3 der DIN 18533 nicht angegeben. Es gelten die Regeln der DIN 18533-1; siehe Kurzzusammenfassung der Regeln in folgender Tabelle.

***Tabelle 3:** Überblick über die wichtigsten baulichen Erfordernisse bei Ausführung von Abdichtungen erdberührter Bauteile mit flüssig zu verarbeitenden Stoffen*

Bauliche Erfordernisse	
Allgemein	Gestaltung der abzudichtenden Bauteile in der Weise, dass Voraussetzungen für eine fachgerechte Anordnung und Ausführung der Abdichtung gewährleistet sind.
Risse im Bauteil	Rissneubildungen im abzudichtenden Bauteil sind zu verhindern, wenn die Abdichtung die Risse nicht überbrücken kann. Hierzu sind geeignete konstruktive Maßnahmen zu ergreifen (z. B. Anordnung von Bewehrung, Einbau von Wärmedämmung, Anordnung von Fugen).
Untergrundbeschaffenheit	Vertiefungen > 5 mm sind mit geeignetem Mörtel zu verschließen. Oberflächen von Mauerwerk oder haufwerksporigen Baustoffen, offene Stoßfugen ≤ 5 mm, Oberflächenprofilierungen, Unebenheiten von Steinen müssen durch Verputzen, Vermörteln, Dichtungsschlämmen oder Kratzspachtelung verschlossen und egalisiert werden. Eine Ausnahme bilden Abdichtungen mit Stoffen mit überdeckenden Eigenschaften (z. B. Bitumen- und Kunststoffbahnen). Das bedeutet: Für flüssig zu verarbeitende Stoffe sind die vorgenannten Maßnahmen immer auszuführen.
Temperatureinwirkung	Temperatureinwirkungen sind bei der Planung der Abdichtung zu berücksichtigen.

Anforderungen an die Abdichtung und den Abdichtungsuntergrund

Neben den im Teil 1 der Norm (DIN 18533-1) angegebenen grundsätzlichen Anforderungen, die die Abdichtung erfüllen muss, sind bei flüssig zu verarbeitenden Abdichtungsstoffen noch folgende stoffspezifische Anforderungen an den Untergrund zu beachten:

Tabelle 4: *Übersicht über grundsätzliche Anforderungen an die Abdichtung und an den Abdichtungsuntergrund nach DIN 18533-1 sowie bauartspezifische Anforderungen für flüssig zu verarbeitende Stoffe nach DIN 18533-3*

die Abdichtung	den Abdichtungsuntergrund
• Dichtheit (Schutz des Bauwerks vor Wasser und Feuchte sowie vor dem Eindringen von Wasser) • Beständigkeit (gegen Wasser und durch Mörtel/Beton verändertes Wasser sowie aus der Nutzung sich ergebende Stoffe) • Dauerhaftigkeit (Funktion und Bestand müssen während der geplanten Nutzungsdauer gewährleistet sein.) • Zuverlässigkeit (während der geplanten Nutzungsdauer) • Anordnung auf der dem Wasser zugewandten Seite (Ausnahme: Bei Bodenplatten aus Beton darf die Abdichtung auch auf der Oberseite eingebaut werden.) • Aufnahme der zu erwartenden Bewegungen (z. B. aus Schwinden, Temperaturänderungen) • Fähigkeit, zu erwartende Rissneubildungen und Rissbreitenänderungen zu überbrücken	• frostfrei, fest, eben, frei von Nestern und klaffenden Rissen, frei von Graten und schädlichen Verunreinigungen • Dämmstoffe als Untergrund (i. d. R. nicht als Untergrund bei erdberührten Bauteilen mit Ausnahme von erdüberschütteten Decken, Verträglichkeit mit der Abdichtung muss sichergestellt sein.) • Kanten: gefast • Kehlen: gerundet • Rissneubildungen und Rissbreitenänderungen müssen in Abhängigkeit von der Rissklasse und Abdichtungsbauart begrenzt werden, damit die Abdichtung nicht geschädigt wird.

Tabelle 4: *Übersicht über grundsätzliche Anforderungen an die Abdichtung und an den Abdichtungsuntergrund nach DIN 18533-1 sowie bauartspezifische Anforderungen für flüssig zu verarbeitende Stoffe nach DIN 18533-3*

die Abdichtung	den Abdichtungsuntergrund
Zusätzliche bauartspezifische Anforderungen bei flüssig zu verarbeitenden Stoffen nach DIN 18533-3 an	
• Einhaltung der Mindesttrockenschichtdicke auf der gesamten abzudichtenden Fläche	• ausreichende Oberflächenfestigkeit des Abdichtungsuntergrunds • max. Feuchtegehalt des Abdichtungsuntergrunds beachten (produktabhängig) • Verarbeitung nur bei Oberflächentemperaturen des Untergrunds, die mind. 3 K über der Taupunkttemperatur liegen • ggf. Anordnung einer mineralischen Dichtungsschlämme auf der Haftseite der Abdichtung, um Schädigungen der Abdichtung durch Wasser auf der Haftseite zu vermeiden • Voranstrich (grundsätzlich erforderlich, wenn Abdichtung mit dem Untergrund verklebt wird). • Vorbereitung des Untergrunds (Reinigung der Oberfläche, Entfernung trennender Substanzen, Aufbringen einer Ausgleichsschicht, Grundierung).

Anforderungen an den Untergrund bei flüssig zu verarbeitenden Abdichtungsstoffen

- Feuchtegehalt beachten (produktabhängig, siehe Herstellerangaben)
- Oberflächentemperatur mind. 3 K über Taupunkttemperatur der Umgebungsluft

Weitere Anforderungen

Zwischenabdichtung aus MDS:

- Flüssig aufzubringende Abdichtungsstoffe können durch Wassereinwirkung, die von der Rückseite einwirkt, geschädigt werden.
- Sofern im Bauzustand rückwärtiges Wasser nicht verhindert werden kann, ist eine Zwischenabdichtung einzubauen.

- Die Zwischenabdichtung ist aus mineralischer Dichtungsschlämme (MDS) (nicht rissüberbrückend oder rissüberbrückend) auszuführen.

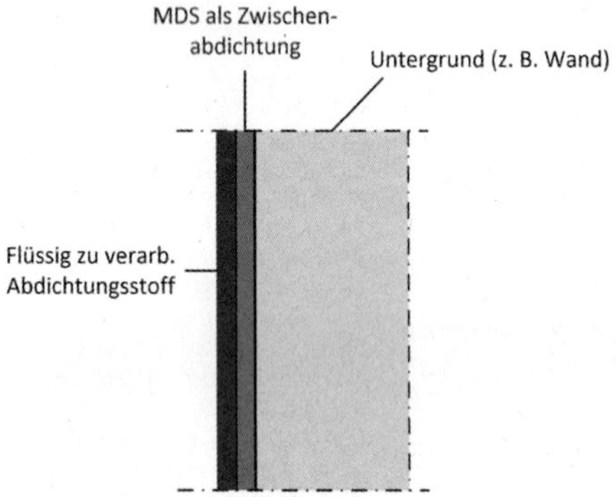

***Bild 1:** Zwischenabdichtung (Quelle: Prof. Dr.-Ing. Peter Schmidt)*

Vorbereitung des Abdichtungsuntergrunds

Der Abdichtungsuntergrund ist vor dem Auftragen des flüssig zu verarbeitenden Abdichtungsstoffs vorzubereiten. Hierzu zählen folgende Maßnahmen:

- Reinigung der Oberfläche
- Entfernung von trennenden Substanzen und Stoffen
- Verschließen und/oder Ausgleichen von Graten, Lunker und nicht bündig vermörtelten Mauerwerksfugen
- ggf. Auftragen einer Ausgleichsschicht sowie einer Grundierung
- Durchführung aller Maßnahmen, damit ein vollflächiger Verbund zwischen dem Untergrund und der Abdichtungsschicht sichergestellt ist

Mindesttrockenschichtdicke

Die Mindesttrockenschichtdicke (d_{min}) gibt die Schichtdicke eines flüssig zu verarbeitenden Abdichtungsstoffs im ausreagierten, d. h. erhärteten Zustand, an.

Forderung:

Die Mindesttrockenschichtdicke d_{min} darf an keiner Stelle unterschritten werden.

- In DIN 18533-3 wird gefordert, dass die aus flüssig zu verarbeitenden Abdichtungsstoffen hergestellte Abdichtungsschicht überall auf der abzudichtenden Fläche die geforderte Mindesttrockenschichtdicke d_{min} aufweisen muss.

Größe der Mindesttrockenschichtdicke:

- Die Mindesttrockenschichtdicke ist vom Abdichtungsstoff (Abdichtungsbauart) sowie von der anzusetzenden Wassereinwirkungsklasse abhängig.
- Festlegung der Mindesttrockenschichtdicke:
  - nach Norm (DIN 18533-3)
  - für Stoffe mit einem abP (allgemeines bauaufsichtliches Prüfzeugnis) auch produktspezifisch im abP

Es gilt folgende Regelung:

- Ist die im abP angegebene Mindesttrockenschichtdicke größer als der in der Norm geforderte Wert, gilt der im abP festgelegte Wert (d. h. es ist immer der größere Wert anzunehmen).

Tabelle 5: *Mindesttrockenschichtdicke für flüssig zu verarbeitende Abdichtungsstoffe nach DIN 18533-3*

Abdichtungsstoff	Mindesttrocken-Schichtdicke d_{min}
kunststoffmodifizierte Bitumendickbeschichtungen (PMBC)	3,0 mm bis 4,0 mm (abhängig von der Wassereinwirkungsklasse)
flexible kunststoffmodifizierte Dickbeschichtung (FPD)	2,0 mm bis 4,0 mm (abhängig von der Wassereinwirkungsklasse)
rissüberbrückende mineralische Dichtungsschlämmen (MDS)	2,0 mm
Flüssigkunststoffe (FLK)	2,0 mm

Sicherstellung und Prüfung der Mindesttrockenschichtdicke:

- Es ist sicherzustellen, dass die Mindesttrockenschichtdicke d_{min} in jedem Fall eingehalten wird.
- Dazu ist die Berücksichtigung eines Schichtdickenzuschlages dZ erforderlich, der sich aus folgenden Anteilen zusammensetzt:
  - verarbeitungsbedingte Schwankungen d_V und
  - Mehrverbrauch für den Ausgleich (Egalisierung) des Untergrunds d_U.
    Sofern die Egalisierung des Untergrunds separat erfolgt, z. B. durch eine Kratzspachtelung, ist $d_U = 0$.

Schichtdickenzuschlag:

$$\mathbf{d_Z = d_V + d_U}$$

- Der Schichtdickenzuschlag ist vom Hersteller anzugeben.
- Sofern keine Angaben des Herstellers vorliegen, sollte der Schichtdickenzuschlag mind. mit 25 % der Mindesttrockenschichtdicke angenommen werden ($d_Z = 0{,}25 \times d_{min}$).

Näherungswert für Schichtdickenzuschlag: $d_Z = 0{,}25 \times d_{min}$

Nassschichtdicke d_N:

- Der flüssig zu verarbeitende Abdichtungsstoff ist mind. mit der Menge auf die abzudichtende Fläche aufzutragen, die im Mittel der Summe aus Mindesttrockenschichtdicke d_{min} und Schichtdickenzuschlag d_Z entspricht.
- Daraus ergibt sich die Nassschichtdicke (d_N) bzw. die Auftragsmenge pro m^2.
- Bei der Festlegung der Nassschichtdicke muss bei einigen Stoffen ggf. noch ein Nassschichtdickenzuschlag angesetzt werden, durch den der Materialschwund (Abnahme der Schichtdicke der aufgetragenen Masse) beim Ausreagieren bzw. Erhärten berücksichtigt wird. Der Nassschichtdickenzuschlag ist vom Hersteller anzugeben.

$$\mathbf{d_N = d_{min} + d_z\ (+\ d_{NZ}) = d_{min} + (d_V + d_U)\ (+\ d_{NZ})}$$

d_N Nassschichtdicke
d_Z Schichtdickenzuschlag
d_{NZ} Nassschichtdickenzuschlag; nur bei Produkten anzusetzen, bei denen mit Materialschwund bei der Trocknung/beim Aushärten zu rechnen ist.

- Schichtdickenzuschlag sowie Nassschichtdickenzuschlag siehe Herstellerangaben. Falls keine Angaben vorliegen, kann mit der Näherung ($d_Z = 0{,}25 \times d_{min}$) gerechnet werden.

Kontrolle:

- Zur Sicherstellung der erforderlichen Schichtdicke bei der Ausführung der Abdichtung sind vom Produkthersteller die zugeordnete Nassschichtdicke und die hierfür erforderliche Auftragsmenge pro Quadratmeter anzugeben.
- Beim Auftragen der Abdichtungsschicht ist die Schichtdicke durch Prüfung
  - der Auftragsmenge und
  - der Nassschichtdicke

zu kontrollieren.

- Die Häufigkeit der Kontrollen ist vom verwendeten Abdichtungsstoff (Abdichtungsbauart) abhängig, siehe hierzu die Angaben in den entsprechenden Abschnitten.
- Kontrolle mit Verfahren nach DIN EN ISO 2808[1]. Siehe hierzu auch die Hinweise in DIN 18195 Beiblatt 2[2].

Dokumentation:

- Bei Wassereinwirkungsklasse W2.1-E (mäßige Einwirkung durch drückendes Wasser; bis 3 m Wassersäule) sind die Messergebnisse sowie die durchgeführten Maßnahmen zur Gewährleistung einer ausreichenden Nassschichtdicke zu dokumentieren.

[1] DIN EN ISO 2808:2019-12: Beschichtungsstoffe – Bestimmung der Schichtdicke

[2] DIN 18195 Beiblatt 2:2017-07: Abdichtung von Bauwerken – Beiblatt 2: Hinweise zur Kontrolle und Prüfung der Schichtdicken von flüssig verarbeiteten Abdichtungsstoffen

Hinweis

Die Abdichtung gegen W2.2-E (hohe Einwirkung durch drückendes Wasser, über 3 m Wassersäule) ist mit Abdichtungen aus flüssig zu verarbeitenden Abdichtungsstoffen nicht möglich.

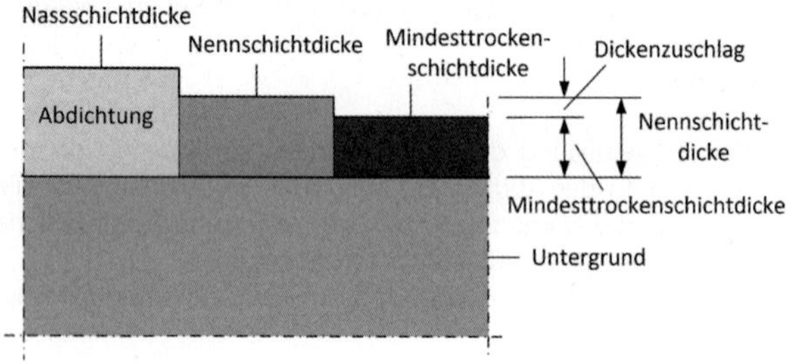

***Bild 2:** Zusammenhang zwischen Mindesttrockenschichtdicke, Nennschichtdicke und Nassschichtdicke.*
'(Quelle: Prof. Dr.-Ing. Peter Schmidt)

Bestätigungsprüfung:

- In begründeten Fällen (z. B. bei fehlender Dokumentation der Kontrolle der Schichtdicke oder bei begründeten Zweifeln an der Mindesttrockenschichtdicke) ist eine Bestätigungsprüfung erforderlich.
- Sie dient dem Nachweis, dass die Mindesttrockenschichtdicke der ausgeführten Abdichtung eingehalten ist.
- Für eine Bestätigungsprüfung ist die Trockenschichtdicke der ausgeführten Abdichtung zu messen.
- Hierzu dürfen Verfahren nach DIN EN ISO 2808 angewendet werden. Hinweise zur Messung der Schichtdicke siehe auch Beiblatt 2 der DIN 18195.

Überprüfung der Trockenschichtdicke:

Die Überprüfung der Trockenschichtdicke erfolgt nach folgendem Verfahren:

- Durchführung von mind. zehn Einzelmessungen, die gleichmäßig über eine repräsentative Fläche verteilt sein müssen.

- Die Prüfung ist mind. einmal je 100 m^2 Fläche durchzuführen.
- In besonderen Bereichen (z. B. Ecken, Kanten, Durchdringungen, Anschlüsse) können zusätzliche Messungen erforderlich sein.
- Die einzelnen Messwerte sind auf 0,1 mm anzugeben.
- Aus den Messwerten ist der Mittelwert zu bilden. Dieser darf die Mindesttrockenschichtdicke nicht unterschreiten.
- Weiterhin darf der kleinste Messwert die geforderte Mindesttrockenschichtdicke um nicht mehr als 10 % unterschreiten.
- Werden die Anforderungen nicht erfüllt, sind die betroffenen Bereiche durch weitere Messungen einzugrenzen und nachzuarbeiten.
- Bei zerstörender Prüfung durch Probennahme oder Perforation der Abdichtung sind die Prüfstellen sofort nach Prüfung fachgerecht zu verschließen. Die Prüfstellen sind zu markieren.

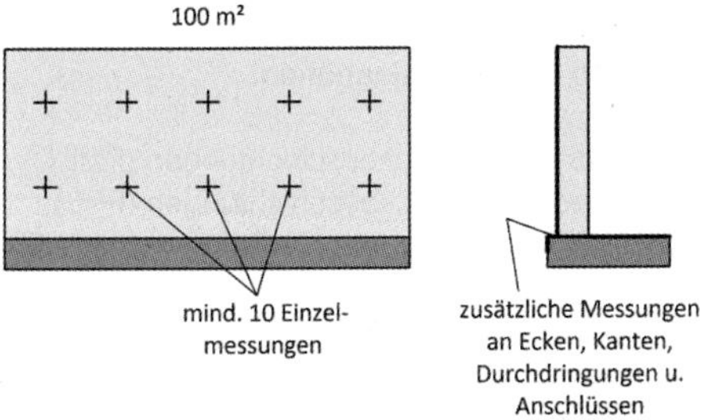

***Bild 3:** Schematische Darstellung der Prüfung der Trockenschichtdicke. (Quelle: Prof. Dr.-Ing. Peter Schmidt)*

Kombination verschiedener Abdichtungsstoffe

- Es ist sicherzustellen, dass die verschiedenen Stoffe miteinander verträglich sind.
- Nachweis z. B. durch eine entsprechende Erklärung durch den bzw. die Hersteller.
- Die Kombination verschiedener Abdichtungsstoffe kommt z. B. bei Übergängen oder Anschlüssen vor.

Bild 4: *Sicherstellung der Stoffverträglichkeit bei der Kombination verschiedener Abdichtungsstoffe (hier: Übergang zwischen einer Wandabdichtung mit PMBC auf eine Bodenplattenabdichtung mit Bahnen) (Quelle: Prof. Dr.-Ing. Peter Schmidt)*

Stoffe

Abdichtungsstoffe und Stoffkombinationen:

- Kunststoffmodifizierte Bitumendickbeschichtungen (PMBC)
- Flexible kunststoffmodifizierte Dickbeschichtungen (FPD)
- Rissüberbrückende mineralische Dichtungsschlämmen (MDS)
- Flüssigkunststoffe (FLK)
- Gussasphalt
- Asphaltmastix
- Asphaltmastix und Gussasphalt
- Bitumen-Schweißbahn und Gussasphalt

Stoffspezifische Anforderungen siehe Angaben in den entsprechenden Abschnitten.

Stoffe für den Schutz der Abdichtung:

Tabelle 6: *Stoffe für den Schutz der Abdichtung (n. DIN 18533-3, 7.2)*

Stoff	Anforderung, Eigenschaft
Bautenschutzmatten und -platten aus Gummi- oder Polyethylengranulat	Dicke ≥ 6 mm
Vliese aus synthetischen Fasern bzw. Geotextilien aus Chemiefasern	≥ 300 g/m² Dicke ≥ 2 mm

Tabelle 6: *Stoffe für den Schutz der Abdichtung (n. DIN 18533-3, 7.2)*

Stoff	Anforderung, Eigenschaft
Kunststoff- oder Elastomerbahnen	DIN 18533-2[3]
Beton	mind. C 8/10 nach DIN EN 206[4] Dicke ≥ 50 mm
Mörtel	mind. CS III nach DIN EN 998-1[5] Dicke ≥ 20 mm
Zementestrich	DIN 18560
Mauerwerk	Dicke ≥ 115 mm
Betonplatten	Dicke ≥ 50 mm
Gussasphalt	Dicke ≥ 25 mm
Platten aus Hartschaum oder Schaumglas	Dicke ≥ 25 mm
Bitumen- und Polymerbitumenbahnen	
Noppenbahnen mit Gleit-, Schutz- und Lastverteilungsschicht	Dicke ≥ 0,8 mm
Dränmatten/-platten	Dicke ≥ 25 mm

Hilfsstoffe:

Hilfsstoffe werden bauartspezifisch geregelt (siehe nachfolgende Abschnitte sowie Norm).

Abdichtung mit kunststoffmodifizierten Bitumendickbeschichtungen (PMBC)

Anwendungsbereiche

Anwendungsbereiche der Abdichtung von erdberührten Bauteilen mit kunststoffmodifizierten Bitumendickbeschichtungen (PMBC) siehe nachfolgende Tabelle:

3 DIN 18533-2: Abdichtung von erdberührten Bauteilen – Teil 2: Abdichtung mit bahnenförmigen Abdichtungsstoffen

4 DIN EN 206:2021-06: Beton – Festlegung, Eigenschaften, Herstellung und Konformität

5 DIN EN 998-1:2017-02: Festlegungen für Mörtel im Mauerwerksbau – Teil 1: Putzmörtel

Tabelle 7: *Anwendungsbereiche von Abdichtungen mit kunststoffmodifizierten Bitumendickbeschichtungen (PMBC) (in Anlehnung an DIN 18533-3, Tab. 4)*

Wassereinwirkungsklasse			PMBC	Rissklasse	Raumnutzungsklasse
W1-E		Bodenfeuchte und nicht drückendes Wasser	X	R3-E	RN1-E bis RN3-E
W2-E	W2.1-E	mäßige Einwirkung durch drückendes Wasser (bis 3 m)	X	R3-E	RN1-E bis RN3-E
	W2.2-E	hohe Einwirkung durch drückendes Wasser (über 3 m)	N	-	-
W3-E		Nicht drückendes Wasser auf erdüberschütteten Decken	X	R3-E	RN1-E bis RN3-E
W4-E		Spritzwasser am Wandsockel	X	R3-E	RN1-E bis RN3-E
		Kapillarwasser in und unter Wänden (Querschnittsabdichtung)	N	-	-

X: zulässig
N: nicht zulässig
-: nicht relevant

Rissklasse:

R3-E: Rissneubildungen und Rissbreitenänderungen im Untergrund bis 1,0 mm sowie Rissversatz bis 0,5 mm

Raumnutzungsklasse:

RN1-E: geringe Anforderungen an die Trockenheit der Raumluft (z. B. offene Lagerhalle, Tiefgarage)

RN2-E: durchschnittliche Anforderungen an die Trockenheit der Raumluft und Zuverlässigkeit an die Abdichtung (z. B. Aufenthaltsräume)

RN3-E: hohe Anforderung an die Trockenheit der Raumluft und die Zuverlässigkeit der Abdichtung (z. B. Raum für den Zentralrechner/Server)

Zu beachten:

PMBC sind als Querschnittsabdichtung (W4-E) nicht zulässig!

Abdichtungsstoff

- Als Abdichtungsstoff sind kunststoffmodifizierte Bitumendickbeschichtungen (PMBC) nach DIN EN 15814[6] zu verwenden.
- Anforderungen an die Eigenschaften von PMBC als Bauwerksabdichtung siehe nachfolgende Tabelle. Bei Bauarten mit Verstärkungseinlage (W2.1-E und W3-E) muss diese Bestandteil des geprüften Produkts sein.

Tabelle 8: *Anforderungen an kunststoffmodifizierte Bitumendickbeschichtungen (in Anlehnung an DIN 18533-3, Tab. 2)*

Merkmal Eigenschaft	Wassereinwirkungsklasse		Erläuterung
	W1-E und W4-E	W2.1-E und W3-E	
	PMBC nach DIN EN 15814	PMBC nach DIN EN 15814 mit ergänzendem abP nach PG-ÜBB	
	Anforderung	Anforderung	
Rissüberbrückungsfähigkeit	CB2 (Prüfverfahren A)	CB2 (Prüfverfahren A)	kein Schaden, Rissbreite ≥ 2 mm, Trockenschichtdicke ≥ 3 mm
Regenfestigkeit	mind. Klasse R2	mind. Klasse R2	
Beständigkeit gegen Wasser	bestanden	bestanden	keine Verfärbung des Wassers, kein Ablösen von der Einlage, keine Änderung des Materials
Biegsamkeit bei niedrigen Temperaturen	bestanden	bestanden	keine Risse
Maßhaltigkeit bei hohen Temperaturen	bestanden	bestanden	kein Abrutschen oder Ablaufen

[6] DIN EN 15814:2015-03: Kunststoffmodifizierte Bitumendickbeschichtungen zur Bauwerksabdichtung - Begriffe und Anforderungen

Tabelle 8: *Anforderungen an kunststoffmodifizierte Bitumendickbeschichtungen (in Anlehnung an DIN 18533-3, Tab. 2)*

Merkmal Eigenschaft	Wassereinwirkungsklasse		Erläuterung
	W1-E und W4-E	W2.1-E und W3-E	
	PMBC nach DIN EN 15814	PMBC nach DIN EN 15814 mit ergänzendem abP nach PG-ÜBB	
	Anforderung	Anforderung	
Schichtdickenabnahme bei Durchtrocknung	≤ 50 %	≤ 50 %	
Brandverhalten	mind. Klasse E	mind. Klasse E	
Wasserdichtheit	W 1	-	≥ 24 h
	W 2A	W 2A	≥ 72 h
	W 2B	-	≥ 72 h
Druckfestigkeit	C1	-	0,06 MN/m²
	C 2A	C 2A	0,30 MN/m²
	C 2B	-	0,30 MN/m²
Dauerhaftigkeit der Haftung im Übergang auf WU-Beton unter Wassereinwirkung	-	-	≥ 0,20 MN/m²; Stabilisierung bei 56 d Wassereinwirkung[a)] (zusätzliche Anforderung)
Hinterlaufsicherheit im Übergang auf WU-Beton	-	-	hinterlaufsicher bei 0,75 bar Wasserdruck über 28 d [a)] (zusätzliche Anforderung)
Druckwasserdichtheit bei Fugenöffnung	-	-	dicht bei 0,5 mm oder 1,0 mm Fugenöffnung und 0,75 bar Wasserdruck über 28 d [a] (zusätzliche Anforderung)

Anforderungen an Prüfverfahren, Produktionskontrolle, Toleranzen

- Es sind die Anforderungen nach DIN EN 15814:2015-03[7], Tab. 2 zu beachten; siehe Norm.
- In dieser Tabelle werden für verschiedene Merkmale und Eigenschaften die Prüfverfahren, die Häufigkeit der Produktionskontrolle sowie die Toleranzen festgelegt; siehe Norm.

Hilfsstoffe

Hilfsstoffe, die für die Verarbeitung und Ausführung der Abdichtung aus PMBC erforderlich sind, sind systemzugehörig vom Hersteller anzugeben.

Als Hilfsstoffe (Stoffe für Voranstriche, Grundierungen, Versiegelungen und Kratzspachtelungen) können folgende Stoffe verwendet werden:

- Stoffe auf der Basis von Bitumen als Lösung oder Emulsion
- Stoffe auf Reaktionsharzbasis
- Stoffe auf Kunststoffbasis als Lösung oder Dispersion
- Stoffe auf silikatischer Basis
- rissüberbrückende mineralische Dichtungsschlämmen (MDS)
- nicht rissüberbrückende MDS

Ausführung der Abdichtung aus PMBC

Die PMBC ist in mind. zwei Aufträgen auf die abzudichtende Fläche aufzutragen.

Diese Forderung gilt für alle Anwendungsbereiche bzw. Wassereinwirkungsklassen.

Mindesttrockenschichtdicke:

- Mindesttrockenschichtdicke je nach Wassereinwirkungsklasse zwischen 3,0 mm (W1-E, W4-E) und 4,0 mm (W2.1-E, W3-E)
- Ist im abP ein höherer Wert für die Mindesttrockenschichtdicke angegeben, so gilt dieser Wert. Für die Sicherstellung der Mindesttrockenschichtdicke wird vom Hersteller die erfor-

[7] DIN EN 15814:2015-03: Kunststoffmodifizierte Bitumendickbeschichtungen zur Bauwerksabdichtung - Begriffe und Anforderungen

derliche Nassschichtdicke und die zugehörige Auftragsmenge angegeben.

Verstärkungseinlage:

Eine Verstärkungseinlage (Flächengewicht mind. 110 g/m^2) ist bei W2.1-E (mäßige Einwirkung durch drückendes Wasser, Eintauchtiefe ≤ 3 m) und W3-E (nichtdrückendes Wasser auf erdüberschütteten Decken) einzubauen.

Schutzschicht:

Die Abdichtung aus PMBC ist grundsätzlich mit einer Schutzschicht vor Beschädigungen zu schützen.

Sonstiges:

- Bei W2.1-E ist bei Übergängen der PMBC auf wasserundurchlässige Bauteile aus Beton (z. B. Bodenplatte) ein abP[8] nach PG ÜBB[9] erforderlich.
- Die Abdichtungsschicht muss mit dem Untergrund einen vollflächigen Verbund herstellen.

Eine Übersicht über die wichtigsten Kenndaten die Ausführung betreffend ist in nachfolgender Tabelle angegeben:

***Tabelle 9:** Mindesttrockenschichtdicke, Nenntrockenschichtdicke sowie Erfordernis einer Verstärkungseinlage und Schutzschicht bei Abdichtungen aus PMBC (in Anlehnung an DIN 18533-3, Tab. 4)*

Wassereinwirkungsklasse		PMBC	Mindesttrockenschichtdicke [b)]	Nassschichtdicke	Verstärkungseinlage	Schutzlage
W1-E		X	3,0 mm	Hersteller [a)]	nein	ja
W2-E	W2.1-E	X	4,0 mm	Hersteller [a)]	ja	ja
	W2.2-E	N	-	-	-	-
W3-E		X	4,0 mm	Hersteller [a)]	ja	ja

8 abP: Allgemeines bauaufsichtliches Prüfzeugnis.

9 PG ÜBB: Prüfgrundsätze zur Erteilung von allgemeinen bauaufsichtlichen Prüfzeugnissen für Übergänge von Bauwerksabdichtungen auf Bauteile aus Beton mit hohem Wassereindringwiderstand

Tabelle 9: *Mindesttrockenschichtdicke, Nenntrockenschichtdicke sowie Erfordernis einer Verstärkungseinlage und Schutzschicht bei Abdichtungen aus PMBC (in Anlehnung an DIN 18533-3, Tab. 4)*

Wassereinwirkungsklasse		PMBC	Mindesttrockenschichtdicke [b]	Nassschichtdicke	Verstärkungseinlage	Schutzlage
W4-E	Wandsockel	X	3,0 mm	Hersteller [a]	nein	ja
	Querschnittsabdichtung	N	-	-	-	-

X: zulässig

N: nicht zulässig

-: nicht relevant

[a] Nassschichtdicke ist vom Produkthersteller anzugeben.
[b] Ist im abP ein höherer Wert für die Mindesttrockenschichtdicke angegeben, gilt dieser.

Verstärkungseinlage mit Flächengewicht ≥ 110 g/m²

Ausführung der Abdichtung aus PMBC nach Wassereinwirkungsklassen

- W1-E: (Bodenfeuchte und nicht drückendes Wasser auf Wände und Bodenplatten)
  Die Abdichtung aus PMBC ist in mind. zwei Aufträgen auf die abzudichtende Fläche aufzutragen. Dabei können die Aufträge „frisch in frisch" erfolgen (der zweite Auftrag darf auf den noch nicht getrockneten, frischen ersten Auftrag aufgebracht werden).

Hinweis

Die Mindesttrockenschichtdicke muss 3,0 mm betragen. Sofern das abP eine größere Dicke fordert, gilt dieser Wert.

- W2.1-E: (mäßige Einwirkung durch drückendes Wasser auf Wände und Bodenplatten)
  Die Abdichtung aus PMBC ist in mind. zwei Aufträgen auf die abzudichtende Fläche aufzutragen.

Nach dem ersten Auftrag muss eine Verstärkungseinlage (Flächengewicht mind. 110 g/m²) in den ersten Auftrag eingearbeitet werden.
Der zweite Auftrag darf erst aufgebracht werden, wenn der erste Auftrag so weit getrocknet ist, dass dieser beim Auftragsvorgang nicht beschädigt wird.

Beispiel

Die Mindesttrockenschichtdicke muss 4,0 mm betragen bzw. dem Wert im abP entsprechen, sofern dieser größer ist.

- W3-E: (nicht drückendes Wasser auf erdüberschütteten Decken)
  Die Abdichtung aus PMBC ist in mind. zwei Aufträgen auf die abzudichtende Fläche aufzutragen.
  Nach dem ersten Auftrag muss eine Verstärkungseinlage (Flächengewicht mind. 110 g/m²) in den ersten Auftrag eingearbeitet werden.
  Der erste Auftrag muss dabei so weit getrocknet sein, dass er durch den zweiten Auftrag nicht beschädigt wird.

Beispiel

Die Mindesttrockenschichtdicke muss 4,0 mm betragen bzw. dem Wert im abP entsprechen, sofern dieser größer ist.

Hinweis: Um einen Wechsel der Abdichtungsstoffe zu vermeiden, dürfen kleinere horizontale Deckenflächen, Vorsprünge usw. entsprechend den Regeln für W2.1-E ausgeführt werden, wenn diese in Verbindung mit einer vertikalen Abdichtung (Wandflächen) ausgeführt werden.

- W4-E: (Spritzwasser am Wandsockel)
  Für die Abdichtung des Wandsockels ist die PMBC in mind. zwei Aufträgen auf die abzudichtende Sockelfläche aufzutragen.

Beispiel

Die Mindesttrockenschichtdicke muss 3,0 mm betragen, sofern im abP keine größere Dicke gefordert wird. Ansonsten gilt der größere Wert des abP.

In Fällen, bei denen die Abdichtung der erdberührten Bauteile (Wände, Bodenplatte) auch im Sockelbereich bis zum oberen Abdichtungsrand hochgeführt werden kann (z. B. hinter Bekleidungen), ist die Abdichtung wie im erdberührten Bereich auszuführen (d. h. gleiche Mindesttrockenschichtdicke wie im erdberührten Bereich).

Beispiel

Eine PMBC darf nicht als Querschnittsabdichtung unter Wänden verwendet werden.

Ausnahme: Vormauerschalen, die keine Lasten parallel zur Abdichtungsebene übertragen. In diesem Fall kann die PMBC als Horizontalabdichtung ausgeführt werden und ist an der Tragschale hochzuführen.

Vorbereitung und Vorbehandlung des Untergrunds

Voranstrich und Kratzspachtelung:

- Bei Abdichtungen aus PMBC sowie Kratzspachtelungen aus PMBC ist i. d. R. ein Voranstrich bzw. eine Grundierung auf dem Untergrund aufzubringen (siehe Herstellerangaben).
- Der Voranstrich bzw. die Grundierung sind durch Streichen, Rollen oder Spritzen flächendeckend auf der abzudichtenden Fläche aufzutragen.
- Vor dem Auftragen der Abdichtung aus PMBC bzw. einer Kratzspachtelung müssen der Voranstrich bzw. die Grundierung ausreichend getrocknet bzw. abgelüftet sein.
- Eine Kratzspachtelung soll Unebenheiten des Untergrunds ausgleichen. Sie kann aus einem Beschichtungsmaterial, d. h. der PMBC selbst bestehen, sie ist in diesem Fall aber keine zusätzliche Abdichtungsschicht. Vor dem Auftragen der Abdichtung aus PMBC muss die Kratzspachtelung so weit abgetrocknet sein, dass sie durch das Auftragen der PMBC nicht beschädigt wird.

Kehlen und Kanten:

- Die Innenkanten zwischen Bodenplatte und aufgehender Wand sind als Kehlen (Dichtungskehle) auszubilden.
- Als Stoffe können systemkompatible Mörtel verwendet werden, in einem Radius von mind. 40 bis 60 mm.
- Weiterhin können zweikomponentige PMBC verwendet werden, sofern dies laut Herstellerangaben zulässig ist. In diesem Fall ist die Dichtungskehle mit einem Radius von mind. 20 mm auszuführen.

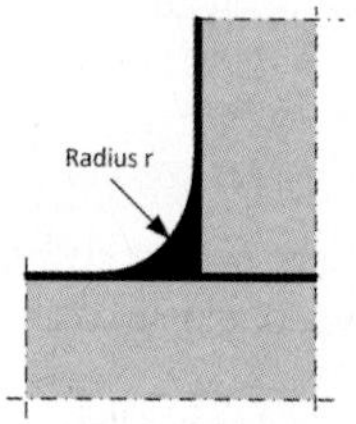

Bild 5: *Ausbildung von Kehlen. (Quelle: Prof. Dr.-Ing. Peter Schmidt)*

Untergrundbehandlung durch MDS:

- Sofern in der Bauphase Wasser die bereits aufgebrachte Abdichtung rückseitig beanspruchen kann, ist eine Zwischenabdichtung einzubauen. Die Zwischenabdichtung kann aus nicht rissüberbrückender MDS oder rissüberbrückender MDS hergestellt werden.
- Die MDS ist bei adhäsiven Anschlüssen von PMBC auf wasserundurchlässige Bauteile aus Beton vom Anschlussbereich fernzuhalten.

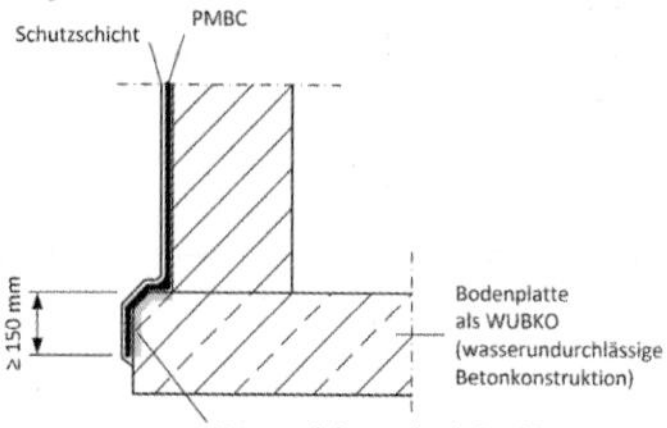

Bild 6: *Adhäsiver Anschluss einer Wandabdichtung aus PMBC auf eine Bodenplatte aus WU-Beton (Quelle: Prof. Dr.-Ing. Peter Schmidt)*

Verarbeitung

Verarbeitung der PMBC:

- Auftrag als vollflächig deckende und fehlstellenfreie Abdichtungsschicht
- Einhaltung der Mindesttrockenschichtdicke

Verfahren (je nach Konsistenz und Herstellerangaben):

- Spachteln
- Streichen
- Spritzen

Auftrag der PMBC:

- Die PMBC wird in zwei Aufträgen auf die abzudichtende Fläche aufgebracht (bei W2.1-E und W3-E Einarbeitung einer Verstärkungseinlage).
- Jeder Auftrag muss vollflächig und gleichmäßig durchgeführt werden.

Arbeitsunterbrechungen:

- Die PMBC ist am Rand keilförmig auf null auszuziehen.
- Bei Wiederaufnahme der Abdichtungsarbeiten wird der folgende Auftrag überlappend angefügt.
- Die Überlappungsbreite muss mind. 100 mm betragen.
- Eine Arbeitsunterbrechung ist an Ecken, Kehlen und Kanten nicht zulässig.

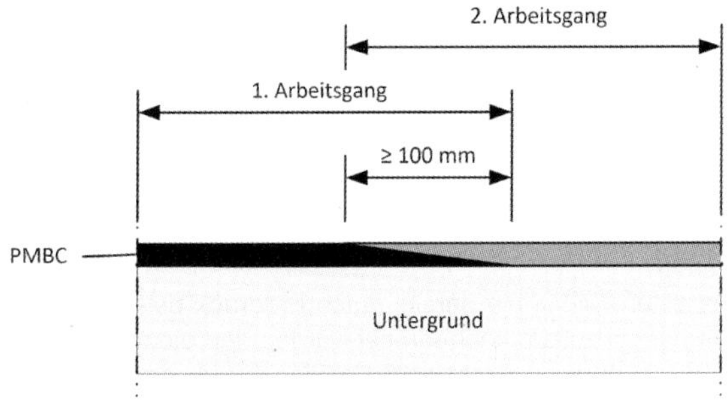

Bild 7: *Vorgehensweise bei Arbeitsunterbrechungen (Quelle: Prof. Dr.-Ing. Peter Schmidt)*

Witterungsbedingungen:

- Einwirkungen durch Regen oder Niederschläge sind zu vermeiden, bis die Regenfestigkeit der PMBC erreicht ist.
- Einwirkungen durch Wasser und Frost sind zu vermeiden, bis die PMBC durchgetrocknet ist.
- Die Oberflächentemperatur des Abdichtungsuntergrunds muss mind. 3 K über der Taupunkttemperatur liegen.

Einbau der Schutzlage:

Die Schutzlage darf erst eingebaut werden, wenn die Abdichtung aus PMBC vollständig durchgetrocknet ist.

Sicherstellung der Mindesttrockenschichtdicke sowie des Durchtrocknungsgrads

Mindesttrockenschichtdicke:

- Die Mindesttrockenschichtdicke ist an jeder Stelle der Abdichtung einzuhalten.
- Zur Sicherstellung der Einhaltung der Mindesttrockenschichtdicke wird vom Hersteller der PMBC die erforderliche Nassschichtdicke festgelegt und die Verbrauchsmenge angegeben.

Nassschichtdicke:

Die Nassschichtdicke ist die Dicke der PMBC unmittelbar nach dem Auftragen auf den Abdichtungsuntergrund.

Trockenschichtdicke:

Die Trockenschichtdicke ist die Dicke der PMBC im ausreagierten, erhärteten Zustand. Es gelten folgende Regeln:

- Die Trockenschichtdicke darf an keiner Stelle um mehr als das 1,0-Fache der Nenntrockenschichtdicke überschritten werden.
- Bei einer PMBC, die bereits durch Erddruck belastet wurde (und somit zusammengedrückt wurde), darf die mittlere Trockenschichtdicke (Messwert) um das 0,25-Fache unter der Nenntrockenschichtdicke betragen.

Trockenschichtdicke und Nenntrockenschichtdicke werden vom Hersteller angegeben.

Kontrolle der Nassschichtdicke:

- Die Nassschichtdicke (Dicke der frisch aufgetragenen PMBC) muss durch Schichtdickenmessungen kontrolliert werden.
- Dazu sind mind. 20 Messungen je Ausführungsobjekt bzw. 20 Messungen je 100 m^2 durchzuführen. Die Messpunkte sollten diagonal über die abzudichtende Fläche verteilt werden. Im Bereich von Anschlüssen, Übergängen, Kanten, Durchdringungen usw. sind ggf. zusätzliche Messungen erforderlich. Die Messverfahren sind in DIN EN ISO 2808[10] i. V. m. DIN 18195 Beiblatt 2[11] festgelegt.

Prüfung des Durchtrocknungsgrads:

- Die Prüfung des Durchtrocknungsgrads der PMBC erfolgt an einer Referenzprobe, die aus der frisch aufgebrachten PMBC zerstörend gewonnen wird (z. B. durch Einschneiden).
- Die Referenzprobe soll dabei auf einen Untergrund aufgebracht werden, der dem Untergrund der abzudichtenden Fläche entspricht. Geeignet hierfür ist z. B. ein Mauerstein. Die Probe wird unter vergleichbaren Trocknungsbedingungen gelagert, damit der Durchtrocknungsgrad bestimmt werden kann.

Dokumentation der Prüfungen:

- Die Prüfungen (Schichtdickenkontrollen), die Verbrauchsmenge sowie die Ergebnisse der Durchtrocknungsprüfung sind bei Wassereinwirkungsklasse W2.1-E zu dokumentieren. Für die Schichtdicken sind Anzahl, Lage und Ergebnis anzugeben.
- Bei den anderen Wassereinwirkungsklassen (W1-E, W3-E und W4-E) ist eine Dokumentation laut Norm nicht vorgesehen.

[10] DIN EN ISO 2808;2019-12: Beschichtungsstoffe - Bestimmung der Schichtdicke

[11] DIN 18195 Beiblatt 2:2017-07: Abdichtung von Bauwerken - Beiblatt 2: Hinweise zur Kontrolle und Prüfung der Schichtdicken von flüssig verarbeiteten Abdichtungsstoffen

Ausbildung des Abdichtungsaufbaus für Regelquerschnitte

Typische Abdichtungsaufbauten (Abdichtungsbauweise) für Abdichtungen mit PMBC siehe nachfolgende Abbildungen:

W1-E (Einwirkung durch Bodenfeuchte und nicht drückendes Wasser):

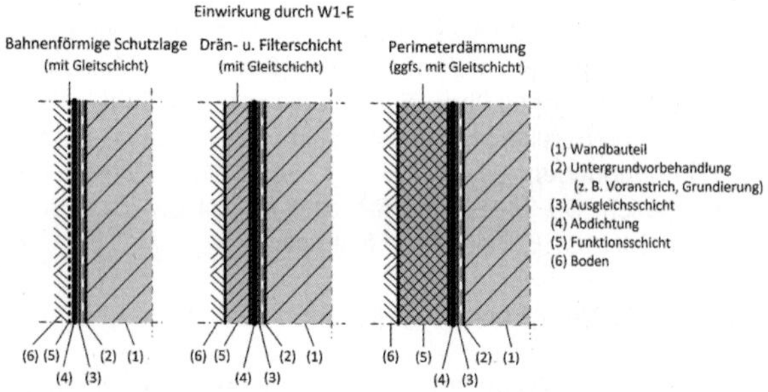

Bild 8: *Abdichtungsbauweise (typische Schichtenfolge) bei erdberührten Wänden bei W1-E (Quelle: Prof. Dr.-Ing. Peter Schmidt)*

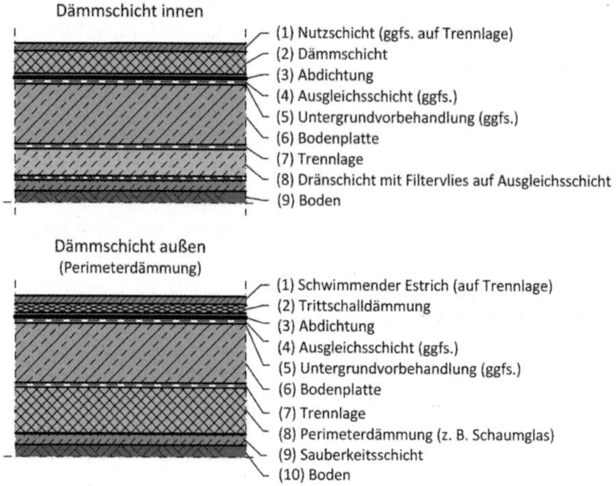

Bild 9: *Abdichtungsbauweise (typische Schichtenfolge) bei Bodenplatten bei W1-E (Quelle: Prof. Dr.-Ing. Peter Schmidt)*

W2.1-E (mäßige Einwirkung durch drückendes Wasser, Wassersäule bis 3 m):

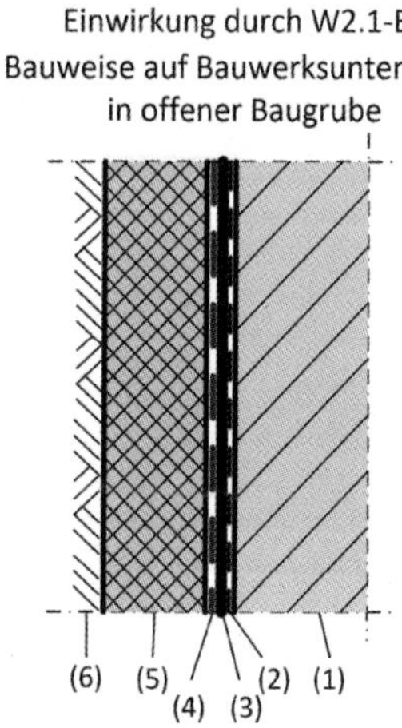

(1) Wandbauteil
(2) Untergrundbehandlung u. ggfs. Ausgleichsschicht
(3) Abdichtung
(4) ggfs. Gleitschicht
(5) Schutzschicht (z. B. Perimeterdämmung)
(6) Verfüllboden

Bild 10: *Abdichtungsbauweise (typische Schichtenfolge) bei erdberührten Wänden bei W2.1-E. (Quelle: Prof. Dr.-Ing. Peter Schmidt)*

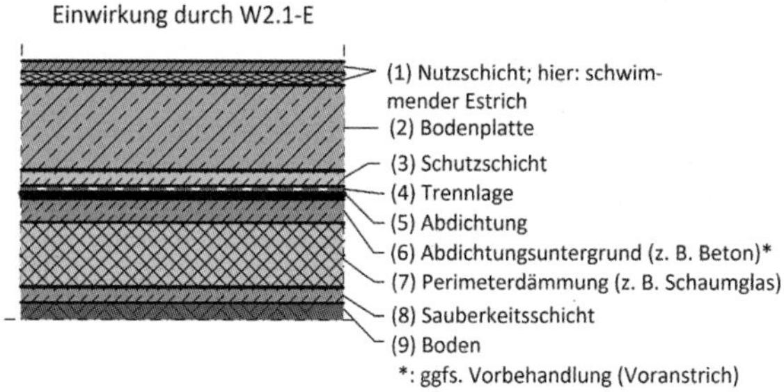

Bild 11: *Abdichtungsbauweise (typische Schichtenfolge) bei Bodenplatten bei W2.1-E (Quelle: Prof. Dr.-Ing. Peter Schmidt)*

W3-E (nicht drückendes Wasser auf erdüberschütteten Decken):

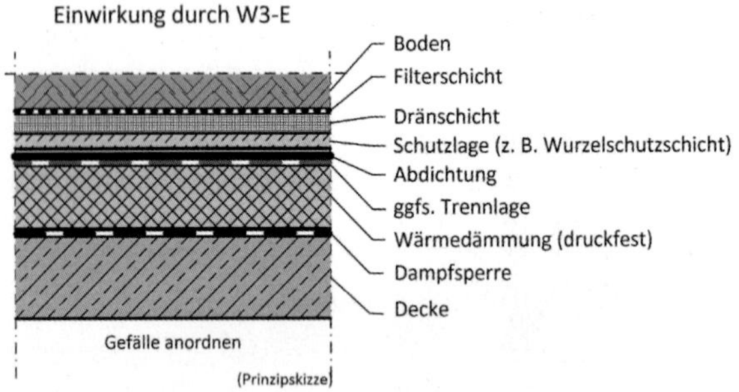

Bild 12: *Abdichtungsbauweise (typische Schichtenfolge) für erdüberschüttete Decken bei W3-E (Quelle: Prof. Dr.-Ing. Peter Schmidt)*

Anschluss an eine Querschnittsabdichtung

Abdichtungsstoffe:

Für die Querschnittsabdichtung unter Wänden (W4-E) sind folgende Abdichtungsstoffe zugelassen:

- bahnenförmige Abdichtungsstoffe
- rissüberbrückende mineralische Dichtungsschlämmen (MDS)

Ausführungsregeln:

- Bei einer Abdichtung aus PMBC auf der Oberseite der Bodenplatte wird empfohlen, die Querschnittsabdichtung der Wand mit MDS auszuführen, anstatt hierfür Bahnen zu verwenden.
- Anschluss der oberseitigen Abdichtung der Bodenplatte mit PMBC an die Querschnittsabdichtung:
  Bei einer oberseitigen Abdichtung der Bodenplatte mit PMBC bei W1.1-E muss die Bodenplattenabdichtung in der Weise an die Querschnittsabdichtung herangeführt werden, dass Feuchtebrücken (Putzbrücken) in jedem Fall vermieden werden.
  Das Heranführen kann z. B. durch ausreichende Überlappung der beiden Abdichtungen (Bodenplatte, Querschnittsabdichtung) erfolgen.

Bei einer Querschnittsabdichtung der Wand mit MDS muss die Überlappungsbreite mind. 30 mm betragen.

- Anschluss der vertikalen Wandabdichtung an die Querschnittsabdichtung:

  Die vertikale Wandabdichtung ist bis auf die Stirnseite der Bodenplatte bzw. des Fundaments zu führen (mind. 10 cm zwischen Oberkante Bodenplatte und Abdichtungsrand).

  Die Wandabdichtung ist so an die Querschnittsabdichtung heranzuführen, dass Feuchtebrücken (Putzbrücken) in jedem Fall vermieden werden.

  Das Heranführen kann z. B. durch Kontaktstoß oder Überlappung erfolgen.

  Bei einer vorspringenden Bodenplatte oder bei einem Fundamentabsatz mit einer Querschnittsabdichtung mit bahnenförmigen Stoffen ist die Abdichtungsbahn oberflächenbündig abzuschneiden und die PMBC mit einer Hohlkehle (Dichtungskehle) an die Querschnittsabdichtung heranzuführen.

  Auch in diesem Fall müssen Feuchtebrücken in jedem Fall vermieden werden.

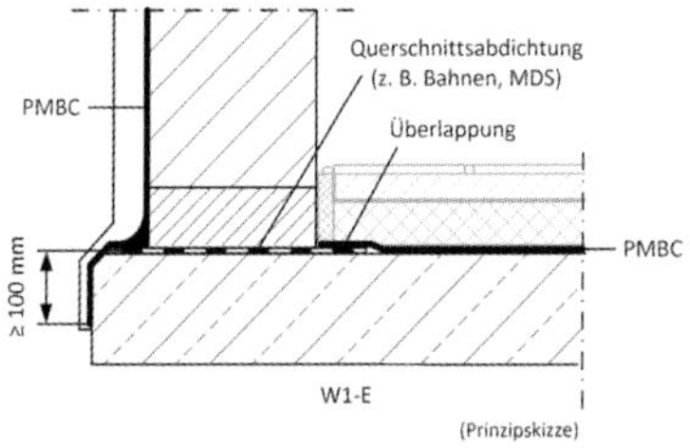

Bild 13: *Anschluss der Abdichtung der Bodenplatte aus PMBC an die Querschnittsabdichtung der Wand durch Überlappung (Quelle: Prof. Dr.-Ing. Peter Schmidt)*

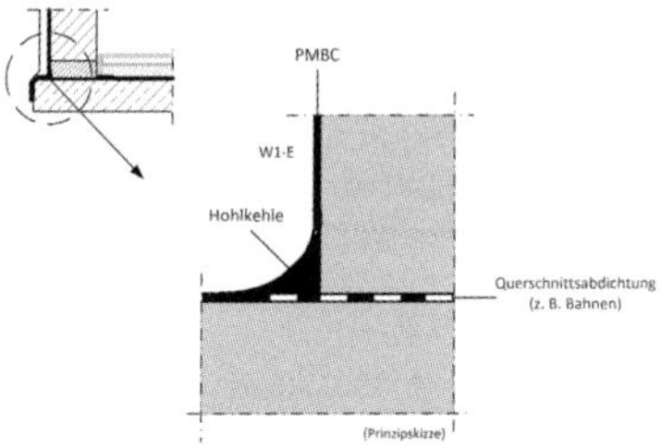

Bild 14: *Anschluss der vertikalen Wandabdichtung an die Querschnittsabdichtung (Quelle: Prof. Dr.-Ing. Peter Schmidt)*

Übergang der vertikalen Wandabdichtung auf eine Bodenplatte aus WU-Beton

Adhäsive Verbindung:

- Ausführung des Übergangs der Wandabdichtung auf eine Bodenplatte aus wasserundurchlässigem Beton (WU-Beton) als adhäsive Verbindung
- Dabei werden keine Einbauteile verwendet.
- **Bei W1-E:**
  Es sind keine gesonderten Maßnahmen notwendig. Es gelten die folgenden Anforderungen.
- **Bei W2.1-E:**
  Es wird ein abP benötigt, das ergänzende Regelungen für den Übergang der Wandabdichtung auf Bauteile aus WU-Beton enthält.
  Zusätzlich sind die folgenden Anforderungen zu beachten:

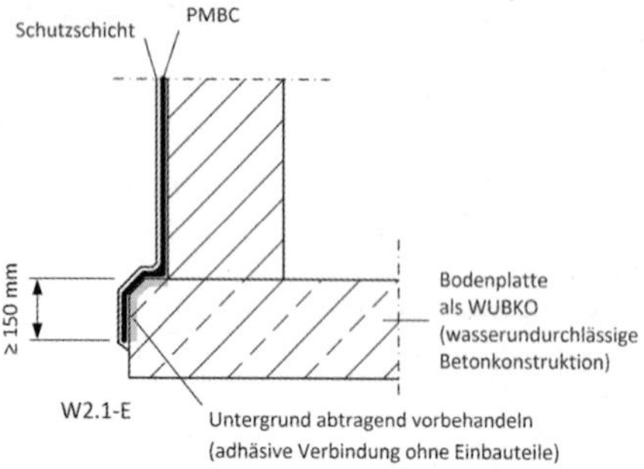

Bild 15: *Übergang der vertikalen Wandabdichtung aus PMBC auf eine Bodenplatte aus WU-Beton bei W2.1-E (in Anlehnung an DIN 18533-3, Bild 1) (Quelle: Prof. Dr.-Ing. Peter Schmidt)*

1. Vorbereitung und Vorbehandlung des Untergrunds:

- Untergründe aus Ortbeton müssen durch mechanisch abtragende Verfahren (z. B. Schleifen, Strahlen, Fräsen) so vorbereitet werden, dass sie frei von Verunreinigungen und losen Bestandteilen sind.
- Kanten müssen gefast ausgeführt werden.
- Kehlen müssen gerundet ausgeführt werden.
- Der Untergrund ist durch haftvermittelnde Stoffe (z. B. Primer) vorzubehandeln, falls dies erforderlich ist.
- Weiterhin sind die Angaben im abP zu beachten.

- Bei Arbeitsunterbrechungen, d. h. wenn die Abdichtung aus PMBC nicht unmittelbar nach dem Ende der Vorbereitungs- bzw. Vorbehandlungsarbeiten aufgebracht wird, ist der Untergrund erneut auf Verunreinigungen zu prüfen. Etwaige neue Verunreinigungen sind zu entfernen.

2. Stoffe und Ausführung:

- Die für den Übergang geeigneten Stoffe müssen im abP nachgewiesen werden. Die Verarbeitungsregeln im abP sind zu beachten.
- Die Abdichtung aus PMBC ist auf die Stirnfläche der Bodenplatte aus WU-Beton mind. 15 cm breit auszuführen.
- Im Bereich des Übergangs ist die PMBC vor mechanischen Einwirkungen zu schützen.

3. Dokumentation:
Die Maßnahmen der Vorbereitung und Vorbehandlung des Untergrunds sind zu dokumentieren.

Ausbildung der Abdichtung im Bereich des Wandsockels

Es werden folgende Fälle unterschieden:

1. Wand mit Bekleidung:
Die Abdichtung aus PMBC muss bei einer Wand mit Bekleidung hinter der Bekleidung auf dem Wanduntergrund bis zum Rand des abzudichtenden Sockelbereichs hochgeführt werden. Der Abdichtungsrand muss mind. 30 cm über der Geländeoberfläche liegen (mind. 15 cm bei fertigem Gelände).

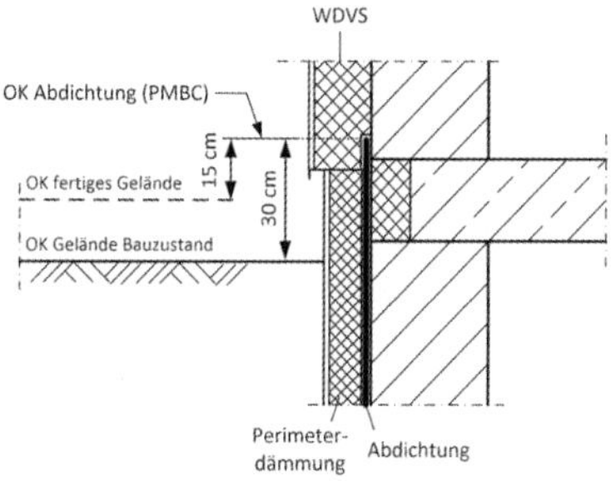

***Bild 16:** Hochführen der Abdichtung aus PMBC im Bereich des Wandsockels hinter einer Bekleidung (Quelle: Prof. Dr.-Ing. Peter Schmidt)*

2. Verputzte Außenwand:

- Bei verputzten Außenwänden (Außenputz bis zur Geländeoberfläche) muss die Abdichtung der Wand aus PMBC in einem Abstand von 5 cm bis 20 cm unter Geländeoberfläche auf einer rissüberbrückenden MDS enden.
- Der Anschluss der PMBC an die MDS ist überlappend mit einer Überlappungsbreite von 10 cm und hinterlaufsicher auszuführen.
- Die Sockelabdichtung aus MDS muss mind. 30 cm über Geländeoberfläche (mind. 15 cm im fertigen Zustand) geführt werden.
- Für den Wandsockel ist ein geeigneter Putz (Spritzwasserbelastung) zu verwenden.
- Der untere Rand des Sockelputzes ist zusätzlich mit MDS auf einer Breite von mind. 5 cm über Geländeoberfläche abzudichten.

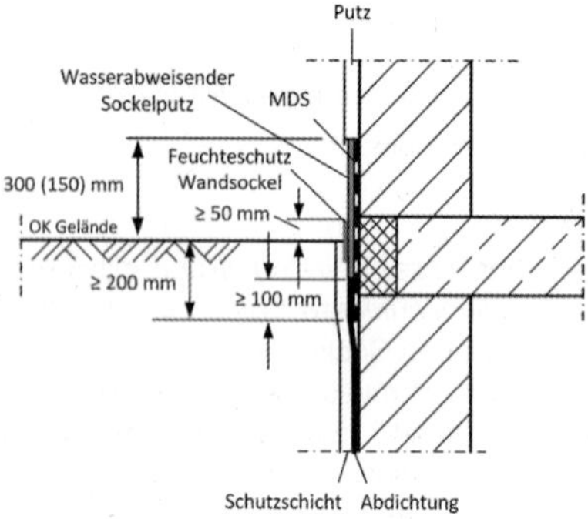

Bild 17: *Abdichtung des Wandsockels bei einer verputzten Außenwand (in Anlehnung an DIN 18533-3, Bild 2)*
(Quelle: Prof. Dr.-Ing. Peter Schmidt)

3. Wand mit WDVS:

- Die Abdichtung aus PMBC ist hinter dem WDVS (Wärmedämmverbundsystem) auf dem Wanduntergrund bis zu einer Höhe von mind. 30 cm über Geländeoberfläche (15 cm bei fertigem Gelände) hochzuführen (geschützter Anschluss).
- Im Bereich des Wandsockels sind geeignete Dämmstoffe zu verwenden (z. B. Perimeterdämmung). Der Außenputz wird analog der Regeln im vorigen Punkt geschützt.

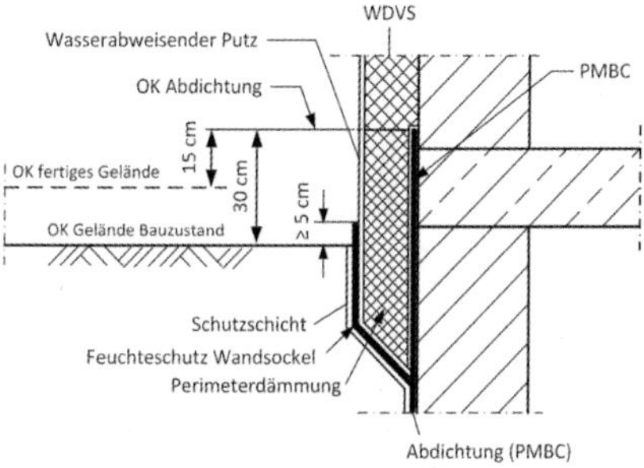

Bild 18: *Abdichtung des Wandsockels bei einer Wand mit WDVS (in Anlehnung an DIN 18533-3, Bild 3) (Quelle: Prof. Dr.-Ing. Peter Schmidt)*

Abdichtung von Durchdringungen

Wassereinwirkungsklasse W1-E:

- Anschluss der Abdichtung aus PMBC mittels Klebeflansch an die Durchdringung
- Flanschbreite mind. 50 mm
- Die Oberfläche des Klebeflansches muss geeignet sein, damit eine ausreichend haftfähige Verbindung mit der Abdichtung hergestellt wird.
- Die PMBC muss mit einer Verstärkungseinlage, die mind. in der Breite des Klebeflansches einzuarbeiten ist, ausgeführt werden.
- Als Alternative zur Ausführung des Anschlusses mit Klebeflansch kann die Abdichtung auch als Hohlkehle an die Leitung bzw. das Futterrohr angeschlossen werden. Die Oberfläche der Leitung bzw. des Futterrohrs muss im Bereich des Anschlusses geeignet und bitumenverträglich sein. Zur Vermeidung von Schäden an Leitung bzw. Futterrohr sind derartige Maßnahmen unbedingt mit dem Betreiber abzustimmen. Es ist zu beachten, dass ein Anschluss der PMBC mittels Hohlkehle nur zulässig ist, wenn keine axialen oder radialen Bewegungen an der Anschlusskonstruktion zu erwarten sind. Dies gilt für die gesamte Betriebsdauer.

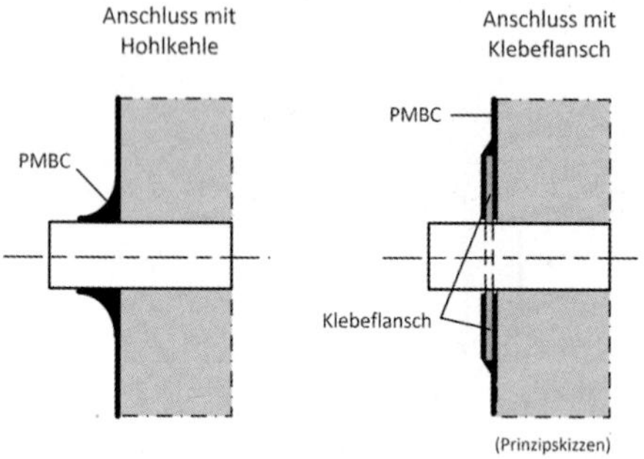

Bild 19: *Anschluss der Abdichtung aus PMBC an Durchdringungen bei W1-E (Quelle: Prof. Dr.-Ing. Peter Schmidt)*

Wassereinwirkungsklasse W2.1-E:

Ausführungsmöglichkeiten des Anschlusses der Abdichtung aus PMBC an die Durchdringung:

- Anschluss mit einer bahnenförmigen Dichtmanschette
- Anschluss mit einem geprüften Hauseinführungssystem
- Anschluss mit einer geprüften Los- und Festflanschkonstruktion für PMBC (Prüfdruck 1 bar). Für die Ausführung des Anschlusses mittels Los- und Festflanschkonstruktion siehe Norm.

Abdichtung von Bewegungsfugen

Die Abdichtung von Bewegungsfugen ist abhängig vom Fugentyp:

- Fugentyp I beschreibt Fugen für langsam ablaufende und einmalige oder selten sich wiederholende Bewegungen. Hierzu zählen z. B. Setzungsbewegungen oder Längenänderungen durch jahreszeitliche Temperaturschwankungen.
- Fugentyp II beschreibt Fugen für schnell ablaufende oder häufig sich wiederholende Bewegungen. Hierzu gehören Bewegungen durch wechselnde Verkehrslasten oder Längenänderungen durch tageszeitliche Temperaturschwankungen.

Die Fugenbewegungen können senkrecht zur Abdichtungsebene (v_x in x-Richtung; Scherung), in Abdichtungsebene (v_y in y-Richtung; Dehnung oder Stauchung) und/oder in Abdichtungsebene (v_z in z-Richtung; Verzerrung) auftreten.

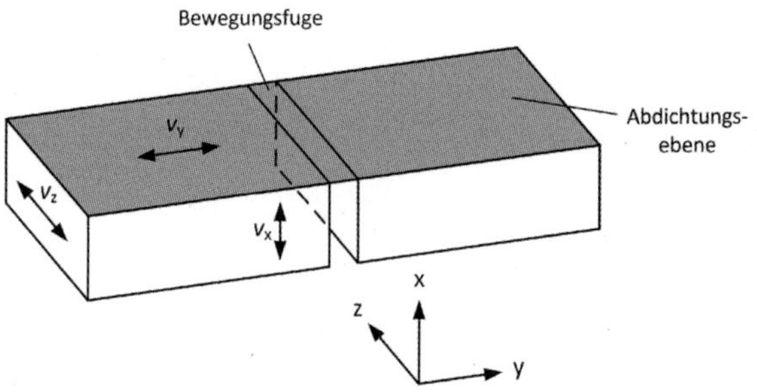

Bild 20: *Fugenbewegungen (in Anlehnung an DIN 18533-1, Bild 31) (Quelle: Prof. Dr.-Ing. Peter Schmidt)*

Die resultierende Fugenverformung v_r berechnet sich mit folgender Gleichung:

$$v_r = \sqrt{(v_x^2 + v_y^2 + v_z^2)}$$

v_x Bewegung in x-Richtung
v_y Bewegung in y-Richtung
v_z Bewegung in z-Richtung.

In Abhängigkeit von der resultierenden Fugenverformung v_r sowie der Einzelverformung v_x bzw. v_y werden fünf verschiedene Verformungsklassen festgelegt.

Verformungsklassen:

- Abdichtungen von Bewegungsfugen mit PMBC sind nur bei Fugen, die den Verformungsklassen VK1-E, VK2-E und VK3-E zugeordnet sind, zugelassen.
- **Bewegungsfugen der Verformungsklassen VK4-E und VK5-E können mit PMBC nicht abgedichtet werden. Hierfür ist eine Sonderkonstruktion erforderlich.**

Tabelle 10: *Verformungsklassen für Bewegungsfugen (in Anlehnung an DIN 18533-3, Tab. 5)*

	Verformungsklasse				
	VK1-E	VK2-E	VK3-E	VK4-E	VK5-E
PMBC	X	X	X	N	N
Ausführung	Fugenband Schlaufe nicht erforderlich	schlaufenförmige Einlage der Fugenbänder (Omega-Form); Schlaufenform abhängig von Fugenbewegung		-	-
Resultierende Verformung v_r	≤ 5 mm	≤ 10 mm	≤ 15 mm	-	-
Max. Einzelverformung entweder v_x	-	10 mm	20 mm	-	-
oder v_y	-	10 mm	20 mm	-	-

X: zulässig

N: nicht zulässig

-: nicht relevant

Kunststoff-Dichtungsbänder:

- Bei Flächenabdichtungen aus PMBC wird die Fuge mit bitumenverträglichen Kunststoff-Dichtungsbändern abgedichtet. Die Dichtungsbänder müssen eine Vlies- oder Gewebekaschierung aufweisen, die in die PMBC eingebettet wird.
- Die Stoßverbindungen der Fugenbänder sind in Abhängigkeit vom Werkstoff mit einer geeigneten Fügetechnik auszuführen.
- Die Fugenbänder müssen in die PMBC auf einer Breite von mind. 10 cm einbinden.

Schutz der Abdichtung

Die Abdichtung aus PMBC ist durch eine Schutzlage vor Beschädigungen zu schützen.

Die Stoffe für Schutzlagen müssen mit der PMBC verträglich sein.

Ausführung der Schutzlage:

- Die Schutzlage ist in Abhängigkeit von den zu erwarteten Einwirkungen (z. B. Erddruck) und der örtlichen Situation zu wählen.
- Die PMBC muss vollständig durchgetrocknet sein, bevor die Schutzlage eingebaut wird.
- Die Abdichtung aus PMBC darf beim Einbau der Schutzlage nicht beschädigt werden.
- Örtliche Belastungen durch Punkt- und Linienlasten sowie sonstige Einwirkungen, die die Abdichtung in ihrer Funktionsfähigkeit durch übermäßige Eindrückungen beeinträchtigen, sind zu vermeiden. Örtliche Belastungen können z. B. durch Baugeräte (Bagger, Lkw usw.) beim Verfüllen der Baugrube auftreten.
- Scherbeanspruchungen der Abdichtung, die z. B. durch Nachverdichtung des Verfüllmaterials des Arbeitsraums auftreten können, sind durch Einbau von Gleitschichten zu vermeiden.
- Bei W2.1-E ist die Abdichtung aus PMBC auf der Außenseite des Baukörpers anzuordnen. Hierzu wird die PMBC der Bodenplatte auf einer Sauberkeitsschicht verlegt. In diesem Fall muss die PMBC mit einer Schutzlage versehen werden. Abdichtung und Schutzlage sind mit einer doppelten PE-Folie voneinander zu trennen. Estriche, die als Schutzlage dienen, sind mit einer Mindestdicke von 50 mm unmittelbar auf der PE-Folie einzubauen.
- Für Schutzlagen können auch Wärmedämmstoffe verwendet werden (Perimeterdämmung). Weiterhin eignen sich auch Dränschichten als Schutzlage (in diesem Fall müssen die Dränschichten nach DIN 4095 geeignet sein). Hierbei ist zu beachten, dass ein Eindrücken der Perimeterdämmung und der Dränschichten in die Hohlkehle am Bodenplatten-Wandanschluss vermieden wird.
- Ein Abrutschen der Abdichtung wird verhindert, indem die Dämmplatten auf dem Fundament bzw. dem Bodenplattenabsatz aufgelagert oder Gleitschichten eingebaut werden.
- Bei W2.1-E sind Perimeterdämmplatten, die als Schutzlage verwendet werden, vollflächig zu verkleben. Hierzu sind auch die Regelungen in der allgemeinen bauaufsichtlichen Zulassung für die Perimeterdämmung zu beachten.

Abdichtung mit flexiblen kunststoffmodifizierten Dickbeschichtungen (FPD)

Regelungen für die Abdichtung von erdberührten Bauteilen mit flexiblen kunststoffmodifizierten (polymermodifizierten) Dickbeschichtungen (FPD) sind neu in DIN 18533 (2026) aufgenommen worden.

Abdichtungsstoffe

Flexible polymermodifizierte Dickbeschichtungen (FPD) sind **Abdichtungsstoffe aus 1- oder 2-komponentigen Massen**.

Sie sind streich-, spachtel- oder spritzfähig und bestehen im Wesentlichen aus mineralischen Gesteinskörnungen, Füllstoffen, hydraulischen und/oder polymeren Bindemitteln sowie Zusatzstoffen. Flexible polymermodifizierte Dickbeschichtungen enthalten keine organischen Bindemittel. Für die Verwendung als Abdichtungsstoff für erdberührte Bauteile müssen FPD ein allgemeines bauaufsichtliches Prüfzeugnis (abP) nach MVV TB[12] als Verwendbarkeitsnachweis besitzen.

Anforderungen an den Abdichtungsstoff aus FPD

Die Anforderungen an Abdichtungsstoffe aus FPD sind abhängig von der Wassereinwirkung (siehe folgende Tabelle).

FPD dürfen bei W1-E (Bodenfeuchte und nichtdrückendes Wasser) und W4-E (Spritzwasser am Wandsockel, Kapillarwasser in und unter Wänden) nur als 1-komponentige und 2-komponentige FPD verwendet werden.

Bei W2.1-E (mäßig drückendes Wasser; bis 3,0 m Wasserdruck) und W3-E (nichtdrückendes Wasser auf erdüberschütteten Flächen) sind nur 2-komponentige Stoffe zugelassen.

Abdichtungen mit FPD besitzen Rissüberbrückungseigenschaften, die denen der Rissklasse R3-E entsprechen. Damit können Rissneubildungen oder Rissbreitenänderungen bis 1,0 mm sowie Rissversätze bis 0,5 mm überbrückt werden. Außerdem wer-

[12] Musterverordnungsvorschrift Technische Baubestimmungen (MVVTB); Ausgabe 2025/1; hrsg. v. Deutsches Institut für Bautechnik (DIBt), Berlin

den Anforderungen an weitere Eigenschaften gestellt, wie z. B. an die Regenfestigkeit, Biegsamkeit bei niedrigen Temperaturen, Wasserdichtheit und Haftzugfestigkeit sowie an das Brandverhalten; s. folgende Tabelle.

Tabelle 11: *Anforderungen an FPD in Abhängigkeit von der Wassereinwirkung (in Anlehnung an DIN 18533-3, Tab. 6)*

Eigenschaft	Wassereinwirkungsklasse		Bemerkung
	W1-E und W4-E	W2.1-E und W3-E	
Art der FPD	1-komponentig 2-komponentig	2-komponentig	-
Rissüberbrückungseigenschaft	R3-E	R3-E	Rissneubildungen ≤ 1,0 mm Rissversatz ≤ 0,5 mm
Regenfestigkeit	≤ 8 h	≤ 8 h	keine Verfärbung des Wassers u. keine Oberflächenveränderung während der angegebenen Prüfzeit
Biegsamkeit bei niedrigen Temperaturen	Prüfung muss bestanden sein	Prüfung muss bestanden sein	keine Risse
Wasserdichtheit	0,075 bar	0,75 bar	Prüfdauer 24 h
Haftzugfestigkeit (28 Tage) nach Nass- und Trockenlagerung und nach Frost-/Tauwechsellagerung	Prüfung muss bestanden sein	Prüfung muss bestanden sein	keine Abnahme der Haftzugfestigkeit
Schichtdickenabnahme bei Durchtrocknung	Wertangabe (≤ 50 %)	Wertangabe (≤ 50 %)	Wertangabe n. abP

Tabelle 11: *Anforderungen an FPD in Abhängigkeit von der Wassereinwirkung (in Anlehnung an DIN 18533-3, Tab. 6)*

Eigenschaft	Wassereinwirkungsklasse		Bemerkung
	W1-E und W4-E	W2.1-E und W3-E	
Brandverhalten	mind. B2 bzw. E	mind. B2 bzw. E	B2: normalentflammbar n. DIN 4102-1[13] E: normalentflammbar n. DIN EN 13501-1[14]
Gesamtgehalt an Halogenen	≤ 0,05 Masse-%	≤ 0,05 Masse-%	-
Druckfestigkeit	0,06 MN/m²	0,3 MN/m²	-
Wasserdichtheit im Einbauzustand	keine Anforderung	0,75 bar; Prüfung muss bestanden sein	Wasserdichtheit im eingebauten Zustand

Bei Abdichtungen mit FPD im Übergangsbereich auf Bauteile aus WU-Beton ist bei W2.1-E (mäßig drückendes Wasser bis 3,0 m Wasserdruck) ein allgemeines bauaufsichtliches Prüfzeugnis (abP) nach PG FBB Teil 1[15] gemäß MVV TB[16] erforderlich. Derartige Übergänge kommen bspw. bei Bodenplatten-Wandanschlüssen vor, wenn die Bodenplatte aus WU-Beton hergestellt ist und die Wandabdichtung aus FPD auf diese geführt wird. Für die Anforderungen an die Abdichtung s. folgende Tabelle.

---

[13] DIN 4102-1:1998-05: Brandverhalten von Baustoffen und Bauteilen – Teil 1: Baustoffe, Begriffe, Anforderungen und Prüfungen

[14] DIN EN 13501-1:2019-05: Klassifizierung von Bauprodukten und Bauarten zu ihrem Brandverhalten – Teil 1: Klassifizierung mit den Ergebnissen aus den Prüfungen zum Brandverhalten von Bauprodukten

[15] PG FBB: Prüfgrundsätze zur Erteilung von allgemeinen bauaufsichtlichen Prüfzeugnissen für Fugenabdichtungen in Bauteilen u. a. aus Beton mit hohem Wassereindringwiderstand im erdberührten Bereich; hrsg. v. Deutsches Institut für Bautechnik (DIBt), Berlin

[16] Musterverordnungsvorschrift Technische Baubestimmungen (MVVTB); Ausgabe 2023/1; hrsg. Von Deutsches Institut für Bautechnik (DIBt), Berlin

Tabelle 12: *Anforderungen an FPD bei Übergängen auf Bauteile aus WU-Beton bei W2.1-E (in Anlehnung an DIN 18533-3, Tab. 7)*

Eigenschaft	Anforderung
Dauerhaftigkeit der Haftung im Übergangsbereich auf die WU-Betonkonstruktion bei Wassereinwirkung	≥ 0,20 N/mm² Stabilisierung bis 56 Tage Wassereinwirkung[1)]
Hinterlaufsicherheit im Übergangsbereich auf die WU-Betonkonstruktion	hinterlaufsicher bei einem Wasserdruck von 0,75 bar über einen Zeitraum von 28 Tagen[1)]
Druckwasserdichtheit bei Fugenöffnung	dicht bei einer Fugenöffnung zwischen 0,5 mm und 1,0 mm und einem Wasserdruck von 0,75 bar über einen Zeitraum von 28 Tagen[1)]

[1)] Ausführung nach den Angaben im abP.

Hilfsstoffe

Hilfsstoffe sind systemabhängig und müssen vom Hersteller der FPD angegeben werden, siehe abP.

Für Grundierungen und Kratzspachtelungen dürfen folgende Stoffe verwendet werden:

- Stoffe auf Reaktionsharzbasis
- Stoffe auf Kunststoffbasis (als Lösung oder Dispersion)
- Stoffe auf silikatischer Basis
- nicht rissüberbrückende MDS

Anwendungsbereich für Abdichtungen mit FPD

Flexible polymermodifizierte Dickbeschichtungen (FPD) sind für folgende Anwendungsbereiche geeignet (s. folgende Tabelle):

- Abdichtung erdberührter Außenwandflächen und Bodenplatten bei Bodenfeuchte und nichtdrückendem Wasser (W1-E)
- Abdichtung erdberührter Außenwandflächen und Bodenplatten bei mäßig drückendem Wasser (bis 3,0 m Wasserdruck; W2.1-E)
- Abdichtung erdüberschütteter Decken bei nichtdrückendem Wasser auf erdüberschütteten Decken (W3-E)
- Abdichtung des Wandsockels (W4-E)
- Querschnittsabdichtung in und unter Wänden (W4-E); zusammen mit MDS (rissüberbrückende mineralische Dichtungsschlämmen)

Für hohe Einwirkungen durch drückendes Wasser mit einem Wasserdruck über 3,0 m sind Abdichtungen mit FPD dagegen nicht zugelassen.

Tabelle 13: *Anwendungsbereiche von Abdichtungen erdberührter Bauteile mit FPD (in Anlehnung an DIN 18533-3, Tab. 8)*

Eigenschaft	Wassereinwirkungsklasse				
	W1-E	W2.1-E	W2.2-E	W3-E	W4-E
	Bodenfeuchte u. nichtdrückendes Wasser	mäßig drückendes Wasser (bis 3,0 m Wasserdruck)	stark drückendes Wasser (über 3,0 m Wasserdruck)	nichtdrückendes Wasser auf erdüberschütteten Decken	Spritzwasser am Wandsockel Kapillarwasser in und unter Wänden
FPD 1K (1-komponentig)	X	N	N	N	X
FPD 2K (2-komponentig)	X	X	N	X	X
Rissklasse	R3-E	R3-E	-	R3-E	R3-E
Mindesttrockenschichtdicke n. DIN 18533-3, 4.1.2[1)]	3,0 mm	4,0 mm	-	3,0 mm	2,0 mm
Nassschichtdicke u. Auftragsmenge n. DIN 18533-3, 4.1.3.2	X[2)]	X[2)]	-	X[2)]	X[2)]
Verstärkungseinlage	nein	ja	-	ja	nein
Schutzlage bzw. Schutzschicht n. DIN 18533-1	ja	ja	-	ja	ja

X: zulässig

N: nicht zulässig

-: nicht relevant

[1)] Sofern im abP ein größerer Wert angegeben ist, gilt dieser.

[2)] Der Wert ist vom Produkthersteller anzugeben.

Mindesttrockenschichtdicke und Erfordernis einer Verstärkungseinlage

Die Mindesttrockenschichtdicke ist abhängig von der Wassereinwirkung.

W1-E und W3-E:

Bei W1-E (Bodenfeuchte und nichtdrückendes Wasser) und W3-E (nichtdrückendes Wasser auf erdüberschütteten Decken) wird eine Mindesttrockenschichtdicke von 3,0 mm gefordert.

W2-E:

- Bei **W2.1-E** (mäßig drückendes Wasser bis 3,0 m Wasserdruck) ist eine Mindesttrockenschichtdicke von 4,0 mm einzuhalten.
- Für **W2.2-E** sind FPD nicht zugelassen.

W4-E:

Bei W4-E (Spritzwasser am Wandsockel sowie Kapillarwasser in und unter Wänden) braucht die Mindesttrockenschichtdicke dagegen nur 2,0 mm zu betragen.

Verstärkungseinlage:

Eine Verstärkungseinlage ist bei W2.1-E und W3-E in die Abdichtung einzuarbeiten. Bei W1-E und W4-E ist dagegen keine Verstärkungseinlage erforderlich.

Schutzlage bzw. Schutzschicht

Bei allen Anwendungen ist die fertiggestellte Abdichtung mit FPD vor Beschädigungen durch eine geeignete Schutzlage bzw. Schutzschicht zu schützen. Für die Wahl und Ausführung der Schutzlage bzw. -schicht sind die Regelungen in DIN 18533-1 zu beachten.

Bei Abdichtungen von erdberührten Außenwandflächen sind bspw. Perimeterdämmschichten oder Dränmatten und -platten als Schutzschicht geeignet. Die (raumseitige) Abdichtung der Bodenplatte (bei W1-E) wird durch den Fußbodenaufbau (schwimmender Estrich) geschützt. Abdichtungen im Sockelbereich (W4-E) können mit einem wasserabweisenden Sockelputz vor Beschädigungen geschützt werden.

Ausführung der Abdichtung mit FPD

Es gelten folgende Regeln:

a) **Ausführung der FPD bei W1-E:**
Für die Abdichtung von erdberührten Außenwandflächen und Bodenplatten bei W1-E (Bodenfeuchte und nichtdrückendes Wasser) wird die FPD in zwei Aufträgen auf die abzudichtende Fläche aufgebracht. Die FPD wird bei Außenwänden außenseitig und bei Bodenplatten raumseitig aufgetragen. Der Auftrag kann „frisch in frisch" erfolgen. Das bedeutet, dass der zweite Auftrag bereits erfolgen kann, bevor der erste Auftrag vollständig durchgetrocknet ist. Bei W1-E ist **keine Verstärkungseinlage** erforderlich. **Die Mindesttrockenschichtdicke beträgt 3,0 mm**. Dieser Wert ist an jeder Stelle der abzudichtenden Fläche einzuhalten und darf nicht unterschritten werden.

b) **Ausführung der FPD bei W2.1-E:**
Bei mäßig drückendem Wasser (W2.1-E) ist die FPD in zwei Aufträgen auf die abzudichtende Fläche aufzubringen. Nach dem ersten Auftrag muss eine **Verstärkungseinlage** eingearbeitet werden. Für Art und Eigenschaften der Verstärkungseinlage sind die Angaben im abP zu beachten. Bevor der zweite Auftrag der FPD erfolgt, muss der erste Auftrag soweit getrocknet sein, dass dieser durch den zweiten Auftrag bei der Ausführung nicht beschädigt wird. **Die Mindesttrockenschichtdicke darf 4,0 mm nicht unterschreiten.** Die Abdichtung von Wänden wird außenseitig (auf der Wasserseite) angeordnet.
Bei Bodenplatten ist die Abdichtung ebenfalls auf der Außenseite (d. h. unter der Bodenplatte) anzuordnen; s. hierzu DIN 18533-1. Da die außenseitige Anordnung der Abdichtung der Bodenplatte relativ aufwendig auszuführen ist, u. a. weil ein zusätzlicher Betonuntergrund als Auflage für die Abdichtung erforderlich ist, werden Abdichtungen mit FPD von Bodenplatten bei drückendem Wasser selten ausgeführt. Vielmehr bietet es sich hier an, die Bodenplatte als WU-Betonkonstruktion herzustellen. In diesem Fall ist keine zusätzliche Abdichtung der Bodenplatte erforderlich. Es ist lediglich notwendig, die Wandabdichtung mit FPD an die Bodenplatte aus WU-Beton wasserdicht anzuschließen.

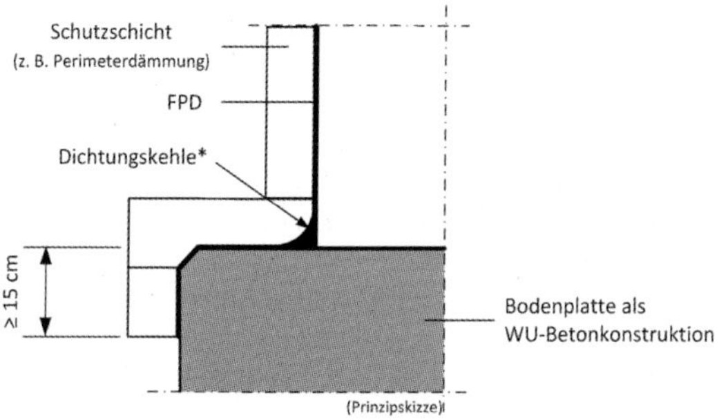

*: Dichtungskehle aus systemkompatiblen Mörtel (4 bis 6 cm) oder Kehle aus FPD nach Herstellerangaben

Bild 21: *Adhäsiver Übergang einer Wandabdichtung mit FPD auf eine Bodenplatte als WU-Betonkonstruktion bei W2.1-E (in Anlehnung an DIN 18533-3, Bild 4) (Quelle: Prof. Dr.-Ing. Peter Schmidt)*

c) **Ausführung der FPD bei W3-E:**
Bei erdüberschütteten Decken und nichtdrückendem Wasser (W3-E) ist nach dem ersten Auftrag der FPD eine **Verstärkungseinlage** einzuarbeiten. Bevor mit der Herstellung des zweiten Auftrags begonnen wird, muss der erste Auftrag ausreichend getrocknet sein, damit dieser beim Auftragen der zweiten Schicht nicht beschädigt wird. Für die Verstärkungseinlage sind die Angaben im abP zu beachten. Die **Mindesttrockenschichtdicke beträgt 3,0 mm** und darf an keiner Stelle der abzudichtenden Fläche unterschritten werden. Die Abdichtung wird außenseitig angeordnet.
Sofern für die Vertikalabdichtung (Wandabdichtung) ebenfalls flexible polymermodifizierte Dickbeschichtungen verwendet werden, kann die Abdichtung der Decke auch nach W2.1-E ausgeführt werden, um einen Materialwechsel zu vermeiden.

d) **Ausführung der FPD bei W4-E:**
Bei W4-E ist die Abdichtung in zwei Aufträgen auf die abzudichtende Fläche aufzutragen. Eine **Verstärkungseinlage ist nicht erforderlich**. Die **Mindesttrockenschichtdicke beträgt 2,0 mm**.

Anforderungen an den Untergrund

Der Abdichtungsuntergrund muss folgende Anforderungen erfüllen:

- **Festigkeit:** Der Untergrund muss eine ausreichende Oberflächenfestigkeit aufweisen.
- **Feuchtegehalt:** Der Untergrund darf den maximal zulässigen Feuchtegehalt nicht überschreiten. Dieser ist produktabhängig; für Abdichtungen mit FPD siehe Produktherstellerangaben bzw. abP.
- **Oberflächentemperatur:** Die Oberflächentemperatur des Untergrunds muss zum Zeitpunkt der Verarbeitung mindestens 3 Kelvin über der Taupunkttemperatur der Umgebungsluft liegen. Dadurch soll sichergestellt werden, dass sich auf dem Abdichtungsuntergrund kein Tauwasser bildet. Dieses würde auf der Oberfläche einen Wasserfilm bilden, der trennend wirkt und die Haftung der Abdichtung mit FPD mit dem Untergrund behindert.
- **Fernhalten von rückseitig wirkendem Wasser:** Auf die Abdichtungsrückseite einwirkendes Wasser ist fernzuhalten, da hierdurch die bereits ausgeführte Abdichtung mit FPD geschädigt werden und sich vom Untergrund ablösen kann. Wasser, das auf die Abdichtungsrückseite einwirkt, kann bspw. während der Bauphase vorkommen, wenn die Oberseiten der abgedichteten Wände noch nicht mit einer Kellerdecke vor Niederschlagswasser geschützt sind. Sofern mit rückseitig einwirkendem Wasser gerechnet werden muss, ist eine temporäre Zwischenabdichtung aus einer nicht rissüberbrückenden MDS einzubauen.

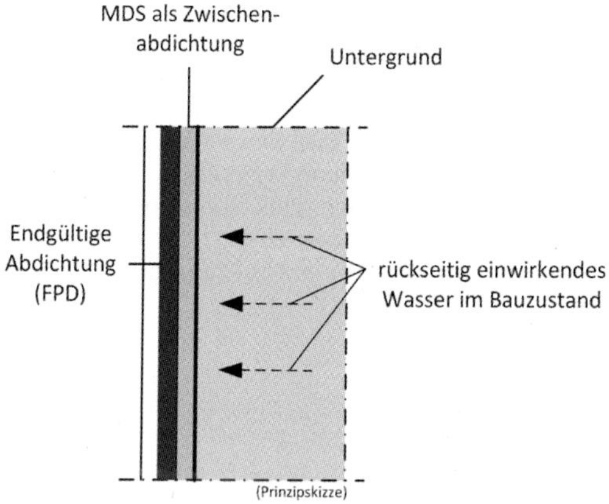

***Bild 22:** Zwischenabdichtung zur Vermeidung von rückseitig einwirkendem Wasser während der Bauphase (Quelle: Prof. Dr.-Ing. Peter Schmidt)*

Vorbereitung und Vorbehandlung des Untergrunds

Der Untergrund ist vor der Ausführung der Abdichtung durch geeignete Verfahren vorzubereiten:

- Reinigung der Oberfläche
- Entfernung von trennenden Substanzen und Stoffen
- Verschließen und/oder Ausgleichen von Lunkern, Graten, Versätzen von Steinkanten und nicht bündig vermörtelten Mauerwerksfugen. Es ist zu beachten, dass die Ausgleichsschicht ausreichend trocken und fest ist, bevor mit dem Auftragen der Abdichtungsschicht begonnen wird.

Außerdem gelten folgende Regeln:

Grundierung und Kratzspachtelung:

Bei Abdichtungen mit FPD sowie Kratzspachtelungen aus FPD ist auf dem Abdichtungsuntergrund i. d. R. eine Grundierung aufzubringen. Je nach Produkt kann diese auch entfallen; s. hierzu die Angaben im abP. Es gelten folgende Regeln:

- Die Grundierung ist flächendeckend auf dem Untergrund aufzubringen. Je nach Produkt kann dies durch Streichen, Rollen oder Spritzen erfolgen.

- Bevor mit dem Auftragen der Abdichtung mit FPD begonnen wird, muss die Grundierung ausreichend durchgetrocknet sein; siehe abP.
- Als Kratzspachtelung zum Ausgleich von Unebenheiten kann auch der Abdichtungsstoff (FPD) verwendet werden. In diesem Fall ist die Kratzspachtelung keine Abdichtungsschicht. Bevor mit dem Auftragen der Abdichtung begonnen wird, muss die Kratzspachtelung ausreichend trocken sein, damit sie nicht durch das Auftragen des Abdichtungsstoffs beschädigt wird.

Kanten und Kehlen:

Es gelten folgende Regeln:

- Kanten müssen mit einer Fase versehen werden, bevor die Abdichtungsschicht in diesem Bereich aufgebracht wird. Typischer Anwendungsfall sind Kanten zwischen Oberfläche und Stirnseite der Bodenplatte.
- Kehlen zwischen Bodenplatte und aufgehender Wand müssen als Dichtungskehlen ausgebildet werden. Hierzu ist ein systemkompatibler Mörtel zu verwenden. Der Mörtel muss außerdem auf den Untergrund abgestimmt sein und darf keine kapillare Wasserleitfähigkeit aufweisen. Der Radius der Dichtungskehle muss zwischen 40 mm und 60 mm betragen (sog. „Flaschenhohlkehle").

Untergrundbehandlung mit MDS:

Sofern es während der Bauphase nicht möglich ist, Wasser von der Abdichtungsrückseite fernzuhalten, ist eine Zwischenabdichtung vorzusehen. Hierzu ist eine nicht rissüberbrückende MDS auf den Untergrund aufzubringen, bevor die eigentliche Abdichtungsschicht aufgetragen wird. Die MDS soll die Abdichtungsrückseite (Haftseite) vor rückseitig einwirkendem Wasser schützen (s. o.).

Bei adhäsiven Übergängen auf Bauteile aus WU-Beton ist der Anschlussbereich der FPD unbedingt von MDS freizuhalten.

Verarbeitung der FPD

Die Abdichtung mit flexiblen polymermodifizierten Dickbeschichtungen (FPD) muss eine vollflächig deckende und fehlstellenfreie Abdichtungsschicht ergeben, wobei die geforderte Mindesttrockenschichtdicke einzuhalten ist.

Je nach Produkt bzw. Konsistenz erfolgt der Auftrag des Abdichtungsstoffs auf die abzudichtende Fläche durch Spachteln, Streichen oder Spritzen (s. Herstellerangaben im abP). Für alle Anwendungen sind mindestens zwei Aufträge erforderlich. Jeder Auftrag muss für sich vollflächig und gleichmäßig sein. Bei W2.1-E und W3-E ist eine Verstärkungseinlage einzubauen. Diese wird in die Abdichtung eingearbeitet, nachdem der erste Auftrag erfolgt ist.

Außerdem gelten folgende Regeln für die Verarbeitung:

- **Arbeitsunterbrechungen:** Bei Arbeitsunterbrechungen muss die Abdichtung mit FPD linear auf null ausgezogen werden. Bei Wiederaufnahme der Abdichtungsarbeiten ist die Abdichtung überlappend an die bereits ausgeführte Abdichtungsschicht anzuarbeiten. Die **Überlappungsbreite muss mindestens 10 cm** betragen. **An Kanten, Kehlen und Ecken darf keine Arbeitsunterbrechung erfolgen.**

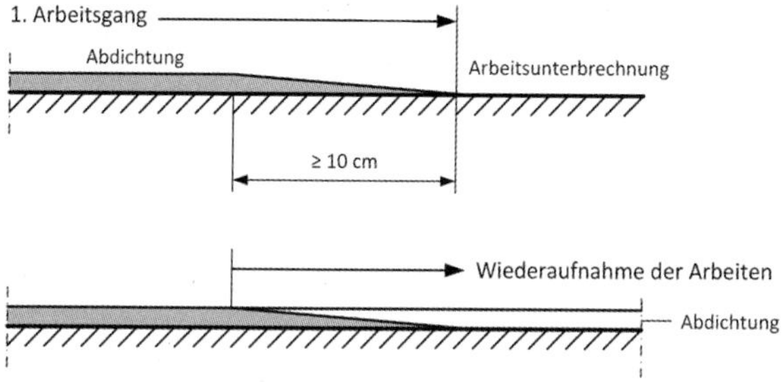

***Bild 23:** Vorgehensweise bei Arbeitsunterbrechungen (Quelle: Prof. Dr.-Ing. Peter Schmidt)*

- **Regen, Wasser und Frost:** Einwirkungen durch Regen sind bis zum Erreichen der Regenfestigkeit zu vermeiden. Die Regenfestigkeit der FPD wird nach maximal 8 Stunden erreicht. Einwirkungen durch Wasser und Frost müssen bis zur Durchtrocknung der Abdichtung ausgeschlossen werden.
- **Schutzlage, Schutzschicht:** Die Schutzlage bzw. Schutzschicht darf erst eingebaut werden, wenn die Abdichtung vollständig durchgetrocknet ist.

- **Untergrundwechsel:** Bei einem Untergrundwechsel ist eine Verstärkungseinlage in die Abdichtungsschicht aus FPD einzuarbeiten. Diese muss auf beiden Seiten der Stoßfuge eine Überlappungsbreite von mindestens 10 cm aufweisen. Untergrundwechsel kommen bspw. vor, wenn die Wandabdichtung bündig auf die Stirnfläche der Bodenplatte geführt wird und diese mit einem Dämmstreifen gedämmt ist. Es ist zu beachten, dass eine Verstärkungseinlage im Übergangsbereich des Untergrundwechsels auch für Bauweisen erforderlich ist, bei denen für die Flächenabdichtung planmäßig keine Verstärkungseinlage gefordert wird, d. h. bei W1-E und W4-E.

Sicherstellung der Mindesttrockenschichtdicke und des Durchtrocknungsgrads

Es gelten folgende Regeln:

Mindesttrockenschichtdicke und Nassschichtdicke:

Zur Sicherstellung der Mindesttrockenschichtdicke (d_{min}) ist ein Schichtdickenzuschlag (d_Z) zu berücksichtigen. Dieser soll verarbeitungsbedingte Schwankungen (d_V) und den Mehrverbrauch an Material durch Unebenheiten des Untergrunds (d_U) erfassen. Für den Schichtdickenzuschlag gilt:

$$d_Z = d_U + d_V$$

Der Schichtdickenzuschlag wird vom Hersteller angegeben; siehe abP. Sofern keine Angaben vorliegen, ist als Schichtdickenzuschlag mindestens 25 % der Mindesttrockenschichtdicke anzunehmen.

Die geforderte Mindesttrockenschichtdicke darf an keiner Stelle der abzudichtenden Fläche unterschritten werden. Diese Forderung gilt, bevor die Abdichtung durch den Erddruck belastet wird, d. h. vor Verfüllung der Arbeitsräume der Baugrube.

Zur Sicherstellung der Mindesttrockenschichtdicke (einschließlich des Schichtdickenzuschlags) muss vom Hersteller die erforderliche Nassschichtdicke sowie die zugehörige Auftragsmenge angegeben werden. Die Nassschichtdicke (d_{Nass}) ergibt sich im Mittel mindestens als Summe aus Mindesttrockenschichtdicke (d_{min}) und Schichtdickenzuschlag (d_Z). Es gilt:

$$d_{Nass} = d_{min} + d_Z$$

Der Nassschichtdicke ist die Auftragsmenge pro m² zugeordnet. Der Materialschwund (z. B. durch Trocknung) ist durch einen Nassschichtdickenzuschlag zu berücksichtigen; siehe Herstellerangaben.

Die Trockenschichtdicke der FPD darf an keiner Stelle der abgedichteten Fläche mehr als das Doppelte der Summe aus Mindesttrockenschichtdicke und Schichtdickenzuschlag betragen.

Nassschichtdickenkontrolle und Auftragsmenge

Die Schichtdicke ist im frischen, d. h. noch nicht getrockneten Zustand, durch Messen der Nassschichtdicke sowie durch Überprüfung der verarbeiteten Auftragsmenge zu kontrollieren. Es sind mindestens 20 Messungen je 100 m² abzudichtender Fläche bzw. mindestens 20 Messungen je Objekt durchzuführen (der größere Wert ist maßgebend). Die Messstellen sollten diagonal über die Abdichtungsfläche verteilt sein. Je nach Bedingungen kann es erforderlich sein, die Anzahl der Messpunkte zu erhöhen und zusätzliche Messpunkte im Bereich von Durchdringungen, Übergängen und Anschlüssen vorzusehen. Bei mehreren Aufträgen sind Schichtdicken und Materialverbrauch gesondert zu überprüfen.

Für die Kontrollen können die Verfahren nach DIN EN ISO 2808[17] herangezogen werden. Weitere Hinweise sind in DIN 18195 Beiblatt 2[18] enthalten.

Bei W2.1-E müssen die Kontrollen dokumentiert werden.

Durchtrocknungsprüfung

Die Durchtrocknungsprüfung wird zerstörend an einer geeigneten Referenzprobe durchgeführt. Dies kann z. B. durch Einschneiden der durchtrockneten Abdichtungsschicht erfolgen. Die Referenzprobe muss auf einen gleichen Untergrund aufgetragen werden, der dem Abdichtungsuntergrund entspricht. Außerdem muss die Probe unter vergleichbaren Trocknungsbedingungen gelagert werden wie die Abdichtung. Bspw. kann für die Referenzprobe ein Mauerstein verwendet werden, der während

[17] DIN EN ISO 2808:2019-12: Beschichtungsstoffe – Bestimmung der Schichtdicke

[18] DIN 18195 Beiblatt 2:2017-07: Abdichtung von Bauwerken – Beiblatt 2: Hinweise zur Kontrolle und Prüfung der Schichtdicken von flüssig zu verarbeitenden Abdichtungsstoffen

der Trocknung der Abdichtung in die Baugrube in der Nähe der hergestellten Abdichtungsschicht gelagert wird.

Bei adhäsivem Anschluss der Wandabdichtung an eine Bodenplatte als WU-Betonkonstruktion muss die Referenzprobe auf der Stirnseite der Bodenplatte angeordnet werden.

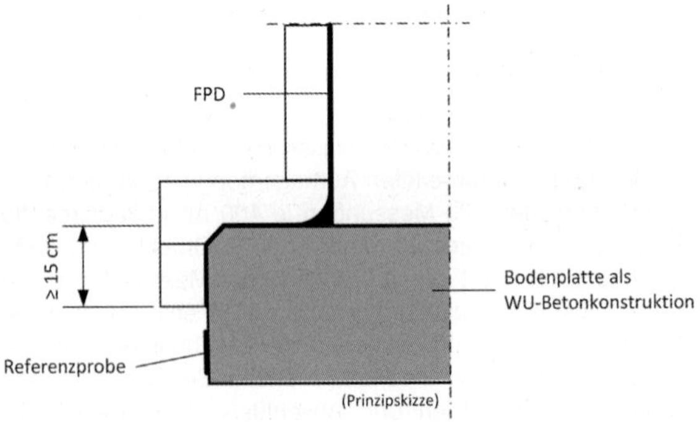

***Bild 24:** Anordnung der Referenzprobe bei einem adhäsiven Übergang einer Wandabdichtung mit FPD auf eine Bodenplatte als WU-Betonkonstruktion (Quelle: Prof. Dr.-Ing. Peter Schmidt)*

Dokumentation

Bei W2.1-E (mäßig drückendes Wasser) sind die Kontrollen der Schichtdicke (Anzahl der Messungen, Lage, Ergebnisse) und der Materialverbrauch (je Bezugsfläche) sowie die Durchtrocknungsprüfung zu dokumentieren.

Ausbildung von Details

In DIN 18533-3 werden Regelungen zu folgenden Details bei Abdichtungen mit FPD angegeben:

- Anschluss an Querschnittsabdichtungen
- Übergang der Wandabdichtung auf eine Bodenplatte als WU-Betonkonstruktion
- Wandsockel
- Durchdringungen
- Bewegungsfugen

Anschluss an die Querschnittsabdichtung

Die Ausführung des Anschlusses der Abdichtung von Bodenplatte und Wand an die Querschnittsabdichtung (W4-E) richtet sich nach dem verwendeten Abdichtungsstoff für die Querschnittsabdichtung. Grundsätzlich kann die Querschnittsabdichtung (W4-E) mit bahnenförmigen Abdichtungsstoffen oder mit rissüberbrückender MDS/FPD ausgeführt werden. Wenn die Querschnittsabdichtung auf der Oberfläche der Bodenplatte angeordnet wird, ist eine Querschnittsabdichtung mit MDS/FPD vorzuziehen.

Für den Anschluss der Abdichtung der Bodenplatte an die Querschnittsabdichtung gelten folgende Regeln.

a) Anschluss der Abdichtung der Bodenplatte aus FPD an die Querschnittsabdichtung:
Sofern die oberseitige Abdichtung der Bodenplatte (W1-E) aus flexiblen polymermodifizierten Dickbeschichtungen (FPD) besteht, ist diese an die Querschnittsabdichtung der Wand mit einer ausreichenden Überlappung heranzuführen. Dabei dürfen keine Feuchtebrücken entstehen. Hierauf ist insbesondere bei bereits verputzten Wandflächen zu achten, da hier Feuchtigkeit über die Putzschicht ins Gebäudeinnere gelangen kann.

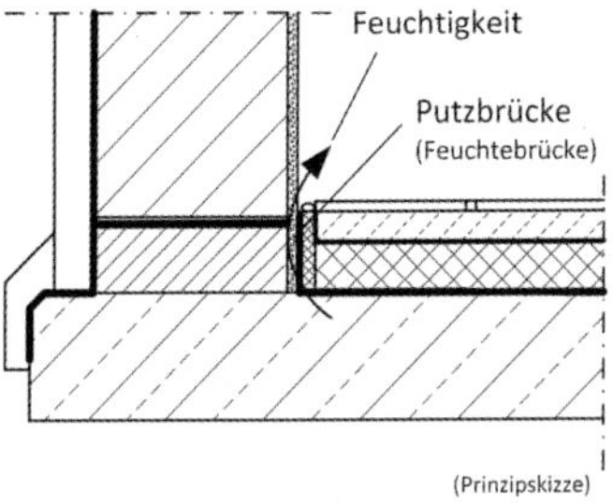

Bild 25: *Putzbrücke (Quelle: Prof. Dr.-Ing. Peter Schmidt)*

b) Anschluss der Wandabdichtung an die Querschnittsabdichtung:
Die Wandabdichtung muss mindestens auf einer Breite von 10 cm auf die Stirnfläche der Bodenplatte heruntergeführt werden. Außerdem ist die Abdichtungsschicht der Wand so an die Querschnittsabdichtung heranzuführen, dass keine Feuchtebrücken (Putzbrücken) entstehen können. Das Heranführen der Wandabdichtung an die Querschnittsabdichtung kann durch einen Kontaktstoß oder durch Überlappung erfolgen; siehe hierzu DIN 18533-1.

Bei einer Bodenplatte mit Überstand oder einem Fundamentabsatz und einer bahnenförmigen Querschnittsabdichtung ist die Bahn bündig mit der Wand abzuschneiden. Anschließend ist die Wandabdichtung mit FPD mit einer Dichtungskehle so an die Querschnittsabdichtung heranzuführen, dass keine Feuchtebrücken entstehen können.
Bei einer Querschnittsabdichtung aus MDS/FPD muss mit der Wandabdichtung eine Überlappungsbreite von mindestens 10 cm eingehalten werden.

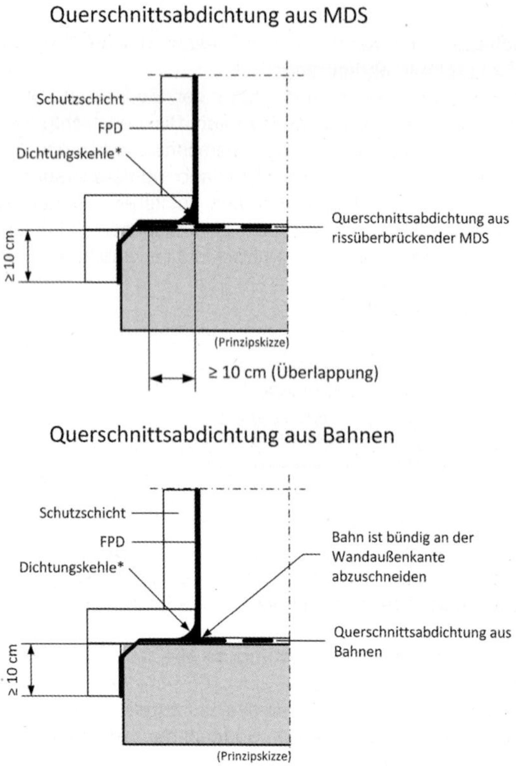

*: Dichtungskehle aus systemkompatiblem Mörtel (4 bis 6 cm) oder Kehle aus FPD n. Herstellerangaben

Bild 26: *Heranführen der Wandabdichtung mit FPD an eine bahnenförmige Querschnittsabdichtung (Quelle: Prof. Dr.-Ing. Peter Schmidt)*

Übergang der Wandabdichtung auf eine Bodenplatte als WU-Betonkonstruktion

Der Übergang der Wandabdichtung auf eine Bodenplatte als WU-Betonkonstruktion wird als adhäsive Verbindung ausgeführt. Dabei werden keine weiteren Einbauteile benötigt. Es gelten folgende Regeln:

- **W1-E:** Bei Bodenfeuchte und nichtdrückendem Wasser sind keine weiteren Maßnahmen erforderlich.
- **W2.1-E:** Bei mäßig drückendem Wasser (bis 3,0 m Wasserdruck) wird ein abP benötigt, das Regeln zur Ausführung des adhäsiven Übergangs der Wandabdichtung mit FPD auf die Bodenplatte aus WU-Beton enthält. Außerdem sind folgende Regeln einzuhalten.
  a) **Untergrundvorbereitung und -vorbehandlung (W2.1-E):** Bei W2.1-E ist der Untergrund (Bodenplatte) im Bereich des adhäsiven Übergangs durch mechanisch abtragende Verfahren (z. B. Schleifen, Strahlen, Fräsen) so vorzubereiten, dass er keine Verunreinigungen aufweist und frei von losen Bestandteilen ist. Außerdem müssen Kanten gefast und Kehlen ausgerundet sein. Ggf. ist der Betonuntergrund durch das Auftragen von haftverbessernden Stoffen (Primer) vorzubehandeln. Für die Untergrundvorbereitung und – Vorbehandlung gelten außerdem die Angaben im abP. Sofern die Abdichtungsschicht nicht unmittelbar nach den Vorbereitungs- bzw. Vorbehandlungsarbeiten ausgeführt wird, ist der Betonuntergrund vor Beginn der Abdichtungsarbeiten erneut auf Verunreinigungen zu überprüfen. Ggf. sind diese zu entfernen.
  b) **Abdichtungsstoffe und Ausführung (W2.1-E):** Bei W2.1-E dürfen für den adhäsiven Übergang auf eine Bodenplatte als WU-Betonkonstruktion nur solche Abdichtungsstoffe verwendet werden, für die diese Verwendung durch ein abP nachgewiesen wird. Für die Verarbeitung und Ausführung gelten die Regelungen im abP. Zusätzlich ist zu beachten, dass die Abdichtungsschicht mindestens 15 cm auf der Stirnfläche der Bodenplatte herunterzuführen ist. Die Abdichtung ist im Bereich des Übergangs vor mechanischen Einwirkungen zu schützen.
  c) **Dokumentation (W2.1-E):** Die Vorgehensweise und Art der durchgeführten Vorbereitung und Vorbehandlung des Betonuntergrunds sind bei W2.1-E zu dokumentieren.

Wandsockel

Die Anordnung der Wandabdichtung im Sockelbereich ist davon abhängig, ob im Sockelbereich eine Bekleidung oder ein Wärmedämmverbundsystem (WDVS) vorgesehen wird oder der Sockel lediglich mit einer Putzschicht versehen werden soll.

Ausführung bei Wänden mit einer Bekleidung oder einem WDVS:

Bei aufgehenden Wänden mit einer Bekleidung oder einem WDVS wird die Abdichtungsschicht mit FPD hinter der Bekleidung bzw. dem WDVS an der Wand hochgeführt. Der Abdichtungsrand der FPD muss dabei mindestens 30 cm über der Geländeoberfläche im Bauzustand und mindestens 15 cm im fertigen Zustand liegen. Im Sockelbereich sind für die Dämmung geeignete Dämmstoffe (Perimeterdämmung) zu verwenden. Geeignet sind Dämmstoffe des Anwendungstyps „PW“ nach DIN 4108-10[19].

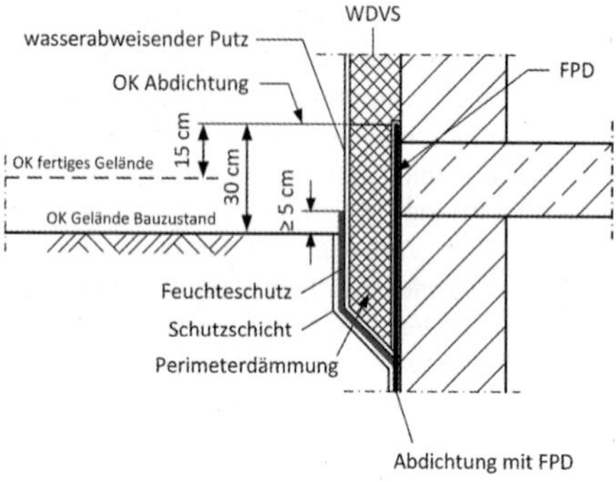

Bild 27: *Anordnung der Abdichtung mit FPD im Sockelbereich bei einer Außenwand mit einem WDVS (Quelle: Prof. Dr.-Ing. Peter Schmidt)*

Ausführung bei verputzten Wänden:

Bei verputzten Wänden, bei denen die Putzfläche bis zur Geländeoberfläche reicht, wird die Abdichtungsschicht mit FPD mit einer Überlappung von mindestens 10 cm an einen wasserabweisenden Sockelputz angeschlossen. Der Überlappungsbe-

[19] DIN 4108-10:2021-11: Wärmeschutz und Energie-Einsparung in Gebäuden – Teil 10: Anwendungsbezogene Anforderungen an Wärmedämmstoffe

reich ist zusätzlich mit einem Feuchteschutz zu versehen, der zusätzlich mindestens 5 cm über die Geländeoberfläche zu führen ist. Der wasserabweisende Sockelputz muss mindestens 30 cm über Gelände (Bauzustand) bzw. 15 cm (im fertigen Zustand) reichen.

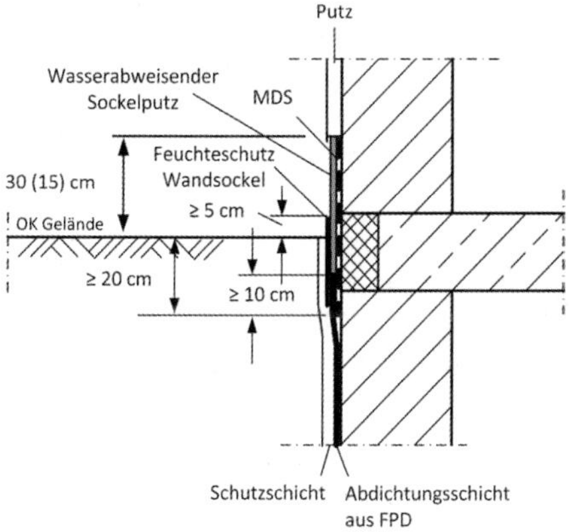

Bild 28: *Anordnung der Abdichtung mit FPD im Sockelbereich bei einer verputzten Wand (Quelle: Prof. Dr.-Ing. Peter Schmidt)*

Durchdringungen

Die Ausführung des Anschlusses der Abdichtung mit FPD an Durchdringungen (z. B. Rohrdurchführungen) ist von der Wassereinwirkung abhängig.

W1-E:

Bei Bodenfeuchte und nichtdrückendem Wasser (W1-E) wird die FPD im Bereich von Durchdringungen mittels Klebeflansch angeschlossen. Die Flanschbreite muss mindestens 50 mm betragen. Damit eine ausreichende Haftung erzielt wird, muss die Oberfläche des Klebeflansches für den Anschluss an die FPD geeignet sein; siehe hierzu die Angaben im abP. Außerdem ist in die Abdichtungsschicht eine Verstärkungseinlage mittig einzuarbeiten. Ihre Breite muss mindestens die Breite des Klebeflansches aufweisen (d. h. Breite ≥ 50 mm).

Alternativ kann der Anschluss der FPD an die Durchdringung auch mit einer Dichtungskehle erfolgen. Diese Ausführung ist allerdings nur zulässig, wenn keine axialen oder radialen Bewegungen der Durchdringungen während der gesamten Nutzungsdauer zu erwarten sind. Außerdem ist dieses Verfahren nur für runde Durchdringungen wie z. B. Rohre, Leitungen geeignet. Bei der Ausführung ist darauf zu achten, dass die maximale Schichtdicke im Hohlkehlenbereich nicht überschritten wird. Für die Sicherstellung einer ausreichenden Haftung muss die Leitung bzw. das Futterrohr geeignet sein und außerdem alkaliverträglich sein. Damit Schäden an den Leitungen vermieden werden, sind die Maßnahmen vorab mit dem Betreiber der Leitungen abzustimmen.

W2.1-E:

Bei mäßig drückendem Wasser (bis 3,0 m Wasserdruck) kann der Anschluss der Abdichtungsschicht mit FPD an die Durchdringung wie folgt ausgeführt werden:

- mittels Klebeflansch mit einer Flanschbreite von mindestens 120 mm
- mittels geprüftem Klebeflansch (Prüfdruck 1,0 bar) mit einer Flanschbreite von mindestens 50 mm
- mit einem geprüften Hauseinführungssystem nach DIN 18533-1 (ggf. mit geprüfter bahnenförmiger Dichtmanschette)
- mittels bahnenförmiger Dichtmanschette
- mittels geprüfter Los- und Festflanschkonstruktion

Weitere Angaben siehe Normentwurf.

Bewegungsfugen

Die Ausführung des Anschlusses der FPD an Bewegungsfugen ist vom Fugentyp abhängig.

Fugentyp I:

Fugen des Typs I liegen vor bei langsam ablaufenden oder sich selten wiederholenden Bewegungen, wie z. B. Setzungen, jahreszeitliche Temperaturänderungen.

Bei Fugen des Typs I erfolgt die Abdichtung über der Fuge mithilfe von alkaliverträglichen Fugenbändern aus Kunststoff-Dichtungsbahnen. Diese müssen eine Vlies- oder Gewebekaschierung besitzen, die in die Abdichtungsschicht eingebettet wird.

Die Ausbildung der Fugenbänder über der abzudichtenden Fuge ist von der Verformungsklasse abhängig; siehe folgende Tabelle.

Es können maximale Fugenbewegungen der Verformungsklasse Vk3 (resultierende Verformung ≤ 15 mm; Einzelverformung vx bzw. vy ≤ 10 mm) aufgenommen werden. Für Fugen der Verformungsklassen VK4-E (res. Verformung ≤ 20 mm) und VK5-E (res. Verformung ≤ 40 mm) sind Abdichtungen mit FPD nicht geeignet.

Die Einbindelänge der Fugenbänder in die Abdichtungsschicht mit FPD muss mindestens 10 cm betragen.

Tabelle 14: *Abdichtung von Bewegungsfugen des Typs I mit FPD (in Anlehnung an DIN 18533-3, Tab. 9)*

Verformungsklasse	Verformungen		Ausführung
	resultierende Verformung	Einzelverformung	
VK1-E	≤ 5 mm	–	Fugenband Schlaufe ist nicht erforderlich
VK2-E	≤ 10 mm	$v_x \leq 10$ mm $v_y \leq 10$ mm	schlaufenförmige Einlage der Fugenbänder („Omega-Form") Schlaufenform ist abhängig von der Fugenbewegung
VK3-E	≤ 15 mm	$v_x \leq 20$ mm $v_y \leq 20$ mm	

Fugentyp II:

Fugen des Typs II kennzeichnen schnell ablaufende Bewegungen und häufig sich wiederholende Bewegungen, wie z. B. Bewegungen infolge tageszeitlicher Temperaturänderungen.

Für die Abdichtung von Fugen des Typs II sind Sonderkonstruktionen erforderlich. Diese sind nicht genormt, sondern müssen im Einzelfall konzipiert und nachgewiesen werden. Außerdem sind die Angaben im abP zu beachten, ob das jeweilige Produkt für Fugen des Typs II geeignet ist.

Abdichtung mit rissüberbrückenden mineralischen Dichtungsschlämmen (MDS)

Eine Unterscheidung erfolgt in

- rissüberbrückende und
- nicht rissüberbrückende

MDS.

Rissüberbrückende MDS besitzen die Fähigkeit, die Rissneubildung sowie Rissbreitenänderungen bis zu einer bestimmten Breite dauerhaft zu überbrücken.

Hinweis

Für die Abdichtung von erdberührten Bauteilen dürfen nur rissüberbrückende MDS verwendet werden.

Nicht rissüberbrückende MDS dürfen nur als Abdichtungsstoff eingesetzt werden, wenn im Untergrund keine Risse vorhanden sind bzw. neu entstehen. Ihre Anwendung ist nicht in DIN 18533-3 geregelt.

Anwendungsbereiche

Anwendungsbereiche der Abdichtung von erdberührten Bauteilen mit rissüberbrückenden MDS siehe nachfolgende Tabelle:

***Tabelle 15:** Anwendungsbereich von rissüberbrückenden MDS nach DIN 18533-3 (in Anlehnung an DIN 18533-3, Tab. 11)*

Kriterium	**Wassereinwirkungsklasse**			
	W1-E	**W2-E**	**W3-E**	**W4-E**
	Bodenfeuchte und nicht drückendes Wasser	**drückendes Wasser**	**erdüberschüttete Decken**	**Wandsockel Querschnittsabdichtung**
Anwendung	X[a)]	N	N	X[d)]
Mindesttrockenschichtdicke[b)]	2,0 mm	-	-	2,0 mm
Nassschichtdicke	[c)]	-	-	[c)]
Verstärkungslagen	keine	-	-	keine
Rissklasse	R1-E	-	-	R1-E
Schutzlage	erforderlich	-	-	erforderlich[e)]

Erläuterung:

X: zulässig

N: nicht zulässig

-: nicht relevant

R1-E: Rissklasse: Neurissbildungen sowie Rissbreitenänderungen **nach** Aufbringen der Abdichtung ≤ 0,2 mm.

Fußnoten:

a) Nur auf Betonuntergründen.
b) Ist im abP ein höherer Wert angegeben, gilt dieser.
c) Ist vom Produkthersteller anzugeben.
d) Anwendung nur auf massiven Untergründen (z. B. Betonuntergrund).
e) Schutzschicht nur im angefüllten Bereich unter der Geländeoberfläche erforderlich.

Abdichtungsstoff

Mineralische Dichtungsschlämmen (MDS) sind Abdichtungsstoffe auf der Basis von Zement und Gesteinskörnungen sowie Zusatzstoffen.

Nachweis der Verwendbarkeit:

Die Verwendbarkeit von rissüberbrückenden MDS als Abdichtungsstoff nach DIN 18533 ist durch ein allgemeines bauaufsichtliches Prüfzeugnis (abP) nachzuweisen.

Dabei sind die „Prüfgrundsätze für die Erteilung von allgemeinen bauaufsichtlichen Prüfzeugnissen für mineralische Dichtungsschlämme für Bauwerksabdichtungen“ (PG-MDS)[20] zu beachten.

Die Verwendbarkeit von MDS als Abdichtungsstoff muss durch ein abP nachgewiesen werden. Die PG-MDS sind zu beachten.

Anforderungen:

An rissüberbrückende MDS werden folgende Anforderungen gestellt:

***Tabelle 16:** Anforderungen an die Eigenschaften von MDS (in Anlehnung an DIN 18533-3, Tab. 10)*

Kriterium	Anforderung
Standfestigkeit	kein Abrutschen
Brandverhalten	mind. normal entflammbar
Schwinden	keine Anforderungen
Rissüberbrückung	mind. 0,4 mm
Wasserdichtheit	wasserdicht; die Anforderungen für den jeweiligen Anwendungsbereich sind zu beachten
Verbundverhalten, Haftung	≥ 0,5 N/mm²
Schichtdickenabnahme nach Erhärtung	der Wert ist anzugeben

Sofern im Bereich von Arbeits- und Trennfugen sowie an Anschlüssen und Durchdringungen andere Stoffe verwendet werden, ist auch deren Eignung nachzuweisen.

[20] PG-MDS: Prüfgrundsätze zur Erteilung von allgemeinen bauaufsichtlichen Prüfzeugnissen für mineralische Dichtungsschlämmen für Bauwerksabdichtungen; hrsg. v. Deutsches Institut für Bautechnik (DIBt), Berlin

Ausführung der Abdichtung aus MDS

Die rissüberbrückende MDS sind in mind. zwei Aufträgen auf die abzudichtende Fläche aufzubringen. Dabei ist keine Verstärkungseinlage einzubauen.

- Beim Aufbringen der MDS ist darauf zu achten, dass die Abdichtungsschicht einen vollflächigen Verbund mit dem Untergrund eingeht.
- Abdichtungen aus MDS sind bei Bodenplatten und erdberührten Außenwandflächen (W1-E) mit einer Schutzlage zu versehen.
- Bei Abdichtungen des Wandsockels (W4-E) ist eine Schutzlage nur im angefüllten Bereich, der sich unterhalb der Geländeoberfläche befindet, anzuordnen.

Hilfsstoffe

Hilfsstoffe, die beim Aufbringen der MDS erforderlich sind, sind vom Hersteller der MDS anzugeben.

Als Voranstriche, Grundierungen, Versiegelungen und Kratzspachtelungen dürfen folgende Stoffe verwendet werden:

- Stoffe auf Reaktionsharzbasis
- Stoffe auf Kunststoffbasis als Lösung oder Dispersion
- Stoffe auf silikatischer Basis
- nicht rissüberbrückende MDS

Ausführung der Abdichtung aus MDS nach Wassereinwirkungsklasse

W1-E: (Bodenfeuchte und nicht drückendes Wasser)

- Bei W1-E ist die Abdichtung aus MDS auf Bodenplatten und erdberührten Außenwandflächen in mind. zwei Aufträgen auf den Untergrund aufzubringen.
- Der Abdichtungsuntergrund (Bodenplatte und Außenwände) muss aus Beton bestehen.
- Die Aufträge können „frisch in frisch“ erfolgen, d. h. der zweite Auftrag kann bereits begonnen werden, wenn der erste Auftrag noch nicht erhärtet ist.

Die **Mindesttrockenschichtdicke muss 2,0 mm** betragen. Sofern das abP eine größere Dicke fordert, gilt dieser Wert.

W4-E: (Wandsockel und Querschnittsabdichtung)

- Die MDS ist in mind. zwei Aufträgen auf den Abdichtungsuntergrund aufzutragen.
- Der Auftrag kann „frisch in frisch“ erfolgen.
- Unter einer Verblend- oder Vormauerschale kann die Abdichtung als MDS ausgeführt werden. Dabei muss sie am Hintermauerwerk bzw. an der Tragschale hochgeführt werden.

> **Hinweis**
>
> **Die Mindesttrockenschichtdicke muss 2,0 mm betragen sowie dem im abP angegebenen Wert entsprechen, sofern dieser größer ist.**

Anforderungen an den Untergrund

Es sind die allgemeinen Anforderungen an den Abdichtungsuntergrund nach DIN 18533-3 zu beachten sowie spezielle Anforderungen, die nur für Abdichtungen mit MDS gelten.

Allgemeine Anforderungen an den Untergrund:

- ausreichende Oberflächenfestigkeit
- max. zulässiger Feuchtegehalt (produktabhängig)
- Oberflächentemperatur muss mind. 3 K über der Taupunkttemperatur liegen.

Bauartspezifische Anforderungen, die für Untergründe von Abdichtungen mit MDS gelten:

- Der Abdichtungsuntergrund muss saugfähig sein.
- Zum Zeitpunkt des Aufbringens der MDS muss der Abdichtungsuntergrund mattfeucht sein; er darf aber nicht mit Wasser porengesättigt sein. Die Überprüfung erfolgt mit der Benetzungsprobe. Hierzu wird der Untergrund mit Wasser benetzt. Das aufgebrachte Wasser muss innerhalb kurzer Zeit vom Untergrund aufgenommen werden und darf nicht abperlen.
- Bei grobporigen, rauen und/oder unebenen Untergründen kann es erforderlich sein, eine Kratzspachtelung aufzutragen, um die Fläche zu egalisieren.

- Unvermörtelte Mauerwerksfugen mit einer Breite von mehr als 5 mm sind vor dem Auftragen einer Kratzspachtelung mit geeigneten Stoffen (z. B. Mörtel) zu verschließen.
- Unvermörtelte Mauerwerksfugen bis 5 mm Breite müssen mit einer Kratzspachtelung verschlossen werden.

Kratzspachtelung:

Als Stoff für die Kratzspachtelung kann das Beschichtungsmaterial, d. h. die MDS, verwendet werden. Dabei ist zu beachten, dass die Kratzspachtelung – selbst wenn hierfür die MDS verwendet wird – nicht zur Abdichtungsschicht zählt.

Kehlen und Kanten:

- Innenkanten und Boden-/Wandanschlüsse sind als Hohlkehlen auszuführen.
- Der Radius der Hohlkehle muss zwischen 40 und 60 mm betragen (sogenannte „Flaschenhohlkehle“).
- Zur Verbesserung der Haftung mit dem Untergrund muss die Hohlkehle „frisch in frisch“ in eine Haftbrücke eingearbeitet werden, die vorher auf den Untergrund aufgetragen wird.
- Außenkanten und Fundamentkanten sind mit einer Fase auszubilden.

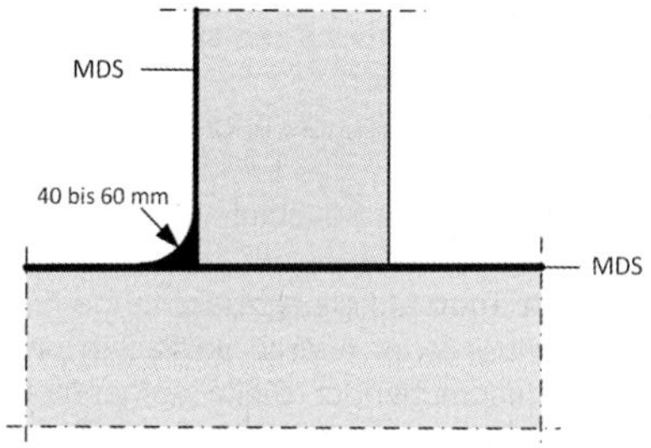

***Bild 29:** Ausbildung von Kehlen (Quelle: Prof. Dr.-Ing. Peter Schmidt)*

Vorbereitung/Vorbehandlung des Untergrunds

Es sind folgende Regeln zu beachten sowie folgende Maßnahmen durchzuführen:

- Die Oberfläche des Abdichtungsuntergrunds ist zu reinigen.
- Trennende Substanzen auf dem Abdichtungsuntergrund sind zu entfernen.

- Lunker und Grate sowie nicht oberflächenbündig vermörtelte Mauerwerksfugen sind zu verschließen und/oder auszugleichen. Siehe hierzu die Regelungen in folgender Tabelle sowie die Hinweise im vorigen Abschnitt.
- Ausgleichsschichten, die zum Ausgleich von Unebenheiten oder zum Verschluss von Fugen dienen, müssen ausreichend trocken sein, bevor die Abdichtungsschicht aus MDS aufgebracht wird.
- Gegebenenfalls ist auf dem Untergrund eine Grundierung aufzubringen, siehe Herstellerangaben.

Tabelle 17: *Vorbereitung unvermörtelter Mauerwerksfugen*

	Unvermörtelte Mauerwerksfugen	
	Fugenbreite	
	≤ 5 mm	> 5 mm
Maßnahme	Verschluss der Fugen durch Kratzspachtelung zulässig	Vor Aufbringen einer Kratzspachtelung sind Fugen zu schließen (z. B. durch Mörtel)

Verarbeitung

Für die Verarbeitung der Abdichtung aus MDS sind folgende Regeln zu beachten:

- Die MDS muss **vollflächig, deckend und fehlstellenfrei** auf den Untergrund aufgebracht werden.
- Die Abdichtungsschicht aus MDS muss die erforderliche Mindesttrockenschichtdicke einhalten.
- Je nach Konsistenz wird die MDS im Spachtel-, Streich- oder Spritzverfahren aufgebracht.
- Die MDS wird in **zwei Aufträgen** auf die abzudichtende Fläche aufgetragen. Dabei muss jeder Auftrag vollflächig und gleichmäßig sowie mit entsprechender Dicke aufgebracht werden. Die im abP angegebenen Regeln zur Verarbeitung sind zu beachten.
- Bei **Arbeitsunterbrechungen** muss die MDS auf den Wert „null“ ausgezogen werden. Nach Beendigung der Arbeitsunterbrechung und Wiederbeginn der Arbeiten ist die neue MDS überlappend auf die bereits bestehende und auf null ausgezogene Abdichtung aufzubringen. Arbeitsunterbrechungen dürfen nicht an Kanten und Kehlen sowie Ecken erfolgen.

- Während der Verarbeitung sollte die Einwirkung durch Niederschläge vermieden werden, da ansonsten die Regenfestigkeit der Abdichtung aus MDS nicht erreicht wird.
- Bis zur Durchtrocknung der MDS sollten Einwirkungen durch Wasser und Frost ausgeschlossen werden.
- Die Schutzschicht darf erst nach vollständiger Durchtrocknung der MDS angebracht werden.

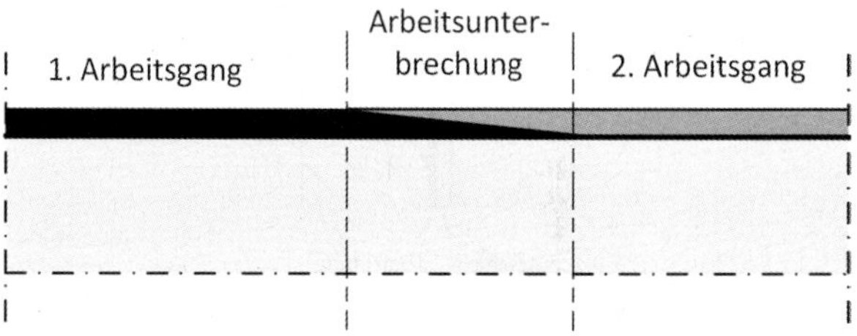

***Bild 30:** Vorgehensweise bei Arbeitsunterbrechungen*
(Quelle: Prof. Dr.-Ing. Peter Schmidt)

Sicherstellung der geforderten Mindesttrockenschichtdicke

Die Mindesttrockenschichtdicke ist durch folgende Verfahren sicherzustellen:

- Messung der Nassschichtdicke
- Kontrolle der Auftragsmenge bei der Verarbeitung

Gegebenenfalls ist die Anzahl der Messpunkte zu erhöhen, wie z. B. im Bereich von Durchdringungen, Übergängen und Anschlüssen.

Siehe hierzu DIN 18533-3, 4.1.3.

Übergang der Wandabdichtung auf die Bodenplatte

- Die Wandabdichtung aus MDS ist mind. 100 mm auf die Stirnfläche der Bodenplatte herunterzuführen.
- Bei vorspringender, d. h. nicht mit der Wandfläche bündiger Bodenplatte ist i. d. R. eine Hohlkehle auszuführen (siehe Herstellerangaben). Der Radius der Ausrundung der Hohlkehle muss mind. 50 mm betragen.

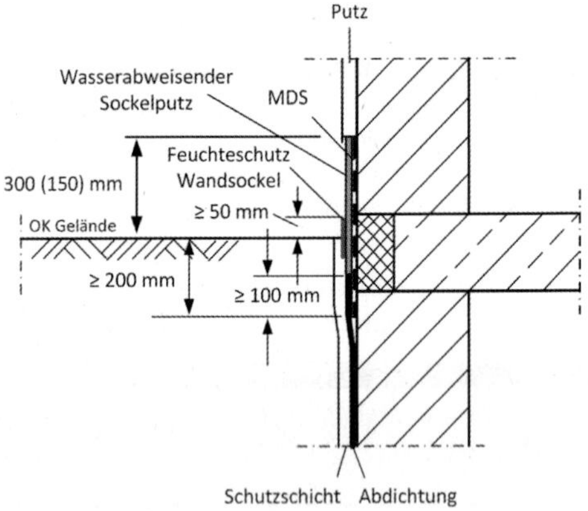

***Bild 31:** Ausbildung des Übergangs der Wandabdichtung aus MDS auf die Bodenplatte (Quelle: Prof. Dr.-Ing. Peter Schmidt)*

Wandsockel

- Am Wandsockel ist die MDS mind. 300 mm über Oberkante Gelände zu führen.
- Im Endzustand, d. h. bei fertiggestelltem Gelände, ist ein Maß von mind. 150 mm zwischen Geländeoberfläche und oberem Abdichtungsrand einzuhalten.
- Bei Wänden mit einem WDVS wird die Abdichtung aus MDS hinter der Wärmedämmung an der Wand hochgeführt. Der Abdichtungsrand hinter dem WDVS ist als vor Wassereinwirkung geschützter Abschluss auszubilden. Dabei muss der Abdichtungsrand mind. 300 mm über Gelände bzw. 150 mm im fertigen Zustand liegen. Im Sockelbereich dürfen nur geeignete Dämmstoffe (Perimeterdämmung) eingesetzt werden.
- Die Sockelabdichtung aus MDS ist bis 200 mm unter Geländeoberfläche zu führen. Überlappungsmaß zwischen der MDS und der Wandabdichtung im erdberührten Bereich mind. 100 mm.
- Für den Sockel ist ein geeigneter Putz zu verwenden. Dieser muss eine ausreichende Widerstandsfähigkeit gegenüber Spritzwasserbelastung aufweisen (Sockelputz). Am unteren Rand ist der Sockelputz zusätzlich mit MDS abzudichten, damit der Putz in diesem Bereich kein Kapillarwasser aufsaugen kann. Die Breite der Abdichtung des Sockelputzes muss mind. 50 mm betragen.

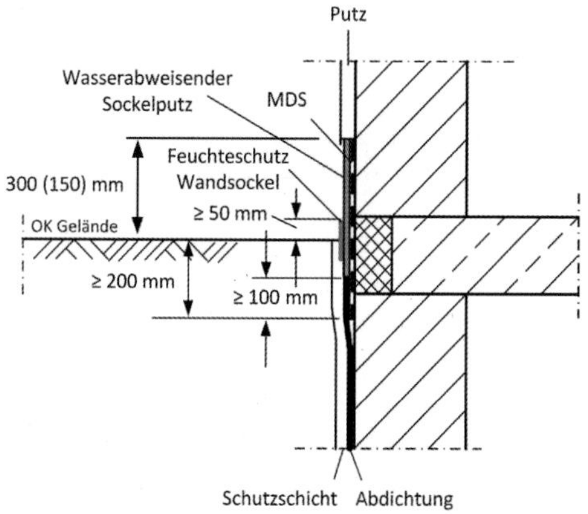

Bild 32: *Ausbildung der Abdichtung aus MDS am Wandsockel (Quelle: Prof. Dr.-Ing. Peter Schmidt)*

Durchdringungen

Ausführung des Anschlusses der Abdichtung aus MDS an eine Durchdringung mittels:

- Klebeflansch
- Dichtmanschette

Anschluss der MDS an einen Klebeflansch

- Bei W1-E (Bodenfeuchte und nicht drückendes Wasser) wird die MDS an eine Durchdringung mit einem Klebeflansch angeschlossen.
- Die Flanschbreite muss mind. 50 mm betragen.
- Der Klebeflansch (Oberfläche des Flansches) muss geeignet sein, damit die MDS ausreichend haftet.

Anschluss der MDS an eine Dichtmanschette

- Bei W1-E kann der Anschluss auch mit einer Einlage an eine Dichtmanschette an die Rohrdurchführung erfolgen.
- Dies ist nur zulässig, wenn das Rohr bzw. die Leitung keine axialen oder radialen Bewegungen der Anschlusskonstruktion bewirkt. Diese Voraussetzung gilt für die gesamte Nutzungsdauer.

Hinweis

Vor Herstellung des Anschlusses muss die Verträglichkeit der verwendeten Materialien überprüft und sichergestellt werden, da MDS hochalkalisch sind.

Bewegungsfugen

Die Ausbildung der Abdichtung von Bewegungsfugen hängt vom Fugentyp ab:

- Fugen des Typs I gelten für langsam ablaufende oder sich selten wiederholende Bewegungen, wie z. B. Bewegungen aus Setzungen oder Formänderungen aus jahreszeitlichen Temperaturänderungen.
- Fugen des Typs II gelten dagegen für schnell ablaufende Bewegungen, wie z. B. Formänderungen aus Verkehrslasten oder tageszeitlichen Temperaturschwankungen.

Abdichtung von Fugen des Typs I:

- Die Abdichtung der Bewegungsfuge erfolgt mithilfe von Fugenbändern aus Kunststoff- oder Elastomerbahnen, die mit einer Vlies- oder Gewebekaschierung versehen sind.
- Die Fugenbänder werden in die Flächenabdichtung aus rissüberbrückender MDS eingebettet.
- Die konkrete Ausbildung der Abdichtung von Bewegungsfugen des Typs I ist von den zu erwartenden Verformungen abhängig (Verformungsklassen).
- Die Fugenbänder müssen auf einer Breite von mind. 100 mm in die Flächenabdichtung aus rissüberbrückender MDS einbinden.
- Die Stöße der Fugenbänder (senkrecht zur Bewegungsfuge) sind mit einer geeigneten Fügetechnik auszuführen, wobei diese vom Werkstoff abhängt (siehe DIN 18533-2).
- Für die Verformungsklassen VK4-E und VK5-E sind Sonderkonstruktionen erforderlich. Diese können in Anlehnung an Konstruktionen für Fugen des Typs II ausgebildet werden.

***Tabelle 18:** Ausbildung der Abdichtung von Bewegungsfugen des Typs I*

Verformungsklasse	resultierende Verformung	max. Einzelverformung entweder in x- oder in y-Richtung		Ausbildung der Abdichtung über der Fuge
	v_r	v_x	v_y	
VK1-E	≤ 5 mm	-	-	Fugenband (eine Schlaufe ist nicht erforderlich)
VK2-E	≤ 10 mm	10 mm	10 mm	schlaufenförmige Einlage der Fugenbänder (Omega-Form); Schlaufenform ist abhängig von der Fugenbewegung.
VK3-E	≤ 15 mm	20 mm	20 mm	
v_x: Fugenbewegung senkrecht zur Abdichtungsebene (Scherung)				
v_y: Fugenbewegung in Abdichtungsebene (Dehnung, Stauchung)				

Abdichtung von Fugen des Typs II:

Für die Abdichtung von Bewegungsfugen des Typs II ist eine Sonderkonstruktion erforderlich (nicht genormt).

Schutz der Abdichtung

- Die Abdichtung aus MDS ist vor Beschädigung durch eine Schutzlage dauerhaft zu schützen.
- Lediglich am nicht erdberührten Bereich des Wandsockels (W4-E) braucht keine Schutzlage angeordnet zu werden.
- Für die Wahl der Stoffe und den Einbau gelten sinngemäß die gleichen Regeln wie für Schutzlagen von Abdichtungen aus kunststoffmodifizierten Bitumendickbeschichtungen (PMBC), siehe DIN 18533-3; siehe Abschnitt „Schutz der Abdichtung" in Kapitel „Abdichtung mit kunststoffmodifizierten Bitumendickbeschichtungen (PMBC)".

Zur besseren Übersicht werden die wesentlichen Regeln nachfolgend zusammengefasst:

- Geeignete Stoffe sind in DIN 18533 angegeben (Auswahl siehe folgende Tabelle).
- Stoffe für Schutzlagen müssen mit der MDS verträglich sein.

- Schutzlagen dürfen erst aufgebracht werden, wenn die Abdichtung aus MDS vollständig durchtrocknet ist.
- Beim Einbau der Schutzlage darf die Abdichtung aus MDS nicht beschädigt werden.
- Die MDS darf nicht durch Scherkräfte beansprucht werden, z. B. bei Verfüllung des Arbeitsraums und Verdichtung des Bodens. Gegebenenfalls sind Gleitlagen einzubauen.
- Die Funktion der Schutzlagen kann auch von einer Wärmedämmung oder Dränschicht übernommen werden. Wärmedämm- und Dränschichten dürfen sich nicht in die Hohlkehle am Anschluss Bodenplatte-Wand eindrücken

Tabelle 19: *Stoffe für Schutzlagen bei Abdichtungen aus MDS (nach DIN 18533-3, Auswahl)*

Stoff	Eigenschaften
Bautenschutzmatten und -platten aus Gummi- oder Polyethylengranulat	Dicke ≥ 6 mm
Vliese aus synthetischen Fasern bzw. Geotextilien aus Chemiefasern	Flächengewicht ≥ 300 g/m^2
Kunststoff- oder Elastomerbahnen	nach DIN 18533-2 Dicke ≥ 2 mm
Bitumen- und Polymerbitumenbahnen	
Noppenbahnen mit Gleit-, Schutz- und Lastverteilungsschicht	Dicke ≥ 8 mm
Dränmatten/-platten	Dicke ≥ 25 mm

Abdichtung mit Flüssigkunststoffen (FLK)

Anwendungsbereiche

Anwendungsbereiche der Abdichtung von erdberührten Bauteilen mit FLK siehe nachfolgende Tabelle:

***Tabelle 20:** Anwendungsbereich von FLK nach DIN 18533-3 (in Anlehnung an DIN 18533-3, Tab. 14)*

Kriterium	**Wassereinwirkungsklasse**			
	W1-E	**W2-E**	**W3-E**	**W4-E**
	Bodenfeuchte und nicht drückendes Wasser	**drückendes Wasser**	**erdüberschüttete Decken (nicht drückendes Wasser)**	**Wandsockel Querschnittsabdichtung**
Anwendung	N	N	X	X
Mindesttrockenschichtdicke [a]	-	-	2,0 mm	2,0 mm
Einlagen	-	-	erforderlich	erforderlich
Rissklasse	-	-	R3-E	R3-E
Schutzlage	-	-	erforderlich	erforderlich [b]

Erläuterung:

X: zulässig

N: nicht zulässig

-: nicht relevant

R3-E: Rissklasse: Neurissbildungen sowie Rissbreitenänderungen nach Aufbringen der Abdichtung ≤ 1,0 mm bei Rissversatz ≤ 0,5 mm (hohe Rissüberbrückung).

Fußnoten:

[a] Ist im abP ein höherer Wert angegeben, gilt dieser.
[b] Für Sockelabdichtung oberhalb GOK integrierte Schutzlage auf der Abdichtung aus gleichem Material und Quarzsandabstreuung.

Abdichtungsstoffe

FLK bestehen aus ein- oder zweikomponentigen flüssigen Stoffen auf Basis von Reaktionsharzen, die den Aushärtungsprozess steuern. Außerdem enthalten sie organische Zusätze und können mit mineralischen Füllstoffen versehen sein.

Als Reaktionsharze werden folgende synthetische Harze verwendet:

- Polymethylmethacrylateharze (PMMA)

- Polyesterharze (PUR)
- Polyurethanharze (UP)

Rissüberbrückungsfähigkeit:

FLK besitzen die Fähigkeit, Rissneubildungen sowie Rissbreitenänderungen der Rissklasse R3-E dauerhaft zu überbrücken (R3-E: Neurissbildungen sowie Rissbreitenänderungen bis zu einer Rissbreite von 1,0 mm sowie Rissversätze bis zu einem Maß von 0,5 mm).

Nachweis der Verwendbarkeit:

Die Verwendbarkeit von FLK als Abdichtungsstoff i. S. d. DIN 18533-3 ist durch ein allgemeines bauaufsichtliches Prüfzeugnis (abP) nachzuweisen.

Dabei sind die „Prüfgrundsätze zur Erteilung von allgemeinen bauaufsichtlichen Prüfzeugnissen für Bauwerksabdichtungen mit Flüssigkunststoffen (PG-FLK)“[21] zu beachten; es gilt die jeweils gültige Fassung.

Hinweis

Die Verwendbarkeit von MDS als Abdichtungsstoff muss durch ein abP nachgewiesen werden. Die PG-FLK sind zu beachten.

Anforderungen:

Tabelle 21: *Anforderungen an FLK in Anlehnung an DIN 18533-3, Tab. 13)*

Kriterium	Anforderung
Standfestigkeit	kein Abrutschen
Brandverhalten	mind. normal entflammbar
Alkalibeständigkeit	beständig

[21] PG-FLK: Prüfgrundsätze zur Erteilung von allgemeinen bauaufsichtlichen Prüfzeugnissen für Bauwerksabdichtungen mit Flüssigkunststoffen; hrsg. v. Deutsches Institut für Bautechnik (DIBt), Berlin

***Tabelle 21:** Anforderungen an FLK in Anlehnung an DIN 18533-3, Tab. 13)*

Kriterium	Anforderung
Rissüberbrückung:	mind. 2,0 mm
Wasserdichtheit	wasserdicht; die Anforderungen für den jeweiligen Anwendungsbereich sind zu beachten
Verbundverhalten, Haftung	≥ 0,5 N/mm^2
Auftragsmenge, Trockenschichtdicke	der Wert ist anzugeben
Wasserdampfdiffusionsverhalten	der Wert ist anzugeben
Regenfestigkeit	spätestens nach 8 Stunden

Ausführung der Abdichtung aus FLK

FLK werden in flüssigem Zustand auf den abzudichtenden Untergrund aufgetragen. Dabei ist eine Einlage (mind. 110 g/m^2) einzubauen.

- Durch Aushärten (chemische Reaktion) des flüssigen Abdichtungsmaterials ergibt sich die fertige Abdichtungsschicht.
- Die **Abdichtung aus FLK muss mit dem Untergrund einen vollflächigen Verbund** eingehen.
- Abdichtungen aus FLK müssen mit einer Einlage (Flächengewicht mind. 110 g/m^2) ausgeführt werden.
- Die Einlage dient zur Kontrolle der Schichtdicke bei der Verarbeitung und zur Sicherstellung der geforderten Trockenschichtdicke.
- Die **Einlage muss Bestandteil des Verwendbarkeitsnachweises** sein. Bei der Verwendung anderer Stoffe, wie z. B. an Trenn- und Arbeitsfugen, Anschlüssen und Durchdringungen, muss deren Eignung mit dem abP nachgewiesen werden.

Ausführung nach Wassereinwirkungsklasse

W3-E: (nicht drückendes Wasser auf erdüberschütteten Decken)

Bei W3-E ist die Abdichtung aus FLK zusammen mit einer Einlage aufzubringen. Für die Einlage kann Kunststofffaservlies mit einem Flächengewicht von mind. 110 g/m^2 verwendet werden.

Die Mindesttrockenschichtdicke muss 2,0 mm betragen.

W4-E:

- Für Abdichtungen aus FLK im Sockelbereich sowie als Querschnittsabdichtung gelten die gleichen Regeln wie bei Wassereinwirkungsklasse W3-E.
- Bei der Abdichtung des Sockels oberhalb der Geländeoberfläche ist eine integrierte Schutzschicht auf der Abdichtung einzubauen, die aus dem gleichen Material wie die Abdichtung selbst besteht und zusätzlich mit Quarzsand als Schutz versehen wird.

Anforderungen an den Untergrund sowie Vorbereitung und Vorbehandlung

Es sind die allgemeinen Anforderungen an den Abdichtungsuntergrund nach DIN 18533-3 zu beachten sowie spezielle Anforderungen, die nur für Abdichtungen mit FLK gelten.

Allgemeine Anforderungen an den Untergrund:

- ausreichende Oberflächenfestigkeit
- max. zulässiger Feuchtegehalt (produktabhängig)
- Oberflächentemperatur muss mind. 3 K über der Taupunkttemperatur liegen

Bauartspezifische Anforderungen, die für Untergründe von Abdichtungen aus FLK gelten:

- Der Abdichtungsuntergrund muss mit geeigneten mechanischen Verfahren vorbereitet werden. Hierzu gehören bei mineralischen Untergründen Schleifen oder Kugelstrahlen.
- Der Feuchtegehalt von Untergründen aus Beton oder Estrich darf max. 6 Masse-% betragen. Hierbei sind die Herstellerangaben zu beachten. Falls der Hersteller des verwendeten Flüssigkunststoffs einen niedrigeren Wert fordert, gilt dieser.
- Sofern die Oberflächenbeschaffenheit es erfordert, sind ggf. Trägerlagen anzuordnen, Kratzspachtelungen durchzuführen oder andere geeignete Maßnahmen zu ergreifen.
- Zur Erzielung einer ausreichenden Haftung kann es erforderlich sein, eine Grundierung auf dem Untergrund aufzutragen. Es sind die Angaben im abP zu beachten.
- Bei der Ausführung der Abdichtungsarbeiten muss die Oberflächentemperatur des Untergrunds mind. 3 K über der Taupunkttemperatur der Umgebungsluft liegen.

Verarbeitung

Für die Verarbeitung des Flüssigkunststoffs sind folgende Regeln zu beachten:

- Die Anforderungen an die Oberflächentemperatur sind zu beachten (Oberflächentemperatur mind. 3 K über der Taupunkttemperatur der umgebenden Luft).
- Die Abdichtung aus FLK muss vollflächig, deckend und fehlstellenfrei auf den Untergrund aufgebracht werden.
- Die erforderliche Mindesttrockenschichtdicke von 2,0 mm ist einzuhalten.
- Die Abdichtung aus FLK wird in zwei Arbeitsgängen auf die abzudichtende Fläche aufgetragen.
- Der Flüssigkunststoff kann durch Streichen, Rollen oder Spritzen auf die abzudichtende Fläche aufgebracht werden.
- Während des Aufbringens des Flüssigkunststoffs ist die Einlage einzuarbeiten. Hierzu wird auf dem Untergrund zunächst eine erste Schicht FLK aufgebracht, in die die Einlage hohlraumfrei eingearbeitet wird. Unmittelbar danach ist die Einlage „frisch in frisch" mit dem FLK vollständig abzudecken.
- Bei längeren Arbeitsunterbrechungen muss der Überlappungsbereich auf einer Breite von mind. 50 mm behandelt werden, bevor die Abdichtung weiter aufgetragen wird. Der Überlappungsbereich kann z. B. angeschliffen oder angelöst werden. Hierzu sind die Herstellerangaben zu beachten.
- Wassereinwirkung sollte bis zum Erreichen der Regenfestigkeit vermieden werden. Außerdem sind Wasser- und Frosteinwirkung bis zum Aushärten auszuschließen.
- Bei Kombinationen einer Abdichtung aus FLK mit anderen Stoffen, z. B. Bahnen, Beton, Mauerwerk, Metallen oder Kunststoff, ist der Anschluss mit einer Breite von mind. 100 mm auszuführen.

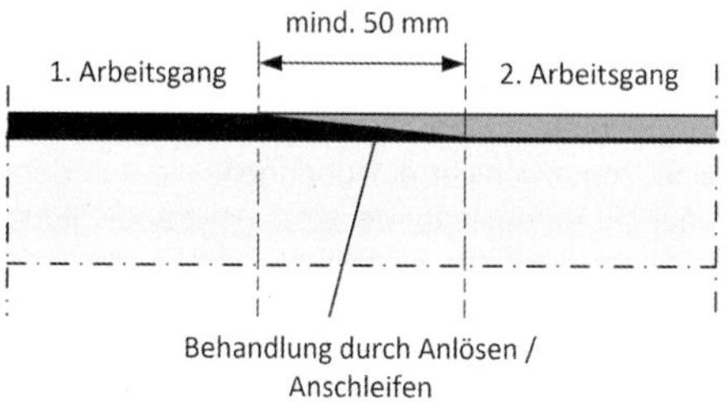

***Bild 33:** Vorgehensweise bei Arbeitsunterbrechungen (Quelle: Prof. Dr.-Ing. Peter Schmidt)*

Sicherstellung der geforderten Mindesttrockenschichtdicke

Die Mindesttrockenschichtdicke ist durch folgende Verfahren sicherzustellen:

- visuell während der Verarbeitung (Überprüfung, ob Einlage vollständig in den FLK eingebettet ist)
- Kontrolle der Verbrauchsmenge bei der Verarbeitung

Siehe hierzu DIN 18533-3.

An- und Abschlüsse und Durchdringungen

Für die Ausbildung von An- und Abschlüssen, Übergängen und Durchdringungen mit FLK gelten folgende Regeln:

- Am Übergang zwischen der horizontalen Abdichtung (Decke) und der vertikalen Abdichtung der Wand ist bei der Verwendung von FLK keine Hohlkehle erforderlich.
- Eine mechanische Befestigung am oberen Rand der Abdichtung ist bei FLK nicht erforderlich, sofern die Abdichtung eine ausreichende Haftung aufweist.
- Die Bahnen der Einlage müssen sich im Bereich der Fläche um mind. 50 mm überlappen.
- An Anschlüssen, Übergängen und Durchdringungen einer Abdichtung aus FLK auf eine bahnenförmige Abdichtung oder Beton, Mauerwerk, Metall oder Kunststoff ist die Abdichtung über diese Stoffe auf einer Breite von mind. 100 mm zu führen. Bei Asphaltwerkstoffen ist die Abdichtung aus FLK unter diesen zu führen.
- Bei Anschlüssen an einen Klebeflansch sind diese mit einer Flanschbreite von mind. 50 mm auszubilden. Damit eine ausreichende Haftung zum Klebeflansch erzielt wird, muss die Oberfläche geeignet sein.
- Für den Sockelanschluss gelten sinngemäß die Regeln wie für mineralische Dichtungsschlämme. Die Ausführung der Abdichtung des Wandsockels mit FLK erfolgt analog zu den Regeln im Abschnitt ▶ „Verarbeitung“. Zusätzlich ist am Wandsockel eine Schutzschicht aufzubringen, die aus dem gleichen Material (FLK) besteht wie die Sockelabdichtung selbst. Diese Schicht dient zur Einbettung des Quarzsands und muss mit einer Menge von mind. 1 kg/m^2 aufgebracht werden. Für den Quarzsand wird eine Körnung von 0,7 bis 1,2 mm verwendet. Abschließend ist der Wandsockel mit einer Versiegelung zu versehen (Materialmenge ca. 0,7 kg/m^2).

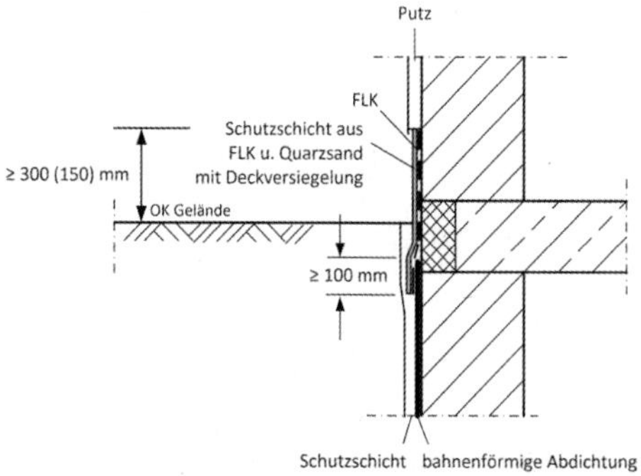

Bild 34: *Ausbildung der Abdichtung des Wandsockels mit FLK und Quarzsandbestreuung als Schutzschicht*
(Quelle: Prof. Dr.-Ing. Peter Schmidt)

Bewegungsfugen

Die Ausbildung der Abdichtung von Bewegungsfugen hängt vom Fugentyp ab.

Abdichtung von Fugen des Typs I bei VK1-E bis VK3-E:

- Bei Fugen des Typs I bei VK1- E bis VK3-E darf die Flächenabdichtung aus FLK über der Fuge durchlaufen.
- Dabei ist eine Verstärkungslage mit mind. 300 mm Breite über der Fuge anzuordnen.
- Zusätzlich ist bei VK2- und VK3-E ein Schleppstreifen im Bereich der Fuge einzubauen, um ein Einsinken der Abdichtungsschicht in die Fuge zu verhindern. Der Schleppstreifen muss eine Breite von mind. 50 mm aufweisen.

Tabelle 22: *Ausbildung der Abdichtung von Bewegungsfugen mit FLK für Fugentyp I bei VK1-E bis VK3-E (in Anlehnung an DIN 18533-3, Tab. 15)*

Verformungsklasse	resultierende Verformung	max. Einzelverformung entweder in x- oder in y-Richtung		Ausbildung der Abdichtung über der Fuge
	v_r	v_x	v_y	
VK1-E	≤ 5 mm	-	-	eine Verstärkungslage, mind. 300 mm breit
VK2-E	≤ 10 mm	10 mm	10 mm	eine Verstärkungslage, mind. 300 mm breit; zusätzlich Schleppstreifen, mind. 50 mm breit
VK3-E	≤ 15 mm	20 mm	20 mm	

v_x: Fugenbewegung senkrecht zur Abdichtungsebene (Scherung)

v_y: Fugenbewegung in Abdichtungsebene (Dehnung, Stauchung)

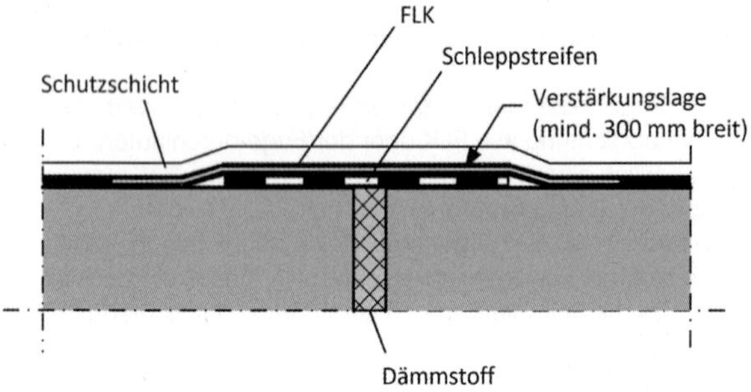

Bild 35: *Abdichtung von Fugen des Typs I bei VK1-E bis VK3-E mit FLK (Quelle: Prof. Dr.-Ing. Peter Schmidt)*

Abdichtung von Fugen des Typs II bei VK4-E und VK5-E:

- Bei Fugen des Typs II ist die Flächenabdichtung aus FLK an der Fuge zu unterbrechen.
- Abdichtung der Fuge durch folgende Maßnahmen:
  - schlaufenartig geführte Abdichtung über der Fuge sowie zusätzliche Anordnung eines Verstärkungsstreifens aus FLK mit Einlage (mind. 300 mm Breite)

- Verwendung vorgefertigter Fugenkonstruktionen mit integrierten Kunststoff- oder Elastomer-Dichtungsprofilen
- Ausführung mithilfe von Los- und Festflansch-Konstruktionen mit Fugenbandeinlage

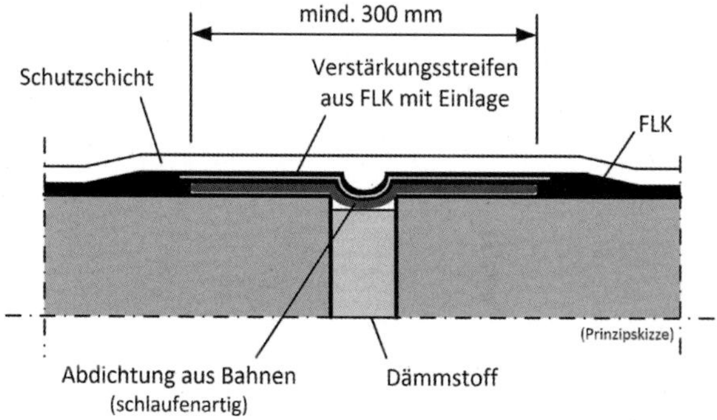

Bild 36: *Abdichtung von Fugen des Typs II bei VK4-E und VK5-E mittels schlaufenartig geführter Abdichtungsschicht*
(Quelle: Prof. Dr.-Ing. Peter Schmidt)

Schutz der Abdichtung

Für Schutzlagen und Schutzmaßnahmen gelten die allgemeinen Regeln der DIN 18533-1.

Für die Abdichtung mit Gussasphalt, Asphaltmastix sowie Stoff-Kombinationen wird auf die Norm verwiesen.

Abdichtung von Innenräumen nach DIN 18534

Für die Planung, Ausführung und Instandhaltung der Abdichtung von Innenräumen gilt DIN 18534 „Abdichtung von Innenräumen" (Ausgabe 2025-10).

DIN 18534 besteht aus folgenden Teilen:

- Teil 1: Anforderungen, Planungs- und Ausführungsgrundsätze
- Teil 2: Abdichtung mit bahnenförmigen Abdichtungsstoffen
- Teil 3: Abdichtung mit flüssig zu verarbeitenden Abdichtungsstoffen im Verbund mit Fliesen und Platten (AIV-F)
- Teil 4: Abdichtung mit Gussasphalt und Asphaltmastix
- Teil 5: Abdichtung mit bahnenförmigen Abdichtungsstoffen im Verbund mit Fliesen und Platten (AIV-B)
- Teil 6: Abdichtung mit plattenförmigen Abdichtungsstoffen im Verbund mit Fliesen und Platten (AIV-P)
- Beiblatt 1: Leitfaden für die Planung der Abdichtung in häuslichen und ähnlichen Bädern mit bodengleichen Duschen[1]

Außerdem ist ein Teil 7 (DIN/TR 18534-7) geplant, der Regelungen zur Planung und Ausführung des Schnittschutzes von wartungsbedürftigen Dichtstofffugen (Wartungsfugen) enthält.[2]

Zu beachten:

- Teil 1 enthält allgemeingültige, bauartübergreifende Regeln für die Abdichtung von Innenräumen.
- Die Teile 2 bis 6 enthalten bauartspezifische Regeln, die zusätzlich oder ergänzend zu denen des Teils 1 gelten. Die Teile 2 bis 6 sind immer zusammen mit dem Teil 1 anzuwenden.
- Das Beiblatt 1 enthält lediglich ergänzende Informationen zu DIN 18534, jedoch keine zusätzlichen normativen Festlegungen.

[1] Zurzeit Normentwurf 2024-03 (Stand Februar 2026)

[2] Zurzeit ist DIN/TR 18534-7 in Bearbeitung (Stand Februar 2026)

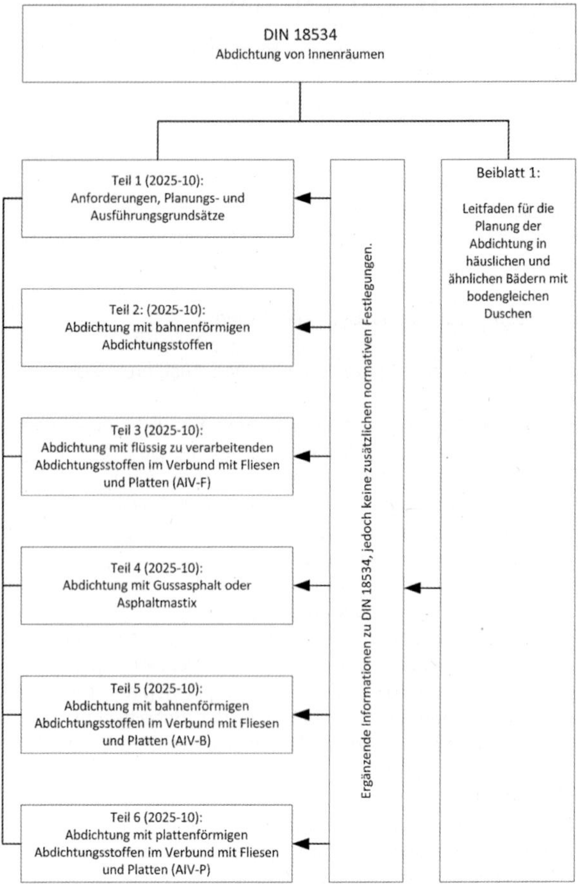

***Bild 1:** Struktur der DIN 18534 „Abdichtung von Innenräumen“ (Quelle: Prof. Dr.-Ing. Peter Schmidt)*

Änderungen in DIN 18534 (2025-10) gegenüber der Ausgabe von 2017-07:

1. **Einwirkungen:** Die Regelungen zu Einwirkungen wurden ergänzt.

2. **Wassereinwirkungsklassen:** Die Erläuterungen zu den Wassereinwirkungsklassen wurden ergänzt und die Anwendungsbeispiele präzisiert.
3. **Bauliche Erfordernisse an die Untergrundbeschaffenheit:** Die baulichen Erfordernisse an die Untergrundbeschaffenheit wurden inhaltlich und redaktionell überarbeitet. Außerdem wurden die Anforderungen an den Untergrund in Bezug auf den Korrosionsschutz von Metallständerwänden an die aktuellen normativen Regeln angepasst. Weiterhin wurden die Anforderungen an Untergründe in Wassereinwirkungsklasse W2-I (hohe Wassereinwirkung) dahingehend geändert, dass zukünftig neben den bereits zugelassenen feuchteunempfindlichen Untergründen auch solche ausgeführt werden dürfen, für die vom Hersteller ein Eignungsnachweis als feuchteunempfindlicher Untergrund erbracht wird.
4. **Entwässerung:** Die Regelungen zur Entwässerung wurden präziser formuliert.
5. **Durchdringungen:** Die Regelungen zu Durchdringungen, insbesondere zu nachträglich ausgeführten Durchdringungen, wurden überarbeitet.
6. **Abdichtungsbauweisen:** Die bisher nur bildlich dargestellten Abdichtungsbauweisen wurden durch textliche Erläuterungen ergänzt. Außerdem wurden Kriterien zur Wahl der Abdichtungsbauweisen neu aufgenommen.
7. **Wannenranddichtbänder:** Die Regeln zu den erforderlichen Eignungsnachweisen für Wannenranddichtbänder wurden ergänzt.
8. **Abdichtung im Bereich von Türen:** Die Regeln für die Planung der Abdichtung im Bereich von Türen und Zugängen wurden hinsichtlich der Möglichkeit von kapillarem Feuchtetransport im Belagaufbau ergänzt.
9. **Schnittschutz bei Wartungsfugen:** Bei Fugenabdichtungen unter wartungsbedürftigen Dichtstoffen (Wartungsfugen) wurden Regelungen für einen Schnittschutz neu aufgenommen.
10. **Anschlüsse und Durchdringungen:** Die Regelungen zu Anschlüssen und Durchdringungen bei AIV-F, AIV-B und AIV-P wurden neu strukturiert. Außerdem wurden Regelungen zu nachträglichen Bohrungen durch die Abdichtungsschicht neu aufgenommen.
11. **Die Norm wurde redaktionell überarbeitet** (u. a. Aktualisierung der normativen Verweise).

Anwendungsbereich der DIN 18534

DIN 18534 gilt für:

- die Planung, Ausführung und Instandhaltung der Abdichtung von Boden- und Wandflächen in Innenräumen mit bahnenförmigen und flüssig zu verarbeitenden Abdichtungsstoffen, die durch Wasser mit einer planmäßigen Anstauhöhe bis 10 cm beansprucht werden; Beispiele: Flächen mit Einwirkung durch Spritz-, Brauch- und Reinigungswasser, z. B. häusliche Badezimmer, gewerblich genutzte Küchen, Duschen in Sportanlagen, Bodenflächen mit Ablauf (Hinweis: Bei größeren Anstauhöhen gilt DIN 18535 „Abdichtung von Behältern und Becken".)
- die Abdichtung von Bodenflächen von Kleingaragen (z. B. Einzelgaragen) und untergeordnete Verkehrsflächen
- die Abdichtung von vorgefertigten Nasszellen, sofern die Abdichtung nach DIN 18534-2 bis DIN 18534-6 ausgeführt wird

DIN 18534 gilt nicht für:

- wasserabweisende Beschichtungen, Anstriche und wasserabweisende Oberbeläge
- vorgefertigte Duscheinheiten bzw. Nasszellen und -elemente, sofern diese nicht mit Verfahren der DIN 18534 abgedichtet werden müssen oder wasserdicht sind
- Abdichtungen von Anlagen, die zum Lagern, Abfüllen und Umschlagen von wassergefährdenden Stoffen (nach dem Wasserhaushaltsgesetz – WHG) dienen
- wasserundurchlässige Bauteile und Konstruktionen aus Beton (WU-Beton) (Anmerkung: Hierfür ist die DAfStb-Richtlinie[1] „Wasserundurchlässige Bauwerke aus Beton" anzuwenden)

[1] DAfStb-Richtlinie „Wasserundurchlässige Bauwerke aus Beton (WU-Richtlinie); Ausgabe Dezember 2017; hrsg. v. Deutscher Ausschuss für Stahlbeton e.V. (DAfStb), Berlin

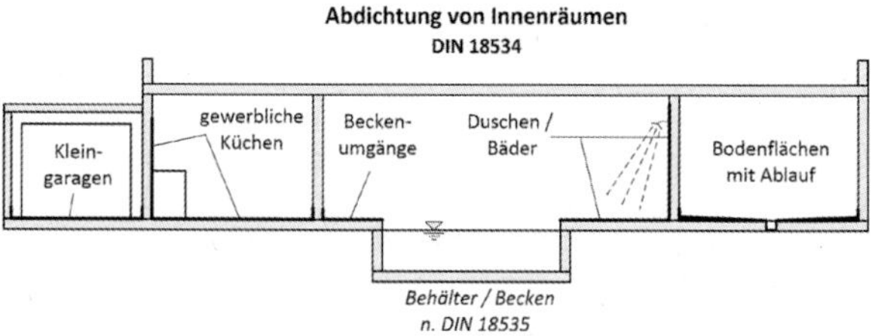

Bild 1: *Anwendungsbereich DIN 18534 „Abdichtung von Innenräumen" (Quelle: Prof. Dr.-Ing. Peter Schmidt)*

Weiteren Regelungen:

- DIN 18534 ist für die Planung, Ausführung und Instandhaltung der Abdichtung von Innenräumen in Neubauten anzuwenden.
- DIN 18534 gilt außerdem für die Abdichtung von Innenräumen in der Bauwerkserhaltung und Baudenkmalpflege, sofern hier Verfahren angewendet werden, die in der Norm geregelt sind.

Einwirkungsklassen

Für die Festlegung einer geeigneten Abdichtungsbauart und für die Planung der Abdichtung werden die Einwirkungen durch Wasser, Rissbewegungen im Abdichtungsuntergrund sowie Fugenbewegungen benötigt. Hierzu wird folgende Klassifizierung vorgenommen:

- Wassereinwirkungsklassen: W0-I bis W3-I
- Rissklassen: R1-I bis R3-I
- Fugenarten: F1-I bis F3-I

Wassereinwirkungsklassen

Einwirkungen durch Wasser und Feuchtigkeit gelten als wesentliches Kriterium für die Planung der Abdichtung. Dabei gilt folgender Grundsatz:

Je größer die Wassereinwirkung ist, desto höhere Anforderungen werden an die Abdichtung gestellt.

Die Einteilung der Wassereinwirkungsklassen erfolgt nach folgender Tabelle.

Tabelle 1: *Wassereinwirkungsklassen und Beispiele bei Abdichtungen von Innenräumen (in Anlehnung an DIN 18534-1:2025-10, Tab. 1)*

Wassereinwirkungsklasse		Beschreibung	Beispiele
W0-I	gering	nicht häufige Einwirkung durch Spritzwasser	**Wand:** Wandflächen über Waschbecken in Bädern und häuslichen Küchen. **Boden:** Bodenflächen im häuslichen Bereich ohne Ablauf (z. B. Küchen).

Tabelle 1: *Wassereinwirkungsklassen und Beispiele bei Abdichtungen von Innenräumen (in Anlehnung an DIN 18534-1:2025-10, Tab. 1)*

Wassereinwirkungsklasse		Beschreibung	Beispiele
W1-I	mäßig	häufige Einwirkung durch Spritzwasser; nicht häufige Einwirkung durch Brauchwasser ohne anstauendes Wasser	**Wand:** Wandflächen über Badewannen und Duschen in Bädern. **Boden:** Bodenflächen im häuslichen Bereich ohne Gefälle (mit Havarieablauf). Bodenflächen in Bädern (ohne und mit Havarieablauf) ohne hohe Wassereinwirkung aus dem Duschbereich (d. h. Duschabtrennung ist vorhanden).
W2-I	hoch	häufige Einwirkung durch Spritzwasser und/oder Brauchwasser; zeitweise durch anstauendes Wasser intensiviert (insbes. auf Bodenflächen)	Wand- und Bodenflächen in Duschen von Sportstätten und Gewerbestätten[1]. Bodenflächen mit Abläufen/Rinnen. Bodenflächen in Räumen mit bodengleichen Duschen.
W3-I	sehr hoch	sehr häufige Einwirkung durch Spritzwasser, Brauchwasser, Reinigungswasser; durch anstauendes Wasser intensiviert	Beckenumgängen in Schwimmbädern. Flächen von Duschen und Duschanlagen in Sport-/Gewerbestätten[1]. Flächen in Gewerbestätten[1] (gewerbliche Küchen, Brauereien)

[1] Ggf. müssen zusätzliche chemische Einwirkungen berücksichtigt werden.

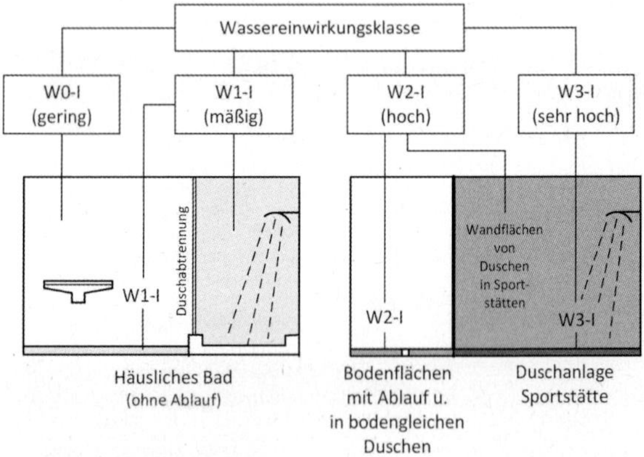

Bild 1: *Beispiele für die Zuordnung von Flächen zu den Wassereinwirkungsklassen (Quelle: Prof. Dr.-Ing. Peter Schmidt)*

Rissklassen

Einwirkungen durch Rissbewegungen im Abdichtungsuntergrund (d. h. Rissneubildungen bzw. Rissbreitenänderungen) werden durch Rissklassen beschrieben. Die Rissklassen werden für die Festlegung einer geeigneten Abdichtungsbauart benötigt.

Zu beachten: Maßgebend für die Bestimmung der Rissklasse sind nur Rissneubildungen bzw. Rissbreitenänderungen, die nach dem Aufbringen der Abdichtungsschicht auftreten.

Risse, die vor dem Aufbringen der Abdichtungsschicht im Untergrund vorhanden sind, sind für die Bestimmung der Rissklasse nicht maßgebend.

Rissklassen siehe folgende Tabelle.

Tabelle 2: *Rissklassen und Beispiele für typische Abdichtungsuntergründe (in Anlehnung an DIN 18534-1:2025-10, Tab. 2)*

Rissklasse	max. Rissbreitenänderung bzw. Rissneubildung nach dem Aufbringen der Abdichtung	Beispiele für Abdichtungsuntergründe
R1-I	≤ 0,2 mm	Putz, Estrich, Stahlbeton, Mauerwerk (mit Putz), Gips- und Gipsfaserplatten[a] mit kraftschlüssig geschlossenen Fugen
R2-I	≤ 0,5 mm	plattenförmige Bekleidungen mit kraftschlüssig geschlossenen Fugen (ohne Putz), Fugen von großformatigem Mauerwerk (ohne Putz)
R3-I	≤ 1,0 mm (und Rissversatz ≤ 0,5 mm)	Materialübergänge, Aufstandsfugen von Mauerwerk

[a] Und andere plattenförmige Bekleidungen.

Fugenarten

Die Abdichtung wird auch durch Fugenbewegungen von etwaig vorhandenen Fugen im Untergrund beansprucht. Zur Differenzierung werden folgende Fugenarten definiert:

Tabelle 3: *Fugenarten (n. DIN 18534-1:2025-10, 5.4)*

Fugenart	Beschreibung	Beispiele
F1-I	Fugen im Abdichtungsuntergrund	Bewegungen von Feldbegrenzungsfugen, Rand- und Anschlussfugen aufgrund der Konstruktion und mechanischer sowie thermischer Einwirkungen
F2-I	Fugen an Einbauteilen und Durchdringungen	Bewegungen von Fugen zwischen Abdichtungsuntergrund und Einbauteilen/Durchdringungen (z. B. Armaturen, Rohrleitungen) aufgrund der Konstruktion und mechanischer sowie thermischer Einwirkungen.
F3-I	Fugen im Tragwerk (Bewegungsfugen)	Fugen im Tragwerk müssen vom Abdichtungsuntergrund übernommen werden. Die Fugenbewegungen ergeben sich aus der statischen Berechnung.

Abdichtungsbauweisen

Die Abdichtungsbauweise beschreibt die Anordnung der Abdichtungsschicht im Bauteil bzw. Schichtenaufbau.

Bei der Abdichtung von Boden- und Wandflächen in Innenräumen werden folgende Abdichtungsbauweisen unterschieden:

- **Bauweise 1:** Abdichtungsschicht auf bzw. an der Rohkonstruktion unter einer Nutzschicht (mögliche Abdichtungsbauarten nach DIN 18534-2 oder DIN 18534-4).
- **Bauweise 2:** Abdichtungsschicht auf einer Lastverteilungsschicht bzw. im Verbund mit einer Nutz- oder Schutzschicht (mögliche Abdichtungsbauarten nach DIN 18534-3, DIN 18534-5 und DIN 18534-6).
- **Bauweise 3:** Kombination aus Bauweise 1 und Bauweise 2 (d. h. Abdichtungsschicht unter und auf einer Bauteilschicht)

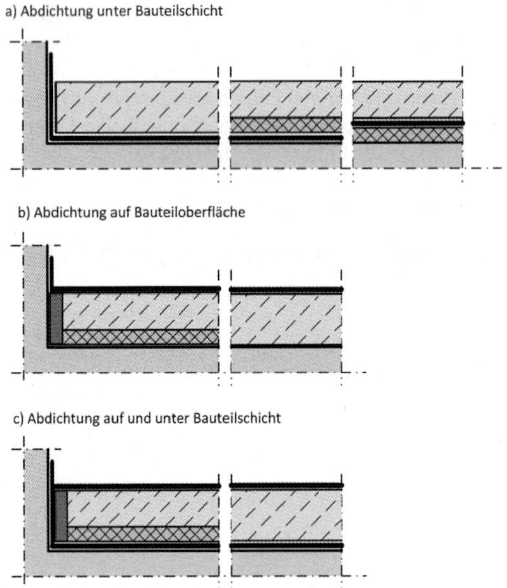

Bild 1: *Abdichtungsbauweisen bei der Abdichtung von Innenräumen (in Anlehnung an DIN 18534-1:2025-10, Bild 2) (Quelle: Prof. Dr.-Ing. Peter Schmidt)*

Abdichtungsbauarten

Als Abdichtungsbauart wird der stoffliche und konstruktive Aufbau der Abdichtung bezeichnet. Für die Abdichtung von Innenräumen stehen folgende Abdichtungsbauarten zur Verfügung:

- Abdichtung mit bahnenförmigen Abdichtungsstoffen (spezifische Regeln in DIN 18534-2:2025-10)
- Abdichtung mit flüssig zu verarbeitenden Abdichtungsstoffen im Verbund mit Fliesen und Platten (AIV-F) (DIN 18534-3:2025-10)
- Abdichtung mit Gussasphalt und Asphaltmastix (DIN 18534-4:2025-10)
- Abdichtung mit bahnenförmigen Abdichtungsstoffen im Verbund mit Fliesen und Platten (AIV-B) (DIN 18534-5:2025-10)
- Abdichtung mit plattenförmigen Abdichtungsstoffen im Verbund mit Fliesen und Platten (AIV-P) (DIN 18534-6: 2025-10)

Regeln für die Abdichtungsbauarten befinden sich in den genannten Teilen der DIN 18534 (Teile 2 bis 6). Für alle Abdichtungsbauarten gilt zusätzlich zu den jeweiligen bauartspezifischen Regeln der Teil 1 (DIN 18534-1:2025-10).

Wahl der Abdichtungsbauart

Die Wahl der Abdichtungsbauart wird von folgenden Kriterien beeinflusst:

- Art und Intensität der Wassereinwirkung (**Wassereinwirkungsklasse**)
- Anwendungsbedingungen (**Erfordernis** einer Abdichtung)
- mechanische Einwirkungen aus dem Untergrund (**Rissklasse**, **Fugenart**)
- Vorhandensein **zusätzlicher Einwirkungen** (z. B. chemische Einwirkungen durch belastetes Brauchwasser, mechanische Einwirkungen durch die Nutzung, z. B. bei Flächen in Produktionsbereichen, thermische Einwirkungen, z. B. in gewerblichen Küchen)
- ggf. weitere Kriterien zur Zuverlässigkeit

Notwendigkeit (Erfordernis) einer Abdichtung

Die Notwendigkeit einer Abdichtung von Boden- und Wandflächen in Innenräumen hängt von der anzusetzenden Wassereinwirkungsklasse ab.

Es gelten folgende Regeln.

Eine **Abdichtung** ist in folgenden Fällen **erforderlich**:

a) Bei **W3-I** (sehr hohe Wassereinwirkung) (Wand- und Bodenflächen).
b) Bei **W2-I** (hohe Wassereinwirkung) (Wand- und Bodenflächen).
c) Bei **W1-I** (mäßige Wassereinwirkung) **auf Bodenflächen**.
d) Bei **W1-I** (mäßige Wassereinwirkung) **an Wandflächen**, wenn feuchteempfindliche **Untergründe** (z. B. Gipsplatten) vorhanden sind.
e) Bei **W1-I an Wandflächen** von Ständerwerkskonstruktionen (z. B. Wände in Holztafelbauweise).
f) Bei **W1-I an Wandflächen** bei feuchteunempfindlichen **Untergründen** (z. B. Beton, Kalkzementputz), wenn Brauchwasser in **feuchteempfindliche Bauteilschichten** (z. B. Holzbauteile, Dämmschichten aus feuchteempfindlichen Dämmstoffen) **eindringen** kann.

Eine **Abdichtung** ist in folgenden Fällen **nicht erforderlich:**

a) Bei **W1-I** (mäßige Wassereinwirkung) **an Wandflächen**, wenn **wasserabweisende Oberflächen** (z. B. Fliesen) und feuchteunempfindliche Untergründe vorhanden sind, die einen ausreichenden Feuchteschutz sicherstellen können. Außerdem muss gewährleistet sein, dass Brauchwasser nicht in feuchteempfindliche Bauteilschichten eindringen kann (z. B. Dämmschichten aus feuchteempfindlichen Dämmstoffen). Durchdringungen, Randfugen und Anschlussfugen müssen gegen Eindringen von Wasser dauerhaft geschützt werden.
b) Bei **W0-I** (geringe Wassereinwirkung), sofern **wasserabweisende Bauteilschichten vorhanden sind (z. B. Fliesen)**, die einen ausreichenden Feuchteschutz bieten.
c) Bei **Flächen ohne Einwirkung von Spritzwasser**.

Siehe hierzu auch folgende Tabelle.

Tabelle 1: *Überprüfung, ob eine Abdichtung von Wand- und Bodenflächen in Innenräumen erforderlich ist (n. DIN 18534-1:2025-08, 5.3.1)*

Art der Fläche	Untergrund	Wassereinwirkungsklasse			
		W0-I	W1-I	W2-I	W3-I
		gering	mäßig	hoch	sehr hoch
Wandflächen	feuchteunempfindlich	N[1]	N[2]	X	X
			X[3]		
	feuchteempfindlich oder Ständerwerkskonstruktionen	N[1]	X	X	X
Bodenflächen		N	X	X	X

N: Abdichtung ist nicht erforderlich.

X: Abdichtung ist erforderlich.

Eine Abdichtung ist außerdem nicht erforderlich bei Flächen, die nicht durch Spritzwasser beansprucht werden.

[1] Voraussetzung ist, dass wasserabweisende Bauteilschichten (z. B. Fliesen) vorhanden sind.

[2] Sofern Brauchwasser nicht in feuchteempfindliche Bauteilschichten eindringen kann.

[3] Sofern Brauchwasser in feuchteempfindliche Bauteilschichten eindringen kann.

Beispiel:

Für ein häusliches Bad (drei Ausführungsvarianten) sind folgende Angaben gesucht (siehe Abb.):

1. Wassereinwirkungsklassen von Wand- und Bodenflächen.
2. Überprüfung, welche Wand- und Bodenflächen mit einer Abdichtung versehen werden müssen.

Randbedingungen:

- Die Wandflächen sind raumhoch mit Fliesen bekleidet. Der Untergrund besteht aus einem Kalkzementputz auf Mauerwerk. Brauchwasser kann nicht in feuchteempfindliche Schichten eindringen.
- Variante 1: Duschabtrennung; Duschtasse; kein Bodenablauf (Bild oben in folgender Abb.).
- Variante 2: Duschabtrennung; bodengleiche Dusche mit Ablauf; übrige Fläche ohne Bodenablauf (Bild Mitte in folgender Abb.).
- Variante 3: keine Duschabtrennung; bodengleiche Dusche mit Ablauf (Bild unten in folgender Abb.).

Lösung:

Variante 1:

- Wandfläche im Bereich des Waschtisches: W0-I; keine Abdichtung.
- Wandfläche im Bereich der Dusche: W1-I; keine Abdichtung, da feuchteunempfindlicher Untergrund (Kalkzementputz), wasserabweisende Oberflächen (Fliesen) vorhanden sind. Außerdem kann kein Brauchwasser in feuchteempfindliche Schichten eindringen.
- Boden außerhalb der Duschtasse: W1-I: Abdichtung ist erforderlich und für W1-I auszulegen.

Variante 2:

- Wandflächen: wie Variante 1.
- Boden im Duschbereich: W2-I; Abdichtung ist erforderlich und für W2-I auszulegen.
- Boden außerhalb des Duschbereichs: W1-I; Abdichtung ist erforderlich und für W1-I auszulegen.

Variante 3:

- Wandflächen: wie Variante 1.
- Boden im Duschbereich und außerhalb des Duschbereichs: W2-I; Abdichtung ist erforderlich und für W2-I auszulegen.

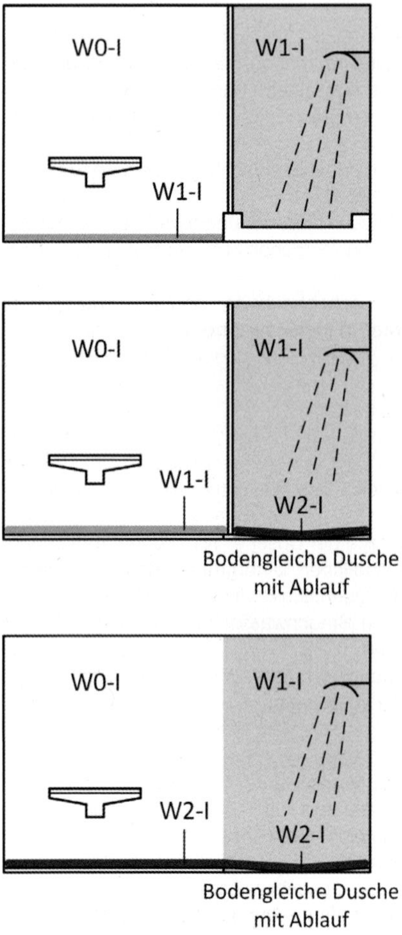

W0-I: Wassereinwirkung gering
W1-I: Wassereinwirkung mäßig
W2-I: Wassereinwirkung hoch

Bild 1: *Beispiel – Häusliches Bad; Wassereinwirkungsklassen (Quelle: Prof. Dr.-Ing. Peter Schmidt)*

Bauliche Erfordernisse, Bau- und Ausführungsgrundsätze

Bauliche Erfordernisse

Vor Ausführung der Abdichtung müssen bestimmte bauliche Erfordernisse gegeben sein. Diese sind vor Herstellung der Abdichtung vor Ort zu prüfen und ggf. durch entsprechende Maßnahmen sicherzustellen.

- Eine **abdichtungsgerechte Ausführung** der Bauteile ist Voraussetzung für die Funktionsfähigkeit der Abdichtung.
- Die **Wechselwirkung zwischen Abdichtung und Bauwerk/ Untergrund** ist zu beachten.
- **Stoffverträglichkeit:** Auf die Verträglichkeit der Stoffe untereinander ist zu achten! Bei Unverträglichkeit sind Trennlagen/-schichten anzuordnen.
- Die **Beanspruchung der Abdichtung** ist innerhalb der zulässigen Grenzen zu halten.
- Die Abdichtung darf **keine Kräfte parallel zur Abdichtungsebene** übertragen (ggf. sind konstruktive Maßnahmen zur Aufnahme dieser Kräfte vorzusehen).

Bau- und Ausführungsgrundsätze

- Grundsätzlich darf die Abdichtung nur unter solchen Bedingungen ausgeführt werden, die sich nicht nachteilig auf die Funktion der Abdichtung auswirken.
- Ausnahme: Funktionsmindernde Einwirkungen werden durch besondere Maßnahmen verhindert.
- Nachträgliche Einbauten dürfen die Abdichtung nicht beschädigen.

Abdichtungsuntergrund

Eigenschaften und Voraussetzungen

Der Untergrund von Abdichtungen von Innenräumen muss folgende Eigenschaften aufweisen bzw. Voraussetzungen erfüllen:

- frostfrei
- fest
- eben
- frei von Nestern, klaffenden Rissen und Graten
- frei von schädlichen Verunreinigungen
- trocken (bei Abdichtungsschichten, die aufgeklebt werden)

Weiterhin gelten folgende Regeln:

- Vertiefungen (z. B. Lunker), offene Stoß- und Lagerfugen, Ausbrüche usw. müssen mit geeigneten Stoffen (z. B. Mörtel) verschlossen oder überdeckt werden.
- Die Oberflächenbeschaffenheit des Untergrunds muss für die Abdichtungsbauart geeignet sein.
- **Trockenbaukonstruktionen:**
- **Metallständerwerk:** Metallständerwerk muss der Korrosivitätsklasse für den Anwendungsfall entsprechen; siehe DIN 18219[1].
- **Holzständerwerk:** Holzschutz nach DIN 68800[2] ist zu beachten.

[1] DIN 18219:2024-09: Korrosionsschutz von Stahlkonstruktionen und deren Verbindungselementen im Trockenbau durch Korrosionsschutzsysteme - Laborprüfungen zur Bewertung von Beschichtungssystemen

[2] DIN 68800: Holzschutz; Teil 1 bis Teil 4; verschiedene Ausgabedaten

Materialien des Abdichtungsuntergrunds

Abdichtungsbauarten nach DIN 18534-2 (Abdichtung mit bahnenförmigen Abdichtungsstoffen) und DIN 18534-4 (Abdichtung mit Gussasphalt oder Asphaltmastix):

- Es dürfen **feuchteempfindliche** sowie **feuchteunempfindliche** Untergründe angewendet werden.

Abdichtungsbauarten nach DIN 18534-3 (AIV-F), DIN 18534-5 (AIV-B) und DIN 18534-6 (AIV-P):

Es gelten die folgenden Regeln.

- Bei **W0-I und W1-I** dürfen zusätzlich zu **feuchteunempfindlichen** auch **feuchte**empfindliche Untergründe verwendet werden.
- Bei **W2-I und W3-I** sind **feuchte**unempfindliche Untergründe **zwingend erforderlich**.

Weitere Anforderungen an den Untergrund sind abhängig von der Abdichtungsbauart.

Tabelle 1: *Untergründe in Abhängigkeit von der Wassereinwirkungsklasse*

Untergrund		**Wassereinwirkungsklasse**			
		W0-I	**W1-I**	**W2-I**	**W3-I**
Feuchte-empfindliche Untergründe	Gips- und Gipskalkputze aus Gips-Trockenmörtel nach DIN 13279-1[3]	X	X	N	N
	Gips-Wandbauplatten nach DIN 12859[4]	X	X	N	N
	Gipsplatten mit Vliesarmierung nach DIN EN 15283-1[5]	X	X	N	N
	Gipsfaserplatten nach DIN EN 15283-2[6]	X	X	N	N
	Gipsplatten nach DIN 18180[7] bzw. DIN EN 520[8]	X	X	N	N
	Calciumgebundene Estriche nach DIN EN 13813[9]	X	X	N	N
	Holz- und Holzwerkstoffe	X	X	N	N

[3] DIN 13279-1:2008-11: Gipsbinder und Gips-Trockenmörtel - Teil 1: Begriffe und Anforderungen

[4] DIN 12859:201-05: Gips-Wandbauplatten – Begriffe, Anforderungen und Prüfverfahren

[5] DIN EN 15283-1:2009-12: Faserverstärkte Gipsplatten - Begriffe, Anforderungen und Prüfverfahren - Teil 1: Gipsplatten mit Vliesarmierung

[6] DIN EN 15283-2:2009-12: Faserverstärkte Gipsplatten - Begriffe, Anforderungen und Prüfverfahren - Teil 2: Gipsfaserplatten

[7] DIN 18180:2014-09: Gipsplatten – Arten und Anforderungen

[8] DIN EN 520:2009-12: Gipsplatten – Begriffe, Anforderungen und Prüfverfahren

[9] DIN EN 13813:2003-01: Estrichmörtel, Estrichmassen und Estriche - Estrichmörtel und Estrichmassen - Eigenschaften und Anforderungen

Tabelle 1: *Untergründe in Abhängigkeit von der Wassereinwirkungsklasse*

Untergrund		Wassereinwirkungsklasse			
		W0-I	W1-I	W2-I	W3-I
Feuchteunempfindliche Untergründe	Beton nach DIN EN 206[10]	X	X	X	X
	Kalkzementputz der Mörtelgruppe CS II/III nach DIN EN 998-1[11]	X	X	X	X
	Zementputz der Mörtelgruppe CS IV nach DIN EN 998-1	X	X	X	X
	Hohlwandplatten aus Leichtbeton nach DIN 18148[12]	X	X	X	X
	Zementgebundene mineralische Bauplatten	X	X	X	X
	Verbundelemente aus expandiertem oder extrudiertem Polystyrol mit Mörtelbeschichtung und Gewebearmierung	X	X	X	X
	Porenbetonbauplatten nach DIN 4166[13]	X	X	X	X
	Zementestrich	X	X	X	X
	Korrosionsgeschützte metallische Werkstoffe	X	X	X	X
X: zulässig N: nicht zulässig					
Das Metall-Ständerwerk von Trockenbaukonstruktionen muss korrosionsgeschützt sein und der für den Anwendungsfall entsprechenden Korrosivitätsklasse nach DIN 18219 entsprechen. Bei Holz-Ständerwerk ist die DIN 68800 zu beachten (z. B. chemischer Holzschutz, Verwendung resistenter Hölzer). Andere Unterkonstruktionen müssen dauerhaft feuchteunempfindlich sein.					

[10] DIN EN 206:2021-06: Beton - Festlegung, Eigenschaften, Herstellung und Konformität

[11] DIN EN 998-1:2017-02: Festlegungen für Mörtel im Mauerwerksbau - Teil 1: Putzmörtel

[12] DIN 18148:2000-10; Hohlwandplatten aus Leichtbeton

[13] DIN 4166:1997-10: Porenbeton-Bauplatten und Porenbeton-Planbauplatten

Detailausbildung

An- und Abschlüsse an aufgehende Bauteile

Die Abdichtung von Bodenflächen ist an aufgehenden Bauteilen mind. 5 cm über OKFF hochzuführen (Regelung gilt für Fälle, bei denen nur eine Bodenabdichtung erforderlich ist).

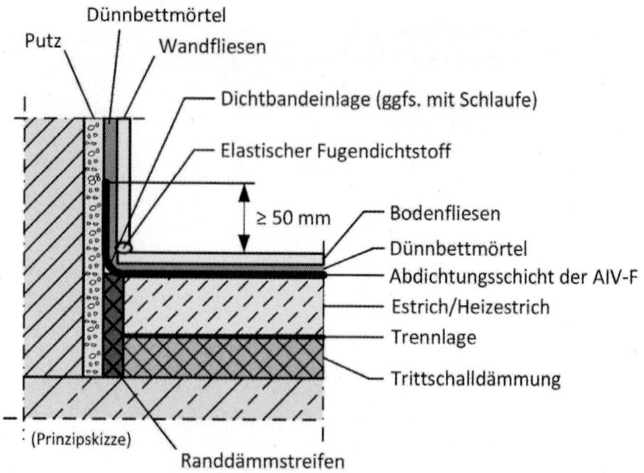

Bild 1: *Anschluss der Bodenabdichtung an aufgehenden Bauteilen; hier: Abdichtung mit AIV-F (Quelle: Prof. Dr.-Ing. Peter Schmidt)*

Bei Bauteilen, auf die Wasser einwirkt, ist die Abdichtung mind. 20 cm über die Wasserentnahmestelle bzw. über den Spritzwasserbereich zu führen.

Die Ränder der Abdichtung dürfen nicht abrutschen oder sich ablösen, um das Hinterlaufen zu verhindern. Hierzu sind Einbauteile (in Abhängigkeit von der Abdichtungsbauart) zu verwenden.

Abdichtungen, die über die Nutzschicht hinausragen, sind vor mechanischer Beschädigung zu schützen.

Bereiche unter bzw. hinter Bade- oder Duschwannen

Bereiche hinter Bade- oder Duschwannen müssen vor Wassereinwirkung geschützt werden. Dazu gibt es zwei Möglichkeiten:

- Anschluss des Wannenrands an die Abdichtung (z. B. mit Wannendichtbändern bzw. Zargen). Die Eignung von Wannendichtbändern i. V. m. Verbundabdichtungen (AIV-F n. DIN 18534-3, AIV-B n. DIN 18534-5 und AIV-P n. DIN 18534-6) muss gegeben sein.
- Fortführen der Abdichtung unter und hinter der Wanne (ggf. mit Unterflurentwässerung)
- Beide Ausführungsmöglichkeiten dürfen kombiniert werden.

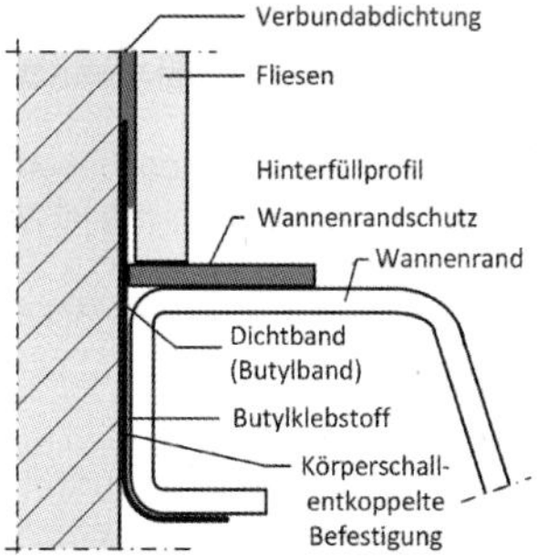

***Bild 2:** Anschluss Wannenrand (Quelle: Prof. Dr.-Ing. Peter Schmidt)*

Beispiel

Dichtstofffugen am Wannenrand sind keine regelkonforme Abdichtung!

Anschlüsse an Einbauteile und Abläufe

Anschlüsse an Einbauteile:

- Einbauteile, die die Abdichtung unterbrechen oder durchdringen, müssen sicher an die Abdichtungsschicht anschließbar sein.

- Einbauteile selbst müssen dicht sein.
- Einbauteile müssen gegen nutzungsbedingt auftretende Stoffe und/oder Lösungen beständig sein.
- Gegenüber den anzuschließenden Abdichtungsstoffen müssen Einbauteile verträglich sein.
- Einbauteile sollten aus nichtrostenden Stoffen bestehen oder es sind Korrosionsschutzmaßnahmen vorzusehen.
- Kanten von Einbauteilen, die der Abdichtungsschicht zugewandt sind, müssen frei von Graten sein.

Anschlüsse an Abläufe:

- Abläufe müssen der Normenreihe DIN EN 1253[1] entsprechen.
- Abläufe mit Los-Festflansch-Konstruktionen: Losflansche müssen demontierbar sein.
- Nachträglich eingebaute Flanschkonstruktionen müssen wasserdicht sein (z. B. durch Verschweißen/Überkleben der Ankerbolzen) und dauerhaft verankert werden.
- Bei Abdichtungsbauweisen mit zwei Abdichtungsebenen: Jede Ebene (d. h. Abdichtungsebene und Nutzschicht) ist zu entwässern.
- Wasser darf sich nicht vor Bodenabläufen oder Entwässerungsrinnen anstauen.

Flansche und Manschetten

- Klebe-/Anschweißflansche und Manschetten müssen aus geeigneten Metallen, Kunststoffen oder kunststoffbeschichteten Metallen bestehen.
- Die Mindestflanschbreite ist zu beachten (abhängig von der Abdichtungsbauart).
- Flansche/Manschetten müssen sauber und – sofern erforderlich – mit einem Voranstrich versehen sein.
- Flansche/Manschetten sowie ihr Anschluss an die Abdichtung müssen wasserdicht sein.
- Festflansche selbst müssen wasserdicht sein. Sie müssen mit dem Einbauteil verbunden sein.

[1] DIN EN 1253: Abläufe für Gebäude; mehrere Teile mit unterschiedlichen Ausgabedaten

Schellen

- Schellen müssen wiederholt nachspannbar und mehrteilig sein.
- Anpressflächen müssen mind. 25 mm breit sein.
- Der Anpressdruck ist in Abhängigkeit von der Abdichtungsbauart zu beachten. Die Abdichtung darf nicht abgeschnürt oder beschädigt werden.

Klemmschienen

- Klemmschienen schützen den Abdichtungsrand gegen Hinterlaufen und Abrutschen.
- Klemmschienen und Schraubenabstände müssen auf die Ebenheit des Untergrunds abgestimmt sein.
- Breite der Klemmschienen ≥ 45 mm, Dicke 5 bis 7 mm
- Befestigung mit Sechskantschrauben (oder gleichwertigen Schrauben), Durchmesser ≥ 8 mm, in Dübeln
- Bei gleichem Widerstandsmoment der Klemmschiene und kleinerem Schraubenabstand dürfen auch Schrauben ≥ 6 mm verwendet werden.
- Schraubenabstand: 15 cm bis 20 cm
- Abdichtungsrand wird zwischen Klemmschiene und Untergrund eingeklemmt.
- Unterbrechung der Klemmschienen an Bauwerkskanten und -kehlen
- Anstatt Klemmschienen können auch Klemmprofile verwendet werden.

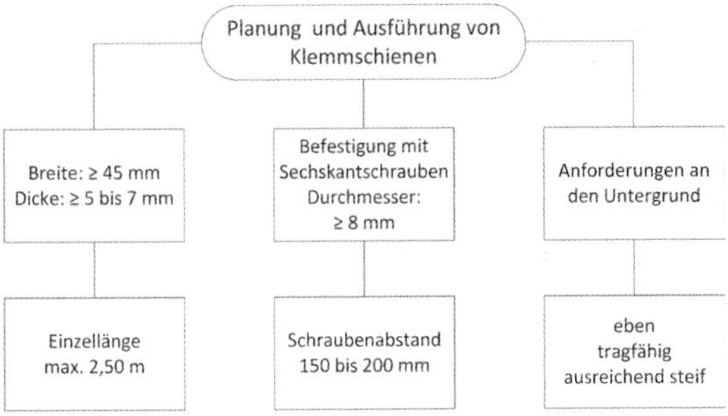

Bild 3: *Befestigung Abdichtungsrand mit Klemmschiene (Quelle: Prof. Dr.-Ing. Peter Schmidt)*

Klemmprofile

- Klemmprofile dienen zur Befestigung des Abdichtungsrands.
- Einzellänge der Klemmprofile max. 2,5 m
- Abstand der Befestigungsmittel ≤ 20 cm, Befestigung durch Schrauben
- Klemmprofile, die die Abdichtung zusätzlich gegen Hinterlaufen schützen sollen, müssen eine ausreichende Biegesteifigkeit aufweisen, um eine ununterbrochene Anpressung zu gewährleisten.

Übergänge

Übergänge von Abdichtungen auf Einbauteile sind durch folgende Bauteile herzustellen:

- Klebeflansche
- Anschweißflansche, Klemmschienen
- Los- /Festflanschkonstruktionen

Übergänge zwischen Abdichtungssystemen dürfen auch ohne Einbauteile hergestellt werden, wenn die Stoffe miteinander verträglich sind (Herstellerangaben beachten).

Anordnung der Abdichtung im Bereich von Türen und Zugängen

- Im Bereich von Türen und Zugängen ist die Abdichtung auch an den Leibungen hochzuführen.
- Türzargen sind mit der Abdichtung zu hinterfahren. Der Einbau von Türzargen sollte daher erst nach Herstellung der Abdichtung erfolgen. Alternativ können auch Türzargen mit Abdichtungsanschluss verwendet werden.
- Ein Oberflächengefälle muss vom Türbereich weg zum Ablauf gerichtet sein.
- Ein Wasserübertritt auf nicht abgedichtete Bodenflächen ist zu vermeiden.
- In Türen und Zugängen sind Schwellenabschlüsse mit einem Niveauunterschied von mind. 1 cm auszuführen (z. B. als geneigte Flächen).

- Bei einem Schwellenabschluss mit einem geringeren Niveauunterschied als 1 cm sollte eine Entwässerungsrinne angeordnet werden.
- Bei W3-I ist immer eine Entwässerungsrinne einzubauen.

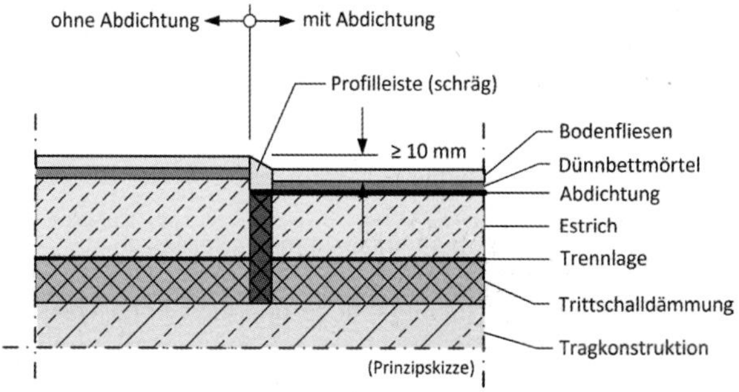

Bild 4: *Ausführung des Abdichtungsrands im Türbereich (Quelle: Prof. Dr.-Ing. Peter Schmidt)*

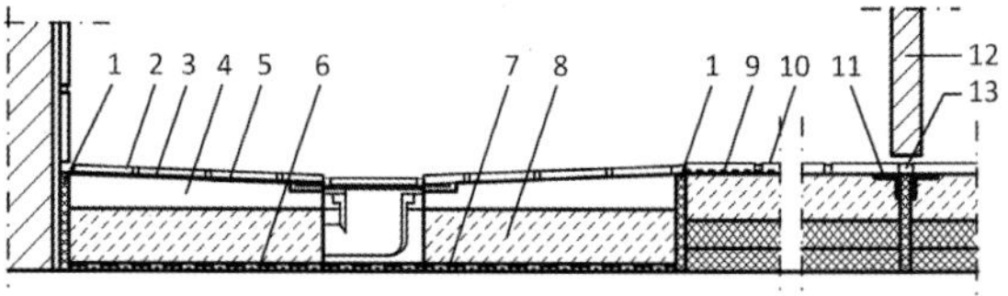

1: Randdämmstreifen
2: Fliesenbelag
3: Fliesenkleber
4: Duschelement
5: Vebundabdichtung
6: Trennlage
7: Schallentkopplungsmatte
8: Estrichsockel (Höhenausgleich)
9: Dichtband
10: Fliesen u. Verbundabdichtung
11: Metallwinkel
12: Türblatt
13: Elast. Fugenmasse

Bild 5: *Gefällespachtelung im Bereich einer bodengleichen Dusche (Quelle: Prof. Dr.-Ing. Peter Schmidt)*

Installationen und Ausstattungen

Bei der Planung von Heizungs-, Sanitär- und Elektroinstallationen bzw. Ausstattungen ist grundsätzlich darauf zu achten, dass die Funktionstüchtigkeit der Abdichtung sichergestellt ist und nicht beeinträchtigt wird.

Es gelten folgende Regeln:

W0-I (geringe Wassereinwirkungen):

- Es sind keine besonderen Maßnahmen erforderlich.

W1-I, W2-I und W3-I (mäßige, hohe und sehr hohe Wassereinwirkung):

Es sind folgende Regeln zu beachten:

- **Installationsleitungen** (Heizung, Sanitär, Elektro) **sollten** so geplant werden, dass sie **hinter bzw. unter der Abdichtungsschicht verlaufen**.
- **Durchdringungen** der Abdichtungsschicht **sollten möglichst vermieden** werden bzw. sollten **auf die unbedingt notwendige Anzahl begrenzt** werden.
- **Sofern Durchdringungen bzw. Perforationen erforderlich sind, müssen diese geplant werden.**

Durchdringungen für Befestigungsmittel bei W1-I

Bei Wassereinwirkungsklasse W1-I sind Durchdringungen (Perforationen) für Befestigungsmittel von notwendigen Installationen oder Ausstattungen an Wänden zulässig. In diesem Fall müssen die Durchdringungen gegen unmittelbare Einwirkungen durch Spritz- und Brauchwasser geschützt werden.

Durchdringungen für Befestigungsmittel bei W2-I und W3-I:

Bei den Wassereinwirkungsklassen W2-I und W3-I wird eine Unterscheidung in planmäßige nachträgliche und ungeplante nachträgliche Perforationen der Abdichtungsschicht vorgenommen.

Planmäßige (geplante) nachträgliche Perforationen:

Planmäßige, d. h. geplante nachträgliche Perforationen der Abdichtungsschicht, die durch anzubringende Installationen bzw. Ausstattungen erforderlich sind, müssen als Durchdringungen geplant und ausgeführt werden.

Ungeplante nachträgliche Perforationen:

Bei ungeplanten nachträglichen Perforationen der Abdichtungsschicht, z. B. Bohrungen für Befestigungen (z. B. Handtuchhalter, Haltegriffe), müssen besondere Maßnahmen für die Planung und Ausführung vorgesehen werden. Diese sind von der Wassereinwirkungsklasse sowie vom Untergrund (z. B. Beton, Mauerwerk, Trockenbauwände) abhängig.

Bei Abdichtungen, die nach DIN 18534-3 (AIV-F) und DIN 18534-5 (AIV-B) geplant und ausgeführt werden, sollten für die Befestigung von Installationen und Ausstattungen, die nachträglich angebracht werden, Dübel mit abdichtender Funktion verwendet werden. Die Eignung der Dübel muss durch einen Nachweis vom Hersteller erbracht werden.

Gefälle

Zur Ableitung von Wasser in einen Ablauf (bzw. eine Rinne) sollten die wasserführenden Ebenen, d. h.

- Abdichtungsschicht und
- Oberfläche der Nutzschicht

ein ausreichendes Gefälle aufweisen.

Ein Wert für das erforderliche Gefälle wird in DIN 18534 nicht angegeben.

Empfehlung aus der Praxis: Gefälle ca. 1 % bis max. 2 % Richtung Ablauf.

Zu beachten:

Bei der Festlegung des Gefälles sind neben Wasserableitung auch Vorschriften der Unfallverhütung zu beachten; siehe hierzu die Schriften der DGUV[1] (Deutsche Gesetzliche Unfallversicherung).

Entwässerung

Die Entwässerung ist nach DIN EN 12056-3[2] i. V. m. DIN 1986-100[3] zu planen und auszuführen; siehe Normen.

Abläufe, die die Abdichtungsschicht durchdringen, müssen sowohl die Abdichtungsebene als auch die Oberfläche der Nutzschicht entwässern.

Auf eine Entwässerung der Abdichtungsschicht darf nur verzichtet werden, wenn die Abdichtungsschicht nicht für die planmäßige Wasserableitung herangezogen wird.

---

[1] DGUV Information 207-006: Bodenbeläge für nassbelastete Barfussbereiche; Ausgabe Dezember 2025; hrsg. v. Deutsche Gesetzliche Unfallversicherung e.V. (DGUV), Berlin

[2] DIN EN 12056-3: Schwerkraftentwässerungsanlagen innerhalb von Gebäuden; mehrere Teile mit verschiedenen Ausgabedaten

[3] DIN 1986-100:2016-12: Entwässerungsanlagen für Gebäude und Grundstücke – Teil 100: Bestimmungen i. V. m. DIN EN 752 und DIN EN 12056

Instandhaltung

Für die Instandhaltung gelten Begriffe und Verfahren nach DIN 31051[1].

Die Instandhaltung umfasst folgende Maßnahmen:

- Inspektion
- Wartung
- Instandsetzung

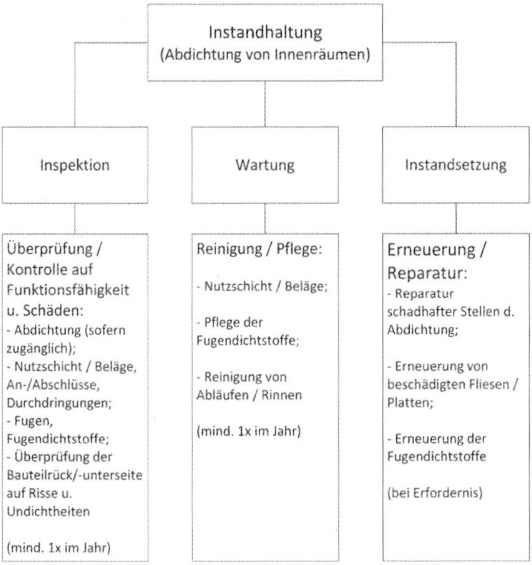

Bild 1: *Instandhaltung (Quelle: Prof. Dr.-Ing. Peter Schmidt)*

Beispiel

Die Instandhaltungsarbeiten sind vom für die Nutzung des Bauwerks Verantwortlichen sicherzustellen. Hierzu sind ggf. vertragliche Vereinbarungen zu treffen.

[1] DIN 31051:2019-06: Grundlagen der Instandhaltung

Tabelle 1: *Maßnahmen der Instandhaltung bei Abdichtungen von Innenräumen*

Maßnahme	Beschreibung	in Bezug auf Abdichtungen von Innenräumen
Inspektion	Maßnahmen zur Feststellung des Ist-Zustands einschließlich Bestimmung der Ursachen der Abnutzung und Ableiten notwendiger Konsequenzen	Kontrolle frei zugänglicher Abdichtungsbereiche (z. B. unter/hinter Duschwannen werden Revisionsöffnungen empfohlen). Hinweis: Schäden am Belag können Hinweis auf Schäden der Abdichtung sein. Überprüfung von An- und Abschlüssen auf Beschädigungen und Flankenabrisse. Prüfung der Bauteilunterseite auf Risse und Undichtheiten (z. B. Wasserränder, Versinterungen), insbesondere im Bereich von Fugen, An- und Abschlüssen, Durchdringungen. Fugen sind regelmäßig zu kontrollieren.
Wartung	Maßnahmen zur Verzögerung des Abbaus des Abnutzungsvorrats	Pflege (Säubern, Reinigen) von An- und Abschlüssen, zugänglichen Abdichtungsbereichen sowie Fugen. Reparatur des Fugendichtstoffs.
Instandsetzung	Maßnahmen zur Wiederherstellung der Funktionsfähigkeit	Reparatur/Austausch einer schadhaften Abdichtung einschließlich der Details. Erneuerung von Fugendichtstoffen. Dabei darf die Abdichtung nicht beschädigt werden.

Ausführung der Abdichtung mit bahnenförmigen Stoffen

Für die Ausführung der Abdichtung von Innenräumen mit bahnenförmigen Abdichtungsstoffen gilt DIN 18534-2:2025-10. Teil 2 der Norm enthält bauartspezifische, ergänzende Regeln und ist zusätzlich zum Teil 1 (DIN 18534-1) anzuwenden.

Abdichtungsbauarten

Es werden folgende Abdichtungsbauarten unterschieden.

- Bitumen- und Polymerbitumenbahnen
- Kunststoff- oder Elastomerbahnen
- Kombination aus einer Polymerbitumenbahn und einer Kunststoff- oder Elastomerbahn

Es sind folgende Regeln zu beachten:

- Die genannten Abdichtungsbauarten dürfen auch auf feuchteempfindlichen Untergründen verlegt werden (gilt bei allen Wassereinwirkungsklassen).
- Gipsbasierte Untergründe: Bahnen dürfen nur lose verlegt oder im Selbstklebeverfahren verarbeitet werden.

Zuordnung der Abdichtungsbauarten

Zuordnung der Abdichtungsbauarten zu Wassereinwirkungs- und Rissklassen siehe nachfolgende Tabelle.

Tabelle 1: *Zuordnung der Abdichtungsbauarten mit bahnenförmigen Abdichtungsstoffen bei der Abdichtung von Innenräumen (in Anlehnung an DIN 18534-2:2025-10, Tab. 1)*

Abdichtungsbauart	Wassereinwirkungsklasse				Rissklasse	Anzahl der Lagen	Dicke[1]
	W0-I	W1-I	W2-I	W3-I	R1-I bis R3-I		
Bitumen- und Polymerbitumenbahnen	X	X	X	N	X	1	nach Bahnentyp
	X	X	X	X		2	
Kunststoff- oder Elastomerbahnen	X	X	X	N	X	1	≥ 1,2 mm
	X	X	X	X			≥ 1,5 mm
Kombination aus einer Polymerbitumenbahn und einer Kunststoff- oder Elastomerbahn	X	X	X	X	X	2	nach Bahnentyp

X: zulässig

N: nicht zulässig

[1] Dickenangabe ohne Kaschierung und/oder Selbstklebebeschichtung

Abdichtung mit Bitumen- und Polymerbitumenbahnen

Zulässige Bahnenarten

Für die Abdichtung von Innenräumen dürfen nur die in der folgenden Tabelle angegebenen Bitumen- und Polymerbitumenbahnen nach DIN EN 13969[1] (Produktnorm) in Verbindung mit DIN/TS 20000-202[2] (Anwendungsnorm) verwendet werden.

Die Bahnen müssen dem **Anwendungstyp BA** entsprechen. Anwendungstyp BA: Bahnen, die für die Bauwerksabdichtung gegen Bodenfeuchte, nicht drückendes und drückendes Wasser zugelassen sind.

Im Einzelnen handelt es sich um folgende Bitumen- und Polymerbitumenbahnen:

- Bitumen-Dachdichtungsbahnen
- Polymerbitumen-Dachdichtungsbahnen
- Bitumenschweißbahnen
- Polymerbitumenschweißbahnen
- kaltselbstklebende Polymerbitumenbahnen mit Trägereinlage (KSP)
- kaltselbstklebende Bitumen-Dichtungsbahnen mit HDPE-Trägerfolie (KSK)

Für genaue Angaben zu den Bahnenarten sowie für die zulässigen Verarbeitungsverfahren siehe folgende Tabelle.

Tabelle 2: *Zulässige Bitumen- und Polymerbitumenbahnen für die Abdichtung von Innenräumen und Verarbeitungsverfahren (in Anlehnung an DIN 18534-2:2025-10, Tab. 2 und Tab. 3)*

Bahnenart	Kurzzeichen nach DIN/TS 20000-202	Verarbeitungsverfahren
Bitumen-Dachdichtungsbahnen	G 200 DD PV 200 DD	Gießverfahren
Polymerbitumen-Dachdichtungsbahnen	PYE G 200 DD PYE PV 200 DD	Gießverfahren

[1] DIN EN 13969: Abdichtungsbahnen – Bitumenbahnen für die Bauwerksabdichtung gegen Bodenfeuchte und Wasser; Definitionen und Eigenschaften; Beuth Verlag, Berlin.

[2] DIN/TS 20000-202:2020-11: Anwendung von Bauprodukten in Bauwerken – Teil 202: Anwendungsdokument für Abdichtungsbahnen nach Europäischen Produktnormen zur Verwendung als Abdichtung von erdberührten Bauteilen, von Innenräumen und von Behältern und Becken; Beuth Verlag, Berlin.

Tabelle 2: *Zulässige Bitumen- und Polymerbitumenbahnen für die Abdichtung von Innenräumen und Verarbeitungsverfahren (in Anlehnung an DIN 18534-2:2025-10, Tab. 2 und Tab. 3)*

Bahnenart	Kurzzeichen nach DIN/TS 20000-202	Verarbeitungsverfahren
Bitumenschweißbahnen	V 60 S4 G 200 S4 PV 200 S5 KTG S4 KTP S4	Schweißverfahren
Polymerbitumenschweißbahnen	PYE G 200 S4 PYE PV 200 S5 PYE KTG S4 PYE KTP S4	Schweißverfahren
Kaltselbstklebende Polymerbitumenbahnen mit Trägereinlage	PYE-KTG KSP-2,8 PYE-KTP KSP-2,8	Kaltselbstklebeverfahren
Kaltselbstklebende Bitumen-Dichtungsbahn mit HDPE-Trägerfolie	KSK	Kaltselbstklebeverfahren

Klebemassen und Deckaufstrichmittel

Klebemassen werden für die Verklebung von Bitumen- und Polymerbitumenbahnen mit dem Untergrund und untereinander benötigt.

Deckaufstrichmittel werden für einen in sich geschlossenen Deckaufstrich auf der obersten Lage der Abdichtung verwendet.

Klebemassen und Deckaufstrichmittel werden heiß verarbeitet.

Tabelle 3: *Klebemassen und Deckaufstrichmittel (in Anlehnung an DIN 18534-2:2025-10, Tab. 4)*

Klebemassen und Deckaufstrichmittel		**Massenanteil an löslichem Bindemittel**	**Erweichungspunkt des Bindemittels[1)]**	**Kältebiegsamkeit nach Fraaß**
Bitumen und bitumenhaltige Bindemittel nach DIN 13305[3]	ungefüllt	≥ 99 %	80 bis 125 °C	+5 °C
	gefüllt[2)]	≥ 50 %	80 bis 125 °C	
Elastomerbitumen nach DIN EN 14203[4]	ungefüllt	≥ 99 %	≥ 100 °C	-20 °C
Prüfung nach		DIN EN 12592[5]	DIN EN 1427[6]	DIN EN 12593[7]

1) Bei gefüllten Massen am extrahierten Bindemittel gemessen.
2) Mineralische Füllstoffe aus nicht quellfähigen Gesteinsmehlen und/oder mineralischen Faserstoffen mit einem Massenanteil von mind. 30 %.

Stoffe für Schutzlagen und Schutzschichten

Schutzlage: Biegeweicher Stoff zum Schutz der Abdichtung

Schutzschicht: Biegesteife Schicht zum Schutz der Abdichtung

Schutzschichten können auch die Funktion der Nutzschicht und/oder Lastverteilungsschicht übernehmen, sofern sie dafür geeignet sind.

Für Schutzlagen und Schutzschichten bei Abdichtungen aus Bitumen- und Polymerbitumenbahnen dürfen Stoffe nach folgender Tabelle verwendet werden.

3 DIN EN 13305:2009-07: Bitumen und bitumenhaltige Bindemittel – Spezifikationsrahmen für Hartbitumen für industrielle Anwendungen
4 DIN EN 14023:2013-04: Bitumen und bitumenhaltige Bindemittel – Rahmenwerk für die Spezifikation von polymermodifizierten Bitumen
5 DIN EN 12592:2015-01: Bitumen und bitumenhaltige Bindemittel – Bestimmung der Löslichkeit
6 DIN EN 1427:2015-09: Bitumen und bitumenhaltige Bindemittel – Bestimmung des Erweichungspunktes - Ring- und Kugel-Verfahren
7 DIN EN 12593:2025-09: Bitumen und bitumenhaltige Bindemittel – Bestimmung des Brechpunktes nach Fraaß

Tabelle 4: *Stoffe für Schutzlagen und Schutzschichten bei Abdichtungen mit Bitumen- und Polymerbitumenbahnen (n. DIN 18534-2:2025-10, 7.3.3)*

Stoffe für	
Schutzlagen	**Schutzschichten**
PVC-Schutzbahnen, Dicke ≥ 1 mm	Beton nach DIN EN 206[9], mind. C 8/10, Dicke ≥ 50 mm
Bautenschutzmatten und -platten aus Gummi- oder Polyethylengranulat, Dicke ≥ 6 mm	Mörtel nach DIN EN 998-1[10], mind. CS III, Dicke ≥ 20 mm
Vliese aus synthetischen Fasern bzw. Geotextilien aus Chemiefasern, Flächengewicht ≥ 300 g/m², Dicke ≥ 2 mm	Zementestrich nach DIN EN 13813[11]
	Mauerwerk, Dicke ≥ 115 mm
	Betonplatten, Dicke ≥ 50 mm
Kunststoff- und Elastomerbahnen nach DIN 18534-2[8]	Gussasphalt, Dicke ≥ 25 mm
Bitumen- und Polymerbitumenbahnen nach DIN 18534-2	Dämmplatten aus Hartschaum oder Schaumglas
	Platten aus Hartschaum, Dicke ≥ 25 mm

Hilfsstoffe

Hilfsstoffe sind Stoffe, die für die Ausführung der Abdichtungsschicht einschließlich der Vorbehandlung des Untergrunds benötigt werden. Es können Hilfsstoffe nach folgender Tabelle verwendet werden.

8 DIN 18534-2:2025-10: Abdichtung von Innenräumen – Teil 2: Abdichtung mit bahnenförmigen Abdichtungsstoffen

9 DIN EN 206:2021-06: Beton - Festlegung, Eigenschaften, Herstellung und Konformität

10 DIN EN 998-1:2017-02: Festlegungen für Mörtel im Mauerwerksbau - Teil 1: Putzmörtel

11 DIN EN 13813:2003-01: Estrichmörtel, Estrichmassen und Estriche - Estrichmörtel und Estrichmassen - Eigenschaften und Anforderungen

Tabelle 5: *Hilfsstoffe bei Abdichtungen mit Bitumen- und Polymerbitumenbahnen (n. DIN 18534-2:2025-10, 7.3.4)*

Art	Hilfsstoff
Voranstriche Haftvermittler Grundierungen Versiegelungen Kratzspachtelungen	Stoffe auf • Basis von Bitumen als Lösung oder Dispersion • Reaktionsharzbasis • Kunststoffbasis als Lösung oder Dispersion • silikatischer Basis
Trennlagen	Ölpapier, Flächengewicht ≥ 50 g/m² Rohglasvliese Vliese aus synthetischen Fasern, Flächengewicht ≥ 150 g/m² Polyethylen-(PE-)Folie, Dicke ≥ 0,15 mm Lochglasvlies-Bitumenbahn, einseitig grob besandet Glasvliesbitumendachbahn V 13
Klebstoffe	Systemklebstoffe nach Herstellerangaben

Abdichtungsaufbau

Der Abdichtungsaufbau bei Bitumen- und Polymerbitumenbahnen ist von der Wassereinwirkungsklasse abhängig:

- **W0-I bis W2-I:** einlagig
- **W3-I:** zweilagig

Tabelle 6: *Abdichtungsaufbau bei W3-I mit Bitumen- und Polymerbitumenbahnen (in Anlehnung an DIN 18534-2:2025-10, 7.3.5)*

Erste (untere) Abdichtungslage (Typ BA)	Zweite (obere) Abdichtungslage (Typ BA)
PYE G 200 DD oder PYE PV 200 DD	PYE G 200 DD oder PYE PV 200 DD
PYE G 200 S4 oder PYE PV 200 S5 oder PYE KTG S4 oder PYE KTP S4	PYE G 200 S4 oder PYE PV 200 S5 oder PYE KTG S4 oder PYE KTP S4

Tabelle 6: *Abdichtungsaufbau bei W3-I mit Bitumen- und Polymerbitumenbahnen (in Anlehnung an DIN 18534-2:2025-10, 7.3.5)*

Erste (untere) Abdichtungslage (Typ BA)	Zweite (obere) Abdichtungslage (Typ BA)
PYE KTG KSP 2,8 oder PYE KTP KSP	PYE G 200 S4 oder PYE PV 200 S5 oder PYE KTG S4 oder PYE KTP S4
G 200 DD oder PV 200 DD	PYE G 200 DD oder PYE PV 200 DD oder PYE G 200 S4 oder PYE PV 200 S5 oder PYE KTG S4 oder PYE KTP S4
G 200 S4 oder G 200 S5 oder PV 200 S5 oder KTG S4 oder KTP S4	PYE G 200 S4 oder PYE PV 200 S5 oder PYE KTG S4 oder PYE KTP S4
Kurzzeichen nach DIN/TS 20000-202. Die Stoffe der ersten Lage (Spalte links) dürfen mit den Bahnen der zweiten Lage (Spalte rechts) in der gleichen Zeile beliebig kombiniert werden.	

Vorbereitung und Beschaffenheit des Untergrunds

Zusätzlich zu den allgemeinen Regeln für die Beschaffenheit und Vorbereitung des Abdichtungsuntergrunds gelten für den Untergrund folgende bauartspezifische Regelungen:

- Die Beschaffenheit des Untergrunds ist so zu gewährleisten, dass die Abdichtung aus Bitumen- und Polymerbitumenbahnen handwerklich zuverlässig verlegt werden kann und die Bahnen sich einwandfrei fügen lassen.
- Der Untergrund muss ausreichend erhärtet, tragfähig und oberflächentrocken sein.
- Der Untergrund muss einen stetigen Verlauf aufweisen und frei von Graten (ohne scharfe Kanten) sein.

- Der Untergrund muss eben, sauber, frei von Fremdkörpern sowie Lunkern/Kiesnestern und Fehlstellen mit einem Durchmesser ≥ 5 mm sein.
- Sind die o. g. Anforderungen nicht gegeben, sind geeignete Maßnahmen zur Verbesserung durchzuführen (z. B. Schließen von Fehlstellen mit Mörtel, Entschärfung scharfer Kanten durch Abrundung, Vorbehandlung mit einem Voranstrich, Säubern der Oberfläche usw.).

Bei Bitumen- und Polymerbitumenbahnen, die auf den Untergrund verklebt werden, ist auf den Untergrund ein Bitumenvoranstrich aufzubringen.

Checkliste „Vorbereitung und Beschaffenheit des Untergrunds"

Beispiel

- ausreichend erhärtet und tragfähig
- oberflächentrocken
- eben
- stetiger Verlauf
- frei von Graten
- sauber, frei von Fremdkörpern sowie Lunkern, Kiesnestern und Fehlstellen mit einem Durchmesser ≥ 5 mm (ggf. sind Fehlstellen zu verschließen)
- Bitumenvoranstrich erforderlich bei Bahnen, die auf den Untergrund verklebt werden

Schutz der Abdichtung

Die Abdichtungsschicht ist unmittelbar nach Herstellung vor Beschädigung zu schützen (auch im Bauzustand).

Stoffe für den Schutz der Abdichtung siehe Abschnitt „Stoffe für Schutzlagen und Schutzschichten".

Verarbeitung flüssiger Massen

Für die Verarbeitung von flüssigen Massen (Bitumen-Voranstrichmittel, Klebemassen, Deckaufstrichmittel) gelten nachfolgende Regeln:

Beispiel

Die Verarbeitung flüssiger Massen ist nur bei einer Bauteiloberflächentemperatur und Umgebungstemperatur von mehr als +5 °C zulässig.

Bitumen-Voranstrichmittel:

- Verarbeitung durch Streichen, Rollen oder Spritzen
- gleichmäßig verteilter Auftrag mit mind. 200 g/m² Auftragsmenge
- Vor der Verarbeitung der Bitumen-/Polymerbitumenbahnen muss der Voranstrich ausreichend trocken sein.

Klebemassen und Deckaufstrichmittel:

- Vor der Verarbeitung sind Klebemassen und Deckaufstrichmittel so zu erhitzen, dass ihre Gießbarkeit (Viskosität) gewährleistet ist.
- Temperaturen über 230 °C sind zu vermeiden.
- Anhaltswerte für erforderliche Verarbeitungstemperaturen siehe folgende Tabelle.
- Mindestwerte der Einbaumengen siehe übernächste Tabelle.

Tabelle 7: *Verarbeitungstemperaturen für Klebemassen und Deckaufstrichmittel (in Anlehnung an DIN 18534-2:2025-10, Tab. 6)*

Bitumensorte		Verarbeitungstemperatur
Bitumen	85/25[1)]	180 °C
	100/25[1)]	190 °C bis 200 °C
Elastomerbitumen		170 °C bis 180 °C
Temperaturen über 230 °C sollten vermieden werden!		
[1)] Nach DIN EN 13304[12].		

[12] DIN EN 13304:2009-01: Bitumen und bitumenhaltige Bindemittel - Spezifikationsrahmen für oxidiertes Bitumen

Tabelle 8: *Einbaumengen für Klebemassen und Deckaufstrichmittel (in Anlehnung an DIN 18534-2:2025-10, Tab. 7)*

Stoff	Einbaumenge	
Bitumen- und Elastomerbitumen	als Klebemasse	≥ 1,3 kg/m²
	als Deckaufstrichmittel	≥ 1,5 kg/m²

Verarbeitung der Bitumen- und Polymerbitumenbahnen

Regeln zum Einbau von Bitumen- und Polymerbitumenbahnen:

- Verlegung auf dem Untergrund:
  - Bodenflächen: lose, teilweise oder vollflächig verklebt
  - Wandflächen: teilweise oder vollflächig verklebt
- Bei mehreren Lagen: Die Lagen müssen untereinander vollflächig miteinander verklebt werden.
- Die Überlappungen der einzelnen Bahnen müssen vollflächig verklebt bzw. bei Schweißbahnen miteinander verschweißt werden.
- Mindestbreiten der Überlappung der Bahnen:
  - an Längs- und Quernähten: 8 cm
  - an Anschlüssen: 10 cm
- Die Bahnen sind in der gleichen Richtung einzubauen (d. h. nicht kreuzweise).
- Bei mehreren Lagen sind die Quernähte gegeneinander versetzt anzuordnen.

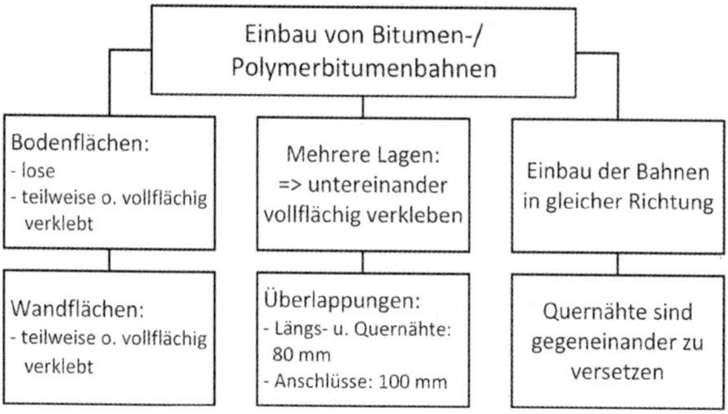

Bild 1: *Regeln zum Einbau von Bitumen- und Polymerbitumenbahnen bei der Abdichtung von Innenräumen (Quelle: Prof. Dr.-Ing. Peter Schmidt)*

Für die Verklebung der Bahnen sowie die Nahtfügung (Verbindung der einzelnen Bahnen) sind folgende Verfahren anzuwenden:

- Gießverfahren
- Schweißverfahren (nur bei Schweißbahnen anzuwenden)
- Kaltklebeverfahren (nur bei KSK-Bahnen und KSP-Bahnen anzuwenden)

Gießverfahren

Die Bitumen- und Polymerbitumenbahnen werden in die ausgegossene Klebemasse gerollt.

Es dürfen nur ungefüllte Klebemassen verwendet werden.

Verfahren bei horizontalen oder schwach geneigten Flächen:

- Die Klebemasse wird so auf den Untergrund vor die aufgerollte Bahn gegossen, dass diese beim Ausrollen satt in die Klebemasse eingebettet wird.

Verfahren bei vertikalen oder stark geneigten Flächen:

- Die Klebemasse wird in den Zwickel, der sich zwischen angedrückter Bahnenrolle und Untergrund ergibt, gegossen. Beim Ausrollen der Bahn (nach oben) muss der Rolle immer ein Klebemassewulst auf der gesamten Bahnenbreite vorlaufen. Die Klebemasse muss auf beiden Seiten der Bahn austreten.

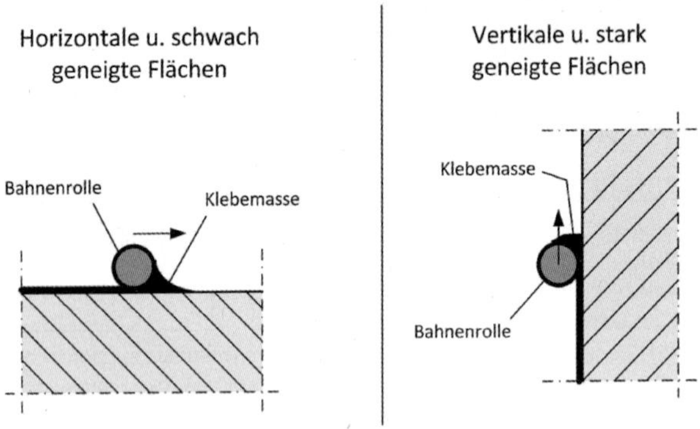

Bild 2: *Gießverfahren (Quelle: Prof. Dr.-Ing. Peter Schmidt)*

Schweißverfahren

Das Schweißverfahren ist nur für Schweißbahnen (Typ S) geeignet.

Ablauf und Regeln:

- Erhitzen des Untergrunds und der Unterseite der aufgerollten Schweißbahn (das ist die dem Untergrund zugewandte Seite)
- Die Bitumenmasse ist ausreichend aufgeschmolzen, wenn beim Ausrollen der Bahn ein Bitumenwulst auf ganzer Breite vorläuft und die Bitumenmasse an den Rändern austritt.
- **max. Breite der Bitumen- und Polymerbitumenbahnen: 0,75 m** (Ausnahmen nur, wenn ein geeignetes Verarbeitungsverfahren eine größere Bahnenbreite zulässt)

Kaltklebeverfahren bei KSK- und KSP-Bahnen

Das Kaltklebeverfahren ist nur für kaltselbstklebende Bahnen vom Typ KSK und KSP geeignet.

Ablauf und Verarbeitungsregeln bei KSK-Bahnen:

- Abziehen des Trennpapiers oder der Trennfolie von der Unterseite der Bahn und flächige Verklebung mit dem Untergrund durch flächiges Andrücken
- im Bereich von Überlappungen: Andrücken der Bahnen mit einem Hartgummiroller
- Am T-Stoß der Bahnen ist ein Schrägschnitt der unterdeckenden Bahn vorzusehen (zur Vermeidung von Kapillaren) (s. folgende Abbildung).
- max. Breite der KSK-Bahnen bei senkrechten bzw. stark geneigten Flächen: 1,10 m

Ablauf und Regeln KSP-Bahnen:

- Abziehen des Trennpapiers oder der Trennfolie von der Unterseite der Bahn und flächige Verklebung mit dem Untergrund
- Andrücken der Bahn an allen An- und Abschlüssen, Überlappungen und senkrechten Flächen
- An senkrechten Flächen sind Zusatzmaßnahmen erforderlich (z. B. thermische Aktivierung beim Aufbringen der Bahn).
- Schrägschnitt der unterdeckenden Bahn am T-Stoß vorsehen (zur Vermeidung von Kapillaren) (s. folgende Abbildung)

- max. Breite der KSP-Bahnen bei senkrechten bzw. stark geneigten Flächen: 1,10 m

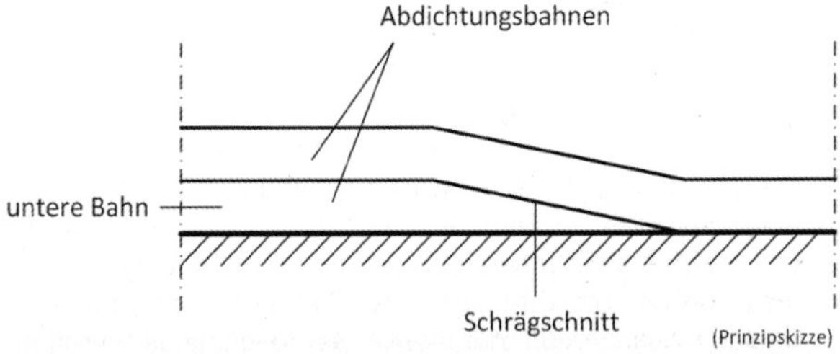

***Bild 3:** Schrägschnitt der unterdeckenden Bahn (KSK, KSP) am T-Stoß (Quelle: Prof. Dr.-Ing. Peter Schmidt)*

Abdichtung mit Kunststoff- und Elastomerbahnen

Zulässige Bahnenarten

Es dürfen nur die in der folgenden Tabelle angegebenen Kunststoff- und Elastomerbahnen nach DIN EN 13967[13] (Produktnorm) in Verbindung mit DIN/TS 20000-202[14] (Anwendungsnorm) verwendet werden. Die Bahnen müssen dem Anwendungstyp BA entsprechen. Anwendungstyp BA: Bahnen, die für die Bauwerksabdichtung gegen Bodenfeuchte, nicht drückendes und drückendes Wasser zugelassen sind

Im Einzelnen handelt es sich um folgende Kunststoff- und Elastomerbahnen:

- homogene Bahnen (Kunststoff (K) und Elastomer (E))
- homogene Bahnen mit Selbstklebeschicht (K und E)
- Bahnen mit Einlagen (K)
- Bahnen mit Einlage mit Selbstklebeschicht oder Polymerbitumenbeschichtung (K)
- Bahnen mit Verstärkung (K und E)

[13] DIN EN 13967: Abdichtungsbahnen – Kunststoff- und Elastomerbahnen für die Bauwerksabdichtung gegen Bodenfeuchte und Wasser; Definitionen und Eigenschaften; Beuth Verlag, Berlin.

[14] DIN SPEC 20000-202: Anwendung von Bauprodukten in Bauwerken – Teil 202: Anwendungsnorm für Abdichtungsbahnen nach Europäischen Produktnormen zur Verwendung in Bauwerksabdichtungen; Beuth Verlag, Berlin.

- Bahnen mit Verstärkung mit Selbstklebeschicht oder Polymerbitumenbeschichtung (K und E)
- Bahnen mit Kaschierung (K und E)
- Bahnen mit Kaschierung mit Selbstklebeschicht (K und E)

Für genaue Angaben zu den Bahnenarten siehe folgende Tabelle.

Tabelle 9: *Zulässige Kunststoff- und Elastomerbahnen für die Abdichtung von Innenräumen (in Anlehnung an DIN 18534-2:2025-10, Tab. 8)*

Bahnenart	**Kurzzeichen** **nach DIN/TS 20000-202 (ohne Dickenangabe[1])**	
	Kunststoff	**Elastomer**
homogene Bahnen	EVA-BV PVC-P-NB PVC-P-BV PIB-BV FPO-BV	EPDM-BV
homogene Bahnen mit Selbstklebeschicht	PVC-P-BV-SK	EPDM-BV-SK
Bahnen mit Einlagen	ECB-BV-E-GV FPO-BV-E-GV PVC-P-NB-E-GV PVC-P-BV-E-GV	nicht vorgesehen
Bahnen mit Einlage mit Selbstklebeschicht oder Polymerbitumenbeschichtung	ECB-BV-E-GV-SK PVC-P-BV-G-GV-SK PVC-P-BV-G-GV-PBS	nicht vorgesehen
Bahnen mit Verstärkung	FPO-BV-V-(X) ECB-BV-V-(X) EVA-BV-V-(X) PVC-P-NB-V-(X) PVC-P-BV-V-(X)	EPDM-BV-V-(X)

Tabelle 9: *Zulässige Kunststoff- und Elastomerbahnen für die Abdichtung von Innenräumen (in Anlehnung an DIN 18534-2:2025-10, Tab. 8)*

Bahnenart	**Kurzzeichen** **nach DIN/TS 20000-202 (ohne Dickenangabe[1])**	
	Kunststoff	**Elastomer**
Bahnen mit Verstärkung mit Selbstklebeschicht oder Polymerbitumenbeschichtung	PVC-P-BV-V-(X)-SK PVC-P-BV-V-(X)-PBS	EPDM-BV-V-(X)-SK EPDM-BV-V-(X)-PBS
Bahnen mit Kaschierung	EVA-BV-K-(X) FPO-BV-E-GV-K-(X) FPO-BV-V-(X)-K-(X) PVC-P-NB-K-(X) PVC-P-BV-K-(X) PVC-P-NB-E-GV-K-(X) PVC-P-BV-GV-K-(X) PVC-P-NB-V-(X)-K-(X) PVC-P-BV-V-(X)-K-(X) ECB-BV-E-GV-K-(X) PIB-BV-K-(X)	EPDM-BV-K-(X)
Bahnen mit Kaschierung mit Selbstklebeschicht	PVC-P-BV-K-(X)-SK EVA-BV-K-(X)-SK FPO-BV-E-GV-K-(X)-SK	EPDM-BV-K-(X)-SK
Kurzzeichen nach DIN/TS 20000-202.		
[1] Für W0-I bis W2-I wird eine Dicke von ≥ 1,2 mm, für W3-I eine Dicke von ≥ 1,2 mm gefordert. Beispiel für Kurzbezeichnung: PVC-P-NB-1,5		

Klebemassen und Klebstoffe

- Für Klebemassen (heiß zu verarbeiten) sind Stoffe nach folgender Tabelle zu verwenden.
- Für kalt zu verarbeitende Klebemassen gelten die jeweiligen Herstellerangaben.

Tabelle 10: *Klebemassen und Deckaufstrichmittel (in Anlehnung an DIN 18534-2:2025-10, Tab. 4)*

Klebemassen und Deckaufstrichmittel		Massenanteil an löslichem Bindemittel	Erweichungspunkt des Bindemittels[1)]	Kältebiegsamkeit nach Fraaß
Bitumen und bitumenhaltige Bindemittel nach DIN 13305[15]	ungefüllt	≥ 99 %	80 bis 125 °C	+5 °C
	gefüllt[2)]	≥ 50 %	80 bis 125 °C	
Elastomerbitumen nach DIN EN 14203[16]	ungefüllt	≥ 99 %	≥ 100 °C	-20 °C
Prüfung nach		DIN EN 12592[17]	DIN EN 1427[18]	DIN EN 12593[19]

1) Bei gefüllten Massen am extrahierten Bindemittel gemessen.
2) Mineralische Füllstoffe aus nicht quellfähigen Gesteinsmehlen und/oder mineralischen Faserstoffen mit einem Massenanteil von mind. 30 %.

Hilfsstoffe

Als Hilfsstoffe können Stoffe nach folgender Tabelle verwendet werden.

Tabelle 11: *Hilfsstoffe bei Abdichtungen mit Kunststoff- oder Elastomerbahnen (n. DIN 18534-2:2025-10, 7.3.4)*

Art	Hilfsstoff
Voranstriche Haftvermittler Grundierungen Versiegelungen Kratzspachtelungen	Stoffe auf • Basis von Bitumen als Lösung oder Dispersion • Reaktionsharzbasis • Kunststoffbasis als Lösung oder Dispersion • silikatischer Basis

15 DIN EN 13305:2009-07: Bitumen und bitumenhaltige Bindemittel – Spezifikationsrahmen für Hartbitumen für industrielle Anwendungen
16 DIN EN 14023:2013-04: Bitumen und bitumenhaltige Bindemittel – Rahmenwerk für die Spezifikation von polymermodifizierten Bitumen
17 DIN EN 12592:2015-01: Bitumen und bitumenhaltige Bindemittel – Bestimmung der Löslichkeit
18 DIN EN 1427:2015-09: Bitumen und bitumenhaltige Bindemittel – Bestimmung des Erweichungspunktes - Ring- und Kugel-Verfahren
19 DIN EN 12593:2025-09: Bitumen und bitumenhaltige Bindemittel– Bestimmung des Brechpunktes nach Fraaß

Tabelle 11: *Hilfsstoffe bei Abdichtungen mit Kunststoff- oder Elastomerbahnen (n. DIN 18534-2:2025-10, 7.3.4)*

Art	Hilfsstoff
Trennlagen	Ölpapier, Flächengewicht ≥ 50 g/m2
	Rohglasvliese
	Vliese aus synthetischen Fasern, Flächengewicht ≥ 150 g/m^2
	Polyethylen-(PE-)Folie, Dicke ≥ 0,15 mm
	Lochglasvlies-Bitumenbahn, einseitig grob besandet
	Glasvliesbitumendachbahn V 13
Klebstoffe	Systemklebstoffe nach Herstellerangaben

Abdichtungsaufbau

Kunststoff- oder Elastomerbahnen sind grundsätzlich einlagig zu verlegen.

Sie sind geeignet für alle Wassereinwirkungsklassen (W0-I bis W3-I). Die Dicke richtet sich nach der Wassereinwirkungsklasse.

Tabelle 12: *Dicke von Kunststoff- und Elastomerbahnen bei Abdichtungen von Innenräumen*

Wassereinwirkungsklasse	Dicke
W0-I bis W2-I	≥ 1,2 mm
W3-I	≥ 1,5 mm

Vorbereitung und Beschaffenheit des Untergrunds

Der Untergrund für Kunststoff- und Elastomerbahnen muss folgende Eigenschaften aufweisen:

- ausreichend tragfähig
- eben, sauber, frei von Fremdkörpern
- frei von Lunkern, Kiesnestern und Fehlstellen mit einem Durchmesser ≥ 5 mm
- ausreichend erhärtet
- oberflächentrocken
- Die Oberfläche muss stetig verlaufen, geschlossen, frei von Kiesnestern und Graten sein

Sofern die genannten Anforderungen an die Beschaffenheit nicht erfüllt werden, sind geeignete Maßnahmen durchzuführen, wie z. B. Untergrund von Fehlstellen säubern, Vorbehandlung.

Bei Kunststoff- und Elastomerbahnen, die mit dem Untergrund verklebt werden, ist ggf. ein Haftvermittler (Primer) auf dem Untergrund aufzutragen.

Schutz der Abdichtung

Die Abdichtung aus Kunststoff- und Elastomerbahnen ist vor Beschädigungen zu schützen, indem Schutzlagen bzw. Schutzschichten eingebaut werden. Dies gilt bereits auch für den Bauzustand. Die Schutzmaßnahmen hängen von der zu erwartenden Belastung ab.

Verarbeitung flüssiger Massen

Für die Verarbeitung von flüssigen Massen (Bitumen-Voranstrichmittel, Haftvermittler, Klebemassen) gelten nachfolgende Regeln.

Beispiel

Die Verarbeitung flüssiger Massen ist nur bei einer Bauteiloberflächentemperatur und Umgebungstemperatur von mehr als +5 °C zulässig.

Bitumen-Voranstriche und Haftvermittler:

- Verarbeitung durch Streichen, Rollen oder Spritzen
- Bitumen-Voranstrichmittel als gleichmäßig verteilter Auftrag mit mind. 200 g/m^2 Auftragsmenge. Bei anderen Haftvermittlern Auftragsmenge nach Herstellerangaben.
- Vor dem Aufbringen der Kunststoff-/Elastomerbahn muss der Bitumen-Voranstrich bzw. Haftvermittler ausreichend trocken sein.

Klebemassen:

- Klebemassen dienen zur Verklebung der Kunststoff-/Elastomerbahn mit dem Untergrund.
- Die Verarbeitung erfolgt im Bürstenstreich-, Gieß- oder Flämmverfahren.

Verarbeitung der Kunststoff- und Elastomerbahnen

Kunststoff- und Elastomerbahnen sind

- lose zu verlegen oder
- mit dem Untergrund zu verkleben.

Die Verklebung erfolgt

- selbstklebend (bei Bahnen mit werkseitiger Klebebeschichtung),
- mit Klebemassen,
- mit separatem Klebstoffsystem (nach Herstellerangaben) oder
- im Flämmverfahren (nach Herstellerangaben).

Die Verklebung muss immer vollflächig erfolgen.

Lose Verlegung

Bei loser Verlegung ist zwischen der Kunststoff- oder Elastomerbahn eine Schutzlage anzuordnen.

Es ist auf die Verträglichkeit der Stoffe zu achten, insbesondere, wenn unter der Abdichtungsschicht weitere Funktionsschichten angeordnet sind.

Verklebte Verlegung

Bei verklebter Verlegung sind die Bahnen vollflächig mit dem Untergrund zu verkleben. Die Verklebung von Kunststoff- und Elastomerbahnen kann mit folgenden Verfahren erfolgen:

- mit Selbstklebeschicht
- mit rückseitiger Bitumenschweißmasse (PBS)
- mit separatem Klebstoffsystem
- mit Bitumenklebemassen (Bürstenstreichverfahren, Gießverfahren, Flämmverfahren)

Verklebung mit Selbstklebeschicht

Die Verklebung erfolgt als Kaltverarbeitung. Hierzu wird an der Bahnenunterseite ein Trennpapier bzw. eine Trennfolie abgezogen und die Bahn flächig auf den vorbereiteten Untergrund aufgeklebt und angedrückt.

Verklebung mit rückseitiger Bitumenschweißmasse (PBS)

Bei diesem Verfahren dürfen nur bitumenverträgliche Kunststoff-/Elastomerbahnen verwendet werden.

Die Unterseite der aufgerollten Bahn wird ausreichend erhitzt.

Beim Ausrollen der Bahn in die aufgeschmolzene Klebemasse muss ein Bitumenwulst der Bahn auf ganzer Breite vorlaufen.

Verklebung mit separatem Klebstoffsystem

Die Bahnen sind vollflächig zu verkleben. Dabei müssen die zu überlappenden Bereiche der Bahnen frei von Klebstoff bleiben.

Verklebung mit Bitumenklebemassen

Bei diesem Verfahren dürfen nur bitumenverträgliche Kunststoff-/Elastomerbahnen verwendet werden.

Die Bitumenklebemasse wird so weit erhitzt, dass ihre Gießbarkeit gegeben ist und sie verarbeitet werden kann. Anhaltswerte für die Verarbeitungstemperaturen:

- Bitumen 85/25: 180 °C
- Bitumen 100/25: 190 °C bis 200 °C
- Elastomerbitumen: 170 °C bis 180 °C

Temperaturen über 230 °C sollten vermieden werden!

Die Verbindung der Bahnen an den Längs- und Quernähten sowie im Anschlussbereich erfolgt mit einem geeigneten **Fügeverfahren**.

Als **Verarbeitungsverfahren** stehen das

- Bürstenstreichverfahren,
- Gießverfahren und
- Flämmverfahren

zur Verfügung.

Bürstenstreichverfahren

Hierbei wird vor der aufgerollten Kunststoffbahn Klebemasse auf den Untergrund aufgetragen und mit einer Bürste gleichmäßig verteilt. Die Bahn wird in die Klebemasse eingerollt und gleichmäßig angedrückt. Hohlräume oder Blasen sollten möglichst vermieden werden.

Gießverfahren

Beim Gießverfahren werden die Bahnen in die ausgegossene Klebemasse eingerollt. Als Stoffe dürfen nur ungefüllte Klebemassen verwendet werden. Je nach Neigung der abzudichtenden Fläche erfolgt das Ausgießen der Klebemasse unterschiedlich:

Horizontale oder schwach geneigte Flächen:

- Die Klebemasse wird auf den Untergrund aus einem Gießgefäß gegossen.
- Dabei soll die Bahn beim Ausrollen satt in die Klebemasse eingebettet werden.

Vertikale oder stark geneigte Flächen:

- Die Klebemasse wird in den Zwickel zwischen angedrückter Rolle und Untergrund gegossen.
- Die Bahn wird **von unten** nach oben in die Klebemasse ausgerollt.
- Beim Ausrollen muss vor der Bahnenrolle ein Klebemassenwulst auf ganzer Breite laufen.

Flämmverfahren

Beim Flämmverfahren wird die Klebemasse in ausreichender Menge auf den Untergrund verteilt (gegossen) und gleichmäßig verteilt.

Die Bitumenschicht wird für die Verklebung mit der Kunststoffbahn durch Wärmezufuhr wieder aufgeschmolzen.

Die fest aufgerollte Kunststoffbahn wird in die aufgeschmolzene Klebemasse eingerollt und gleichmäßig angedrückt. Dabei sollen möglichst keine Hohlräume oder Blasen entstehen.

Naht- und Stoßverbindungen (Fügetechnik)

Es sind folgende Regeln zu beachten:

- Mindestbreiten der Bahnenüberlappung an Längs- und Quernähten

***Tabelle 13:** Mindestbreiten der Bahnenüberlappung an Längs- und Quernähten*

Bahnenart	Mindestbreite der Überlappung an Längs- und Quernähten
Kunststoffbahnen	40 mm
Elastomerbahnen	50 mm
Elastomerbahnen mit Polymerbitumenkaschierung	100 mm

Die Nähte können auf der Baustelle mit einem Verfahren nach folgender Tabelle gefügt (verbunden) werden.

Herstellung von Nahtverbindungen

Nahtverbindungen auf der Baustelle dürfen mit den in folgender Tabelle angegebenen Fügeverfahren hergestellt werden. Es gelten folgende Regeln:

- Die Mindestbreite der Fügenähte ist zu beachten (Hinweis: Die Breite der Fügenähte ist das Maß der tatsächlichen Verbindung zwischen zwei Bahnen. Die Überlappungsbreite bezeichnet dagegen das Maß der Überlappung der Bahnen und ist i. d. R. größer als die Fügebreite).
- Die Verbindungsflächen müssen trocken und frei von Verunreinigungen sein.
- Kaschierungen oder Beschichtungen, die die Herstellung der Nahtverbindung behindern, sind zu entfernen.
- Für Kunststoffbahnen und nicht bitumenbeschichtete Elastomerbahnen gilt: Kanten der unteren Bahnen sind im Bereich von T-Stößen anzuschrägen (mechanisch, thermisch).

***Tabelle 14:** Fügeverfahren auf der Baustelle und Mindestbreite der Fügenähte (in Anlehnung an DIN 18534-2:2025-10, Tab. 9)*

Fügeverfahren	Stoffart	Mindestbreite der Fügenähte
Quellschweißen oder Warmgasschweißen	EVA	30 mm
	PIB	30 mm
	PVC-P	30 mm

Tabelle 14: *Fügeverfahren auf der Baustelle und Mindestbreite der Fügenähte (in Anlehnung an DIN 18534-2:2025-10, Tab. 9)*

Fügeverfahren	Stoffart	Mindestbreite der Fügenähte
Warmgasschweißen oder Heizkeilschweißen	ECB	20 mm
	EVA	20 mm
	FPO	20 mm
	PVC-P	20 mm
	TPE	20 mm
	Elastomere[1)]	30 mm
Heißvulkanisation (Hot Bonding)	Elastomere	20 mm
Warmgasschweißen mit Polymerbitumen	Elastomere	60 mm

[1)] Thermoplastisch beschichtet oder mit vorkonfektioniertem thermoplastischen Dichtrand

Quellschweißen:

Die Verbindungsflächen werden mit einem Lösemittel oder Lösemittelgemisch angelöst und unmittelbar danach durch gleichmäßiges und flächiges Andrücken verbunden. Die Verbindungsflächen müssen sauber und trocken sein.

Warmgasschweißen (Heißluftschweißen):

Die sauberen Verbindungsflächen werden durch Einwirkung von Warmgas (Heißluft) plastifiziert und unmittelbar danach durch gleichmäßiges und flächiges Andrücken verbunden.

Heißvulkanisation (Hot Bonding):

Hierbei wird im Bereich der Überlappung von vulkanisierten Bahnen ein Hot Bonding-Band eingelegt. Durch Behandlung mit Hitze und Druck über einen bestimmten Zeitraum vulkanisiert das Hot Bonding-Band und verbindet beide Bahnen.

Heizelementeschweißen:

Hierbei werden die sauberen Verbindungsflächen durch einen Heizkeil plastifiziert und unmittelbar danach durch gleichmäßiges und flächiges Andrücken verbunden.

Prüfverfahren für Nahtverbindungen

Naht- und Stoßverbindungen, die auf der Baustelle hergestellt werden, sind auf ihre Dichtheit zu prüfen. Dazu müssen mind. zwei der nachfolgend genannten Prüfverfahren angewendet werden.

Verfahren A: Mechanische Prüfung

- Hierbei wird ein geeignetes Werkzeug (z. B. Schraubendreher mit 5 mm Breite und abgerundeten Kanten, spezielle Nahtprüfer mit abgerundeter Spitze) an der Nahtkante entlanggeführt.
- An Fehlstellen dringt das Werkzeug in die Naht ein.
- Achtung: Scharfkantige oder spitze Werkzeuge sind nicht geeignet, da sie die Naht beschädigen können.

Verfahren B: Anblasprüfung

- Die Schweißnahtkante wird mit einem Handgerät für Warmgasschweißung erwärmt.
- Temperatur des Warmgases: ca. 150 °C, gemessen ca. 5 mm vor der Düse
- Hierfür ist eine Spitzdüse oder Flachdüse mit max. 20 mm Breite zu verwenden.
- An Fehlstellen stellt sich die Nahtkante leicht auf.

Verfahren C: Optische Prüfung

- Die Nahtverbindung wird durch Betrachten geprüft.
- Fehlstellen sind an der unterbrochenen Gleichmäßigkeit des Nahtbilds oder einem Spalt im Fügebereich zu erkennen.
- Außerdem können Feuchteansammlungen an der Nahtkante ein Hinweis auf eine Fehlstelle sein.

Andere Prüfverfahren, wie z. B. das Vakuumverfahren, müssen vom Hersteller der Bahn zugelassen sein.

Vakuumprüfung:

- Hierbei wird die Naht mit einer transparenten Glocke, die unter Unterdruck steht, geprüft.
- Entlang der Nahtkante wird eine Seifenlösung aufgetragen.
- Im Bereich undichter Stellen entstehen Bläschen, die gut sichtbar sind.
- Es ist auf die maximal zulässigen Drücke zu achten (Herstellerangaben).

Nachbehandlung von Nahtverbindungen

Bei Nähten, die mit dem Quellschweißverfahren hergestellt wurden, ist ggf. eine Nachbehandlung der Naht vorzunehmen. Dazu sind die Herstellerangaben zu beachten.

Abdichtung mit einer Kombination aus einer Polymerbitumenbahn und einer Kunststoff- oder Elastomerbahn

Abdichtungsaufbau

Die Abdichtungsschicht besteht aus

- einer Polymerbitumen-Schweißbahn, die vollflächig mit dem Untergrund verschweißt wird (untere Lage), und
- einer Kunststoff- oder Elastomerbahn, die mit der Polymerbitumen-Schweißbahn vollflächig verklebt wird (obere Lage).

Polymerbitumen-Schweißbahn

Es dürfen Polymerbitumenbahnen nach DIN EN 13969 i. V. m. DIN/TS 20000-202, Anwendungstyp BA, verwendet werden.

Tabelle 15: *Zulässige Polymerbitumen-Schweißbahnen (in Anlehnung an DIN 18534-2:2025-10, Tab. 10)*

Bahnenart	Kurzzeichen nach DIN/TS 20000-202
Polymerbitumen-Schweißbahn	PYE-G 200 S5 PY-PV 200 S5

Kunststoff- oder Elastomerbahn

Es dürfen Kunststoff- oder Elastomerbahnen nach DIN EN 13967, i. V. m. DIN/TS 20000-202, Anwendungstyp BA, verwendet werden.

Tabelle 16: *Zulässige Kunststoff- und Elastomerbahnen (in Anlehnung an DIN 18534-2:2025-10, Tab. 11)*

Bahnenart[1]	Kurzzeichen nach DIN/TS 20000-202	Dicke
homogene Bahnen	PVC-P-BV	≥ 1,5 mm
Bahnen mit Einlagen	ECB- BV-E-GV	≥ 2,0 mm
	PVC-P-BV-E-GV	≥ 1,2 mm
Bahnen mit Verstärkung	EPDM-BV-V	≥ 1,3 mm
[1] Jeweils auch mit werkseitiger Bitumenbeschichtung möglich.		

Hilfsstoffe

Es können Hilfsstoffe nach folgender Tabelle verwendet werden.

Tabelle 17: *Hilfsstoffe bei Abdichtungen mit einer Kombination aus einer Polymerbitumenbahn und einer Kunststoff- oder Elastomerbahn (n. DIN 18534-2:2025-10, 7.3.4)*

Art	Hilfsstoff
Voranstriche Haftvermittler Grundierungen Versiegelungen Kratzspachtelungen	Stoffe auf • Basis von Bitumen als Lösung oder Dispersion • Reaktionsharzbasis • Kunststoffbasis als Lösung oder Dispersion • silikatischer Basis
Trennlagen	Ölpapier, Flächengewicht ≥ 50 g/m² Rohglasvliese Vliese aus synthetischen Fasern, Flächengewicht ≥ 150 g/m² Polyethylen-(PE-)Folie, Dicke ≥ 0,15 mm Lochglasvlies-Bitumenbahn, einseitig grob besandet Glasvliesbitumendachbahn V 13
Klebstoffe	Systemklebstoffe nach Herstellerangaben

Vorbereitung, Behandlung des Untergrunds

Siehe Abschnitt „Vorbereitung und Beschaffenheit des Untergrunds".

Verarbeitung von flüssigen Massen

Siehe Abschnitt „Verarbeitung flüssiger Massen".

Verarbeitung der Bahnen

Die Verarbeitung der Polymerbitumenbahnen erfolgt nach Abschnitt „Verarbeitung der Bitumen- und Polymerbitumenbahnen".

Für die Verarbeitung (Verklebung) der Kunststoff- oder Elastomerbahn gelten folgende Regeln:

- Die Verklebung mit der Polymerbitumenbahn erfolgt mit dem Flämmverfahren.
- Dazu wird die obere Deckschicht der Polymerbitumenbahn durch Wärmezufuhr aufgeschmolzen und die aufgerollte Kunststoff- oder Elastomerbahn in die aufgeschmolzene Masse eingerollt und angedrückt.
- Dabei dürfen keine Hohlräume oder Blasen entstehen.
- Alternativ kann eine Kunststoff-/Elastomerbahn mit werkseitiger Polymerbitumenbeschichtung verwendet werden.
- Bei Kunststoff-/Elastomerbahnen mit werkseitig aufgebrachter Polymerbitumenbeschichtung ist sowohl die Oberseite der Polymerbitumenbahn als auch die Unterseite der beschichteten Kunststoff-/Elastomerbahn durch Wärmezufuhr aufzuschmelzen.
- Die fest aufgerollte Bahn ist in die Klebemasse einzurollen und gleichmäßig anzudrücken.

Die Verbindung der Kunststoff-/Elastomerbahnen an Längs- und Quernähten sowie im Bereich von Anschlüssen erfolgt mit den Fügeverfahren für Kunststoff- und Elastomerbahnen.

Detailausbildung bei bahnenförmigen Abdichtungsstoffen

Für die Ausbildung von Details bei der Abdichtungsbauart mit bahnenförmigen Abdichtungsstoffen gelten die allgemeinen Regeln der DIN 18534-1 und nachfolgende bauartspezifische Regeln.

An Anschlüssen sollte die Abdichtung mit der gleichen Lagenzahl und Stoffart wie die Flächenabdichtung ausgeführt werden.

Bei der Verwendung unterschiedlicher Stoffe müssen diese untereinander verträglich sein. Materialverträglichkeit, Haftfestigkeit und Wasserdichtheit sind sicherzustellen.

Beim Übergang von flüssig zu verarbeitenden Abdichtungsstoffen auf bahnenförmige Stoffe ist der Anschluss mind. mit einer Breite von 100 mm auf die Bahn zu führen.

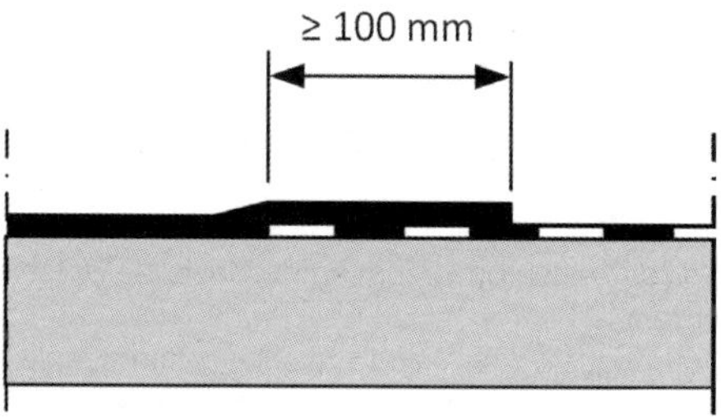

Bild 4: *Anschluss einer Abdichtung aus flüssig zu verarbeitenden Stoffen auf eine Bahn (Quelle: Prof. Dr.-Ing. Peter Schmidt)*

Durchdringungen

Durchdringungen und Anschlüsse an Einbauteile sind wie folgt herzustellen:

- mit Los-/Festflanschkonstruktionen
- mit zur Flächenabdichtung materialidentischen Anschlussbahnen
- mit vorgefertigten Einbauteilen

Tabelle 18: *Mindestflanschbreiten*

Mindestflanschbreiten bei Durchdringungen	
Klebe- und Anschweißflansche von werkseitig gefertigten Abläufen	Mindestflanschbreite nach DIN EN 1253:2015-03, Tab. 2[20]; siehe Norm.
Ansonsten gelten folgende Mindestflanschbreiten:	
Bitumen- und Polymerbitumenbahnen	100 mm
Kunststoffbahnen	40 mm
Elastomerbahnen	50 mm

[20] DIN EN 1253-1:2015-03: Abläufe für Gebäude – Teil 1: Bodenabläufe mit Geruchverschluss mit einer Geruchverschlusshöhe von mindestens 50 mm

Tabelle 18: *Mindestflanschbreiten*

Mindestflanschbreiten bei Durchdringungen	
Elastomerbahnen mit Polymerbitumenkaschierung	100 mm

Los- und Festflanschkonstruktionen

Material und Eigenschaften:

- Los-/Festflanschkonstruktionen müssen aus schweißbarem, nichtrostendem Stahl bestehen.
- Losflansche dürfen nicht steifer als Festflansche sein.
- An den Stoßstellen der Festflansche sollten auch die Losflansche gestoßen werden.
- Als Gewindebolzen sollten bevorzugt aufgeschweißte Bolzen verwendet werden.
- Bolzen aus durchgesteckten und verschweißten Sechskantschrauben sollten auf Sonderfälle beschränkt bleiben.

Maße:

- Maße siehe folgende Tabelle.
- Länge ≤ 1,5 m (Länge muss so gewählt werden, dass sie passgerecht eingebaut werden können, ohne die Bolzen zu beschädigen.)
- Zwischenraum zwischen zwei Losflanschen ≤ 4 mm

Tabelle 19: *Regelmaße für Los- und Festflanschkonstruktionen (in Anlehnung an DIN 18534-2:2025-10, Tab. 12)*

Art des Maßes	Maß
Losflansch	
Breite a_1	≥ 60 mm
Dicke t_1	≥ 6 mm
Fase	ca. 2 mm
Festflansch	
Breite a_2	≥ 70 mm
Dicke t_2	6 mm ≥ t_1
Schrauben bzw. Bolzen	
Durchmesser d_3	≥ 12 mm

Tabelle 19: *Regelmaße für Los- und Festflanschkonstruktionen (in Anlehnung an DIN 18534-2:2025-10, Tab. 12)*

Art des Maßes	Maß
Schweißnaht bei Gewindebolzen	
Breite s_1	ca. 2 mm
Höhe s_2	ca. 3,2 mm
Schrauben-/Bolzenloch	
Durchmesser d_1	14 mm
Erweiterung bei Gewindebolzen d_2	$d_1 + 2 \times s_1$
Schrauben- bzw. Bolzenabstand untereinander	75 bis 150 mm
Schrauben- bzw. Bolzenabstand vom Ende des Losflansches	≤ 75 mm
Abweichend dürfen Los-/Festflanschkonstruktionen an werkseitig gefertigten Abläufen nach DIN EN 153-1:2015-03, Tab. 2 ausgeführt werden; siehe Norm.	

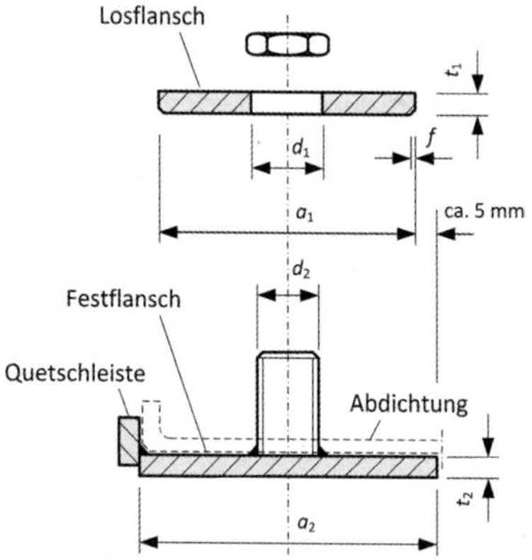

Bild 5: *Los- und Festflanschkonstruktion aus Flacheisen (Quelle: Prof. Dr.-Ing. Peter Schmidt)*

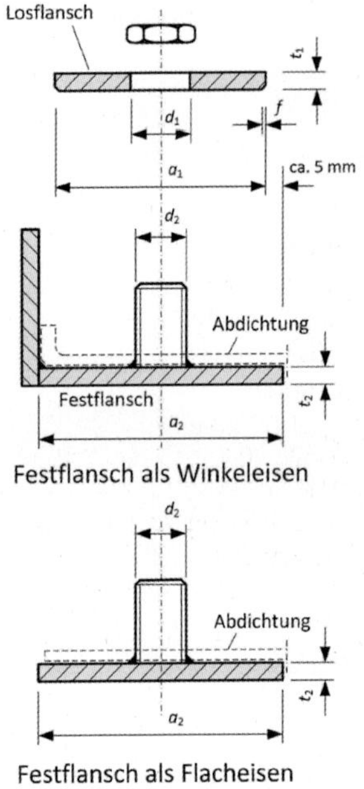

***Bild 6:** Los- und Festflanschkonstruktion aus Flach- und Winkeleisen (Quelle: Prof. Dr.-Ing. Peter Schmidt)*

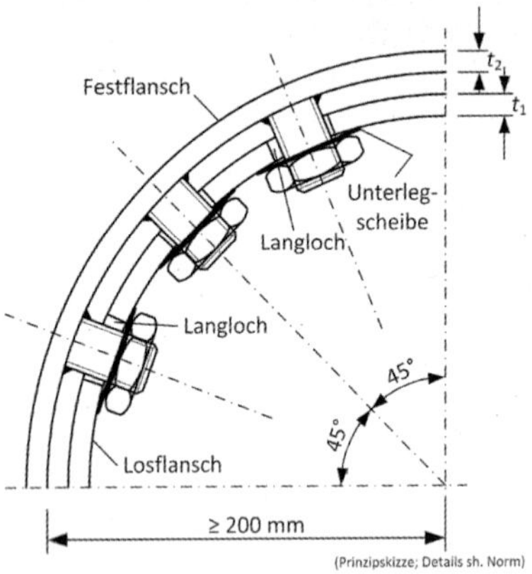

***Bild 7:** Los- und Festflanschkonstruktion bei Richtungsänderung der Abdichtungsebene (Quelle: Prof. Dr.-Ing. Peter Schmidt)*

Ausführung:

- Die Bolzenlänge ist so zu wählen, dass nach Aufsetzen der Schraubmutter im ungepressten Zustand der Abdichtung mind. ein Gewindegang am Bolzenende frei bleibt.
- Losflansche müssen als Passstücke mit Langlöchern hergestellt werden.
- Es sind Unterlegscheiben zu verwenden.
- Festflansche sind im Bauwerk zu verankern.
- Festflansche sind so einzubauen, dass ihre Oberflächen mit den angrenzenden abzudichtenden Flächen eine Ebene bilden.
- Flanschflächen, die der Abdichtung zugewandt sind, sind unmittelbar vor dem Einbau der Abdichtung zu säubern und falls erforderlich mit einem Voranstrich zu versehen.
- Zum Einbau der Abdichtung in Los-/Festflanschkonstruktionen sind wegen der Bolzenlöcher Löcher in die Abdichtung mit dem Locheisen einzustanzen (Lochgröße = Bolzendurchmesser + 2 x Schweißnahtbreite).
- Die Stöße der Abdichtungslagen im Flanschbereich sind stumpf zu stoßen.
- Bei mehrlagigen Abdichtungen ist daher eine Zulage (vorzugsweise aus Kupferriffelbändern 1 mm dick) einzubauen.
- Bei einlagig lose verlegten Abdichtungen sind zwei Zulagen aus demselben Stoff oder stoffverträglichen Elastomeren anzuordnen.
- Bolzen müssen bis zum Aufsetzen der Schraubmuttern vor Verschmutzung und Beschädigung geschützt werden.
- Bei Abdichtungen mit Bitumen ist das Ausquetschen der Bitumenmasse am freien Ende zu begrenzen. Gegebenenfalls ist hierzu eine Stahlleiste anzuordnen.

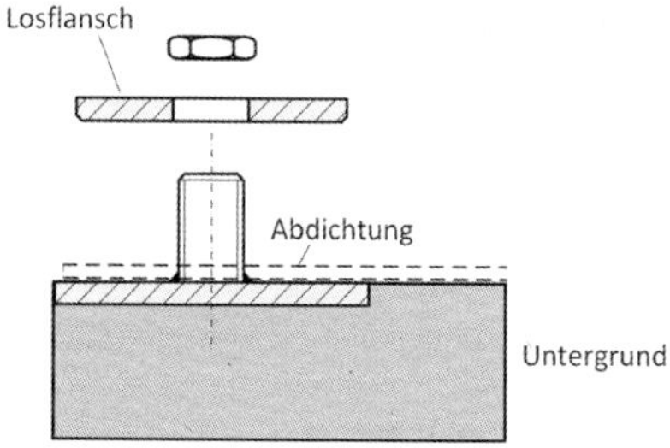

***Bild 8:** Festflansch und angrenzende abzudichtende Flächen bilden eine ebene Fläche (Quelle: Prof. Dr.-Ing. Peter Schmidt)*

Schweißnähte:

- Schweißnähte sind wasserdicht auszubilden. Baustellen-Schweißnähte müssen zweilagig ausgeführt werden.
- Stumpfstöße der Festflansche sind voll durchzuschweißen und auf der Abdichtungsfläche planzuschleifen.

Anziehmomente:

- Schraubmuttern sind mehrmals anzuziehen.
- Ein letztmaliges Anziehen muss unmittelbar vor dem Einbetonieren oder Einmauern der Konstruktion erfolgen.
- Erforderliche Anziehmomente nach nachfolgender Tabelle:

Tabelle 20: *Erforderliche Anziehmomente (Baustellenwerte) für dreimaliges Anziehen (in Anlehnung an DIN 18534-2:2025-10, Tab. 13)*

Abdichtungsstoff im Flanschbereich	Anziehmoment
Kunststoffbahnen aus Polyisobutylen (PIB) mit Bitumen verklebt	50 Nm
Bitumen- und Polymerbitumenbahnen mit Trägereinlage aus Glasgewebe	65 Nm
Bitumen- und Polymerbitumenbahnen mit Trägereinlage aus Polyestergewebe	80 Nm
Kunststoff- und Elastomerbahnen	100 Nm
Bei Abdichtungen aus mehreren Lagen mit Bitumen- und Polymerbitumenbahnen mit unterschiedlichen Trägereinlagen ist das größere Anziehmoment zu wählen. Bolzenabstände < 150 mm, Randabstände < 75 mm erfordern geringere, rechnerisch nachzuweisende Anziehmomente.	

Kehlen

Bitumen- und Polymerbitumenbahnen:

- Kehlen müssen gerundet oder abgeschrägt sein.

Kunststoff- und Elastomerbahnen:

- Im Bereich der Kehlen sind Kunststoff- und Elastomerbahnen zu befestigen.
- Die Befestigung muss linear erfolgen.
- Geeignet ist ein nach dem Winkel der Kehle entsprechend geformtes korrosionsgeschütztes Stahl- oder Verbundblech.

- Der Befestigungswinkel ist mit Bahnenmaterial zu überdecken. Bahnenmaterial ist mit der Abdichtung zu verschweißen.

Kanten

Bitumen- und Polymerbitumenbahnen:

- Kanten müssen gefast sein.

Kunststoff- und Elastomerbahnen:

- Im Bereich von Kanten ist ein zusätzlicher Schutz der Abdichtung vor Beschädigung aus dem Untergrund notwendig.
- Möglichkeiten: zusätzliche Lage aus Kunststoff-/Elastomerbahn; zusätzliche Lage Trennvlies, Abdeckung aus korrosionsgeschütztem Stahl- oder Verbundblech
- Schutz muss vor dem Aufbringen der Abdichtung hergestellt werden.

Ecken

Kunststoff- und Elastomerbahnen:

- Bei der Abdichtung mit Kunststoff- oder Elastomerbahnen sind Ecken vorzugsweise mit werkseitig hergestellten Formstücken auszuführen.

Abschlüsse

Für Abschlüsse (Abdichtungsränder) gelten folgende Regeln:

- Bahnen sind an Abschlüssen oberseitig zu befestigen.
- Abschlüsse sind mind. 150 mm über die oberste wasserführende Ebene zu führen oder an weiterführende Abdichtungen anzuschließen.
- Der Abdichtungsrand ist gegen Abrutschen zu sichern und gegen Hinterlaufen durch Kondens- und Spritzwasser zu schützen.

Sicherung des Abdichtungsrands mit Schellen, Klemmschienen oder Klemmprofilen.

Instandhaltung

Es gilt DIN 18534-1.

Ausführung der Abdichtung mit flüssig zu verarbeitenden Abdichtungsstoffen im Verbund mit Fliesen und Platten (AIV-F) (DIN 18534-3)

Für die Ausführung der Abdichtung von Innenräumen mit flüssig zu verarbeitenden Abdichtungsstoffen in Verbindung mit Fliesen oder Platten (AIV-F) gilt DIN 18534-3:2025-10. Teil 3 der Norm enthält bauartspezifische ergänzende Regeln und ist zusätzlich zum Teil 1 (DIN 18534-1) anzuwenden.

Baugrundsätze

Es gelten die Baugrundsätze nach DIN 18534-1 sowie folgende Regeln:

- Abdichtungen mit flüssig zu verarbeitenden Abdichtungsstoffen im Verbund mit Fliesen und Platten (AIV-F) bestehen aus mehreren Komponenten:
  - Abdichtungsschicht aus geeigneten Abdichtungsstoffen
  - Nutzschicht aus Fliesen oder Platten
- Die Abdichtungsschicht wird vor Ort vollflächig und nahtlos auf den Untergrund aufgetragen. Sie erhärtet unter Umgebungsbedingungen.
- AIV-F gelten als einlagige Abdichtung.

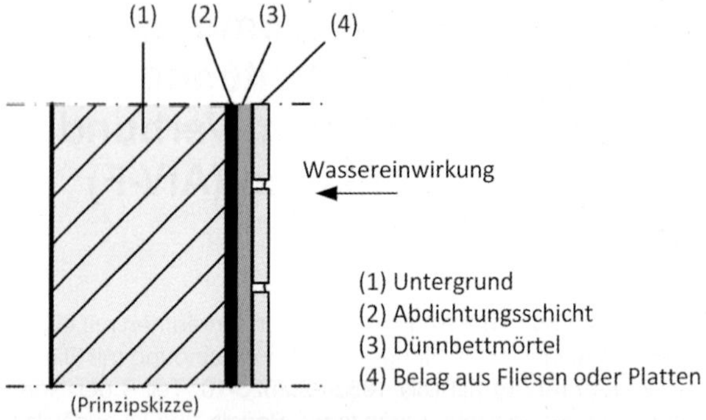

***Bild 1:** Aufbau einer Abdichtung aus flüssig zu verarbeitenden Abdichtungsstoffen in Verbindung mit Fliesen oder Platten (AIV-F)*
(Quelle: Prof. Dr.-Ing. Peter Schmidt)

Beispiel

Bei AIV-F gewährleistet nur die Abdichtungsschicht die Wasserdichtheit. Die Fliesen oder Platten sind nicht wasserdicht und dienen nur als Nutzschicht.

Stoffe für die Abdichtungsschicht und Abdichtungsbauarten

Für die Abdichtungsschicht dürfen folgende Stoffe verwendet werden. Daraus ergeben sich Abdichtungsbauarten mit

- Polymerdispersionen (DM),
- rissüberbrückenden mineralischen Dichtungsschlämmen (CM) und
- Reaktionsharzen (RM).

Für Abdichtungssysteme aus den genannten Stoffen (Abdichtungsbauart) ist entweder eine ETA (European Technical

Approach) auf Basis der ETAG 022-1[1] bzw. der EAD 030352-00-0503[2] oder ein abP (allgemeines bauaufsichtliches Prüfzeugnis) auf Basis der PG-AIV-F erforderlich.

Das Abdichtungssystem besteht neben den oben genannten Stoffen (DM bzw. CM bzw. RM) noch aus weiteren Komponenten, wie:

- Verstärkungseinlagen
- Dichtbänder
- Dünnbettmörtel/Mörtel

Darüber hinaus wird auf die Herstellerangaben verwiesen. Die Herstellerangaben sind unbedingt zu beachten.

Stoffe für die Nutzschicht

Die Nutzschicht besteht aus AIV-F-geeigneten Fliesen oder Platten, die im Verbund mit der Abdichtungsschicht aufgebracht werden (siehe folgende Tabelle).

Die Nutzschicht übernimmt gleichzeitig den Schutz der Abdichtungsschicht; eine separate Schutzschicht ist bei AIV-F daher nicht erforderlich.

Tabelle 1: *AIV-F-geeignete Fliesen oder Platten (n. DIN 18534-3:2025-10, 7.3)*

Art der Fliesen/Platten	Zu beachtende Norm
keramische Fliesen und Platten	DIN EN 14411[3]
Bodenklinkerplatten	DIN 18158[4]

[1] ETAG 022-1: European Technical Approval Guideline 022/1/Leitlinie für die Europäische Technische Zulassung 022, Leitlinie für die Europäische Technische Zulassung für Abdichtungen für Wände und Böden in Nassräumen – Teil 1: Flüssig aufzubringende Abdichtungen mit oder ohne Nutzschicht

[2] EAD 030352-00-0503: Flüssig aufzubringende wasserdichte Abdichtungen für Wände und Böden in Nassräumen

[3] DIN EN 14411:2016-12: Keramische Fliesen und Platten - Definitionen, Klassifizierung, Eigenschaften, Bewertung und Überprüfung der Leistungsbeständigkeit und Kennzeichnung

[4] DIN 18158:2017-08: Bodenklinkerplatten

Tabelle 1: *AIV-F-geeignete Fliesen oder Platten (n. DIN 18534-3:2025-10, 7.3)*

Art der Fliesen/Platten	Zu beachtende Norm
Naturwerkstein	Fliesen: DIN EN 12057[5] Platten: DIN EN 12058[6]
Betonwerkstein	DIN 18500-1[7]
Glas-, Porzellan-, Steinzeugmosaik	-
Die Fliesen/Platten dienen als Nutzschicht und übernehmen gleichzeitig den Schutz der Abdichtung (Schutzschicht).	

Zuordnung der Abdichtungsbauarten bei AIV-F

Für die Zuordnung der Abdichtungsbauarten bei AIV-F siehe folgende Tabelle.

Beispiel

Untergründe, die den Rissklassen R2-I und R3-I zugeordnet werden, sind für AIV-F nicht geeignet.

Tabelle 2: *Zuordnung der Abdichtungsbauarten bei AIV-F zu den Wassereinwirkungsklassen und Rissklassen (in Anlehnung an DIN 18534-3:2025-10, Tab. 1)*

Abdichtungsbauart		Wassereinwirkungsklasse				Rissklasse		
		W0-I	W1-I	W2-I	W3-I	R1-I	R2-I	R3-I
mit Polymer-dispersion (DM)	Wand-flächen	X	X	X	N	X	N	N
	Boden-flächen	X	X	N	N	X	N	N

5 DIN EN 12057:2015-05: Natursteinprodukte - Fliesen - Anforderungen

6 DIN EN 12058:2015-05: Natursteinprodukte - Bodenplatten und Stufenbeläge - Anforderungen

7 DIN 18500-1:2022-10: Betonwerkstein - Teil 1: Begriffe, Anforderungen, Prüfung

***Tabelle 2:** Zuordnung der Abdichtungsbauarten bei AIV-F zu den Wassereinwirkungsklassen und Rissklassen (in Anlehnung an DIN 18534-3:2025-10, Tab. 1)*

Abdichtungsbauart		Wassereinwirkungsklasse				Rissklasse		
		W0-I	W1-I	W2-I	W3-I	R1-I	R2-I	R3-I
mit rissüberbrückenden mineralischen Dichtungsschlämmen (CM)	Boden- und Wandflächen	X	X	X	X	X	N	N
mit Reaktionsharzen (RM)	Boden- und Wandflächen	X	X	X	X	X	N	N
X: zulässig N: nicht zulässig Untergründe der Rissklassen R2-I (Rissbreiten ≤ 0,5 mm) und R3-I (Rissbreiten ≤ 1,0 mm und Rissversätze ≤ 0,5 mm) können mit AIV-F nicht abgedichtet werden!								

Aufbau des Abdichtungssystems

Der Aufbau des Abdichtungssystems ergibt sich aus der ETA bzw. dem abP. Die Abdichtungsschicht wird direkt auf den tragfähigen Untergrund aufgebracht. Zusätzlich sind die folgenden Anforderungen zu beachten:

Vorbereitung/Behandlung des Untergrunds für AIV-F:

- Die Vorbereitung/Vorbehandlung des Untergrunds erfolgt nach den Angaben der ETA bzw. des abP.
- i. d. R. sind folgende Arbeiten erforderlich: Säubern, Trocknen, Grundieren, Egalisieren.
- Feuchteempfindliche Untergründe aus Holz und Holzwerkstoffen sind als Untergrund nicht geeignet.

Mindesttrockenschichtdicke:

- Die Mindesttrockenschichtdicke der Abdichtungsschicht muss überall auf der abzudichtenden Fläche eingehalten werden.
- Ist in der ETA oder im abP ein größerer Wert für die Mindesttrockenschichtdicke angegeben, gilt dieser.
- Mindesttrockenschichtdicke laut nachfolgender Tabelle:

Tabelle 3: *Mindesttrockenschichtdicke der Abdichtungsschicht bei AIV-F (in Anlehnung an DIN 18534-3:2025-10, Tab. 1)*

Abdichtungsbauart	Mindesttrockenschichtdicke d_{min}
mit Polymerdispersion (DM)	0,5 mm
mit rissüberbrückenden mineralischen Dichtungsschlämmen (CM)	2,0 mm
mit Reaktionsharzen (RM)	1,0 mm

Nutzschicht:

- Die Nutzschicht besteht aus Fliesen oder Platten (Stoffe siehe oben).
- Vor dem Aufbringen der Nutzschicht muss die Abdichtungsschicht ausreichend erhärtet sein.
- Die Ausführung erfolgt im Dünnbettverfahren nach DIN 18157[8] (alle Teile).
- Für die Verklebung der Fliesen/Platten darf nur der in der ETA bzw. im abP angegebene Fliesenklebstoff/Mörtel verwendet werden.

Ausführungsregeln für die Abdichtungsschicht

Für die Ausführung der Abdichtungsschicht (Polymerdispersion, rissüberbrückende mineralische Dichtungsschlämme oder Reaktionsharze) sind folgende Regeln zu beachten:

[8] DIN 18157:2017-04: Ausführung von Bekleidungen und Belägen im Dünnbettverfahren; Teile 1 bis 3

Untergrund:

- Der Untergrund muss entsprechend den Herstellerangaben vorbereitet bzw. vorbehandelt worden sein (Säubern, Reinigen, Trocknen, Grundieren, Egalisieren).
- Der zulässige Feuchtegehalt des Untergrunds ist zu beachten (siehe Herstellerangaben). Prüfung des Feuchtegehalts mit dem CM-Gerät.

Auftrag:

- Die Abdichtungsschicht ist **vollflächig haftend** auf den Untergrund aufzutragen.
- Achtung: Bei Verwendung lösemittelhaltiger Stoffe ist die Wechselwirkung mit dem Untergrund zu prüfen!
- Es sind mind. **zwei Aufträge** erforderlich.
- Bei Polymerdispersionen werden die Aufträge in unterschiedlichen Farben ausgeführt (Kontrast).
- Jeder **Auftrag erfolgt deckend** durch Spachteln, Streichen, Rollen, Spritzen.
- Vor dem Aufbringen des zweiten und jedes weiteren Auftrags muss der darunterliegende Auftrag ausreichend ausgehärtet sein, damit dieser nicht beschädigt wird.
- Die Auftragsmenge muss so gewählt werden, dass die Mindesttrockenschichtdicke nicht unterschritten wird.

Arbeitsunterbrechungen:

- Bei Arbeitsunterbrechungen ist der Auftrag auf einer Länge von mind. 10 cm auf null auszustreichen.
- Bei Wiederaufnahme der Arbeiten wird der nächste Auftrag auf einer Länge von mind. 10 cm überlappend ausgeführt.
- Die Herstellerangaben sind zu beachten (insbesondere bei Abdichtungsschichten mit Trägereinlagen).

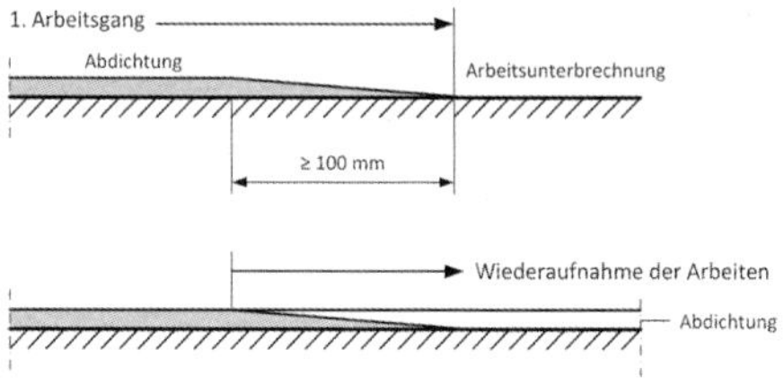

***Bild 2:** Arbeitsunterbrechungen (Quelle: Prof. Dr.-Ing. Peter Schmidt)*

Vorarbeiten vor Verlegung der Nutzschicht:

- Die Abdichtungsschicht ist vor der Verlegung der Nutzschicht (Fliesen, Platten) auf Beschädigungen zu prüfen.
- Beschädigte Stellen sind fachgerecht zu reparieren.
- Die Verarbeitungshinweise des Herstellers (ETA, abP) sind zu beachten.

Sicherstellung der Mindesttrocken-schichtdicke

Schichtdickenzuschlag

Die Mindesttrockenschichtdicke wird durch Berücksichtigung eines Schichtdickenzuschlags d_Z sichergestellt.

$$\mathbf{d_Z = d_V + d_U}$$

Es bedeuten:

d_Z: Schichtdickenzuschlag

d_V: verarbeitungsbedingte Schwankungen

d_U: Mehrverbrauch durch Egalisierung des Untergrunds

Der Schichtdickenzuschlag ergibt sich aus verarbeitungsbedingten Schwankungen (d_V) und dem Mehrverbrauch für die Egalisierung des Untergrunds (d_U). Bei separater Egalisierung (z. B. durch eine Kratzspachtelung) ist d_U nicht anzusetzen ($d_U = 0$).

Der Schichtdickenzuschlag d_Z ist den Herstellerangaben zu entnehmen.

Sofern keine Angaben vorliegen, sollte als Schichtdickenzuschlag d_Z mind. 25 % der Mindesttrockenschichtdicke d_{min} angesetzt werden:

$$\mathbf{d_Z = 0{,}25 \times d_{min}}$$

Es bedeuten:

d_Z: Schichtdickenzuschlag

d_{min}: Mindesttrockenschichtdicke

Tabelle 4: *Schichtdickenzuschlag und Nassschichtdicke nach Norm (DIN 18534-3:2025-10, 8.2)*

Abdichtungsbauart	**Schichtdickenzuschlag**[1] d_Z	**Nassschichtdicke = Mindesttrockenschichtdicke zuzüglich Schichtdickenzuschlag** $d_{min} + d_Z$
mit Polymerdispersion (DM)	0,25 x 0,5 = 0,125 mm	0,625 mm
mit rissüberbrückenden mineralischen Dichtungsschlämmen (CM)	0,25 x 2,0 = 0,5 mm	2,5 mm
mit Reaktionsharzen (RM)	0,25 x 1,0 = 0,25 mm	1,25 mm

[1] Schichtdickenzuschlag nach Norm (Schichtdickenzuschlag nach Herstellerangaben siehe Hinweise der Produkthersteller)

Auftragsmenge und Nassschichtdicke

Die Auftragsmenge, mit der der flüssige Abdichtungsstoff auf den Untergrund aufzubringen ist, sollte so groß sein, dass die Schichtdicke im Mittel mind. der Summe aus der Mindesttrockenschichtdicke d_{min} und dem Schichtdickenzuschlag d_Z entspricht.

Gegebenenfalls ist auch ein Nassschichtdickenzuschlag zu berücksichtigen, der sich durch die Trocknung der flüssig aufgebrachten Abdichtungsschicht ergibt (d_{NZ}).

Es gilt:

Nassschichtdicke = Mindesttrockenschichtdicke + Schichtdickenzuschlag (+ Nassschichtdickenzuschlag)

$$\mathbf{d_N = d_{min} + d_Z\ (+\ d_{NZ})}$$

Es bedeuten:

d_N: Nassschichtdicke

d_{min}: Mindesttrockenschichtdicke

d_Z: Schichtdickenzuschlag

d_{NZ}: Nassschichtdickenzuschlag

Überprüfung der Schichtdicke:

Die Überprüfung der Einhaltung der geforderten Schichtdicke kann durch

- Kontrolle der Auftragsmenge (je m²) und durch
- Kontrolle der Nassschichtdicke

erfolgen.

Für die Kontrollen der Schichtdicke siehe die Verfahren in DIN EN ISO 2808[9] sowie die Hinweise in DIN 18195 Beiblatt 2[10]. Es wird auf die genannten Normen verwiesen.

Bei W3-I ist eine Dokumentation der Kontrollen erforderlich.

Kontrolle der Schichtdicke bei Polymerdispersionen (DM):

- durch verarbeitete Auftragsmenge
- optisch durch zweischichtig deckenden Auftrag in Kontrastfarben

Bestätigungsprüfung

Eine Bestätigungsprüfung ist nur in begründeten Fällen erforderlich (z. B. bei fehlender Ausführungsdokumentation oder begründeten Zweifeln an der Schichtdicke).

[9] DIN EN ISO 2808:2019-12: Beschichtungsstoffe – Bestimmung der Schichtdicke

[10] DIN 18195 Beiblatt 2:2017-07: Abdichtung von Bauwerken – Beiblatt 2: Hinweise zur Kontolle und Prüfung der Schichtdicken von flüssig verarbeiteten Abdichtungsstoffen

Es können die Prüfverfahren nach DIN EN ISO 2808 angewendet werden. Weitere Hinweise zur Schichtdickenprüfung sind in DIN 18195 Beiblatt 2 enthalten.

Ablauf der Bestätigungsprüfung:

- mind. 10 Einzelmessungen (Messung der Schichtdicke) gleichmäßig verteilt über eine repräsentative Fläche
- Prüfung mind. einmal je 100 m^2 Fläche
- bei kleinen Flächen (bis 20 m^2): mind. fünf Einzelmessungen
- ggf. zusätzliche Messungen an Ecken, Kanten, Durchdringungen

Messung der Schichtdicke:

- Messung durch Perforation
- Entnahme von Proben
- Prüfstellen sind zu markieren

Auswertung der Messwerte und Anforderung:

- Die festgestellten Messwerte sind mit einer Genauigkeit von 0,1 mm anzugeben.
- Der kleinste Einzelwert darf die Mindesttrockenschichtdicke um max. 10 % unterschreiten (d. h. 0,90 x d_{min}).
- Der Mittelwert ist aus allen Einzelwerten zu berechnen und auf 0,1 mm genau anzugeben.
- Der Mittelwert darf die Mindesttrockenschichtdicke nicht unterschreiten.

Forderungen:

$$\mathbf{d_{min/Einzelwert} \geq 0{,}90 \times d_{min}}$$

$$\mathbf{d_{Mittelwert} \geq d_{min}}$$

Es bedeuten:

d_{min}: Mindesttrockenschichtdicke

$d_{min/Einzelwert}$: kleinster gemessener Einzelwert

$d_{Mittelwert}$: Mittelwert aus allen Messwerten

Beispiel

Wird die Forderung nicht eingehalten, sind weitere Messungen vorzunehmen, um die Bereiche mit zu geringen Schichtdicken einzugrenzen.

Eine Bestätigungsprüfung für Abdichtungsschichten aus Polymerdispersion (DM) nach Norm ist nicht möglich.

Beispiel:

Abdichtungsschicht aus rissüberbrückender mineralischer Dichtungsschlämme (CM)

Geforderte Mindesttrockenschichtdicke:

$d_{min} = 2{,}0$ mm

Messwerte:

Tabelle 5: *Beispiel Bestätigungsprüfung – Messwerte*

Nr.	1	2	3	4	5	6	7	8	9	10
Mess-wert (mm)	2,1	2,2	2,0	1,9	2,2	2,3	2,1	1,8	2,1	2,0

Mittelwert:

$d_{Mittelwert} = 20{,}7/10 = 2{,}07 = 2{,}1 \text{ mm} > d_{min} = 2{,}0 \text{ mm}$

Kleinster Einzelwert:

$d_{min/Einzelwert} = 1{,}8 \text{ mm} \geq d_{min} - 0{,}10 \text{ x } d_{min} = 0{,}9 \text{ x } d_{min} = 0{,}9 \text{ x } 2{,}0 = 1{,}8 \text{ mm}$

(max. Unterschreitung der Mindesttrockenschichtdicke um 10 %: 0,1 x 2,0 = 0,2 mm: => 2,0 – 0,2 = 1,8 mm)

Die Forderungen sind eingehalten.

Detailausbildung bei AIV-F

Für die Detailausbildung gelten die allgemeinen Regeln in DIN 18534-1:2025-10 (s. Abschnitt „Detailausbildung“ weiter oben). Zusätzlich gelten folgende bauartspezifische Regeln:

Übergänge zwischen Boden/Decke und Wand (Kanten) sowie in Ecken

- Übergänge in Kanten und Ecken (z. B. zwischen Boden und Wand) sind zu verstärken. Hierzu werden Stoffe wie z. B. Vliese oder Dichtbänder (ggf. mit Schnittschutz) in das flüssig zu verarbeitende Abdichtungsmaterial eingearbeitet. Zugelassene Stoffe siehe ETA bzw. abP. Außerdem müssen die Einbauanweisungen des Herstellers beachtet werden.
- Beim Austausch bzw. bei der Erneuerung des Fugendichtstoffs in Dichtstofffugen (Wartungsfugen) von wasserbeanspruchten Flächen muss eine Beschädigung der Abdichtungsschicht vermieden werden. Hierzu ist je nach Wassereinwirkungsklasse ein **Schnittschutz** vorzusehen. Es gelten folgende Regeln:
- W0-I: Keine Maßnahmen erforderlich.
- W1-I und W2-I: Ein **Schnittschutz kann** vorgesehen werden.
- W3-I: Ein **Schnittschutz sollte geplant und ausgeführt** werden.
- Planung und Ausführung des Schnittschutzes nach DIN/TR 18534-7[11].
- Rechtwinklige Innen- und Außenecken sind mit vorgefertigten Formstücken zu verstärken (s. folgende Abbildung).
- Bei Verwendung von Dichtbändern oder -manschetten mit feuchtigkeitsleitenden Fasern an der Oberfläche (z. B. Textilien, Vliese) müssen diese vollständig von der Abdichtungsschicht überarbeitet werden.
- Fugen zwischen beweglichen Bauteilen (z. B. Estrich und Wand, bei Materialwechsel) müssen dehnfähig ausgebildet werden. Abdichtung wie bei Fugen; siehe hierzu Abschnitt „Abdichtung von Fugen“.

[11] DIN/TR 18534-7: Planung und Ausführung eines Schnittschutzes; geplante Norm, in Vorbereitung (Stand Feb. 2026)

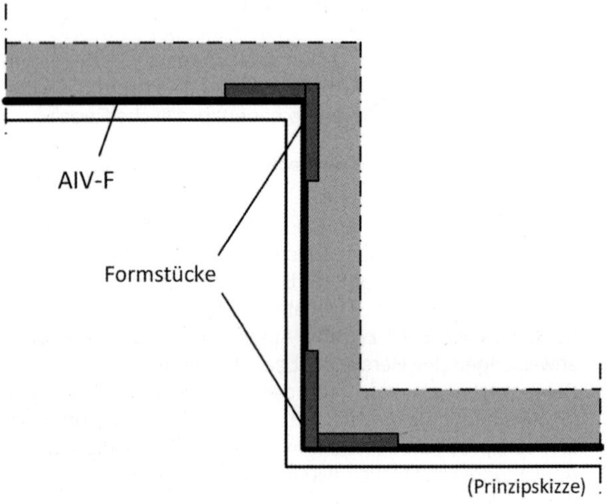

Bild 3: *Verstärkung von Innen- und Außenecken mit Formstücken (Quelle: Prof. Dr.-Ing. Peter Schmidt)*

Anschlüsse an Durchdringungen und Einbauteile

- Für die Abdichtung von Rohrdurchführungen und Einbauteilen sind Dichtbänder oder Dichtmanschetten mit flexiblen Dichtlippen zu verwenden (nach ETA bzw. abP).
- Die Dichtmanschetten/Dichtlippen werden in die Abdichtungsschicht eingearbeitet (siehe folgende Abbildungen).
- Dichtmanschetten müssen das Rohr wasserdicht umschließen.
- Zum sicheren Anschluss der Dichtmanschette ist das Rohr ggf. mit einem Distanzstück zu verlängern, sofern es nicht weit genug über die Abdichtungsebene hinausragt.
- Mindestbreite der Einbindung der Dichtbänder/Dichtmanschetten in die Abdichtungsschicht = 50 mm (je Seite)
- Stoßverbindungen sind mind. 50 mm überlappend auszuführen und zu verkleben.
- Dichtbänder oder -manschetten mit feuchtigkeitsleitenden Fasern an der Oberfläche müssen vollständig mit der Abdichtungsschicht überarbeitet werden.

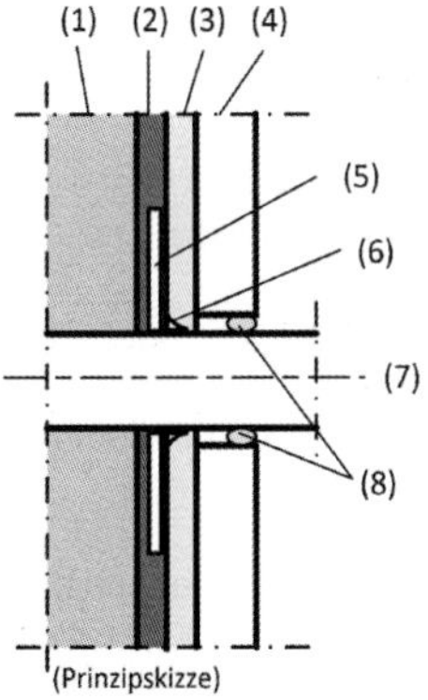

(1) Untergrund
(2) Abdichtungsschicht der AIV-F
(3) Dünnbettmörtel
(4) Fliesenbelag
(5) Dichtmanschette (eingearbeitet in (2))
(6) Dichtlippe
(7) Durchdringung
(8) Fugendichtstoff

Bild 4: *Rohrdurchführung mit Dichtmanschette (Quelle: Prof. Dr.-Ing. Peter Schmidt)*

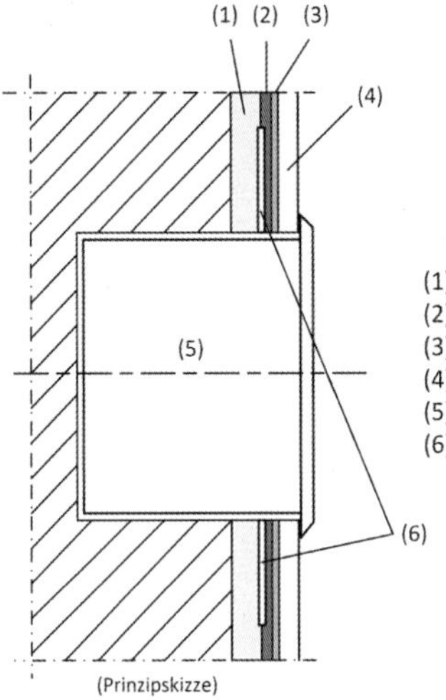

(1) Putz
(2) Abdichtungsschicht der AIV-F
(3) Dünnbettmörtel
(4) Fliesenbelag
(5) Installationsbox
(6) Flansch Unterputz-Armatur

Bild 5: *Installationsbox mit Flansch (Quelle: Prof. Dr.-Ing. Peter Schmidt)*

Anschluss der Abdichtung an Abläufe und Rinnen

Grundregeln:

- Abläufe und Rinnen sind an der **tiefsten Stelle** einzubauen.
- Abläufe und Rinnen müssen **lagesicher** in der Unterkonstruktion (Estrich) fixiert werden.

Anschluss:

Der Anschluss der Abdichtungsschicht an Abläufe und Rinnen kann mit folgenden Verfahren erfolgen:

1. Bauseitige Klebeverbindung einer Dichtmanschette bzw. Gewebematte.
2. Bauseitige Klemmverbindung einer Dichtmanschette bzw. Gewebematte.
3. Werkseitige Verbindung einer Dichtmanschette mit dem Ablauf.

Zu 1.: Bauseitige Klebeverbindung einer Dichtmanschette/ Gewebematte:

Anschluss der Abdichtung an den Ablauf mittels Klebeverbindung

- Voraussetzung: gut klebefähige Oberfläche (z. B. ABS, Kunststoff mit integriertem PP-Vlies, Edelstahl, Polymerbeton)
- Aufkleben der Dichtmanschette auf den Klebeflansch des Ablaufs.
- Flanschbreite: ≥ 50 mm (Maß gilt nicht für werkseitig angebrachte Dichtmanschetten.)
- W0-I bis W2-I: geringere Flanschbreite bei Nachweis durch den Hersteller möglich, wenn zugleich systemkonformer Dichtkleber (Reaktionsharz, 2-komponentige MDS) verwendet wird (Flanschbreite jedoch ≥ 30 mm).
- W3-I: Flanschbreite ≥ 50 mm für die Abdichtung von Durchdringungen
- Überlappung der Dichtmanschette im angrenzenden Bereich: ≥ 50 mm

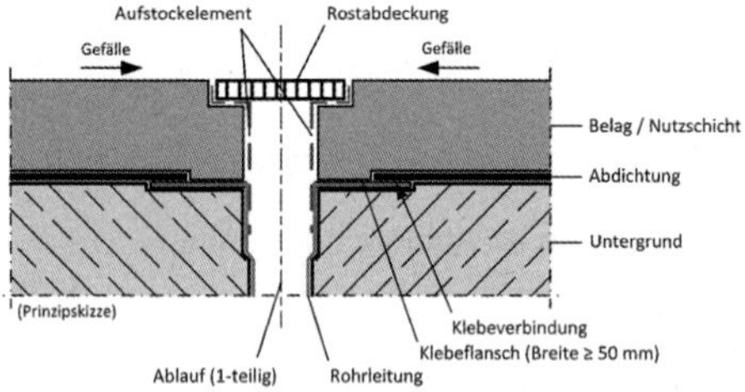

Bild 6: *Anschluss an einen Bodenablauf mittels bauseitiger Klebeverbindung (Quelle: Prof. Dr.-Ing. Peter Schmidt)*

Zu 2.: Bauseitige Klemmverbindung einer Dichtmanschette/ Gewebematte:

Anschluss der Abdichtung mittels Dichtmanschette oder Gewebeeinlage durch Klemmverbindung mit Los-/Festflanschkonstruktion.

Tabelle 6: *Mindestmaße für Los- und Festflansch bei Anschluss durch bauseitige Klemmverbindung*

Los-/Festflanschkonstruktion	Flanschbreite
Losflansch	40 mm
Festflansch	50 mm

- Verwendung einer geeigneten Dichtmanschette oder Gewebeeinlage
- Dichtmanschette/Gewebeeinlage wird mit dem Aufsatzstück des Ablaufs verklemmt.
- Aufsatzstück ist nach Aushärtung der Abdichtungsschicht einzubauen.

Zu 3.: Werkseitige Verbindung einer Dichtmanschette:

- Die Verklebung erfolgt nach den Einbauanweisungen des Herstellers.

Abdichtung von Fugen

- Fugen in der Abdichtungsschicht und im keramischen Belag sind an gleicher Stelle wie im Bauteil anzuordnen.
- Abdichtung ist über der Fuge durch dehnfähige Dichtbänder oder systemzugehörige Verstärkungen dehnfähig auszubilden. Dabei müssen die zu erwartenden Fugenbewegungen aufgenommen werden können.
- Bauteilfuge ist im Belag zu verschließen (Fugenprofil, Dichtstoffe).
- Fugenbreite bei Feldbegrenzungsfugen, Estrich-Randfugen und Anschlussfugen: ≥ 5 mm
- Beim Einbau von Dichtbändern muss die freie Dehnzone im Bereich der Fuge an der Unterseite des Dichtbands erhalten bleiben.
- Stöße der Dichtbänder: Überlappung ≥ 50 mm, dauerhaft wasserdichte Verklebung

- Beim Austausch bzw. bei der Erneuerung des Fugendichtstoffs in Dichtstofffugen (Wartungsfugen) von wasserbeanspruchten Flächen muss eine Beschädigung der Abdichtungsschicht vermieden werden. Hierzu ist je nach Wassereinwirkungsklasse ein **Schnittschutz** vorzusehen. Es gelten folgende Regeln:
- W0-I: Keine Maßnahmen erforderlich.
- W1-I und W2-I: Ein **Schnittschutz kann** vorgesehen werden.
- W3-I: Ein **Schnittschutz sollte geplant und ausgeführt** werden.
- Planung und Ausführung des Schnittschutzes nach DIN/TR 18534-7[12].

Abdichtung von Fugen im Tragwerk (Bewegungsfugen): Ausführung als Sonderkonstruktion.

Bohrungen

Für Perforationen der Abdichtungsschicht durch vorgenommene Bohrungen für Befestigungsmittel gelten folgende Regeln:

W0-I:

Keine Maßnahmen erforderlich.

W1-I:

Bei W1-I (mäßige Wassereinwirkung) sind Perforationen der Abdichtungsschicht durch Befestigungsmittel für erforderliche Installationen bzw. Ausstattungen (z. B. Duschstangen, Handtuchhalter usw.) an Wänden zulässig, wenn diese gegen die unmittelbare Einwirkung durch Spritz- und Brauchwasser ausreichend geschützt werden.

W2-I und W3-I:

Bei W2-I (hohe Wassereinwirkung) und W3-I (sehr hohe Wassereinwirkung) sind Perforationen durch Befestigungsmittel für Installationen und Ausstattungen wie Durchdringungen zu behandeln und entsprechend zu planen und auszuführen. Das bedeutet, dass die Abdichtungsschicht wasserdicht an die Befestigungsmittel anzuschließen ist.

[12] DIN/TR 18534-7: Planung und Ausführung eines Schnittschutzes; geplante Norm, in Vorbereitung (Stand Feb. 2026)

Nachträgliche Bohrungen:

Bei Perforationen der Abdichtungsschicht durch nachträglich vorgenommene Bohrungen für Befestigungsmittel von Installationen bzw. Ausstattungen sollten spezielle Dübel mit abdichtender Funktion verwendet werden. Hierbei ist zu beachten, dass die Dübel für die geltende Wassereinwirkungsklasse zugelassen sind (Eignungsnachweis).

Instandhaltung (AIV-F)

Für die Instandhaltung gilt die DIN 18534-1. Weiterhin gelten ergänzend folgende Regeln:

Inspektion

Schäden am Belag (z. B. Risse, Brüche der Fliesen, Platten) können ein Hinweis auf Schäden an der Abdichtung sein.

Instandsetzung

Ablauf der Instandsetzung einer beschädigten Abdichtungsschicht:

- Entfernen der beschädigten Fliesen/Platten. Dabei darf die Abdichtungsschicht nicht beschädigt werden.
- Abschleifen des Verlegemörtels bis zur Oberfläche der Abdichtungsschicht
- Für die Instandsetzung der Abdichtungsschicht sind die Herstellerangaben zu beachten.
- Überarbeitung beschädigter Stellen ringsum mit einer Überlappungsbreite von mind. 50 mm mit dem gleichen Abdichtungsmaterial, aus dem die Abdichtung besteht
- Bei Reaktionsharzen (RM) und mineralischen Dichtungsschlämmen (CM): Überlappungsbereiche sind schräg (trichterförmig) anzuschleifen.
- Die Mindesttrockenschichtdicke ist an allen Stellen der instandgesetzten Bereiche einzuhalten.
- Bei Erneuerung von Dichtstofffugen (Wartungsfugen) darf die Abdichtungsschicht nicht beschädigt werden.

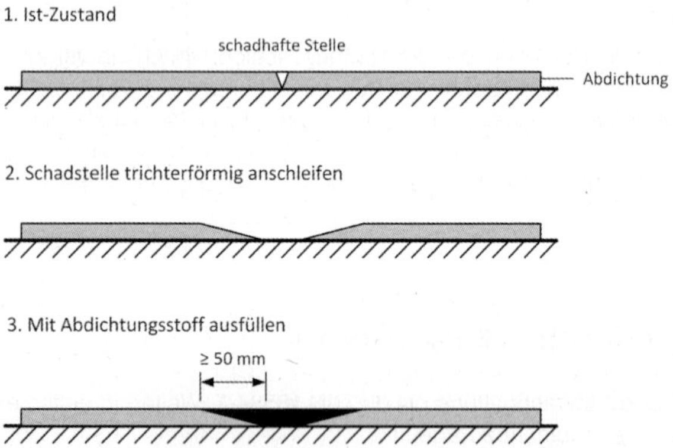

***Bild 7:** Instandsetzung einer beschädigten Abdichtungsschicht bei AIV-F (Quelle: Prof. Dr.-Ing. Peter Schmidt)*

Beispiel

Beim Austausch von Fugendichtstoffen ist darauf zu achten, dass die Abdichtung nicht beschädigt wird.

Nachträgliche Abdichtung von Durchdringungen:

- Entfernen von Fliesen/Platten. Auf ausreichend breite Überlappungsfläche zur unbeschädigten Abdichtung achten.
- Eindichten der Rohrdurchführung/Durchdringung mit einer Dichtmanschette. Erforderliche Überlappung mind. 50 mm. Aufkleben der Dichtmanschette auf die Abdichtungsschicht.
- Überarbeitung der Dichtmanschette mit einem weiteren Auftrag des Abdichtungsmaterials.

Besonderheiten beim nachträglichen Abdichten von Bestandsbauten und versalzenen Baustoffen

Die Instandsetzung von Bestandsbauten und ihre Erhaltung spielen heute nach wie vor eine dominierende Rolle und können sicherlich mit weit mehr als 60 % aller Bauleistungen angesetzt werden. Die Ausbildung von Fachleuten wie Bauingenieure, Bautechniker, Architekten und Sonderfachleute erfolgt weitestgehend nach den alten Prinzipien und Lehrplänen, die das Fachgebiet der Bauwerkserhaltung oder der Gebäudeinstandsetzung nicht oder nur unzureichend berücksichtigen. Dieses Defizit führt jährlich zu gewaltigen Verlusten und Schäden, die durch falsche Maßnahmenplanung und Durchführung entstehen. Schon in der Vergangenheit haben die verschiedenen Bauschadensberichte der jeweiligen Institute darauf hingewiesen, dass sog. vermeidbare Bauschäden Milliarden Kosten verursachen.

Bild 1: *Feuchtigkeit und Salzausblühungen (Quelle: Franz-Josef Hölzen)*

Im Rahmen der Gebäudeinstandsetzung spielt die Abdichtung, oft als „Trockenlegung“ bezeichnet, eine besondere Rolle. Feuchte Untergeschosse beeinflussen den Wert und die Qualität eines Objekts in hohem Maße.

Feuchtigkeit in Bauteilen aufgrund von Undichtigkeiten verursacht enorme Folgeschäden. Um den Feuchtegehalt von Bauteilen bestimmen zu können, stehen für die Praxis verschiedene Mess- und Diagnoseverfahren zur Verfügung. Doch nicht auf das Gerät oder Verfahren kommt es an, sondern auf die richtige Anwendung der unterschiedlichen Messverfahren. Vor jeder Gebäudeinstandsetzung und Sanierung steht die Bestandsaufnahme.

Um die komplexen Ursachen für Feuchte- und Salzschäden verstehen zu können, ist es erforderlich, das Zusammenwirken von Feuchtigkeit und Salz zu bewerten. Eine Feuchtemessung allein gibt noch keinen Hinweis auf Schadensursachen oder deren Verursacher, denn die gesamte Feuchtigkeit eines Baustoffs setzt sich aus mehreren Faktoren der Wasseraufnahme zusammen.

Bild 2: *Probenahme durch Bohrkern (Quelle: Franz-Josef Hölzen)*

Aufbau von Baustoffen

Baustoffe werden durch Bindemittel und Zuschlagstoffe gebildet. Je nach Art der verwendeten Ausgangsprodukte entstehen dann Baustoffe mit unterschiedlichen physikalischen und chemischen Eigenschaften.

Die wichtigsten sind:

- Druckfestigkeit
- Biegezugsfestigkeit
- Porosität
- Wasseraufnahme
- Frostbeständigkeit
- Salzbeständigkeit
- Säurebeständigkeit
- Witterungsbeständigkeit allgemein

Zur Herstellung von mineralischen Baustoffen werden unterschiedliche Bindemittel eingesetzt.

Bindemittel für mineralische Baustoffe

Die Bindemittel können in verschiedene Gruppen eingeteilt werden:

- nicht hydraulische Bindemittel
- Lehm, Gips, Kalkhydrat
- hydraulische Bindemittel
- hydraulische Kalke, Zemente
- latent hydraulische Bindemittel
- Puzzolane, Trass, amorphe Kieselsäuren

Nicht hydraulische Bindemittel

Die nicht hydraulischen Bindemittel besitzen nur eine begrenzte Beständigkeit gegenüber Wasser und korrosionsfördernden Verbindungen wie Säuren und Salzen. Sie werden deshalb im Außenbereich nur bedingt eingesetzt.

Lehm

Lehm ist ein Bindemittel mit großer Tradition und weltweiter Verbreitung, aber eben mit extremer Empfindlichkeit gegen Wasser. In unseren Regionen wird Lehm deshalb nahezu ausschließlich im Innenbereich als Bindemittel für Putze eingesetzt. Im Mauerwerksbau oder im Fassadenbereich sind höchstens Anwendungen im Bereich von Baudenkmälern bekannt und erwähnenswert.

Gips, $CaSO_4$ (Calciumsulfat)

Gips ist das Calciumsalz einer starken Säure, der Schwefelsäure. Deshalb besitzt Gips eine besondere Säurebeständigkeit. Dieser steht eine relativ gute Wasserlöslichkeit (1 Liter H_2O löst ca. 2,5 g Gips) gegenüber.

Deshalb wird Gips ebenso wie Lehm nahezu ausschließlich im Innenbereich eingesetzt und zwar im Wesentlichen als Bindemittel für Putze oder in Form von Gipsplatten bzw. Gipskartenplatten. Aufgrund der Wasserlöslichkeit darf Gips nicht in feuchtegefährdeten bzw. feuchtebelasteten Wandbereichen (Gipstreiben, Ettringitbildung) verwendet werden.

Kalk, $CaCO_3$ (Calciumcarbonat)

Kalk ist das Calciumsalz einer sehr schwachen Säure, der Kohlensäure. Deshalb besitzt Kalk im Gegensatz zu Gips eine extreme Säureempfindlichkeit, dafür aber eine wesentlich bessere Wasserfestigkeit (1 Liter H_2O löst ca. 0,015 g $CaCO_3$).

Aufgrund dieser Eigenschaft wird Kalk im Außenbereich dem Gips als Bindemittel vorgezogen. Bei der Verwendung von reinen kalkgebundenen Baustoffen (Putze und Mauermörtel) muss deren geringe Frost- und Salzbeständigkeit beachtet werden. Dies bedeutet, dass bei feuchte- und salzbelasteten Mauerwerken (z. B. in Kellern und Sockelzonen) kalkgebundene Putze und Mörtel nur eine begrenzte Anwendbarkeit und auch Funktionalität besitzen. Dies hängt u. a. auch mit der hohen Kapillarität der kalkgebundenen Baustoffe zusammen.

Kalk kommt in der Natur als Kalkstein ($CaCO_3$) in großer Menge vor. Durch chemische Reaktionen muss daraus erst ein Bindemittel (Kalkhydrat) entstehen. Dies geschieht durch das sog. Brennen und Löschen.

Hydraulische Bindemittel

Hydraulische Bindemittel sind dadurch gekennzeichnet, dass die Härtung durch Wassereinlagerung erfolgt und auch unter Wasser stattfinden kann. Es kommt also zu einer chemischen Reaktion (Hydratation) zwischen dem Bindemittel und Wasser. Dabei ist der Unterschied zwischen einer physikalischen und einer chemischen Bindung zu beachten. Chemisch gebunden heißt, dass das Wasser Bestandteil des Moleküls wird, während bei der physikalischen Bindung nur eine „lockere" Bindung entsteht, die energetisch leicht gelöst werden kann. Mit hydraulischen Bindemitteln erhält man Baustoffe mit hoher Festigkeit, hoher Frost- und Salzbeständigkeit und auch hoher Dichtigkeit. Es entstehen Porensysteme mit reduzierter kapillarer Leitfähigkeit verglichen z. B. mit kalkgebundenen Baustoffen. Deshalb werden hydraulische Bindemittel auch für Abdichtungssysteme (Dichtungsschlämmen) eingesetzt.

Latent hydraulische Bindemittel

Latent hydraulische Bindemittel enthalten als Wirkstoff amorphe (nicht kristalline) Kieselsäure (SiO_2) und sind somit allein kein Bindemittel, sondern mehr ein Zuschlagstoff. Um zum Bindemittel zu werden, ist ein Anreger erforderlich, der die inerte Kieselerde aktiviert und somit zum Bindemittel macht. Als Aktivator wird ein Produkt mit hoher Alkalität benötigt. Der wichtigste Aktivator ist das Kalkhydrat. Es findet dann eine chemische Reaktion statt, die zur Bildung zementartiger Strukturen führt (CSH-Phasen).

Diese Reaktion verläuft sehr langsam und dauert einige Monate. Das heißt die Baustoffmischung muss in diesem Zeitraum nachbehandelt, also feucht gehalten werden. Deshalb werden reine Kalktrassmörtel kaum mehr eingesetzt. Die heute verwendeten Produkte enthalten z. B. Portlandzement, um die Reaktion zu beschleunigen und um ausreichende Festigkeiten zu realisieren.

Die Vorteile der Trassprodukte sind die Erhöhung von Wasserbeständigkeit, Salzbeständigkeit, Festigkeit und die Kalkbindung, die zu einer gewissen Ausblühfreiheit führt. Da also Kalk gebunden wird, kommt es zu einer Erniedrigung der Alkalität, was dazu führt, dass Trasszement nicht zur Herstellung von Stahlbeton eingesetzt werden darf. Die Nachteile liegen in der komplizierten Härtungsreaktion und der langen Nachbehandlungsphase.

Aus der Darstellung der mineralischen Bindemittel ergibt sich nahezu zwangsläufig, dass mit den beiden Hauptbindemitteln Kalkhydrat und Portlandzement fast alle gewünschten Eigenschaften realisiert werden können. Das heißt komplexe und komplizierte Bindemittel wie z. B. Trasskalk sind für die Herstellung hochwertiger Baustoffe (Putze und Mauermörtel) nicht unbedingt erforderlich. Hierzu muss noch berücksichtigt werden, dass Kalkhydrat und Portlandzement in jedem gewünschten Verhältnis abgemischt werden können.

Mechanismus der Entstehung feuchte- und salzbedingter Schäden

Um die komplexen Ursachen für die Feuchte- und Salzschäden besser verstehen zu können, ist es erforderlich, sich Gedanken über das Zusammenwirken von Feuchtigkeit und Salz als Hauptschadensverursacher zu machen.

***Bild 1:** Wandputz (Quelle: Franz-Josef Hölzen)*

Durchfeuchtung

Je nach Saugfähigkeit des Mauerwerks tritt im erdberührten Bereich Feuchtigkeit in das Mauerwerk ein. Die Feuchtigkeitsaufnahme erfolgt dabei zunächst durch Kapillarität, wobei im Prinzip auch Sickerwasser vorliegen kann. Die Wand durchfeuchtet in ihrem Querschnitt allmählich, bis die Feuchtigkeit an den nicht erdberührten Wandbereichen, also innen bzw. oberhalb des Geländes, außen angelangt ist. Dort wird die Feuchtigkeit durch Verdunsten an die Raum- bzw. Außenluft abgegeben. Den physikalischen Prinzipien folgend, stellt sich allmählich ein Gleichgewicht ein. Dieses Gleichgewicht kann durch die Wasseraufnahme auf der einen Seite und die Wasserabgabe auf der anderen Seite beschrieben werden.

Wasseraufnahme = Wasserabgabe

In diesem Stadium der modellhaften Betrachtungen wird die Wasseraufnahme ausschließlich durch Kapillarität oder Sickerwasser bestimmt und die Wasserabgabe allein durch Verdunstung und Diffusion. Der Wasseraufnahme muss also, damit Gleichgewicht herrscht, eine gleich große Wasserabgabe gegenüberstehen. Die Verdunstungsleistung des Mauerwerks wird durch die verschiedenen Faktoren beeinflusst. Hier spielen die Luftbewegung, die Lufttemperatur, die herrschende relative Luftfeuchtigkeit und die Offenporigkeit der Baustoffe eine sehr große Rolle. Wenn an dem Mauerwerk keine weiteren Veränderungen vorgenommen werden, sind diese Faktoren, über entsprechende Zeiträume betrachtet, sicherlich als konstant einzusetzen, sodass die Verdunstungsleistung durch die Verdunstungsfläche bestimmt wird. Um eine entsprechende Verdunstungsfläche zu erreichen, die in ihrer Leistungsfähigkeit der kapillaren Wasseraufnahme entspricht, stellt sich nun im Mauerwerk eine diesbezügliche Durchfeuchtungshöhe ein. Die Höhe des Feuchtigkeitspegels begrenzt die Verdunstungsfläche.

Das Gleichgewicht zwischen Wasseraufnahme durch Kapillarität und Sickerwasser und Wasserabgabe durch Trocknung und Verdunstung bestimmt die Durchfeuchtungshöhe (DFH).

Wasseraufnahme = Wasserabgabe

Kapillarität + Sickerwasser = Verdunstung + Diffusion

Wasseraufnahme von Wänden

Abgesehen von reinen Bauschäden durch Undichtigkeiten im Dach- oder Wandbereich zeigt die nachfolgende Skizze wichtige Mechanismen der Wasseraufnahme von Mauerwerk aus seiner Umgebung.

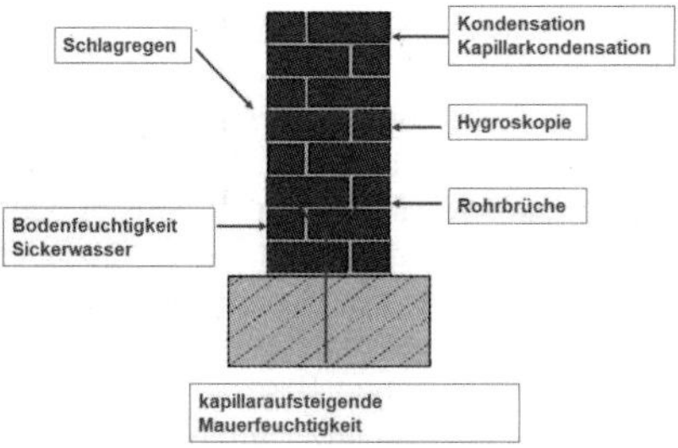

***Bild 2:** Mechanismus der Wasseraufnahme (Quelle: Franz-Josef Hölzen)*

Hygroskopische Feuchtigkeitsaufnahme

Es kann aus der Kenntnis der Durchfeuchtungsgrade DFG_{ges} und DFG_{kap} noch immer kein Rückschluss auf die Durchfeuchtungsursache gezogen werden. Es ist also nicht klar erkennbar, ob vorhandene Feuchtigkeit aus der flüssigen Phase kapillar aufgenommen wurde bzw. eingewandert ist oder – zumindest teilweise – eine hygroskopische Feuchtigkeitsaufnahme aus der Umgebungsluft erfolgte. Eine Zuordnung ist hier nur im Ausschlussverfahren möglich. Dazu muss an einer oder mehreren Stellen die hygroskopische Feuchtigkeitsaufnahme gemessen werden.

Die Kenngrößen der hygroskopischen Feuchtigkeitsaufnahme lassen sich wiederum mit den jeweiligen Größen der maximalen Wasseraufnahme in Beziehung setzen.

Dabei ergibt sich der DFG_{hyg}, der im Vergleich mit dem zugehörigen DFG_{ges} eine quantitative Beurteilung der wirksamen Durchfeuchtungsmechanismen ermöglicht.

Tauwasserbildung

In bestimmten Fällen ist als weitere Durchfeuchtungsursache die Kondensatbildung an Mauerwerksoberflächen zu berücksichtigen. Deren Einfluss lässt sich durch Erfassung der raumklimatischen Verhältnisse (relative Luftfeuchtigkeit und Lufttemperatur) sowie der Oberflächentemperaturen abschätzen. Genaue Aussagen sind aber nur möglich, wenn die Klimadaten über längere Zeiträume hinweg erfasst werden.

Hygroskopische Wasseraufnahme

Der wohl wichtigste Mechanismus der gasförmigen Wasseraufnahme ist aber die hygroskopische Feuchtigkeit. Jeder Baustoff steht durch die Kapillarkondensation in einem Gleichgewichtszustand mit der herrschenden relativen Luftfeuchtigkeit. Dieser Gleichgewichtszustand wird – wie bereits erwähnt – als Gleichgewichtsfeuchte bezeichnet. Haben sich nun im Porensystem eines Baustoffs, durch kapillare Wassertransporte bedingt oder durch chemische Umwandlungen ausgelöst, Salze gebildet oder eingelagert, so können diese die Gleichgewichtsfeuchte entscheidend beeinflussen. Je nach Löslichkeit und Art der Salze besitzen sie eine unterschiedliche Fähigkeit, Feuchtigkeit zu binden. Man nennt diese Eigenschaft Hygroskopizität. Am hygroskopischsten sind dabei die besonders löslichen Nitratverbindungen, die bereits bei einer relativen Luftfeuchtigkeit von 50 % beginnen, hygroskopisch Wasser zu ziehen. Es folgen die Chloridverbindungen. Am ungefährlichsten und unkritischsten sind Sulfatsalze. Eine salzhaltige und das heißt mit hygroskopisch wirkenden Salzen belastete Mauer kann demnach ein Vielfaches an Wasser aus der Umgebungsluft einlagern, als es der sog. Gleichgewichtsfeuchte oder Sorptionsfeuchte des salzfreien Baustoffs entspricht. Es sind viele Mauerwerke bekannt, bei denen nach entsprechender Salzbelastung die hygroskopischen Durchfeuchtungseffekte die kapillare Wasseraufnahme weit übertreffen. Man darf also bei der Bewertung und letztlich auch bei der Auswahl der geeigneten Sanierungsverfahren diesen wichtigen Durchfeuchtungsmechanismus auf keinen Fall unterschätzen. Dabei ist besonders wichtig, dass die hygroskopische Wasseraufnahme durch Abdichtungen nicht beherrscht oder reduziert werden kann.

Bauschädliche Salze

Bei der hygroskopischen Feuchtigkeit wurde bereits auf die bauschädlichen Salze hingewiesen. Sie sind dadurch gekennzeichnet, dass sie in Wasser löslich sind. Je löslicher dabei das Salz ist, umso größer ist seine schädigende Wirkung auf das Mauerwerk. Ist demnach eine Pore oder ein Porensystem eines Baustoffs mit einem Salz gesättigt, kann durch Kristallisationsvorgänge und die dabei entstehenden Kristallisationsdrücke das Porengefüge zerstört werden. Weitere Schadensmöglichkeiten sind dadurch gegeben, dass viele Salze in der Lage sind zu hydratisieren, d. h. in gewissen Temperaturbereichen Wasser chemisch zu binden als sog. Hydratwasser. Bei der Erhöhung der Temperatur wird dann dieses Hydratwasser wieder abgegeben und bei niedrigeren Temperaturen wieder aufgenommen. Dieses Wechselspiel der Wasseranlagerung und Wasserabgabe beinhaltet ebenfalls eine Volumenvergrößerung und eine damit verbundene Druckwirkung. Man spricht in diesem Fall vom Hydratationsdruck, der wie der Kristallisationsdruck in der Lage ist, bei entsprechender Salzkonzentration das Gesamtgefüge eines Baustoffs zu zerstören.

Bei der Bewertung von Bauschäden kommt man eindeutig zu dem Ergebnis, dass die Salze als Schadensverursacher wesentlich gravierender einzustufen sind als die Feuchtigkeit allein. Letztlich ist es jedoch immer ein Zusammenspiel zwischen der Feuchteaufnahme und dem Salzgehalt, das zu den schwerwiegenden Mauerwerkszerstörungen führt.

Die wichtigsten durch Feuchte und Salz ausgelösten Schäden am Mauerwerk können wie folgt zusammengefasst werden:

- Frostschäden
- Reduktion der Wärmedämmfähigkeit durch Wasseraufnahme und damit Erhöhung der Gefahr für Tauwasserbildung
- Schalenbildung durch hygrisches Quellen und Schwinden im oberflächennahen Bereich von Baustoffen
- Kristallisationsschäden durch Salze
- Hydratationsschäden durch Salze
- Frosttausalzschäden
- Erhöhung der Gleichgewichtsfeuchte durch hygroskopische Effekte
- Bindemittelumwandlungen und damit ausgelöste Salzbildungen durch die Einwirkung saurer Abgase, wie z. B. SO_2 und SO_3, auf säureempfindliche Bindemittel, wie Kalk, und die damit verbundenen Treiberscheinungen bei der Sulfatbildung
- Schäden durch Mikroorganismen, die auf durchfeuchteten Baustoffoberflächen besonders gut gedeihen können

Wenn häufig das Thema „Bauwerkstrockenlegung" treffender mit dem Begriff Instandsetzung von feuchte- und salzgeschädigtem Mauerwerk umschrieben wird, sind dabei genau die beiden hauptsächlichen Schadensverursacher genannt, nämlich die Feuchtigkeit und die Salze. Denn nur wenn es gelingt, in den Feuchtehaushalt und in den Salzhaushalt eines Gebäudes vernünftig einzugreifen, kann eine sinnvolle, wirtschaftliche und dauerhafte Problemlösung erreicht werden.

Bauzustandsanalyse

Beim Aufstellen einer fachgerechten Bauzustandsanalyse für ein Objekt müssen Bauschäden eingehend auch messtechnisch untersucht werden. Am wichtigsten sind dabei die Aufstellung einer Feuchtebilanz, einer Schadsalzbilanz sowie die Bewertung der objektspezifischen Gegebenheiten. Ein Zusammenführen der Ergebnisse aus diesen unterschiedlichen Bereichen ermöglicht dann, eine objektspezifische und wirtschaftliche Lösung des Sanierungsproblems vorzuschlagen. Das heißt es kann entschieden werden, inwieweit es notwendig ist, horizontale oder vertikale Abdichtungen einzubringen. Es kann bewertet werden, ob die Vertikalabdichtung innen oder außen angebracht werden soll oder muss und welches Verfahren einer möglichen nachträglichen Horizontalabdichtung im vorliegenden Fall überhaupt anwendbar ist. Außerdem ist die Entscheidung zu treffen, welche flankierenden Maßnahmen im Sinne einer Salzbehandlung, einer Putz- und Anstrichsanierung oder einer eventuellen Drainage notwendig sind.

Probenentnahme

Um aussagefähige Untersuchungsergebnisse zu erhalten, ist eine sachgerechte und zielgerichtete Probenentnahme unerlässlich. Menge und Art der Proben hängen vom Untersuchungsziel und den vorgesehenen Untersuchungsmethoden ab. Die Anzahl der Proben muss die verschiedenen Schadensformen, Baustoffe und Bauteile berücksichtigen. Die Proben müssen eine ausreichende Größe besitzen. Bei einer geringen Probenanzahl und kleinen Proben wird die Inhomogenität im Mauerwerkskörper nicht ausreichend erfasst.

Feuchtebilanz

Häufig wird nur der Feuchtegehalt (Entnahmefeuchte) der Baustoffe bestimmt. Daraus kann aber keine Information über die Durchfeuchtungsursachen oder den Grad der Durchfeuchtung gewonnen werden. Man benötigt also weitere Messdaten und Bezugsgrößen, um entsprechende Zuordnungen machen zu können. Dazu gehören die kapillare Wasseraufnahme, die Sättigungsfeuchte, die hygroskopische Feuchteaufnahme und ggf. die Tauwasserbildung. Man kann dann die Durchfeuchtungsgrade bestimmen und auf die realen Durchfeuchtungsursachen schließen.

Zur Feuchtemessung dienen nachfolgende Methoden:

Darr-Methode

Die Bestimmung des Feuchtigkeitsgehalts (Entnahmefeuchte) erfolgt im Labor nach der „Darr-Methode". Hierbei werden die an der Baustelle entnommenen Proben im Trockenschrank bei 105 °C bis zur Gewichtskonstanz getrocknet und bewertet.

CM-Methode (Calciumcarbid-Methode)

Die CM-Methode ist ein halbdirektes Verfahren, um vor Ort den Feuchtigkeitsgehalt (Entnahmefeuchte) von Baustoffen zu bestimmen.

Bild 1: *Überprüfung des Feuchtegehalts nach dem CM-Verfahren (Quelle: Franz-Josef Hölzen)*

Maximale kapillare Wasseraufnahme

Einen weiteren wichtigen Kennwert stellt die maximale kapillare Wasseraufnahme dar. Darunter versteht man die Menge an Wasser, die eine getrocknete Baustoffprobe aufgrund ihres Porengehalts bzw. ihrer Porengeometrie bei der Wasserlagerung maximal auf kapillarem Weg aufnehmen kann.

Kapillarer Durchfeuchtungsgrad (DFG kap)

Setzt man den Feuchtegehalt in Beziehung zur maximalen kapillaren Wasseraufnahme, erhält man den Durchfeuchtungsgrad (DFG_{kap}), der die Durchfeuchtung der untersuchten Proben charakterisiert. Er gibt an, zu wie viel Prozent eine aus dem Mauerwerk entnommene Probe, bezogen auf ihr maximales kapillares Aufnahmevermögen, durchfeuchtet ist.

Maximale Wasseraufnahme (Sättigungsfeuchte)

Zur Bestimmung der maximalen Wasseraufnahme ist es notwendig, die Füllung des gesamten Porenraums mit Wasser unter Druck vorzunehmen.

Technik der Bauwerksabdichtung im Bestand

Die Feuchtigkeit im Mauerwerk stellt sich durch Feuchteaustausch mit der umgebenden Luft ein. Sie ist dabei abhängig vom Wandbaustoff, von der relativen Luftfeuchte und vom Salzgehalt des Mauerwerks. Daher muss der kapillare Feuchtenachschub über eine Horizontalsperre nicht immer vollständig unterbunden werden. Ziel ist vielmehr eine dem Nutzungsanspruch angepasste Reduzierung des Feuchtetransports. Sind neben einem kapillaren Feuchtetransport allerdings weitere Ursachen für Durchfeuchtungen vorhanden, so sind je nach örtlichen Gegebenheiten u. a. die zusätzlichen Maßnahmen erforderlich. Voraussetzung für den Erfolg ist die Auswahl des am besten geeigneten Produktsystems und der dazugehörigen Verfahrenstechnik. Deshalb sollten Kenntnisse über das Porenvolumen, den Durchfeuchtungsgrad, die Homogenität des Mauerwerks und die relative Luftfeuchtigkeit der Umgebung vorliegen.

Vertikalabdichtungen sind erforderlich, wenn über vertikale Flächen im erdberührten Bereich oder im Sockelbereich Feuchte eintritt.

Konzepte der nachträglichen Bauwerksabdichtung

Das Planungsziel ist zu definieren. Es folgt die Bestands- und Schadensaufnahme, bei der der augenblickliche Bauzustand erfasst wird. Dieser „Ist-Zustand" ist zu bewerten und mit dem Planungsziel zu vergleichen. Schließlich erfolgt die eigentliche Planung mit Angaben zur Ausführung, Qualitätskontrolle, Überwachung und Wartung.

Zu den Unterlagen für die Instandsetzungsplanung gehören:

- die Ergebnisse der durchgeführten Untersuchungen
- der daraus entwickelte Sanierungsvorschlag
- Vorgabe oder Ausschluss von Regelwerken

Regelwerke

In Deutschland wird das Bauen durch Gesetze und Regelwerke bestimmt. Darüber hinaus können weitere, oft freiwillige, Vereinbarungen zwischen den Beteiligten getroffen werden. Hierbei sind die Verantwortlichkeiten und die vertraglichen Verhältnisse zu beachten. Diese bestehen zwischen dem Auftraggeber und dem Verarbeiter. Der Verarbeiter kann jedoch den Materialhersteller bezüglich der Gewährleistung mit in die Verantwortung nehmen.

An erster Stelle gilt immer das, was vertraglich vereinbart wurde (dies darf natürlich den Technischen Baubestimmungen nicht widersprechen).

Das bedeutet, dass die Bauwerke abzudichten sind und ein Wärmeschutz zu planen und auszuführen ist, denn Feuchteschutz ist Wärmeschutz.

Nachweise

Obwohl beim Bauen im Bestand immer wieder andere Gegebenheiten anzutreffen sind, muss belegt werden, dass die Anforderungen an die Baustoffe und die Verarbeitungsweise erfüllt sind. Gibt es Prüfrichtlinien, so ist ein solcher Nachweis einfach. Existieren keine Prüfrichtlinien, so muss zwischen den Beteiligten vereinbart werden, ob ein Nachweis erforderlich ist bzw. was er umfasst.

Nachweise können sein:

- Prüfzeugnisse
- Zulassungen
- Zertifikate (z. B. von der WTA)
- Untersuchungsberichte

Sanierungsvorschlag

Das Ergebnis der Bestandsanalysen und Untersuchungen (vor Ort und im Labor) bildet die Grundlage für den Sanierungsvorschlag. Es kann nun gesagt werden, wie bei der Sanierung gezielt vorzugehen ist, um einen Erfolg zu erzielen und zukünftige Schäden zu vermeiden. Der Sanierungsvorschlag ist die Grundlage für die Ausschreibung. In ihm wird auch dargelegt, warum die einzelnen Maßnahmen durchzuführen sind und warum sie zum Erfolg führen werden. Außerdem werden eine Auswahl und Bewertung des Sanierungsverfahrens und der Baustoffe vorgenommen. Es sollte aufgezeigt werden, was im Idealfall zu erreichen ist. Wird vom Idealfall abgewichen, so hat dies normalerweise Nachteile. Diese sollten aufgeführt werden, ebenso wie mögliche Alternativen.

Wenn nun das Bauwerk instand zu setzen ist, muss grundsätzlich im Abdichtungsbereich entschieden werden, ob eine Außenabdichtung oder eine Innenabdichtung vorgenommen werden kann. Beide Arten sind mit Vor- und Nachteilen behaftet, d. h. es sind flankierende Maßnahmen zu beachten, wie z. B.:

- Horizontalsperren
- Vertikalabdichtungen innen und außen
- Sanierputzsysteme
- fachgerechter Wandsockelanschluss

In der Regel erfolgt die Abdichtung an der dem Wasser zugewandten („aktiven") Seite. Ist dies nicht möglich, so kann auch gegen rückseitig einwirkendes („passives") Wasser abgedichtet werden. Eine Abdichtung muss ein Bauteil immer umschließen. Horizontale und vertikale Abdichtungen müssen aneinander angeschlossen sein.

Horizontalabdichtungen befinden sich i. d. R. im Sockelbereich oberhalb der Geländeoberseite, bei Kellerwänden oberhalb der Druck- bzw. Stauwasserlinie.

Die Untersuchungen des Mauerwerks und des Putzgrunds geben Aufschluss über:

- Vorbehandlung des Untergrunds
- Art des Putzes
- Verarbeitungsweise des Putzes

Kapillar aufsteigende Mauerfeuchtigkeit und Salz

Das Aufbringen eines Sanierputzsystems ist erforderlich, wenn durch den Trocknungsprozess oberhalb der Horizontalsperre vorhandene Salze an der Baustoffoberfläche auskristallisieren und schädigend wirken können.

Horizontalsperren

Mechanische Horizontalsperren:

Während der Ausführung erfolgt eine zeitweise Unterbrechung des Lastabtrags im Mauerwerk. Deshalb ist es notwendig, vorhandene Hohlräume kraftschlüssig zu füllen, die statischen Verhältnisse hinsichtlich der Horizontalkräfte (Gewölbeschub) zu berücksichtigen und die Standsicherheit des Bauwerks während der Ausführung sicherzustellen. Sperrverfahren durch Mauerwerkstrennung besitzen eine hohe Funktionssicherheit, bedeuten jedoch einen Eingriff in die Bausubstanz.

Folgende mechanische Verfahren werden für Horizontalsperren eingesetzt:

<u>Mauerwerksaustausch:</u>

Es handelt sich um ein konventionelles Trennverfahren, in dem das Mauerwerk aufgestemmt und ausgetauscht wird und überlappende Dichtungsbahnen eingebaut werden.

<u>Kernbohrverfahren:</u>

Hierbei erfolgt eine Trennung durch überschneidende Kernbohrungen, die mit schwindfreien Dichtmörteln verfüllt werden.

<u>Blecheinschlagverfahren:</u>

Bei diesem Verfahren erfolgt ein maschinelles Einschlagen oder Einrammen von überlappenden Blechen in durchgehende Lagerfugen.

<u>Sägeverfahren:</u>

Hierbei wird das Mauerwerk maschinell durch Herstellung eines schmalen Schlitzes getrennt, und überlappende Dichtungsbahnen oder -platten werden eingebaut.

<u>Mauerwerksunterfangung:</u>

Dieses Verfahren dient zur Ergänzung fehlender Fundamente oder zu einer nachträglichen Gründung mit kraftschlüssigem Verbund zum Mauerwerk und zum Schutz gegen kapillar aufsteigende Feuchte.

Mauerwerksaustausch:

Mauerwerkstrennung durch abschnittsweises durchgängiges Ausstemmen einer oder mehrerer Mauerwerkslagen. Herstellung von Abschnitten bis max. 1 m Länge unter Beachtung der statischen Bedingungen. Beachtung des Lastabtrags an Eckbereichen (ggf. Unterfangung) und Ausmauerung mit hohlraumfreier Einbettung einer Dichtungsbahn.

Horizontalsperren im Injektionsverfahren:

Injektionen sind Verfahren, bei denen mit oder ohne Druck Poren eines Baustoffs oder Mauerwerks mit dem Injektionsstoff getränkt werden. Durch eine geeignete Verfahrenstechnik muss dafür gesorgt werden, dass diese „Porenfüllung“ quantitativ erreicht wird. Bei Rissen und Fehlstellen (hohlräumiges Mauerwerk) fließt das flüssige Injektionsmittel fast ohne Druck in den Hohlraum und füllt ihn auf. Im Poren- und Kapillarsystem herrschen andere physikalische Gesetze. Nicht jede Pore ist eine Kapillarpore. Kapillar aufsteigende Mauerfeuchtigkeit vollzieht sich nur in den Kapillarporen. In den Baustoffen gibt es unterschiedliche Porengrößen.

Porensystem:

Mikroporen: r < 10-7 m Porenfüllung, stark erschwert, aber in der Gasphase möglich

Kapillarporen: r zwischen 10-7 und 10-4 m freiwillige Porenfüllung durch Kapillarität (drucklose Befüllung möglich)

Luftporen: r > 10-4 m Porenfüllung nur unter Druck möglich

Im WTA-Merkblatt 4-4-10/D „Injektionsverfahren mit zertifizierten Injektionsstoffen“, sind die nachfolgenden Injektionsstoffe aufgelistet, die speziell für den Einsatz zur Injektion gegen kapillare Feuchte konfektioniert wurden und sich in der Praxis bewährt haben.

Diese sind:

- Alkalisilicat und Alkalimethylsilicat
- Epoxidharz
- Paraffin

- Polyacrylatgel
- Polyurethanharz
- Silan und Siloxan
- Siliconat
- Siliconmikroemulsion (auch auf Cremebasis)

Prüfung und Zertifizierung von Injektionsstoffen durch die WTA

Die Wissenschaftlich-Technische Arbeitsgemeinschaft für Bauwerkserhaltung und Denkmalpflege e. V. (WTA) bietet eine Zertifizierung von Injektionsstoffen an. Ziel dieser Zertifizierung ist es, Planern und Ausführenden die Möglichkeit zu geben, marktübliche Injektionsstoffe gegen kapillare Feuchte bezüglich ihrer Eigenschaften, Anwendungsgebiete und Anwendungsgrenzen zu vergleichen und ihnen so eine objektspezifische Injektionsstoffauswahl zu ermöglichen. Um die WTA-Zertifizierung der Wirksamkeit eines Injektionsstoffs zu erhalten, muss der Stoff eine Wirksamkeitsprüfung an einem durch die WTA zugelassenen Prüfinstitut bestehen.

Technik der Mauerwerksinjektion gegen kapillar aufsteigende Feuchte

Drucklose Injektionssperren gegen kapillare Feuchte werden über das Bohrloch direkt eingebracht. Bei dieser Methode muss der Bohrkanal so oft gefüllt werden, bis eine ausreichende Tränkung des Wandquerschnitts erreicht ist. Das Bevorraten des Injektionsstoffs wird durch Vorratsbehälter am Bohrloch sichergestellt. Eine andere Methode sind Vorratsbehälter, über die der Injektionsstoff ins Bohrloch gelangen kann. Der Durchmesser der Bohrlöcher wird von den Herstellern des Injektionsmaterials jeweils vorgegeben; er beträgt ab 12 mm für cremeförmige Injektionsstoffe und 20 bis 30 mm für wässrige Injektionsstoffe.

Druckinjektion:

Bei Druckinjektionen werden die Injektionsstoffe mit Pumpen oder Druckbehältern über Einfüllstutzen im Niederdruckverfahren bis 5 bar in das Mauerwerk eingebracht. Der Durchmesser der Bohrlöcher ist dabei von den Herstellern des Injektionsstoffs jeweils vorgegeben; er beträgt verfahrensabhängig 10 bis 18 mm.

Mehrstufeninjektion:

Die Verfahrenstechnik der Druckinjektion bietet in der Praxis eine Reihe von Vorteilen. Die wichtigsten sind die kontrollierbare und schnelle Durchtränkung des Mauerwerks, die Einbringung größerer Mengen an Injektionsmittel und die Anwendbarkeit auch bei kapillaren Durchfeuchtungsgraden von mehr als 60 %. Die Injektionsmittel werden über Packersysteme eingebracht bei einem Druck von ca. 5 bar. Dieser muss so lange gehalten werden, bis das Mauerwerk sichtbar durchtränkt ist. Eine besondere Anwendung hat die Druckanwendung in der sog. Mehrstufeninjektion gefunden. Diese wohl sicherste Verfahrenstechnik kann bei nahezu allen Mauerwerkstypen angewendet werden und besteht aus insgesamt drei Injektionsstufen, von denen in Abhängigkeit von den jeweiligen Verhältnissen am Mauerwerk eine oder maximal zwei Stufen ausgeführt werden.

1. Stufe: Verfüllen von Hohlräumen mit Bohrlochsuspension

2. Stufe: Injektion des eigentlichen Wirkstoffs der Mauerinjektion

3. Stufe: Unter erschwerten Bedingungen (hoher Durchfeuchtungsgrad und hohe relative Luftfeuchtigkeit) wird der Injektionsstoff aktiviert.

Injektionscremetechnologie:

Neueste erfolgversprechende Entwicklung ist die Injektionscremetechnologie. Die katalysierten Mikroemulsionen sind nicht salzbildend und VOC-frei. Es handelt sich hier um eine Innovation gegen kapillar aufsteigende Mauerfeuchtigkeit.

Qualitätssicherung:

Die Qualität einer Horizontalsperre durch drucklose Tränkung oder Druckinjektion oder der Cremetechnologie hängt im Wesentlichen davon ab, ob im Mauerquerschnitt genügend Material fehlstellenfrei eingebracht wurde.

Die vorhandenen Durchfeuchtungsgrade sind zu beachten, ebenso die Angaben der Hersteller zu den maximal zulässigen vorhandenen Durchfeuchtungsgraden, die bei den Produkten stark differieren. Der Durchfeuchtungsgrad des Mauerwerks kann ggf. vorab durch technische Trocknung gesenkt werden.

Ab Durchfeuchtungsgraden von ca. 60 % sollten Druckinjektionen oder die Cremetechnologie ausgeführt werden. Die Wirksamkeit der Maßnahmen kann an Bohrkernen geprüft werden, die nach der Entnahme mit Wasser benetzt werden. Das Wasser sollte dabei vom Baustoff nicht mehr kapillar aufgenommen werden können, sondern abperlen.

Abdichtungen innen und außen

Ob eine Innen- oder Außenabdichtung angebracht wird, muss durch Abwägen der Vor- und Nachteile sowie der Gegebenheiten am Bauwerk entschieden werden.

Die Abdichtungsart richtet sich nach den Hauptfeuchteursachen im Fundament- und Sockelbereich. Ein weiteres Kriterium ist die Bauwerksnutzung und Erreichbarkeit der Bauteile.

Eine nachträgliche Abdichtung kann nach nachfolgendem Ablauf ausgeführt werden:

***Bild 1:** Systemdarstellung Außenabdichtung, Beispiel: nachträgliche Bauwerksabdichtung von außen (Quelle: Remmers GmbH)*

1. Untergrund
2. Vorarbeiten/Mauerwerk
3. Grundierung/Haftschlämme
4. Egalisierung
5. Dichtkehle
6. Sockelabdichtung
7. Spritzbewurf
8. Abdichtungsschicht
9. Wärmedämmung
10. Systemschutz
11. Sockelputz
12. Schutzschiene

Bild 2: *Systemdarstellung Innenabdichtung, Beispiel: nachträgliche Bauwerksabdichtung von innen (Quelle: Remmers GmbH)*

13. Untergrund, gereinigt
14. Fugenverschluss
15. Haftschlämme
16. Wandbodenanschluss
17. Innenabdichtung und Haftbrücke
18. Sanierputzsystem
19. Sanierputzfarbe

Sanierputzsysteme

Gegen kapillar transportierte und durch hygroskopische Salze aufgenommene Feuchtigkeit muss ein Sanierputzsystem zum Einsatz kommen. Die Ergebnisse der Salzanalysen geben einen Hinweis darauf, ob ein- oder zweilagig gearbeitet werden soll. Selbst bei geringer Salzbelastung muss mit einem Sanierputzsystem gearbeitet werden.

Das WTA-Merkblatt 2-9-04/D „Sanierputzsysteme" legt die technischen Anforderungen an Sanierputzsysteme fest. Diese bestehen i. d. R. aus dem Spritzbewurf, ggf. aus einem Grundputz, dem Sanierputz und einem Oberputz bzw. Farbanstrich. Die Materialien müssen aufeinander abgestimmt sein. Es werden

Prüf- und Qualitätssicherungsverfahren beschrieben und Hinweise für die Verarbeitung gegeben. Darüber hinaus wird der Ablauf der Zertifizierung des Sanierputzsystems durch die WTA festgelegt.

Das Merkblatt gibt auch wichtige Hinweise für Verarbeiter/Fachunternehmer. Somit übernimmt es die Aufgabe, die kompletten Systeme zu beschreiben und deren hohe Qualität zu sichern. Sanierputzsysteme dienen zum Verputzen feuchter und/oder salzhaltiger Mauerwerke.

Baustoffschädigende Salze werden im Putz eingelagert und somit von der Putzoberfläche ferngehalten.

Eine hohe Wasserdampfdurchlässigkeit des Putzsystems begünstigt die Austrocknung des Mauerwerks. Sanierputze-WTA sind keine „Sperrputze".

Sanierputze-WTA lässt Feuchtigkeit aus dem Mauerwerk wenige Millimeter eindringen. Aufgenommenes Wasser bzw. Salzlösung verdunstet innerhalb des Putzes. Dabei auskristallisierende Salze werden im porigen Gefüge des Sanierputzes eingelagert. Dadurch bleibt die Putzoberfläche trocken und frei von Ausblühungen.

Bedingt durch ihre Struktur und Funktion müssen Sanierputzsysteme relativ schnell und dennoch sicher erhärten und trocknen. Um diese Anforderungen zu erfüllen, sind Sanierputze-WTA überwiegend hydraulisch gebunden.

Kalkhydrat als wesentliche Bindemittelkomponente kann erfahrungsgemäß die Anforderungen an Sanierputze-WTA nicht erfüllen.

Die überwiegende Verwendung von latent-hydraulischen Bindemitteln und puzzolanischen Stoffen z. B. von Trassmehlen, ist problematisch, da für die sehr langsam ablaufende Abbindereaktion Wasser als Reaktionspartner in Sanierputzen nicht ausreichend lange zur Verfügung steht.

Anwendungsbereich für Sanierputze:

Sanierputzsysteme werden vorzugsweise auf Mauerwerk mit mehr oder weniger starker Versalzung eingesetzt, v. a. auch als flankierende Maßnahme, wenn vertikale und/oder horizontale Abdichtungsmaßnahmen ausgeführt wurden.

Auf feuchtem Mauerwerk lassen sich mit Sanierputzsystemen trockene Oberflächen erzielen, wenn das Klima der Umgebung eine Austrocknung zulässt. Eine „Mauerwerksentfeuchtung“ ist ohne zusätzliche Maßnahmen weder mit Sanierputzsystemen noch mit anderen Putzen möglich.

Anwendungssicherheit besteht u. a. nur, wenn vorab in ausreichendem Umfang Daten und objektspezifische Gegebenheiten bei der Planung berücksichtigt wurden. Dies liegt im Verantwortungsbereich des Planers bzw. Fachplaners.

Liegt keine Planung vor, trägt der Verarbeiter/Fachunternehmer die Verantwortung für die richtige Anwendung des Sanierputzsystems. Für Sanierputzsysteme-WTA sind Anwendungsgrenzen zu beachten.

Druck-, Stauwasser und Bodenfeuchtigkeit:

Sanierputzsysteme sind nur wirksam bei kapillar transportierter und hygroskopisch hervorgerufener Feuchtigkeit, nicht bei Wasser, das mit hydrostatischem Druck einwirkt.

Generell dürfen Sanierputzsysteme im erdberührten Bereich unter Oberkante Gelände nicht eingesetzt werden. In diesen Fällen sind geeignete Abdichtungsmaßnahmen zu treffen.

Auch kapillare Feuchtigkeit kann zu hohen Durchfeuchtungen führen. Ist das Mauerwerk porengesättigt, müssen vor Aufbringen des Sanierputzsystems unbedingt geeignete Abdichtungs-/Trocknungsmaßnahmen durchgeführt werden.

Taupunkttemperatur im Putzquerschnitt:

Eine Durchfeuchtung kann eintreten, wenn die Taupunkttemperatur längerfristig innerhalb des Sanierputzquerschnitts liegt.

Durch geeignete Maßnahmen müssen Taupunkttemperaturunterschreitungen in diesem Bereich verhindert werden.

Hohe Luftfeuchtigkeit (z. B. in Kellerräumen):

Damit sich nach dem Aufbringen eines Sanierputzsystems die Hydrophobie möglichst schnell einstellt, muss die relative Luftfeuchtigkeit während des Erhärtungszeitraums < 65 % sein.

Kann dies nicht gewährleistet werden, besteht die Gefahr einer beschleunigten Salzeinwanderung und ein Durchschlagen der Salze an die Putzoberfläche.

In diesen Fällen sind temporäre Klimatisierungsmaßnahmen vorzunehmen.

Spritzbewurf:

Der Spritzbewurf ist i. d. R. Bestandteil des Sanierputzsystems und hat den Haftverbund zum Putzgrund zu sichern. Er wird normalerweise nicht deckend („netzförmig") aufgebracht. Liegt der Grad der Abdeckung des Putzgrunds mit Spritzbewurf unter 50 %, werden an den Spritzbewurfmörtel keine speziellen bauphysikalischen Anforderungen gestellt. Ist der Deckungsgrad des Spritzbewurfs höher oder empfiehlt der Hersteller einen geschlossenen Bewurf, sind besondere Anforderungen zu erfüllen.

Grundputz-WTA:

Grundputz-WTA dient zum Ausgleich grober Unebenheiten des Putzgrunds (= Ausgleichsputz) und/oder als Salzspeicher bei besonders hoher Untergrundversalzung (= Porengrundputz).

Sanierputz-WTA kann als Grundputz eingesetzt werden, wenn die gesamte Putzdicke 40 mm (ausgenommen sind Fugen) nicht wesentlich übersteigt.

Sanierputz-WTA:

Sanierputz-WTA wird i. d. R. in einer Schichtdicke von mind. 20 mm aufgetragen, wobei bei mehrlagigem Arbeiten jede Lage mind. 10 mm dick sein muss.

In Kombination mit Porengrundputz-WTA kann sich die Mindestschichtdicke auf 15 mm verringern. Die Gesamtschichtdicke von Sanierputz sollte 40 mm nicht überschreiten.

Deckschichten:

Lässt sich eine spezielle Anforderung an die Oberflächenstruktur mit einem Sanierputz-WTA nicht erfüllen, darf zusätzlich ein mineralischer Oberputz aufgebracht werden.

Dabei muss ein den Regeln der Technik entsprechendes bzw. vom Hersteller empfohlenes Produkt eingesetzt werden.

Putze, Anstriche und sonstige Beschichtungen auf Sanierputzen-WTA dürfen die Wasserdampfdurchlässigkeit des Systems nicht negativ beeinflussen.

Darüber hinaus kommt Anstrichen im Fassadenbereich die wichtige Aufgabe zu, die Wasseraufnahme angrenzender Putze an die geringe Saugfähigkeit der Sanierputzoberfläche anzugleichen.

Hinweise zur Probennahme, den Untersuchungsmethoden und der Beurteilung sind im WTA-Merkblatt 4-5-99/D „Mauerwerksdiagnostik" enthalten.

Die Ergebnisse der Untersuchungen müssen in einem Sanierungsvorschlag zusammengefasst sein und in die Sanierungsplanung einbezogen werden.

In der Sanierungsplanung müssen die raumklimatischen Verhältnisse, die die Funktion des Sanierputzes beeinträchtigen können, sowie besondere Leistungen, die sich daraus ergeben, berücksichtigt werden. Vor Beginn der Putzarbeiten hat sich die Bauleitung bzw. der Verarbeiter/Fachunternehmer zu überzeugen, ob ein solcher Sanierungsvorschlag vorliegt. Die darin gemachten Angaben sind zu befolgen.

Materialauswahl und Hinweise:

Das Sanierputzsystem ist wirksam bei kapillar transportierter und hygroskopisch hervorgerufener Feuchtigkeit im Mauerwerk, jedoch nicht bei drückendem Wasser und nicht bei ständig hoher Tauwasserbelastung.

Abhängig von der Höhe der Durchfeuchtung, der Feuchtigkeitsursache und dem Ergebnis der Voruntersuchungen kann vor dem Sanierputzauftrag eine Horizontalabdichtung und – im erdberührten Bereich – eine Vertikalabdichtung notwendig sein.

Bei der Materialauswahl ist darauf zu achten, dass nur Sanierputze bzw. Sanierputzsysteme ausgeschrieben werden, die den Richtlinien dieses WTA-Merkblatts entsprechen, was durch die WTA-Dienstleistungsmarke bestätigt wird.

Eine Kombination von Produkten verschiedener Sanierputzsysteme ist auszuschließen, soweit vom Hersteller nicht ausdrücklich zugelassen.

Es sind Maßnahmen zur Nachbehandlung und Wartung einzuplanen. Dazu gehört der Schutz der einzelnen Putzlagen vor zu schnellem und zu langsamem Austrocknen.

Darüber hinaus muss festgelegt werden, dass Farbanstriche bei einer späteren Renovierungsmaßnahme den Maßgaben dieses Merkblatts entsprechen müssen.

Der fachgerechte Wandsockelanschluss

Der Wandsockel ist der Übergang vom erdberührten Bereich zum Fassadenbereich. Er ist zahlreichen mechanischen, chemischen und biologischen Angriffen ausgesetzt. Die Schäden reichen von Verschmutzungen und Anstrichschäden über Risse und Hohlstellen bis zu massiven Zerstörungen durch Feuchtigkeit und Salze. Gerade im Rahmen einer Fassadeninstandsetzung und/oder einer Erneuerung der erdberührten Bauwerksabdichtung, muss dieses Detail im Bestand besonders berücksichtigt werden. Über sorgfältige Beobachtungen vor Ort und eine Bauzustandsanalyse kann ein sinnvolles Instandsetzungskonzept entwickelt werden. Normen, die sich nur auf den Neubaubereich beziehen, sind wenig hilfreich für die Planung und Ausführung. Die Qualität der Instandsetzungsmaßnahmen wird gesichert, wenn eine Koordinierung und Planung beachtet wird.

***Bild 3:** Putzschaden im Wandsockelbereich (Quelle: Franz-Josef Hölzen)*

Der Gebäudesockel beginnt gemäß dem WTA-Merkblatt 4.9 „Instandsetzen von Gebäude- und Wandsockeln“ abdichtungstechnisch 30 cm über Geländeoberfläche bzw. dem Spritzwasserbereich und endet bei einer Einbindetiefe in das Gelände von 20 cm bzw. schließt dort an die erdberührte Bauwerksabdichtung an.

Detailausbildung im Sockelbereich:

Wenn Instandsetzungsmaßnahmen durchgeführt werden müssen, kann in den wenigsten Fällen am Sockel ein regelgerechtes System Verwendung finden. Hier muss sich dann die Planung etwas Besonderes einfallen lassen, damit die Funktion und auch die Regeln der Technik eingehalten werden können. Somit ist dann jedes Objekt ein Unikat.

***Bild 4:** Nachträgliche Sockelabdichtung und Dämmung (Quelle: Franz-Josef Hölzen)*

Schäden, Schadensursachen und Beurteilung:

Eine Gebäudesanierung hat zum Ziel, das Gebäude in einen nutzungsfähigen Zustand zu bringen. Um dies zu erreichen, muss der Bestand untersucht und bewertet werden. Hierzu sind auch Unterlagen mit einzubeziehen, zu denen beispielsweise die gültigen Regelwerke und die Untersuchungsergebnisse gehören.

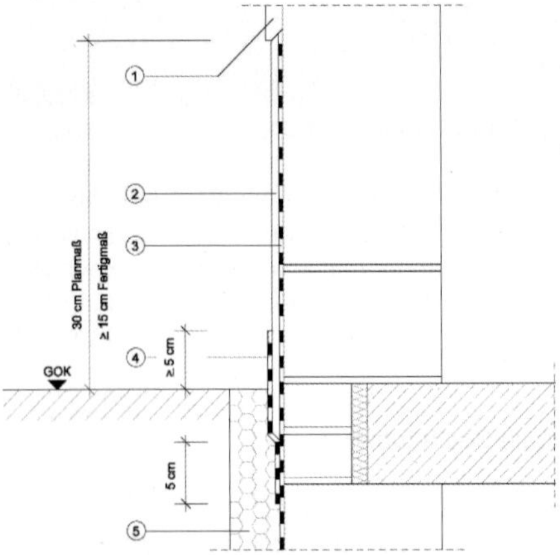

Bild 5: *Prinzipskizze Wandsockel (Quelle: Franz-Josef Hölzen)*

Diese Informationen führen zum Sanierungsvorschlag, dessen Empfehlungen bei der Planung zu befolgen sind. Je nach Art der vorgesehenen Maßnahmen sind die entsprechenden Regelwerke anzuwenden oder ggf. auch auszuschließen, falls sie nicht für das Bauen im Bestand allgemein oder den vorliegenden Fall speziell gelten.

Gerade dem Feuchteschutz kommt bei hochwertigen technologischen Lösungen des Wärmeschutzes eine zentrale Bedeutung zu. Und dies natürlich vor allen Dingen im Bereich von Maßnahmen im Baubestand. Man muss davon ausgehen, dass die Mehrzahl unserer alten Gebäude weder im Wärmeschutz noch im Feuchteschutz annähernd unseren heutigen Vorstellungen entspricht. Wenn man weiß, dass gerade im Wohnungsbestand durch Feuchtigkeit erhebliche Probleme auftreten, so z. B. durch aufsteigende Mauerfeuchtigkeit, durch mangelhafte Abdichtungen oder hygroskopische Wasseraufnahme bei entsprechender Versalzung oder durch Tauwasserbildung aufgrund unzureichender Dämmmaßnahmen. Hinzu kommt die kapillare Wasseraufnahme im Fassaden- und Dachbereich, sodass sich insgesamt ein erhöhter Feuchtewert im Gebäude einstellt. Betrachtet man nun den Zusammenhang zwischen Feuchtegehalt und Wärmeleitfähigkeit, kommt man sehr schnell zu dem Ergebnis, dass, je nach Baustoff oder Dämmstoff, eine erhebliche Reduktion der Wärmedämmfähigkeit oder, anders ausgedrückt, eine erhebliche Erhöhung der Wärmeleitfähigkeit in Abhängigkeit vom Feuchtegehalt auftritt.

Richtlinien, Arbeitsblätter und Merkblätter

Neutrale Anforderungen müssen oft durch andere Regelwerke definiert werden. Hier helfen Richtlinien, Arbeitsblätter oder Merkblätter weiter, die meist von den zuständigen Fachverbänden erarbeitet und herausgegeben werden.

Hier sind insbesondere die Merkblätter der WTA (Wissenschaftlich-Technische Arbeitsgemeinschaft für Bauwerkserhaltung und Denkmalpflege) zu nennen. Da in der WTA die praktische Anwendung von Forschung und Erfahrung in die Merkblätter einfließt, sind diese meist aktueller als Normen.

Wichtige Merkblätter für das Bauen im Bestand sind:

- WTA-Merkblatt 2-9-04/D „Sanierputzsysteme"
- WTA-Merkblatt 4-4-14/D „Mauerwerksinjektion gegen kapillare Feuchtigkeit"
- WTA-Merkblatt 4-6-14/D „Nachträgliches Abdichten erdberührter Bauteile"

In der Deutschen Bauchemie e. V. sind Hersteller bauchemischer Produkte zusammengeschlossen. Richtlinien der Deutschen Bauchemie befassen sich u. a. mit mineralischen Dichtungsschlämmen und kunststoffmodifizierten Bitumendickbeschichtungen, wie z. B.:

- Richtlinie für die Planung und Ausführung von Abdichtungen erdberührter Bauteile mit mineralischen Dichtungsschlämmen
- Richtlinie für die Planung und Ausführung von Abdichtungen erdberührter Bauteile mit flexiblen Dichtungsschlämmen
- Richtlinie für die Planung und Ausführung von Abdichtungen erdberührter Bauteile mit kunststoffmodifizierten Bitumendickbeschichtungen

Stichwortverzeichnis

C

D

E

F

M

N

O

P

Q

R

S

T

U

V

W